高职高专国际经济与贸易专业工学结合规划教材

进出口报关

杨建国　编著

图书在版编目（CIP）数据

进出口报关 / 杨建国编著. —杭州：浙江大学出版社，2011.4(2012.4 重印)

ISBN 978-7-308-08469-7

Ⅰ. ①进… Ⅱ. ①杨… Ⅲ. ①进出口贸易—海关手续—中国 Ⅳ. ①F752.5

中国版本图书馆 CIP 数据核字（2011）第 035187 号

进出口报关

杨建国 编著

责任编辑 朱 玲
封面设计 联合视务
出版发行 浙江大学出版社
（杭州市天目山路 148 号 邮政编码 310007）
（网址：http://www.zjupress.com）
排 版 杭州中大图文设计有限公司
印 刷 德清县第二印刷厂
开 本 787mm×1092mm 1/16
印 张 32.25
字 数 805 千
版 印 次 2011 年 4 月第 1 版 2012 年 4 月第 2 次印刷
书 号 ISBN 978-7-308-08469-7
定 价 49.00 元

浙江大学出版社发行部邮购电话 （0571)88925591

前　言

浙江省教育厅厅长刘希平指出:"好的教师,一定是课程二次开发有成就的教师。教师只有对教材有独特的理解、系统的分析,才能够把课教得生动,教得有针对性。还要加强实践课程的开发。对高职高专教育来讲,实践课程是重要的一半。"

《进出口报关》是报关与国际货运专业的核心课程,也是一门实践性很强的课程,当前报关教材的现状如何?如何进行二次开发?这是摆在报关教师面前的一个现实问题。

报关课程教材的现状是:目前大部分教材的编写体例、内容一般都是以报关员资格考证大纲为基础,内容上进行了适当的删减。而这样的教材,大多是对海关及其他相关部门的有关进出口报关制度进行汇编,谈不上对教学内容进行职业化的内容的开发;编者注意到:2009 年,有些教师开始了对报关教材任务导向教学内容的探索,但从内容体系上看,并不尽如人意。

面对这样的现状,我们要解决两个问题。

一、报关课程教学目标的定位问题

报关员资格考试每年的平均通过率仅 10%左右,面对这样的通过率,我们就要思考:在我国高等教育大众化阶段发展起来的高职教育,其报关课程教学的目标该如何定位?能以报关员资格考证作为教学目标吗?编者认为,其答案应该是否定的。

专业调研也告诉我们,虽然只有报关员才能到海关报关,但是一般来说,报关公司还有报关员助理岗位,其工作职责是协助报关员审单,计算应缴关税及转换价格,转化及核实产品价格、数量以适合进出口需要,报关资料整理等报关辅助工作。专业人才需求调研也显示,这样的岗位需求量将会有较大增长。

据此,编者认为,应将报关课程的教学目标定位为基础理论、基础技能教育,可以概括为:掌握国家对外贸易的各种法律、法规及管制制度,会进行一般进出口、保税加工、特定减免税、暂准进出境等监管方式下进出口货物报关流程的业务处理。达到"懂规矩、会操作"。实现这样的教学目标后,学生在此基础上,可以脚踏实地的向报关员资格考证"冲刺"。

二、教材"二次开发"的问题

刘希平厅长讲的实际上是教师对教材"咀嚼"的问题。从接受理论的角度来讲,教师向学生呈现的教学材料是教师精心挑选、组织的,它们具有基础性、衍生性和系统性的特点。编者认为,高职高专报关教材的"咀嚼"要实现两个目标:一是实践性目标。高职高专教育姓"职",对于报关课程来说,要以真实的报关业务案例体现外贸法规、海关管理制度等理论知识，教学过程中以业务操作程序为主，理论为辅，不是简单地把这些法规、制度不加"咀嚼"地搬进教材中。二是易接受的目标。报关业务流程复杂，信息量大，如何系统地传授复杂的流程，准确、生动地描述大量信息之间的联系，单凭文字是不行的。

为实现上述"二次开发"的目标，编者做了以下努力：

(一)内容的精心选取与组织

一方面，尽可能压缩理论教学的内容，编者经过整理、归纳，将理论教学编入第一个学习情境，即"认识报关活动"；而将操作性知识或与某一操作环节有关的知识编成"知识卡"，穿插在业务流程的讲解过程中。另一方面，以教材主要的篇幅讲解一般进出口、保税加工、特定减免税、暂准进出境等监管方式下货物报关业务操作流程，并且严格按照操作流程的先后顺序编排教学内容。这些内容都以报关公司业务为背景(为规避法律问题，单证中隐去了一些信息)，也是编者作为职业院校教师与报关公司实现"工学结合"的收获。这样，经过共计11票业务的流程的讲授，学生从报关业务全流程的角度对各个操作环节进行了反复演练，而不是像常见的报关教材那样将报关业务流程中的各个环节分为不同的章节进行讲授(常见的编排方式是将报关单填制、税费计算、报关业务操作等各个环节单独成章，这样，学生很难做到对报关业务全流程"窥全豹"的学习，也很难厘清各个环节之间的联系)。这是本教材遵循先进的职教理念所进行的创新。

此外，值得一提的是，教材中通过"探索性训练"布置了若干开放性的实践性较强的"大作业"，也实现了高职教学课后作业环节的理念更新。

(二)表现形式的系统性、生动性

编者曾两度赴上海海关学院学习、取经，该校培训部主任顾佩军教授在长期从事海关管理以及通关制度方面的研究、教学过程中，总结出来的教学经验是：为了系统地传授复杂的流程，准确、生动地描述大量信息之间的联系，必须使用图表。为此，编者花费了大量的心血，搜集、绘制了100多个表格、近100张图片(示意图)，对报关课程教学内容的"咀嚼"进行了有益的尝试。

为了增强教材的趣味性，编者还从网络、报纸等媒体上搜索到若干有价值的新闻、采访等内容，编成若干"资料卡"，便于广大师生从报关行业最新动态的角度理解教学内容，也努力让教材内容做到与时俱进，这也是报关课程内容的重要特点。

当然，由于编者学识、教学经验等方面的局限，更由于所做的是一种崭新的探索，本教材定会有诸多不足，也寄希望于使用本教材的广大师生批评指正！

编　者

2011年3月

CONTENTS

目 录

学习情境一

认识报关活动

子情境 1　认识对外贸易政策与对外贸易管制

知识结构及教学建议(见表 1-1):

表 1-1　子情境 1 知识结构及教学建议

<table>
<tr><th colspan="5">教学内容</th><th>教学建议</th></tr>
<tr><td colspan="5">对外贸易政策</td><td>结合时事讲授、讨论</td></tr>
<tr><td rowspan="18">对外贸易管制</td><td rowspan="8">禁止进出口</td><td rowspan="4">禁止进口</td><td rowspan="3">禁止进口货物</td><td>《禁止进口货物目录》共 6 批</td><td rowspan="8">1. 尽可能讲清禁止进出口的原因
2. 可将“禁止进口货物”与“禁止出口货物”、“禁止进口技术”与“禁止出口技术”进行比较教学</td></tr>
<tr><td>国家有关法律法规明令禁止货物</td></tr>
<tr><td>其他</td></tr>
<tr><td>禁止进口技术</td><td>《中国禁止进口限制进口技术目录》</td></tr>
<tr><td rowspan="4">禁止出口</td><td rowspan="3">禁止出口货物</td><td>《禁止出口货物目录》共五批</td></tr>
<tr><td>有关法律法规规定禁止出口货物</td></tr>
<tr><td>其他</td></tr>
<tr><td>禁止出口技术</td><td>《中国禁止出口限制出口技术目录》</td></tr>
<tr><td rowspan="8">限制进出口</td><td rowspan="3">限制进口</td><td rowspan="2">限制进口货物</td><td>许可证管理</td><td rowspan="2">★注意区分许可证、许可证件的概念</td></tr>
<tr><td>许可证件管理</td></tr>
<tr><td>限制进口技术</td><td>目录管理</td><td></td></tr>
<tr><td rowspan="5">限制出口</td><td rowspan="3">限制出口货物</td><td>出口配额许可证</td><td rowspan="2">◆</td></tr>
<tr><td>出口配额招标</td></tr>
<tr><td>出口许可证件管理</td><td></td></tr>
<tr><td rowspan="2">限制出口技术</td><td>《两用物项和技术出口许可证管理目录》</td><td rowspan="2"></td></tr>
<tr><td>《中国禁止出口限制出口技术目录》</td></tr>
<tr><td colspan="2" rowspan="2">自由进出口</td><td>自由进出口货物</td><td>《自动进口许可证》</td><td></td></tr>
<tr><td>自由进出口技术</td><td>技术进出口合同登记</td><td></td></tr>
</table>

注:1.“★”为本部分教学重点,“◆”为次重点,即仅次于重点部分,下同。

2.本教材中所有的“知识结构及教学建议”表中的“教学建议”仅供参考,教师可根据教学实际进行适当调整。

一、对外贸易政策

(一)对外贸易政策的概念

对外贸易政策是指一国政府根据本国的政治经济利益和发展目标而制定的在一定时期内的进出口贸易活动的准则。它集中体现为一国在一定时期内对进出口贸易所实行的法律、规章、条例及措施等。

(1)对外贸易政策是法律、规章、条例及措施等的总称;

(2)对外贸易政策的制定,一般反映本国统治阶级的利益和意志。在资本主义国家,占统治地位的资产阶级内部,一般存在着若干不同的利益集团。在一定时期,某一集团在政治上占上风,则该国的对外贸易政策就反映这个集团的利益和意志,主要为这个集团服务。因此,资本主义国家的不同利益集团之间常在此问题上发生争吵。

一个国家对外贸易政策的制定,一般是由该国的立法机构进行的。在资本主义国家是由其议会直接通过贸易法案,或由议会授权总统或政府制定、颁布有关的法令或规章,如进出口商品关税的提高或降低、进出口商品的限额、是否实行许可证制、商品检验规章以及与外国签订贸易协定等。

对外贸易政策在制定以前,立法机构一般要征询各大企业集团的意见。大企业主也必然通过各种方式,包括通过其组织——企业主协会或商会向立法机构提出建议,施加影响。

(二)对外贸易政策的构成

对外贸易政策,一般由三个部分内容构成。

1.对外贸易总政策,其中包括进口总政策和出口总政策

这是根据本国国民经济的总体情况,本国在世界舞台上所处的经济和政治地位,本国的经济发展战略和本国产品在世界市场上的竞争能力以及本国的资源、产业结构等情况,制定的在一个较长时期内实行的对外贸易基本政策。

2.对外贸易国别(或地区)政策

这是根据对外贸易总政策及世界经济政治形势,本国与不同国别(或地区)的经济政治关系,分别制定的适应特定国家(或地区)的对外贸易政策。

3.对外贸易具体政策,又称进出口商品政策

这是在对外贸易总政策的基础上,根据不同产业的发展需要,不同商品在国内外的需求和供应情况以及在世界市场上的竞争能力,分别制定的适用于不同产业或不同类别商品的对外贸易政策。

(三)对外贸易政策的执行

国家一般设立一系列专门机构,按照对外贸易政策的规定对进出口商品进行管理。如在政府中设立外贸部或商务部作为对外贸易的行政管理机构;在对外开放的口岸地点设立海关作为进出口商品的通道,对商品进行监督查验、征收关税、查禁走私;设立进出口银行,从金融上支持商品的进出口,发放出口信贷、办理国际支付结算;设立商品检验局和卫生检疫机构,从进出口商品的质量、卫生和技术标准等方面进行把关。

(四)对外贸易政策的类型

从国际贸易的历史考察,以国家对外贸的干预与否为标准,可以把对外贸易政策归纳为三种基本类型:自由贸易政策、保护贸易政策和管理贸易政策。

1. 自由贸易政策

自由贸易政策是指国家对商品进出口不加干预，对进口商品不加限制，不设障碍；对出口商品也不给以特权和优惠，放任自由，使商品在国内外市场上自由竞争。自由贸易政策产生的历史背景是资本主义自由竞争时期(18—19 世纪)，主要在英国、荷兰等首先进入资本主义，在经济上和竞争上居优势的国家实行，其相关理论的主要代表人物是英国的古典经济学家亚当·斯密和大卫·李嘉图。

2. 保护贸易政策

保护贸易政策是指国家对商品进出口积极加以干预，利用各种措施限制商品进口，保护国内市场和国内生产，使之免受国外商品竞争；对本国出口商品给予优待和补贴，鼓励扩大出口。保护贸易政策，在不同的历史阶段，由于其所保护的对象、目的和手段不同，可以分为：

(1)重商主义政策。重商主义是 16—17 世纪资本主义生产方式准备时期欧洲各国普遍实行的保护贸易政策。重商主义代表商业资本的利益，追求的目标是把金银财富集中在国内，实现资本积累。早期重商主义注重货币差额，主张扩大出口、减少进口或根本不进口，因为出口可以增加货币收入，而进口必须支出货币。规定本国商人外出贸易必须保证有一部分金银或外国货币带回国内；外国商人来本国贸易必须把销售所得全部用于购买本国商品。禁止货币和贵金属出口，由国家垄断全部货币贸易。晚期重商主义注重贸易差额，从管制货币进出口转为管制商品进出口。主张通过奖励出口，限制进口，保证出超，以达到金银货币流入的目的。

(2)幼稚工业保护政策。幼稚工业保护政策是 18—19 世纪资本主义自由竞争时期美国、德国等后起的资本主义国家实行的保护贸易政策。当时，这些国家的工业处于刚刚起步的幼稚阶段，缺乏竞争力，没有力量与英国的工业品竞争，这些国家的政府代表工业资产阶级利益，为发展本国工业，实行保护贸易政策。保护的方法主要是建立严格的保护关税制度，通过高关税削弱外国商品的竞争能力；同时也采取一些鼓励出口的措施，提高国内商品的竞争力，以达到保护民族幼稚工业发展的目的。

(3)超保护贸易政策。超保护贸易政策是 19 世纪末至第二次世界大战期间资本主义垄断时期各资本主义国家普遍实行的保护贸易政策。在这一时期，垄断代替了自由竞争，成为社会经济生活的基础。同时，资本主义社会的各种矛盾进一步暴露，世界市场的竞争开始变得激烈。于是，各国垄断资产阶级为了垄断国内市场和争夺国外市场，纷纷要求实行保护贸易政策。但是，这一时期的保护贸易政策与自由竞争时期的保护贸易政策有明显的区别，是一种侵略性的保护贸易政策，因此称其为超保护贸易政策。

超保护贸易政策具有以下特点：

①保护的对象不再是国内幼稚工业，而是国内高度发达或出现衰落的垄断工业；

②保护的目的不再是培植国内工业的自由竞争能力，而是垄断国内外市场；

③保护的手段不仅仅是关税壁垒，而且出现了各种各样的限进奖出的措施。

(4)新贸易保护主义。新贸易保护主义是对第二次世界大战后贸易自由化倾向的反省，形成于 20 世纪 70 年代中期。期间，资本主义国家经历了两次经济危机，经济出现衰退，陷入滞胀的困境，就业压力增大，市场问题日趋严重。尤其是在战后贸易自由化中起领先作用的美国，在世界市场的竞争中，日益面临着日本和欧共体国家的挑战，从 20 世纪 70 年代开始,从贸易顺差转为逆差,且差额迅速上升。在这种情况下,美国率先转向贸易保护主义,并引起各国纷纷效尤,致使新贸易保护主义得以蔓延和扩张。

新贸易保护主义之所以"新",是因为与传统的贸易保护主义相比,在保护手段上具有以下显著特点:

①保护措施由过去以关税壁垒和直接贸易限制为主逐渐被间接的贸易限制所取代;

②政策重点从过去的限制进口转向鼓励出口,双边与多边谈判和协调成为扩展贸易的重要手段;

③从国家贸易壁垒转向区域贸易壁垒,实行区域内的共同开放和区域外的共同保护。

(5)后危机时代的贸易保护主义。由于金融风暴对世界经济造成的影响,欧美各国经济体正在陷入"二战"之后最大的经济衰退中,许多国家的贸易保护主义开始抬头。尽管在目前这个全球经济一体化的时代,单纯的贸易保护主义已经行不通,但新的贸易壁垒将以知识产权、食品安全、环保、汇率、人权、公平等形式出现。

3.管理贸易政策

管理贸易政策,又称协调贸易政策,是指国家对内制定一系列的贸易政策、法规,加强对外贸易的管理,实现一国对外贸易的有秩序、健康的发展;对外通过谈判签订双边、区域及多边贸易条约或协定,协调与其他贸易伙伴在经济贸易方面的权利与义务。管理贸易政策是20世纪80年代以来,在国际经济联系日益加强而新贸易保护主义重新抬头的双重背景下逐步形成的。在这种背景下,为了既保护本国市场,又不伤害国际贸易秩序,保证世界经济的正常发展,各国政府纷纷加强了对外贸易的管理和协调,从而逐步形成了管理贸易政策或者说协调贸易政策。管理贸易是介于自由贸易和保护贸易之间的一种对外贸易政策,是一种协调和管理兼顾的国际贸易体制,是各国对外贸易政策发展的方向。

(五)影响对外贸易政策的主要因素

上述说明的是对外贸易政策的类型,实际上也是对外贸易政策演变的历史总结。不同的贸易政策在各国经济发展的历史过程中曾有不同的作用;同一国家在不同的历史阶段选择了不同的贸易政策。一个国家在一定时期采取何种贸易政策,主要取决于以下因素。

1.经济发展水平及其在世界市场上的地位和力量对比

这一点包含两个方面的含义:一方面是指一个国家在经济发展的不同阶段,其国内的生产力水平和发展目标不同,制约着对外贸易政策。一般来说,处于工业经济发展初期阶段的国家,采取保护贸易政策;而处于工业经济发达阶段的国家,采取自由贸易政策。另一方面是指一个国家在世界市场上的地位和力量对比制约着对外贸易政策。一般来说,处于劣势地位,商品竞争力弱的国家,采取保护贸易政策;而处于优势地位,商品竞争力强的国家,采取自由贸易政策。上述两个方面互相联系,但不完全一致。第一方面仅从自身发展所处的阶段考察,第二方面强调的是国与国之间的实力对比。由于经济发展不平衡规律的作用,各国的对外贸易政策会随着各国的经济实力和力量对比的变化而调整变化。20世纪70年代,美国经济处于发达阶段,且为世界头号经济强国,但由于面临日本和欧共体国家日益赶上的强有力的竞争,转向采取保护贸易的政策就是证明。

2.国内经济状况和经济政策

从资本主义经济发展的规律来看,资本主义各国的经济发展总是呈周期性变化、波浪式前进的。资本主义经济发展的周期性变化,在不同阶段,其国内经济状况不同,总经济政策不同，必然引起对外贸易政策的调整。一般来说，在资本主义经济发展的繁荣阶段，各国经济普遍高涨，如19世纪中叶和20世纪中叶，贸易自由化倾向就占上风；在资本主义经济发展的危机、萧条阶段，如20世纪30年代和20世纪70年代，保护贸易倾向就会蔓延和扩张。

3. 统治集团内部的矛盾和斗争

一个国家的对外贸易政策是代表统治阶级中占上风的利益集团的利益的。因此，统治集团内部的矛盾和斗争、政权的更迭，也会带来对外贸易政策的变化。一般说来，商品市场主要在国外的一些资产阶级利益集团主张贸易自由化；相反，商品市场主要在国内，并受到进口商品激烈竞争的资产阶级利益集团，则主张限制进口，实行保护贸易政策。

资料卡

美国为什么向中国发起贸易战？

——来源：凤凰网，2009-09-14

美国首位黑人总统奥巴马入主白宫以来，中美关系继续保持了稳定和积极发展的势头。这固然与奥巴马改变小布什时代的单边主义有关，也自然和中美两国拥有巨大的共同利益有关。然而，2009年9月11日，奥巴马总统却签署命令，对中国输美轮胎进行为期三年的惩罚性关税。由过去的4%提高到35%。中国轮胎产品40%销往国外，其中三分之一销往美国，此举不仅将重创中国轮胎业，还将影响到十万工人就业。正如中国橡胶工业协会会长范仁德表示的：美国对中国轮胎实施特保“或将置对美出口轮胎的企业于死地”。而且根据WTO规则，相关国家可以直接援引美国的制裁方案对中国轮胎实施制裁。由于事发于9月11日，堪称中国轮胎行业的“9·11”。

奥巴马此举，颇不寻常，甚至不合常理。首先，源自美国的经济危机仍然没有结束，美国也还没有开始经济复苏。需要全球通力合作，共度时艰。而且在两次G20会议上都达成不搞贸易战的共识。何以美国就此食言？而且向世界发出贸易保护主义的错误信号，不怕引起贸易保护措施的连锁反应，延缓当前世界经济复苏的步伐吗？其次，美国救市的资金大多来自面向全球发行的国债，一直需要中国的大力支持。在这个时候得罪中国，可称不可思议。况且G20会议马上在美国召开，美国就是不怕影响大会成功，难道不怕成为众矢之的？三是这个惩罚性关税方案，仅影响美国1000名员工的就业。为了这1000名员工，就冒开打贸易战的罪名，冒得罪中国甚至被中国报复的风险何也？四是提高输美轮胎关税，影响最大的还是美国的消费者和经营者。现在美国经营中国轮胎进口的经销商有200多家，零售商也有43100多个，这部分经销商和零售商将会面临重新选择就业岗位。而消费者再也买不到廉价的中国轮胎。不仅如此，经销商要么转向他国，要么中国的生产商也转到第三国生产，都不会起到保护美国轮胎生产业的作用。当然，奥巴马的做法也并非“无法可依”。这就是当初中国加入世贸的“特保条款”，是中国为了入世而接受的妥协性条款。条款只针对中国出口到其他国家的产品，允许用关税、配额、关税配额三种方式进行限制，有效期从2001年至2013年。但是此前，美国总统布什都以维护美国整体经济利益为由，否决了所有针对中国产品的特保案。而奥巴马的决定则是美国首次对中国产品使用特保大棒。同时，美国这次对中国启动轮胎特保还可能诱发针对中国其他出口产品的特保，中国出口的钢铁、机电、纺织等产品有可能成为美国新的特保对象。因此，中国的焦虑和强烈抗议自然是再正常不过了。

归根到底，美国此举害人不利己，甚至害人也害己。显然，奥巴马此举是另有所图。是项庄舞剑，意在“医改”。奥巴马上台以后，除了全面调整美国的外交战略，放弃单边主义，再启新一轮救市行动外，最大的内政就是医改。美国是当今发达国家中唯一没有医疗保险的国家，全国有近5000万人没有任何医疗保险。而美国的医疗费用又是全球最高的。就是中产阶级也难以承受巨额的费用，往往一病返贫。克林顿时代，为了解决此问题，不惜举贤不避亲，任命自己的太太希拉里主持医改方案。但最后在强大的反对力量的反制下功败垂成。医改之难可见一斑。奥巴马上台以后，雄心勃勃，国会演讲时声称他将是最后一位进行医改的总统，他将终结美国人无医疗保险的历史。然而，反对力量之强大还是超出他的预料。就是在国会发表演讲时，竟然极其罕见地发生了一位共和党议员高声指责他“说谎”的事件。与此同时，反对他医改方案的游行此起彼伏。双方的较量进入到白热化状态。而夸下海口的奥巴马一旦失败，其后果之严重，不言而喻。为此，奥巴马必须不惜一切代价闯关成功。为此，他必须不遗余力地拉到支持者。于是牺牲中国便成了他的一个选择。而且以轮胎作为突破口，对美国损失极小，影响极小。但却可以极大地讨好工会，从而取得强大的工会支持，以图过关。就是中国通过世贸体系上诉成功，已与他无关。

西方一直宣扬说，民主可以导致和平，民主国家不会发生战争。然而，从实践来看，民主却最容易导致冲突。由于政党要取得选民的支持，就要对选民的意见进行回应。而当选民认为是第三国损害了他们的利益，他们往往不惜引发国际争端，来讨好之。而且当自己面临问题和挑战时，为了转移视线，也往往拿国际事务大做文章。像这一次，轮胎惩罚性关税是害人又害己之举，作为政治精英奥巴马自然心知肚明，但仍然为了自己当前的政治需要而不惜得罪中国。

面对美国的贸易战，中国既可以向世贸申诉，也可以通过暂停购买国债施压，甚至可以向美国出口中国的农产品提高关税作为报复。但却未必把事做绝。毕竟一场贸易战没有赢家，毕竟无论医改方案成功或失败，只要这一关口度过，奥巴马自然要改弦易张，回到理性的道路上来。没办法，谁让民主就是如此运作呢？

二、对外贸易管制

(一)对外贸易管制的概念

对外贸易管制又称进出口贸易管制，即对外贸易的国家管制，是指一国政府从国家宏观经济利益、国内外政策需要以及为履行所缔结或加入国际条约的义务出发，为对本国的对外贸易活动实现有效的管理而颁布实行的各种制度以及所设立的相应机构及其活动的总称，简称贸易管制。

(1)对外贸易管制是制度、相应机构及其活动的总称。

(2)对外贸易管制的目的：

①为了发展本国经济，保护本国经济利益；

②为了达到其国家政治或军事目的；

③为了实现其国家职能。

(3)对外贸易管制制度是国家的一项强制性措施。它主要是针对进出口的货物和技术的管理。简单说来，就是不让国外的某些货物进口，以免影响本国经济或者卫生安全；也要限制本国的东西出口，为的是不能让本国的某些宝贵资源流到国外。

(二)对外贸易管制的分类

1.按管理目的分

(1)进口贸易管制;

(2)出口贸易管制。

2.按其管制手段分

(1)关税措施;

(2)非关税措施。

3.按管制对象分

(1)货物进出口贸易管制;

(2)技术进出口管制;

(3)国际服务贸易管制。

(三)对外贸易管制的目的和特点

1.目的

(1)为了发展本国经济,保护本国经济利益。

(2)为了达到其国家政治或军事目的。

(3)为了实现其国家职能。

2.特点

(1)一国对外政策的体现。

(2)会因时因势而变化。

(3)以对进口的管制为重点。

(四)WTO与贸易管制

宗旨:通过彼此削减关税及其他贸易壁垒,消除国际贸易上的歧视待遇,扩大服务的生产与贸易,建立可持续发展目标等,以充分利用世界资源,扩大商品生产和交换,保证充分就业,增加实际收入和有效需求,提高生活水平。主张利用多边贸易谈判的方式,解决贸易争端,削减贸易管制措施。

WTO的五大原则:最惠国待遇原则、国民待遇原则、透明度原则、自由贸易原则、公平竞争原则。

(五)对外贸易管制目标的实现

1.海关监管是实现贸易管制的重要手段。

2.执行贸易管制政策海关监管方式——"单单相符""单货相符""单证相符""证货相符"。

3.报关是海关确认进出口货物合法性的先决条件。

资料卡

日媒:中国事实上禁止对日出口稀土　打击日本软肋

——来源:环球时报网络版,2010-09-29

日本共同社9月27日文章,原题:中国掌握战略关键打击日本软肋中国事实上禁止了对日出口稀土,打击了日本经济的"软肋"。日中撞船事件揭示了一大现实:日本企业依托高科技产品在竞争中求生存的战略要害掌握在中国的手中。

“究竟是1天？1年？还是无限期禁运?”大型商社的询问纷至沓来,日本政府23日发现稀土事实上已被禁运。经济产业省的官员们对信息的匮乏坐立不安。尽管之后经济产业省利用各种渠道尽力收集信息,但仍无法掌握实际情况。

经产相大畠章宏称“如果长期禁运,将产生巨大影响”,语中难掩危机意识;但中国商务部则表示并未下令禁运。两国无法就此进行交涉。焦急的大畠甚至考虑以中国停止对日出口违反了世贸组织规定为由,向世贸组织提起诉讼。

三、我国对外贸易管制的基本架构

(一)基本框架

我国对外贸易管制制度是一种综合管理制度,主要由下列制度构成:①海关监管制度;②关税制度;③对外贸易经营者管理制度;④进出口许可制度;⑤出入境检验检疫制度;⑥进出口货物收付汇管理制度;⑦贸易救济制度。

(二)法律体系

由于贸易管制是一种国家管制,其法律渊源不包括地方性法规、地方性规章及各民族自治区的地方条例和单行条例,所以贸易管制所涉及的法律渊源只限于宪法、法律、行政法规、部门规章以及相关的国际条约。我国主要以《对外贸易法》为核心,国际公约包括:①《京都公约》——关于简化和协调海关制度;②《蒙特利尔协议》——关于消耗臭氧层物质的国际公约;③《鹿特丹公约》——国际贸易中对某些危险化学品和农药采用事先知情同意程序的国际公约等。

四、我国货物、技术进出口许可管理制度

进出口许可是国家对进出口的一种行政管理程序,既包括准许进出口的有关证件的审批和管理制度本身的程序,也包括以国家各类许可为条件的其他行政管理手续,这种行政管理制度称为进出口许可制度。

(一)禁止进出口管理

我国是以“目录”形式进行管理,商务部门会同国务院有关部门,制定、调整并公布禁止进口货物、技术目录,海关实施监督管理。

1.禁止进口

禁止进口:列入目录内及其他法律法规规定的货物和技术,不得经营进口。

(1)禁止进口货物

①《禁止进口货物目录》共六批,分别是:

第一、六批:根据保护生态环境的国际条约而定——如破坏臭氧层的四氯化碳、虎骨、犀牛角等。

第二批:旧机电:压力容器类、电器医疗设备类、汽车工程及车船机械类(安全、环保与节电)。

第三、四、五批:固体废物类:2008年3月1日起执行调整后的固体废物管制政策。海关按照禁止进口、限制进口、自动许可进口三种类别对进口固体废物进行监管。根据环保总局、商务部、发改委、海关总署、质检总局2008年第11号公告,国家对固体废物管制的政策调整主要有:将原以固体废物为主的禁止进口目录三、四、五予以废止;废止原限制类、自动许可类进口可利用固体废物目录;经过调整、补充,重新公布固体废物禁止类、限制类、自动许可类目录，上述目录自 2008 年 3 月 1 日起执行。

②国家有关法律法规明令禁止的货物，如不符合《动植物检验检疫法》的下列货物：动植物病源、疫区的动植物及产品、动物尸体、土壤等。

③以 CFC—12 为制冷工质的汽车及汽车空调器、空调压缩机、右置方向盘的汽车旧服装、VIII 因子制剂等血液制品、黑人牙膏（"DARKLE"、"DARKLIE"）、国产手表复进口。

停止进口氯酸钾、硝酸铵、进口货物及其包装上带有违反"一个中国"原则内容的，不得进口莱克多巴胺和盐酸莱克多巴胺（2010 年新增，见 2010 年国家贸易管制政策措施调整情况）。

(2)禁止进口技术

《中国禁止进口限制进口技术目录》（第一批：涉及钢铁冶和有色冶金、化工、石油炼制、石油化工、消防、电工、轻工、印刷、医药、建材生产技术等，目的是保护国营经济）

2. 禁止出口

(1)禁止出口货物

①《禁止出口货物目录》共五批，分别是：

第一、三批，保护生态环境和资源，如：四氯化碳、犀牛角、虎骨、麝香（2007 年新增）、防风固沙用发菜和麻黄草。

第二批：保护森林资原：木炭。

第四批：硅砂及石英砂及其他（天然砂 2007 年新增）。

第五批：未经化学处理的森林凋落物、经化学处理的森林凋落物、泥炭（草炭）（2009 年新增内容）。

②有关法律法规规定禁止出口，如：新发现、重要价值或濒危的野生动植物。

③其他：如劳改产品、原料血浆以及商业性出口的野生红豆杉及其部分产品。

(2)禁止出口技术

《中国禁止出口限制出口技术目录》——核技术、测绘、地质、药品生产、农业等技术领域。

(二)限制进出口管理

实施目录管理，商务主管部门会同其他部门，制定、调整并公布目录，海关依法监督管理。

1. 限制进口管理

(1)限制进口管理的主要原因

①维护国家安全和公共道德；②保护人体、动、植物健康，保护生态环境；③实施与黄金白银进出口有关措施；④建立或加快国内特定企业的发展；⑤对农、牧、渔业有必要限制的；⑥保障国家金融地位和国际收支平衡；⑦其他规定，国际条约协定规定。

(2)限制进口货物管理

限制进口货物管理方式有许可证件管理和关税配额管理两种，配额管理又分为绝对配额管理和关税（相对）配额管理。自 2005 年起我国依据加入 WTO 的承诺，取消了绝对数量限制，所以限制进口商品的管理分为许可证件管理和关税配额管理。

①许可证管理

A. 许可证定义

许可证是指国家批准对外贸易经营者进出口某些货物或技术的证明文件——由商务部配额许可证事务局及其各特派员办事处，各省、自治区、直辖市以及经国务院批准的计划单列市的对外经贸行政管理部门，实行按商品、按地区分级发证。

B. 发证机构

商务部授权配额许可证事务局(以下简称“许可证局”)统一管理、指导全国各发证机构的进出口许可证签发及其他相关工作,许可证局对商务部负责。

许可证局及其委托发证的商务部驻各地特派办事处(简称“各特办”)和各省级外经贸主管部门为进出口许可证发证机构(简称“地方发证机构”,统称“发证机构”),在许可证局的统一管理下,负责授权范围内的发证工作。

各发证机构按照商务部发布的年度《进口许可证管理商品目录》和《进口许可证管理商品分级发证眉录》的规定,签发相关商品的进口许可证。全国各类进出口企业进口《进口许可证管理商品目录》中的商品,到《进口许可证管理商品分级发证目录》指定的发证机构申领进口许可证。

进口许可证实行“一关一证”管理。一般情况下进口许可证为“一批一证”,如要实行“非一批一证”,同时在进口许可证备控栏内打印“非一批一证”字样。“非一批一证”的在有效期内可多次报关使用,但最多不超过 12 次。

C. 申请进口许可证应提交的文件

a. 进口许可证申请表,并加盖申领企业印章。

b. 进口管理部门的批准文件,进口企业应根据进口货物情况,向发证机构提交进口许可证发证依据所规定的进口批准文件及相关材料。

c.《进出口企业资格证书》或《外商投资企业批准证书》。对国家实行国营贸易或指定经营管理的进口商品,需根据国营贸易和指定经营管理规定要求,提供商务部的经营资格核准文件。

D. 进口许可证发证依据

a. 进口属于配额管理的机电产品,发证机构凭商务部签发的《机电产品进口配额证明》签发进口配额许可证。

b. 进口属于配额管理的天然橡胶,发证机构凭国家发改委、商务部的配额批准文件签发进口配额许可证。

c. 进口属于配额管理的成品油和汽车轮胎,发证机构凭商务部的配额批准文件签发进口配额许可证。

d. 对监控化学品,发证机构凭国家主管部门批准的《监控化学品进口核准单》和进口合同签发进口许可证。

e. 对易制毒化学品,发证机构凭商务部《易制毒化学品进口批复单》和进口合同签发进口许可证。

f. 对光盘生产设备,发证机构凭国家新闻出版总署的批准文件和商务部的机电产品进口证明文件签发进口许可证。

g. 对消耗臭氧层物质,发证机构凭国家主管部门批准的《受控消耗臭氧层物质进口审批单》签发进口许可证。

h. 对加工贸易进口属于许可证管理的商品,除成品油、监控化学品、易制毒化学品、光盘生产设备外,一律免领进口许可证。对加工贸易进口监控化学品、易制毒化学品和光盘生产设备,发证机构分别按前述有关规定办理。

i. 对外商投资企业作为投资和自用进口属于配额管理的机电产品和生产内销用进口属于配额管理的非机电产品,发证机构凭外经贸外资主管部门签发的《外商投资企业进口配额证明》签发进口许可证。

j. 对外商投资企业作为投资和自用进口许可证管理的非机电产品，发证机构凭外经贸外资主管部门签发的《外商投资企业特定商品进口登记证明》签发进口许可证。

k. 对外商投资企业进口光盘生产设备，发证机构凭国家新闻出版总署的《音像制品复制经营许可证》、商务部批准证书、进口合同和进口设备清单签发进口许可证。

E. 进口许可证的有效期、延期、更改、遗失处理及查询

a. 进口许可证的有效期为一年，逾期自行失效。进口许可证应在进口管理部门批准文件规定的有效期内签发；进口许可证当年有效。特殊情况需跨年度使用时，有效期最长不得超过次年 3 月 31 日。

b. 进口许可证的延期。进口许可证因故需要延期的，进口企业应在进口许可证有效期内向原发证机构提出延期申请；进口许可证只能延期一次，延期最长不超过 3 个月。

c. 进口许可证的更改。进口许可证如需更改，进口企业应在许可证有效期内到原发证机构提出更改申请，重新换发许可证。

d. 进口许可证的遗失处理。进口许可证如丢失，领证单位应立即向公安机关报案，登报声明作废。发证机构凭遗失报告、声明作废报样等材料，经核实后，可撤销原进口许可证并核发新证。

e. 进口许可证的查询。海关、工商、公安、纪检、法院等单位需要向发证机构查询或调查进口许可证，应依法出示有关证件，发证机关方可接受查询。

F. 其他有关管理规定

a. 进口许可证管理商品中的机电产品作为台、港、澳侨商企业投资额度内进口自用设备；以暂进复出、展览品、保税仓库、转口贸易、修理物品、无代价抵偿货物以及来料(进料)余料结转、来料(进料)成品退运等贸易方式进口的许可证商品；来料加工和进料加工合同项下进口用于生产出口产品的料件或外商投资企业为履行产品出口合同所需进口的料件(棉花除外)；保税区和供应国际航行船舶、航空器用燃料可免领进口货物许可证。

b. 上述商品中的光盘生产设备、监控化学品、成品油、易制毒化学品、消耗臭氧层物质无论任何贸易方式进口均须申领进口许可证。

c. 进口机电产品成套散件或零部件每套价格总额达到同型号产品整机价格 60%及以上的，视同整机，进口时须申领许可证。

d. 对散装货物进出口溢短装数量按照国际惯例在 5%范围内，原油、成品油、化肥、钢材在 3%范围内免于领证；对分批进口实行许可证管理的大宗商品，每次货物进口时，按其实际进出口数量核扣许可证额度，最后一批货物进口时，其溢装数量按许可证实际剩余数量及规定允许按溢装上限计算。

②许可证件管理

具有许可性质的证明、文件主要指国家各相关主管部门所签发的准许特定种类的货物进出口的证明文件——由专业职能部门(如国家环保总局、林业局、药监局、农业部、质检总局、人民银行、外汇管理局等)负责发证。

许可证件为许可证及许可证件的总和，实施目录管理，由商务主管部门会同其他部门，制定、调整并公布目录，海关依法监督管理。包括进口许可证、濒危物种进口、可利用废物进口、进口药品、音像制品、黄金及制品等管理。

A. 废物进口管理

近年来，西方某些发达国家为了自己的利益，将本国的生活垃圾、工业垃圾甚至核废料输入到一些发展中国家，对发展中国家的环境造成了极大的损害。我国在最近几年，海关以及其他执法部门连续查获了多起“洋垃圾”非法输入案件，引起了我国政府的高度重视。为加强对废物进口的环境管理和防止废物进口污染环境，依照《中华人民共和国固体废物污染环境防治法》和有关法律，国家环境保护总局、外经贸部、海关总署、国家工商局、商检局于1996 年联合颁布了《废物进口环境保护管理暂行规定》，后来有关部门以此《规定》为依据制发了一系列的废物进口环境保护管理措施。

废物一般是指已没有原来或其他的使用价值，只能作为回收材料使用的在生产、生活和其他活动中产生的污染环境的固态、半固态废弃物质。凡未列入上述《规定》所附《国家限制进口的可用作原料的废物目录》以及随后增补目录的废物，一律禁止进口。

a. 商品范围

根据环控〔1996〕204 号《关于颁布〈废物进口环境保护管理暂行规定〉的通知》和环控〔1996〕802 号《关于增补国家限制进口的可用作原料的废物目录的通知》中的有关规定，适用环境保护措施的进口废物共分十类：

第一类：动物废料（商品编号 05069010）。

第二类：冶炼渣（商品编号 26190000）。

第三类：木和木制品废料（商品编号 44013000、45019000）。

第四类：回收（废碎）纸或纸板（商品编号 47071000、47072000、47073000、47079000）。

第五类：纺织品废物（商品编号：合成纤维废料 5505.1000、人造纤维废料 5505.2000）

第六类：贱金属及其制品废碎料（商品编号 72041000－72045000、74011000、74012000、74040000、75030000、76020000、79020000、80020000、81031000）。

第七类：各种废旧五金、电机、电器产品。

第八类：废运输设备（商品编号 89080000）。

第九类：特殊情况需要进口的废物。

第十类：塑料的废碎料及下脚料 3915.1000，乙烯聚合物的废碎料及下脚料 3915.2000，苯乙烯聚合物的废碎料及下脚料 3915.3000，氯乙烯聚合物的废碎料及下脚料 3915.9000，其他塑料的废碎料及下脚料。

b. 管理部门及适用范围

国家环境保护总局对全国废物进口实施监督管理，负责签发《进口废物批准证书》；国家进出口商品检验检疫局会同国家环境保护总局制定进口废物强制检验的标准；外经委、海关、商检部门和工商部门在各自的职责范围内，对进口废物及其经营活动实施监督管理。

环境保护措施适用于所有贸易方式（转口贸易除外）进口的废物。

c. 验放凭证

对符合规定进口的废物，海关一律凭国家环境保护总局签发的《进口废物批准证书》和口岸所在地进出口商品检验机构的检验合格证明验放。废物进口管理的监管证件代码为“P”。

d. 有关规定

Ⅰ.《进口废物批准证书》的申请、审批程序：

对于第六类废物，即贱金属及其制品废碎料，由废物进口单位或者废物利用单位直接向国家环境保护总局提出进口申请，由国家环境保护总局审批；

对于其他废物，由废物进口单位或者废物利用单位向废物利用单位所在地市级环保部门提出申请，经市、省两级审查同意后，报国家环境保护总局审批。

Ⅱ.进口废电缆、废电线，由于其主要目的是为回收废铜、废铝，除交验《进口废物批准证书》外，还应交验《重要工业品进口登记证明》。

Ⅲ.从2000年4月1日起，一律不准进口废电视机及显像管、废电冰箱(柜)、废空调器(柜)、废微波炉、废计算机显示器及显像管、废复印机、废摄像机、废电饭锅、废游戏机(加工贸易除外)、废有线电话机(磁卡、投币电话机除外)十类废电器。计算机主机、键盘、打印机和驱动器作为废物进口时，应视同进口废计算机实施管理。

Ⅳ.企业以加工贸易方式进口废物，应持国家环境保护局签发的《进口废物批准证书》向海关办理加工贸易合同的登记备案手续。

Ⅴ.自2000年4月29日起，《进口废物批准证书》中的"废物进口单位"栏内只能批准一家进口单位。6月1日起，海关不再受理有两家或以上废物进口单位的《证书》报关。

Ⅵ.对《证书》背页表格经海关批注已满，但进口数量仍有余额的，可由进口单位按表格样式自制续页，但该续页须经各地省级环境保护行政主管部门加盖与《证书》正本相连的骑缝章(行政章)后方有效。海关可凭上述有效续页接受报关，直至该《证书》有效期结束为止。

Ⅶ.废电池，新、旧布碎片均属国家禁止进口废物。

Ⅷ.加工贸易进口料件或以出顶进料件在生产过程中产生的可再利用的边角废料经批准内销时，由于这些边角废料是在国内进行加工中产生，而非境外进口，因此不属废料管理范畴，海关不验核《进口废物批准证书》。

Ⅸ.自2001年3月1日起，国家环保总局签发的《进口废物批准证书》启用"国家环境保护总局废物进口审批专用章"，不再加盖国家环境保护总局章；同时，《证书》上"废物来源"栏目不再打印来源国，只打印截止符"#"。

B.音像制品进口管理

为了加强对音像制品进口的管理，促进我国音像市场健康有序地发展，丰富人民群众的文化生活，1999年文化部与海关总署联合发布了《音像制品进口管理办法》，对音像制品的进口经营实行许可制度。

a.商品范围

音像制品从其载体而言，有录制磁带(片)、光盘及其他媒体等形式，但属此管理范围的载体必须是已录制有内容的；具体包括：

录音带、录像带及其他录制磁带；

唱片；

激光唱盘、视盘及其他已录制光盘；其他已录制媒体。

商品编号具体包括：85245110、85245190、85245210、85245290、85245310、85245390、85241010、85241090、85243210、85243290、85243910、85243990、85249910。

b.适用范围

凡从外国及我国香港特别行政区、澳门特别行政区和台湾地区进口音像制品从事下列活动的，均适用《音像制品进口管理办法》：

用于音响出版单位出版；

用于直接销售；

用于研究、教学参考；

其他特殊情况需要进口。

c. 管理部门及涉及的证件

文化部负责全国音像制品的进口管理，审定音像出版单位和音像制品经营单位的进口经营资格，审定进口音像制品内容，调控音像制品进口的品种，由省、自治区、直辖市人民政府音像制品行政管理部门管理本行政区域内的音像制品进口工作。

音像制品监管证件代码为"Z"，具体规定如下：

Ⅰ. 用于经营的音像制成品和母带(盘)进口，海关凭盖有"文化部音像制品审查专用章"的《音像制品发行许可证(进口类)》验放。

Ⅱ. 音像制品样带(片)以及少量非经营性自用的音像制品，海关凭文化部或省、自治区、直辖市音像制品行政管理部门签发的《进口音像制品样带(片)提取单》验放。

d. 有关规定

Ⅰ. 国家禁止进口经营侵犯他人知识产权和有下列内容的音像制品：危害国家统一、主权和领土完整的；有损中国形象和尊严的；煽动民族分裂，破坏民族团结的；宣扬淫秽、色情、迷信、暴力、吸毒等，违反社会道德规范，有损群众身心健康的；违背国际关系基本准则，可能影响我国与其他国家正常关系的；思想和艺术水平庸俗、低下的；法律法规规定禁止传播的其他内容。

Ⅱ. 经营权问题：用于制作复制音像制品的母带、母盘由文化部核定的有进出口权的出版单位进口；直接用于销售的音像制品成品由中国图书进出口总公司进口；用于报审的音像制品样带、样片由音像单位(含音像进口出版单位、版权代理单位、音像制作单位等)进口。未取得进口资格的单位和个人，不得从事音像制品的进口业务，全国性和省、自治区、直辖市的图书馆、音像资料馆，科研机构、高等院校以及有其他特殊需要的单位，进口供研究、教学参考的音像制品，应当委托有进口资格的音像制品经营单位办理进口业务。

Ⅲ. 证面管理：《音像制品发行许可证(进口类)》和《进口音像制品样带(片)提取单》为一批一证，证面内容不得修改，进口证件必须在指定口岸使用，分公司不得使用总公司证明进口音像制品。

Ⅳ. 随机器设备同时进口的用于记录操作系统、设备说明、专用软件等内容的光盘、磁盘等记录媒体，海关凭进口单位提供的合同、发票等有效单证验放。

Ⅴ. 企业在加工贸易项下为生产出口产品的配套成品光盘，应委托境内企业进行加工，如确因境内尚不具备条件加工需进口的光盘，海关凭新闻出版署和电子出版物管理司的批件办理合同备案和验放手续。进口供出口成品配套出口的光盘也按上述规定办理。

Ⅵ. 加工贸易为出口激光唱盘、激光视盘而进口的料件，海关凭当地音像归口管理部门出具的批准证明予以登记备案。

C. 濒危物种管理

为保护、拯救珍贵、濒危野生动植物，维护生态平衡，国家根据《濒危野生动植物种国际贸易公约》、《中华人民共和国野生动物保护法》、《中华人民共和国野生动植物保护条例》以及其他有关的法律、法规，制定和实施了濒危物种进出口管理措施。野生动植物资源属于国家所有，国家对珍贵、濒危的野生动植物实行重点保护。监管证件代码为"F"。

a. 商品范围

涉及的商品较多，国家每年会因应情况作适当的修改和增删，但不会作大幅度的调整，具体范围见濒办字〔2001〕1号《进出口野生动植物种商品目录》。应当注意的是，所涉及的商品不仅是少见、稀罕的物种，很多物种都是我们日常生活较为熟悉、与我们生活息息相关的商品，如鱼翅、冬虫夏草、龟鳖类和天麻等。

b. 管理部门及证件

管理部门是国家濒危物种进出口管理办公室及其授权办事处，全国共设有46个授权办事机构，广东省的管理部门是国家濒管办广州办事处。凡列入《目录》的商品，海关凭国家濒管办或其授权办事处《野生动植物允许进出口证明书》验放。

c. 适用贸易范围

根据濒办综字〔1997〕48号文的规定："对'目录'所列野生动植物或其产品以一般贸易、无偿捐赠、无偿提供、旅客携带、交换、邮寄及其他各种方式进口，海关均按本通知规定进行监管。"因此濒危物种管理措施适用于所有贸易方式下的进出口活动。

d. 有关规定

Ⅰ. 植物管理

ⅰ. 对《濒危野生动植物种国际公约》附录植物及其产品，无论野生的，还是人工培植的，均实行允许进出口证明书管理。

ⅱ. 对"目录"中的非《公约》附录植物及其产品，只对出口野生来源的实行允许出口证明书管理。

ⅲ. 对进口、再出口"目录"中非《公约》附录植物及其产品的，取消允许进出口证明书管理。

Ⅱ. 动物管理列入"目录"的野生动物及其产品，既包括野生来源的，也包括人工驯养或人工繁殖获得的，均需凭允许进出口证明书验放。如人工养殖的水鱼也要凭证进口。

Ⅲ. 非物种证明国家濒管办规定，从1999年8月1日起，统一使用《非〈进出口野生动植物种商品目录〉物种证明》。目前的做法是，现场海关对于不能确定是否属野生动植物种的进出口商品，需要企业到濒危部门领取上述证明，方予验放。

D. 化学品首次进口及有毒化学品进出口管理

为了保护人体健康和生态环境，加强化学品进出口环境管理和执行联合国《关于化学品国际贸易资料交流的伦敦准则》，国家环保局、海关总署和外经贸部于1994年联合颁发了《化学品首次进口及有毒化学品进出口环境管理规定》。有毒化学品进出口监管证件代码为"X"。

在《规定》里，化学品首次进口是指外商或其代理人向中国出口其未曾在中国登记过的化学品，即使同种化学品已有其他外商或其代理人在中国进行了登记，仍被视为化学品首次进口。因此"首次"是针对外商或其代理人而言的，并非针对某种化学品的第一次进境而言。

有毒化学品是指进入环境后通过环境蓄积、生物累积、生物转化或化学反应等方式损害健康和环境，或者通过接触对人体具有严重危害和具有潜在危险的化学品。在该《规定》里，有毒化学品的范围不包括食品添加剂、医药、兽药、化妆品和放射性物质。

a. 商品范围

根据署法〔1999〕15号《海关总署关于转发国家环保总局修订的〈中国禁止或严格限制的有毒化学品名录(第一批)〉的通知》，纳入管理的有毒化学品共27种，具体包括青石棉、多溴联苯、多氯联苯、三磷酸酯、三吖丙啶基氧化磷、丙烯腈、汞和汞化合物、艾花剂、狄氏剂、异狄氏剂、滴滴涕、六六六·混合异构体、七氯、六氯苯、三环锡·普特丹、1,2-二溴乙烷、氯乙酸胺·敌蚜胺、2,4,5-涕、二溴氯丙烷、内吸磷、氰化合物、氯丹、杀虫脒、氯化苦、砷和砷化合物、五氯酚、地乐酚。

b. 管理部门及验放凭证

Ⅰ. 管理部门:国家环境保护局统一实施监督管理,签发凭证。

Ⅱ. 化学品首次进口,对符合规定的,环保局签发粉色《化学品进口环境管理登记证》;对经审查,认为需经进一步试验和较长时间观察方能确定其危险性的首次进口化学品,环保局签发白色临时登记证,海关凭此验放。

Ⅲ. 列入《名录》的化学品进出口,对符合规定的,环保局签发绿色《化学品进(出)口环境管理登记证》和《有毒化学品进口环境管理放行通知单》,海关凭此验放。

Ⅳ.《化学品进(出)口环境管理登记证》有效期为五年,临时登记证有效期为一年,《有毒化学品进口环境管理放行通知单》实行一批一证制。

c. 有关规定

Ⅰ. 适用贸易方式:任何贸易方式。

Ⅱ. 申请登记的,须填写申请表,免费提供试验样品,一般不少于 250 克。

Ⅲ. 因实验需要,首次进口且年进口量不足 50 千克的化学品免于登记。但《名录》所列化学品除外。

E. 银铂及其制品管理

金、银、铂是贵金属,价值高、资源有限,为稳定金融市场和维护国内经济秩序,国家对金银铂及其制品实施严格的管理,所有金银及其制品进口均需中国人民银行批准,并凭中国人民银行的批件验放;出口时按许可制度予以管理。

a. 金银及其制品

Ⅰ. 金银范围包括:金银条、块、锭、粉,金银铸币,金银制品,包括金、银基合金制品,含金银化学产品,含金银废渣、废液、废料,包金银制品,镶嵌金银制品等。

Ⅱ. 国家进出口金银由中国人民银行总行统一办理。各部门、单位进出口金银一律需经中国人民银行总行批准,海关凭中国人民银行总行签发的金银产品进口批件或金产品出口准许证(监管证件代码为"J")验放。

Ⅲ. 金银制品的加工贸易(包括三资企业):

开办金银加工业务,须经中国人民银行总行审查批准;加工业务所需进口的金银及出口制品,必须持中国人民银行总行(或总行授权的有关分行)的批件,海关凭以查验放行;加工中升溢的金银必须交售人民银行。

Ⅳ. 金银纪念币的进出口管理:

ⅰ. 范围:金银纪念币指的是金银制成的硬币或纪念币,不包括具有钱币学收集意义的硬币及纪念币。

ⅱ. 实行限定口岸进出境管理:金银纪念币的进出境口岸仅限北京、沈阳、上海、广州、深圳以及拱北 6 个口岸。

ⅲ. 验放凭证:海关凭当地人民银行出具的进出口金银证明文件和盖有中国金币总公司印章的进出口报关单办理验放手续。

ⅳ. 指定公司经营:经营单位一律填写"中国金币总公司",收(发)货单位仅限沈阳造币厂、上海造币厂、深圳国宝金币制造厂以及中国金币总公司四个单位。

b. 白银进口管理

Ⅰ. 这里所说的"银"是指纯银，不包括镀金、镀铂的银，也不包括银合金以及其他金属材料为底包银或镀银的制品，具体包括未锻造银、银粉、银半制成品、银制品等。根据银发〔1999〕414 号文的规定，具体商品编号包括 71061000，71069100，71069200，71131100，71141100，71159010，71159090。

Ⅱ. 签证部门及验放凭证：企业要进口白银，必须要先向地方中国人民银行分支行提出申请，获批准的由中国人民银行总行负责签发《白银进口准许证》。监管证件代码为"U"。

Ⅲ. 上述规定适用于一般贸易进口、捐赠及加工贸易内销的白银。

Ⅳ. 证件管理：《白银进口准许证》实行一批一证制，证面内容不得更改，如需更改，企业应持原证到原发证部门核发新证。

c. 银铂出口管理

Ⅰ. 白银出口无论以任何贸易方式均实行许可证管理制度，但对非贸易性出口白银仍按中国人民银行现行规定执行，即海关应凭人民银行出具的证明文件和盖有中国金币总公司印章的报关单验放。

Ⅱ. 铂金(商品编号为 71101100 和 71101910)属于一般贸易禁止出口的商品，但加工贸易出口实行许可证管理。值得注意的是，铂金制品不属禁止出口和许可证管理范围。

F. 人民币和外币现钞出入境管理

为了加强国家货币出入境管理，维护国家金融秩序，适应改革开放的需要，规范人民币和外币现钞进出境管理，国家外汇管理局和海关总署根据国务院颁布的《中华人民共和国国家货币出入境管理办法》制定和下发了一系列的管理规范，监管证件代码为"T"。

a. 人民币和外币进出境管理

Ⅰ. 商品范围

商品名称为"流通中的货币现钞"，指的是流通中的人民币和外币，商品税号是 98013000。

Ⅱ. 管理机关及验放凭证

ⅰ. 国家外汇管理局、海关总署为银行调钞(主要是外币)进出境业务的管理机关，中国人民银行负责人民币现钞进出境管理工作。

ⅱ. 银行调运外币现钞进出境，海关凭国家外汇管理局(所在地)签发的《银行调运外币现钞进出境许可证》验放。

ⅲ. 调运人民币现钞进出境，海关凭中国人民银行货币金银局批件验放。

Ⅲ. 外币现钞实行限定口岸进出境管理：限定口岸为北京、上海、福州、广州、深圳 5 个口岸，1999 年增加拱北口岸。

Ⅳ. 报关手续

ⅰ. 调运流通中的外币、人民币进出境时，由经办银行办理货币现钞的进出口海关手续。

ⅱ. 外币、现钞进出境填写报关单的贸易方式应为"9900"其他，征免性质为"一般征税 101"。

ⅲ. 调运货币现钞进出境业务不列入海关统计。

Ⅴ. 装帧人民币出口管理

ⅰ. 商品范围货币的出口目的不是为了流通，仅作为收藏或观赏之用，出口对象一般是境外一些国家或地区的邮票钱币经销商。

ⅱ.统一归口管理部门中国人民银行。

ⅲ.验放凭证经营单位凭中行发行司出具的正式公函办理出口手续。

b.旅客携带货币进出境管理

Ⅰ.外币进出境管理

ⅰ.境外多次往返旅客,携带外汇入境须向海关申报,出境时海关凭本次入境时的申报数额记录或银行签发的“携带证”放行;

ⅱ.境内多次往返旅客可携带折合1000美元以下(含本数)外币进出境。超过1000美元入境时须向海关申报,出境时凭入境申报记录或“携带证”放行;

ⅲ.居民旅客可携带折合2000美元以下(含本数)外币进出境。超过2000美元入境时须向海关申报,出境时凭入境申报记录或“携带证”放行;如无本次入境申报记录的,凭银行签发的“携带证”携带2000~4000美元外币出境或者凭经当地外汇局核准由银行签发的“携带证”携带4000美元以上外币出境。

ⅳ.非居民旅客可携带折合5000美元以下(含本数)外币进出境。超过5000美元入境时须向海关申报,出境时凭入境申报记录或“携带证”放行;如无本次入境申报记录的,凭入境申报记录或“携带证”放行;如无本次入境申报记录的,凭银行签发的“携带证”携带5000~10000美元外币出境或者凭经当地外汇局核准由银行签发的“携带证”携带10000美元以上外币出境。

Ⅱ.进出境管理

中国公民和外国人进出境携带人民币的限额为6000元。

资料卡

海关对买名牌包自用入境者全额征税

——来源:大洋网—广州日报,2010-10-26

“自己买自己用的东西,也要申报征税么?”前日下午,几名旅客经皇岗海关入境时,被关员查获其携带新购的LV手袋入境未申报,结果价值超限,被立案处理。

据了解,海关总署54号公告明确规定:“进境居民旅客携带超出5000元人民币的个人自用物品,经海关审核确属自用的;进境非居民旅客携带拟留在中国境内的个人自用进境物品,超过人民币2000元的,海关仅对超出部分的个人自用进境物品征税,对不可分割的单件物品,全额征税。”

“HERMES、LV、CHANEL、GUCCI、PRADA等顶级品牌的手袋都有,我们查到最贵的一个售价人民币7万多元。”据悉,近年来旅客购买名牌手袋、名贵手表、金银珠宝等奢侈品带入境的情况明显增多,由于一些旅客对海关监管规定一知半解,导致违规行为屡有发生。

皇岗海关提醒广大进出境旅客,名牌手袋价格一般都在人民币5000元以上,如购买入境需向海关申报,并办理征税等手续,未申报或申报不实要承担法律责任。

G.无线电进口管理

根据《中华人民共和国无线电管理条例》、《进口无线电发射设备的管理规定》,无线电发射设备的范围包括:无线电通信、导航、定位、测向。雷达、遥控、遥测、广播、电视等各种发射无线电波的设备,不包含可辐射电磁波的工业、科研、医疗设备、电气化运输系统、高压电力线及其他电器装置等。

凡向我国出口的无线电发射设备，外商须持有信息产业部（原为国家无委办）核发的“无线电发射设备型号核准证”。

企业进口无线电发射设备须向海关递交信息产业部无线电管理局签发的《无线电设备进关审查批件》（监管证件代码“L”）和有关《机电产品进口证明》或《机电产品进口登记表》，海关凭“双证”验放。

H. 药品进口管理

1998 年 7 月国务院设立国家药品监督管理局，承担原卫生部主管的药品审批管理工作。国家药品监督管理局于 1999 年 4 月颁布的新的《进口药品管理办法》规定，进口药品必须取得国家药品监督管理局核发的《进口药品注册证》，港、澳、台生产的药品向内地销售、使用的，必须取得《医药产品注册证》。2000 年发布的《关于加强进口药品管理有关问题的通知》明确了具体的《进口药品目录》，这是执行国家进口药品管理的重要依据。

a. 进口药品管理范围

进口药品管理范围是《进口药品管理目录》所列包括中草药、中成药、化学成药、生物制剂等药品。任何企业进口药品，须按照《进口药品管理办法》的规定，填报《进口药品报验单》，并将规定材料报所在口岸药品检验所，由检验所按照有关规定进行审查，对符合条件的，签发《进口药品通关单》（监管证件代码“Q”）。

b. 有关规定

Ⅰ. 任何单位以任何贸易方式进口列入《进口药品管理目录》商品编码范围的药品，海关均凭国家药品监督管理局授权的口岸药品检验所签发的《进口药品通关单》及其他有关单证办理报关验放手续。

Ⅱ. 对于国外捐赠药品、国内灾情疫情急需药品、临床特需药品、试验样品以及药品生产专用敷料等的进口也必须按照规定申领《进口药品通关单》。

Ⅲ. 医疗用毒性药品、麻醉药品、精神药品、放射性药品仍按国家有关规定管理，不需申领《进口药品通关单》。

Ⅳ.《进口药品通关单》实行一批一证制度，证面内容不得更改。如需更改，到签发部门换证。

I. 兽药进口管理

依据《兽药管理条例》兽药指用于预防、治疗、诊断禽畜类动物疾病，有目的地调节其生理机能并规定作用、用法、用途和用量的物质（含饲料药物添加剂）。包括：

a. 血清、菌（疫）苗、诊断液等生物制品；

b. 兽用的中药材、中成药、化学原料药及其制剂；

c. 抗生素、生化药品、放射性药品。

海关对报关进口兽药或企业申报人畜公用的药品凭农业部指定的口岸兽药监察所在进口报关单上加盖的“已接受报验的印章”验放。

②关税配额管理

关税配额不绝对限制商品的进口总量，而是在一定时期内对一定数量的进口商品，给予低税、减税或免税的待遇，对超过此配额的进口商品，则征收较高的关税或附加税和罚款。我国现在还有数十种机电产品和一般商品实施进口配额管理。

2010 年实施关税配额管理的农产品有小麦、大米、玉米、棉花、食糖、羊毛及毛条；工业品有化肥等。

(3)限制进口技术管理

限制进口技术管理实施的是目录管理。

程序:签订合同前向商务主管部门提出“技术进口申请”,商务主管部门审查后核发“技术进口许可意向书”,才可以签订合同,再次向商务部申请并核发《技术进口许可证》(凭许可证报关)(两次申请、两次核发)。

第一批:涉及生物、化工、生物化工、石油冶炼和石油化工以及造币技术等6个领域16项技术。

报关时,应主动递交许可证。

2.限制出口管理

(1)限制出口管理的主要原因

①维护国家安全和公共道德;②保护人体、动、植物健康,保护生态环境;③实施与黄金白银进出口有关措施;④保护自然资源;⑤输往国市场容易有限;⑥出口市场秩序严重混乱;⑦其他规定,国际条约协定规定。

(2)限制出口货物管理

2010年我国实行出口许可证管理有三种情况:

①出口配额许可证:规定绝对数量的方式实现限制出口的目的。规定1年时间内的出口数量总额,采取直接分配方式,获得配额证明后,换发许可证,凭许可证报关。

包括:玉米、大米、小麦、玉米粉、大米粉、小麦粉、棉花、锯材、活牛(对港澳)、活猪(对港澳)、活鸡(对港澳)、煤炭、焦炭、原油、成品油、稀土、锑及锑制品、钨及钨制品、锌矿砂、锡及锡制品、白银、铟及铟制品、钼、磷矿石。

②出口配额招标:规定1年时间内的出口数量总额,采取招标方式,中标者发放配额证明后,换领出口许可证,凭许可证报关。

包括:蔺草及蔺草制品、碳化硅、滑石块(粉)、轻(重)烧镁、矾土、甘草及甘草制品。

③出口许可证件管理有两种情况:

一是非数量限制货物,直接签发许可证进行出口管理。包括:活牛(对港澳以外市场)、活猪(对港澳以外市场)、活鸡(对港澳以外市场)、冰鲜牛肉、冻牛肉、冰鲜猪肉、冻猪肉、冰鲜鸡肉、冻鸡肉、消耗臭氧层物质、石蜡、锌及锌基合金、部分金属及制品、铂金(以加工贸易方式出口)、汽车(包括成套散件)及其底盘、摩托车(含全地形车)及其发动机和车架、天然砂(含标准砂)、钼制品、柠檬酸、维生素C、青霉素工业盐、硫酸二钠。

二是出口许可证件管理,如濒危物种、敏感物项、军品等,由有关部门发放批准出口的证明文件。

(3)限制出口技术管理

实行目录管理、许可证管理,目录外技术或目录内技术但无许可证,不准出口。包括《两用物项和技术出口许可证管理目录》、《中国禁止出口限制出口技术目录》。

程序:向商务部申请、核发《技术出口许可证》。

资料卡

出口配额

出口配额可以分为“自动”出口配额(被动配额)和主动配额。其中“自动”出口配额是指出口国家或地区在进口国家的要求或压力下,“自动”规定某一时期内(一般为3年)某些商品对该国出口的限制额。在限定的配额内自行控制出口,超过限额即不准出口。从实质上说,这是不得不实行的被动配额,故在“自动”两字上加引号。

主动配额是指出口国家或地区根据境外市场上的容量和其他一些情况而对部分出口商品实行的配额出口。我国现在实行主动配额管理的商品,相当一部分是在国际市场的优势出口商品或垄断商品,盈利空间较大,且大多数涉及出口主导行业。

实行被动配额管理的商品主要是纺织品。2009年,我国取消了输美、输欧盟纺织品临时出口许可证管理。

(三)自由进出口货物、技术管理

除禁限管制的商品、技术外,都属自由进出口管理商品。但基于检测需要,我国对部分货物实行进出口自动许可管理,对技术进出口则实行合同登记管理。

1. 货物自动进口许可管理

自动进口许可管理是在任何情况下对进口申请一律予以批准的进口许可制度。实行目录管理,由商务部会同有关部门对目录进行适时调整。在进口前的向有关主管部门提交自动进口许可申请,有关部门一律核发《自动进口许可证》,凭以向海关办理报关手续。

2. 技术进出口合同登记管理

属于非禁限的、自由进出口的技术,应当向商务部办理合同备案登记,国家对自由进出口技术合同实行网上在线登记管理。技术进出口经营者应登陆商务部政府网站上的“技术进出口合同信息管理系统”(网址:http://jsjckqy. fwmys. mofcom. gov. cn)进行合同登记,并持技术进(出)口合同登记申请书、技术进(出)口合同副本(包括中文译本)和签约双方法律地位的证明文件,到商务主管部门履行登记手续。商务主管部门在收到上述文件起3个工作日内,对合同登记内容进行核对,并向技术进出口经营者颁发《技术进口合同登记证》或《技术出口合同登记证》。申请人凭技术进出口合同登记证,办理外汇、银行、税务、海关等相关的手续(据商务部令2009年第3号)。

探索性训练

1. 教材关于“后危机时代的贸易保护主义”部分较为简略,请持续关注今后贸易保护主义的发展趋势,注意搜集资料,尤其是我国国际贸易过程中遭遇贸易保护主义的有关资料,一段时间以后,整理出一篇小论文。

2. 查找2007—2010年我国贸易管制调整情况,并持续关注我国今后对外贸易管制政策措施的调整情况,尝试寻找调整的原因。

子情境 2 认识海关

知识结构及教学建议(见表 1-2):

表 1-2 子情境 2 知识结构及教学建议

教学内容				教学建议
海关的性质和任务	海关的性质			★在后面进行报关业务操作的教学时,可与此处的知识相联系
	海关的任务	监 管		
		征 税		
		缉 私		
		统 计		
法律体系	《海关法》等			
权 力	海关权力的内容	行政审批权		◆在后面进行报关业务操作的教学时,可与此处的知识相联系
		税费征收权		
		行政检查权	检查权	
			查验权	
			施加封志权	
			查阅、复制权	
			查问权	
			查询权	
			稽查权	
		行政强制权	扣留权	
			提取货物变卖、先行变卖权	
			强制扣缴和变价抵缴关税权	
			抵缴、变价抵缴罚款权	
			其他特殊行政强制权	
		行政处罚权		
		其他权力	配备武器权	
			连续追缉权	
			行政裁定权	
			行政奖励权	
	海关权力行使原则			
	海关权力的监督			
海关管理体制与机构	海关的领导体制	工作方针		可组织学生参观海关
		管理体制		
		设关原则		
		组织机构	海关总署	
			直属海关	
			隶属海关	
			海关缉私警察机构	
	海关关衔制			

一、海关的性质和任务

(一)海关的性质

(1)海关是国家行政机关,国务院直属机构,对内对外代表国家行使行政管理权。

(2)海关是国家进出境监督管理机关,监督管理对象是所有进出关境的运输工具、货物和物品。实施监督管理的范围是进出关境及与之有关的活动。

关境:适用同一海关法或实行同一关税制度的领域。包括领水、领陆和领空。我国关境小于国境,我国单独关境有香港、澳门和台、澎、金、马单独关税区。欧盟的关境大于国境。

(3)海关的监督管理是国家行政执法活动。

海关执法是依据《海关法》和其他法律、法规。事务属于中央立法事权,立法者为全国人大、全国人大常委会、国务院。各级省、自治区、直辖市人大和政府不得制定海关法律法规。地方法规、规章不是海关执法的依据。

资料卡

史海拾贝

我国历史上三种不同社会属性的海关:

1.周朝至第一次鸦片战争:封建的独立自主的中国海关。

其特点是:机构自设,关税自定,管辖自理。

2.清末至民国:半殖民地的中国海关。

其特点是:主权丧失,行政专横,职能扩张。

3.中华人民共和国成立至今:独立自主的社会主义海关。

1949年10月25日,中华人民共和国中央人民政府海关总署宣告成立,从此结束了近百年来我国海关被帝国主义控制的屈辱历史。社会主义海关变革体现在以下三个方面:

(1)彻底收回主权,建立独立自主、集中统一的为人民服务的新海关。

(2)维护中国主权利益,保护民族工业,促进国民经济发展。

(3)对旧海关技术业务继承借鉴,改造旧制,为我所用。

(二)海关的任务

海关的四项基本任务:监管、征税、缉私和统计。除了这四项基本任务外,还包括:知识产权海关保护、海关对反倾销及反补贴的调查等。

1.海关监管和海关监督管理

(1)海关监管是海关的最基本任务,是一项国家职能。

(2)海关监管不是海关监督管理的简称。监督管理是海关全部行政执法活动的统称。

(3)海关监管即监管进出境的运输工具、货物和物品三大体系。

2.征税

代表国家征收关税和其他税、费(增值税、消费税等、船舶吨税)。

征税的基本法律依据是《海关法》、《中华人民共和国进出口关税》(简称:《关税条例》)。

关税的征收主体是国家。我国的关税平均税率逐年降低。

3.查缉走私

国家实行联合缉私、统一处理、综合治理的缉私体制。海关是打击走私的主管机关,海关缉私,警察负责走私犯罪的侦查、拘留、执行逮捕和预审工作。

公安、工商、税务等部门都有缉私权力,他们查获的案件要行政处罚的统一移交海关处理。

图1-1 上海海关应用辐射成像等现代化先进技术,查获某一集装箱内挟带文物的图片,中间部分即为走私文物的图像。借助这一技术,海关人员无需开箱便可了解集装箱内装载货物的装箱方式和物理性质。该技术具有穿透力强、图像清晰的特点

4.海关统计

凡能引起我国境内物质资源储备增加或减少的进出口货物,超过自用、合理数量的进出境物品均列入海关统计。不列入海关统计的货物和物品,实施单项统计。海关统计以实际进出口货物为统计对象,以税号为依据而非产品,不同于商务部统计。1992年,我国海关编制了《中华人民共和国海关统计商品目录》。

二、海关法律体系

海关法律体系包括《海关法》、《行政法规》、《规章及其他文件》。以《海关法》为母法,其他国务院的法规、总署的规章为补充的三级海关法律体系。新《海关法》于2001年1月1日起开始实施。

三、海关权力

海关权力含义:对进出境运输工具、货物、物品的监督管理权。它是公共行政职权。

(一)海关权力的特点

海关权力的特点包括特定性、独立性、效力先定性、优益性(包括一般行政权力的单方性、强制性、无偿性等基本特征)。

1.特定性

行使主体特定——海关,其他机关和个人不具备海关的权力;适用范围特定——进出关境监督管理领域,不能作用其他场合。

当前位置:**首页>海关统计更多**

:-海关统计

» 2009年我国焦炭出口量锐减 2010-02-10
» 2009年我国食糖进口量超过100万吨 糖价过快上涨值得关注 2010-02-10
» 2009年我国鞋出口量高达81.7亿双 2010-02-10
» 2009年我国铁矿砂进口量再创历史新高 2010年价格谈判压力加大值得关注 2010-02-10
» 2009年我国铁合金出口量价齐跌 2010-02-10
» 2009年我国纺织服装出口小幅下降 12月份出口值创年内新高 2010-02-10
» 2009年我国玩具出口持续下降 多因素制约出口回暖 2010-02-10
» 2009年我国煤年度进口量超过1亿吨 2010-02-10
» 2009年我国液化气进口量增价跌 2010-02-10
» 2009年我国汽车进口量先抑后扬 12月当月进口再创历史新高 2010-02-10
» 2009年我国水泥出口大幅下滑行业产能过剩问题突出不容忽视 2010-02-10
» 2009年我国棉花进口大幅下降 棉价走高加大纺企经营压力 2010-02-10
» 2009年我国机电产品出口下降明显 近期回升态势明显 2010-02-10
» 2009年我国摩托车出口下降逾3成 出口回暖面临三大制约因素 2010-02-10
» 2009年我国家电出口快速下降 外部环境不明朗增加出口难度 2010-02-10
» 2009年我国家具出口小幅下降 2010-02-10
» 2009年我国原油进口量突破2亿吨 12月份进口量价均创年内新高 2010-02-10
» 2009年我国化肥进口大幅下降 定价权和自给能力均有待提高 2010-02-10
» 2009年我国化肥出口量小幅下降 行业持续发展面临两大困境 2010-02-10

图 1-2　海关总署网站 2010 年 2 月 10 日发布的部分商品进出口统计分析

	2009年7月		2009年8月		2009年9月		2009年10月		2009年11月		2009年12月	
	量	值	量	值	量	值	量	值	量	值	量	值
纸浆												
液化石油气												
大豆												
原油												
ABS树脂												
牛、马皮革												
小轿车												
氧化铝												
棉纱线												
肥料												
冷轧板卷（冷轧薄板）												
原木												
食用植物油												
天然橡胶												
铁矿砂及其精矿												
初级形状的塑料												
纸及纸板												

量：进口数量　值：进口美元值
进口量/值过多　进口量/值偏多　进口量/值正常　进口量/值偏少
进口量/值过少

图 1-3　海关总署网站 2010 年 2 月 10 日发布的部分商品进口预警结果

2.独立性

依法独立行使职权，仅向海关总署（或上级海关）负责，实行垂直领导的管理体制。不受地方政府或个人的干预。

3.效力先定性

海关行政行为一经作出,就必须无条件执行(先执行再申辩)。

4.优益性

行政受益权——享受国家提供的各种物质优益条件。

行政优先权——在执法遭到暴力抗拒时,公安机关和武装警察部队必须予以协助。

(二)海关权力的内容

根据《海关法》及有关法律、行政法规,海关的权力主要包括如下方面。

1.行政审批权

行政审批权包括海关对进出口货物收发货人提出的转关运输申请的审核、海关派员驻厂监管、保税工厂资格的审批、减免税审批、对参加报关员资格全国统一考试报名资格的审核等。

2.税费征收权

税费征收权包括代表国家依法对进出口货物、物品征收关税及其他税费;根据法律、行政法规及有关规定,对特定的进出口货物、物品减征或免征关税,以及对经海关放行后的有关进出口货物、物品,发现少征或者漏征税款的,依法补征、追征税款的权力等。

3.行政检查权

行政检查权是海关保证其行政管理职能得以履行的基本权力,主要包括如下方面。

(1)检查权

海关有权检查进出境运输工具;检查有走私嫌疑的运输工具和有藏匿走私货物、物品的场所;检查走私嫌疑人的身体。海关对进出境运输工具的检查不受海关监管区域的限制;对走私嫌疑人身体的检查,应在海关监管区和海关附近沿海沿边规定地区内进行;对于有走私嫌疑的运输工具和有藏匿走私货物、物品嫌疑的场所,在海关监管区和海关附近沿海沿边规定地区内,海关人员可直接检查,超出这个范围,在调查走私案件时,须经直属海关关长或者其授权的隶属海关关长批准,才能进行检查,但不能检查公民住处。具体见表1-3。

表1-3 海关检查权的适用对象、限制区域和授权限制

对 象	限制区域	授权限制
进出境运输工具	“两区”内	海关有关部门可直接行使
	“两区”外	
有走私嫌疑的运输工具	“两区”内	海关有关部门可直接行使
	“两区”外	须经直属海关关长或者其授权的隶属海关关长批准
有藏匿走私嫌疑货物、物品的场所	“两区”内	海关有关部门可直接行使
	“两区”外	①直属海关关长或者其授权的隶属海关关长批准方可 ②当事人在场;当事人未到场,须有见证人在场 ③不能对公民住所实施检查
走私嫌疑人	“两区”内	海关有关部门可直接行使
	“两区”外	不能行驶

注:“两区”指海关监管区和海关附近沿海沿边规定地区。

(2)查验权

海关有权查验进出境货物、物品。海关查验货物认为必要时,可以径行提取货样。

(3)施加封志权

根据《海关法》的规定,海关对所有未办结海关手续、处于海关监管状态的进出境货物、物品、运输工具,有权施加封志。

(4)查阅、复制权

此项权力包括查阅进出境人员的证件,查阅、复制与进出境运输工具、货物、物品有关的合同、发票、账册、单据、记录、文件、业务函电、录音录像制品和其他有关资料。

(5)查问权

海关有权对违反《海关法》或者其他有关法律、行政法规的嫌疑人进行查问,调查其违法行为。

(6)查询权

海关在调查走私案件时,经直属海关关长或者其授权的隶属海关关长批准,可以查询案件涉嫌单位和涉嫌人员在金融机构和邮政企业的存款、汇款。

(7)稽查权

自进出口货物放行之日起3年内或者在保税货物、减免税进口货物的海关监管期限内及其后的3年内(实际监管期限为3+X),海关可以对与进出口货物直接有关的企业、单位的会计账簿、会计凭证、报关单证以及其他有关资料和有关进出口货物实施稽查。根据《稽查条例》的规定,海关进行稽查时,可以行使下列职权:询问被稽查人的法定代表人、主要负责人和其他有关人员与进出口活动有关的情况和问题;检查被稽查人的生产经营场所;查询被稽查人在商业银行或者其他金融机构的存款账户;封存有可能被转移、隐匿、篡改、毁弃的账簿、单证等有关资料;封存被稽查人有违法嫌疑的进出口货物等。

资料卡

上海海关有关负责人就稽查问题接受访谈

——来源:上海海关网站,2010-01-26

[主持人]各位网友,下午好!这里是上海海关在线访谈。今天我们向大家介绍一项海关的新兴业务——海关稽查工作。我们特地为大家邀请到上海海关于申副关长、上海海关稽查处钱民安处长和负责综合工作的袁琰科长三位嘉宾,就海关稽查工作相关的政策、职责、方法,与进出口企业的关系等内容与大家作现场交流,方便大家更全面的了解海关稽查业务,积极营造一个关企互动、和谐有序的稽查工作环境。欢迎三位嘉宾的到来。

[于申副关长]大家好!海关稽查制度最早创建于1992年,几经改革,2005年海关总署赋予了海关稽查新的职责,从此掀开了海关稽查业务蓬勃发展的新篇章。今年是新的海关稽查业务改革发展的第6个年头,2005年以来,海关稽查工作已逐步发展为海关后续管理的核心力量。今天我很高兴,能够在这里与大家回顾与展望海关稽查业务工作情况,并在线回答大家的提问。

[钱民安处长]大家好!

[袁琰科长]大家好!

[主持人]于关长,首先请您为大家介绍一下海关稽查的工作原理与理念吧。

[于申副关长]海关稽查制度是借鉴发达国家外部审计制度的成功经验,为了适应国家不断扩大对外开放的需要,深化海关制度改革的一项重要举措。海关稽查工作突破了以商品为单元的传统监管理念,形成了以企业为单元的新型监管方式,立足后续环节,有效延伸和拓展了海关监管时空。通过稽查企业与进出口活动有关的财务体系、内控制度、单证资料,科学认证企业守法状况,规范企业进出口行为,树立起海关第二道防线。

[主持人]于关长,能否为大家介绍一下上海海关稽查工作整体情况?

[于申副关长]上海海关依据《中华人民共和国海关法》、《中华人民共和国海关稽查条例》等法律规定,对注册在上海或在上海口岸申报进出口的企业实施稽查。通过实施常规稽查、验证稽查以及专项稽查,重点实现规范企业进出口行为的工作目标。2005年以来,我关已经对3473家企业实施了稽查,规范企业1427起,实施后续补税13亿元。在奥运安保、扩内需保增长、海关分类通关改革等专项工作中,海关稽查充分发挥了后续监管的重要作用。通过海关稽查,有效提升了企业守法自律能力,进一步完善了海关监管。

[主持人]刚才,于关长为我们介绍了海关稽查工作的理念方法与上海海关稽查工作总体情况。我看到很多网友很关注这项海关新型的监管工作,关注我们这次在线访谈,并已经提出了不少有关问题。下面,我们请嘉宾们解答网友们提出的问题。

[网友:zw18999]海关稽查涉及企业哪些进出口经营行为?

[钱民安处长]根据《海关法》第45条规定:"自进出口货物放行之日起三年内或者在保税货物、减免税进口货物的海关监管期限内及其后的三年内,海关可以对与进出口货物直接有关的企业、单位的会计账簿、会计凭证、报关单证以及其他有关资料和有关进出口货物实施稽查。"因此,海关稽查主要涉及企业一般贸易、加工贸易、减免税货物三个涉税领域的进出口经营行为。

[网友:2566qxp]请问钱处长:上海海关有多少个稽查部门,是如何分工的?

[钱民安处长]上海海关下设稽查处负责全关稽查职能以及具体稽查业务工作,我关有18个隶属单位设有稽查部门。企业注册地海关、进出口行为申报地海关均可依法实施稽查。若发生多家海关对同一家企业实施稽查的,由稽查处负责协调,避免多头稽查的问题。

[网友:我是牛人]海关稽查工作一般历时多久,是否会影响企业正常经营?

[主持人]这个问题我们请袁琰科长来回答。

[袁琰科长]海关稽查工作需要经过一个相对严谨的工作程序,主要有稽查准备、稽查实施、稽查评估、稽查处置4个环节。一般情况下,海关稽查工作均以不影响企业正常经营活动为前提。在稽查实施过程中,可能需要企业与进出口活动有关的财务、报关、生产、仓储环节的部分工作人员的配合,提供与进出口活动有关的资料。由于海关稽查的范围均是企业已办结海关手续的进出口业务,因此,海关稽查工作不会影响企业正常的进出口报关工作。

[网友:hahah]每年上海海关对多少家企业实施稽查是否有要求?

[钱民安处长]根据海关总署的要求,各直属海关需要对上一年度有进出口记录企业总数的5%实施稽查。2009年我关对956家企业实施了稽查。

[网友:拜托了]海关选取企业实施稽查的方法是什么?

[袁琰科长]海关稽查分为常规稽查、验证稽查、专项稽查三类。常规稽查选取企业的方法有年度计划和随机抽取。验证稽查是依企业申请而开展的稽查工作。专项稽查是依据风

险管理的理念，对重点企业、行业开展稽查。

[网友：加贸企业]我是一家加工贸易企业，如果海关前来稽查，工作重点是什么？

[袁琰科长]对于加工贸易企业而言，海关一般会重点核查保税货物进口、生产、出口流程是否规范，审查企业生产工艺、加工贸易单耗、保税料件投入产出及边角料等要素是否正常，审查保税料件进出口的平衡情况等。

[网友：糊涂 ing]之前介绍的常规稽查、验证稽查、专项稽查各有什么区别？

[钱民安处长]常规稽查是海关稽查中例行式稽查的一种方式，重点是对企业进出口活动的真实性和合法性进行稽查。专项稽查是海关对高风险和政策敏感性的行业、商品、企业等实施的行业性稽查或政策性稽查。专项稽查的主要目的是着力于发现和纠正普遍性问题，确保国家税款应收尽收。验证稽查是为配合企业分类管理工作，对拟评为或已评为 AA 类的所有企业进出口活动的真实性与合法性进行监督、验证、评估的稽查工作。

[网友：升级升级]我是一家 A 类企业，如果想申请升为 AA 类，需要配合海关稽查哪些工作？

[袁琰科长]A 类企业申请升为 AA 类的稽查属于验证稽查。验证稽查的目标是对企业内部控制制度和贸易安全制度的设置和运行情况进行了解、测试。主要的步骤有：第一步了解企业有关内控制度的设置和运行概况，填报《海关验证稽查测试表》等；第二步对内控制度和贸易安全制度实施符合性测试；第三步对企业具体进出口行为的实质性测试。

[网友：12345]除了验证稽查，海关是否接受企业申请稽查？

[钱民安处长]经过以上的介绍，相信大家对海关稽查工作有了一个全面的了解。通过稽查，海关可以从专业的角度为企业提出规范建议，有利于提升企业守法自律能力，提高企业市场竞争力，降低经营风险。因此，如果有企业愿意主动申请接受海关稽查，我们也十分欢迎。

[主持人]截至目前，本次在线访谈网友提了很多问题，我们今天到场的嘉宾对大部分提问都给予了解答，希望对大家了解海关稽查政策有所帮助。由于时间关系，我们无法在本次访谈中一一回答大家的问题。欢迎大家登录上海海关门户网站继续和我们交流、互动。本次在线访谈到此结束，感谢大家的热情参与！

4.行政强制权

海关行政强制权是《海关法》及相关法律、行政法规得以贯彻实施的重要保障。具体包括：

(1)扣留权

海关在下列情况下可以行使扣留权：

①对违反《海关法》或者其他有关法律、行政法规进出境运输工具、货物和物品以及与之有关的合同、发票、账册、单据、记录、文件、业务函电，录音录像制品和其他资料，可以扣留。

②在海关监管区和海关附近沿海沿边规定地区，对有走私嫌疑的运输工具、货物、物品和走私犯罪嫌疑人，经直属海关关长或者其授权的隶属海关关长批准，可以扣留；对走私犯罪嫌疑人，扣留时间不得超过 24 小时，在特殊情况下可以延长至 48 小时。

③在海关监管区和海关附近沿海沿边规定地区以外，对其中有证据证明有走私嫌疑的运输工具、货物、物品，可以扣留。海关对查获的走私犯罪嫌疑案件，应扣留走私犯罪嫌疑人，移送海关侦查走私犯罪公安机构。

表 1-4 海关扣留权的限制对象、区域、条件和授权

限制对象	区 域	条 件	授 权
合同、发票等资料	“两区”内	与违反《海关法》或其他法律、法规的进出境运输工具、货物、物品有牵连的	海关有关部门可直接行使
	“两区”外		
有走私嫌疑的运输工具、货物、物品	“两区”内	违反《海关法》或者其他有关法律、行政法规	经直属海关关长或者授权的隶属海关关长批准后行使
	“两区”外	在实施检查时其中有证据证明有走私嫌疑的	经直属海关关长或者授权的隶属海关关长批准后行使
走私嫌疑人	“两区”内	①有走私罪嫌疑； ②扣留时间不超过 24 小时，在特殊情况下可延长至 48 小时	经直海关关长或者其授权的隶属海关关长批准后行使
	“两区”外		无授权，不能行使

(2)提取货物变卖、先行变卖权

进口货物超过 3 个月未向海关申报，海关可以提取依法变卖处理；进口货物收货人或其所有人声明放弃的货物，海关有权提取依法变卖处理；海关依法扣留的货物、物品，不宜长期保留的，经直属海关关长或其授权的隶属海关关长批准，可以先行依法变卖；在规定期限内未向海关申报的以及误卸或溢卸的不宜长期保留的货物，海关可以按照实际情况提前变卖处理。

(3)强制扣缴和变价抵缴关税权

进出口货物的纳税义务人、担保人超过规定期限未缴纳税款的，经直属海关关长或者其授权的隶属海关关长批准，海关可以：

①书面通知其开户银行或者其他金融机构从其存款内扣缴税款；

②将应税货物依法变卖，以变卖所得抵缴税款；

③扣留并依法变卖其价值相当于应纳税款的货物或者其他财产，以变卖所得抵缴税款。

(4)抵缴、变价抵缴罚款权

根据《海关法》的规定，当事人逾期不履行海关处罚决定又不申请复议或者向人民法院提起诉讼的，海关可以将其保证金抵缴罚款，或者将其被扣留的货物、物品、运输工具依法变价抵缴罚款。

(5)其他特殊行政强制权

①滞报金、滞纳金征收

海关对超期申报货物征收滞报金；对于逾期缴纳进出口税费的，征收滞纳金。

②处罚担保

根据《海关法》及有关行政法规的规定，对于有违法嫌疑的货物、物品、运输工具无法或不便扣留的，或者有违法嫌疑但依法不应予以没收的货物、物品、运输工具，当事人申请先予放行或解除扣留的，海关可要求当事人或者运输工具负责人提供等值担保。未提供等值担保的，海关可以扣留当事人等值的其他财产；受海关处罚的当事人在离境前未缴纳罚款，或未缴清依法被没收的违法所得和依法被追缴的货物、物品、走私运输工具的等值价款的，应当提供相当于上述款项的担保。

③税收担保

经海关批准的暂准进出境货物、保税货物，其收发货人须缴纳相当于税款的保证金或者提供其他形式的担保后，才可准予暂时免纳关税。

④税收保全

进出口货物纳税义务人在规定的纳税期限内有明显的转移、藏匿其应税货物以及其他财产迹象的，海关可以责令其提供担保，纳税义务人不能提供纳税担保的，经直属海关关长或者其授权的隶属海关关长批准，海关可以采取下列税收保全措施：

A. 书面通知纳税义务人开户银行或者其他金融机构暂停支付纳税义务人相当于应纳税款的存款；

B. 扣留纳税义务人价值相当于应纳税款的货物或者其他财产。

表 1-5　海关行政强制权的适用

适用类别	前提条件	行使目的	权力的适用
即时强制(海关在情况紧急时，依法实施的强制行为)	不以管理相对人未履行的法定义务作为必要条件，但确因情况紧急	维护进出境通关秩序，保证海关手续的实施	径行查验、径行检查、先行变卖等
行政强制执行(海关在管理相对人未能履行其义务的情况下采取的强制行为)	以管理相对人未履行的法定义务作为必要条件	督促并实现管理相对人履行其本该履行的义务	征收滞报金、征收带纳金、强制扣缴税款等

5. 行政处罚权

海关有权对尚未构成走私罪的违法当事人进行行政处罚，包括对走私货物、物品及违法所得处以没收，对有走私行为和违反海关监管规定行为的当事人处以罚款，对有违法情事的报关企业和报关员处以暂停或取消报关资格的处罚等。

6. 其他权力

(1)配备武器权

海关为履行职责，可以配备武器。海关工作人员佩带和使用武器的规定，由海关总署会同公安部制定，报国务院批准。

根据海关总署、公安部联合发布《海关工作人员使用武器和警械的规定》，海关使用的武器包括轻型枪支、电警棍、手铐以及其他经批准可使用的武器和警械。武器和警械使用范围为执行缉私任务时；使用对象为走私分子和走私嫌疑人；使用条件必须是在不能制服被追缉逃逸的走私团体或遭遇武装掩护走私，不能制止走私分子或者走私嫌疑人以暴力劫夺查扣的走私货物、物品和其他物品，以及以暴力抗拒检查、抢夺武器和警械、威胁海关工作人员生命安全非开枪不能自卫时。

(2)连续追缉权

进出境运输工具或者个人违抗海关监管逃逸的，海关可以连续追至海关监管区和海关附近沿海沿边规定地区以外，将其带回处理。这里所称的逃逸，既包括进出境运输工具或者个人违抗海关监管，自海关监管区和海关附近沿海沿边规定地区向内(陆地)一侧逃逸，也包括向外(海域)一侧逃逸。海关追缉时需保持连续状态。

(3)行政裁定权

包括应对外贸易经营者的申请,对进出口商品的归类、进出口货物原产地的确定、禁止进出口措施和许可证件的适用等海关事务的行政裁定的权力。

(4)行政奖励权

包括对举报或者协助海关查获违反《海关法》的案件的有功单位和个人给予精神或者物质奖励的权力。

(三)海关权力行使原则

海关有行政权,海关缉私局有刑事权。海关权力作为国家行政权的一部分,一方面,海关权力运行起到了维护国家利益,维护经济秩序,实现国家权能的积极作用;另一方面,由于客观上海关权力的广泛性、自由裁量权较大等因素,以及海关执法者主观方面的原因,海关权力在行使时任何的随意性或者滥用都必然导致管理相对人的合法权益受到侵害,从而对行政法治构成威胁。因此,海关权力的行使必须遵循一定的原则。一般来说,海关权力行使应遵循的基本原则如下。

1.合法原则

权力的行使要合法,这是行政法的基本原则——依法行政原则的基本要求。按照行政法理论,行政权力行使的合法性至少包括:

(1)行使行政权力的主体资格合法,即行使权力的主体必须有法律授权。例如,涉税走私犯罪案件的侦查权,只有缉私警察才能行使,海关其他人员则无此项权力。又如,《海关法》规定海关行使某些权力时应"经直属海关关长或者其授权的隶属海关关长批准",如未经批准,海关人员不能擅自行使这些权力。

(2)行使权力必须有法律规范为依据。《海关法》第二条规定了海关的执法依据是《海关法》、其他有关法律和行政法规。无法律规范授权的执法行为,属于越权行为,应属无效。

(3)行使权力的方法、手段、步骤、时限等程序应合法。

(4)一切行政违法主体(包括海关及管理相对人)都应承担相应的法律责任。

2.适当原则

行政权力的适当原则是指权力的行使应该以公平性、合理性为基础,以正义性为目标。因国家管理的需要,海关在验、放、征、减、免、罚的管理活动中拥有很大的自由裁量权,即法律仅规定一定原则和幅度,海关关员可以根据具体情况和自己的意志,自行判断和选择,采取最合适的行为方式及其内容来行使职权。因此,适当原则是海关行使行政权力的重要原则之一。为了防止自由裁量权的滥用,目前我国对海关自由裁量权进行监督的法律途径主要有行政监督(行政复议)和司法监督(行政诉讼)程序。

3.依法独立行使原则

海关实行高度集中统一的管理体制和垂直领导方式,地方海关只对海关总署负责。海关无论级别高低,都是代表国家行使管理权的国家机关,海关依法独立行使权力,各地方、各部门应当支持海关依法行使职权,不得非法干预海关的执法活动。

4.依法受到保障原则

海关权力是国家权力的一种,应受到保障,才能实现国家权能的作用。《海关法》规定:海关依法执行职务,有关单位和个人应当如实回答询问,并予以配合,任何单位和个人不得阻挠;海关执行职务受到暴力抗拒时,执行有关任务的公安机关和人民武装警察部队应当予以协助。

(四)海关权力的监督

海关权力的监督分为内部监督和外部监督。

内部监督方面:近年来,中国海关适应建立“电子海关”、“电子口岸”的要求,利用“海关执法评估系统”、“关税分析监控系统”和海关业务风险管理机制等进行分析、预测、监督和检查,及时发现和纠正行政执法过程中的问题及职务犯罪。

外部监督方面:海关的外部制约与监督主体包括人大、政协、法院、检察院、纪检监察、审计等权力部门,以及新闻舆论媒体、社会公众和海关管理相对人等非权力部门,数量众多的制约和监督主体对海关开展全方位、多层次的制约和监督。值得注意的是,近年来网民对公权力的监督作用越来越大。

资料卡

厦门远华走私案件简介

——来源:http://www.enorth.com.cn,2001-11-28

据有关资料介绍,仅在厦门地区远华资产就超过百亿,包括:高88层的远华国际中心、远华国际大厦、远华影视城、东卉花园、海韵山庄等,这还不包括涉案上市公司等方方面面的资产。

• 走私中转站,就在身边

博坦油库离著名的鼓浪屿风景区不远,和厦门岛隔水相望,是赖昌星疯狂走私成品油的中转站。

1996年到1999年,赖昌星走私犯罪集团及其他走私犯罪分子共走私进口成品油450多万吨,平均每3天就有一艘万吨油轮在赖昌星等人的指挥操纵下到达厦门。这些走私油主要是在福建地区销售掉。

海鑫堆场建于1996年4月,是赖昌星走私犯罪集团走私货物最为重要的货场。1996年以来,这里几乎每天都是一派繁忙的景象,从这里转移的走私货物价值达100多亿元人民币。

位于厦门湖里区的塘边车库,通过一条崎岖的山路与海鑫堆场相连。赖氏走私集团通过这条秘密通道将堆场走私的汽车开到塘边仓库处理,在那里,走私分子早就办好了上牌手续,远华就派人将牌照安装上,从集美大桥开出厦门。

• 家族走私,祸国殃民

俗话说“一人得道,鸡犬升天”,赖昌星的每一次走私活动,都需经过策划、筹集资金、购私、通关、核销、售私等过程,要想每一个环节都不出事,就必须确保每一个环节都有绝对可靠的人。在赖昌星的眼里,只有自己家族的人才靠得住,于是,除了有残疾的赖昌标,赖昌星拉来几乎所有家族成员,均委以要职。

找来自己家族的人分工把持着走私流程的各个关键环节后,接着就需要打通海关、商检、边防、海事、港务等各个关口,在这方面,深谙走私之道的赖昌星把罪恶的目光瞄准了政府部门。于是,在赖昌星的策划下,一些政府要员纷纷掉入走私者的陷阱,成了赖氏家族的帮凶。同时,为强化走私集团组织,赖昌星又把眼光盯向了厦门海关以及政府部门精通业务的工作人员，通过收买或招聘重用，使他们服服帖帖地听命于自己，成为非“血缘化家族”成员的走私骨干。

经查证，赖昌星走私的商品包括成品油、植物油、香烟、汽车、化工原料、纺织原料、通信设备、电器、西药原料等数十种，案值高达人民币530亿元，偷逃税款人民币300亿元。仅就走私成品油一项，1998年，就造成全国石化行业直接经济损失200亿元，3000多口油井被迫关闭，30多万石化职工下岗；全国石化行业石油加工量为8060万吨，比1997年减少1500万吨。

• 走私手段，狡猾隐蔽

赖昌星走私犯罪集团的走私手段极具隐蔽性，最重要的手段就是采取“单线联系，分段包干”，即：将走私过程精心分为若干环节，每个环节分段包干，单人联系。除核心层的极少数人外，各环节走私分子都难以了解整个走私过程，任何一个环节出现问题，即迅速切断，逃避查处。

这里有一幅赖昌星走私集团与厦门开元外贸有限公司合作走私西药活动的组织分工图：总策划——赖昌星与陈光辉（开元公司原总经理）李瑛（开元原总经理兼业务五部经理）——具体负责对外签约、对内销售以及联系虚开用于内销的增值税专用发票；陈黎岗（开元原副总经理）——负责资金调配；吴民生（开元保税部原经理）——负责进出口报关；周宏（开元五部原副经理）——负责制作虚假的转口合同、出口发票等单证；侯小虎——负责通关、办理出口核销。

• 法网恢恢，疏而不漏

厦门特大走私案的案值之大、危害之严重骇人听闻，而由此所揭露出来的腐败问题涉及面之广、人员之多也令人震惊。在厦门特大走私案中，共有600多个涉案人员被审查，近300人被追究了刑事责任。其中，有近200名党政机关的干部受到党纪政纪处分，近150名党政干部被追究了刑事责任。

四、海关的管理体制与机构

（一）海关的领导体制

（1）工作方针：依法行政、为国把关、服务经济、促进发展。

（2）管理体制：①海关事务属中央事权；②采取集中统一的垂直领导体制，海关隶属关系不受行政区划限制；③海关独立行使职权，向海关总署负责。

垂直领导体制：全国海关建制归中央统一管理，成立中华人民共和国海关总署作为国务院直属机构，统一管理全国海关机构和人员编制、财务及其业务。

（3）海关设关原则：国家在对外开放的口岸和海关监管业务集中的地点设立海关。海关的隶属关系，不受行政区划的限制。

（4）海关的组织机构（海关机构设置、海关缉私警察机构）

①海关总署：海关总署下设广东分署，在上海和天津设立特派员办事处。海关总署是国务院的直属机构，在国务院领导下统一管理全国海关机构、人员编制、经费物资和各项海关业务，是海关系统的最高领导部门。由于广东省内海关监管业务比较集中，业务量比较大，海关总署专门设立广东分署，作为其派出机构，负责广东省内的海关工作的协调。海关总署的基本任务是在国务院领导下，领导和组织全国海关正确贯彻实施《海关法》和国家的有关政策、行政法规，积极发挥依法行政、为国把关的职能，促进和保护社会主义现代化建设。

②直属海关：是指直接由海关总署领导，负责管理一定区域范围内海关业务的海关。目前直属海关共有41个，除我国香港、澳门、台湾地区外，分布在全国30个省、直辖市、自治区。直属海关就本关区内的海关事务独立行使职责，向海关总署负责。直属海关承担着在关区内组织开展海关各项业务和关区集中审单作业、全面有效地贯彻执行海关各项政策、法律、法规、管理制度和作业规范的重要职责，在海关三级业务职能管理中发挥着承上启下的作用。

③隶属海关：隶属负责办理具体海关业务的海关，是海关进出境监督管理职能的基本执行单位。一般都设在口岸和海关业务集中的地点。隶属海关根据海关业务情况设立若干业务科室，其人员从几十人到几百人不等。

④海关缉私警察机构，2003年1月1日起，各级海关走私犯罪侦查部门统一更名，更名如下：

海关总署走私犯罪侦查局→海关总署缉私局；

海关总署走私犯罪侦查局广东分局→海关总署广东分署缉私局；

各直属海关走私犯罪侦查分局→各直属海关缉私局；

各隶属海关走私犯罪侦查支局→各隶属海关缉私分局。

（二）海关关衔制

《中华人民共和国海关关衔条例》自2003年2月28日起开始实施。海关关衔设下列五等十三级：

（1）海关总监、海关副总监；

（2）关务监督：一级、二级、三级；

（3）关务督察：一级、二级、三级；

（4）关务督办：一级、二级、三级；

（5）关务员：一级、二级。

海关工作人员实行下列职务等级编制关衔（见图1-4）：

（1）署级正职：海关总监；

（2）署级副职：海关副总监；

（3）局级正职：一级关务监督至二级关务监督；

（4）局级副职：二级关务监督至三级关务监督；

（5）处级正职：三级关务监督至二级关务督察；

（6）处级副职：一级关务督察至三级关务督察；

（7）科级正职：二级关务督察至二级关务督办；

（8）科级副职：三级关务督察至三级关务督办；

（9）科员职：一级关务督办至一级关务员；

（10）办事员职：二级关务督办至二级关务员。

探索性训练

1. 厦门远华特大走私案对外贸工作者和海关工作人员分别有哪些警示？

2. 课后抽时间去当地海关参观。并撰写一篇参观随笔。

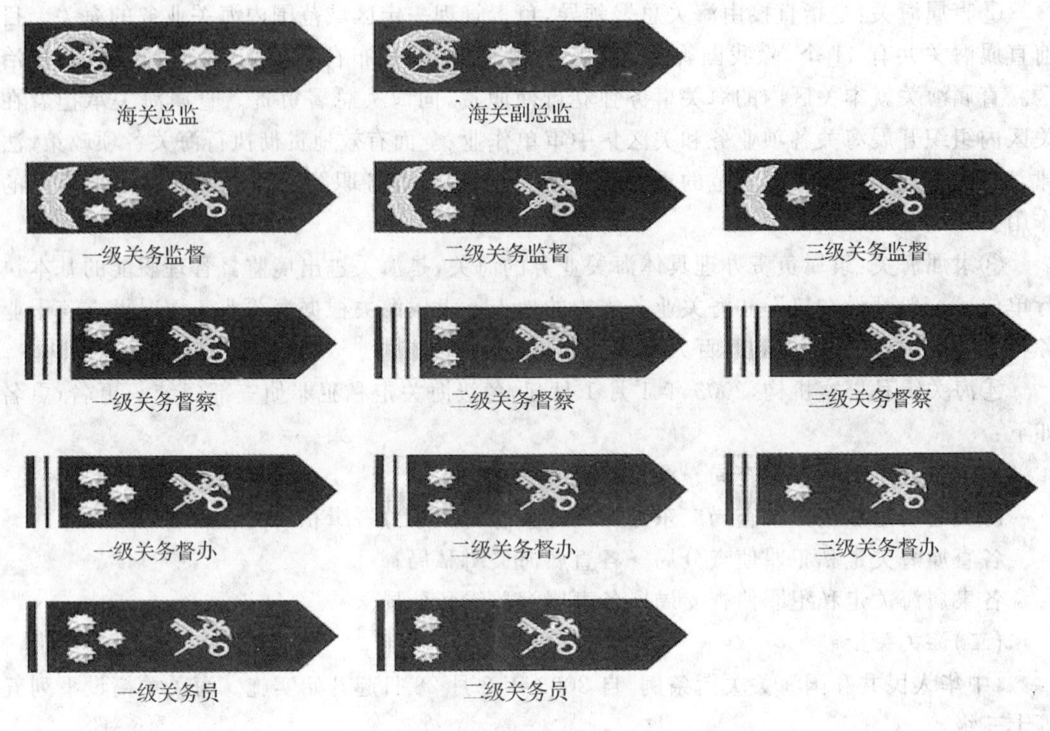

图 1-4　海关关衔标志样式

子情境 3　认识报关活动相关人

能力结构及教学建议(见表 1-6,表 1-7)

表 1-6　“成为报关员”能力结构及教学建议

教学内容				教学建议
成为报关员	任务一:参加报关员从业资格考试	步骤一:备考		
		步骤二:报名	网上预报名	
			现场确认	★
		步骤三:参加考试		
		步骤四:申请报关员资格		
	任务二:从事报关业务	报关员权利义务	报关员的权利	
			报关员的义务	
		报关员工作内容		
		报关员执业禁止		
	任务三:报关员注册	报关员注册条件		
		报关员注册程序		
	任务四:遵守报关员执业规范			★

表 1-7　“创设报关企业”能力结构及教学建议

教学内容					教学建议
创设报关企业	创设报关企业（报关行、报关公司等）	任务一：申请企业名称预先核准			★可结合学生在创业方面的知识、技能的需求，详细讲授公司成立的程序，进而突出报关企业成立程序的特殊性
		任务二：申请报关企业注册登记许可	具备许可申请条件		
		许可申请应提交的文件			
			许可办理程序	第一步：材料受理	
				第二步主管地直属海关企管人员审查	
				第三步：海关内部操作与审批	
				第四步：海关作出准予行政许可决定	
		任务三：办理验资报告	第一步：开立验资账户		
			第二步：办理验资报告		
		任务四：申请公司设立	第一步：递交申请材料，领取《受理通知书》		
			第二步：缴纳登记费，并领取营业执照		
			第三步：办理代码证		
			第四步：办理国税、地税登记证		
		任务五：海关注册登记备案	第一步：到当地隶属海关申请并办理注册手续		
			第二步：安装中国电子口岸系统		
	创设代理报关企业（国际货代公司等）	任务一：到工商部门办理公司设立登记			◆注意与创设报关企业的比较
		任务二：到工商部门办理经营范围变更手续			
		任务三：到企业所在地隶属海关申请报关企业注册登记许可			
	创设自理报关企业（外贸企业、公司）	任务一：到工商部门办理公司设立登记，成立企业			注意与创设报关企业的比较
		任务二：到本地区外贸主管机关办理对外贸易经营者备案登记			
		任务三：到企业所在地隶属海关申请报关企业注册登记			
		任务四：申请并安装中国电子口岸			
报关企业存续过程中的注册登记	外关区报关企业跨关区分支机构注册登记许可设立申请	允许报关企业跨关区分支机构注册登记的条件			◆
		许可审批的办理程序			
	许可变更				
	许可延续				
	许可撤销、注销				

一、成为报关员

小李想通过自己的努力,成为一名报关员,他该做些什么?

任务一:参加报关员从业资格考试

学习海关总署令第187号《海关报关员资格考试及资格证书管理办法》,并报名参加报关员从业资格考试,获取报关员从业资格证书。

步骤一:备考。可以选择自学,或参加培训班,考试内容参见"报关员考试大纲(当年),并注意报名条件"。

步骤二:报名。

(一)网上预报名

登陆海关总署网站"报关员资格考试网"。

按照网站提示,完成网上预报名,打印准考证主证,关注现场确认的期限。

图1-5 报关员资格考试网

(二)现场确认

应当向海关提交下列材料,并交验原件:

(1)准考证主证;

(2)学历证书复印件;

(3)本人有效身份证件复印件。

对符合报名条件的考生,海关应当在现场确认时对准考证主证予以签注。通过现场确认的考生,应当于考试前1个月内自行从网上打印准考证副证。

步骤三:参加考试。

考试时间:通常在每年11月的第一个星期天。

考试凭证:考生凭身份证件和准考证主证、副证参加考试。

考试结束后关注自己的考试成绩和海关总署核定并公布的考试合格分数线。

步骤四:申请报关员资格。

如果小李考试合格,应当自公布考试合格分数线之日起6个月内向原报名海关申请报关员资格。申请报关员资格，应当提交下列材料，并交验原件：

(1)报关员资格申请表；

(2)学历证书复印件；

(3)身份证件复印件。

除当场作出决定的外，海关应当自受理申请之日起20个工作日内作出是否授予报关员资格的决定。海关授予报关员资格的，应自作出决定之日起10个工作日内颁发报关员资格证书。

任务二：从事报关业务

应聘某报关公司报关业务岗位，学习了解报关员的权利与义务、工作内容、执业禁止等，实习3个月以上。

(三)报关员的权利与义务

1.报关员的权利

(1)以所在报关单位名义执业，办理报关业务(报关)；

(2)向海关查询其办理的报关业务情况(查询)；

(3)拒绝海关工作人员的不合法要求(拒办)；

(4)对海关对其作出的处理决定享有陈述、申辩、申诉的权利(上诉申辩)；

(5)依法申请行政复议或者提起行政诉讼(复议或诉讼)；

(6)合法权益因海关违法行为受到损害的，依法要求赔偿(要求赔偿)；

(7)参加执业培训。

2.报关员的义务

(1)熟悉所申报货物的基本情况，对申报内容和有关材料的真实性、完整性进行合理审查(审查)；

(2)提供齐全、正确、有效的单证，准确、清楚、完整填制进出口货物报关单，并按有关规定办理进出口货物的报关手续(规范报关)；

(3)海关检查进出口货物时，配合海关查验(配合查验)；

(4)配合海关稽查和对涉嫌走私违规案件的查处(配合调查)；

(5)按照规定参加直属海关或者直属海关授权组织举办的报关业务岗位考核(参加考核)；

(6)持报关员证办理报关业务，海关核对时，应当出示(持证上岗)；

(7)妥善保管海关核发的报关员证和相关文件(保管文件)；

(8)协助落实海关对报关单位管理的具体措施(相关工作)。

(四)报关员的工作内容

(1)按照规定如实申报出口货物的商品编码、商品名称、规格型号、实际成交价格、原产地及相应优惠贸易协定代码等报关单有关项目，并办理填制报关单、提交报关单证等与申报有关的事宜；

(2)申请办理缴纳税费和退税、补税事宜；

(3)申请办理加工贸易合同备案(变更)、深加工结转、外发加工、内销、放弃核准、余料结转、核销及保税监管等事宜；

(4)申请办理进出口货物减税、免税等事宜;

(5)协助海关办理进出口货物的查验、结关等事宜;

(6)应当由报关员办理的其他报关事宜。

(五)报关员执业禁止

(1)故意制造海关与报关单位、委托人之间的矛盾和纠纷;

(2)假借海关名义,以明示或者暗示的方式向委托人索要委托合同约定以外的酬金或者索要其他额外的酬金或其他财物,虚假报销;

(3)同时在2个或2个以上报关单位执业;

(4)私自接受委托(一定要以报关企业的名义接受委托报关)或者私自收取委托人酬金及其他财物;

(5)转借或转让报关员证,允许他人持本人报关员证执业;

(6)涂改报关员证;

(7)其他利用执业之便谋取不正当利益的行为。

任务三:报关员注册

3个月后,小李与所实习的报关公司签署了劳动用工合同,这时,小李可以到该公司所在地的直属海关注册成为报关员。

(六)报关员注册条件

(1)中国国籍;

(2)通过考试取得资格证书;

(3)必须受聘于报关单位;

(4)首次注册,须在一个报关单位连续实习3个月;

(5)注册期满(2年)后,2年内没有注册的,须经海关业务岗位考核合格。

(七)报关员注册程序

(1)受理程序:申请(向隶属海关提出)——审核——颁发证书。

(2)注册资料:注册申请书、报关注册登记证书、执业资格证书、劳动用工合同、身份证复印件、社会保险证明复印件。

首次申请报关员注册的,应提供实习证明材料(3个月)。

(3)符合条件者,海关于10日内颁发报关员证,不符合条件的,应书面作出决定。

(4)注册有效期2年。

有效期满后,连续2年没有注册,应提供海关考核合格材料。

任务四:遵守报关员执业规范

在工作过程中,不断学习业务知识及有关法规,尤其是《中华人民共和国海关报关员执业管理办法》、《中华人民共和国海关对报关员记分考核管理办法》(见附录)等,成为一名合格的报关员。

资料卡

报关员:期待发展的职业

表 1-8 为 2003 年以来报关员资格考试情况。

表 1-8 2003 年以来报关员资格考试情况

单位:人

	2003 年	2004 年	2005 年	2006 年	2007 年	2008 年	2009 年
报名人数	141104	210728	342579	387413	378386	176902	210000
考试人数	106075	124131	183098	221409	278740	127461	107600
合格人数	12092	14293	18757	17912	29843	8466	11394
平均通过率	11.4%	11.5%	10.25%	8.09%	10.08%	6.64%	10.59%

从表 1-8 中可见报关员资格证考试难度较大。在昆明一家服装公司做报关员的小黄称,他没有报关员资格证,可他做的工作同一般报关员一样。唯一不同的是:工资比起那些有证的人低了一截,但还算可以。调查发现,像小黄这样没有报关员资格证却在从事报关员工作的人还有很多。

据了解,报关员的待遇因其工作的地区不同、企业不同以及从事工作的经验不同而出现较大的差距。高薪主要存在于对外贸易发达的地区,并且是工作多年有着丰富经验的报关员。对于刚刚拿到报关员资格证的新人,一般工资也就是当地工资的平均水平,但待遇的提升是可以预期的,新人在工作一段时间,有了一些经验和独立工作的能力后待遇一般都会有较大的增加。

目前,在所有从事外贸的企业、专业报关行、代理报关行中,我国专业报关员仅有 8 万余人,现有的人才数量与外贸行业需求相比严重失衡,存在巨大的缺口,人员的素质也难以满足快速发展的外贸行业需求。缺乏专业报关人才成为制约我国国际贸易发展的一个瓶颈。

二、报关企业注册登记

几年后,小李想自己创业,成立一家报关公司,他要做哪些事情?

知识卡

报关企业分类

1. 进出口货物收发货人(自理报关)企业,系指有进出口经营权的国有、集体和外商投资企业。自理报关企业只能办理本企业进出口货物的报关手续,不能代理其他企业报关。

2. 报关企业(代理报关),系指经海关批准设立,办理注册登记手续,经营国际货物运输代理、国际运输工具代理或专门从事进出口货物代理报关等业务,并接受委托代办进出口货物的报关纳税等事宜的境内法人。包括专业报关企业和经营范围包括报关的国际货代企业等。

本节重点介绍专业报关企业(专门从事进出口货物代理报关)的注册登记。

(一)创设报关企业

1. 创设报关企业

任务一:申请企业名称预先核准

按照国家工商总局第10号令:《企业名称登记管理实施办法》(2004年7月1日起施行)的规定:法律、行政法规规定设立企业必须报经审批或者企业经营范围中有法律、行政法规规定必须报经审批项目的,应当在报送审批前办理企业名称预先核准,并以工商行政管理机关核准的企业名称报送审批。

小李的报关公司经营范围中有报关业务,须报海关批准,应当在报送审批前办理企业名称预先核准,并以工商行政管理机关核准的企业名称报送审批。

办理程序:

第一步:领取并填写《名称预先核准申请书》、《指定代表或者共同委托代理人的证明》,同时准备相关材料。

名称预先核准登记应提交的文件、证件:

(1)《名称预先核准申请书》。企业名称预先核准申请书应当载明企业的名称(可以载明备选名称)、住所、注册资本、经营范围、投资人名称或者姓名、投资额和投资比例、授权委托意见(指定的代表或者委托的代理人姓名、权限和期限),并由全体投资人签名盖章。

(2)组建单位的资格证明或股东、发起人的法人资格证明及自然人身份证明。

(3)《指定代表或者共同委托代理人的证明》:指定代表或委托代理机构及受托代理人的身份证明和企业法人资格证明及受托资格证明。

第二步:递交《企业名称预先核准申请书》、《指定代表或者共同委托代理人的证明》及相关材料,领取《名称登记受理通知书》。

第三步:按《名称登记受理通知书》的确定日期,领取《企业名称预先核准通知书》,同时领取《公司设立登记申请书》、《指定代表或者共同委托代理人的证明》等相关表格。

任务二:申请报关企业注册登记许可

海关准予境内企业法人注册登记为报关企业,接受进出口货物收发货人的委托,向海关办理代理报关业务,从事报关服务的活动。

(1)小李的报关公司需要具备以下许可申请条件:

①具备境内企业法人资格条件;

②企业注册资本不低于人民币150万元;

③健全的组织机构和财务管理制度;

④报关员人数不少于5名;

⑤投资者、报关业务负责人、报关员无走私记录;

⑥报关业务负责人具有五年以上从事对外贸易工作经验或者报关工作经验;

⑦无因走私违法行为被海关撤销注册登记许可记录;

⑧有符合从事报关服务所必需的固定经营场所和设施;

⑨海关监管所需要的其他条件。

(2)许可申请时应提交的文件：

①报关企业注册登记许可申请书；

②《企业法人营业执照》副本或者《企业名称预先核准通知书》复印件；

③企业章程；

④出资证明文件复印件；

⑤所聘报关从业人员的《报关员资格证》复印件；

⑥从事报关服务业可行性研究报告；

⑦报关业务负责人工作简历；

⑧报关服务营业场所所有权证明、租赁证明；

⑨其他与申请注册登记许可相关的材料。

(3)许可办理程序：

第一步：材料受理。申请人(或委托代理人)向公司所在地隶属海关递交材料。隶属海关受理后进行初审，主要审查资质情况和申请材料，初审通过后由隶属海关出具初审意见，并将全部申请材料报上级直属海关审批。

①申请人不具备报关企业注册登记许可申请资格的，应当作出不予受理的决定(隶属海关无权作决定)；

②申请材料不齐全或者不符合法定形式的，应当当场或者在签收申请材料后五日内一次告知申请人需要补正的全部内容，逾期不告知的，自收到申请材料之日起即为受理；

③申请材料仅存在文字性、技术性或者装订等可以当场更正的错误的，应当允许申请人当场更正，并且由申请人对更正内容予以签章确认；

④申请材料齐全、符合法定形式，或者申请人按照海关的要求提交全部补正申请材料的，企管人员应当受理报关企业注册登记许可申请，并做出受理决定，制发《行政许可申请受理决定书》。

第二步：主管地直属海关企管人员应当根据许可申请条件进行全面审查，必要时可对申请企业进行实地审查。

第三步：海关内部操作与审批。

第四步：海关作出准予行政许可决定，申请人(或委托代理人)到海关领取《准予报关企业注册登记许可决定书》。

任务三：办理验资报告

验资报告，是指注册会计师根据《中国注册会计师审计准则第 1602 号——验资》的规定，在实施审验工作的基础上对被审验单位的股东出资情况发表审验意见的书面文件。

第一步：持《企业名称预先核准通知书》到银行开立验资账户，办理入资手续，索取进账单、入账单；

银行进账单是持票人或收款人将票据款项存入收款人在银行账户的凭证，也是银行将票据款项记入收款人账户的凭证；

入账单：企业每收到客户一笔款，企业账户就有一笔入账，入账单是企业做账用的。

第二步：持进账单、入账单、银行询证函、公司股东会决议、公司章程、股东的主体资格证

明或自然人身份证复印件、租赁协议及产权证明办理验资报告(或办理资产评估报告);

银行询证函:是指会计师(审计)事务所在执行审计过程中,以被审计企业名义向银行发出的,用以验证该企业的银行存款与借款、投资人(股东)出资情况以及担保、承诺、信用证、保函等其他事项等是否真实、合法、完整的询证性书面文件。

任务四:申请公司设立

包括领取营业执照、办理代码证、办理国税、地税登记证等。

第一步:递交《企业名称预先核准通知书》、《公司设立登记申请书》、《指定代表或者共同委托代理人的证明》、公司股东会决议、公司章程、租赁协议及产权证明、验资报告、股东的主体资格证明或自然人身份证复印件等申请材料,领取《受理通知书》;

第二步:按《受理通知书》日期缴纳登记费(0.08%)并领取营业执照;

第三步:持营业执照副本复印件、股东的主体资格证明或自然人身份证复印件及公司印章办理代码证;

第四步:持营业执照、代码证、验资报告、公司章程、财务制度、租赁协议及产权证明、股东的主体资格证明或自然人身份证复印件、会计人员的身份证及会计证复印件等申请材料办理国税、地税登记证。

任务五:海关注册登记备案

包括取得《中华人民共和国海关报关企业注册登记证书》、安装中国电子口岸系统,办理企业IC卡等。

第一步:凭《准予报关企业注册登记许可决定书》及全部申请材料到当地隶属海关申请并办理注册手续,取得《中华人民共和国海关报关企业注册登记证书》。

第二步:安装中国电子口岸系统。

小李的报关公司若要真正开展代理报关业务,还必须注册报关员和申请并安装中国电子口岸,按规定填写相关表格并携相关资料到直属海关地中国电子口岸数据分中心申请,该中心接受并同意通过后即可安装电子口岸系统。中国电子口岸企业IC卡相当于企业的身份证件。用于存放企业用户证书、企业用户私钥,进行身份认证及数字签名。企业IC卡又可分为企业法人卡和企业操作员卡。法人卡又称公章卡,是在中国电子口岸中唯一代表企业身份的IC卡。该卡的持有者可以申请企业网上业务权限,备案本企业操作员卡,对本企业操作员卡进行管理。企业操作员卡由企业法人卡注册并授权,该卡持有者可以在口岸电子业务系统进行除企业管理、操作员卡申领之外的具体业务操作。操作员卡根据权限不同又可分为:具有录入权限的录入卡;具有申报权限的申报卡(报关员卡)。持有企业操作员卡者可以在授权范围内进行相关业务操作。

"中国电子口岸"IC卡办理程序:

(1)企业申请:企业填写1号表(中国电子口岸企业情况登记表)及2号表(中国电子口岸企业IC卡登记表),连同企业基本资料(组织机构代码证、工商营业执照、税务登记证、外贸批准证书或资格证书、海关注册登记证)原件及复印件、操作员基本资料(报关员证或核销员证)原件及复印件递交制卡中心(注:复印件交制卡中心作录入资料用)。

(2)企业基本资料录入:制卡中心工作人员录入企业基本信息(组织机构表、工商执照表、国税登记表、法人信息表)。

(3)有关部门对企业基本信息审核:企业基本资料申报后,由企业按以下顺序交各部门审核:技术监督部门(组织机构表)→工商部门→国税部门;有关部门发现问题退单的,需由制卡中心工作人员进行退单处理(注:需严格按照以上顺序)。

(4)制作企业法人卡:以上三个部门均审核通过后,制卡中心工作人员审核法人信息表,审核通过后,制作企业法人卡。

(5)企业操作员资料录入:企业法人卡制好后,制卡中心工作人员用企业法人卡录入企业操作员资料。

(6)制作企业操作员卡:制卡中心工作人员审核已申报的企业操作员资料,审核通过后,制作企业操作员卡。

(7)企业海关、外贸、外汇信息备案及企业权限申报:制卡中心工作人员用企业法人卡分别对企业在主管海关、主管外经贸部门、主管外汇局的注册信息进行备案;以上三个部门的备案信息做完后,用企业法人卡对企业在主管海关及主管外汇局的经营权限进行申报。

(8)IC 卡备案及 IC 卡权限申报:制卡中心工作人员用企业法人卡将企业操作员的报关员信息或外汇核销员信息分别向主管海关和主管外汇局进行备案;IC 卡备案信息申报后,用企业法人卡对企业操作员在主管海关及主管外汇局的操作权限进行申报(注:若企业操作员不是报关员或外汇核销员,其 IC 卡备案信息和 IC 卡权限可为空白,报关员 IC 卡权限必须申报,外汇核销员 IC 卡权限无需申报)。

(9)有关部门对企业备案信息、权限及 IC 卡备案信息、权限审核:完成(7)、(8)两个步骤后,由企业携带相关资料交主管海关、主管外经贸部门和主管外汇局审核,其中企业备案信息须交上述三个部门审核,企业权限、IC 卡备案信息、IC 卡权限只需交主管海关及主管外汇局审核;有关部门发现问题审核不通过的,需由制卡中心工作人员用企业法人卡进行修改(注:可不按顺序)。

(10)领卡:以上步骤全部完成后,企业即可派人持本人身份证及海关注册登记证原件到制卡中心领取企业法人卡及企业操作员卡。

至此,小李的专业报关公司可以宣告成立。

知识卡

中国电子口岸

中国电子口岸是经国务院批准,由海关总署牵头,会同其他 11 个部委共同开发建设的公众数据中心和数据交换平台。它依托国家电信公网,实现工商、税务、海关、外汇、外贸、质检、公安、铁路、银行等部门以及进出口企业、加工贸易企业、外贸中介服务企业、外贸货主单位的联网,将进出口管理流信息、资金流信息、货物流信息存放在一个集中式的数据库中,随时提供国家各行政管理部门进行跨部门、跨行业、跨地区的数据交换和联网核查,并向企业提供利用互联网办理报关、结付汇核销、出口退税、进口增值税联网核查、网上支付等实时在线业务。

"口岸电子执法系统"是在 1998 年亚洲金融危机期间,为适应打击走私、骗汇活动的实际斗争需要,紧急筹建、逐步发展起来的。是一个既为行政执法管理服务又为相关企业服务的信息系统。

资料卡

大通关

大通关是提高口岸工作效率工程的简称。所谓大通关,指的是口岸各部门、单位、企业等,采取有效的手段,使口岸物流、单证流、资金流、信息流高效、顺畅地运转,同时实现口岸管理部门有效监管和高效服务的结合。它是涉及海关、外经贸主管部门、运输、仓储、海事、银行、保险等各个国家执法机关和商业机构的系统。实施大通关,最直接的目的就是提高效率,减少审批程序和办事环节,口岸各方建立快捷有效的协调机制,实现资源共享,通过实施科学、高效的监管,以达到口岸通关效率的大幅度提高,真正实现“快进快出”。

从2005年11月起,长三角区域大通关开始试点,实行跨关区属地申报、口岸验放通关新模式,变“两次申报、两次放行”为“一次申报、一次放行”,货物从属地海关接单到上海口岸海关放行仅短短一小时,而过去至少需要一天时间。

作为长三角地区一体化发展的重要组成部分,自2007年6月启动仅一年的长三角区域大通关协作已取得实效:截至2008年,长三角已有780家企业参与“属地申报、口岸验放”通关模式,进出口货物3.5万批次、货值56.8亿美元;长三角检验检疫实现了电子信息联网;海事、边检、电子口岸、口岸物流等多个项目合作也取得进展。

根据2007年5月苏浙沪三地政府共同签署的《长三角区域大通关建设协作备忘录》要求,2008年4月,苏浙沪三地口岸办公室、海事局在沪举行“长三角口岸船舶动态信息共享启动仪式”,迈出了长三角电子口岸平台信息兼容、互联共享的第一步。上海电子口岸每日发布进出上海口岸的国际航行船舶名称、船籍、动态港口、IMO编号、航次、离港、抵港、靠泊作业等动态信息,苏浙两地区的船东、船舶代理、进出口企业、货主企业等均可免费查询,及时掌握船舶和集装箱信息,并对集装箱流转状况进行跟踪,提高相关作业效率,实现货物流转全过程可视化管理。长三角大通关之所以进展神速,其重要原因是插上了信息化翅膀,上海电子口岸成为幕后英雄。

上海电子口岸是上海市政府与国家海关总署共同建设的口岸通关执法管理和相关物流商务服务统一信息平台,目标是为上海国际航运中心建设和长三角区域通关一体化服务,以改善贸易投资环境、提高口岸通关效率和降低企业成本。目前,上海电子口岸主要成员为上海口岸办、上海海关、上海出入境检验检疫局、上海海事局、市国家税务局等。

经过7年的不懈努力,上海已基本建成能满足上海口岸和长三角区域要求的信息化功能性设施和服务设施,形成较为完备的口岸通关物流服务体系,建立起功能强大的口岸物流信息和电子商务统一平台——上海电子口岸网、上海电子口岸数据处理中心和上海电子口岸呼叫中心。

截至目前,上海电子口岸网注册用户已从2005年的近5万家,增至2007年底的6万多家,成为全国最大口岸物流信息增值服务网站。在6万多家注册用户中,外省市用户所占比例,从2006年的54%升至2007年底的65%;其中江苏用户占37%,浙江用户占20%,包括台湾地区在内的其他省市用户占8%。

2.创设代理报关企业(详细操作参见“创设报关企业”)

任务一:到工商部门办理公司设立登记,成立企业(经营范围不含报关业务);

任务二:到工商部门办理经营范围变更手续:

任务三:到企业所在地隶属海关申请报关企业注册登记许可(许可申请、审批程序同前);许可同意后在隶属海关注册备案登记,然后注册报关员和申请并安装中国电子口岸后即可开展代理报关业务。

需要提交的资料:

(1)法定代表人签署的《公司变更登记申请书》(公司加盖公章)。

(2)公司签署的《指定代表或者共同委托代理人的证明》(加盖公司章)及指定代表或委托代理人身份证复印件(本人签字);应标明具体委托事项、被委托人的权限、委托期限。

(3)公司章程修正案(公司法定代表人签署)。

(4)公司申请登记经营范围中有法律、行政法规和国务院决定规定必须在登记前报经批准的项目,提交有关的批准文件或者许可证书复印件或许可证明。

(5)法律、行政法规和国务院规定变更经营范围必须报经批准的,提交有关的批准文件或者许可证书复印件,经营范围是报关业务则提供《准予报关企业(跨关区分支机构)注册登记许可决定书》。

(6)公司营业执照副本。

程序:

(1)公司备齐文件后,由公司指定的代表或者委托的代理人凭有关代理证明向登记机关申请,登记机关受理后发给《企业登记受理通知书》;

(2)领照人凭《登记受理通知书》及身份证到登记机关缴交登记费,领取《企业法人营业执照》;或者领取《登记驳回通知书》。

3.创设自理报关企业

(1)到工商部门办理公司设立登记,成立企业(经营范围不含报关业务);

(2)到本地区对外贸易主管机关办理对外贸易经营者备案登记;

(3)到企业所在地隶属海关申请报关企业注册登记;

(4)申请并安装中国电子口岸。

(二)报关企业存续过程中的注册登记

1.外关区报关企业跨关区分支机构注册登记许可设立申请

(1)允许报关企业跨关区分支机构注册登记的条件

①报关企业(母公司)自取得海关核发的《中华人民共和国海关报关企业报关注册登记证书》之日起满2年;

②报关企业(母公司)自申请之日起最近两年未因走私受过处罚;

③报关企业(母公司)每申请一项跨关区分支机构注册登记许可,应当增加注册资本人民币50万元;

④报关企业跨关区分支机构符合境内企业法人分支机构设立条件;

⑤报关企业跨关区分支机构报关员人数不少于3名;

⑥报关企业跨关区分支机构有符合从事报关服务所必需的固定经营场所和设施;

⑦报关企业跨关区分支机构负责人应当具有五年以上从事对外贸易工作经验或者报关

工作经验；

⑧报关企业跨关区分支机构报关业务负责人、报关员无走私记录。

(2)许可审批的办理程序

①申请设立跨关区分支机构的报关企业到本关区申请出具相关证明材料。

本关区报关企业赴外关区办理跨关区分支机构注册登记许可设立时，企业管理处应当按照下列程序办理：

A.要求申请企业填写《关于出具报关企业跨关区分支机构注册登记许可相关证明材料的申请》。

B.按下列条件审查该报关企业是否符合申请设立报关企业跨关区分支机构设立条件：

a.该报关企业注册登记满2年(以《中华人民共和国海关报关企业报关注册登记证书》第1页"注册登记日期"为准)；

b.该报关企业自申请之日起最近2年内未因走私受过处罚；

c.该报关企业已为分支机构申请注册登记许可增加注册资本50万元(但国际货运代理企业在设立该分支机构时已经依法增加过注册资本的除外)。

C.企业管理处制作关封，关封中应包含以下资料：

a.《中华人民共和国海关报关企业报关注册登记证书》复印件；

b.关于报关企业跨关区分支机构注册登记许可相关证明的函；

D.将关封交报关企业并做好记录，并要求该报关企业分支机构在规定时间内提供所在地直属海关作出的许可决定书复印件。

②向分支机构所在地关区申请注册登记许可，应提交的文件包括：

A.《报关企业跨关区分支机构注册登记许可(延续)申请书》；

B.《中华人民共和国海关报关企业报关注册登记证书》复印件；

C.分支机构从事报关服务业可行性研究报告；

D.拟聘的报关从业人员《报关员资格证》复印件；

E.分支机构负责人、报关业务负责人工作简历；

F.报关服务营业场所所有权证明、租赁证明；

G.由报关企业注册登记地直属海关出具的证明材料；

H.申请设立报关企业分支机构注册登记许可的其他材料。

③分支机构主管地海关企管人员应当根据所规定的条件进行全面审查，必要时可对申请企业进行实地审查。

④分支机构主管地海关海关内部操作与审批：海关办理注册登记及内部审批手续。

⑤海关作出准予行政许可决定，申请人(或委托代理人)到海关领取《准予报关企业(跨关区分支机构)注册登记许可决定书》。

2.许可变更

①变更许可范围，报关企业涉及以下变更时需要经过海关许可：

A.报关企业及其分支机构名称发生变更；

B.报关企业注册资本发生变更；

C.报关企业法定代表人(负责人)发生变更。

报关企业(跨关区分支机构)注册登记许可内容发生以上其中一项变更，变更后报关企业(跨关区分支机构)仍必须符合注册登记许可所列各项条件。

②应提交的资料：

A. 报关企业的《中华人民共和国海关报关企业报关注册登记证书》；

B. 报关企业变更决议复印件；

C. 报关企业母公司《中华人民共和国海关报关企业报关注册登记证书》(复印件)及跨关区分支机构的《中华人民共和国海关报关企业报关注册登记证书》(跨关区分支机构许可变更需提交)；

D. 母公司出具的该公司跨关区分支机构变更的证明材料(跨关区分支机构许可变更需提交)；

E.《报关企业(跨关区分支机构)注册登记许可变更申请书》。

③审批程序：主管地海关及企业管理处比照报关企业注册登记许可设立审批程序进行审核并做出决定，制发《准予报关企业(跨关区分支机构)注册登记许可变更决定书》。

3. 许可延续

(1)提交资料

报关企业、报关企业跨关区分支机构注册登记许可延续许可期限为两年(自理报关企业为3年)，报关企业办理许可延续手续应当在有效期届满40日(自理报关企业为30日)前向注册地海关提出申请并递交下列文件资料的正本或有效的复印件(复印件应与正本核对无误)：

①《报关企业注册登记许可(延续)申请书》、《报关企业跨关区分支机构注册登记许可(延续)申请书》；

②企业法人营业执照复印件；

③报关业务分析、报关差错情况及原因；

④《报关单位(加工生产企业)情况登记表》；

⑤海关认为应当提交的其他资料。

主管地海关企管人员还应要求辖区内报关企业跨关区分支机构提交：

①分支机构营业执照副本复印件；

②报关企业(母公司)的《中华人民共和国海关报关企业报关注册登记证书》复印件。

(2)审批程序

主管地海关及企业管理处比照报关企业注册登记许可设立审批程序进行审核，并且符合法律、行政法规、海关规章规定的注册登记许可延续应当具备的其他条件的，制发《准予报关企业(跨关区分支机构)注册登记许可延续决定书》；对不符合条件的企业制发《不准予行政许可决定书》。未按照规定申请延续的，海关通关管理系统将自动布控，该企业将无法办理报关业务。

4. 许可撤销、注销

(1)许可撤销

①有下列情形之一的，根据利害关系人的请求或依据职权，可以撤销注册登记许可：

A. 海关工作人员滥用职权、玩忽职守作出准予注册登记许可决定的；

B. 超越法定职权作出准予注册登记许可决定的；

C. 违反法定程序作出准予注册登记许可决定的；

D. 对不具备申请资格或者不符合法定条件的申请人准予注册登记许可的；

E. 依法可以撤销注册登记许可的其他情形。

②被许可人以欺骗、贿赂等不正当手段取得注册登记许可的，应当撤销其注册登记许可。

③依照前两款的规定撤销注册登记许可，可能对公共利益造成重大损害的，不予撤销。

④根据《中华人民共和国行政许可法》第八条第二款规定，出现以下情况，为了公共利益的需要，海关依法撤回已经生效的注册登记许可：

A. 注册登记许可所依据的法律、行政法规、海关总署规章修改或者废止；

B. 准予海关行政许可所依据的客观情况发生重大变化。

(2)许可注销

报关企业存在下列情况的，应当注销其注册登记许可：

①有效期届满未延续的；②报关企业或其跨关区分支机构依法终止的；③注册登记许可依法被撤销、撤回，或者注册登记许可证件依法被吊销的；④因不可抗力导致注册登记许可事项无法实施的；⑤法律、行政法规规定的应当注销注册登记许可的其他情形。

(3)许可撤销、注销审批

主管地海关和企业管理处比照报关企业注册登记许可撤销、撤回程序办理报关企业注册登记许可注销手续，企业管理处制发《撤回报关企业注册登记许可决定书》或《注销报关企业注册登记许可决定书》。

知识卡

海关对报关企业进行分类管理

企业分类管理就是海关根据企业诚信记录采取差别管理措施，倡导守法便利。实施企业分类管理是实现海关监管资源合理配置的有效途径，是解决目前海关严密监管与高效运作和日益增长的业务量与有限的人力资源矛盾的根本办法。

根据海关总署第170号令《中华人民共和国海关企业分类管理办法》和其他规定，海关对企业实施分类管理，设置AA、A、B、C、D五个管理类别，海关依据企业经营管理状况和遵守海关法律情况，本着公开、公正、公平的原则依法进行评定，并根据企业从事与海关业务有关的经营活动的守法和违法情况，及时调整企业的管理类别，实施动态管理。全国海关实行统一的企业分类标准、程序和管理措施。

有关文件见附录。

资料卡

混业经营加剧报关市场竞争

——物流报关企业的发展对报关业可能产生不利影响

——来源：在线国际商报，侯金泽，2009-07-17

当前，世界经济的迅速发展对贸易快捷和便利化的要求越来越高，从事国际贸易的企业对物流速度和通关效率的提高非常重视。随着贸易服务要求的提高和政策的调整，物流企业进入报关市场、参与报关服务的趋势愈加明显，给报关市场、报关行业以及海关监管带来了一定影响。

市场开放催生混营企业

本文所说的物流报关企业，是相对于提供单一代理报关服务的专业报关企业而言的，特指从事物流与报关服务一体化的同一法人企业形式，这也是随着海关管理政策的调整和现代物流业的发展而出现的新的经营类型和模式。

《海关对报关单位注册登记管理规定》于2005年6月1日施行后，海关对报关企业注册登记由审批制改为行政许可制，报关行业准入门槛降低，报关市场放开，物流企业纷纷进入报关业。目前，在天津口岸注册的报关企业从事物流的企业数量达到201家，占报关企业总数的75%以上，且上升明显，体现了物流企业扩大经营范围、追求物流和报关服务一体化的趋势。

物流业与报关业的整合，从目前的情况看，对于企业提升竞争力是不言而喻的。但报关业如果提供类似物流管理的服务，基本上是不现实的。因为这样的整合，在资金和业务扩展方面的投入是巨大的。相反，物流企业要向报关业扩展，无论是资金还是业务都要容易得多。物流企业延伸报关服务具备了这样的自身条件，也是政策放开后物流企业纷纷进入报关市场的原因之一。

目前物流企业进入报关市场主要有以下几种形式：一是集团化形式，即依托集团主营物流业务，在集团内部设立专门提供报关服务的子公司，主要服务于企业本身代理运输货物的通关，也接受其他企业的委托，为其提供报关服务；二是集成化形式，即扩大经营范围，增加代理报关服务项目，将物流与报关业务集成在一起，提供一站式服务，如圣郎物流等；三是扩展化形式，即专门从事国际运输或快递的企业，扩展了报关服务业务，如联邦快递等；四是集进出口收发货人与代理报关于一体的双重身份的企业类型，如克运船务有限公司等，属政策调整衔接期内的过渡型企业形式，按规定应在办理行政许可延续时，确定或进出口发货人，或代理报关企业的唯一身份。

以上四种形式中，第一种是物流企业投资设立专门的报关行，不论从企业本身的法律属性上，还是从海关的监管来讲，都属于专业报关企业，第四种形式如上所述只是过渡，将逐渐消失。而第二和第三种形式属于单一企业法人下的混营业态，是典型的物流企业兼营报关业务的类型，也是本文所指的物流报关企业。

行业现状不容乐观。报关行业经过十几年的快速发展，已经形成了一定的规模和影响，但目前报关业还存在着一些制约本身发展的问题，尤其是报关市场放开后，物流企业纷纷进入报关行业，造成报关业的现实状态及发展均不容乐观。

一是报关企业规模较小，专业化及精细化的程度都不够高，存在简单的单据“二传手”型报关企业，且企业经营管理水平较低；二是报关市场不规范，存在承包、挂靠、转租等不规范经营模式和压价竞争、低价揽货等手段，物流企业的加入，加剧了竞争态势，但竞争层次低，自律意识差；三是报关行业准入门槛低，投资背景及企业状况呈现多样化，且存在投石问路的尝试型投资企业；四是部分企业急功近利，忽视管理，对市场的忠诚度低，且企业的经营管理运作模式与海关等管理部门的监管要求不相适应；五是报关从业人员业务水平、技能素质参差不齐，形成能力强的不愿干，水平低的干不了的“高不成低不就”的局面，提升业务素养的动力不强，且人员流动性大；六是企业的竞争力及抵抗市场风险能力不强；七是管理层对报关行业的定位、发展等政策导向不明朗，报关市场稳定性差。特别是放开报关市场，允许物流企业进入后，对报关业造成的冲击和影响非常大。

物流与报关分属不同领域

相比于专业报关企业，进入报关市场的物流企业由于自身资金实力、规模设施、人力与客户资源、经营运作等方面的优势，提升了其竞争力，使其在与专业报关企业的竞争中优势明显，尤其在以贸易和物流及相关的服务为主的供应链管理服务的转变和延伸方面更加容易。物流报关企业改变了传统的简单的代理报关模式，建立与客户更紧密地依存关系，完成由报关代理向提供物流与报关集成化的多位一体服务的转变，与客户的合作伙伴关系更加趋于紧密。这样的经营模式，对进出口企业的作用是积极和明显的，但另一方面，这种模式不利于报关服务的规模化、规范化、专业化和精细化发展。

物流与报关在口岸通关中是很重要的两个环节，但严格意义上讲，物流与报关是完全不同的领域，是两个不同的经营业态，各自的专业性也都是非常强。物流参与商贸和货物的流通，更侧重于货物运输、仓储、配送等动态性运转，报关指向海关申报、纳税等手续性工作，更侧重商品归类、货名及价值确定、单证制作、配合查验、缴税等，二者在专业指向、技能水平、人力需求以及增值空间等方面区别明显。

专业报关行提供单一报关服务，物流报关企业则提供运输、仓储、配送、报关等集成服务，可以说二者在经营范围、组织架构、管理运作方面各有优势。专业报关企业的主营业务或者说单一业务就是提供报关服务，基本上没有业务延伸和拓展，它把全部人力、物力、精力放在了报关服务上，可以将报关服务做得更专、更细、更精。而物流报关企业则不同，其核心业务在于物流，报关只是其物流的延伸服务，在物流和报关的投入和重视程度上，是显著失衡的。

物流企业进入报关市场，时间虽然不长，但发展很快，参与的企业数量增速明显，从这一段时期的情况来看，物流企业参与报关服务后对整个报关行业和市场的冲击与影响是比较大的，尤其是对于专业报关企业，更是明显。它加剧了报关行业竞争，对报关市场和报关环境的负面作用也是比较大的，同时也冲破了行政管理层一直倡导和追求的报关专业化路线，冲击了报关专业化十几年发展所形成的局面。

物流报关企业尚欠专业性

目前物流企业兼营报关业务大多是物流业中小型货代公司，它们参与报关服务主要有以下两种情况：一是仍以物流为主营业务，从事报关业务主要是为了服务的拓展，一般不以报关作为主营业务和利润的增长点，有的物流报关企业在从物流服务中获得稳定利润后，为了稳定客户资源，通常不收取报关费用，或是收取含物流、报关费用在内的包干费用；二是在竞争激烈的物流或货代市场中属边缘性企业，处于下风，竞争力差、成长性不强、利润增值空间小，转而投向报关服务，属于以报关为主的物流报关企业。

天津口岸的大型外资物流公司，包括第三方物流企业，目前大多还是将报关业务外包给专业报关企业，本身专做物流这样的核心业务，分工明确，更加追求市场细化和专业化，如新加坡背景的叶水福公司等，这是欧美国家报关市场的主要做法，本身体现了供应链管理中的外包和分工合作，是主流，也是报关业发展的方向和趋势。

物流报关企业受各种因素的制约，影响着发展，有的因素可能影响到生存，从报关市场的良性发展和海关的监管角度看，这种形式并不是报关业的发展方向。

首先，与现代以供应链管理为主的物流管理走向不相吻合，后者更强调核心业务以外的服务外包及与相关企业的合作，更加要求服务的专门化与专业化；二是受管理层面政策调整和新的管理措施出台的不稳定因素的影响；三是企业组织管理、经营运作模式与海关等部门的监管要求不相适应；四是多数企业“重物流轻报关”，以物流为核心和增值业务，报关业务只是为了配合物流业务而延伸的下游服务，对报关业务重视和投入不够；五是物流企业提供的报关服务，专业程度有不足，报关人员能力水平有待提高。

口岸物流以及通关服务在国际贸易过程中地位重要，是货物贸易履行的条件，虽然属于贸易中的下游服务，但其运作情况及运行的效率对贸易以及其他方面的影响是非常大的。本着“存在即合理”的宽容和理解态度，集物流与报关于一体的经营模式的产生有着一定的背景、环境和平台。目前，还不好判断它的生命力长短，一方面取决于政策是否稳定和连续，另一方面也要看市场的发育和发展状况，它有可能是一种过渡，但不应是一种方向和趋势。

探索性训练

1. 对当地外贸业务及其对代理报关的需求进行实地调研，并写一份在当地创设报关公司的可行性研究报告。

2. 我国大通关工程进展过程中存在哪些问题，该采取什么样的对策？

学习情境二

一般进出口货物报关操作

一般进出口货物

（一）含义

（1）一般进出口货物是一般进口货物和一般出口货物的合称，是指在进出境环节缴纳了应征的进出口税费并办结了所有必要的海关手续，海关放行后不再进行监管，可以直接进入生产和消费领域流通的进出口货物。

（2）区分与一般贸易货物的关系（见表2-1）

一般贸易是国际贸易中的一种交易方式，即货物单边进口或出口的贸易。

按一般贸易进出口的货物即是一般贸易货物，包括正常报关纳税和交证则结关。

表 2-1　一般贸易货物与一般进出口货物的区别

一般贸易货物	按一般进出口监管	一般进出口货物
	按特定减免税监管	特定减免税货物
	按保税监管制度办理	保税货物

（二）基本特征

（1）进出境环节缴纳进出口税费；

（2）进出口时提交相关的许可证件；

（3）海关放行即结关，不再监管。

（三）范围

实际进出口的货物（不再复出口或复进口），除特定减免税货物外，都属于一般进出口货物。

根据这点判断下列货物均属于一般进出口货物：

①不享受特定减免税或不准予保税的一般贸易货物；

②转为实际进口的原保税货物；

③转为实际进出口的原暂准进出境货物实际进出口；

④易货贸易、补偿贸易进出口货物；

⑤不批准保税的寄售代销贸易货物；

⑥承包工程项目进出口货物；

⑦驻华商业机构进出口陈列用的样品；

⑧外国旅游者小批量订货出口；

⑨随展览品进出境的小卖品、展卖品；

⑩实际进出口货样广告品；

⑪免费提供的进口货物：

a. 外商经贸活动中赠送的；b. 外商经贸活动中免费提供的试车材料；c. 我境外企业、机构向国内赠送的。

子情境 1　一般进口货物报关操作

能力结构及教学建议(见表 2-2)

表 2-2　子情境 1 能力结构及教学建议

<table>
<tr><th colspan="3">教学内容:业务一</th><th>教学建议</th></tr>
<tr><td rowspan="6">第一阶段:单证准备</td><td>任务一:签订委托代理报关有关文件</td><td></td><td></td></tr>
<tr><td rowspan="3">任务二:理单与审单</td><td>一、确定商品品名</td><td rowspan="3">★审单环节需要重点讲解</td></tr>
<tr><td>二、商品归类</td></tr>
<tr><td>三、规格型号</td></tr>
<tr><td>任务三:解决审单中发现的问题</td><td></td><td></td></tr>
<tr><td>任务四:制单,即填写报关单</td><td></td><td></td></tr>
<tr><td rowspan="3">第二阶段:申报</td><td>任务五:输单(报关单预录入)</td><td>按照 QuickPass 输单界面,共填 50 项</td><td>★</td></tr>
<tr><td rowspan="2">任务六:申报(含电子发送、递交纸质单据)</td><td>集中审单(海关作业)</td><td rowspan="2"></td></tr>
<tr><td>现场通关——交单</td></tr>
<tr><td>第三阶段:查验</td><td>任务七:配合查验</td><td>现场通关——配合查验</td><td></td></tr>
<tr><td>第四阶段:缴税</td><td>任务八:缴纳税费</td><td>现场通关——税费征收</td><td>★重点讲解税费计算</td></tr>
<tr><td rowspan="2">第五阶段:放行</td><td rowspan="2">任务九:提货</td><td>现场通关——单证放行</td><td rowspan="2"></td></tr>
<tr><td>口岸海关——实货放行</td></tr>
<tr><td>第六阶段:后续事务</td><td>任务十:后续事务处理</td><td>海关签发进口货物报关单</td><td></td></tr>
</table>

业务一 一般进口货物报关业务

晓兴氨纶(嘉兴)有限公司委托嘉兴淞海报关有限公司代理一票进口报关业务,该业务的操作步骤如何?

BQ4 EC04A

INVOICE

Accountee HYOSING SPANDEX (JIAXING) CO.,LTD JIAXING ECONOMIC ZONE ZHEJIANG CHINA TEL	Invoice No. 0081232888 Date April 2, 2010 Our Reference No. 0001549801
Consigned To:Messrs HYOSING SPANDEX (JIAXING) CO.,LTD JIAXING ECONOMIC ZONE ZHEJIANG CHINA TEL	Your Reference No. F1506 Payment T/T REMITTANCE IN ADVANCE
Vessel or AIR CRAFT Sailing on or about April 7, 2010 Port of Loading OSAKA Port of Discharge SHANGHAI Final Destination SHANGHAI	L/C No. Date Issuing Bank

DESCRIPTION	Quantity	UNIT PRICE	AMOUNT
TORAYCERAM BEADS		CIF SHANGHAI	
IN ZRO2 0.8MM	50.00 kg	JPY 9,200.00	JPY 460,000
TOTAL: 5 CARTONS	50.00 kg		JPY 460,000

BQ4 EC04A

PACKING LIST

Accountee HYOSING SPANDEX (JIAXING) CO., LTD JIAXING ECONOMIC ZONE ZHEJIANG CHINA TEL	Invoice No. 0081232888 Date April 2, 2010 Our Reference No. 0001549801
Consigned To:Messrs HYOSING SPANDEX (JIAXING) CO., LTD JIAXING ECONOMIC ZONE ZHEJIANG CHINA TEL	Your Reference No. F1506 Payment T/T REMITTANCE IN ADVANCE
Vessel or AIR CRAFT Sailing on or about April 7, 2010 Port of Loading OSAKA Port of Discharge SHANGHAI Final Destination SHANGHAI	L/C No. Date Issuing Bank

Description of Goods	Quantity	Net Weight	Gross Weight	Measurement
TORAYCERAM BEADS				
C/NO.				
1-5 IN ZRO2 0.8MM	50.00 kg			
TOTAL : 5 CARTONS	50.00 kg			

OSA

Shipper's Name and Address | **Shipper's Account Number**

4-4,NIHONBASHI-MUROMACHI 3-CHOME,
CHUO-KU, TOKYO JAPAN 103-0022

Not negotiable
Air Waybill
Issued by

as carrier

Consignee's Name and Address | **Consignee's Account Number**

HYOSUNG SPANDEX (JIAXING)CO.,LTD.
JIAXING ECONOMIC ZONE
ZHEJIANG CHINA
TEL:

Copies 1, 2 and 3 of this Air Waybill are originals and have the same validity.

It is agreed that the goods described herein are accepted in apparent good order and condition (except as noted) for carriage SUBJECT TO THE CONDITIONS OF CONTRACT ON THE REVERSE HEREOF. ALL GOODS MAY BE CARRIED BY ANY OTHER MEANS INCLUDING ROAD OR ANY OTHER CARRIER UNLESS SPECIFIC CONTRARY INSTRUCTIONS ARE GIVEN HEREON BY THE SHIPPER, AND SHIPPER AGREES THAT THE SHIPMENT MAY BE CARRIED VIA INTERMEDIATE STOPPING PLACES WHICH THE CARRIER DEEMS APPROPRIATE. THE SHIPPER'S ATTENTION IS DRAWN TO THE NOTICE CONCERNING CARRIER'S LIMITATION OF LIABILITY. Shipper may increase such limitation of liability by declaring a higher value for carriage and paying a supplemental charge if required.

Issuing Carrier's Name and City

Accounting Information

MAWB NO.

Airport of Departure (Addr. of First Carrier) and Requested Routing
OSAKA

To	By First Carrier	Routing and Destination	to	by	to	by	Currency	Chgs Code	WT/VAL PPD	WT/VAL COLL	Other PPD	Other COLL	Declared Value for Carriage	Declared Value for Customs
	YAS						JPY		X		X		NVD	NCV

Airport of Destination	Requested Flight/Date	Amount of Insurance	
PUDONG	5X0104708	XXX	INSURANCE - If carrier offers insurance and such insurance is requested in accordance with the conditions thereof, indicate amount to be insured in figures in box marked Amount of Insurance.

Handling Information

No. of Pieces RCP	Gross Weight	kg/lb	Rate Class / Commodity Item No.	Chargeable Weight	Rate / Charge	Total	Nature and Quantity of Goods (incl. Dimensions or Volume)
5	51.5	K Q		51.5	620	31,930	TORAYCERAM BEADS INV# : 0081232889 22X 17X 170 X 5 TOTAL M3 : 0.032 DENSITY : 4518 FREIGHT : PREPAID COUNTRY OF ORIGIN : JAPAN
5	51.5					31,930	

Prepaid	Weight Charge	Collect
31,930		
	Valuation Charge	
	Tax	
200	Total other Charges Due Agent	
1,530	Total other Charges Due Carrier	
33,660	Total Prepaid / Total Collect	
	Currency Conversion Rates / CC Charges in Dest. Currency	
For Carriers Use only at Destination	Charges at Destination	Total Collect Charges

Other Charges
CG: 500 MY 1030

Shipper certifies that the particulars on the face hereof are correct and that insofar as any part of the consignment contains dangerous goods, such part is properly described by name and is in proper condition for carriage by air according to the applicable Dangerous Goods Regulations.

F.P. MANAGER
Signature of Shipper or his Agent

07 APR, 2010 TOKYO, JAPAN
Executed on (date) at (place) Signature of Issuing Carrier

JAFA JAPAN AIRCARGO FORWARDERS ASSOCIATION
TOPPAN FORMS CO.,LTD

FIRM OFFER

OFFER NO. :
DATE :
REG. NO. :
BUSINESS REG. NO.

MESSRS. Hyosing Spandex(Jiaxing) Co., Ltd.
China

1. ORIGIN Japan
2. VALIDITY Apr. 18, 2010
3. SHIPPING PORT Japanese Airport
4. PACKING Export standard packing
5. MANUFACTURER
6. DESTINATION
7. DELIVERY 3 weeks
8. INSPECTION Manufacturer's to be final
9. PAYMENT By Telegraphic Transfer in advance through Sumitomo Mitsui Banking Corporation /Osaka-Chuo Branch A/C no. 5511917(Bank code: SMBCJPJS) in favor of Toray International, Inc. 4-4, Nihonbashi Muromachi 3-chome, Chuo-ku, Tokyo 103-0022 Japan

10. REMARKS Bank : ____
Address : ____
SWIFT CODE : ____
Account no. : ____

FOB □ **FCA** □ **CIF** ■ **OTHERS** □

☆ **SUPPLIEER** : Toray International, Inc. /Japan

HS No.	DESCRIPTION	QUANTITY	UNIT PRICE	AMOUNT
6909.19 0000	Toray Ceram beads in Zr02 - Dia 0.8mm	50 kgs	J¥ 9,200	J¥ 460,000
		Total CIF Shanghai Airport Price		J¥ 460,000

***** LAST *****

ACCEPTED BY :

SINCERELY YOURS,

无木质包装声明

致中国出入境检验检疫机构：

兹声明：本批货物____________________（货名）

____________________（数量/重量）不含木质包装。

出口公司名称：（盖章或负责人签名）

日期：

Declaration of non-wood packing material

To the Service of China Entry & Exit Inspection and Quarantine:

It is declared that this shipment ____________________(commodity)

____________________(quantity/weight) does not

Contain wood packing materials.

Name of Export Company: (Stamp or Signature of Director)

....

Date:

海关作业联

中华人民共和国海关进口货物报关单

预录入编号：080204007　　申报现场：嘉兴海关(2908)　海关编号：　290820101080204007

进口口岸（2233） 浦东机场		备案号		进口日期 20100408		申报日期 20100413
经营单位　(3304930932) 晓兴氨纶（嘉兴）有限公司		运输方式 航空运输	运输工具名称 @1022339999556851		提运单号 40639776590_23860185	
收货单位　(3304930932) 晓兴氨纶（嘉兴）有限公司		贸易方式　(0110) 一般贸易		征免性质（101） 一般征税		征税比例
许可证号	启运国（地区）(116) 日本		装货港　(1303) 大阪		境内目的地（33049） 嘉兴	
批准文号	成交方式 CIF	运费		保费	杂费	
合同协议号 F1506	件数 5	包装种类 纸箱		毛重（千克） 51.50	净重（千克） 50	
集装箱号	随附单证				用途 企业自用	

标记唛码及备注

备注：
随附单证号：

项号	商品编号	商品名称、规格型号	数量及单位	原产国（地区）	单价	总价	币制	征免
1	81130090.90	金属陶瓷制珠子 金属陶瓷;;;0.8MM,用于研磨机研磨颜料	50千克 50千克	日本 (116)	9200.0000	460000.00	(116) 日本元	照章征税

税费征收情况

录入员　录入单位 8300000114722	兹申明以上申报无讹并承担法律责任	海关审单批注及放行日期（签章）
报关员		审单　　审价
单位地址	申报单位（签章） 嘉兴淞海报关有限公司	征税　　统计
邮编　　电话	填制日期　2010.04.12	查验　　放行

1/1

第一阶段:单证准备

任务一:签订委托代理报关有关文件

任务描述:

《代理报关委托书》是进出口货物收发货人根据《海关法》和相关法律法规要求提交报关企业的具有法律效力的授权证明。《代理报关委托书》由进出口货物收发货人认真填写,并加盖单位行政公章和法定代表人或被授权人签字。

《委托报关协议》是进出口货物收发货人与报关企业按照《海关法》的要求签署的明确具体委托报关事项和双方责任的具有法律效力的文件,分正文表格和通用条款两大部分。

知识卡

填写规范

1.规范统一的《代理报关委托书》、《委托报关协议》纸质格式,是将两个独立的文件印制在一张A4无碳复写纸上,一式三联,由中国报关协会监制。

2.根据《中华人民共和国海关进出口货物申报管理规定》要求,《代理报关委托书/委托报关协议》作为代理报关时报关单的必备随附单证使用。其编号为11位阿拉伯数字,是代理报关业务的流水号。

3.双方经办人员应在开始委托报关操作前认真填写格式化《代理报关委托书/委托报关协议》,并按照格式提示签字、加盖章后生效。

4.其中《委托报关协议》正文表格分必填项、补填项。没有标记的各项为必填项,应在签署前填写;标明"*"的各项为补填项,应在本协议作为报关单随附单证递交海关前填写。

5.委托方是关税的纳税义务人,应承担H.S.编码的填写责任。但因被委托方业务熟悉,故也可在"其他要求"一栏中委托被委托方帮助填写。

6.如遇两种以上的货物在同一票报关单申报时,"主要货物名称"一栏请填写涉税额最多的一种货物品名。

7.填写"收到单证情况"一栏时,可用"√"表示收到,否则表示没有收到。

8.委托方"其他要求"一栏,是对被委托方服务内容的具体要求和《代理报关委托书》中C、D、E、F项委托事项的进一步描述。被委托方"服务承诺"一栏,是被委托方对能否满足委托方"其他要求"的承诺。

9.填写《代理报关委托书/委托报关协议》应使用签字笔,字迹工整。涂改处盖章后才能有效。

任务二:理单与审单

任务描述:

老报关员说:

其实理单是审单之前很重要的一步,这步走好了报关也就可以顺利完成。说是这样说,但后面的工作也得认真,不然后患很多,比如改单什么的。理单时各个地方记号(客户标记)做好了,就能理顺单据了。有许可证的也得订后面,再是原始报关单、委托书、通关单、发票、装箱单,其次随附单据,依次用回形针别好。

审单主要有以下几方面:①确认贸易方式;②了解货物情况,确定 H. S. 归类,明确监管条件,并按申报要素落实相关内容;③检查报关资料,报关时递交的资料必须合法、齐全、有效,只有确定了贸易方式和进口货物 H. S. 编码,才能确定报关所需要的随附资料;④查询货物到港情况,到港后及时到船代公司换取港区提货单;⑤若需进口通关单,准备相关资料着手办理报检申请通关单,在现场报关前办妥并领证;⑥报关涉税的应准备相关税费。

本次业务审单操作

一、确定商品品名

据发票信息显示,本次业务商品品名为:“TORAY CERAM BEADS”,其中:“TORAY”为日本出口商,“CERAM BEADS”是“陶瓷珠子”,“Zr”则显示该“陶瓷珠子”中含有“锆”的成分,这样可以初步确定商品品名为“金属陶瓷珠子”。

二、商品归类

根据上述商品信息,首先判断“FIRM OFFER”中的 H. S. NO. “6909. 190000”是否正确:查税则号第 68 章章注二第(四)款:“本章不包括:税目 81. 13 的金属陶瓷”,故可初步排除本次业务商品归在第 69 章的可能;再查税则号第 81 章,税目 81. 13 的列名为“金属陶瓷及其制品,包括废碎料”,可以确定本次业务含有“锆”的成分的陶瓷珠子应归为这一税目,进而确定其税则号为“8113. 0090 90”。

值得注意的是,日本与我国同属 WTO 成员方,本次业务适用最惠税率,税号“6909. 190000”最惠税率为 8%,税号“8113. 0090 90”则为 8. 4%,如归为“6909. 190000”则有漏税嫌疑,报关员应严格把关。

三、规格型号

根据以上信息,查《中华人民共和国进出口商品规范申报说明》,税目 81. 13“金属陶瓷及其制品,包括废碎料”的申报要素包括“1. 品名;2. 材质(金属陶瓷);3. 种类;4. 状态(废、碎)”,根据这一规定,本次业务商品规格栏应填报的内容为:“金属陶瓷制珠子”(品名)、“金属陶瓷”(材质)、“0. 8mm,用于研磨机研磨颜料”(种类)。

任务三:解决审单中发现的问题

任务描述:

老报关员说:

审单没问题的单子直接进入下一步骤,填写报关单。如审单有问题的需要提前解决好再输单,不然又得改单,麻烦。比如缺少单证等可以让客户提供,如 H. S.,境内货源地确认等,先确认好。如对产品不熟悉的可以先问问,报关得把品名理解清楚,这样报海关一看就清晰,不会再来问你。

举个简单的例子,一个海关工作人员问报关员:"品名是椅子,为什么这样轻啊?"有经验的人在报关前就会问清楚客户,这时就可以很快回答。报关员如果一问三不知,只有打客户电话询问,此时海关工作人员等不及了。查验单开出来了。这说明报关员的经验很重要,为什么报关前得把单子中的问题,特别是重量、单价、品名了解清楚呢?就是为了报关过程顺利,还有就是报关后统计中的一个环节,在 H. S. 归类中,很多客户为了退税高,乱归,这时你就要把握好了,不然查验就是骗税了。比如超市里的购物车,在上海归类可以归到 87 章,挂车配件,退税高,事实上按材料归,属于铁制品这一章,具体为 73269090,退税低。全国 H. S. 还是有很多不统一的地方。再比如纸制品、木制品什么的,原料没有退税,很多却一定要归到成品去。把关很重要,一旦被查到,报关员有不可推卸的责任。

当单价太高或太低时需要向客户问清楚,确实这样就报。如是做许可证的,更得将单子做好,报关品名顺序得按许可证来,不可颠倒,不然 H. S. 2000 入库麻烦。

任务四:制单,即填写报关单

任务描述:

老报关员说:

制单就是按报关单填制规范和商品规范申报要求填写报关单各项数据。填写报关单的过程,同时还是一个自我检查与完善的过程,经常通过制单能发现一些问题,报关单填制完成后一定要认真仔细地审核,以确保正确无误。

第二阶段:申报

任务五:输单(报关单预录入)

任务描述:

老报关员说:

报关单的预录入是指预录入公司或报关公司按照海关有关规定,将报关单位提供的进出口货物原始单据相关数据输入到计算机,并通过网络向海关申报的过程。其实一票单证做的质量好的话,输单是很顺利就能完成的。输单这一步需要打字快,输数字准,这样准确率才高。代码要熟悉,要有条理,录入完成后一定要认真检查校对;自己安排好什么时间输单,对好后什么时间去发送单子,已经审结的报关单要及时打印。最重要的就是当 H. S. 编码输进后,后面自动跳出计量单位,千万不可以改动,输金额的时候,单价或总价只输一个,一般输总价即可。从系统打印出报关单后,报关员签名并加盖报关专用章,按海关要求整理单证,一般的单证排列次序为:打印的报关单、手填的报关单、监管证件或备案证明、外贸单据(如发票、装箱单、合同等)、运输单据(如提单等)、附加说明类文件、最后是报关委托书;整理完后,即可现场交单申报,注意电脑审结的单子一定要在海关规定的时间内交单申报。

知识卡

报关单录入小常识(一):QuickPass 系统简介

中国电子口岸“报关单预录入/申报 QuickPass 版”是在原有“报关行版报关申报子系统”的基础上开发设计而成，主要考虑到广大企业用户业务特点和应用环境，同时针对各类进出口报关企业实现快速通关而设计开发。通过使用该系统，企业可以方便、快捷地进行报关单、转关运输提前报关单、转关运输申报单提前录入，申报，相关数据查询，海关回执查询，业务统计等，从而有效提高报关企业的工作效率。QuickPass(简称QP)系统主要具有以下特点：

(1)专门对专业预录入公司、报关行开发设计的，主要考虑到广大企业用户业务特点和应用环境，同时针对各类进出口报关企业实现快速通关而设计开发，具有专业性、实用性等特点。

(2)所有录入数据项在一个屏幕中显示，界面更加直观。

(3)删除、修改、打印等操作都有快捷键支持，几乎可以不用鼠标即可完成全部录入。

(4)录入、查询、打印等功能均可在客户端直接完成。

以下是进口报关，报关单录入的一般操作流程分以下几个步骤：

步骤一：将企业的 IC 卡插入连接在电脑上的 IC 卡读卡器中，或将操作员的 Ikey 卡(IKEY卡用来进行身份验证及数字签名)插入电脑的 USB 接口。当 IC 卡和 Ikey 同时使用时，IC 卡优先。从 WINDOWS 画面上双击中国电子口岸 QuickPass 版预录入系统的图标，登录中国电子口岸预录入系统(见图 2-1)。

图 2-1　QuickPass 系统登录界面

步骤二：按照系统提示，在其界面中间的录入框内输入密码，回车或点击确认，即进入系统的主选界面(见图 2-2)。点击“报关申报”即可进入其录入界面(见图 2-3)，录入申报进出口商品的报关数据。

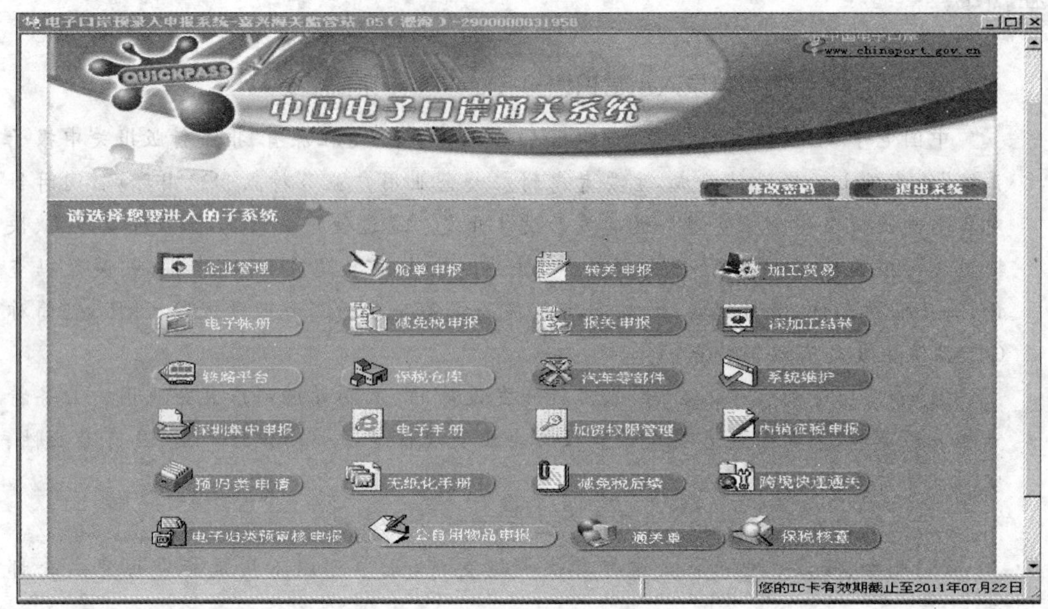

图 2-2　QuickPass 系统主选界面

图 2-3　报关申报录入界面

步骤三：选择[报关单(1)]弹出的下拉菜单中的子菜单后回车，也可以用以下快捷键操作子菜单：

A：进口报关单（按下字母 A 键，以下类推）；B：出口报关单；C：进境备案清单；D：出境备案清单；E：进口属地报关；F：出口属地报关

步骤四：选择完成后点击确认键即可进入报关单数据录入表（注：本书中以下叙述中沿用了报关单数据录入表中的栏目序号），见图 2-4。

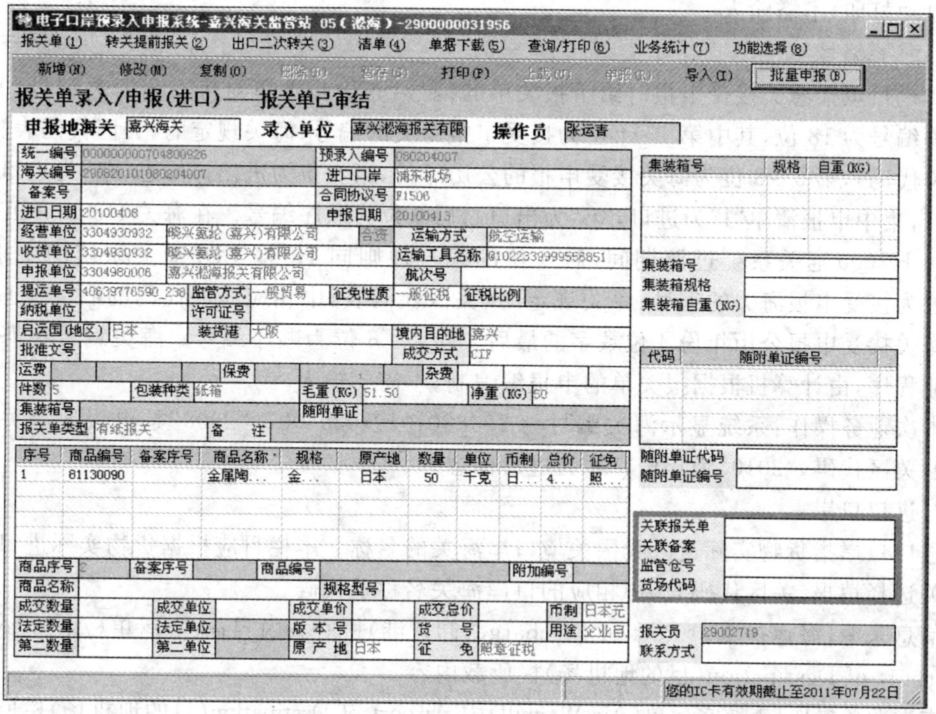

图 2-4　报关单数据录入表

1. 申报地海关

填报《关区代码表》中相应的、企业进出口货物申报地所属的直属关区/口岸海关的名称及代码。

输入 4 位海关代码，回车，即可调出相应的海关名称；也可以按空格键，在下拉列表中选择海关名称；或者直接录入海关名称。

字段类型为字符，为 4 位代码。

本次业务申报地海关为“嘉兴海关”，查《关区代码表》，“嘉兴海关”代码是 2908，则输入“2908”，回车，即可调出相应的海关名称“嘉兴海关”。

2. 录入单位

系统读取企业操作员 IC 卡上的信息并自动返填，不可编辑。

本次业务系统显示：嘉兴淞海报关有限公司。

3. 操作员

系统读取企业操作员 IC 卡上的信息并自动返填，不可编辑。

本次业务系统显示：张运青。

4. 统一编号

系统自动生成，不需输入。

5. 预录入编号

预录入编号指申报单位或预录入单位对该单位填制录入的报关单的编号，用于该单位与海关之间引用其申报后尚未批准放行的报关单。报关单录入凭单的编号规则由申报单位自行决定。预录入报关单及 EDI 报关单的预录入编号由接受申报的海关决定编号规则，计算机自动打印,不需输入。

6.海关编号

本栏目填报海关接受申报时给予报关单的编号,一份报关单对应一个海关编号。报关单海关编号为18位,其中第1～4位为接受申报海关的编号(海关规定的《关区代码表》中相应海关代码),第5～8位为海关接受申报的公历年份,第9位为进出口标志("1"为进口,"0"为出口;集中申报清单"I"为进口,"E"为出口),后9位为顺序编号。在海关H883/EDI通关系统向H2000通关系统过渡期间,后9位的编号规则同H883/EDI通关系统的要求,即1～2位为接受申报海关的编号(海关规定的《关区代码表》中相应海关代码的后2位),第3位为海关接受申报公历年份4位数字的最后1位,后6位为顺序编号。海关编号在海关审证作业程序,由计算机根据报关单的申报编编制,不需要输入。

本次业务操作:系统显示海关编号为290820101080204007,"2908"是申报地海关嘉兴海关的关区代码,"2010"为年份,"1"为进口标志。

7.进口口岸

进口口岸指货物实际进入我国关境口岸海关的名称。本栏目应根据货物实际进口的口岸海关选择填报《关区代码表》中相应的口岸海关名称及代码。

信息来源:海运提单中Port of Discharge(卸货港)栏所载内容;航空运单(Air Waybill)中Airport of Destination(目的地机场)栏所载内容。

本次业务操作:查航空运单(Air Waybill)中Airport of Destination(目的地机场)栏所载内容为"PUDONG",查《关区代码表》中"浦东机场"代码为"2233",则输入"浦东机场"或"2233"。

8.备案号

本栏目填报进出口货物收发货人在海关办理加工贸易合同备案或征、减、免税备案审批等手续时,海关核发的《中华人民共和国海关加工贸易手册》、电子账册及其分册、《进出口货物征免税证明》或其他备案审批文件的编号。一份报关单只允许填报一个备案号。

本次业务操作:本次业务属一般进口货物,此栏不填。

9.合同协议号

本栏目填报进出口货物合同(包括协议或订单)编号。应填报进(出)口货物合同(协议)的全部字头和号码。

信息来源:销售合同。以英文"Contract No."或"Order No."或"Confirmation No."或简写的"S/C NO."(sales contract)、"Purchase Order No."或简写成"P/O No."等表示。

本次业务操作:填入F1506。

10.进口日期

填报运载进口货物的运输工具申报进境的日期。本栏目为8位数,顺序输入年(4位)、月(2位)、日(2位)。

信息来源:相应的运输工具进境日期。

本次业务应输入:20100408。

知识卡

进口日期录入注意事项

在QP系统中,"进口日期"一栏默认的是电脑操作系统中设置的日期。例如:安装

QP系统的电脑，其操作系统设置的日期是2005年1月1日，则在打印出的报关单中的“进口日期”一栏也显示的是2005年1月1日。如企业电脑操作系统中时间设置错误，且又未校对日期是否正确时，就不能打印出正确日期的报关单。因此建议各企业用户对电脑操作系统正确设置日期。

11. 申报日期

申报日期指海关接受进出口货物收发货人、受委托的报关企业申报数据的日期。以电子数据报关单方式申报的，申报日期为海关计算机系统接受申报数据时记录的日期。以纸质报关单方式申报的，申报日期为海关接受纸质报关单并对报关单进行登记处理的日期。申报日期为8位数字，顺序为年(4位)、月(2位)、日(2位)。本栏目在申报时免予填报。

信息来源：进口货物申报日期一般不得早于进口日期。预录入及EDI报关单填报向海关申报的日期，与实际情况不符时，由审单关员按实际日期修改批注。

12. 经营单位

本栏目填报在海关注册登记的对外签订并执行进出口贸易合同的中国境内法人、其他组织或个人的名称及海关注册编码。

经营单位编码为10位数字，指进出口企业在所在地主管海关办理注册登记手续时，海关给企业设置的注册登记编码。

(1)编码结构(10位)

①第1～4位是行政区划代码。

②第5位表示经济区域。

1—经特；2—经技；3—高新；4—保税；5—出口；6—港区；7—物流；9—其他。

③第6位为进出口企业经济类型代码。

“1”国有企业；“2”中外合作；“3”中外合资；“4”外商独资企业；“5”集体企业；“6”私营企业；“7”个体工商户；“8”报关企业；“9”其他(含临时进出口经营权的单位)。

如舟山海洋渔业公司3309 9 1 3303

经营单位编码情况如表2-3所示。

表2-3　经营单位编码情况

第1、2位	省、自治区、直辖市代码		
第3、4位	省辖市(地区、直辖行政单位)代码		
第5位	经济区划代码	1	经济特区(深圳特区可用“0”)
		2	经济技术开发区和上海浦东新区、海南洋浦经济开发区
		3	高新技术产业开发区
		4	保税区
		5	出口加工区
		6	表示保税港区，包括已被整合到综合保税区或保税港区内的出口加工区、保税物流园区、保税区或保税物流中心
		7	保税物流园区
		9	其他

续表

第6位	企业性质代码	1	有进出口经营权的国有企业
		2	中外合作企业
		3	中外合资企业
		4	外商独资企业
		5	有进出口经营权的集体企业
		6	有进出口经营权的私营企业
		7	个体工商户
		8	有报关权而无进出口经营权的企业
		9	其他
第7～10位	顺序编号		

(2)特殊情况下填制要求如下：

①进出口货物合同的签订者和执行者非同一企业的，填报执行合同的企业。

②外商投资企业委托进出口企业进口投资设备、物品的，填报外商投资企业，并在标记唛码及备注栏注明“委托某进出口企业进口”。

③有代理报关资格的报关企业代理其他进出口企业办理进出口报关手续时，填报委托的进出口企业的名称及海关注册编码。

如已输入经营单位名称，“单位编码”栏无需输入，由计算机根据“经营单位”内容自动显示。或键入15字以内的中文或编码。若键入正确的企业编码，计算机便自动调入相应的汉字名称。系统要求经营单位必须向海关注册，对于没有注册的经营单位或输入错误的编号，计算机不予通过。

信息来源：合同、发票、箱单、提运单中相关信息。

本次业务操作：晓兴氨纶(嘉兴)有限公司(或3304930932)。

13.单位性质

无需输入，由计算机根据“经营单位”内容自动显示。

本次业务操作：系统显示：合资。

14.收货单位

填报已知的进口货物在境内的最终消费、使用单位的名称，包括：

(1)自行从境外进口货物的单位；

(2)委托进出口企业进口货物的单位。

填报要求：

有海关注册编码或加工企业编码的收货单位，本栏目应填报其中文名称及编码；没有编码的应填报其中文名称。使用《加工贸易手册》管理的货物，报关单的收货单位应与《加工贸易手册》的“经营企业”或“加工企业”一致；减免税货物报关单的收货单位应与《征免税证明》的“申请单位”一致。

信息来源：根据委托方提供的资料。

本次业务操作：晓兴氨纶(嘉兴)有限公司(或3304930932)。

经营单位、收发货单位之间的逻辑关系见表 2-4。

表 2-4　经营单位、收发货单位、境内目的地与境内货源地之间的逻辑关系

进出口状况	经营单位栏	收/发货单位栏	境内目的地或境内货源地栏
自营进出口	经营单位名称及代码	经营单位中文名称及编码	经营单位所在地名称或代码
代理进出口	经营单位(代理单位)名称及代码	收/发货单位(委托单位)中文名称及编码/无编码填名称	收货单位(委托单位)所在地名称或其代码
	外商投资企业名称及代码(委托进口投资总额内的投资设备物品)	外商投资企业中文名称及编码	外商投资企业所在地名称或其代码

15. 申报单位

指对申报内容的真实性直接向海关负责的企业或单位。自理报关的，本栏目填报进出口企业的名称及海关注册编码；委托代理报关的，填报经海关批准的报关企业名称及海关注册编码。同时本栏目还包括与申报单位相关情况栏目：报关员、报关单位地址、邮政编码和电话号码等栏目(见图 2-4)。

本次业务操作：嘉兴淞海报关有限公司(海关编码 3304980006)。

16. 运输方式

包括实际运输方式和海关规定的特殊运输方式，前者指货物实际进出境的运输方式，按进出境所使用的运输工具分类；后者指货物无实际进出境的运输方式，按货物在境内的流向分类。

(1)实际运输方式如下：

水路运输，代码“2”：指利用船舶在国内外港口之间，通过固定的航区和航线进行货物运输的一种方式(2009 年以后，原“江海运输”改为“水路运输”)。

铁路运输，代码“3”：指利用铁路承担进出口货物运输的一种方式。

汽车运输，代码“4”：指利用汽车承担进出口货物运输的一种方式。

航空运输，代码“5”：指利用航空器承运进出口货物的一种方式。

邮递运输，代码“6”：指通过邮局寄运货物进出口的一种方式。

其他运输，代码“9”：除上述几种运输方式以外的货物进出口运输方式。如利用人扛、驮畜、输油管道、输水管道和输电网等方式进出口货物的运输方式。

特殊情况填报要求如下：

①非邮件方式进出境的快递货物，按实际运输方式填报；

②进出境旅客随身携带的货物，按旅客所乘运输工具填报；

③进口转关运输货物，按载运货物抵达进境地的运输工具填报；出口转关运输货物，按载运货物驶离出境地的运输工具填报；

④不复运出(入)境而留在境内(外)销售的进出境展览品、留赠转卖物品等，填报“其他运输”。

(2)无实际进出境的，根据实际情况选择填报《运输方式代码表》中运输方式，用于标识境内进出口和退回保税区或保税仓库运输方式代码如下：

代码“0”：境内非保税区运入保税区货物和保税区退区货物，填报“非保税区”；

代码“1”:境内存入出口监管仓库和出口监管仓库退仓货物,填报“监管仓库”;

代码“7”:保税区运往境内非保税区货物,填报“保税区”;

代码“8”:保税仓库转内销,简称“保税仓库”;

代码“Z”:从境内出口加工区、珠澳跨境工业区珠海园区(以下简称珠海园区)外运入加工区、珠海园区或从加工区、珠海园区运往境内区外的货物,区外企业填报“出口加工区”,(注意:区内企业填报“其他运输”,代码9);

代码“W”:从境内保税物流中心外运入中心或从中心运往境内中心外的货物,填报“物流中心”;

代码“X”:从境内运入保税物流园区或从园区运往境内,简称“物流园区”;

代码“Y”:从境内保税港区外运入港区(不含直通)或从港区运往境内港区外(不含直通)的货物,填报“保税港区”,综合保税区比照保税港区填报。

代码“H”:境内运入深港西部通道港方口岸区的货物,填报“边境特殊海关作业区”;

代码“9”:其他境内流转货物,填报“其他运输”(代码9),包括特殊监管区域内货物之间的流转、调拨货物,特殊监管区域、保税监管场所之间相互流转货物,特殊监管区域外的加工贸易余料结转、深加工结转、内销等货物。

信息来源:提单(水路运输)或空运运单(航空运输),如果没有提供提单或运单,那么在发票或装箱单中也能够找到。需注意有些发票由于是固定格式,虽然使用了 shipped 和 vessel 等印好的格式,但如果格中注有“Air Freight”则表明是航空运输。

本次业务:航空运输。

17.运输工具名称

本栏目填报载运货物进出境的运输工具名称或编号。填报内容应与运输部门向海关申报的舱单(载货清单)所列相应内容一致。一份报关单只允许填报一个运输工具名称。

(1)直接在进出境地或采用“属地申报,口岸验放”通关模式办理报关手续的报关单填报要求如下:

①水路运输:填报船舶编号(来往港澳小型船舶为监管簿编号)或者船舶英文名称;

②公路运输:填报该跨境运输车辆的国内行驶车牌号,深圳提前报关模式的报关单填报国内行驶车牌号+“/”+“提前报关”;

③铁路运输:填报车厢编号或交接单号;

④航空运输:填报航班号;

⑤邮政运输:填报邮政包裹单号;

⑥其他运输:填报具体运输方式名称,例如:管道、驮畜等。

(2)转关运输货物的报关单填报要求如下(进口转关):

①水路运输:直转、提前报关填报“@”+16 位转关申报单预录入号(或 13 位载货清单号);中转填报进境英文船名。

②铁路运输:直转、提前报关填报“@”+16 位转关申报单预录入号;中转填报车厢编号。

③航空运输:直转、提前报关填报“@”+16 位转关申报单预录入号(或 13 位载货清单号);中转填报“@”。

④公路及其他运输:填报“@”+16 位转关申报单预录入号(或 13 位载货清单号)。

⑤以上各种运输方式使用广东地区载货清单转关的提前报关货物填报“@”+13 位载

货清单号。

(3)采用“集中申报”通关方式办理报关手续的，报关单本栏目填报“集中申报”。

(4)无实际进出境的报关单，本栏目免予填报。

信息来源：

①提单中“vessel”表示船舶，其后面跟的就是船名，如：“vessel：east express”；

②提单中通常使用“voyage no.”表示航次号，如：“voyage no. 28ED09”则“28ED09”为航次号；

③提单中将船名和航次写在一起。如：“VESSEL：east express/28ED09”；

④有些提单、发票或者装箱单中也使用其他的单词表示船名和航次号；

⑤航班号一般在航空运单的“flight/date”(航班/日期)栏内，有些发票中也会以“flight/”后面接航班号。

本次业务操作：本次业务为进口转关运输，转关运输申报单编号为1022339999556851，应输入@1022339999556851。

18. 航次号

原有预录入系统中并无“航次号”栏目，航次号的内容是与运输工具名称在“运输工具名称”栏目中合并填报的。而在QP系统中“运输工具名称”与“航次号”是分别填报的。本栏目填报载运货物进出境的运输工具的航次编号。

但需注意的是，虽然填报该两栏的内容时是分别填报的，但在打印报关单时，该两栏内容会自动合并为一项显示在打印出的报关单中。

具体填报要求如下：

(1)直接在进出境地报关或采用“属地申报，口岸验放”通关模式办理报关手续的报关单：

①水路运输：填报船舶的航次号；

②公路运输：填报运输车辆的8位进出境日期〔顺序为年(4位)、月(2位)、日(2位)，下同〕；

③铁路运输：填报列车的进出境日期；

④航空运输：免予填报；

⑤邮件运输：填报运输工具的进出境日期；

⑥其他运输方式：免予填报。

(2)转关运输货物的报关单(进口转关)：

①水路运输：中转转关方式填报“@”＋进境干线船舶航次。直转、提前报关免予填报。

②公路运输：免予填报。

③铁路运输：“@”＋8位进境日期。

④航空运输：免予填报。

⑤其他运输方式：免予填报。

(3)无实际进出境的报关单，本栏目免予填报。

信息来源：参见“运输工具”名称的信息来源部分。

19. 提运单号

本栏目填报进出口货物提单或运单的编号。一份报关单只允许填报一个提单或运单号，一票货物对应多个提单或运单时，应分单填报。输入时，提运单号必须与舱单系统录入的提运单号完全一致，系统将根据输入的运输方式和运输工具名称调用有关仓单程序进行

校验,如果有错则显示相应的错误提示。按不同的运输方式,有以下几种情况:

(1)提单号码(B/L No.):Bill of Loading。

(2)航空运单(AWB,Airway Bill)由航空承运人或其代理人签发的货运单据上编排的号码。航空运单分两种:总运单(MAWB);分运单(HAWB)。

(3)海运单号(Sea Waybill/Ocean Waybill):不可转让海运单。

填报要求:

(1)直接在进出境地或采用“属地申报,口岸验放”通关模式办理报关手续的:

①水路运输:填报进出口提单号。如有分提单的,填报进出口提单号+“*”+分提单号;

②航空运输:填报总运单号+“_”+分运单号,无分运单的填报总运单号;

③公路运输:免予填报;

④铁路运输:填报运单号。

(2)转关运输货物的报关单(进口转关):

①水路运输:直转、中转填报提单号,提前报关免予填报;

②航空运输:直转、中转货物填报总运单号+“_”+分运单号,提前报关免予填报;

③铁路运输:直转、中转填报铁路运单号,提前报关免予填报;

④其他运输方式:免予填报;

⑤以上运输方式进境货物,在广东省内用公路运输转关的,填报车牌号。

(3)采用“集中申报”通关方式办理报关手续的,报关单填报归并的集中申报清单的进出口起止日期〔按年(4位)月(2位)日(2位)年(4位)月(2位)日(2位)〕。

(4)无实际进出境的,本栏目免予填报。

信息来源:提运单。

本次业务操作:查 Airway Bill 中 MAWB NO. 为 40639776590,HAWB NO. 为 23860185,则应填:40639776590_23860185。

现将各种运输方式的运输工具名称、航次号、提运单号填报内容汇总见表2-5。

表2-5 各种运输方式的运输工具名称、航次号、提运单号填报内容

情形	报关单栏目	水路运输	公路运输	铁路运输	航空运输	邮件运输	其他运输方式
直接在进出境地或采用“属地申报,口岸验放”通关模式办理报关手续的	运输工具名称	船舶编号(来往港澳小型船舶为监管簿编号)或者船舶英文名称	该跨境运输车辆的国内行驶车牌号,深圳提前报关模式的报关单填报国内行驶车牌号+“/”+“提前报关”	车厢编号或交接单号	航班号	邮政包裹单号	具体运输方式名称,例如:管道、驮畜等
	航次号	船舶的航次号	运输车辆的8位进出境日期〔顺序为年(4位)、月(2位)、日(2位)〕。	列车的进出境日期	免予填报	运输工具的进出境日期	免予填报
	提运单号	进出口提单号。如有分提单的,填报进出口提单号+“*”+分提单号	免予填报	填报运单号	总运单号+“_”+分运单号,无分运单的填报总运单号		

续表

<table>
<tr><th colspan="2">情形</th><th>报关单栏目</th><th>水路运输</th><th>公路运输</th><th>铁路运输</th><th>航空运输</th><th>邮件运输</th><th>其他运输方式</th></tr>
<tr><td rowspan="7">转关运输货物的报关单填报要求</td><td rowspan="3">进口转关</td><td>运输工具名称</td><td>直转、提前报关填报“@”＋16位转关申报单预录入号(或13位载货清单号)；中转填报进境英文船名</td><td>填报“@”＋16位转关申报单预录入号(或13位载货清单号)</td><td>直转、提前报关填报“@”＋16位转关申报单预录入号；中转填报车厢编号</td><td>直转、提前报关填报“@”＋16位转关申报单预录入号(或13位载货清单号)；中转填报“@”</td><td></td><td>“@”＋16位转关申报单预录入号(或13位载货清单号)</td></tr>
<tr><td>航次号</td><td>直转、提前报关免予填报。中转转关方式填报“@”＋进境干线船舶航次</td><td>免予填报</td><td>“@”＋8位进境日期</td><td>免予填报</td><td></td><td>免予填报</td></tr>
<tr><td>提运单号</td><td>直转、中转填报提单号。提前报关免予填报</td><td></td><td>直转、中转填铁路运单号。提前报关免予填报</td><td>直转、中转货物填总运单号＋“_”＋分运单号。提前报关免填</td><td></td><td>免予填报</td></tr>
<tr><td>出口转关</td><td>运输工具名称</td><td>非中转填报“@”＋16位转关申报单预录入号(或13位载货清单号)。如多张报关单需要通过一张转关单转关的，运输工具名称字段填报“@”。中转货物，境内水路运输填报驳船船名；境内铁路运输填报车名(主管海关4位关别代码＋“TRAIN”)；境内公路运输填报车名(主管海关4位关别代码＋“TRUCK”)</td><td></td><td>“@”＋16位转关申报单预录入号(或13位载货清单号)，多张报关单需通过一张转关单转关，填“@”</td><td>“@”＋16位转关申报单预录入号(或13位载货清单号)，如多张报关单需要通过一张转关单转关的，填报“@”</td><td></td><td>“@”＋16位转关申报单预录入号(或13位载货清单号)</td></tr>
<tr><td rowspan="2">出口转关</td><td>航次号</td><td>非中转货物免予填报。中转货物：境内水路运输填报驳船航次号；境内铁路、公路运输填报6位启运日期〔顺序为年(2位)、月(2位)、日(2位)〕</td><td></td><td>免予填报</td><td>免予填报</td><td></td><td>免予填报</td></tr>
<tr><td>提运单号</td><td>中转货物填报提单号；非中转货物免予填报；广东省内汽车运输提前报关的转关货物，填报承运车辆的车牌号</td><td></td><td></td><td></td><td></td><td>免予填报。广东省内汽车运输提前报关转关货物，填承运车辆车牌号</td></tr>
<tr><td colspan="2">无实际进出境</td><td colspan="7">免予填报</td></tr>
<tr><td colspan="2" rowspan="2">采用“集中申报”通关方式报关</td><td>运输工具</td><td colspan="6">集中申报</td></tr>
<tr><td>提运单号</td><td colspan="6">报关单填报归并的集中申报清单的进出口起止日期〔按年(4位)月(2位)日(2位)年(4位)月(2位)日(2位)〕</td></tr>
</table>

知识卡

报关单填写小常识(一):系统默认的字段长度

纸质报关单一般是在QuickPass(或H2000系统)中输单后由计算机自动生成(也可以手工填写)。在计算机自动生成的情况下,有些栏目受系统默认的总长度的限制或其他原因,有时会出现部分数据被系统自动删除的现象,主要有:

1.运输工具名称栏

系统输单界面中运输工具名称与航次号是分开的,其中运输工具名称一栏系统默认最长是19位。如超过19位,则将船名的有关信息从末位起依次删除。

2.提运单号栏

系统默认长度也是19位。如超过19位,则将总提单号的有关信息从末位起依次删除(不删航次号的信息);删除后有可能会造成与提单上的提单号对不上,导致货主提货时的麻烦,因而,船公司在编提单号时一般不会超过19位。

3.其他

如总价栏,按规定须填报小数点后4位,但小数点后2位已经到达了现行流通货币的最小单位,即"分",所以一般到后2位就可以了。

20.贸易方式(监管方式)

应根据实际情况,并按海关规定的《贸易方式代码表》选择填报相应的贸易方式简称或代码。一份报关单只允许填报一种贸易方式。

(1)主要贸易方式、代码及其适用范围(见附录4)。

①一般贸易(代码0110):适用我国境内有进出口经营权企业进出口贸易。适用范围:A.正常方式成交的进出口货物;B.来料养殖、种植的进出口货物;C.委托进口的小型生产工具;D.服务商用的食品和餐佐料;E.外商投资企业进口的内销料件;F.贷款援助的进出口货物;其他(略)。

信息来源:根据所提供的单据判断。

本次业务操作:一般贸易(0110)。

21.征免性质

本栏目应根据实际情况按海关规定的《征免性质代码表》选择填报相应的征免性质简称及代码,持有海关核发的《征免税证明》的,应按照《征免税证明》中批注的征免性质填报。贸易方式和征免性质应符合逻辑检查的要求,否则不予通过。

本次业务应填写:一般征税(101)。

22.征税比例

一般进口业务无须输入征税比例。

23.纳税单位

海关税费收缴采用网上支付的方式。本栏填写经营单位、收货单位、申报单位都可以,根据实际情况填写。参见《海关总署2005年第40号公告(关于网上支付税费担保事宜)》。

24.许可证号

许可证号指国务院商务主管部门及其授权发证机关签发的进、出口货物许可证的编号。

本栏目填报以下许可证的编号：进（出）口许可证、两用物项和技术进（出）口许可证、两用物项和技术出口许可证（定向）、纺织品临时出口许可证、出口许可证（加工贸易）、出口许可证（边境小额贸易）。这里说的许可证仅指进口许可证和出口许可证。不是×××进口许可证和×××出口许可证，在进口许可证或出口许可证前面加有其他文字的不属于该栏目要求的许可证，而是其他的许可证件。《监管证件代码表》中的代码为“1”、“4”、“x”、“y”的才是许可证，常见的是“1进口许可证”和“4出口许可证”。而其他监管证件都属于其他许可证件。

许可证号的编号格式是：××－××－××××××。第一、第二位代表年份，第三、第四位代表发证机关（AA代表商务部许可证事务局发的证，AB、AC代表许可证事务局驻各地特派员办事处发证，01、02代表地方发证），后六位为顺序号。

填报要求：

（1）“许可证号”栏填许可证编号，一份报关单只能填一个许可证，否则应分单填报；

（2）许可证号长度为10位字符，输入格式：年（2位）—发证机关代码（2位）—顺序号（6位）；

（3）应申领进（出）口许可证的货物，必须在此栏目填报，不得为空。不需要许可证的商品免填（可为空）。

信息来源：

（1）填《监管证件代码表》中代码1（进口）、4（出口）的许可证号码及两用物项许可证3、纺织品临时出口许可证5。

（2）《监管证件代码表》中的其他证件都是“许可证件”其代码和编号填在“随附单据”栏，（多于一个监管证件的，其中的一个填在随附单据栏内，其余的填在“备注”栏内）“自动进口许可证”属于许可证件，不是许可证，应填在“随附单据”栏。

例如：“7：××××××××”、“5：××××××××”等。备注栏也是这样填。

在实训或报关员资格考证时如所申报的货物涉及许可证管理，明示资料部分一定会给出许可证号。例如，明示资料说“该批货物已申领监管证件，代码为‘4’的编号为06—AA—204966”，则根据代码为“4”可判断为出口许可证（见《监管证件代码表》），许可证号栏填“06—AA—204966”。

本次业务操作：无需填写。

25.启运国（地区）

填报进口货物起始发出直接运抵我国或者在运输中转国（地）未发生任何商业性交易的情况下运抵我国的国家（地区）。不经过第三国（地区）转运的直接运输进出口货物，以进口货物的装货港所在国（地区）为启运国（地区）；经过第三国（地区）转运的进出口货物，如在中转国（地区）发生商业性交易，则以中转国（地区）作为启运国/（地区）。

本栏目应按海关规定的《国别（地区）代码表》选择填报相应的启运国（地区）或运抵国（地区）中文名称及代码。无实际进出境的，填报“中国”（代码142）。

关于中转货物：

①含义：在中途将货卸下，再换运输工具。中转货物，原产国和目的地国不受影响；启运国和运抵国有影响。

②判断中转：

A. 随附单据如出现“VIA”或“INTRANSIT TO”即为中转；目的地＋“VIA”＋中转指由中转地到达某地；中转地＋“IN TRANSIT TO”＋目的地，指由中转地到达某地。

B. 发生商业交易：指发生了买卖关系，包括租赁、赠送等。开出发票的商家（卖方）就可以被认为是与我国发生该货物商业行为的商家。

C. 中转而未交易，启运国（地区）和运抵国（地区）不变。

D. 中转而交易，中转地主为启运国（地区）或运抵国（地区）。

特别注意：如启运地是“香港”，则填“中国香港”或“110”，而不能填“香港”（“装货港”栏才能填“香港”）；如启运地是“台湾”，要填写“台澎金马关税区”或“143”。

信息来源：提运单据。根据水路运输提单中 Port of Loading 栏或航空运单中 Airport of Departure(Add. of First Carrier) and Requested Routing 栏所填内容判断。

本次业务操作：查航空运单中 Airport of Departure(Add. of First Carrier) and Requested Routing 栏所填内容为 OSAKA，判断启运国（地区）为日本（代码 116）。

26. 装货港

填报进口货物在运抵我国关境前的最后一个境外装运港。与是否发生商业性交易无关。

填报要求：应根据实际情况按海关规定的《港口航线代码表》选择填报相应的港口中文名称及代码。装货港在《港口航线代码表》中无港口中文名称及代码的，可选择填报相应的国家中文名称或代码。

(1)直接运抵货物，装货的港口为装货港。

(2)发生中转的，最后一个中转港就是装货港。

无实际进出境的，本栏目填报“中国境内”（代码 142）。

装货港与启运国（地区）之间的关系见图 2-5、表 2-6。

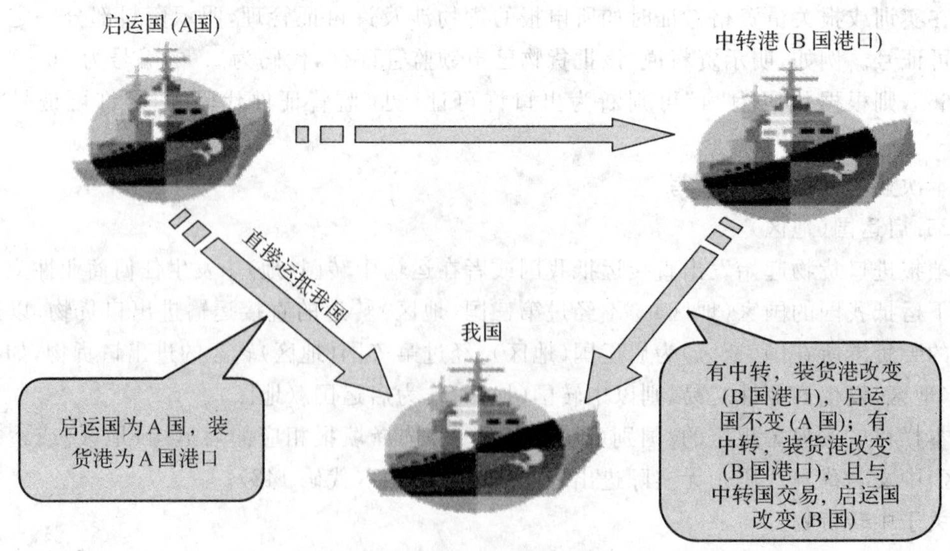

图 2-5　装货港与启运国（地区）之间的关系

信息来源：根据水路运输提单装货港（Port of Loading 或 shipped from... to...）栏或

航空运单中目的地机场 Airport of Departure(Add. of First Carrier) and Requested Routing 栏所填内容。

本次业务操作：航空运单中目的地机场 Airport of Departure(Add. of First Carrier) and Requested Routing 栏所填内容为 OSAKA，则应填写：大阪(1303)。

表 2-6　装货港与启运国(地区)之间的关系

<table>
<tr><th>装运状况</th><th>交易状况</th><th>装货港</th><th>启运国(地区)</th><th>说　明</th></tr>
<tr><td>A 港——我国</td><td>无论与哪个国家(地区)的商家发生交易</td><td>货物起运的港口为装货港(A 港口)</td><td>A 港口所在国家(地区)</td><td></td></tr>
<tr><td rowspan="2">A 港——B 港(在 B 港口发生中转)——我国</td><td>中转时未发生任何的买卖关系或与中转港口以外的国家发生交易</td><td rowspan="2">B 港口</td><td>A 港口所在国家(地区)为启运国</td><td rowspan="2">有中转则装货港改变，与中转国(地区)交易，则启运国改变，其他情况都不变</td></tr>
<tr><td>与货物换装运输工具的中转港所在国(地区)的贸易商交易</td><td>B 港口所在的国家(地区)为启运国</td></tr>
</table>

知识卡

报关单填写小常识(二)：Via 与 In transit to 的区别

(1) Via：此单词本义为“经由”，在航运业中多作“transhipped at(在……转船，在……转运)”讲。

使用 Via 条款时，需注意两点。a. 承运人须负责全程；b. 不可直达，即使有直达船。与之相关的还有另一表达方式：W/T＝with transshipped at “在……转船”的意思，相当于 Via，比如，Shipment from Zhongshan(中山) to Port Said(塞得港) via HKG＝Shipment from Zhongshan to Port Said W/T HKG。

例①Shipment from Shanghai to Detroit via LA 意指：于 LA 卸船后转火车运至 Detroit (Detroit：底特律，位于美国内陆；LA：洛杉矶，位于美国西部) 此例中承运人负责从上海至底特律的全程运输。

例②Shipment from Shenzhen to Seattle(W. C) via Land-Bridge(陆桥) in bond to Boston(E. C.)。货物在 W. C. 西雅图卸船后经由陆桥运输并在保税下，运至 E. C. 的波士顿(in bond 保税，以保税方式。所谓“保税”，即暂不交关税，待货到目的地后再交此例中承运人负责从深圳至波士顿的全程运输。

例③Shipment to Pacific Coast via Overland to New York 船运至美西港经由大陆桥，陆运至 NYC。此例中承运人负责从起运地至纽约的全程运输。

例④注：以上例句中，Via 均当“transhipped at”讲，但偶尔仅当“经由”而无“转运”之义，比如：Shipment from Keelung to NYC via Panama Canal(货物必装载于从基隆(TWN)通过 Panama Canal 驶往 NYC 之船舶)。

注：以上英文也可以写作：Shipment from Keelung via Panama Canal to NYC (NYC 位于美国东部)，此例中承运人负责从基隆至纽约的全程运输。

(2)"In transit to"条款："In transit to"的本义也为"转运至"，但承运人不负责全程运输，而由Consignee在不清关交税的情况下使货物继续运输，这也是CNEE订此条款的好处。

注：使用此条款时目的地海关必须在船公司舱单(Manifest)见到相关条款(即M/F(manifest)，此票货备注栏应有"in transit to"字样)才允许Consignee在不清关交税的情况下使货物继续运输，且B/L上必有相关显示。例，贸易合同或运输合同规定：Shipment from Shenzhen to Arica in transit to Bolivia。说明：南美洲的Bolivia(玻利维亚)为毗邻Chile(智利，沿海国)的内陆国家，玻利维亚的进口货多由船舶运至智利的Main Ports(主要港口)Arica(阿里卡)或Iquique(伊基克)二港后转陆运抵玻利维亚。玻利维亚的进口商为保证不在Chile清关交税而使货物续运，常使用以上"in transit to"条款。需强调的是，上例中承运人只负责至Arica，从阿里卡至玻利维亚的陆运由收货人自己负责。

注1：上例中若去掉"in transit to Bolivia"而变为："Shipment from Shenzhen to Arica" 即条款中无"in transit to"字样(而贸易合同规定此票货目的地为Bolivia)，则会被视为进口国是智利，玻利维亚的收货人需从智利提出货，修改M/F(manifest)、B/L，支付仓库费及报关费及关税，然后陆运至目的地，如同从智利进口一样。

注2：上例中若改为：Shipment from Shenzhen to Bolivia via Arica，则承运人须负责从深圳至玻利维亚CNEE'S DOOR(收货人)的全程运输。

注3：与"in transit to"有关的一个条款是运用于北美的OCP。例：一票货采用OCP条款从Yantian运往加拿大的温哥华，卸船后陆运至蒙特例尔，贸易的价格术语为C&F，则：B/L上相关栏目显示如下：在Port of Discharge栏显示Vancouver OCP，在Final Destination栏显示Montereal，于Description of Goods栏显示In transit to Montereal(请参考后文北美线业务一节)。

上例Shipment from Shenzhen to Arica in transit to Bolivia，B/L上相关栏目显示如下：POL填Shenzhen；port of discharge填Arica；place of delivery填Bolivia；Final destination也填Bolivia。

27. 境内目的地

填报已知的进口货物在国内的消费、使用地或最终运抵地。其中，最终运抵地为最终使用单位所在的地区。最终使用单位难以确定的，填报货物进口时预知的最终收货单位所在地。根据进口货物的收货单位所属国内地区，按海关规定的《国内地区代码表》选择填报相应的国内地区名称或代码。无需输入，根据"收(发)货单位"自动生成。输入五位数字的地区代码也可。代码的前四位为企业属地的行政区划代码，第五位为性质代码。

本次业务操作：系统显示：嘉兴(33049)。

28. 批准文号

进口报关单中本栏目免予填报。

29. 成交方式

应根据进出口货物实际成交价格条款，按海关规定的《成交方式代码表》选择填报相应的成交方式代码(见表2-7)。就是国际贸易中的贸易术语(见国贸价格术语部分)。

表 2-7　主要成交方式代码表

成交方式代码	成交方式名称	成交方式代码	成交方式名称
1	CIF	4	C & I
2	CFR/C & F/CNF	5	市场价
3	FOB	6	垫仓

其他的贸易术语可以从表 2-8 中查找其对应的“成交方式”：

表 2-8　《2000 年通则》13 种贸易术语与报关单“成交方式”栏一般对应关系

组　别	E组	F组			C组				D组				
术　语	EXW	FCA	FAS	FOB	CFR	CPT	CIF	CIP	DAF	DES	DEQ	DDU	DDP
成交方式	FOB				CFR		CIF						

填报要求：

①填报成交方式名称或代码；

②无实际进出境的，进口填报 CIF，出口填报 FOB；

③成交方式及其换算：进口不是 CIF 的，须填报运费或保费。

信息来源：

①成交方式多数出现在发票的价格条款中；

②进口货物，在单、总价下列出了运费(Freight)和保费(Insurance)，成交方式应确定为 CIF。

本次业务操作：查发票中价格条款“CIF SHANGHAI”，则应填写：CIF。

30. 运费

本栏目填报进口货物运抵我国境内输入地点起卸前的运输费用。进口货物成交价格包含前述运输费用的，本栏目免予填报，即进口成交方式为 FOB，应填报运费；运费可按运费单价、总价或运费率三种方式之一填报，注明运费标记，并按海关规定的《货币代码表》选择填报相应的币种代码。运保费合并计算的，填报在本栏目。

本栏目由三个小框组成，第一个输入币制，按海关规定的《货币代码表》选择填报相应的币种代码。第二个输入运费数量，第三个输入运费标志。运费标记可分为运费单价、总价或运费率三种方式，运费标记“1”表示运费率，“2”表示每吨货物的运费单价，“3”表示运费总价。

本次业务操作：无需填写。

31. 保费

本栏目填报进口货物运抵我国境内输入地点起卸前的保险费用，即用于成交价格不包含保险费的进口货物，进口货物成交价格包含前述保险费用的，本栏目免予填报。运保费合并计算的，本栏目免予填报。

本栏目由三个小框组成，第一个输入币制，按海关规定的《货币代码表》选择填报相应的币种代码。第二个输入保费数量，第三个输入保险费标志。可分保险费总价或保险费率两种方式，保险费标记“1”表示保险费率，“3”表示保险费总价。

本次业务操作：无需填写。

表 2-9　进口报关单成交方式、运费、保费填报与否的对应关系

成交方式	运　费	保　费
CIF	不填	不填
CFR	不填	填
FOB	填	填

32. 杂费

本栏目填报成交价格以外的、按照《中华人民共和国进出口关税条例》相关规定应计入完税价格或应从完税价格中扣除的费用。可按杂费总价或杂费率两种方式之一填报，注明杂费标记，并按海关规定的《货币代码表》选择填报相应的币种代码。

本栏目由三个小框组成，第一个输入币制，按海关规定的《货币代码表》选择填报相应的币种代码。第二个输入杂费数量，第三个输入杂费标志。杂费标记可分为杂费总价或杂费率两种方式，杂费标记"1"表示杂费率，"3"表示杂费总价。应计入完税价格的杂费填报为正值或正率，应从完税价格中扣除的杂费填报为负值或负率。

本次业务操作：无需填写。

QP 预录入系统中运费、保险费、杂费都采用：率×10000、单价×100、总价×1 保存。

表 2-10　运费、保费、杂费填写规范表

	率"1"	单价"2"	总价"3"
运　费	5%→5	USD500/每吨→502/500/2	HKD5000→110/5000/3
保　费	0.27%→0.27	/	EUR5000→300/5000/3
杂　费	1%→1	/	GBP5000→303/5000/3
杂　费	−1%→−1	/	−JPY5000→116/−5000/3

33. 件数

本栏目填报有外包装的进出口货物的实际件数。

特殊情况填报要求如下：

(1)本栏目不得填报为"0"，裸装、散装的填报"1"。

(2)如果仅列明托盘件数，或又列明单件包装件数，填托盘数。

(3)舱单件数为集装箱的，填报集装箱个数；

信息来源：通常可根据装箱单(packing list)中"Quantity/Unit"一栏所填内容确定。

34. 包装种类

本栏目应根据进出口货物的实际外包装种类，按海关规定的《包装种类代码表》选择填报相应的包装种类代码。常见的包装种类见表 2-11。

表 2-11　常见的包装种类表

包装种类名称	包装种类名称
木箱(wooden case)	托盘(pallet)
纸箱(carton,CTNS=cartons)	包(bale,BLS=bales,package)
铁桶(metal pail)	捆(bundle)
桶(drum)	袋(bag)
散装(bulk)	件(unit、piece)
裸装(nude / unpacked)	

信息来源:通常可根据装箱单(packing list)中“Quantity/Unit”一栏所填内容确定。

报关单填写小常识(三):“件数”与“包装种类”的信息来源

包装种类和件数的描述经常放在一起,多体现在装箱单和提单中(有时发票中也有体现),经常出现在包装种类和件数栏,或者在货名栏目(包装和数量、货物名称及数量、重量、单价总价栏目)中或其下方,栏目常使用:

①“Numbers&Kind of Packages (或 No. &Kind of Packing)”、“No. of PKGS”;

②“Description (或 Description of Goods 或 Quantities and Description)”;

③“Mark and Number of PKGSs”等。

可能会有各种变化,但使用的单词基本都是上面提到的那些。不管在哪个栏目下,除了直接给出件数及包装种类情况外,多数使用“Packages”或“Packing”或“PACKED”来表示包装。

在装箱单中的“NO. of PKGS”栏,如后跟“Total:2 Cases”,表明是两个木箱,包装种类填“木箱”,件数填“2”。再如,有“CARTON NO. 1—22(或 C/N. 1—22)”字样,则表明有 22 个纸箱,包装种类填“纸箱”,件数填“22”。如果原始单据上列示“2 Units&4 Cartons”,说明使用了两种包装并给出每种包装的件数,则件数应合计为 6(因是件货,且其包装不能仅按其中一种填报,则包装种类应该填“其他”)。

虽有其他的包装,但置于托盘之上时,如果包装的描述(Packing:或 No. of PKGS:)对应的是托盘,则件数填托盘的数量,如“PACKING: 20 PALLETS (80 DRUMA”,件数填“20”,包装种类填“托盘”而不填“桶”,数量更不能填“80”(通常提单上这样表示说明舱单记录的是托盘的数量)。

在有些栏目中可能会直接写明数量和包装。如:

①6. PKGS (6 件,件数为“6”,包装种类为“件”);

②2. CASES (2 木箱);

③TTL:260 CTNS (即 TOTAL:260 Cartons,件数填“260”,包装种类填“纸箱”);

④TOTAL:99C/T (共 99 个纸箱);

⑤20. PALLETS (80 DRUMS)(80 桶装于 20 个托盘,件数应填“20”,包装种类应填“托盘”)等。

在有些栏目下用描述表明件数和包装种类。如：

①12×20′CONTAINER SAID TO CONTAIN:234 CRATES (12 个 20′集装箱包含有 234 个柳条箱，则件数填“234”，包装种类填“柳条箱”)；

②20. FT DC SAID TO CONTAIN:09 BALES CONTAINING (20 尺集装箱包含有 9 包，件数应填“9”，包装种类填“包”)；

③TOTAL PACKED IN 117 CARTONS ONLY (共装入 117 个纸箱中，件数填“117”，包装种类填“纸箱”)；

④SAY TOTAL:FOURTEEN (14) PACKAGES ONLY (共 14 件，件数填“14”，包装种类填“件”)；

⑤FIVE HUNDRED ONE MASTER CARTONS ONLY (共 501 纸箱，件数填“501”，包装种类填“纸箱”)；

⑥TOTAL:580 DOZENS/6960 PCS PACKED IN 58 CARTONS (580 打共 6 960 个装于 58 个纸箱中，包装种类是“纸箱”，件数填“58”)。

个别情况下有在“Mark and Numbers of PKG”栏目下只写“5”，表明件数为 5，而在货名(Quantities and Description)栏最下方写有“5PALLET/50CTNS”，是对件数和包装种类的进一步说明，它说明了“5”是指托盘的数，因此包装种类填“托盘”，件数为“5”。

特别提示：报关员资格考证时很可能只要求填写发票中几项商品中的某一项，那么，报关单的件数栏应该和要求填写的这项商品的件数对应上。

“件数”与“包装种类”填写注意事项：

(1)“件数”和“包装种类”两个栏目是紧密联系的。比如，假如件数是 58，那么，这 58 所指的包装种类名称，如“箱”、“桶”、“包”等，就是“包装种类”。反之，我们知道了包装种类“箱”、“桶”、“包”等，我们也一定知道“箱”、“桶”、“包”的具体数字，即“件数”。而“裸装”和“散装”货物，因为无外包装，不能单独成件，因此，也无“件数”可言。例如服装，可能每件服装用 1 个塑料袋盛装，每 12 件装入 1 个纸盒，若干个纸盒装入 1 个木箱，木箱可以装进集装箱也可以单独放置在货舱里，那么我们可以说这批服装的最外层包装是木箱，这样的木箱有多少个，这多少个就是“件数”。

(2)“件货”是对有包装或无包装的成件货物的统称。件货可以单独计数，因此也要记“件数”，当一批货物既有外包装的件数，又有件货时，就合并填写。但“包装种类”则笼统地填“其他”，比如，汽车、组装好的机械、成套家具等，它们都单独成件，但都没有外包装，但合并计算时，可能会有两个量词，如：5 辆和 10 箱配件，“件数”填报“15”，“包装种类”填报“其他”。

(3)凡舱单认定件数为集装箱或托盘的，“件数”栏填报集装箱个数或托盘个数。此时，即便有其他件数也不再填报，凡舱单未认定件数为集装箱或托盘的，“件数”栏仍需填有外包装货物的实际数量。

(4)“件数”栏和“包装种类”栏几种不同情况下的填写方法归纳如下：

①只有外包装的：“件数”栏填数量，“包装种类”栏填外包装名称。

②有“外包装＋件货”的：“件数”栏填两者相加，“包装种类”栏填“其他”。

③舱单认定是集装箱的：“件数”栏填报集装箱的个数，“包装种类”栏不填，“集装箱号”栏填一个集装箱号。

④舱单认定是托盘的："件数"栏填报托盘个数，"包装种类"栏填报"托盘"，"集装箱号"栏有集装箱的填报一个集装箱号和数量，无集装箱的填报"0"。

⑤裸装货物："件数"栏填"1"，"包装种类"栏填"裸装"；无集装箱的，"集装箱号"栏填报"0"。

⑥散装货物："件数"栏填"1"，"包装种类"栏填"散装"，无集装箱，"集装箱号"栏填报"0"。

⑦非舱单认定托盘的：按实际件数填报，即使有托盘也不按托盘填报。

⑧舱单未认定是集装箱运输，而其他资料显示是用集装箱运输的：按实际件数填"件数"栏和"包装种类"栏，"集装箱号"栏填一个集装箱号。

(5)注意原始单证中"舱单认定"：

manifest(舱单)：container(集装箱)、pallet(托盘)或"装箱单件数同舱单件数"。

还应记忆一些常见量词的英文名称：

case(箱)，wooden ease(木箱)，carton(纸箱)，set(套)，unit(台、辆)，bale(包)，bundle(捆)，piece(件)，dozen(打)，sack(麻袋)，pallet(托盘)，container(集装箱)，nude(裸装)，bulk(散装)，carton(纸箱)，drum(桶)，barrel(桶)，roll(卷)。

本次业务操作：查 packing list 显示 5 CARTON，则件数为"5"，包装种类为"纸箱"。

35. 毛重

36. 净重

(1)含义

毛重：指货物及其包装材料的重量之和。计算运费用毛重。

净重：除去包装物料后的纯商品重量。计算价格用净重，通常等于法定重量。

(2)填报要求

①"毛重"填报实际毛重，以千克(公斤)计，不足 1 千克的填报为"1"。

②"净重"填报方法同"毛重"。

③1 千克以上的非整数，小数点后保留 4 位，第 5 位略去。如：

单证中是"GROSS WEIGHT 1.5MT，则此栏应填"1500"；是"GROSS WEIGHT 0.4KG"则应填"1"；如单证中是"GROSS WEIGHT 98.2222KG"则应填"98.2222"；是"G. WT 234.5KG"则应填"234.5"，不必补 0。

信息来源：装箱单、提单中 GROSS WEIGHT、NET WEIGHT 栏。

本次业务毛重应填写：51.50；净重应填写：50。

37. 集装箱号

本栏目填报装载进出口货物(包括拼箱货物)集装箱的箱体信息。一个集装箱填一条记录，分别填报集装箱号(在集装箱箱体上标示的全球唯一编号)、集装箱的规格和集装箱的自重。非集装箱货物填报为"0"。

例如：

TEXU3605231 * 1(1)表示 1 个标准集装箱。

TEXU3605231 * 2(3)表示 2 个集装箱，折合为 3 个标准集装箱，其中一个箱号为 TEXU3605231。

在 QP 系统中，集装箱信息需在录入界面右方的集装箱录入信息框中录入。当录入相应的集装箱号、集装箱规格、集装箱自重后，点击回车，录入的一条集装箱信息会自动弹至上方的列表框中。

当有多个集装箱时，打印出的报关单在“集装箱号”一栏中只显示出一条集装箱信息，其余集装箱信息显示在“备注”栏目中（“备注”栏目最多只可打印出其余7条集装箱信息）。当录入的集装箱信息多于8个时，需要打印“集装箱附加页”（当录入超过8个集装箱信息时，点击“打印”按钮后，在弹出的打印单据种类中将显示“集装箱附加页”一项，此时企业用户可根据需要选择打印）。

本次业务操作：非集装箱货物填报为“0”。

38.随附单据

报关时向海关递交的单证，包括：

(1)基本单证（发票、装箱单、提单、运单、装运单等）。

(2)特殊单证（监管证件、征免税证明、外汇核销等）。

(3)预备单证（合同、信用证等）。

本栏目根据海关规定的《监管证件代码表》选择填报除许可证栏规定的许可证以外的其他进出口许可证件或监管证件代码及编号。属于特殊单证。

本栏目分为随附单证代码和随附单证编号两栏，其中代码栏应按海关规定的《监管证件代码表》选择填报相应证件代码；编号栏应填报证件编号。

(1)含预归类商品报关单，随附单证代码项下填写“r”，随附单证编号项下填写××关预归类书××号。

(2)优惠贸易协定项下进出口货物：

“Y”为原产地证书代码。优惠贸易协定代码选择“01”、“02”、“03”、“04”、“05”、“06”、“07”、“08”、“09”填报：

“01”为“亚太贸易协定”项下的进口货物；

“02”为“中国—东盟自贸区”项下的进口货物；

“03”为“内地与香港紧密经贸关系安排”（香港CEPA）项下的进口货物；

“04”为“内地与澳门紧密经贸关系安排”（澳门CEPA）项下的进口货物；

“05”为“对非洲特惠待遇”项下的进口货物；

“06”为“台湾农产品零关税措施”项下的进口货物；

“07”为“中巴自贸区”项下的进口货物；

“08”为“中智自贸区”项下的进口货物；

“09”为“对也门等国特惠待遇”项下的进口货物。

具体填报要求如下：

(1)实行原产地证书联网管理的，随附单证代码栏填写“Y”，随附单证编号栏的“<>”内填写优惠贸易协定代码。例如中国香港CEPA项下进口商品，应填报为：“Y”和“<03>”。一票进口货物中如涉及多份原产地证书或含有非原产地证书商品，应分单填报。

(2)未实行原产地证书联网管理的，随附单证代码栏填写“Y”，随附单证编号栏“<>”内填写优惠贸易协定代码+“:”+需证商品序号。例如《亚太贸易协定》项下进口报关单中第1到第3项和第5项为优惠贸易协定项下商品，应填报为：“<01：1—3,5>”。

(3)优惠贸易协定项下出口货物，本栏目填报原产地证书代码和编号。

注意：

①合同、发票、装箱单不在本栏填报。

②代码为1、4的是进出口许可证的代码，不可填在此栏。

③填报方式为“监管证件代码”+“：”+“监管证件编号”如：“7：×××××××”等。

④多个监管证件的，本栏只填一个，其余写在“备注”栏中。

⑤其他填制要求：一证一单；协定税率和减免税不能同单。

信息来源：根据业务资料中监管证件情况及《监管证件代码表》。

本次业务无需填写。

39. 备注

QuickPass预录入系统中，备注栏前30字节可供操作员录入申报时必须说明的其他事项，回车后从第40个字节位录入在随附单据栏出现的证件的编号，格式为“证件代码：编号”，无编号的为“证件代码：”。例如：随附单据栏填报为“AE”，则从备注栏的第40个字节位应该录入“A：00001E：34214”。此处应与随附单据栏保持一一对应。

本栏目填报要求如下：

(1)标记唛码中除图形以外的文字、数字。

(2)受外商投资企业委托代理其进口投资设备、物品的进出口企业名称。

(3)与本报关单有关联关系的，同时在业务管理规范方面又要求填报的报关单号，填报在电子数据报关单中“关联报关单”栏。

(4)办理进口货物直接退运手续的，本栏目填报《准予直接退运决定书》或者《责令直接退运通知书》编号。

(5)申报时其他必须说明的事项填报在本栏目。

以上为报关单表头各栏目。输入数据时输完一个栏目应按回车，进入下一栏目。如发现表头栏目有填写错误时，光标指到该栏目删除原填报数据输入正确数据后按回车确认(注意一定要按回车确认，否则该修改无效)录完表头后，录入表体。

40. 序号

(1)含义：报关单中的商品顺序编号。

(2)填报要求：一张纸质单最多可打印5项商品，一份报关单最多打印20项商品。

(3)以下应分栏填报：

①不同商品名称；②不同商品编码；③原产国/最终目的国不同；④征免不同。

本次业务只有一项商品，序号为1。

41. 备案序号

本栏目专用于加工贸易、减免税等已备案、审批的货物，填报和打印该项货物在《加工贸易手册》或《征免税证明》等备案、审批单证中的顺序编号。

优惠贸易协定项下实行原产地证书联网管理的报关单，本栏填报该项商品对应的原产地证书上的商品项号。

本次业务属于一般进口，无需备案，本栏目无需填写。

42. 商品编号

由《中华人民共和国进出口税则》确定的进出口货物的税则号列和《中华人民共和国海关统计商品目录》确定的商品编码，以及符合海关监管要求的附加编号组成的10位商品编号。

43.商品名称、规格

(1)商品名称及规格型号应据实填报,并与进出口货物收发货人或受委托的报关企业所提交的合同、发票等相关单证相符。

(2)商品名称应当规范,规格型号应当足够详细,以能满足海关归类、审价及许可证件管理要求为准,可参照《中华人民共和国海关进出口商品规范申报目录》中对商品名称、规格型号的要求进行填报。

(3)对需要海关签发《货物进口证明书》的车辆,商品名称栏应填报"车辆品牌+排气量(注明cc)+车型(如越野车、小轿车等)"。进口汽车底盘不填报排气量。车辆品牌应按照《进口机动车辆制造厂名称和车辆品牌中英文对照表》中"签注名称"一栏的要求填报。规格型号栏可填报"汽油型"等。

(4)由同一运输工具同时运抵同一口岸并且属于同一收货人、使用同一提单的多种进口货物,按照商品归类规则应当归入同一商品编号的,应当将有关商品一并归入该商品编号。商品名称填报一并归类后的商品名称;规格型号填报一并归类后商品的规格型号。

(5)进口货物收货人以一般贸易方式申报进口属于《需要详细列名申报的汽车零部件清单》(海关总署2006年第64号公告)范围内的汽车生产件的,应按以下要求填报:

①商品名称填报进口汽车零部件的详细中文商品名称和品牌,中文商品名称与品牌之间用"/"相隔,必要时加注英文商业名称;进口的成套散件或者毛坯件应在品牌后加注"成套散件"、"毛坯"等字样,并与品牌之间用"/"相隔。

②规格型号填报汽车零部件的完整编号。在零部件编号前应当加注"S"字样,并与零部件编号之间用"/"相隔,零部件编号之后应当依次加注该零部件适用的汽车品牌和车型。汽车零部件属于可以适用于多种汽车车型的通用零部件的,零部件编号后应当加注"TY"字样,并用"/"与零部件编号相隔。

与进口汽车零部件规格型号相关的其他需要申报的要素,或者海关规定的其他需要申报的要素,如"功率"、"排气量"等,应当在车型或"TY"之后填报,并用"/"与之相隔。

汽车零部件报验状态是成套散件的,应当在"标记唛码及备注"栏内填报该成套散件装配后的最终完整品的零部件编号。

(6)进口货物收货人以一般贸易方式申报进口属于《需要详细列名申报的汽车零部件清单》(海关总署2006年第64号公告)范围内的汽车维修件的,填报规格型号时,应当在零部件编号前加注"W",并与零部件编号之间用"/"相隔;进口维修件的品牌与该零部件适用的整车厂牌不一致的,应当在零部件编号前加注"WF",并与零部件编号之间用"/"相隔。其余申报要求同上条执行。

商品编号、商品名称、规格这三个栏目是互有关联的,本次业务具体操作见上文审单环节的有关内容。

知识卡

报关单填写小常识(四):规格型号栏申报不规范9例

——摘自《中国海关》2009年第12期,作者:杨门马,南京海关

海关总署编制的《中华人民共和国海关进出口商品规范申报目录》(以下简称"《目录》"),对不同商品设置了特定的申报要素内容,报关人员在填写报关单的"商品名称、规格型号"栏时,应当按照《目录》中相应商品所列"申报要素"的内容填写。以下是规格型号栏申报不规范的主要情况,企业在报关时应注意避免。

①规格型号栏为空,无任何商品要素信息。

②规格型号栏只填报由英文字母和阿拉伯数字组成的字符或填报英文品名。

③规格型号栏填报企业用于生产管理所需的所谓"料号"的编号。

④规格型号栏为空,将该商品的规范申报要素填报在备注栏。

⑤规格型号栏为空,以"商品的基本属性+品名"的形式填报在商品名称栏。例如"耐压36伏的电缆"、"手机用集成电路"。

⑥规格型号栏为空,将商品的基本属性填报在商品名称栏的品名后面,用"()"、"/"与品名分割。例如"连接头/塑料制"、"电容(片式)"。

⑦部分涉及免税证明的报关单(包括减免税设备提前解除监管的后续补税报关单),由于免税证明中规格型号为空,报关单的规格型号栏也就只能为空。

⑧部分加工贸易报关单(包括内销料件报关单),由于办理加工贸易手册时手册中未填报商品的基本属性,报关单的规格型号栏也为空。

⑨部分报关单规格型号栏内容完全照抄《目录》中"商品描述"的内容。例如"配制的橡胶促进剂"、"阳离子型表面活性剂"、"机器及仪器用垫片"。

以上9种填报都属于错误或者不规范的填报,在人工审单环节常会被审单中心退单;同时由于商品的规格型号没有描述清楚,造成归类错误,出现删改单情况,甚至有时候在完税以后重新确定归类带来退补税情况的发生;有些凭担保放行后补征免税证明的报关单,由于以担保方式申报的报关单,其规格型号申报的随意性,在之后添加征免税证明时出现原报关单与正式的征免税证明规格型号差异较大,在征免税证明办理完成后带来大量的报关单改单情况。因此,企业或报关人员在填写规格型号时应严格按照《目录》的要求规范填报,避免上述常见错误,以免造成不必要的浪费和货物通关延迟。

44.原产地

指进口货物的生产、开采或加工制造国家或地区。应依据《中华人民共和国进出口货物原产地条例》、《中华人民共和国海关关于执行〈非优惠原产地规则中实质性改变标准〉的规定》以及海关总署关于各项优惠贸易协定原产地管理规章规定的原产地确定标准填报。同一批进口货物的原产地不同的,应分别填报原产国(地区)。进口货物原产国(地区)无法确定的,填报"国别不详"(代码701)。

应按海关规定的《国别(地区)代码表》选择填报相应的国家(地区)名称及代码。

信息来源:合同,发票等。以 made in...,manufacture,country of original 等来表示。

本次业务应输入:日本。

45. 数量及单位

在表体部分输入栏有“成交数量”、“成交单位”、“法定数量”、“法定单位”、“第二数量”、“第二单位”等6栏。

含义:“数量”是指进出口商品的实际数量;“计量单位”包括成交计量单位和法定计量单位。

本栏目分三行填报及打印。

(1)第一行应按进出口货物的法定第一计量单位填报数量及单位,法定计量单位以《中华人民共和国海关统计商品目录》中的计量单位为准。

(2)凡列明有法定第二计量单位的,应在第二行按照法定第二计量单位填报数量及单位。无法定第二计量单位的,本栏目第二行为空。

(3)成交计量单位及数量应填报并打印在第三行。

(4)法定计量单位为“千克”的数量填报,特殊情况下填报要求如下:

①装入可重复使用的包装容器的货物,应按货物扣除包装容器后的重量填报,如罐装同位素、罐装氧气及类似品等。

②使用不可分割包装材料和包装容器的货物,按货物的净重填报(即包括内层直接包装的净重重量),如采用供零售包装的罐头、化妆品、药品及类似品等。

③按照商业惯例以公量重计价的商品,应按公量重填报,如未脱脂羊毛、羊毛条等。

④采用以毛重作为净重计价的货物,可按毛重填报,如粮食、饲料等大宗散装货物。

⑤采用零售包装的酒类、饮料,按照液体部分的重量填报。

(5)成套设备、减免税货物如需分批进口,货物实际进口时,应按照实际报验状态确定数量。

(6)根据《商品名称及编码协调制度》归类规则,零部件按整机或成品归类的,法定计量单位是非重量的,其对应的法定数量填报“0.1”。

(7)具有完整品或制成品基本特征的不完整品、未制成品,根据《商品名称及编码协调制度》归类规则应按完整品归类的,按照构成完整品的实际数量填报。

(8)优惠贸易协定项下进出口商品的成交计量单位必须与原产地证书上对应商品的计量单位一致。

(9)法定计量单位为立方米的气体货物,应折算成标准状况(即摄氏零度及1个标准大气压)下的体积进行填报。

注意:如计量单位是千克的,应与“净重”栏的重量一致。

信息来源:packing list 中 Quantity 一栏。

本次业务填写:成交数量:50;成交单位:千克;法定数量:50;法定单位:千克。

数量与计量单位的各种填报情况见表2-12。

表 2-12　数量与计量单位的各种填报情况

计量单位采用	填制要求		
	第一行	第二行	第三行
成交与法定一致	法定计量单位及数量	空	空
成交与法定一致且有第二计量单位	法定第一计量单位及数量	法定第二计量单位及数量	空
成交与法定不一致	法定计量单位及数量	空	成交计量单位及数量
成交与法定不一致且有第二计量单位	法定第一计量单位及数量	法定第二计量单位及数量	成交计量单位及数量

46. 单价

本栏目应填报同一项号下进(出)口货物实际成交的商品单位价格。键入数字,在输入过程中单价可省略,直接输入总价。计算机将自动计算出单价。

47. 总价

本栏目应填入同一项号下进(出)口货物实际成交的商品总价。键入数字。

若单价已正确输入,可免输,直接回车后系统将自动计算出总价。在输入过程中单价若未输入,则必须输入总价。

单价及总价填报要求:

(1)非整数的,保留 4 位,第 5 位略去。

(2)无实际成交价的,单价一览填报单位货值,总价一栏填报货值。

本次业务应填写:单价:9200.0000,总价:460000.0000。

48. 币制

本栏目应按海关规定的《货币代码表》选择相应的货币名称及代码填报,如《货币代码表》中无实际成交币种,需将实际成交货币按申报日外汇折算率折算成《货币代码表》列明的货币填报。根据《币制代码表》,币制名称、代码、符号选一填报。币制代码不能输入 0。

本次业务应填写:日本元(或 116,或 JPY)。

49. 征免

指海关对进(出)口货物进行征税、减税、免税或特案处理的实际操作方式。

填报要求:

本栏目应按《征减免税方式代码表》中相应的征减免税方式的名称。

代码"1"照章征税:进出口货物依照法定税率计征各类税、费。

代码"2"折半征税:依照海关签发的《进出口货物征免税证明》或海关总署的通知,对进出口货物依照法定税率折半征收税款。

代码"3"全免:依照海关签发的《进出口货物征免税证明》或其他有关规定,对进出口货物免征关税和增值税,消费税是否免征依批文规定办理。

代码"4"特案:依照海关签发的《进出口货物征免税证明》或其他有关规定所规定的税率或完税价计征关税、增值税和消费税。

代码"5"随征免性质:用于特定监管方式进出口的货物按特殊计税公式或税率计征关

税、增值税和消费税。

代码“6”保证金:经海关准予担保放行的货物收取保证金。

代码“7”保函:经海关准予担保放行的货物凭保证函办理。

代码“8”折半补税:指对已征半税的供特区内销售的市场物资,经海关核准运往特区外时,补征另一半相应税款。

代码“9”全额退税:指对计划内出口的丝绸、山羊绒实行出口全额退税时,凭“计划内出口证明”开具出口全额退税税单,并计征关务费。

本次业务为一般进口,应填“照章征税”。

50.用途

(1)含义:进口货物应用的范围。

(2)填报要求:应根据进口货物的实际用途按海关规定的《用途代码表》选择填报相应的用途代码,

本次业务应填写:企业自用进口报关单“备案号”、“贸易方式”、“征免性质”、“用途”及“征免方式”等栏目的逻辑关系如表 2-13 所示。

表 2-13 进口报关单“备案号”、“贸易方式”、“征免性质”、“用途”等逻辑关系

贸易方式	代码	备案号	征免性质	代码	用途	征免	说明
一般贸易	0110		一般征税	101	外贸自营内销、其他	照章征税	
					其他内销(三资企业为生产内销而进口料件)		
		有(Z)	科教用品		企业自用	全免	
			鼓励项目				内资企业
			自有资金				投资总额外

以上表体各数据项内容录入如下:输完表体后按“添加”按钮,一条记录自动在页面上显示出来。如有下一条记录则继续输入,输入完成后按“添加”按钮添加记录;如发现记录有错误则按该条记录旁“编辑”按钮进行修改;不需要则按“删除”按钮删除该条记录;表体输入正确后按“提交”按钮提交后整个数据录入流程结束。

录入结束后,报关员还应到申报地海关舱单管理部门查询正确舱单数据,确保报关单所填信息与舱单有关信息一致。

知识卡

报关单填写小常识(五):进口舱单信息的核对及相应操作

进出境运输工具“舱单”指进出境船舶、航空器、铁路列车负责人或其代理人向海关递交的真实、准确反映运输工具所载货物情况的纸质载货清单,包括原始舱单、预配舱单和装(乘)载舱单。

1.进口舱单、提单等资料的接收

(1)船舶到港后,从船务部外勤处接收进口舱单、提单等有关进口单证、资料等,并在单证交接本上签收;

(2)如有需要转交货主的随船文件，应妥善保管并在舱单相应的提单下注明，以便货主提货时交货主。

2.正本舱单的审核

根据收到的进口正本舱单，仔细核对已录入电脑的舱单资料，主要核对总票数、提单号、收货人、卸港、存货地、中文货名、规格型号(如有)、件数、毛重、体积、箱号等，如发现不符合，应以进口正本舱单为准进行修改，有疑问时，与船公司落实不符之处。

特别提醒："运输工具(英文)"栏的信息经常容易出现舱单与提单不一致的情况的，主要是由于船公司或船代所使用的舱单录入系统中对"运输工具(英文)"中的空格的默认情况与提单上"运输工具(英文)"栏信息不一致，而报关单一般是按照提单信息来填写的。这需要在报关单电子数据发送前仔细核对该栏舱单信息。

3.制作进口提货单

(1)打印进口提货单和条形码，将打印的提货单和舱单、随船提单进行核对；

(2)如发现提单和舱单不符需及时和船公司或其代理联系；

(3)如船公司电函确认为其舱单内容有误，原则上不允许直接修改进口舱单，进口业务员应将其书面更正指示保存在船公司更改通知文件夹中，作为以后货主来办理舱单更改手续时向海关提供的凭证；

(4)船公司或其代理确认其提单内容有误，也应将其书面更改指示附在此票货的进口提单后面，以便在签发提货单时告知货主。

4.进口电子舱单发送海关。根据已审核无误的进口舱单于当日传输到海关电脑系统，并在海关电脑资料(舱单)传送登记本上登记，注明海关舱单航次号、发送人和发送时间。

5.分船名航次打印进口登记台账，并按船公司分类归档，以方便客户办理进口提货手续。

以下为现场通关操作。

任务六：申报(含电子发送、递交纸质单据)

任务描述：

输完后，进行电子发送，完成电子申报；从系统打印出报关单后，报关员签名并加盖报关专用章，整理完后，即可现场交单申报，注意电脑审结的单子一定要在海关规定的时间内交单申报。

第1步：货物的收货人或其代理人根据《中华人民共和国海关进出口货物报关单填制规范》和海关监管、征税、统计等要求录入电子报关数据并通过网络传输方式向海关传输电子数据，进行电子申报。

一、集中审单

第2步：海关计算机系统根据预先设定的各项参数对电子报关数据的规范性、有效性和合法性进行电子审核，审核结果将通过现场大屏幕显示器或计算机网络等通讯手段通知申报人。审核结果有三种情况：

(1)符合计算机自动审核条件的，计算机自动完成审证环节的全部作业，向现场海关下达作业指令，同时向申报人发出"到现场海关办理货物验放手续"的回执或通知。

(2)需人工审核的报关单数据,计算机将按设定的派单条件,将报关单数据排入通关管理处审核中心相应的人工审单岗位,同时向申报人员发出"等待处理"的回执或通知。

(3)对因申报不规范而不能通过计算机综合审核的报关单数据,计算机自动退单,向申报人发出回执或通知并在回执或通知中注明退单原因。

第3步:通关管理处审单中心对需人工审单的报关单数据进行人工审核,并将审核结果通知申报人。审核结果有三种情况:

(1)审核通知:如报关单数据经审核符合海关审证作业要求即预审核通过,通关管理处审单中心向业务现场海关发送有关指令和数据,同时向申报人发出"到现场海关办理货物验放手续"的回执和通知。

(2)人工退单:对明显不符合海关统计、征税、监管等有关业务要求且又不构成伪报瞒报的报关单电子数据,予以退单处理并向申报人发出注明退单原因的通知或回执。申报人应根据有关退单原因,作出修改后,重新申报。

(3)挂起:在审核过程中,审单关员认为有必要与申报人或有关部门联系,以了解或确定报关数据有关内容的,可采用报关单挂起的措施并向申报人发出"与海关联系"或"待海关通知"的通知或回执。申报人在收到"与海关联系"的通知或回执时应根据通知或回执中的联系电话,及时与通关管理处审单中心取得联系,说明有关情况或按通关管理处审单中心要求提供有关资料;在收到"待海关通知"的通知或回执时则静待进一步审核通知。

海关信息提示如表2-14所示。

表2-14 审单后的海关信息提示及其含义

处理状态	海关提示	处理对策
电子退单	不接受申报	到预录入系统查询退单原因,修改后重新申报
电子审单	等待处理	申报成功,等待电子审单
审证处理	等待处理	电子审单结束,等待审单中心人工审单
人工退单	退回修改	到预录入系统查询退单原因,修改后重新申报
审核结束	接单交单	报关单已审结,到接单现场办理交单手续
审核结束	放行交单	报关单已审结,到放行现场办理交单手续
审核中(审征处理)	待海关通知	报关单内挂,等待中心人工审单
审核中(审征处理)	与中心联系	报关单外挂,与中心联系
审核中(审征处理)	待海关通知	内转处理,等待中心人工审单
审核中(审征处理)	与现场联系	外转处理,与现场验估岗位关员联系
已接单	与查验联系	接单环节进行查验布控,必须办理查验手续
已接单	接单处理完成	接单完成,接单环节未下达查验布控指令
拒绝接单		与现场联系查询拒绝原因,修改后重新交单
税单处理	缴纳税费	凭税单办理缴纳税款的手续
该单已放行	该单已放行	报关单已经办理放行手续
已删除	已删除	该报关单已经申请核准删除

二、现场通关——交单

第 4 步:口岸海关和海关航交机场通关现场及区域海关为进口接单现场,申报人到现场海关接单窗口或派单窗口(一些业务量较大的现场)递交书面单证,办理单证审核手续。申报人通常递交以下单证:

①报关员证。

②代理报关委托书。

③预录入报关单(指预录入公司录入、打印并联网将录入数据传送到海关,由申报单位向海关申报的报关单)。

④发票、装箱单、合同、提单/运单等随附单据,对于实施“提前报关、实货放行”通关模式的空运货物无法提供正本提单或运单的,可随附提单或运单的复印件。

⑤加工贸易需提供加工贸易手册。

⑥海关依据对外贸易管理制度规定,对进口实施实际监管的各种许可证。主要有:进口许可证、中药工业品进口登记证明、机电产品进口证明、机电产品进口登记表、进口废物批准证书、检验检疫入境货物通知单、濒危物种进口允许证、精神药物进口准许证、音像制品进口管理许可证明等。

⑦其他有特殊监管条件的有关单证及海关要求出示的单证。

第 5 步:海关验核申报人的报关资格,验核通过的,现场接单关员进行接单。有派单窗口的现场派单人员则核对书面单证是否齐全并分派接单窗口。

第 6 步:现场接单关员验核书面单证。

审核书面单证的各项内容是否单单(报关单与随附单证)、单机(报关单与电子数据)相符。本过程主要审查报关单证的合法性、完整性和有效性,并重点对申报价格、商品归类等进行复核。

按作业要求对有关单证进行批注。

如发现单证不齐全、不合法或超过有效期的,应及时查明原因并按有关规定处理。

三、现场通关——查验

任务七:配合查验

任务描述:

海关对需要查验的货物实施现场查验。进口货物的收货人、出口货物的发货人或其代理人应派员到场协助查验,协助查验人员应出示有效证件并负责搬移货物,开拆盒重封货物的包装,当海关对相关单证或货物有疑问时应负责解答。注意:法律规定,当海关认为必要时可径行开验、复验或提取货样。

第 7 步:申报人持《查验通知单》、报关单备用联、提单场站收据、海关提单、发票、装箱单(复印件),到现场海关查验受理部门办理查验计划(一般当天安排第二天的查验计划),申报人员应作好查验准备。

第 8 步:如被海关抽查,则由货主或其代理配合查验。

第 9 步:查验结束后,申报人应在《查验记录单》上签名、确认。签名应真实有效;对海关查验过程与结果是否认同应如实填写。

四、现场通关——缴税

任务八:缴纳税费

任务描述:

对应税货物征收税款(关税、增值税、消费税),对列为反倾销货物的征收反倾销税并打印税款缴款单;对逾期纳税货物征收滞纳金并打印滞纳金缴款书。

对减免税货物、保税货物按规定征收监管手续费,对超出规定期限向海关办理报关手续的进口货物征收滞报金,打印海关行政事业性专用票据,到指定银行缴款。

对暂时进出口货物或据有关规定需征收保证金的,打印保证金收据。

对超出规定期限向海关办理报关手续的进口货物征收滞报金,打印海关行政事业性专用票据,到指定银行缴款。

对缴纳的税费进行核销。

第10步:办理税费征收手续

根据《海关总署2005年第40号公告(关于网上支付税费担保事宜)》,目前,在缴纳税费过程中,很多企业使用网上支付业务,可通过登录电子口岸平台进行进出口税费查询、税费支付的指令发送等操作,电子口岸数据中心、银行在接收到相应税费支付指令后,银行系统自动完成税款实时扣缴和划转,企业在银行扣缴成功后即可现场办理通关手续,有效缩短货物通关时间。

企业使用网上支付银行担保业务,可通过登录电子口岸平台发送网上支付银行担保指令,利用银行对企业进出口应缴税费提供的总额担保,实现先办理货物通关手续,并在海关规定缴款期限内缴纳相关进出口税费的业务操作,从而提高企业的资金使用效益。

1. 网上支付业务流程,以招商银行为例(见图2-6)

①企业通过电子口岸向海关进行申报;

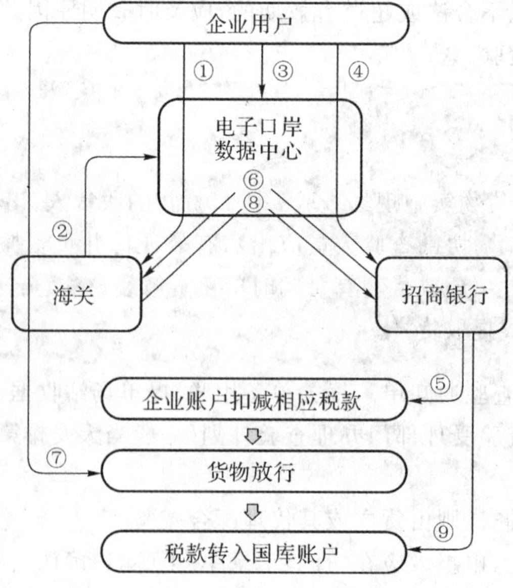

图2-6 招商银行网上支付业务流程

②海关审结报关单，发送“税费通知”；

③企业登录“中国电子口岸”系统查询“税费通知”；

④企业通过电子口岸发送“税费支付”指令至招商银行；

⑤银行系统自动完成预扣款（企业账户减少相应资金）；

⑥银行通过电子口岸系统向海关反馈预扣款成功回执；

⑦企业到现场海关办理验放手续；

⑧海关货物放行后，通过电子口岸系统向银行发送“确认扣款”通知；

⑨银行核对税费单据后，将款项划转国库账户。

2. 网上支付银行担保业务流程，以招商银行为例（见图 2-7）

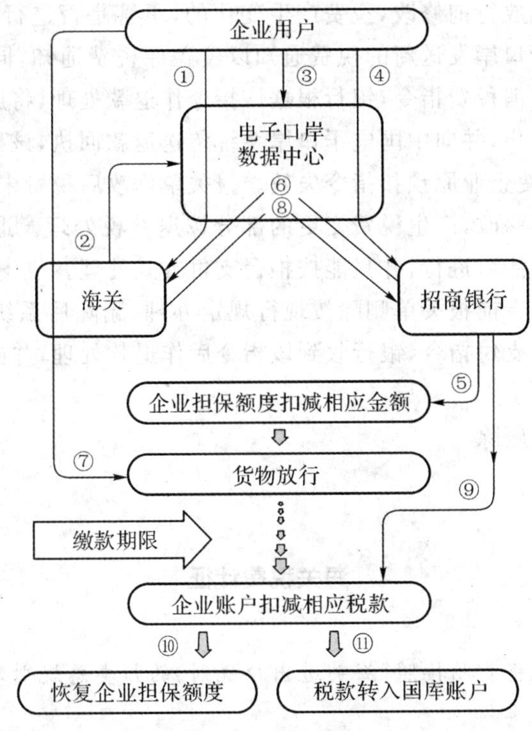

图 2-7　招商银行网上支付银行担保业务流程

①企业通过电子口岸系统向海关进行申报；

②海关审结报关单并发送“税费通知”；

③企业登陆“中国电子口岸”系统查询“税费通知”；

④企业通过电子口岸发送“税费支付”指令至银行；

⑤银行在“海关税费支付担保”额度下为该笔税费进行担保（在担保额度内扣减相应金额）；

⑥银行系统将“担保成功”信息反馈海关；

⑦企业到现场海关办理验放手续；

⑧海关放行后，打印税单并向银行发送实扣指令和缴款期限；

⑨纳税期限到期前，企业主动通过电子口岸系统向银行发送“担保实缴”的指令，招商银行即时扣减企业账户相应税款；

⑩银行系统恢复相应金额的“海关税费支付担保”额度；

⑪银行将核对后的款项划转国库账户。

注意：

(1)企业务必在本系统查询到税费支付的状态为“支付成功”后才能到海关现场办理通关手续，并且企业无论是税费支付成功或不成功，都可以在海关现场办理递单手续时转为柜台支付，因此本系统已经充分满足了企业在各种通关情况下对税费支付方式的灵活要求。

(2)办理放行手续时系统检查税费单是否打印，若税费单未打印则系统不能通过税费检查，不予放行并退回前岗位处理。海关不验核网上支付纸质税费单据。但同票报关单中的非网上支付税费单据仍按规定验核。

(3)报关单修改：①放行前修改，税费产生变化的，不管是否进行了网上支付，系统重新计算税费并自动向电子口岸发送新的税费通知以覆盖原税费通知，同时自动通过中国电子口岸系统向银行发出取消税费指令，银行根据该指令作退款处理，将原预扣款项加计银行活期存款利息退回企业账户，并向中国电子口岸系统传送退款回执，该税费通知的数据状态回复为未指定缴款单位，使企业原预扣指令失效。报关单修改后税费未发生变化的，系统不重新计算税费。②放行后修改，产生税费变更的部分按退补税处理。退补税的操作必须在海关系统成功进行税费核注后进行，并只能按柜台支付方式处理。

(4)报关单删除：放行前报关单删除按现行规定办理，删除后系统自动通过中国电子口岸向银行发送取消网上支付指令，银行收到该指令后作退款处理，并向电子口岸发送税费作废回执。

放行后报关单也能删除。

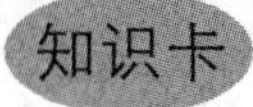

海关税费计征

1.税则归类

税则归类就是将货物按照《海关进出口税则》的归类总规则，归入适当的税则编号，以确定其适当的税率。

2.税率的运用

(1)关税税率。《海关进出口税则》中的关税进口税率，有普通税率和优惠税率两栏，出口税率只有一种。根据《进出口关税条例》第六条规定，对原产于与中华人民共和国未订有关税互惠协议的国家或者地区的进口货物按照普通税率征税，对原产于与中华人民共和国订有关税互惠协议的国家或者地区的进口货物，按照优惠税率征税。对原产于对我国出口货物征收歧视性关税或者给予其他歧视性待遇的国家或者地区的进口货物，可以征收特别关税。

(2)代征税税率。目前，海关在进口环节代国家其他部门征收代征税，有增值税、消费税和船舶吨税。

3.税费的计算

(1)关税

进口关税＝完税价格×关税税率；出口税额＝完税价格×出口税率

(2)增值税

进口增值税=(关税完税价格+关税税额+消费税额)×增值税率

(3)进口消费税：

从价消费税额=(完税价格+关税)/(1-消费税税率)×消费税率

从量消费税额=应税消费品数量×消费税单位税额

税、费的起征点是50元人民币,计算时精确到分,即保留两位小数。

4.税费的缴纳

(1)纳税人范围。进口货物的收货人、出口货物的发货人,是关税的纳税义务人。

在我国境内销售货物或者提供加工、修理、修配劳务及进口货物单位和个人是增值税的纳税义务人。

在我国境内生产、委托加工和进口《中华人民共和国消费税暂行条例》规定的消费品的单位和个人是消费税的纳税义务人。

(2)缴纳期限。对经海关审定应征关税、增值税、消费税和监管手续费、船舶吨税的货物或船舶,纳税义务人应在海关填发税费款缴纳证的次日起15日内(期末为双休日或节假日的顺延至双休日或节假日后第一个工作日),向指定银行缴纳税费款。

税款缴纳证一式六份,其中一至五联经海关加盖"中华人民共和国××海关单证专用章"后,缴纳税义务人凭以向银行缴纳税款。第六联(存根联)由填发海关存查。

(3)汇率。进出口货物如果是以外币计算成交的,汇率适用是填发缴款书之日的前一个月的第三个星期的星期三央行公布的人民币中间价。国家外汇管理部门公布的《人民币外汇牌价表》的买卖中间价,折合人民币。《人民币外汇牌价表》未列入外币,按照国家外汇管理部门确定的外汇率折合人民币。

(4)滞纳金。对进出口货物纳税义务人未在规定的缴纳期限内缴纳税费的,由海关自到期的次日起至缴清税、费款日止,按日征收欠缴税费款0.5‰的滞纳金并制发滞纳金收据。

滞纳额=关税或增值税、消费税应税额×滞纳天数×0.5‰

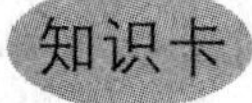

完税价格的确定

一、进口货物完税价格的审定

进口货物的完税价格,由海关以该货物的成交价格为基础审查确定,并应当包括货物运抵中华人民共和国境内输入地点起卸前的运输及其相关费用、保险费。

海关确定进口货物完税价格有六种估价方法:成交价格估价方法、相同货物成交价格估价方法、类似货物成交价格估价方法、倒扣价格估价方法、计算价格估价方法和合理方法。这六种估价方法必须依次使用,即只有在不能使用前一种估价方法的情况下,才可以顺延使用其他估价方法。

(一)成交价格估价方法

成交价格估价方法是第一种估价方法,它建立在进口货物实际发票或合同价格的基础上,在海关估价实践中使用率最高。

1. 成交价格的定义

进口货物的成交价格，是指卖方向中华人民共和国境内销售该货物时买方为进口该货物向卖方实付、应付的，并且按照规定调整后的价款总额，包括直接支付的价款和间接支付的价款。

2. 成交价格的条件

成交价格必须满足以下四个条件：

进口货物的成交价格应当符合下列条件，否则不能适用成交价格估价方法：

(1)对买方处置或者使用进口货物不予限制，但是法律、行政法规规定实施的限制、对货物销售地域的限制和对货物价格无实质性影响的限制除外；

(2)进口货物的价格不得受到使该货物成交价格无法确定的条件或者因素的影响；

(3)卖方不得直接或者间接获得因买方销售、处置或者使用进口货物而产生的任何收益，或者虽然有收益但是能够按照规定做出调整；

(4)买卖双方之间没有特殊关系，或者虽然有特殊关系但是按照规定未对成交价格产生影响。

3. 成交价格的调整项目

以成交价格为基础审查确定进口货物的完税价格时，未包括在该货物实付、应付价格中的下列费用或者价值应当计入完税价格。

(1)由买方负担的下列费用：

①除购货佣金以外的佣金和经纪费；

②与该货物视为一体的容器费用；

③包装材料费用和包装劳务费用。

(2)与进口货物的生产和向中华人民共和国境内销售有关的，由买方以免费或者以低于成本的方式提供，并可以按适当比例分摊的下列货物或者服务的价值：

①进口货物包含的材料、部件、零件和类似货物；

②在生产进口货物过程中使用的工具、模具和类似货物；

③在生产进口货物过程中消耗的材料；

④在境外进行的为生产进口货物所需的工程设计、技术研发、工艺及制图等相关服务。

(3)买方需向卖方或者有关方直接或者间接支付的特许权使用费(指进口货物的买方为取得知识产权权利人及权利人有效授权人关于专利权、商标权、专有技术、著作权、分销权或者销售权的许可或者转让而支付的费用)，但是符合下列情形之一的除外：

①特许权使用费与该货物无关；

②特许权使用费的支付不构成该货物向中华人民共和国境内销售的条件。

(4)卖方直接或间接从买方对该货物进口后销售、处置或者使用所得中获得的收益。

纳税义务人应当向海关提供上述费用或者价值的客观量化数据资料。纳税义务人不能提供的，海关与纳税义务人进行价格磋商后，按照《中华人民共和国海关审定进出口货物完税价格办法》列明的方法审查确定完税价格。

（二）相同或类似货物成交价格估价方法

成交价格估价方法是海关估价中使用频率最高的一种估价方法，但由于种种原因，并不是所有的进口货物都能采用这一估价方法，不符合成交价格条件的进口货物不能采用成交价格估价方法，而应按照顺序考虑采用相同或类似进口货物的成交价格估价方法。

（1）相同货物成交价格估价方法，是指海关以与进口货物同时或者大约同时向中华人民共和国境内销售的相同货物的成交价格为基础，审查确定进口货物的完税价格的估价方法。"相同货物"是指与进口货物在同一国家或者地区生产的，在物理性质、质量和信誉等所有方面都相同的货物，但是表面的微小差异允许存在。"大约同时"是指海关接受货物申报之日前后 45 天内。

（2）类似货物成交价格估价方法，是指海关以与进口货物同时或者大约同时向中华人民共和国境内销售的类似货物的成交价格为基础，审查确定进口货物的完税价格的估价方法。"类似货物"是指与进口货物在同一国家或者地区生产的，虽然不是在所有方面都相同，但是却具有相似的特征，相似的组成材料，相同的功能，并在商业中可以互换的货物。"大约同时"也是指海关接受货物申报之日前后 45 天内。

按照相同或者类似货物成交价格估价方法的规定审查确定进口货物的完税价格时，应当使用与该货物具有相同商业水平且进口数量基本一致的相同或者类似货物的成交价格。使用上述价格时，应当以客观量化的数据资料，对该货物与相同或者类似货物之间由于运输距离和运输方式不同而在成本和其他费用方面产生的差异进行调整。

（三）倒扣价格估价方法

倒扣价格估价方法，是指海关以进口货物、相同或者类似进口货物在境内的销售价格为基础，扣除境内发生的有关费用后，审查确定进口货物完税价格的估价方法。该销售价格应当同时符合下列条件：

（1）是在该货物进口的同时或者大约同时，将该货物、相同或者类似进口货物在境内销售的价格（"大约同时"是指海关接受货物申报之日前后 45 天内。按照倒扣价格法审查确定进口货物的完税价格时，如果进口货物、相同或者类似货物没有在海关接受进口货物申报之日前后 45 天内在境内销售，可以将在境内销售的时间延长至接受货物申报之日前后 90 天内）。

（2）是按照货物进口时的状态销售的价格。

（3）是在境内第一销售环节销售的价格。

（4）是向境内无特殊关系方销售的价格。

（5）按照该价格销售的货物合计销售总量最大。

（四）计算价格估价方法

计算价格估价方法，是指海关以下列各项的总和为基础，审查确定进口货物完税价格的估价方法：

（1）生产该货物所使用的料件成本和加工费用；

（2）向境内销售同等级或者同种类货物通常利润和一般费用（含直接费用和间接费用）；

（3）该货物运抵境内输入地点起卸前的运输及相关费用、保险费。

按照上述规定审查确定进口货物的完税价格时，海关在征得境外生产商同意并提前通知有关国家或者地区政府后，可以在境外核实该企业提供的有关资料。按照规定确定有关价值或者费用时，应当使用与生产国或者地区公认的会计原则相一致的原则和方法。

(五)合理方法

合理方法，是指当海关不能根据成交价格估价方法、相同货物成交价格估价方法、类似货物成交价格估价方法、倒扣价格估价方法和计算价格估价方法确定完税价格时，海关根据《中华人民共和国海关审定进出口货物完税价格办法》规定的原则，以客观量化的数据资料为基础审查确定进口货物完税价格的估价方法。

海关在采用合理方法确定进口货物的完税价格时，不得使用以下价格：

(1)境内生产的货物在境内的销售价格；

(2)可供选择的价格中较高的价格；

(3)货物在出口地市场的销售价格；

(4)以《中华人民共和国海关审定进出口货物完税价格办法》中计算价格估价方法规定之外的价值或者费用计算的相同或者类似货物的价格；

(5)出口到第三国或者地区的货物的销售价格；

(6)最低限价或者武断、虚构的价格。

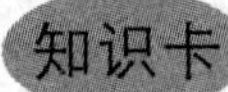

海关税费计征例题

一、进出口关税计算

(一)进口关税税款的计算

目前，我国对进口关税采用的计征标准有：从价关税、从量关税和复合关税3种。

1.从价关税

(1)从价关税是以进口货物的完税价格作为计税依据，以应征税额占货物完税价格的百分比作为税率，货物进口时，以此税率和实际完税价格相乘计算应征税额。

(2)计算公式：

正常征收的进口关税税额＝完税价格×法定进口关税税率

减税征收的进口关税税额＝完税价格×减按进口关税税率

例题：国内某远洋渔业企业向美国购进国内性能不能满足需要的柴油船用发动机2台，成交价格为CIF境内目的地口岸680000.00美元。经批准该发动机进口关税税率减按1%计征。已知外币折算率1美元＝人民币8.2元，要求计算进口关税。

(3)计算程序：

①按照归类原则确定税则归类，将应税货物归入恰当的税目税号；

②根据原产地规则，确定应税货物所适用的税率；

③根据完税价格审定办法和规定，确定应税货物的完税价格；

④根据汇率使用原则，将外币折算成人民币；

⑤按照计算公式正确计算应征税款。

(计算方法)

确定税则归类，该发动机归入税目税号 8408.1000；

原产国美国适用最惠国税率 5%；

审定完税价格为 680000 美元；

将外币价格折算成人民币为 5576000.00 元；

减税征收的进口关税税额＝完税价格×减按进口关税税率

＝5576000×1%＝55760.00(元)

2. 从量关税

(1)从量关税是以进口商品的数量、体积、重量等计量单位计征关税的方法。计税时以货物的计量单位乘以每单位应纳税金额即可得出该货物的关税税额。

(2)计算公式：

进口关税税额＝商品进口数量×从量关税税额

(3)计算程序：

①按照归类原则确定税则归类，将应税货物归入恰当的税目税号；

②根据原产地规则，确定应税货物所适用的税率；

③确定其实际进口量；

④根据完税价格审定办法、规定，确定应税货物的完税价格(计征增值税需要)；

⑤根据汇率使用原则，将外币折算成人民币；

⑥按照计算公式正确计算应征税款。

实例：

国内某公司从香港购进柯达彩色胶卷 50400 卷(规格 135/36)，成交价格为 CIF 境内某口岸 10.00 元港币/每卷，已知外币折算率 1 港币等于人民币 1.1 元，要求计算进口关税。

(计算方法)

确定税则归类，彩色胶卷归入税目税号 3702.5410；

原产地香港适用最惠国税率 155 元/m^2；

确定其实际进口量 50400 卷×0.05775m^2/卷(以规定单位换算表折算，规格"135/36"1 卷＝0.05775m^2)＝2910.6m^2

进口关税税额＝商品进口数量×从量关税税率

＝2910.6m^2×155 元/m^2＝451143.00(元)

3. 复合关税

(1)复合关税是指进口货物的关税是其从价税和从量税的和。

(2)计算公式：

进口关税税额＝商品进口数量×从量关税税额＋完税价格×关税税率

(3)计算程序：

①按照归类原则确定税则归类，将应税货物归入恰当的税目税号；

②根据原产地规则，确定应税货物所适用的税率；

③确定其实际进口量；

④根据完税价格审定办法、规定，确定应税货物的完税价格；

⑤根据汇率使用原则，将外币折算成人民币；

⑥按照计算公式正确计算应征税款。

实例：

国内某一公司，从日本购进电视摄像机20台，其中有10台成交价格为CIF境内某口岸50000美元/台，其余10台成交价格为CIF境内某口岸100000美元/台，已知外币折算率1美元＝人民币8.2元，要求计算进口关税。

计算方法：

确定税则归类，该批摄像机归入税目税号8525.3099；

原产国日本适用最惠国税率，其中CIF境内某口岸50000美元/台的关税税率为单一从价税35％；CIF境内某口岸100000美元/台的关税税率为13280元人民币再加3％的从价关税；

审定后完税价格分别为50000美元和100000美元；

将外币价格折算成人民币分别为410000.00和820000.00元；

从价进口关税税额＝完税价格×进口关税税率

＝410000×35％

＝143500.00(元)

复合进口关税税额＝商品进口数量×从量关税税率＋完税价格×关税税率

＝10台×13280元/台＋820000×3％

＝132800＋24600＝157400(元)

合计进口关税税额＝从价进口关税税额＋复合进口关税税额

＝143500.00＋157400＝300900(元)

(二)出口关税税款的计算

1.计算公式

出口关税税额＝离岸价格÷(1＋出口关税税率)×出口关税税率

2.计算程序

(1)按照归类原则确定税则归类，将应税货物归入恰当的税目税号；

(2)根据完税价格审定办法、规定，确定应税货物的完税价格；

(3)根据汇率使用原则，将外币折算成人民币；

(4)按照计算公式正确计算应征税款。

实例：国内某企业从广州出口去新加坡的合金生铁一批，申报出口量86吨，每吨价格为FOB广州98美元。已知外汇折算率1美元＝人民币8.2元，要求计算出口关税。

计算方法：

确定税则归类，该批合金生铁归入税目税号7201.5000，税率为20％；

审定离岸价格为8428美元；

将外币价格折算成人民币为69109.60元；

出口关税税额＝离岸价格÷(1＋出口关税税率)×出口关税税率

＝69109.60÷(1＋20％)×20％

＝57591×20％＝11518.20(元)

二、进口环节税计算

（一）消费税税款的计算

消费税税额计算公式为：

应征消费税税额＝（完税价格＋关税税额）÷（1－消费税税率）×消费税税率

或　　应征消费税税额＝进口数量×单位税额

（二）增值税税款的计算

增值税计算公式为：

增值税应纳税额＝（关税完税价格＋关税税额＋消费税税额）×增值税税率

实例：公司从荷兰进口了3000箱啤酒，规格为24支×330ml/箱，申报价格为FOB鹿特丹HKD50/箱。发票列明：运费为HKD20000，保险费率为0.3%，经海关审查属实，该批啤酒的优惠税率为3.5元/升，消费税税额为200元/吨（1吨＝988升），增值税税率为17%，外汇牌价为100港币＝100元人民币。计算该批啤酒的关税、消费税和增值税。

（1）关税：

货物数量＝330毫升×24支×3000箱

＝0.33升×24支×3000箱＝23760升

关税税额＝货物数量×单位税额＝23760×3.5＝83160.00元

（2）消费税：

先将货物的重量从以"升"为单位转为以"吨"为单位：

23760升÷988升＝24.05吨

从量消费税额＝消费品数量×单位税额

＝24.05吨×220元/吨＝5291.00元

（3）增值税：

CFR价＝FOB价＋运费＝50

关税完税价格＝CFR价÷（1－保险费率）

＝180200.00÷（1－0.003）

＝180742.23元

增值税税额＝（关税完税价格＋关税税额＋消费税）×增值税税率

＝（180742.23＋83160.00＋5291.00）×0.17

＝45762.81元

五、现场通关——放行

任务九：提货

任务描述：

对于海关来说，这一步是放行，分为单证放行与实货放行两个步骤。

（一）单证放行

第11步：接单现场单证复核关员对电子报关数据、书面单证及批注情况进行复核，对于情况正常，未设定查验的，办理单证放行手续，并在提货单或运单上加盖"放行章"及"工号章"，报关单备用联和提货单退还货主或其代理人；对已设定查验的，直接在提货单或运单上加盖“单证专用章”和“工号章”，报关单备用联和提货单退还货主或其代理人。接单现场对查验的单证不再制作关封。

(二)实货放行

第 12 步：走完上述各项海关内容作业环节后，对准予放行的货物，海关在计算机系统上向货物对应实际监管场所发送货物放行信息，并在港区提货单上加盖放行章，货主或其代理人凭此提货单办理提货手续。

六、后续事务

任务十：后续事务处理

任务描述：

后续事务主要是到业务现场办理报关单证明联的签证手续。

海关签发进口货物报关单

第 13 步：申报人到业务现场办理报关单证明联的签证手续；

进口货物放行后，海关向申报人签发进口付汇证明联。

至此，这一票报关业务结束。

探索性训练

1. 要求学生将报关单各栏中有规定代码的搜集齐全，并熟悉各栏常用代码。
2. 给学生一票进口报关业务资料，要求学生填写进口报关单。

可能出现的情景之一：补充申报

知识卡

细说补充申报

——摘自《中国海关》2010 年第 3 期，作者：王俊波，南京海关审单处

“补充申报”制度已于 2009 年 10 月 1 日开始执行，近日，海关总署又发布公告进一步明确了“补充申报”的概念和操作规程。补充申报是指进出口货物的收发货人、受委托的报关企业依照海关有关行政法规和规章的要求，在《中华人民共和国海关进(出)口货物报关单》之外采用补充申报单的形式，向海关进一步申报的行为，用以确定货物完税价格、商品归类、原产地等所需信息。分类补充申报包括企业申报时的主动补充申报、企业申报后未办结海关手续前的补充申报和海关后续管理中要求的补充申报。其中，以海关要求企业进行补充申报的情形较为多见。

一、通关中海关要求补充申报

(一)价格

买卖双方的特殊关系可能影响到成交价格的；对申报价格是否满足成交价格成立条件有怀疑的；进口货物可能存在间接支付货款或存在未包括在进口货物实付应付价

格中的费用或者价值的；出口货物可能存在间接支付货款或对出口关税是否已经从申报价格中扣除有怀疑的；其他需要补充申报的。

（二）商品归类

申报内容与随附单证资料不足以确定归类，需进一步补充说明的；申报内容与随附单证资料不一致，不能确定归类的；对商品属性存有疑问，需要收发货人、报关企业作进一步说明的；其他需要对进出口货物的归类，补充申报的。

（三）原产地

优惠贸易协定项下的进出口货物，收发货人、报关企业向海关提交原产地证书、原产地声明等单证的相关内容不完整（须核查的除外）或者需要进一步补充说明的；查验过程中，海关对货物原产地相关信息需要收发货人、报关企业进一步补充解释或说明的；涉及反倾销货物，收发货人、报关企业未提交原产地证书或者已提交但原产地证书显示货物的原产地不是被诉国家的；海关认为其他需要补充申报的。

二、后续管理中海关要求补充申报

（一）价格

申报价格或已审定的完税价格是否已包括各项应计入完税价格的有关费用；成交价格是否受到特殊关系的影响；交易中是否存在影响成交价格的特殊安排；是否存在分次付汇或多渠道付汇未向海关申报的情况；其他需要补充申报的情况。

（二）商品归类

随附资料不完善，需附加说明的；申报内容与随附单证资料不一致的；其他需要补充申报的情况。

（三）原产地

没有按照上述"通关中的补充申报"第（三）项规定要求进行补充申报的；收发货人、报关企业已提交的相关材料不足以确认货物的原产地的；其他需要补充申报的情况。

三、程序要求

（一）填报

申报时企业主动进行补充申报的，应当填制补充申报单，在报关单"标记唛码及备注"栏填报补充申报的类别，并及时向海关提交有关证明材料。在通关中如果企业主动申报的，同申报时的要求。此外，在通关中海关要求企业补充申报的，可以修改报关单；在办结通过手续后海关要求企业补充申报的，无填制或修改报关单的要求。

（二）时限

通关中海关要求进行补充申报的，应当书面通知企业，企业应当在收到该通知之日起5个工作日内办理补充申报手续。如果企业在规定时限内未能按要求进行补充申报，海关可按照有关规定确定进口货物的完税价格、商品编码和原产地。

（三）流程

专业审单岗位要求补充申报的，由该审单岗位向企业制发书面通知；业务现场海关要求补充申报的，由该业务现场接单部门向企业制发书面通知；在后续管理中要求企业进行补充申报的，由提出要求的部门书面通知企业，并完成审核、编号、批注、存档等操作。

特别提示：

补充申报单与报关单具有同等法律效力，企业应按要求如实、完整地填写，并对其真实性、准确性承担相应的法律责任。补充申报是对报关单申报内容的有效补充，不得申报与报关单申报事项无关或相悖的内容，也不得修改报关单申报的内容；对报关单未载明、但确实与申报内容有关且无冲突的事项，可以在补充申报单中列明。纳税人对补充申报单申报事项与报关单申报事项承担同等法律义务。

可能出现的情景之二：转关运输

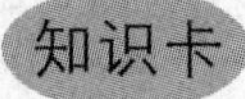

转关运输

一、转关运输的定义

转关运输货物"是海关监管货物"，系指：

(1)由进境地入境后，运往另一设关地点办理进口海关手续的货物；

(2)在启运地已办理出口海关手续运往出境地，由海关监管放行的货物；

(3)由国内一设关地点转运到另一设关地点的应受海关监管的货物。

二、转关运输的方式

1.提前报关转关

进口货物在指运地先申报再到进境地办理进口转关手续，出口货物在货物未运抵启运地监管场所前先申报，货物运抵监管场所后再办理出口转关手续方式。

2.直转转关

进境货物在进境地海关办理转关手续，运抵指运地再在指运地海关办理报关手续进口转关和出境货物在货物运抵启运地海关监管场所报关后，在启运地海关办理出口转关手续出口转关。

3.中转转关

在收、发货人或其代理人向指运地或启运地海关办理进出口报关手续后，由境内承运人或其代理人统一向进境地或启运地海关办理进口或出口转关手续。具有全程提运单，需换装境内运输工具的进出口中转货物适用中转方式转关运输。

三、办理转关运输的条件

进口货物经收货人或其代理人向进境地海关申请，并具备下列条件者，可核准办理转关运输：

(1)指运地和启运地设有海关机构的。

(2)运载转关运输货物的运输工具和装备，具备密封装置和加封条件的(超高、超长及无法封入运输装置的除外)。

(3)承运转关运输货物的企业是经海关核准的运输企业。

(4)不具备以上条件，但有特殊情况，经进出口货物收发人申请，海关核准的，也可办理转关运输。

转关运输货物除特殊情况外，申请人应当是经海关核准、认可的报关单位，并由持有海关发给的报关员证书的人员向海关办理申请手续。转关运输货物未经海关许可，不得开拆、改装、调换、提取、交付；对海关在运输工具和货物上施加的封志包括经海关认可的商业封志，不得擅自开启或损坏。转关运输货物必须存放在经海关同意的仓库、场所。存放转关运输货物的仓库、场所的经理人应依法向海关负责，并按照海关规定，办理收存、交付手续。海关需要派员押运转关运输货物时，申请人应当按规定向海关缴纳规费，并提供为执行监管任务必要的方便。

四、办理转关运输的限制

属于《限制转关物品清单》范围之列的进出口货物不能办理转关运输手续，包括：

(一)废物类：动物废料、冶炼渣、木制品废料、纺织品废物、贱金属及其制成品的废料、各种废旧五金、电机电器产品等、废运输设备、特殊需进口的废物、废塑料和碎料及下脚料等部分进出口货物。

(二)化工类中包括监控化学品、可作为化学武器的化学品、化学武器关键前体、化学武器原料、易制毒化学品、消耗臭氧层物质、氯化钠等部分进出口货物。

(三)汽车类部分进出口货物(包括成套散件和二类底盘)。

1. 转关运输的期限

(1)直转方式转关的期限

直转方式转关的进口货物应自运输工具申报进境之日起 14 天内向进境地海关办理转关手续，在海关限定期限内运抵指运地之日起 14 天内，向指运地海关办理报关手续。愈期按规定征收滞报金。

(2)提前报关方式转关的期限

①进口转关货应在电子数据申报之日起 5 日内，向进境地海关办理转关手续，超过期限仍未到进境地海关办理转关手续的，指运地海关撤销提前报关的电子数据。

②出口转关货物应于电子数据申报之日起 5 日内，运抵启运地海关监管场所，办理转关和验放等手续，超过期限的，启运地海关撤销提前报关的电子数据。

2. 转关申报单证的法律效力

转关货物申报的电子数据与书面单证具有同等的法律效力，对确实因为填报或传输错误的数据，有正当的理由并经海关同意，可作适当的修改或者撤销。对海关已决定查验的转关货物，则不再允许修改或撤销申报内容。

五、转关运输的报关程序

1. 进口货物的转关

(1)提前报关的转关

进口货物的收货人或其代理人在进境地海关办理进口货物转关手续前，向指运地海关录入“进口货物报关单”电子数据。指运地海关提前受理电子申报，接受申报后，计算机自动生成“进口转关货物申报单”，向进境地海关传输有关数据。提前报关的转关货物收货人或其代理人应向进境地海关提供“进口转关货物申报单”编号，并提交相关单证办理转关运输手续。

(2)直转方式的转关

货物的收货人或其代理人在进境地录入转关申报数据，持相关单证直接办理转关手续。

(3)中转方式的转关

中转方式的进口转关一般采用提前报关转关。具有全程提运单、需要换装境内运输工具的中转转关货物的收货人或其代理人向指运地海关办理进口报关手续后,由境内承运人或其代理人向进境地海关提交"进口转关货物申报单"、"进口货物中转通知书",按"指运地目的港"分列的"纸质舱单"(空运方式提交"联程运单")等单证办理货物转关手续。

2.出口货物的转关

(1)提前报关的转关

由货物的发货人或其代理人在货物未运抵启运地海关监管场所前,先向启运地海关录入"出口货物报关单"电子数据,由启运地海关提前受理电子申报,生成"出口转关货物申报单"数据,传输至出境地海关。货物应于电子数据申报之日起 5 日内,运抵启运地海关监管场所,并持相关单证向启运地海关办理出口转关手续。

(2)直转方式的转关

由发货人或其代理人在货物运抵启运地海关监管场所后,向启运地海关录入"出口货物报关单"电子数据,启运地海关受理电子申报,生成"出口转关货物申报单"数据,传输至出境地海关。发货人或其代理人应持相关单证在启运地海关办理出口转关手续。

(3)中转方式的转关

具有全程提运单、需要换装境内运输工具的出口中转转关货物,货物的发货人或其代理人向启运地海关办理出口报关手续后,由承运人或其代理人向启运地海关录入并提交"出口转关货物申报单"、凭出境运输工具分列的电子或"纸质舱单"、"汽车载货登记簿"或"船舶监管簿"等单证向启运地海关办理货物出口转关手续。经启运地海关核准后,签发"出口货物中转通知书",承运人或其代理人凭以办理中转货物出境手续。

3.海关监管货物的转关

海关监管货物转关运输,除加工贸易深加工结转按有关规定办理外,均应按进归转关方式办理,即:

(1)提前报关的,由转入地(相当于指运地)货物收货人及其代理人,在转出地(相当于进境地)海关办理监管货物转关手续前,向转入地海关录入进口货物报关单电子数据报关由转入地海关提前受理电子申报,并生成"进口转关货物申报单",向转出地海关传输。转入地货物收货人或其代理人应持"进口转关货物核放单"和"汽车载货登记簿"或"船舶监管簿",并提供"进口转关货物申报单"编号,向转出地海关办理转关手续。

(2)直转的,由转入地货物收货人或其代理人在转出地录入转关申报数据,持"进口转关货物申报单"和"汽车载货登记簿"或"船舶监管簿",直接向转出地海关办理转关手续。货物运抵转入地后,海关监管货物的转入地收货人或其代理人向转入地海关办理货物的报关手续。

转关运输货物通关程序:

①进口货物的收货人或其代理人应自运输工具申报进境之日起 14 日内,向进境地海关申报转关运输。

②申报货物转关运输时,进口货物的收货人或代理人应填制中华人民共和国海关进口转关运输货物申报单(以下简称"申报单"),并交数据录入中心录入海关计算机报

关自动化系统，打印成正式的申报单一式三份。

③进口货物收货人或其代理人应如实向海关申报，并递交申报单、指运地海关签发的进口转关运输货物联系单、随附有关批准证件和货运、商业单证（如货物的提单、发票、装箱单等）。

④进口货物收货人或代理人申请办理属于申领进口许可证的转关运输货物，应事先向指运地海关交验进口许可证，经审核后由指运地海关核发进口转关运输货物联系单，并封交申请人带交进境地海关。

⑤进境地海关在接受进口货物收货人或代理人申报递交的有关单证后，要进行核对，核准后，要将上述有关单证制作关封，交进口货物的收货人或其代理人。

⑥进口货物的收货人或其代理人要按海关指定的路线负责将进口货物在规定的时限内运到指运地海关，向指运地海关交验进境地海关签发的关封，并应在货物运至指运地海关之日起 14 日内向指运地海关办理报关、纳税手续。

⑦指运地海关在办理了转关运输货物的进口手续后，按规定向进境地海关退寄回执，以示进口转关运输货物监管工作的完结。

⑧来往港澳进境车辆装载的转关运输货物，由车辆驾驶人员向进境地海关交验载货清单一式三份，并随附有关货运、商业单证，进境地海关审核后制作关封交申请人带交出境地海关，由出境地海关负责办理该车辆及所载货物的监管手续。

⑨保税仓库之间的货物转关手续，除应按办理正常的货物进出保税仓库的手续外，亦按上述①、⑦的程序办理手续。但在填报申报单时，在“指运地”一栏应填写货物将要存入的保税仓库名称。

本票业务需转关运输，属于进口转关。

假设一：提前报关转关：

（一）本票货物进境地为上海浦东机场，其代理人（嘉兴淞海报关有限公司）在指运地（嘉兴）填报录入《进口货物报关单》，进入录入界面的方式：在图 2-8 所示界面点击“转关申报”按钮。

操作时在嘉兴海关预录报关单时应该按“清关”要求录入全部内容，即也需录入船名航次及提单号码等，报关单数据发送后由系统自动生成“转关申报单号”（显示在报关单船名航次栏内“@＋16 位数”，并同时隐藏提单号），打印“仅供办理转关手续用”报关单，启运地按此转关单号预录转关申报单，同时原发送的报关单数据进入休眠状态，待转关放行后自动激活转入申报状态等候“集中审单”。代理人（嘉兴淞海报关有限公司）应自运输工具申报进境之日（2010 年 4 月 8 日）起 14 日内，传输至进境地（浦东机场）海关。

（注意：报关单运输方式栏填写“@＋进口转关货物申报单编号”）

（二）对提前报关的转关货物，进境地（浦东机场）海关按以下流程作业：

(1)调阅审核进口转关数据，核销进境舱单；

(2)输入境内运输工具的编号及车牌号或船名；

(3)施加关锁，录入关锁号；

(4)在《汽车载货登记簿》或《船舶监管簿》上批注转关申报单号及有关内容，并签章；

(5)在提货（运）单上加盖放行章，凭以办理提货手续；

(6)在《进口转关货物核放单》上批注、签章后与《进口转关申报单》复印件留存归档。

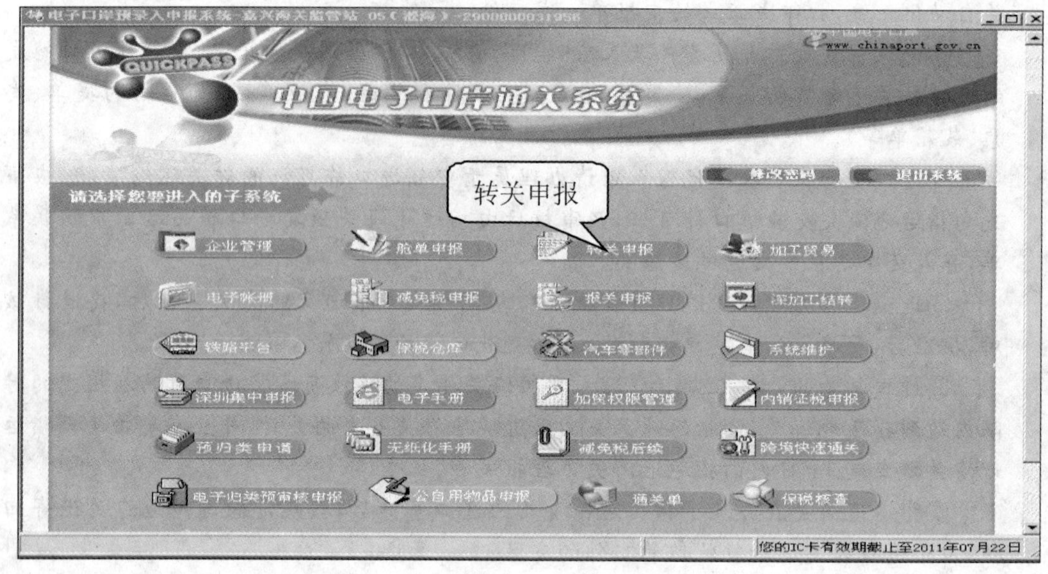

图 2-8　QuickPass 系统主选界面

（三）货物运抵指运地（嘉兴）海关后，嘉兴海关按以下流程作业：

(1)签注《汽车载货登记簿》或《船舶监管簿》；

(2)在计算机中核销转关货物和运输工具；

(3)验核关锁；

(4)受理纸质单证的接单、征税、查验、放行等通关全过程。

（四）对在同一转关申报单下，由多个集装箱或多辆运输工具承运的货物，所施封的全部关锁号应在该转关申报单上列明，关锁号可以不与集装箱号或运输工具号一一对应。

（五）收货人或其代理人（嘉兴淞海报关有限公司）在进境地办理直转手续时，持一式三份《进口转关申报单》向进境地海关办理转关手续。货物运抵指运地（嘉兴）后，填报录入《进口货物报关单》，向指运地（嘉兴）海关办理进口报关手续。

假设二：直转报关转关：

（六）假设货物代理人（嘉兴淞海报关有限公司）在进境地（浦东机场）录入转关申报数据，持相关单证向浦东机场海关直接办理转关手续，浦东机场海关接受转关申报后，将一份《进口转关申报单》留存归档，两份封入关封随货带交指运地（嘉兴）海关，并上述第（二）点第1～5 项办理转关手续。

（七）直转货物运抵指运地（嘉兴）海关后，嘉兴海关收取浦东机场海关签发的关封，按上述第（三）点办理有关报关手续。

假设三：中转报关转关：

（八）如由承运人或其代理人向进境地海关办理转关手续（注意：提前转关、直转均由货主或其代理人办理转关手续），由收货人或其代理人向指运地海关办理报关手续。属于中转报关转关。

（九）本票业务为空运中转货物，进境地（浦东机场）海关按以下流程办理转关手续：

(1)接收中转货物的电子舱单；

(2)审核联程货运单是否与电子舱单数据相符；

(3)核准转关后，输入申请人、总运单号、件数、重量等数据；

(4)在联程货运单上加盖“海关监管货物”印章、批注转关编号，交申请人凭以办理换装运输工具的手续；

(5)核销进境舱单，向指运地海关传送转关电子数据。

空运与汽车联运的，还应审核联程货物清单、《汽车载货登记簿》是否与电子舱单数据相符：制作关封(内附联程货清单一式二联)，并对运输工具施加海关关锁，办理转关。

(十)若是海运进境的中转货物，进境地海关按以下流程办理转关手续：

(1)将两份《进口转关申报单》、一份按指运地单列的舱单封入关封，随货交指运地海关；

(2)在《进口中转通知书》加盖放行章，交运输工具代理人凭以向港务部门办理中转提货手续；

(3)上述第(二)点第1～5项的规定办理转关手续。

(十一)中转货物运抵指运地(嘉兴)，嘉兴海关按本规程第(三)点办理有关手续。

货物转关运输三种方式总结如表2-15及图2-9所示。

表2-15　货物转关运输三种方式

转关方式		申报地	办报关手续地
提前报关转关	进口	指运地先申报	再到进境地办理转关
	出口	货未到启运地先申报	货到监管场所后再办理转关
直　转	进口	进境地办理转关	指运地办理报关
	出口	启运地报关	启运地办理转关
中　转	进口	指运地办理报关	进境地办理转关
	出口	启运地办理报关	启运地办理转关

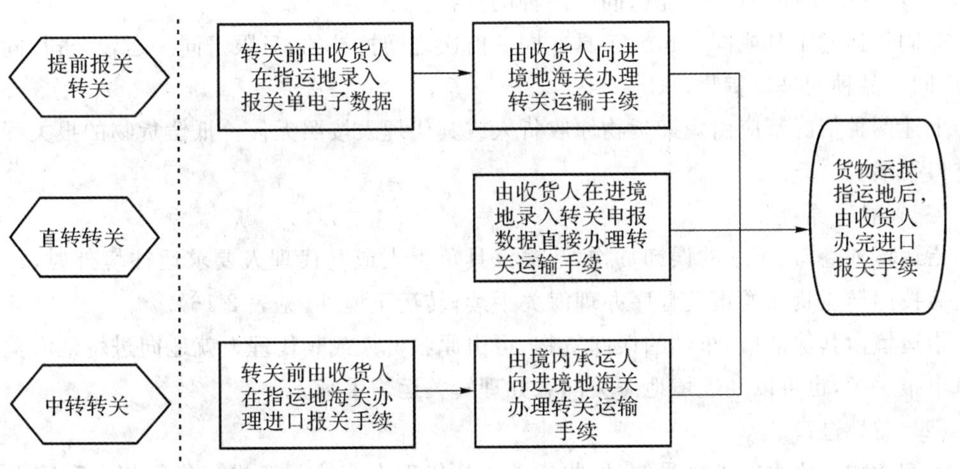

图2-9　进口货物转关运输三种方式的流程

可能出现的情景之三:溢卸货物和误卸货物

一、概述

(一)含义

(1)溢卸货物:是指未列入进口载货清单、提单或运单的货物,或多于进口载货清单、提单或运单所列数量的货物。

(2)误卸货物:是指将指运境外港口、车站或境内其他地点的货物,在本港(车站)卸下。

(二)管理

经海关核实的溢卸货物和误卸货物,由载运该货物的原运输工具负责人,自运输工具卸货之日起3个月内,向海关申请办理退运出境手续;或者由该货物的收发货人,自运输工具卸货之日起3个月内,向海关申请办理退运或者申报进口手续。经申请也可延期办理,可以延期3个月。超期未办理的,海关提取依法变卖处理。

溢卸、误卸货物属于危险品或者鲜活、易腐、易烂、易失效、易变质、易贬值等不宜长期保存的货物,海关可以根据实际情况,依法提前提取变卖处理,变卖所得价款按有关规定做出相应处理。

二、报关程序

溢卸、误卸货物报关程序的适用根据货物的处置来决定,大体分为五种情况。

(一)退运境外

属于溢卸或误卸货物,能够提供发货人或者承运人书面证明文书的,当事人可以向海关申请办理直接退运手续。

(二)溢短相补

运输工具负责人或其代理人要求将溢卸货物抵补短卸货物的,应与短卸货物原收货人协商同意,并限于同一运输工具、同一品种的货物。

非同一运输工具或同一运输工具非同一航次之间抵补的,只限于同一运输公司、同一发货人、同一品种的进口货物。

上述两种情况都应由短卸货物原收货人或其代理人按照无代价抵偿货物的报关程序办理进口手续。

(三)物归"原主"

指运境外港口、车站的误卸货物,运输工具负责人或其代理人要求运往境外时,经海关核实后按照转运货物的报关程序办理海关手续,转运至境外(见表2-16)。

指运境内其他港口、车站的误卸货物,可由原收货人或其代理人就地向进境地海关办理进口申报手续,也可以经进境地海关同意办理转关运输手续。

(四)就地进口

溢卸货物由原收货人接受的,原收货人或其代理人应按一般进口货物报关程序办理进口手续,填写进口货物报关单向进境地海关申报,并提供相关的溢卸货物证明,如属于许可证件管理商品的,应提供有关的许可证件;海关征收进口关税和进口环节海关代征税后,放行货物。

（五）境内转售

原收货人不接受溢卸货物、误卸货物，或不办理溢卸货物、误卸货物退运手续的，运输工具负责人或其代理人可以要求在国内进行销售，由购货单位向海关办理相应的进口手续。

可能出现的情景之四：滞报金的缴纳与减免

企业进口货物超过海关规定的申报时限申报即为滞报，按规定需缴纳滞报金。因特殊原因滞报而产生滞报金的，企业可向海关提出减免申请，海关经过审核后可视情况全部或部分减免滞报金。

一、进口货物的申报时限

征收进口货物滞报金应当按日计征，以自运输工具申报进境之日起第 15 日为起征日，以海关接受申报之日为截止日，起征日和截止日均计入滞报期间，另有规定的除外（见表 2-16）。

（1）邮运进口货物应当以自邮政企业向海关驻邮局办事机构申报总包之日起第 15 日为起征日。

（2）转关运输货物在进境地申报的，应当以自载运进口货物的运输工具申报进境之日起第 15 日为起征日；在指运地申报的，应当以自货物运抵指运地之日起第 15 日为起征日。

（3）邮运进口转关运输货物在进境地申报的，应当以自运输工具申报进境之日起第 15 日为起征日；在指运地申报的，应当以自邮政企业向海关驻邮局办事机构申报总包之日起第 15 日为起征日。

（4）进口货物收货人申报并经海关依法审核，必须撤销原电子数据报关单重新申报的，经进口货物收货人申请并经海关审核同意，以撤销原报关单之日起第 15 日为起征日。

表 2-16　进口货物申报期限

<table>
<tr><th colspan="2">进口申报状况</th><th colspan="2">申报期限</th><th>滞　报</th><th>超期未报</th></tr>
<tr><td colspan="2">向进境地海关申报</td><td colspan="2">自装载货物的运输工具申报进境日起 14 日内</td><td>逾期向进境地海关申报的征收滞</td><td rowspan="4">自装载货物的运输工具申报进境之日起三个月内未向海关申报的，由海关提取变卖。</td></tr>
<tr><td rowspan="2">向指运地海关申报（进口转关货物）</td><td>直转转关</td><td>自装载货物的运输工具申报进境之日起 14 日内，向进境地海关申请办理转关运输手续。</td><td>在海关限定期限内运抵指运地之日起 14 日内向指运地海关办理报关手续</td><td>逾期向进境地海关办理进口转关手续及逾期向指运地海关办理报关手续的征收滞报金</td></tr>
<tr><td>提前报关转关</td><td>应在电子数据申报之日起 5 日内向进境地海关申请办理转关运输手续。</td><td>在海关规定的期限内运抵指运地之日起 14 日内向指运地海关办理进口报关手续</td><td>超过 5 日向进境地海关申请办理转关的，指运地海关撤销电子数据申报</td></tr>
<tr><td colspan="2">集中申报</td><td colspan="2">自装载货物的运输工具申报进境之日一个月内</td><td>超过一个月未申报的征收滞报金</td></tr>
</table>

二、滞报金的日征收金额

滞报金的日征收金额为进口货物完税价格的千分之零点五，以人民币“元”为计征单位，不足人民币一元的部分免予计征。

征收滞报金的计算公式为：

进口货物完税价格×0.5‰×滞报期间

滞报金的起征点为人民币50元。

实例：本次业务运输工具（飞机）到达浦东机场的时间为2010年4月8日，海关接受申报的时间为2010年4月13日，没有超过14天。

现假设：申报时间为4月27日，应缴纳滞报金是多少？

计算：飞机到达浦东机场时间为4月8日，这一天起第15天为4月22日，滞报期间为6天；本次业务完税价格（CIF价）为460000日元，按照汇率适用之日人民币兑换日元汇率（100日元＝7.0222人民币）计算，兑换成人民币为32302.12元，则滞报金＝32302.12×0.5‰×6＝969.06元。

三、有下列情形之一的，进口货物收货人可以向主管地海关申请减免滞报金

(1)政府主管部门有关贸易管理规定变更，要求收货人补充办理有关手续或者政府主管部门延迟签发许可证件，导致进口货物产生滞报的；

(2)产生滞报的进口货物属于政府间或国际组织无偿援助和捐赠用于救灾、社会公益福利等方面的进口物资或其他特殊货物的；

(3)因不可抗力导致收货人无法在规定期限内申报，从而产生滞报的；

(4)因海关及相关执法部门工作原因致使收货人无法在规定期限内申报，从而产生滞报的；

(5)其他特殊情况经海关批准的。

四、有下列情形之一的，海关不予征收滞报金

(1)收货人在运输工具申报进境之日起超过3个月未向海关申报，进口货物被依法变卖处理，余款按《海关法》第三十条规定上缴国库的；

(2)进口货物收货人在申报期限内，根据《海关法》有关规定向海关提供担保，并在担保期限内办理有关进口手续的；

(3)进口货物收货人申报并经海关依法审核，必须撤销原电子数据报关单重新申报，因删单重报产生滞报的；

(4)进口货物经海关批准直接退运的；

(5)进口货物应征收滞报金金额不满人民币50元的；

(6)出口货物存在走私违规嫌疑，海关进行调查有其他特殊情况的。

可能出现的情景之五：超期未报关货物

一、概述

(一)含义

超期未报货物：指在规定的期限内未办结海关手续的海关监管货物。

(二)范围

(1)自运输工具申报进境之日起，超过3个月未向海关申报的进口货物；

(2)在海关批准的延长期满仍未办结海关手续的溢卸货物、误卸货物；

(3)超过规定期限3个月未向海关办理复运出境或者其他海关手续的保税货物;

(4)超过规定期限3个月未向海关办理复运出境或者其他海关手续的暂准进境货物;

(5)超过规定期限3个月未运输出境的过境、转运和通运货物。

二、处理

超期未报关进口货物由海关提取依法变卖处理。

(1)属于《法检目录》的,检验检疫费用和其他变卖处理实际支出费用从变卖款中支付。

(2)变卖所得的价款,扣除相关费用和税款的顺序(重点):

拨付变卖处理支出的费用——运费、装卸、储存费用——进口关税——进口环节海关代征税(增值税和消费税)——滞报金。

(3)有余款的,自变卖之日起1年内,经进口货物收发货人申请,予以返还。逾期无申请、申请不予受理或者不予发还的,余款上缴国库。

(4)收发货人应按照规定,补办进口申报手续。

可能出现的情景之六:放弃货物

一、概述

(一)含义

放弃货物:又称放弃进口货物,是指进口货物的收货人或其所有人声明放弃,由海关提取依法变卖处理的货物。

(二)范围

(1)没有办结海关手续的一般进口货物;

(2)保税货物;

(3)在监管期内的特定减免税货物;

(4)暂准进境货物;

(5)其他没有办结海关手续的进境货物。

国家禁止或限制进口的废物、对环境造成污染的货物不得声明放弃。

二、处理

放弃进口货物,海关将依法提取变卖,变卖进口货物所得的价款,先拨付变卖处理实际支付的费用后,再扣除运输、装卸、储存等费用。假如不足以支付运输、装卸、储存等费用的,按比例分摊(注意先后顺序)。

变卖价款扣除相关费用后尚有余款的,上缴国库。

可能出现的情景之七:退运货物

一、含义

退运进出口货物是指货物因质量不良或交货时间延误等原因,被国内外买方拒收造成退运的货物,或因错发、错运、溢装、漏卸造成退运的货物。

二、分类

(一)一般退运货物

1.含义

一般退运货物是指已办理进出口申报手续且海关已放行的退运货物;但加工贸易退运货物除外。

2.一般退运货物的报关程序

(1)退运进口

原出口货物退运进境时,若该批出口货物已收汇、已核销,原发货人或其代理人应填写进口货物报关单向进境地海关申报,并提供原货物出口时的出口报关单,现场海关应凭加盖有已核销专用章的“外汇核销单出口退税专用联”(正本),或税务局出具的“出口商品退运已补税证明”,保险公司证明或承运人溢装、漏卸的证明等有关资料办理退运进口手续,同时签发一份“进口货物报关单”。

原出口货物退运进口时,若出口未收汇,原发货人或其代理人在办理退运手续时,提交原出口报关单、外汇核销单、报关单退税联向进口地海关申报退运进口,应同时填制一份“进口货物报关单”;若出口货物部分退运进口,海关在原出口报关单上应批注退运的实际数量、金额后退回企业并留存复印件,海关核实无误后,验放有关货物进境。

因品质或者规格原因,出口货物自出口之日起 1 年内原状退货复运进境的,经海关核实后不予征收进口税,原出口时已经征收出口税的,只要重新缴纳因出口而退还的国内环节税的,自缴纳出口税款之日起 1 年内准予退还。

(2)退运出口

因故退运出口的进口货物,原收货人或其代理人应填写“出口货物报关单”申报出境,并提供原货物进口时的进口报关单、保险公司证明或承运人溢装、漏卸的证明等有关资料,经海关核实无误后,验放有关货物出境。

因品质或者规格原因,进口货物自进口之日起 1 年内原状退货复运出境的,经海关核实后可以免征出口税,已征收的进口税,自缴纳进口税款之日起 1 年内准予退还。

(二)加工贸易退运货物

(1)若“加工贸易登记手册”未核销,则按加工贸易退运货物报关;

(2)若“加工贸易登记手册”已核销,则按进出境修理货物报关。

(三)直接退运货物

直接退运货物是指进口货物进境后向海关申报,但由于特殊原因无法继续办理进口手续,经主管海关批准将货物全部退运境外的货物。

范围:

(1)海关按国家规定责令直接退运的货物。

(2)货物进境后正式向海关申报进口前,由于下列原因之一,可以由收发货人向海关申请办理直接退运批准手续:

——合同执行期间国家贸易管制政策调整,收货人无法补办有关审批手续,并能提供有关证明的;

——收货人因故不能支付进口税、费,或收货人未按时支付货款致使货物所有权已发生转移,并能提供发货人同意退运的书面证明的;

——属错发、误卸货物，并能提供发货人或运输部门书面证明的；

——发生贸易纠纷，未能办理报关进口手续，并能提供法院判决书、贸易仲裁部门仲裁决定书或无争议的有效货权凭证的。

经海关审核上述情况属实，无走私违规嫌疑后，可予批准直接退运。

(3)已正式向海关申报进口但海关尚未放行的货物，收货人请求退运的。可比照上述规定撤销原申报，办理直接退运手续。

(4)需提交各类许可证件进口的货物，属无证到货的，除海关按国家规定责令直接退运的货物外，不得办理直接退运。

三、报关程序

(1)申请直接退运一般应在载运该批货物的运输工具申报进境之日起或自运输工具卸货之日起3个月内，由货物所有人或其代理人向进境地海关提出正式书面申请，并填写"直接退运货物审批表"。

(2)直接退运一般先申报出口，再申报进口。

(3)出口报关单，在相关栏目内填报进口报关单编号；进口报关单，在相关栏目内填报出口报关单编号，并应分别注明海关审批件编号。属承运人的责任造成的错发、"误卸"，获批准退运的，可以不填写报关单。

收货人申请直接退运的海关核准属于海关行政许可，应当按照海关行政许可的程序办理。

可能出现的情景之八：进出境修理货物

一、概述

(一)含义

进境修理货物是指运进境维护修理后复运出境的机械器具，运输工具或者其他货物以及为维护这些货物需要进口的原材料，零部件。出境修理货物是指运出境进行维护修理后复运进境的机械器具、运输工具或者其他货物以及为维护这些货物需要出口的原材料，零部件。

进境修理包括原出口货物运进境修理和其他货物运进境修理；出境修理包括原进口货物出境修理和其他货物运出修理。

原进口货物出境修理包括原进口货物在保修期内运出境修理和在保修期外运出境修理。

(二)特征

(1)进境维修货物免纳税费，但要提供担保，并接受海关的后续监管。

(2)出境维修货物进境时，在保修期内并由境外免费维修的免征税费。

注意：在保修期外(或虽然是保修期内但境外维修收费的)，按境外修理费和料件费审定完税价格，计征税费。

(3)进境维修货物免交许可证件。

二、报关程序

(一)进境修理货物

货物进境后，收货人或其代理人持维修合同或者含有保修条款的原出口合同及申报进口的有关单证办理货物进口申报手续，并提供进口税款担保。

货物进口后在境内维修的期限为进口之日起6个月，可以申请延长，延长的期限最长不超过6个月。复出境后应当申请销案,正常销案的海关应退还保证金或撤销担保。

修理货物复出境申报时应当提供原修理货物进口申报时的报关单(留存联或复印件)。

修理货物复出境后应当申请销案,正常销案的,海关应当退还保证金或撤销担保。未复运出境部分应当办理进口申报纳税手续。

(二)出境修理货物

发货人在货物出境时,向海关提交维修合同或含有保修条款的原进口合同以及申报出口需要的所有单证,办理出境申报手续。

货物出境后,在境外维修的期限为出境之日起6个月,可以申请延长,延长的期限最长不超过6个月。

货物复运进境时应向海关申报在境外支付的修理费和材料费,海关审查确定完税价格。

超过海关规定期限复运进境的,海关按一般进口货物计征进口关税和进口代征税。

进出境修理货物的种类及报关手续如表2-17所示。

表2-17 进出境修理货物的种类及报关手续

<table>
<tr><th colspan="3" rowspan="2">种类</th><th colspan="4">海关手续</th></tr>
<tr><th>担保</th><th>期限</th><th>申报单证</th><th>税收</th></tr>
<tr><td rowspan="2">进境修理货物(含修理所需料件)</td><td colspan="2">原出口货物进境修理</td><td rowspan="2">保函或保证金</td><td rowspan="2">6个月(可延期6个月)</td><td rowspan="2">进境:维修合同、原出口合同
复出境:修理货物进口时的报关单</td><td rowspan="2">暂予免税,未复出境应办理进口申报纳税手续</td></tr>
<tr><td colspan="2">其他货物进境修理</td></tr>
<tr><td rowspan="3">出境修理货物(包括维修所需料件)</td><td rowspan="2">原进口货物出境修理</td><td>保修期内</td><td rowspan="3"></td><td rowspan="3">6个月(可延期6个月)</td><td rowspan="3">出境:维修合同、原进口合同
复进境:修理货物出口时的报关单</td><td rowspan="3">复进境:按境外实际支付的修理费、材料费征税
超过期限复运进境:按一般进口货物办理</td></tr>
<tr><td>保修期外</td></tr>
<tr><td colspan="2">其他货物出境修理</td></tr>
</table>

可能出现的情景之九:无代价抵偿货物

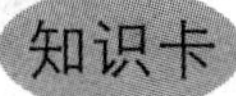

如何确认"无代价抵偿"货物

——摘自《中国海关》2007年第2期及2009年12期,作者:张洪光、张丹,大连海关

"无代价抵偿进出口货物"是海关的一种监管方式(贸易方式代码3100),其实际含义是"因残损、短少、品质不良或者规格不符原因,由进出口货物的发货人、承运人或者保险公司免费补偿或更换的相同货物"。这种货物在进出口时海关不征收关税。道理很简单,因为原货物在进出口时,海关是按照货物在完全正常的情况下征收税款的,即短少部分的价格或存在质量、规格不符问题部分的价格都已包括在原货物的完税价格中,如果再对免费补偿或更换的相同货物征税,将造成重复征税。但如何确认某货物是"无代价抵偿"货物?企业在申报"无代价抵偿"货物时应向海关提交什么单证?本文将从一个案例入手对此问题加以阐释。

案例一：大连某科技有限公司2004年由美国某公司进口一套大豆出仓系统。2005年11月，出仓机的滑动式轴承磨损严重，通过"无代价抵偿"方式更换了一套滑动式轴承，已损部件未退运出境(以下简称"第一次更换行为")。2006年6月，该轴承又产生严重磨损，经商检部门检验是设计缺陷。企业与外方签订索赔协议，将滑动轴承更换为滚动轴承(以下简称"第二次更换行为")，又拟以"无代价抵偿"方式向海关申报。

第一次更换行为如何申报？如何征税？第一次更换行为符合"无代价抵偿"货物的定义，但海关对这批更换料件仍应照章征税。原因在于其原进口货物未退运出境且未放弃交由海关处理。根据《中华人民共和国海关进出口货物征税管理办法》(以下简称《征税管理办法》)第34条的规定，"纳税义务人申报进出口无代价抵偿货物，被更换的原进口货物不退运出境且不放弃交由海关处理的……海关应当按照接受无代价抵偿货物申报进出口之日适用的税率、计征汇率和有关规定对原进出口货物重新估价征税。"一方面，为保证依法征税，第一次更换行为应照章征税(因原货物仍留在境内)；另一方面，为保障税赋公平，海关对其留在境内的磨损件应估价征税，并把原多征的税款退还给纳税义务人。

第二次更换行为如何申报？如何征税？第二次更换行为不符合"无代价抵偿"货物的定义，海关对这批货物应以"一般贸易"的方式通关并照章征税。原因在于2006年申报的替换件(滚动轴承)与原进口货物不完全相同或与原货物不完全相符(原进口货物是滑动轴承)。根据《中华人民共和国海关进出口货物征税管理办法》的规定，此种情况下，首先纳税义务人应该向海关说明原因。其次，如海关认为理由正当，且其税则号列未发生改变的，应当按照审定进出口货物完税价格的有关规定和原进出口货物适用的计征汇率、税率，审核确定其完税价格，计征应征税款。第三，如果纳税义务人申报进出口的免费补偿或者更换的货物，其税则号列与原货物的税则号列不一致的，不适用无代价抵偿货物的有关规定，海关应当按照一般进出口货物的有关规定征收税款。在这个案例中，两者税则号不一致，滑动轴承归入8483300090，滚动轴承归入8482项下，按照上述规定的第三款，海关应该按一般贸易进口方式征收税款。

某企业以一般贸易方式进口了1台风力驱动发电机组，通关后，在国内运输过程中发生了交通事故，造成货物全损。好在该企业已针对货物的运输安全向国内保险公司投保，按照保险条款，保险公司向该企业全额赔付货款。根据合同规定，该企业通过保险公司赔付的方式从国外重新又购进一台相同的设备，并向海关申请以无代价抵偿方式进口。虽然发生了事故，延误了货物投入使用的时间，但该企业并不担心，认为货款由保险公司赔付，而重新进口的货物又是按照"无代价抵偿"货物方式"免税"进口，应该没有资金损失。但企业在向海关申报重新进口的货物时，却被告知该批货物不能免税进口，必须照章纳税。该企业完全无法接受这一结果。由于该企业与保险公司签订的赔偿细则中，并没有相关关税的赔偿条款，因此涉及此票货物的95万余元人民币关税税款可能只得由企业自己负担。明明是因为进口货物受损而重新购进的货物，为什么还要纳税呢？这个案例中的企业是否属于"免税"范畴呢？让我们首先了解一下"无代价抵偿"监管方式的定义。"无代价抵偿"货物是指进出口货物在海关放行后，因残损、短少、品质不良或者规格型号不符等原因，由进出口货物的发货人、承运人或者保险公司免费补偿或者更换的与原货物相同或者与合同规定相符的货物。所以说以"无代价抵偿"方式免税通关的货物是有条件的。第一,抵偿货物的原因是原进出口货物残损、短少、品质不良或者规格型号不符,且在海关放行后发现;第二,补偿或者更换的货物必须与原货物相同或者与合同规定相符;第三,重新进口的货物必须为进出口货物的发货人、承运人或者保险公司免费补偿或者更换;第四,纳税义务人向海关申报办理无代价抵偿货物进出口手续必须在原进出口合同规定的索赔期内且不超过原货物进出口之日起 3 年;第五,必须同时提交海关规定的相关单证。再分析一下该企业抵偿进口的情况。我们可以发现有两个问题:一是申报货物在国内运输过程中造成全损与定义中的残损是否相同;二是对该企业进行赔付的保险公司与定义中的保险公司是否相同。由于原进口货物的成交方式为 CIF,可知该票货物的权责已在进口口岸通关提货后完全转移给国内收货人,国内运输过程中出现交通事故造成的损失由进口企业自己造成,货物的全损与定义中发货人、承运人造成的残损是不同的;而货物在国内运输过程中的风险,是由收货人自行向国内保险公司投保的,对该企业进行赔付的国内保险公司与定义中由发货人、承运人投保的保险公司也不相同。所以该企业从国外重新购买的相同设备不符合"无代价抵偿"监管方式,新购进设备不能按照无代价抵偿货物免税进口,而应按一般贸易进口货物的有关规定缴纳关税及进口环节税。

在了解了上述政策规定之后,最终该企业缴纳税款人民币 95 万余元。由于特殊监管方式货物进出口时必须符合免税条件才能免税进口,因此进出口企业在办理通关手续前,一定要核对进出口状况是否符合免税条件,同时企业在制定索赔合同、与保险公司签订保险条款时,要根据具体情况,不要"忘记"关税。

进出口企业还应注意,向海关申报"无代价抵偿"货物有一个时限,即"在原进出口合同规定的索赔期内且不超过原货物进出口之日起 3 年"。企业向海关申报进口无代价抵偿货物,应当提交以下单证:

(1)原进口货物报关单;

(2)原进口货物退运出境的出口报关单或者原进口货物交由海关处理的货物放弃处理证明;

(3)原进口货物税款缴款书或者《征免税证明》;

(4)买卖双方签订的索赔协议。

海关认为需要时,纳税义务人还应当提交具有资质的商品检验机构出具的原进口货物残损、短少、品质不良或者规格不符的检验证明书或者其他证明文件。

企业向海关申报出口无代价抵偿货物,应当提交以下单证:

(1)原出口货物报关单;

(2)原出口货物退运进境进口报关单;

(3)原出口货物税款缴纳书或者《征免税证明》;

(4)买卖双方签订的索赔协议。

海关认为需要时,纳税义务人还应当提交具有资质的商品检验机构出具的原出口货物残损、短少、品质不良或者规格不符的检验证明书或者其他证明文件。

一、概述

(一)含义

无代价抵偿货物:指进出口货物在海关放行后,因残损、缺少、品质不良或规格不符,由进出口货物的发货人、承运人或者保险公司免费补偿或更换的与原货物相同或者与合同规定相符的货物。

收发货人申报进出口的无代价抵偿货物，与退运出境或者退运进境的原货物不完全相同或者与合同规定不完全相符的，经收发货人说明理由，海关审核认为理由正当且税则号列未发生改变的，仍属于无代价抵偿货物范围。

税则号列不一致的，属于“一般进出口货物”的范围。

(二)特征

(1)免交进出口许可证件。

(2)不征收进口关税和进口代征税。

如进出口与原货物或合同规定不完全相符的无代价抵偿货物，应当按规定计算与原进出口货物的税款差额。

①高出原征收税款应当征收超出部分的税款。

②低于原征收税款，原进口的发货人、承运人或者保险公司同时补偿货款的，应当补偿货款部分的税款，未补偿货款的，不予退还。

(3)现场放行后，海关不再进行监管。

二、报关程序

无代价抵偿大体可分为两种：短少抵偿；残损、品质不良或规格不符抵偿。

(一)残损、品质不良或规格不符抵偿引起的无代价抵偿货物进出口海关手续

进出口无代价抵偿货物前应当先办理被更换的原进出口货物中残损、品质不良或规格不符合货物的有关海关手续。

1.原进口货物退运出境以及原出口货物退运进境

被更换的原进口货物退运出境时不征收出口关税；被更换的原出口货物退运进境时不征收进口关税和进口环节代征税

2.原进口货物不退运出境，放弃交由海关处理

海关依法处理并向收货人提供依据，凭以申报进口无代价抵偿货物

3.原进口货物不退运出境也不放弃以及原出口货物不退运进境

应当按照海关接受无代价抵偿货物申报进出口之日适用的有关规定申报进出口，按海关重新估定的价格计算税额分别缴纳进口税和进口环节海关代征税以及出口关税，属许可证件管理的，交验许可证件。

(二)期限

在索赔期限内且不超过原货物进出口之日起3年。

(三)报关应提供的单证

1.进口要提供的单证

(1)原“进口货物报关单”；

(2)原进口货物退运出境的“出口货物报关单”，或者原进口货物交由海关处理的货物放弃处理证明，或者已经办理纳税手续的单证；

(3)原进口货物税款缴纳书或者“进出口货物征免税证明”；

(4)买卖双方签订的索赔协议。

海关认为需要时，纳税义务人还应当提交具有资质的商品检验机构出具的原进口货物

残损、短少、品质不良或者规格不符的检验证明书或者其他有关证明文件。

2.出口的时候要提供的单证。

(1)原“出口货物报关单”;

(2)原出口货物退运出境的“进口货物报关单”,或者已经办理纳税手续的单证(短少抵偿的除外);

(3)原出口货物税款缴纳书;

(4)买卖双方签订的索赔协议。

无代价抵偿货物的种类、条件、原货处置及报关手续如表2-18所示。

表2-18 无代价抵偿货物的种类、条件、原货处置及报关手续

<table>
<tr><th rowspan="2">抵偿种类</th><th rowspan="2">原货处置状况</th><th colspan="2">抵偿货物的海关手续</th></tr>
<tr><th>海关管理方式</th><th>申报单证</th></tr>
<tr><td>短少抵偿</td><td></td><td rowspan="3">在索赔期内(不超过3年)按无代价抵偿货物免税免证办理报关。与原货不相符,计算税款差额、高征、低退</td><td rowspan="3">进出口申报时,应提供“特殊单证”,海关认为需要时,还应提交检验证明</td></tr>
<tr><td rowspan="3">证明残损、品质不良或规格不符抵偿</td><td>退运进出境</td></tr>
<tr><td>放弃交由海关处理</td></tr>
<tr><td>不放弃也不退运</td><td>按一般进出口货物办理报关</td><td>按一般进出口货物申报规定提交单证</td></tr>
</table>

子情境2 一般出口货物通关操作

能力结构及教学建议(见表2-19)

表2-19 子情境2能力结构及教学建议

<table>
<tr><th colspan="3">教学内容:业务二</th><th>教学建议</th></tr>
<tr><td rowspan="4">第一阶段:报关前的准备</td><td>任务一:备货、制单、商检、租船订舱</td><td></td><td rowspan="4">★重点讲解审单环节</td></tr>
<tr><td rowspan="3">任务二:理单与审单</td><td>一、确定商品品名</td></tr>
<tr><td>二、商品归类</td></tr>
<tr><td>三、规格型号</td></tr>
<tr><td rowspan="2">第二阶段:申报及现场操作</td><td>任务三:输单(报关单预录入)</td><td rowspan="2"></td><td rowspan="2">★重点讲解输单环节</td></tr>
<tr><td>任务四:报关申报及现场操作</td></tr>
<tr><td rowspan="3">第三阶段:后续事务处理</td><td>任务五:提单确认</td><td rowspan="3"></td><td rowspan="3"></td></tr>
<tr><td>任务六:寄单、结汇</td></tr>
<tr><td>任务七:核销、退税</td></tr>
<tr><td colspan="4">说明:出口报关业务操作与进口报关操作类似,大致也分为申报、查验、缴税、放行四个环节。本书中,查验、缴税、放行三个环节都合并在“报关申报及现场操作”部分中。</td></tr>
</table>

业务二　一般出口货物报关业务

嘉兴波仪医疗器械有限公司有一批钢铁制衣架销往美国，该公司是自理报关企业，作为该公司的报关员，该业务如何进行？

COMMERCIAL INVOICE

INVOICE NO.: 2009-122

DATE: Oct,26, 2009

ISSUE: Jiaxing Boyi Medical Device Co., Ltd
Xiuzhou Industrial Zone,
Jiaxing Zhejiang, China. 314001

TO: G&W SUPPLY Inc.
1849 ROCK SPRING STREET, THOUSAND OAKS, CA 91320
TEL :
FAX:

TRANSPORATION: From Shanghai China to Glen Burnie,MD U.S.A, By Sea

Payment: BY T/T FOB Shanghai

Items	DESCRIPTION	QUANTITY	UNIT PRICE (USD)	AMOUNT (USD)
1	shirt hanger(18″,14.5G)-white	500PCS/CTN 1023CTNS	$11.16	$11,416.68
2	cape hanger(18″,13G)-gold-"welove"	500PCS/CTN 54CTNS	$19.90	$1,074.60
3	cape hanger(16″,14.5G)-gold-"welove"	500PCS/CTN 203CTNS	$15.45	$3,136.35
4	golf hanger(20″,13G)-gold	500PCS/CTN 10CTNS	$16.81	$168.10
5	strut hanger(16″,14.5G)-gold-white tube	500PCS/CTN 280CTNS	$16.70	$4,676.00

TOTAL: 1570CTNS $20,471.73

RDD FREIGHT INTL. INC.

OCEAN BILL OF

SHIPPER (Name and Full Address)	BOOKING NO. MSCUS9026002 / B/L NO. RDDGSH9105
JIAXING BOYI MEDICAL DEVICE CO.LTD XIUZHOU INDUSTRIAL ZONE JIAXING, ZHEJIANG, CHINA 314001 TEL: FAX:	EXPORT REFERENCES LICENSE #14595NF
CONSIGNEE (Name and Full Address / Non-Negotiable Unless Consignee To Order)	FORWARDING AGENT REFERENCES
C AW SUPPLY INC. 1849ROCK SPRING STREET THOUSAND OAKS, CA91320 TEL: FAX:	RDD FREIGHT INTERNATIONAL INC-LOS ANGELES 9690 TELSTAR AVE. SUITE 225 EL MONTE, CA 91731 TEL: FAX:
NOTIFY PARTY (Name and Full Address) SAME AS CONSIGNEE	ALSO NOTIFY (Name and Full Address)
VESSEL / VOYAGE NO MSC SHANGHAI V.G944A	CONTAINER NOS/SEAL NOS
PLACE OF RECEIPT / PORT OF LOADING: SHANGHAI	FINAL DESTINATION (FOR MERCHANTS REFERENCE ONLY)
PORT OF DISCHARGE: BALTIMORE / PLACE OF DELIVERY: BALTIMORE	FREIGHT STATUS: FREIGHT COLLECT / NUMBER OF ORIGINAL: THREE

PARTICULARS FURNISHED BY SHIPPER

MARKS AND NUMBERS	NO OF PKGS	DESCRIPTION OF PACKAGES AND GOODS	GROSS WEIGHT	MEASUREMENT
N/M MEDU8656019/MSC793469	1570CTNS	SHIRT HANGER PO#2009-122 THIS SHIPMENT DOES NOT CONTAINS SOLID WOOD PACKAGING MATERIALS 40' HC X 1 CY TO CY FREIGHT COLLECT	19000.000KGS 2009-10-30 LADEN ON BOARD	66.000CB

ORIGINAL

TELEX RELEASE

MERCHANT'S DECLARED VALUE OF GOODS
If Merchant enters a value,carrier's limitation of liability per consignment shall not apply and ad valorem freight will be charged (See Clause 18 on reverse)

TOTAL NO OF PACKAGES OR CONTAINERS (IN WORDS) SAY ONE THOUSAND FIVE HUNDRED AND SEVENTY CARTONS ONLY

FREIGHT AND CHARGES	PREPAID	COLLECT
TOTAL AMOUNT DUE		

Received from the shipper on this side,the goods of packages herein mentioned to be transported to the port of discharge.
Terms of this Bill of Lading continued on reverse side hereof
In witness whereof the carrier by its agent has signed the number of original Bills of Lading stated above,All of this tenor and date one of which being accomplished the others to stand void.
Place and date of issue SHANGHAI 2009-10-30

BY

AS AGENT FOR RDD FREIGHT INTL.INC

出口收汇核销单
存根

编号：

出口单位：嘉兴波仪医疗器械有限公司
单位代码：
出口币种总价：
收汇方式：
预计收款日期：
报关日期：
备注：
此单报关有效期截止到

（出口单位盖章）

出口收汇核销单

编号：712480738

出口单位：嘉兴波仪医疗器械有限公司				
单位代码：				
银行签注栏	类　别	币种金额	日期	盖　章
海关签注栏：				
外汇局签注栏： 年　月　日（盖章）				

中华人民共和国海关出口货物报关单

预录入编号：上海海关 海关编号：

出口口岸 3304931274 嘉兴波仪医疗器械有限公司	备案号		出口日期	申报日期
经营单位 3304931274 嘉兴波仪医疗器械有限公司	运输方式 海运	运输工具名称	提运单号	
发货单位	贸易方式 一般贸易	征免性质	结汇方式 T/T	
许可证号	运抵国(地区) 美国	指运港 BALTIMORE	境内货源地 嘉兴	
批准文号 712480738	成交方式 FOB	运费	保费	杂费
合同协议号	件数 1570	包装种类 CTNS	毛重(公斤) 19000KGS	净重(公斤) 15860KGS
集装箱号	随附单据		生产厂家	

标记唛码及备注

箱号：MEDU8656019

项号	商品编号	商品名称、规格型号	数量及单位	最终目的国(地区)	单价	总价	币制	征免
1	73269090.00	钢铁制衣架shirt hanger	15860kgs	美国		20471.73	USD	

****

TTL:15860kgs USD20471.73

税费征收情况

录入员 录入单位	兹声明以上申报无讹并承担法律责任	海关审单批注及放行日期(签章)	
报关员		审单	审价
单位地址		征税	统计
邮编 电话	填制日期	查验	放行

第一阶段：报关前的准备

任务一：备货、制单、商检、租船订舱

任务描述：

备货：

和客户签订买卖合同后，根据合同规定的付款方式，本票业务是电汇，则收到客户的前T/T后，安排生产；如果是信用证，那么就在受到客户的信用证申请后，安排生产。

准备单证：

基本单证：制作发票、装箱单、核销单、报关三联单等。

报关三联单：就是场站收据（"十联单"）中的5，6，7联。到船公司订舱的时候用十联单，一般都是只有八联的，前三联是给船公司的。后三联就是5，6，7联。

第5联：装货单，也叫关单或下货纸，经船代盖章有效，海关完成验关手续后，在装货单上加盖海关放行章，船方收货装船，并在收货后留底。

第6联：收货单，又叫大副收据，货主凭其换取正本提单。与收货单一起流转，装货完毕后大副据理货公司的清单在此单上签字确认，假如理货结果不清洁，大副也会做不清洁批注，正本提单也会做不清洁批注。

第7联：货运代理公司留底。

特殊单证：根据客户要求，如需制作一般产地证（C. O.）或普惠制产地证（FORM A），则按照要求制作（本票业务不需要）。

商检：

凡属国家规定法检的商品，或合同规定必须经中国进出口商品检验检疫局检验出证的商品，在货物备齐后，应向商品检验局申请检验。只有取得商检局发给的合格的检验证书，领取《出境货物通关单》，海关才准放行。经检验不合格的货物，一般不得出口（查税则号，本票业务无需商检，合同也没有商检要求）。

租船订舱：

根据合同的装运期限和生产的进度，准备租船订舱，并且根据经验，估计出货物的体积、毛重等数据，然后制作一份订舱通知给货代传过去，让货代帮你租船订舱。在船期的前三天让货代联系车队到你公司拖货。

知识卡

租船订舱时用的场站收据（"十联单"）及其流转过程

场站收据是由承运人发出的证明已收到托运货物并开始对货物负责的凭证。与传统件杂货运输所使用的托运单证比较，场站收据是一份综合性的单证，它把货物托运单（订舱单）、装货单（关单）、大副收据、理货单、配舱回单、运费通知等单证汇成了一份，这对于提高集装箱货物托运效率有很大意义。

场站收据一般是在托运人口头或书面订舱，与船公司或船代达成了货物运输的协议，船代确认订舱后，由船代交托运人或货代填制，在码头堆场、集装箱货运站或内陆货站收到整箱货或拼箱货后签发生效，托运人或其代理人可凭场站收据，向船代换取已装船或代装船提单。

场站收据的作用如下：

(1)船公司或船代确认订舱，并在场站收据上加盖有报关资格的单证章后，将场站收据交给托运人或其代理人，意味着运输合同开始执行。

(2)是出口货物报关的凭证之一。

(3)是承运人已收到托运货物并开始对其负责的证明。

(4)是换取海运提单或联运提单的凭证。

(5)是船公司、港口组织装卸、理货和配载的凭证。

(6)是运费结算的依据。

(7)如信用证中有规定，可作为向银行结汇的单证。

场站收据是集装箱运输专用的出口单证，不同的港口、货运站使用的也不一样。其联数有10联、12联、7联不等。这里以10联格式为例，说明场站收据的组成情况。

第一联，货方留底；　　　　　　第二联，集装箱货物托运单(船代留底)；
第三、四联，运费通知单(1)(2)；　第五联，装货单场站收据副本(关单)；
第六联，场站收据副本——大副联；第七联，场站收据(正本)；
第八联，货代留底；　　　　　　第九、十联，配舱回单(1)(2)。

场站收据流转的过程及程序为：

(1)托运人填制集装箱货物托运单即场站收据一式十联，委托货运代理人代办托运手续。

(2)货运代理人接单后审核托运单，若能接受委托，将货主留底联(第一联)退还托运人备查。

(3)货运代理人持剩余的九联单到船公司或船公司的代理人处办理托运词舱手续。

(4)船公司或其代理人接单后审核托运单，同意接收托运，在第五联即装货单上盖签单章，确认订舱承运货物，并加填船名、航次和提单号，留下第二至第四联共三联后，将余下的第五至第十共六联退还给货运代理人。

(5)货运代理人留存第八联货代留底，缮制货物流向单以备今后查询；将第九、十联退托运人作配舱回执。

(6)货运代理人根据船公司或其代理人退回的各联缮制提单和其他货运单证。

(7)货运代理人持第五至第七共三联：装货单、大副联和场站收据正本，随同出口货物报关单和其他有关货物出口单证至海关办理货物出口报关手续。

(8)海关审核有关报关单证后，同意出口，在场站收据副本(1)即装货单上加盖放行章，并将各联退还货运代理人。

(9)货运代理人将此三联送交集装箱堆场或集装箱货运站，据此验收集装箱或货物。

(10)若集装箱在港口堆场装箱，集装箱装箱后，集装箱堆场留下装货单；若集装箱在货运站装箱，集装箱入港后，港口集装箱堆场留下装货单和大副收据联，并签发场站收据给托运人或货运代理人。

(11)装箱装船后，港口场站留下装货单用作结算费用及以后查询，大副联交理货部门送大副留存。

(12)人或其货运代理人持场站签收的正本场站收据到船公司或其代理人处，办理换取提单手续，船公司或其代理人收回场站收据，签发提单。在集装箱装船前可换取船舶代理签发的待装提单，或在装船后换取船公司或船舶代理签发的装船提单。

在场站收据的流转过程中，应注意以下事项：

(1)托运人或货代的出口货物，一般要求在装箱前24小时内向海关申报，海关在场站收据上加盖放行章后方可装箱。如在海关盖章放行前装箱或先进入堆场的集装箱，必须经海关同意，并在装箱前24小时内将海关盖章的场站收据送交收货的场站业务员。

(2)场站收据中出口重箱的箱号，允许装箱后由货代或装箱单位正确填写，海关验放时允许无箱号，但进场完毕时必须填写所有箱号、封志号和箱数。

(3)托运人和货代对场站收据内容的变更，必须及时通知有关各方，并在24小时内出具书面通知，办理变更手续。

(4)各承运人委托场站签发场站收据必须有书面协议。

(5)场站业务员签发的场站收据必须验看是否有海关放行章。没有海关放行章不得安排所载明的集装箱装船。

(6)采用CY交接条款，货主对箱内货物的准确性负责；如采用CFS交接条款，装箱单位对货物负责。拼箱货物以箱为单位签发场站收据。

(7)外轮理货人员应根据交接条款，在承运人指定的场站和船边理箱，并在有关单证上加批注，提供理货报告和理箱单。

(8)货代、船代应正确完整地填写和核对场站收据的各个项目。

任务二:理单与审单

任务描述:

理单:将上述已经准备好的发票、装箱单、场站收据、核销单等单证理好。

审单，与进口报关审单类似，出口报关审单也重点关注贸易方式、货物情况及H.S.归类、监管条件、申报要素等；还要全面检查报关资料，确保报关时递交海关的报关资料必须合法、齐全、有效，此外，要查询货物情况，及时到相关船公司换取提单。

特别需要指出的是，出口业务中，提单是在船开出后才拿到的，在填制报关单时没有提单，只是根据配舱回单的信息填制。

本次业务审单操作：

1.确定商品品名

据发票及提单信息显示，本次业务商品品名为："SHIRT HANGER"，即"钢铁制衣架"。

2.商品归类

根据商品品名，确定其税则号为"7326.9090.00"。

3.规格

根据以上信息，查《中华人民共和国进出口商品规范申报说明》，税目7326"其他钢铁制品"的申报要素包括"1.品名；2.用途(工业用、非工业用)；3.材质(钢铁)；4.种类(捕鼠器、香烟盒等)；5.加工方法(锻造、冲压等)；6.形状"，根据这一规定，本次业务商品规格栏应填报的内容为："钢铁制衣架"、"SHIRT HANGER"(品名)、"非工业用"(用途)、"钢铁"(材质)、

“衣架”(种类)、“锻造”(加工方法)、“丝”(形状)。

第二阶段:申报及现场操作

任务三:输单(报关单预录入)

说明:

以下逐一讲述出口报关单的栏目,与进口报关单类似,栏目的操作见表2-20,与进口报关单不同的栏目将详细介绍。相关栏目序号沿用上文讲述进口报关单的栏目序号。

步骤一、二与进口报关相同。

步骤三:选择[报关单(1)]弹出的下拉菜单中的子菜单后回车,也可以用以下快捷键操作子菜单:

A:进口报关单;B:出口报关单(按下字母B键);C:进境备案清单 D:出境备案清单;E:进口属地报关;F:出口属地报关。

步骤四:选择完成后点击确认键即可进入报关单数据录入表。

与进口报关单类似栏目的操作如表2-20所示。

表2-20 出口报关单与进口报关单相同栏目的报关业务操作

序号	报关单栏目	信息来源	本次业务操作
1	申报地海关	企业出口货物申报地所属的关区	上海海关(2200)
2	录入单位	系统读取企业操作员IC卡上的信息并自动返填	嘉兴市波仪医疗器械有限公司(3304931274)
3	操作员	系统读取企业操作员IC卡上的信息并自动返填	不可编辑
4	统一编号	系统自动生成	无需输入
5	预录入编号	接受申报的海关决定编号规则,计算机自动打印	无需输入
6	海关编号	海关接受申报时给予报关单的编号	无需输入
8	备案号	《加工贸易手册》、电子账册及其分册、《进出口货物征免税证明》或其他备案审批文件的编号	一般出口业务,无需输入
9	合同协议号	合同或协议:合同(包括协议或订单)编号	资料未显示
12	经营单位	合同或协议:对外签订并执行贸易合同的中国境内法人、其他组织或个人的名称及海关注册编码	嘉兴市波仪医疗器械有限公司(3304931274)
13	单位性质	由计算机根据“经营单位”内容自动显示	无需输入
15	申报单位	对申报内容真实性直接向海关负责企业或单位	嘉兴市波仪医疗器械有限公司(3304931274)
16	运输方式	配舱回单	水路运输
20	贸易方式	根据所提供的单据判断	一般贸易(0110)
21	征免性质	根据所提供的单据判断	一般征税(101)

续表

序　号	报关单栏目	信息来源	本次业务操作
23	纳税单位	根据实际情况填写	嘉兴市波仪医疗器械有限公司(3304931274)
24	许可证号	国务院商务主管部门及其授权发证机关签发的进、出口货物许可证的编号	一般出口业务,无需填写
32	杂费		无需填写
33	件数	装箱单(packing list)中"Quantity/Unit"一栏所填内容	1570
34	包装种类	装箱单(packing list)中"Quantity/Unit"一栏所填内容	CTNS
35	毛重	装箱单、配舱回单中 GROSS WEIGHT 栏	19000kgs
36	净重	装箱单、配舱回单中 NET WEIGHT 栏	15860kgs
37	集装箱号	配舱回单中 Container No. 栏	MEDU8656019＊1(2)
38	随附单据	根据业务资料中监管证件情况及《监管证件代码表》	无需填写
39	备注	系统根据"集装箱号"、"随附单据"、"关联报关单"栏的填写情况进行的自动处理及其他需要说明的情况	无需填写
40	序号	报关单中的商品顺序编号	1
41	备案序号	货物在《加工贸易手册》或《征免税证明》等备案、审批单证中的顺序编号	无需填写
42	商品编号	根据商品品名确定	7326.9090.00
43	商品名称、规格	合同、发票	钢铁制衣架 shirt hanger
45	数量及单位	packing list 中 Quantity 一栏	15860kgs
46	单价	发票	商品种类多,单价不一,可省略
47	总价	发票	20471.73
48	币制	发票	USD
49	征免		照章征税

7. 出口口岸:货物运离我国关境前最后一个口岸海关的名称。本栏目应根据货物实际出口的口岸海关选择填报《关区代码表》中相应的口岸海关名称及代码。

信息来源:配舱回单中 Port of Loading(装货港)栏所载内容;

本次业务操作:查配舱回单中 Port of Loading 栏显示为"SHANGHAI","出口口岸"应为"上海海关"。

10. 出口日期:指运载所申报货物的运输工具办结出境手续的日期。本栏目供海关打印报关单证明联用,在申报时免予填报。无实际进出境的报关单填报办理申报手续的日期,以海关接受申报的日期为准,在申报时免予填报。

11. 申报日期:指海关接受出口货物的发货人或其代理人申请办理出口手续的日期。本栏目为8位数,顺序输入年、月、日。

信息来源:出口货物申报日期一般不得晚于出口日期。预录入及EDI报关单填报向海关申报的日期与实际情况不符时,由审单关员按实际日期修改批注,在申报时免予填报。

14. 发货单位:出口货物在境内的生产或销售单位的名称,包括:

(1)自行出口货物的单位。

(2)委托进出口企业出口货物的单位。

填报要求与进口报关单中"收货单位"相同。

信息来源:根据委托方提供的资料。

本次业务操作:应输入"嘉兴波仪医疗器械有限公司(或3304931274)"。

经营单位、收发货单位之间的逻辑关系见表2-4。

17. 运输工具名称:

填报要求与进口相同,对于出口转关运输货物,其报关单填报要求如下:

(1)水路运输:非中转填报"@"+16位转关申报单预录入号(或13位载货清单号)。如多张报关单需要通过一张转关单转关的,运输工具名称字段填报"@"。

中转货物、境内水路运输填报驳船船名;境内铁路运输填报车名(主管海关4位关别代码+"TRAIN");境内公路运输填报车名(主管海关4位关别代码+"TRUCK")。

(2)铁路运输:填报"@"+16位转关申报单预录入号(或13位载货清单号),如多张报关单需要通过一张转关单转关的,填报"@"。

(3)航空运输:填报"@"+16位转关申报单预录入号(或13位载货清单号),如多张报关单需要通过一张转关单转关的,填报"@"。

(4)其他运输方式:填报"@"+16位转关申报单预录入号(或13位载货清单号)。

信息来源:配舱回单 vessel/ voyage no.栏。

本次业务操作:MSC SHANGHAI。

18. 航次号:

填报要求与进口相同,对于出口转关运输货物,其报关单填报要求如下:

(1)水路运输:非中转货物免予填报。中转货物:境内水路运输填报驳船航次号;境内铁路、公路运输填报6位启运日期〔顺序为年(2位)、月(2位)、日(2位)〕。

(2)铁路拼车拼箱捆绑出口:免予填报。

(3)航空运输:免予填报。

(4)其他运输方式:免予填报。

信息来源:配舱回单 vessel/ voyage no.栏;

本次业务操作:V. G944A

19. 提运单号:

填报要求与进口相同,对于出口转关运输货物,其报关单填报要求如下:

(1)水路运输:中转货物填报提单号;非中转货物免予填报;广东省内汽车运输提前报关的转关货物,填报承运车辆的车牌号。

(2)其他运输方式:免予填报。广东省内汽车运输提前报关的转关货物,填报承运车辆的车牌号。

信息来源:配舱回单 D/R,No.

本次业务操作：RDDGSH910587。

22. 结汇方式：按海关规定的《结汇方式代码表》选择填报相应结汇方式名称或代码。

信息来源：发票中"Payment"一栏。

本次业务操作：查发票中"Payment"一栏内容为"T/T"。

25. 运抵国(地区)：填报出口货物离开我国关境直接运抵或者在运输中转国(地区)未发生任何商业性交易的情况下最后运抵的国家(地区)。不经过第三国(地区)转运的直接运输进出口货物，以出口货物的指运港所在国(地区)为运抵国(地区)；经过第三国(地区)转运的出口货物，如在中转国(地区)发生商业性交易，则以中转国(地区)作为运抵国(地区)。

本栏目应按海关规定的《国别(地区)代码表》选择填报相应的运抵国(地区)中文名称及代码。无实际进出境的，填报"中国"(代码142)。

如何判断中转，参见进口报关单"启运国"一栏的相关内容。

信息来源：配舱回单。根据配舱回单中 place of delivery 栏或航空配舱回单中 airport of destination 栏所填内容判断。

本次业务操作：查配舱回单中 port of discharge 栏所填内容为 BALTIMORE，可以判断指运港为巴尔的摩，故运抵国为美国。

26. 指运港：填报出口货物运往境外的最终目的港；最终目的港不可预知的，按尽可能预知的目的港填报。

本栏目应根据实际情况按海关规定的《港口航线代码表》选择填报相应的港口中文名称及代码。指运港在《港口航线代码表》中无港口中文名称及代码的，可选择填报相应的国家中文名称或代码。

指运港和运抵国(地区)的逻辑关系见图2-10、表2-21。

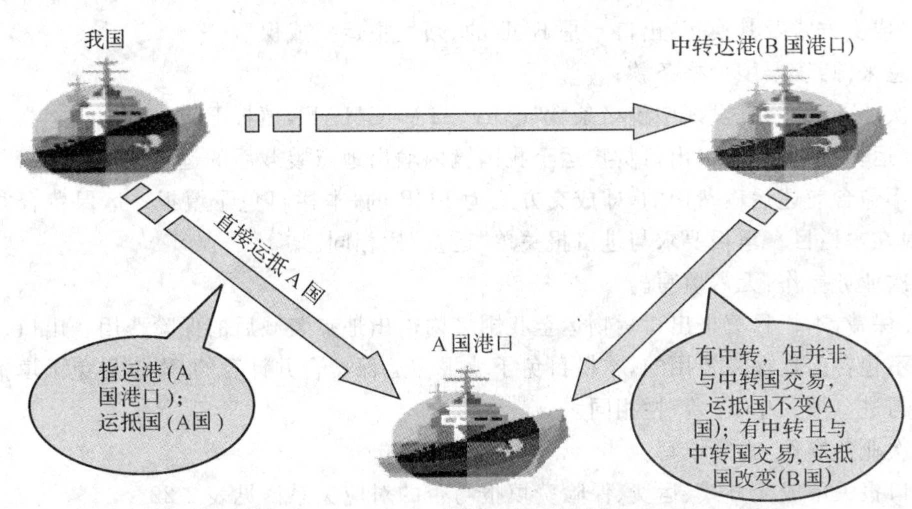

图2-10　指运港和运抵国(地区)的逻辑关系

信息来源：配舱回单。根据配舱回单中 port of discharge 栏或航空配舱回单中 airport of destination 栏所填内容判断。

本次业务操作：查配舱回单中 port of discharge 栏所填内容为 BALTIMORE，可以判断指运港为巴尔的摩。

表 2-21 运抵国(地区)和指运港之间的逻辑关系

装运状况	交易状况	指运港	运抵国(地区)	说 明
我国——A港	无论与哪个国家/地区的商家发生交易	A港口	A港口所在的国家(地区)	
我国——B港(在B港口发生中转)——A港	中转时未发生买卖关系,或与中转港口以外的国家发生交易	A港口	A港口所在的国家(地区)	不论有无中转,指运港不变
	与货物换装运输工具的中转港所在国/地区的贸易商交易		B港所在的国家(地区)	有中转,且与中转国交易,运抵国/地区改变

27.境内货源地:填报出口货物在国内的产地或原始发货地。出口货物产地难以确定的,填报最早发运该出口货物的单位所在地。本栏目按海关规定的《国内地区代码表》选择填报相应的国内地区名称及代码。无需输入,根据"发货单位"自动生成。输入五位数字的地区代码也可。代码的前四位为企业属地的行政区划代码,第五位为性质代码。

本次业务操作:系统显示:嘉兴(33049)。

28.批准文号:本栏目填报出口收汇核销单编号。

信息来源:出口收汇核销单;

本次业务操作:查本次业务出口收汇核销单编号为:712480738。

29.成交方式:应根据进出口货物实际成交价格条款,按海关规定的《成交方式代码表》选择填报相应的成交方式代码。主要成交方式代码表及13种贸易术语与报关单"成交方式"栏一般对应关系见进口报关单中"成交方式"的有关内容。

出口报关单填报要求:

(1)无实际进出境的,出口填报FOB。

(2)成交方式及其换算:出口不是FOB的,须填报运费或保费。

信息来源:发票中价格条款;

本次业务操作:查发票中价格条款"FOB SHANGHAI",填报FOB。

30.运费:本栏目填报出口货物运至我国境内输出地点装载后的运输费用。出口货物成交价格不包含前述运输费用的,即成交方式为FOB的,本栏目免予填报。运保费合并计算的,填报在本栏目。填报要求与进口报关单"运费"栏相同。

本次业务操作:无需填写。

31.保费:本栏目填报出口货物运至我国境内输出地点装载后的保险费用。出口货物成交价格不包含前述保险费用的,本栏目免予填报。运保费合并计算的,本栏目免予填报。填报要求与进口报关单"保费"栏相同。

本次业务操作:无需填写。

出口报关单成交方式、运费、保险费填报与否的对应关系详见表2-22。

表 2-22　出口报关单成交方式、运费、保险费填报与否的对应关系

保　费	成交方式	运　费
FOB	不填	不填
CFR	填	不填
CIF	填	填

44. 最终目的国(地区):填报已知的出口货物的最终实际消费、使用或进一步加工制造国家(地区)。不经过第三国(地区)转运的直接运输货物,以运抵国(地区)为最终目的国(地区);经过第三国(地区)转运的货物,以最后运往国(地区)为最终目的国(地区)。同一批出口货物的最终目的国(地区)不同的,应分别填报最终目的国(地区)。出口货物不能确定最终目的国(地区)时,以尽可能预知的最后运往国(地区)为最终目的国(地区)。

应按海关规定的《国别(地区)代码表》选择填报相应的国家(地区)名称及代码。

信息来源:配舱回单 port of discharge 栏所填内容;

本次业务操作:据配舱回单 port of discharge 栏所填内容为 BALTIMORE,可以判断最终目的国为"美国"。

50. 生产厂家:本栏目填报其境内生产企业。

信息来源:根据合同相关内容判断。

本次业务操作:无资料显示,暂不填。

至此,输单任务完毕。

一般出口报关单中"备案号"、"贸易方式"、"征免性质"及"征免方式"各栏目的逻辑关系(见表 2-23)。

表 2-23　一般出口报关单中"备案号"、"贸易方式"、"征免性质"及"征免方式"各栏目的逻辑关系

贸易方式	代　码	备案号	征免性质	代　码	征　免	说　明
一般贸易	0110		一般征税	101	照章征税	
			中外合资	601		三资企业使用国产料件加工产品出口
			中外合作	602		
			外资企业	603		

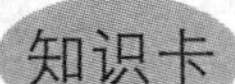

报关单填写小常识(六):出口舱单信息的核对与修改

每票货物出口后在海关数据库中会有两组数据,一组是货代企业在货物出口前向海关申报的报关单数据,另一组是船代企业向海关申报舱单数据。当两组数据的船名、航次、提单号、件数、重量、出口口岸等信息核对无误后,舱单核销,企业可以办理退税的相关手续。报关单数据和舱单数据不一致导致无法退税,不一致是因舱单错误或报关单错误造成的,其中舱单错误的成因可以分为三大类,第一类是由于发货人在货代订舱后更改报关数据，货代未更改订舱数据；第二类是货代、船代操作失误，如将报关单的净重数据当做舱单毛重数据向海关发送；第三类是货物出口后报关单数据发生更改。

发生舱单与报关单不一致时，需要改其中的一个让两者统一起来，货代找船公司改提单，进而到海关舱单部门改舱单，或者找报关行去海关通关部门改报关单，都需要一定费用。

申请舱单修改时应该注意以下两点：一是舱单修改申请主体是船代企业；二是舱单修改申请只要资料齐全、单证真实且核对无误的，海关一般承诺在1个工作日内完成改单工作；三是舱单修改只是保证舱单数据准确性的后补手段，企业应当在舱单发送之前仔细核对报关单和舱单数据，确保两组数据准确一致。企业可以有两次机会从源头上确保出口舱单数据的准确性，一是在向海关出口申报后根据报关单数据及时更正舱单数据；二是舱单报送海关前，船代会提供给货代“核对清单”，以便确认舱单数据，企业可以在反馈“核对清单”时修改正舱单数据。

如果所订的船已经启运，再去改提单和舱单，手续会很复杂，不会比改报关单简单，所以费用也不会少。这时通常是改报关单。货主需提供一些单据，比如：盖有公章的情况说明等。

任务四：报关申报及现场操作(电子发送及交单、配合查验、装船等现场操作)

任务描述：

这项任务的内容与进口报关的“任务六”类似，这里不再赘述。

出口货物申报期限如表2-24所示。

表2-24　出口货物申报期限

<table>
<tr><th>出口申报状况</th><th colspan="2">申报期限</th><th>申报条件</th></tr>
<tr><td>向出境地海关申报</td><td colspan="2">装货的24小时以前</td><td>货物须运抵出境地海关监管现场</td></tr>
<tr><td rowspan="2">向启运地海关申报</td><td>直转转关</td><td>装货的24小时以前</td><td>货物须运抵出境地海关监管现场</td></tr>
<tr><td>提前报关转关</td><td>货物尚未运抵启运地海关监管场所以前</td><td>货物应于电子数据申报之日5日内运抵启运地海关监管现场，超过期限，电子申报将被撤销</td></tr>
</table>

第三阶段：后续事务处理

任务五：提单确认

任务描述：

船走以前或者以后，都可以进行提单确认，把修改好的提单确认件传给货代，货代再给船公司，等船走后，一般3天之内，就能拿到正本提单。

任务六:寄单、结汇

任务描述:

老报关员说:

船走以后,如果是 T/T,等收到客户的后 T/T 后,给客户寄单(包括提单、箱单、发票,如果需要,还有原产地证、保险书等)。在 T/T 操作中,如果船期很短的话,为了便于提货,客户可能要求电放,这必须是在收到客户的全部货款以后,写一份保函盖上公司章给货代传过去就行。等收到盖有电放章的提单传真件后,马上给客户传过去。不过做电放的话,要把正本提单还给船公司。如果是信用证,那么就在议付的时候给客户按照信用证上面所要求的单据给客户寄单。

接下来的就是结汇,T/T 一般是在收到货款以后寄单的;信用证则要在议付的期限内,把信用证要求的单据交到议付行,由通知行转交给议付行。如果单据没有不符点,那么开证行就会答应付款,然后把提单寄给开证人,也就是客户去提货。

任务七:核销、退税

任务描述:

报关单和核销单一般在货出口后的 2 个星期以后才能得到。等得到后,开始准备核销的资料。核销的资料一般包括:核销单,报关单的白联(一般贸易的话,还有可能是蓝联)、出口专用发票的核销联、水单,以上资料一并交给外管局进行核销。

需要注意的是:海关签发报关单结汇联(白联)以后,企业一般需要 1~2 天才能进行交单操作;只有核销单状态为“已用”,且此核销单对应的报关单电子数据也已经传到电子口岸系统,企业才能进行交单操作。

(1)如果核销单状态为“未用”,但出口收汇系统中报关单查询已经查到此核销单对应的报关单,则企业需与口岸备案海关联系,重新签发该核销单的验核回执。

(2)如果核销单状态为“已用”、交单状态为“未交”,且出口收汇系统中报关单查询查不到此核销单对应的报关单,并且此时距海关签发报关单结汇联已超过 5 天,则企业可以再次和签发海关联系,重新签发报关单结汇联数据。

核销完以后,把核销单的退税联交给财务去退税。

知识卡

中国电子口岸

“口岸电子执法系统”是在 1998 年亚洲金融危机期间,为适应打击走私、骗汇活动的实际斗争需要,紧急筹建、逐步发展起来的。它运用现代信息技术,借助国家电信公网,将海关、外贸、外汇、税务、工商、质检、运输等涉及口岸行政管理和执法的数据集中存放,使口岸行政管理和执法部门可以进行跨部门数据交换、联网核查,企业可以在网上办理报关、报检、结售汇核销、出口退税等手续,是一个既为行政执法管理服务、又为相关企业服务的信息系统。

中国电子口岸的建设受到了国务院领导的高度重视,是国家信息化建设的重点工程,涉及十几个部委,几十个应用系统,其开发难度、建设规模及涉及的业务范围都是前所未有的。截至目前,中国电子口岸的建设已经取得了阶段性成果,入网企业用户超过10万家,企业可以通过互联网办理各种进出口手续,降低了贸易成本,提高了通关效率,为中国电子政务的建设树立了样板,起到了良好的示范作用。同时,由于众多银行、保险公司、仓储和运输企业积极参与中国电子口岸的建设,为企业提供了广泛的电子商务服务,因此中国电子口岸不仅满足了企业对电子政务的需求,而且在电子商务方面,也蕴藏着巨大的市场,今后必将会有更大的发展。

中国电子口岸的功能如下。

1.数据交换

即通过中国电子口岸平台,政府与政府部门、政府部门与企业之间可实现数据交换和共享。数据交换对象包括国家行政管理机关、社会团体、事业单位、国内外企业、驻华使领馆、个体工商户等;连接方法有:PSTN、ISDN、ADSL、DDN、FR、ATM等有线或GPRS、CDMA等无线接入方式;交换格式包括EDFACT、XML、HTML、WML、SWIFT等。

2.事务处理

即中国电子口岸可为政府部门和企业办理核销单审批、加工贸易合同审批、减免税审批、报关单申报、进出口许可证件和外汇核销单的申领、结付汇核销、保税区台账申请、ATA单证申请等提供实时在线服务。

3.身份认证

电子政务网上操作谁也见不到谁,不仅要解决安全问题,更要解决信任问题,否则发生法律纠纷难以判定法律责任。中国电子口岸入网用户都要经过工商、税务、质检、外贸、海关、外汇等6个部门严格的入网资格审查,才能取得入网IC卡开展网上业务,从而有效解决网上业务信任关系和法律责任问题。身份认证包括:对工商、税务、海关、外汇、外贸、技术监督局等政府部门的身份认证;对进出口企业、加工贸易企业、外贸工业服务企业、外贸附属企业的身份认证;对个体工商户的身份认证。

4.存证举证

根据国家行政管理机关的授权以及中国电子口岸数据中心与各用户单位之间签订的协议,中国电子口岸数据中心针对部分联网应用项目承担存证举证的责任,电子数据存证期为20年。

5.标准转换

按照国家行政管理机关各部门以及企业用户的需要,由中国电子口岸数据中心对交换数据进行代码转换,如组织机构代码转换,业务单证代码转换,参数数据代码转换。

6.查询统计

根据提供共享业务数据主管部门或单位的授权,有控制地开放数据查询和统计服务。共享数据包括进出口报关单数据、企业经济户口档案数据、外汇核销单数据、海陆空铁邮及快件等货运数据、知识产权数据等。

7.网上支付

针对用户支付税费和货款的需求,由中国银行、工商银行、农业银行、交通银行、招商银行等商业银行在中国电子口岸设立网上银行,为用户开设电子账户,提供资金支付、信用担保、账务管理等多种金融服务。

8.网络隔离

企业及个人与政府部门的联网通过电子口岸实现"一点接入"，使电子口岸成为政府网关，并实现政府网与互联网的逻辑隔离，从而确保政府网络的安全性。

中国电子口岸是中国电子化政府的雏形，是贸易现代化的重要标志，是提高行政执法透明度，实现政府部门行政执法公平、公正、公开的重要途径。它的建立有着重要意义：

首先，有利于增强管理部门的管理综合效能。企业只要与电信公网"一点接入"就可以透过公共数据中心在网上直接向海关、国检、外贸、外汇、工商、税务、银行等政府管理机关申办各种进出口手续，从而真正实现了政府对企业的"一站式"服务。

其次，使管理部门在进出口环节的管理更加完整和严密。管理部门实行"电子＋联网核查"的新型管理模式，根本解决业务单证弄虚作假问题，严厉打击走私、骗汇、骗税违法犯罪活动，创造公平竞争市场环境。

再者，它能降低贸易成本，提高贸易效率。通过中国电子口岸网上办理业务，企业既节省时间，又减少奔波劳累之苦，提高贸易效率，降低贸易成本，方便企业进出。

查税则号，本次业务出口的钢铁制衣架出口退税率为9%，需要办理出口退税手续。

知识卡

办理出口退税的有关知识

一、出口退税登记的一般程序

1.有关证件的送验及登记表的领取

企业在取得有关部门批准其经营出口产品业务的文件和工商行政管理部门核发的工商登记证明后，应于30日内办理出口企业退税登记。

2.退税登记的申报和受理

企业领到"出口企业退税登记表"后，即按登记表及有关要求填写，加盖企业公章和有关人员印章后，连同出口产品经营权批准文件、工商登记证明等证明资料一起报送税务机关，税务机关经审核无误后，即受理登记。

3.填发出口退税登记证

税务机关接到企业的正式申请，经审核无误并按规定的程序批准后，核发给企业"出口退税登记正"。

4.出口退税登记的变更或注销

当企业经营状况发生变化或某些退税政策发生变动时，应根据实际需要变更或注销退税登记。

二、出口退税附送材料

(1)报关单。报关单是货物进口或出口时进出口企业向海关办理申报手续，以便海关凭此查验和验放而填具的单据。

(2)出口销售发票。这是出口企业根据与出口购货方签订的销售合同填开的单证，是外商购货的主要凭证，也是出口企业财会部门凭此记账做出口产品销售收入的依据。

(3)进货发票。提供进货发票主要是为了确定出口产品的供货单位、产品名称、计量单位、数量，是否是生产企业的销售价格，以便划分和计算确定其进货费用等。

(4)结汇水单或收汇通知书。

(5)属于生产企业直接出口或委托出口自制产品，凡以到岸价 CIF 结算的，还应附送出口货物运单和出口保险单。

(6)有进料加工复出口产品业务的企业，还应向税务机关报送进口料、件的合同编号、日期、进口料件名称、数量、复出口产品名称，进料成本金额和实纳各种税金额等。

(7)产品征税证明。

(8)出口收汇已核销证明。

(9)与出口退税有关的其他材料。

三、必须了解出口退税的 4 个时限

出口企业在办理出口退税时要特别注意申报程序，注意时间观念，以免造成损失。出口企业在办理出口退税时，应注意 4 个时限规定：

(1)“30 天”。外贸企业购进出口货物后，应及时向供货企业索取增值税专用发票或普通发票，属于防伪税税控增值税发票，必须在开票之日起 30 天内办理认证手续。

(2)“90 天”。外贸企业必须在货物报关出口之日起 90 天内办理出口退税申报手续，生产企业必须在货物报关出口之日起 3 个月后免抵退税申报期内办理免抵税申报手续。

(3)“180 天”。出口企业必须在货物报关出口之日起 180 天内，向所在地主管退税部门提供出口收汇核销单(远期收汇除外)。

(4)“3 个月”。出口企业出口货物纸质退税凭证丢失或内容填写有误，按有关规定可以补办或更改的，出口企业可在申报期限内向退税部门提出延期办理出口货物退(免)税申报的申请，经批准后，可延期 3 个月申报。

四、出口货物退(免)税的税种分类

根据现行税制规定，我国出口货物退(免)税的税种是流转税(又称间接税)范围内的增值税、消费税两个税种。出口货物退(免)税的税款是出口货物在国内生产、流通各个环节已缴纳的增值税和应缴纳的消费税。

流转税是泛指所谓以商品为特征对象的税种。就我国现行的税制而言，流转税包括增值税、营业税、消费税、土地增值税、关税及一些地方性工商税种。

五、一般贸易出口货物退税计算方法

目前，外商投资企业出口货物退税办法包括“先征后退”和“免、抵、退”税。

“先征后退”是指生产企业自营出口或委托代理出口的货物，一律先按照增值税暂行条例规定的征税率征税，然后由主管出口退税业务的税务机关在国家出口退税计划内按规定的退税率审批退税。

(一)计税依据

“先征后退”办法按照当期出口货物离岸价乘以外汇人民币牌价计算应退税额。

“离岸价”(英文编写为 FOB 价)是装运港船上交货价，但这个交货价属于象征性交货，即卖方将必要的装运单据交给买方按合同规定收取货款，买卖双方风险划分都是以货物装上船为界限。因此，FOB 价是由买方负责租船订舱，办理保险支付运保费。

最常用的FOB、CFR和CIF价的换算方法如下：

FOB价＝CFR价－运费＝CIF价×(1－投保加成×保险费率)－运费

因此，如果企业以到岸价格作为对外出口成交的，在货物离境后，应扣除发生的由企业负担的国外运费、保险费佣金和财务费用；以CFR价成交的，应扣除运费。

(二)计算方法

1.一般贸易

(1)计算公式：

当期应纳税额＝当期内销货物的销项税额＋当期出口货物离岸价×外汇人民币牌价×征税率－当期全部进项税额

当期应退税额＝出口货物离岸价格×外汇人民币牌价×退税税率

(2)以上计算公式的有关说明：

①当期进项税额包括当期全部国内购料、水电费、允许抵扣的运输费、当期海关代征增值税等税法规定可以抵扣的进项税额。

②外汇人民币牌价应按财务制度规定的两种办法确定，即国家公布的当日牌价或月初、月末牌价的平均价。计算方法一旦确定，企业在一个纳税年度内不得更改。

③企业实际销售收入与出口货物报送但、外汇核销单上记载的金额不一致时，税务机关按金额大的征税，按出口货物报关单上记载的金额退税。

④应纳税额小于零的，结转下期抵减应交税额。

举例说明：

例1　某鞋厂2000年3月出口鞋30000打，其中：(1)28000打以FOB价成交，每打200美元，人民币外汇牌价为1:8.2836元；(2)2000打以CIF价格成交，每打240美元，并每打支付运费20元、保险费10元、佣金2元，人民币外汇牌价为1:8.2836元。当期实现内销鞋19400打，销售收入34920000元，销项税额为5936400元，当月可予抵扣的进项税额为10800000元，鞋的退税率为13%。用“先征后退”方法计算应交税额和应退税额。

计算出口自产货物销售收入：

出口自产货物销售收入＝离岸价格×外汇人民币牌价＋(到岸价格－运输费－保险费－佣金)×外汇人民币牌

＝28000×200×8.2836＋2000×(240－20－10－2)×8.2836

＝49834137.60(元)

当期应纳税额＝当期内销货物的销项税额＋当期出口货物离岸价格×外汇人民币牌价×征税率－当期全部进项税额

＝5936400＋49834137.60×17%－10800000

＝3608203.39(元)

当期应退税额＝当期出口货物离岸价×外汇人民币牌价×退税率

＝49834137.60×13%

＝6478437.89(元)

知识卡

可能会出现的情形:退关货物

退关货物又称出口退关货物。它是指出口货物在向海关申报出口后被海关放行,因故未能装上运输工具,发货单位请求将货物退运出海关监管区域不再出口的行为。

报关程序:

(1)出口货物的发货人及其代理人应当在得知出口货物未装上运输工具,并决定不再出口之日起3天内,向海关申请退关;

(2)经海关核准且撤销出口申报后方能将货物运出海关监管场所;

(3)已缴纳出口税的退关货物,可以在缴纳税款之日起1年内,提出书面申请,向海关申请退税;

(4)出口货物的发货人及其代理人办理出口货物退关手续后,海关应对所有单证予以注销,并删除有关报关电子数据。

小结与作业

一般进出口货物报关程序如图2-11所示。

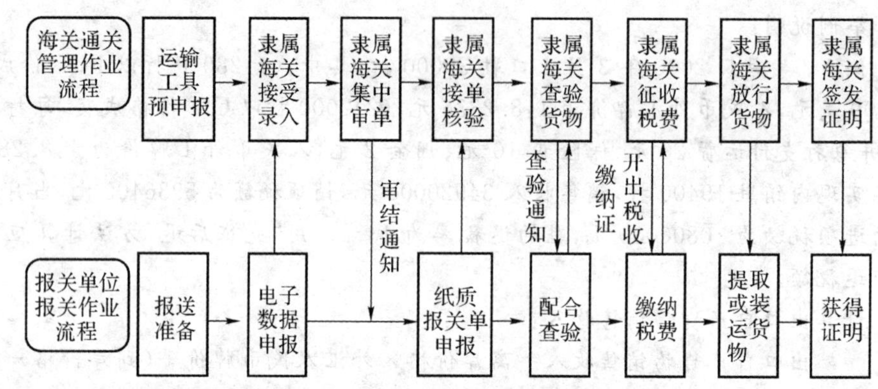

图2-11 一般进出口货物报关程序示意图

技能训练

根据一票出口报关业务资料,请填写一份报关单。

学习情境三

保税货物报关操作

子情境1　保税加工货物报关操作

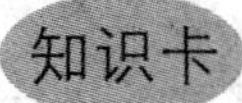

保税加工货物

一、保税加工货物概述

（一）保税加工货物的含义、特征、形式和企业类型

1.保税加工货物，是指经海关批准未办理纳税手续进境，在境内加工、装配后复运出境的货物。

保税加工货物包括专为加工、装配出口产品而从国外进口且海关准予保税的原材料、零部件、元器件、包装物料、辅助材料（简称料件）以及用上述料件生产的成品、半成品。

保税加工货物亦称加工贸易保税货物。加工贸易俗称“两头在外”的贸易，料件从境外进口在境内加工装配后成品运往境外的贸易。

2.基本特征

（1）须经海关批准。任何货物，不经海关批准，不能成为保税货物。

（2）是监管货物，保税货物是未办理纳税手续进境的货物，是海关的监管货物。保税货物从进境之日起就必须置于海关的监管之下，未经海关许可，不得开拆、提取、交付、发运、调换、改装、抵押、质押、留置、转让、更换标志、移作他用或进行其他处置。

（3）应复运出境。这既是海关对保税货物的监管原则，也是经营者必须履行的法律义务。一旦决定不复运出境，就改变了保税货物的性质，不再是保税货物。

3.加工贸易的通常形式

（1）来料加工

来料加工是指由关境外企业提供料件，经营企业不需要付汇进口，按照境外企业的要求进行加工或装配，只收取加工费，制成品由境外企业销售的经营活动。

（2）进料加工

进料加工是指经营企业用外汇购买料件进口，制成成品后外销出口的经营活动。

表 3-1　来料加工与进料加工的比较

	原　料	货物的所有权	成品的出向
来料加工	由境外厂商提供，不需要通过外汇购买	在加工过程中均未发生所有权的转移，原料运进和成品运出属于同一笔交易，原料供应者即是成品接受者	返给境外厂商(原料提供者)，我方不承担销售风险，不负盈亏，只收取工缴费
进料加工	由我方自己花外汇从国外购买原料	原料进口和成品出口是两笔不同的交易，均发生了所有权的转移，原料供应者和成品购买者之间也没有必然的联系	我方是赚取从原料到成品的附加价值，要自筹资金、自寻销路、自担风险、自负盈亏

4. 经营加工贸易企业的类型

经营加工贸易的企业，可以是对外贸易经营企业，也可以是外商投资企业。加工贸易经营企业可以根据需要申请设立保税工厂、保税集团。

保税工厂是指由海关批准的专门从事保税加工的工厂或企业。

保税集团的实质是企业联合体，是指经海关批准，在同一关区内，同行业若干个加工企业由一个具有进出口经营权的企业牵头，联合对进口料件进行多层次、多工序连续加工，直至最终产品出口的企业联合体。

(二)海关对保税加工货物的监管模式

海关对保税加工货物的监管模式有两大类：一类是非物理围网的监管模式，采用纸质手册管理或计算机联网监管；另一类是物理围网的监管模式，包括出口加工区和跨境工业园区，采用电子账册管理。

1. 物理围网监管

所谓物理围网监管，是指经国家批准，在境内或边境线上划出一块地方，实现物理围网，让企业在围网内专门从事保税加工业务，由海关进行封闭式的监管。

在境内的保税加工封闭式监管模式称为出口加工区，已经施行多年，有一套完整的监管制度；在边境线上的保税加工封闭式监管模式称为跨境工业园区，尚在一处试行，没有形成完整的制度。

2. 非物理围网监管

(1)纸质手册管理。这是一种传统的监管方式，主要是用加工贸易纸质登记手册进行加工贸易合同内容的备案，凭以进出口，并记录进口料件出口成品的实际情况，最终凭以办理核销结案手续，目前尚在较普遍的范围内使用。但随着对外贸易和现代科技的高速发展，已经不再适应，将逐渐被其他监管模式所替代。

(2)计算机联网监管。这是高科技监管方式，主要是应用计算机将海关和加工贸易企业联网，建立电子账册或电子手册，备案、进口、出口、核销，都通过计算机进行。海关管理科学严密，企业通关便捷高效，受到普遍欢迎，将成为海关对保税货物监管的主要模式。

图 3-1 是保税加工货物海关监管模式内涵示意图。

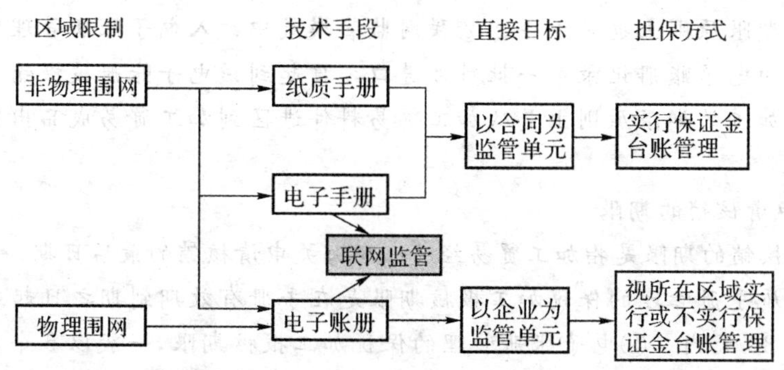

图 3-1　保税加工货物海关监管模式

(三)海关对保税加工货物监管的基本特征

1. 备案保税

国家规定,加工贸易料件经海关批准才能保税进口。海关批准保税是通过受理备案来实行的。凡是准予备案的加工贸易料件一律可以不办理纳税手续,即保税进口。

海关受理加工贸易料件备案的原则是:

(1)合法经营。是指申请保税的料件或申请保税的形式或保税申请人本身不属于国家禁止的范围,并且获得有关主管部门的许可,有合法进出口的凭证。

(2)复运出境。是指申请保税的货物流向明确,进境加工、装配后的最终流向表明是复运出境,而且申请保税的单证能够证明进出基本是平衡的。

(3)可以监管。是指申请保税的货物无论在进出口环节,还是在境内加工、装配环节,海关都可以监管,不会因为某种不合理因素造成监管失控。

2. 纳税暂缓

国家规定专为加工出口产品而进口的料件,按实际加工复出口成品所耗用料件的数量准予免缴进口关税和进口环节增值税、消费税。这里所指的免税,是指用在出口成品上的料件可以免税。但是在料件进口的时候无法确知用于出口成品上的料件的实际数量,因此也无法免税。海关只有先准予保税,在产品实际出口并最终确定使用在出口成品上的料件数量后,再确定征免税的范围,即用于出口的免税,不出口的征税,然后再由企业办理纳税手续。因此,保税加工的料件纳税时间被推迟到了加工成品出口后。也正是因为这个原因,保税加工货物(出口加工区除外)经批准内销要征收缓税利息。

3. 监管延伸

地点延伸:保税加工的料件离开进境地口岸海关监管场所后进行加工、装配的地方,都是海关监管的场所。

时间延伸:保税加工的料件在进境地被提取,不是海关监管的结束,而是海关保税监管的开始,海关一直要监管到加工、装配后复运出境或者办结正式进口手续为止。

(1)准予保税的期限

准予保税的期限是指经海关批准保税后在境内加工、装配、复运出境的时间限限制。

①纸质手册管理的保税加工期限，原则上不超过1年，经批准可以申请延长，延长的最长期限原则上也是1年。②联网监管模式中纳入电子账册管理的料件保税期限从企业的电子账册记录第一批料件进口之日起到该电子账册被撤销止。③出口加工区保税加工的期限原则上是从加工贸易料件进区到加工贸易成品出区办结海关手续止。

(2)申请核销的期限

申请核销的期限是指加工贸易经营人向海关申请核销的最后日期。

①纸质手册管理的保税加工报核期限是在手册有效期到期之日起或最后一批成品出运后30天内。②电子账册管理的保税加工报核期限，一般以6个月为1个报核周期，首先报核是从海关批准电子账册建立之日起算，满6个月后的30天内报核；以后则从上一次的报核日期起算，满6个月后的30天内报核。③出工加工区经营保税加工业务的企业每6个月向海关申报1次保税加工货物进出境、进出区的实际情况。

4.核销结关

保税加工货物(出口加工区的除外)经过海关核销后才能“结关”。保税加工货物的报核必须如实申报实际单耗。

保税加工的料件进境后要进行加工、装配，改变原进口料件的形态，复出口的商品不再是原进口的商品。这样，向海关的报核，不仅要确认进出数量是否平衡，而且还要确认成品是否由进口料件生产。在报核实践中，数量往往是不平衡的。正确处理报核中发生的数量不平衡问题，是企业报核必须解决的问题。

子情境1.1 纸质手册管理下的保税加工货物通关操作

纸质手册管理模式目前是保税货物的常规监管模式。其特征是以合同为监管单元。

这一模式适用于来料加工、进料加工、外商投资企业履行产品出口合同、保积工厂、保税集团等形式下进出口的保税加工货物，其基本程序是合同备案、货物报关、合同报核。

业务流程示意图(见图 3-2)

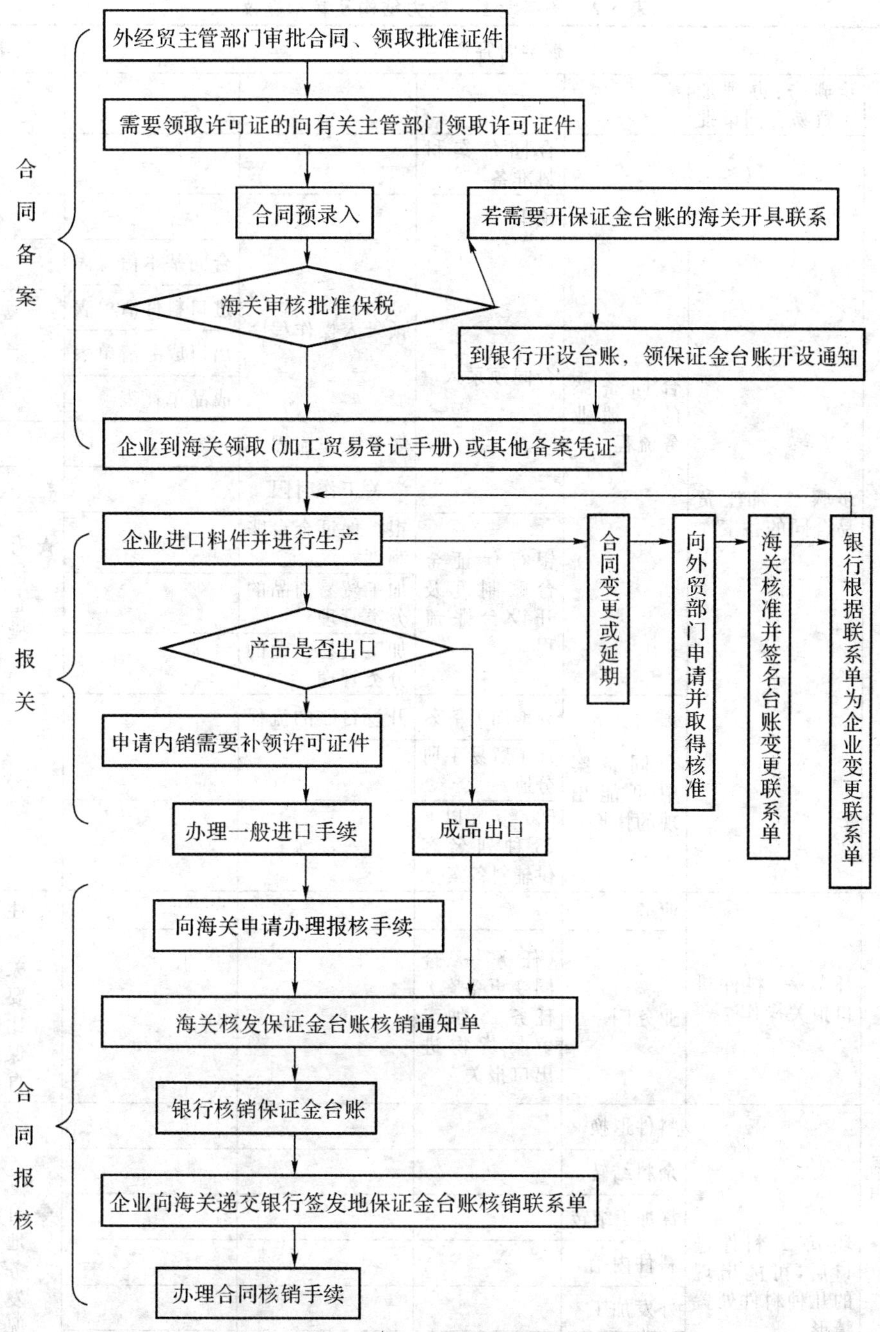

图 3-2　纸质手册管理下的保税加工货物通关操作流程示意图

注:成品出口一般为免税,但如成品为出口应税商品,则需按其所使用的国产料件的比例(价值)征收出口关税。

能力结构及教学建议(见表 3-2)

表 3-2 子情境 1.1 能力结构及教学建议

教学内容						教学建议
任务一：合同备案	步骤一：办理加工贸易合同审批					◆
	步骤二：加工贸易合同的备案	合同备案的一般业务流程	合同备案材料准备			★
			预审			
			合同预录入	预录入操作程序	合同基本信息表	★
					进口料件清单表	
					出口成品清单表	
					成品单耗表	
				海关工作流程		
				海关工作时限		
			银行保证金台账制度及开设台账流程	银行保证金台账制度		★有条件的话，可以请企业具体操作人员来讲授
				加工贸易商品的分类管理		
				加工贸易企业的分类管理		
		合同备案中可能出现的情形	异地加工备案	开设台账的流程		◆
			加工贸易手册分册			
			5000 美元以下 78 种列名客供辅料备案			
任务二：加工贸易货物进出口报关	环节一：料件进口报关操作	业务三				★注意与一般进口报关单填写要求进行比较，突出保税货物自身特征
		业务四	(任务一：合同变更备案)任务二：加工贸易货物进出口报关			
	环节二：料件进口后，可能出现的几种料件处置情形	料件退换				◆可根据当地报关业务中经常发生的情况取舍
		余料结转				
		深加工结转				
		料件内销				
		外发加工				
		“串料”				
		料件复出	业务五：进料料件复出货物出口报关			

续表

教学内容						教学建议
任务二：加工贸易货物进出口报关	环节三：成品出口报关业务操作	来料加工成品出口	业务六：来料加工成品出口报关			★注意与一般出口报关单填写要求进行比较，突出保税货物自身特征
		进料加工成品出口	业务七：进料加工成品出口报关			
		成品内销				
		成品退换				
	料件及成品处置中可能出现的其他情形	受灾保税货物				◆
		放弃				
		销毁				
任务三：合同报核	报核的单证					◆
	报核的步骤					
	特殊情况的报核					
	海关受理报核和核销					

业务三　来料加工料件进口报关业务

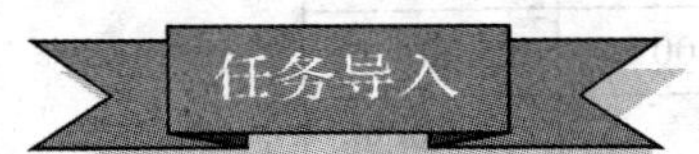

嘉兴高全木业有限公司签署了一笔来料加工合同，进口一批木料（详见有关单证），委托淞海报关有限公司代理报关，该业务如何操作？

CONTRACT

CONTRACT NO. : 07-126-BI232.21 **DATED : APR. 11TH, 2008**

BUYER : JIAXING GAOQUAN WOODWORK CO., LTD.
HUIMING INDUSTRIAL DISTRICT, JIASHAN COUNTY,
ZHEJIANG, CHINA
TEL: FAX:

TRADE TERMS : CIF SHANGHAI

FROM : NORFOLK,VA

TO : SHANGHAI, CHINA

SHIPMENT : MAY., 2008

PAYMENT : T/T

ORIGINATE IN : U.S.A.

SHIPMENT OF GOODS : COMMODITY : RED OAK LOGS
LENGTH :9' and 10' & Multiple, free trim 4"
DIAMETER :16" up to 22"

SPECIES	QUANTITY (CBM)	UNIT PRICE (USD/CBM)	AMOUNT (USD)
RED OAK LOGS	46.9900	510.00	23,964.90
TOTAL	**46.9900**		**23,964.90**

SAY TOTAL : **U.S. DOLLARS TWENTY THREE THOUSAND NINE HUNDRED SIXTY-FOUR AND CENTS NINETY ONLY.**

BUYER
JIAXING KAOCHUAN WOODWORK CO., LTD.

SELLER
DOUBLE TREE ENTERPRISE CO., LTD.

-- --

COMMERCIAL INVOICE

CONTRACT NO. : 07-126-BI232.21 **DATED : MAY.5TH, 2008**

BUYER : JIAXING GAOQUAN WOODWORK CO., LTD.
JIASHAN COUNTY,
ZHEJIANG, CHINA
TEL: FAX:

TRADE TERMS : CIF SHANGHAI

FROM : NORFOLK,VA

TO : SHANGHAI, CHINA

SHIP ON : MAY., 2008

PAYMENT : T/T

SHIPMENT OF GOODS : COMMODITY : RED OAK LOGS
LENGTH :9' and 10' & Multiple, free trim 4"
DIAMETER : 16 INCHES AND UP

SPECIES	**QUANTITY (CBM)**	**UNIT PRICE (USD/CBM)**	**AMOUNT (USD)**
RED OAK LOGS	46.9900	510.00	23,964.90
TOTAL	**46.9900**		**23,964.90**

SAY TOTAL : **U.S. DOLLARS TWENTY THREE THOUSAND NINE HUNDRED SIXTY-FOUR AND CENTS NINETY ONLY.**

DOUBLE TREE ENTERPRISE CO., LTD.

PACKING LIST

CONTRACT NO. : 07-126-BI232.21 **DATED : MAY.5TH, 2008**

BUYER : JIAXING GAOQUAN WOODWORK CO., LTD.
JIASHAN COUNTY,
ZHEJIANG, CHINA
TEL: FAX:

TRADE TERMS : CIF SHANGHAI

FROM : NORFOLK,VA

TO : SHANGHAI, CHINA

SHIPMENT : MAY., 2008

PAYMENT : T/T

SHIPMENT OF GOODS : COMMODITY : RED OAK LOGS
LENGTH :9' and 10' & Multiple, free trim 4"
DIAMETER : 16" up to 22"

SPECIES	QUANTITY (CBM)	LOGS	WEIGHT (KGS)
RED OAK LOGS	46.9900	97	74,716.50
TOTAL	**46.9900**		**74,716.50**

SAY TOTAL : **PACKED IN NINETY SEVEN (97) LOGS ONLY.**

DOUBLE TREE ENTERPRISE CO., LTD.

CERTIFICATE OF ORIGIN

ORIGINAL

ER (Principal or seller-licensee and address including ZIP Code)
ARFOREST CORP.
O. BOX 444
DARLINGTON, PA 16115

PH 724 827 8366 FX 724 827 8328

5. DOCUMENT NUMBER
VANF211691

5a. B/L OR AWB NUMBER

6. EXPORT REFERENCES
COC#: 149563
DLL 1290
INVOICE 5608001556

3. CONSIGNED TO
TO ORDER

7. FORWARDING AGENT (Name and address - references)
CASEY OVERSEAS CORP. FMC #2127.
110 WEST ROAD, SUITE 420,
TOWSON, MD 21204
Tel: Fax:

8. POINT (STATE) OF ORIGIN OR FTZ NUMBER
PENNSYLVANIA

4. NOTIFY PARTY / INTERMEDIATE CONSIGNEE (Name and address)
Jiaxing Kaoquan Woodwork Co., Ltd.
Jiashan County, Zhejiang Province,
China
PH FX

9. DOMESTIC ROUTING / EXPORT INSTRUCTIONS

12. PRE-CARRIAGE BY

13. PLACE OF RECEIPT BY PRE-CARRIER
FRONT ROYAL

14. EXPORTING CARRIER
HYUNDAI GRACE 005W

15. PORT OF LOADING / EXPORT
NORFOLK

10. LOADING PIER / TERMINAL

16. FOREIGN PORT OF UNLOADING
SHANGHAI

17. PLACE OF DELIVERY BY ON-CARRIER

11. TYPE OF MOVE

11a. CONTAINERIZED (Vessel only) [XX] Yes [ ] No

MARKS AND NUMBERS	NUM OF PACKAGES	DESCRIPTION OF COMMODITIES In Schedule B detail	GROSS WEIGHT	MEASUREMENT
CONTAINER #	PAGE 1	3 X 40' CONTAINERS		
HDMU 6356916	36	RED OAK LOGS / SEAL #90911	56500LBS	16.2312CBM
HDMU 6407227	33	RED OAK LOGS / SEAL #90915	56000LBS	16.2496CBM
HDMU 4372501	28	RED OAK LOGS / SEAL #90918	52220LBS	14.5099CBM
		N L R		

The undersigned.....KATHY HENNESSY...............(Agent), does hereby declare for the above named shipper, the goods as described above were shipped on the above date and consigned as indicated and are products of the United States of America. Dated at...BALTIMORE MARYLAND...... on the........10TH.. day of...........MAY.................................2008

Sworn to before me this.............. day of 2008

....
SIGNATURE OF AGENT

....

The.....Baltimore County Chamber Of Commerce..., a recognised Chamber of Commerce under the laws of the State of.....MARYLAND..............., has examined the manufacturers invoice or shippers affadavit concerning the origin of the merchandise, and, according to the best of its knowledge and belief finds that the products named originated in the United States of America.

Secretary..

...ary certificate can be issued until an application is completed (7 CFR 353)

FORM APPROVED
OMB NO. 0579-0052

UNITED STATES DEPARTMENT OF AGRICULTURE
ANIMAL AND PLANT HEALTH INSPECTION SERVICE
PLANT PROTECTION AND QUARANTINE

PHYTOSANITARY CERTIFICATE

TO: THE PLANT PROTECTION ORGANIZATION(S) OF
China

FOR OFFICIAL USE ONLY

PLACE OF ISSUE
Norfolk, Virginia

NO.
F-F-51710-00259235-7-N

DATE INSPECTED
April 29, 2008

UNITED STATES DEPARTMENT OF AGRICULTURE

CERTIFICATION

This is to certify that the plants, plant product or other regulated articles described herein have been inspected and/or tested according to appropriate official procedures and are considered to be free from the quarantine pests, specified by the importing contracting party and to conform with the current phytosanitary requirements of the importing contracting party including those for regulated non-quarantine pests.

DISINFESTATION AND/OR DISINFECTION TREATMENT

1. DATE April 29, 2008	2. TREATMENT Fumigation
3. CHEMICAL (*active ingredient*) Methyl bromide	4. DURATION AND TEMPERATURE 72 Hours at 40°F or above
5. CONCENTRATION 15 pounds / 1000 cubic feet	6. ADDITIONAL INFORMATION **

DESCRIPTION OF THE CONSIGNMENT

7. NAME AND ADDRESS OF THE EXPORTER INTERFOREST CORP	8. DECLARED NAME AND ADDRESS OF THE CONSIGNEE JIAXING KAOQUAN WOODWORK CO., LTD. JIASHAN COUNTY,, ZHEJIANG,, China
9. NAME OF PRODUCE AND QUANTITY DECLARED (1) 97 Individual Red oak (Logs) ** ** ** **	10. BOTANICAL NAME OF PLANTS (1) Quercus rubra ** ** ** **
11. NUMBER AND DESCRIPTION OF PACKAGES (1) 3 X 40' CONTAINERS ** ** ** **	12. DISTINGUISHING MARKS (1) HDMU6356916 / 16.2312CBM HDMU6407227 / 16.2496CBM HDMU4372501 / 14.5099CBM ** ** **
13. PLACE OF ORIGIN (1) Pennsylvania, USA ** ** ** **	14. DECLARED MEANS OF CONVEYANCE Ocean Vessel 15. DECLARED POINT OF ENTRY SHANGHAI

WARNING: Any alteration, forgery, or unauthorized use of this phytosanitary certificate is subject to civil penalties of up to $250,000 (7 U.S.C. Section 7734(b)) or punishable by a fine of not more than $10,000, or imprisonment of not more than 5 years, or both (18 U.S.C. Section 1001).

ADDITIONAL DECLARATION

No Import Permit was presented.

Page 1 of 1

16. DATE ISSUED	17. NAME OF AUTHORIZED OFFICER (*Type or Print*)	18. SIGNATURE OF AUTHORIZED OFFICER
May 06, 2008		

No liability shall attach to the United States Department of Agriculture or to any officer or representative of the Department with respect to this certificate.

PPQ Form 577 FEB 2001 Previous editions are obsolete after 6/30/01

加工贸易备案手册

主管关区：　　嘉兴海关驻嘉

手册编号		进出口岸1	上海海关	进出口岸2	嘉兴海关
进出口岸3		进出口岸4		进出口岸5	
经营单位	嘉兴高全木业有限公司 单位编码为：3304940293	收货单位	嘉兴高全木业有限公司 单位编码为：3304940293		
外商公司	DOUBLE TREE ENTERPRISE CO.,LTD	收货地区	嘉兴		
经办人		贸易方式	来料加工	征免性质	来料加工
成交方式		浮动比%	0.00　%	起抵地	
投资方式		引进方式		保税方式	
协议书号		许可证号		内销比%	0.00　%
批准文号		进口合同	07-126-B1232.21	出口合同	07-126-B1232.21
合同份数	0	重点标志	非重点合同	加工种类	其他
进口总额	411452.31	币制	美元	监管费	0.00
出口总额	537308.31	币制	美元	监管费率	免收监管手续费
变更日期		有效期限	2008年08月31日	审批日期	2007年09月21日
审批人	296081	输入人		输入时间	2007年09月21日
原料项数	1	设备项数	0	成品项数	1
备注	全额保税，原产国：美国，加拿大等，单耗申报环节：报核前，料件100%保税进口				

进口料件

手册编号：

序号	商品编号	品名/规格型号	产销国	数量	单位	单价	总价	征免
1	4403910000	红橡木原木/长8'以上直径16"以上/锯材级	美国	806.769	立方米	510.00	411452.31	全免

Since 1928

10 Industrial Hwy., MS #52, Lester, PA 19029-2001 Ph. fax

TO : Casey Overseas

FUMIGATION CERTIFICATE

The undersigned ________________, Fumigator for Western Fumigation, certifies that the containers listed below, containing Red Oak Logs fumigated under natural atmospheric pressure at Western Fumigation, 4165 Pruden Blvd., Suffolk, Virginia, USA.

BOOKING NUMBER: VANF211691

EXPOSURE DATES: 04/29/08 TO 05/02/08

CONTAINERS	SEAL #
HDMU 635691-6	90911
HDMU 640722-7	90915
HDMU 437250-1	90918

The containers of Red Oak Logs listed above were fumigated using 15 pounds of Methyl Bromide Q (EPA No. 5785-11) per 1,000 cubic feet of space for 72 hours at a temperature of 58 degrees Fahrenheit or above.

____

HYUNDAI MERCHANT MARINE CO., LTD.

BILL OF LADING

Shipper / Exporter (complete name and address)	
Document No.	VANF211691
B / L No.	HDMU VASQ2127618
Export References	DLL 1290 INVOICE 5608001556 COC#149563
Consignee (complete name and address)	
Forwarding Agent References	
Point and Country of Origin	PENNSYLVANIA
Notify Party (complete name and address)	
Domestic Routing / Export Instructions	
Pre-Carriage by	
Place of Receipt *	FRONT ROYAL, VA, CY
Ocean Vessel / Voyage / Flag	HYUNDAI GRACE V005W
Port of Loading	NORFOLK, VA
Onward Inland Routing	
Port of Discharge	SHANGHAI, CHINA
For Transshipment to	
Place of Delivery *	SHANGHAI, CHINA, CY.
Final Destination (For the Merchants Ref.)	

PARTICULARS FURNISHED BY SHIPPER

Container No. / Seal No. Marks and Numbers	No. of Containers or Other Pkgs	Description of Packages and Goods	Gross Weight	Measurement
		SHIPPER'S LOAD & COUNT: SHIPPER'S LOAD, STOW & COUNT 2 X 40' HC AND 1 X 40' CONTAINERS STC:	74,716.500 KGS 164,720 LBS	46.99 CBM
CONTAINER #				
HDMU4372501	28	RED OAK LOGS / SEAL# 90918 14.5099CBM		
HDMU6356916	36	RED OAK LOGS / SEAL# 90911 16.2312CBM		
HDMU6407227	33	RED OAK LOGS / SEAL# 90915 16.2496CBM		
	FREIGHT	PREPAID		

NO SED REQUIRED AES 251574124 351432183
THIS SHIPMENT CONTAINS NO SOLID WOOD PACKING MATERIAL
THESE COMMODITIES, TECHNOLOGY OR SOFTWARE WERE EXPORTED FROM
THE UNITED STATES IN ACCORDANCE WITH THE EXPORT ADMINISTRATION
REGULATIONS. DIVERSION CONTRARY TO U.S. LAW IS PROHIBITED.

Total Number of Containers or Packages (in words): ONE FORTY FOOT AND TWO FORTY FOOT HC CONTAINERS

Freight & Charges	Rate	Unit	Prepaid	Collect

Declared Value (Optional) : US $

(PACKAGE LIMITATION CLAUSE) Section 4.(5) of U.S. Carriage of Goods by Sea Act-1936 : Neither the carrier nor the ship shall in any event be or become liable for any loss or damage to or in connection with the transportation of goods in an amount exceeding $500 per package lawful money of the United States or in case of goods not shipped in packages, per customary freight unit or the equivalent of that sum in other currency, unless the nature and value of such goods have been declared by the shipper before shipment and inserted in the Bill of Lading and additional freight has been paid as required. This declaration, if embodied in the Bill of Lading shall be prima facie evidence, but shall not be conclusive on the carrier. THIS CLAUSE SHALL APPLY ONLY TO GOODS MOVING TO OR FROM PORTS OF UNITED STATES.

IN ACCEPTING THIS BILL OF LADING, the shipper, owner and consignee of the goods, and the holder of the Bill of Lading expressly accept and agree to all its stipulations, exceptions and conditions, whether written, stamped or printed, as fully as if signed by such shipper, owner, consignee and/or holder. No agent is authorized to waive any of the provisions of the clauses.

IN WITNESS WHEREOF the master or agent of the said ship has affirmed to bill of Lading, all of the tenor and date, ONE of which being accomplished, the others to stand void.

Total Charges

Number of Original B(s)/L: THREE(3)

On Board Date: MAY 10,2008

(OBD:MAY TENTH,2008)

Dated at: CHARLOTTE, NC MAY 08,2008

Hyundai America Shipping Agency, Inc
as agent for Hyundai Merchant Marine Co., Ltd (Carrier)

By: ____________

上海鹏海国际船舶代理有限公司
Penghai Shipping Agency Limited

进口集装箱货物提货单

DELIVERY ORDER

港区场站　　　　DATE:　3/04/2008　　换单日期　20080304[illegible]

收货人名称	收货人开户银行与账号
[illegible]兴[illegible]木业有限公司	

船名	航次	起运港	目的港	船舶预计到港时间
[illegible]UNDAI GRACE	006WE	Norfolk, VA	Shanghai	2008030[illegible]

提单号	交付条款	卸货地点	进库场日期	第一程运输
[illegible]UVA[illegible]197616	CY-CY	外高桥二期		

标记与集装箱号	货名	集装箱数或件数	重量(KGS)	体积(M³)
		[illegible]	74716.5000	66.[illegible]
[illegible]TAINER N [illegible]U4572501 [illegible]U6356916 [illegible]U6407227 [illegible]MU4572501 523851 40 DC F [illegible]MU6356916 523853 4H DC F [illegible]MU6407227 523852 4H DC F	SHIPPER'S LOAD, STOW & COUNT 2 X 40' HC AND 1 X 40' CONTAINERS STC 36 RED OAK LOGS / SEALS 90918 14.5090CBM 36 RED OAK LOGS / SEALS 90911 16.2512CBM 33 RED OAK LOGS / SEALS 90915 16.2466CBM FREIGHT PREPAID ABN [illegible] [illegible]ONTAINS NO SOLID WOOD PACKING MATERIAL [illegible]S, TECHNOLOGY OR SOFTWARE WERE EXPORTED FROM			

船代公司重要提示：

1) 本提货单中有关船、货内容按照提单的相关显示填制；
2) 请当场核查本提货单内容错误之处，否则本公司不承担由此产生的责任和损失；(Error And Omission Excepted)
3) 本提货单仅为向承运人或承运人委托的雇佣人或替承运人保管货物订立合同的人提货的凭证，不得买卖转让；(Non-negotiable)
4) 在本提货单下，承运人代理及雇佣人的任何行为，均应被视为代表承运人的行为，均应享受承运人享有的免责、责任限制和其他任何抗辩理由；(Himalaya Clause)
5) 本提货单所列的船舶预计到港时间不作为申报进境和计算滞报金、滞箱费、疏港费等起算的依据，货主不得以此为由要求赔偿或由此造成的损失，责任自负；
6) 本提货单中的中文译文仅供参考

上海鹏海国际船舶代理有限公司
(盖章有效)
年　月　日

收货人章	海关章
1	2
检验检疫章	
3	4
5	6

注意事项：

1. 本提货单需盖有船代放货章和海关放行章后方始有效。凡属法定检验、检疫的进口商品，必须向检验检疫机构申报。
2. 提货人到码头公司办理提货手续时，应出示单位证明或经办人身份证明。提货人若非本提货单记名收货人时，还应当出示提货单记名收货人开具的证明，以表明其为有权提货的人。
3. 货物超过港存期，码头公司可以按《上海港口货物疏运管理条例》的有关规定处理。在规定期间无人提取的货物，按《海关法》和国家有关规定处理。

JG05

来料加工
补偿贸易 专用

主页

中华人民共和国海关进口货物报关单

1 预录入编号： 海关编号：

进口口岸 621862210 备案号 222520081258132637 进口日期 申报日期

经营单位 外港海关 2225 运输方式 B29927420238 运输工具名称 2008-06-04 提运单号 2008-06-05

嘉兴高全木业有限公司

3304940293 江海运输 HYUNDAI GRACE/005W HDMUWASQ2127618

收货单位 嘉兴高全木业有限公司

3304940293 贸易方式 来料加工 征免性质 0214 来料加工 (502) 境内目的地 0.%

批准文号 成交方式 美国 运费 (502) 诺福克 (610) 杂费 嘉兴 (33049)

合同协议号 件数 CIF 包装种类 毛重（公斤） 净重（公斤）

07-B1232.21 集装箱号 随附单据 97 其他 74716.5 用途 74716.5

标记唛码及备注 A

随附单证号：310700108121672000

项号 商品编号 商品名称、规格型号 数量及单位 原产国（地区） 单价 总价 币制 征免

1. 44039100 红橡木原木/长8'以上 46.990立方米 美国 510.0000 23964.90 USD 全免

(1) 直径15"以上 74716.500千克 (502) 美元

锯材级，未经防腐剂处理 46.990立方米 用途：加工返销

税费征收情况

录入员 录入单位 兹声明以上申报无讹并承担法律责任 海关审单批注及放行日期（签章）

22002100 报关员 3112280006

上海经贸淞海报关有限公司 报关专用章

报关员 审结人代码(9999) 审结人：（计算机） 审单 审价

申报单位 审结日期：2008-06-05 征税 统计

单位地址 22002102

上海经贸淞海报关有限公司 查验 放行

邮编 电话 填制日期

任务一:合同备案

任务描述:

1. 合同备案的含义

加工贸易合同备案是指加工贸易企业持合法的加工贸易合同到主管海关备案,申请保税并领取《加工贸易登记手册》或其他准予备案凭证的行为。

海关受理合同备案是指海关根据国家规定在接受加工贸易合同备案后,批准合同约定的进口料件全部或部分保税或"先征后退",并把合同内容转为《登记手册》内容或作必要的登记,然后核发《登记手册》或其他准予备案的凭证海关行政许可事项。

2. 合同备案的企业

经营企业,是指负责对外签订加工贸易进出口合同的各类进出口企业和外商投资企业,以及经批准获得来料加工经营许可的对外加工装配服务公司。

加工企业,是指接受经营企业委托,负责对进口料件进行加工或者装配,且具有法人资格的生产企业,以及由经营企业设立的虽不具有法人资格,但实行相对独立核算并已经办理工商营业证(执照)的工厂。

需要说明的是,在合同备案之前,嘉兴高全木业有限公司首先应该向所在县(嘉善县)外经贸局(注:现在加工贸易合同审批权已由市级下放到县级)申领《加工贸易企业经营状况及生产能力证明》。以下操作以公司所属的直属海关杭州海关为例。

步骤一:办理加工贸易合同审批,领取《加工贸易业务批准证》。

具体操作:嘉兴高全木业有限公司有关人员持 CONTRACT 到嘉善县外经贸局办理,向嘉善县外经贸局提交下列文件和资料(据嘉兴市对外贸易经济合作局网站):

(1)申请报告;

(2)《加工贸易业务批准证》申请表;

(3)《进口料件申请备案清单》;

(4)《出口制成品及对应进口料件消耗备案情况》;

(5)经营企业对外签订的进出口合同(正本);

(6)加工贸易经营企业和生产企业注册地商务主管部门出具的《加工贸易企业经营状况及生产能力证明》;

(7)《进出口企业资格证书》及《企业法人营业执照》复印件。

嘉善县外经贸局经审核各项单证、单耗数据以及《加工贸易业务批准证申请表》相关数据真实齐全的,且具备加工复出口能力的经营企业,审核签发《加工贸易业务批准证》,并加盖加工贸易审批专用章。

注意:需要领取许可证件的向有关主管部门领取许可证件。

本次业务操作:据发票,本次业务商品名称是"red oak logs",即"红橡木原木",查税则号,其商品编号为 4403,9100,监管条件栏显示"8A",意为"禁止出口"、"需经检验检疫,取得入境货物通关单"。企业应先报检,取得入境货物通关单。

步骤二:加工贸易合同的备案。

具体操作:嘉兴高全木业有限公司准备好合同备案所需的各种单证,交给代理报关方——淞海报关有限公司报关员去嘉兴海关驻嘉善办事处办理。

海关受理备案的加工贸易合同必须合法有效。加工贸易合同是否合法有效的标志主要是:商务主管部门合同审批是否通过,合同所涉及的加工贸易进出口国家管制商品是否获得许可。经商务主管部门审批通过并获得加工贸易业务批准证和必需的许可证件的加工贸易合同,应当视为合法有效的合同。

一、合同备案的一般业务流程

以下内容以杭州海关网站“办事指南”——“加工贸易”为依据。

(一)合同备案的材料准备

(1)嘉兴市外经贸局签发的《加工贸易业务批准证》,随附《进口料件申请备案清单》、《出口制成品及对应进口料件消耗备案清单》;

(2)嘉兴市外经贸局出具的《加工贸易加工企业生产能力证明》(以下简称《生产能力证明》),经营企业在《生产能力证明》有效期内再次申请备案的,可递交加盖本企业印章的《生产能力证明》复印件;

(3)经营企业(嘉兴高全木业有限公司)对外签订的合同(或协议);

(4)经营企业委托加工的还应当递交经营企业与加工企业签订的委托加工合同(本次业务无此类情况);

(5)《登记手册》(电子账册、电子化手册企业除外);

(6)海关按规定需要收取的其他单证和材料;

(7)《加工贸易单耗申报单》(企业选择在备案环节申报单耗时提供)。

(二)预审

材料齐全后,交海关预审,预审内容包括:

(1)对企业开展加工贸易的资格审核(企业是否在海关备案、经营范围、有无被海关立案调查的走私违规行为等);

(2)审核提交的单证是否齐全;

(3)审核企业填报的贸易方式、商品编码、征免性质、品名规格、计量单位等内容是否符合规范;

(4)审核企业备案的保税料件和出口成品是否属于国家禁止进口、出口的商品,单耗是否合理;

(5)审核企业生产、经营状况是否正常;

(6)对初次经营加工贸易的企业提出验厂建议。

对审核无误的合同,在加工贸易合同备案申请表上加盖“同意录入”章,企业凭此录入。不予受理备案手续的几种情况:

(1)经营企业申请备案的进口料件或者出口成品属于国家禁止进出口的;

(2)经营企业申请备案的加工产品属于海关无法实行保税监管的;

(3)经营企业申请备案的加工产品属于国家禁止在我国境内加工生产的;

(4)经营企业或者加工企业属于国家规定不允许开展加工贸易的;

(5)经营企业无正当理由未在规定期限内向海关报核已到期的加工贸易手册的;

(6)经营企业申请备案的单耗超过国家规定的单耗标准的;

(7)法律、法规、规章规定不予备案的其他情形。

(三)合同预录入

一般是由企业填写加工贸易合同备案预录入呈报表及《登记手册》,交海关预审后由预录入公司进行合同预录入。各地海关在这方面的操作程序大同小异。不同点包括:就录入者而言,有的地方要求企业录入,有的则要求由预录入公司录入,有的是由代理及报关公司录入。

1. 预录入操作程序

在手册备案界面下,用户可进行合同预录入,分为四个部分:一是"合同基本信息表",二是"进口料件清单表",三是"出口成品清单表",四是"成品单耗表"。录入规范分述如下。

(1)合同基本信息表(见图 3-3)

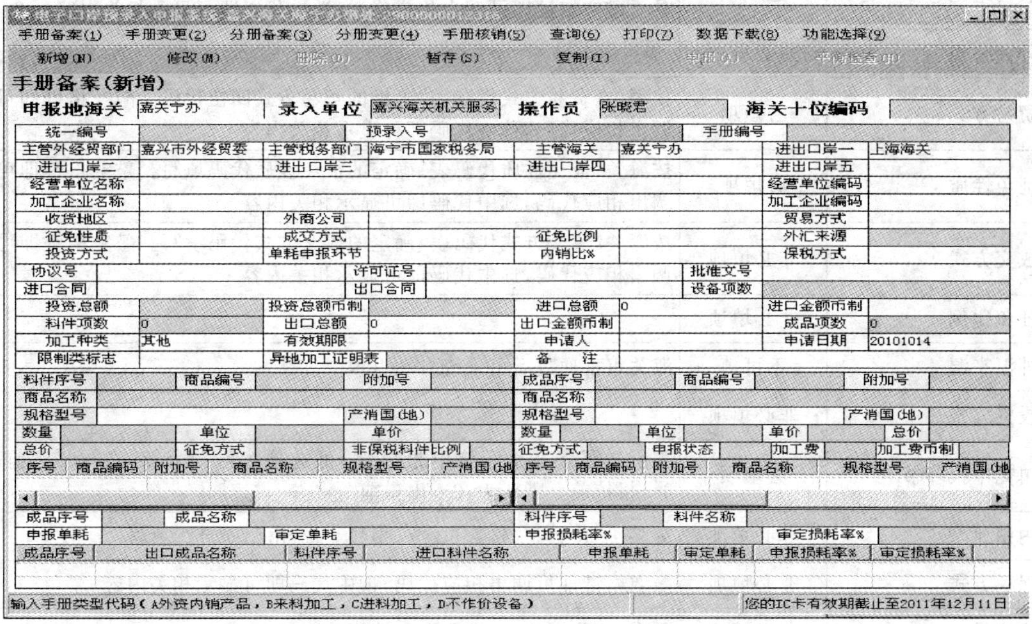

图 3-3　保税货物合同预录入界面之一:合同基本信息表

操作员 IC 卡插入连接在电脑上的 IC 卡读卡器中,系统根据 Ikey 或 IC 卡的信息进行操作员身份验证,并将经操作员申报的数据自动电子签名、加密。"申报地海关"、"录入单位"以及"操作员"栏的信息也根据操作员 IC 卡的信息自动显示,无需填写。其他栏目输入规范如表 3-3 所示。

表 3-3　合同基本信息表各栏目填写规范

字段名称	必填/非必填	其他说明
统一编号、预录入号、手册编号	不可填	海关审批通过后由系统自动返填
进出口岸	非必填项	即企业保税货物进出口口岸,至少填报 1 个。最多可填 5 个,进出口货物必须从所填的 5 个口岸进出口。敲空格键即可调出相应代码,选中代码即可显示相关内容
主管海关	必填项	敲空格键即可调出相应代码,选中代码即可显示相关内容

续表

字段名称	必填/非必填	其他说明
主管外经贸部门	必填项	敲空格键即可调出相应代码,选中代码即可显示相关内容
经营单位	必填项	前一录入框为经营单位名称,后一录入框为经营单位在海关注册的10位编码,10位字符;系统根据输入的经营单位名称自动返填经营单位代码
加工单位	必填项	前一录入框为加工单位名称,后一录入框为加工单位在海关注册的10位编码,10位字符;系统根据输入的加工单位名称自动返填加工单位代码
收货地区	必填项	进口货物收货人所在地,所在地指所在的省(自治区、直辖市)、市、县。敲空格键即可调出相应代码,选中代码即可显示相关内容
外商公司	非必填项	
贸易方式	必填项	按海关《贸易方式代码表》确定的贸易方式四位代码。敲空格键即可调出相应代码,选中代码即可显示相关内容
征免性质	必填项	按海关《征免性质代码表》确定的征免性质代码填写。敲空格键即可调出相应代码,选中代码即可显示相关内容
成交方式	非必填项	按海关《成交方式代码表》确定的成交方式代码填写。敲空格键即可调出相应代码,选中代码即可显示相关内容
征免比例	非必填项	
外汇来源	不可填	海关审批通过后由系统自动返填
投资方式	非必填项	
单耗申报环节	必填项	表示在哪个业务环节申报单耗,可选项为:1—备案;2—出口前;3—报核前。默认为:2—出口前
内销比	非必填项	最多18位数字,整数13位,小数5位,由企业自行填写
保税方式	非必填项	敲空格键即可调出相应代码,选中代码即可显示相关内容
协议号	非必填项	最多32位字符,由企业自行填写
许可证号	非必填项	商务部及其授权发证机关签发的进口货物许可证的编号。一份申报单只允许填报一个许可证号。最多20位字符,由企业自行填写
批准文号	必填项	最多20位字符,由企业自行填写
进口合同	必填项	进口货物的合同或协议的详细年份、字头和编号及附件号码。最多20位字符,由企业自行填写
出口合同	非必填项	进口货物的合同或协议的详细年份、字头和编号及附件号码。最多20位字符,由企业自行填写
设备项数	不可填	系统自动返填
投资总额	不可填	系统自动返填
投资总额币制	不可填	系统自动返填
进口总额	必填项	最多18位数字,整数13位,小数5位,由企业自行填写
进口金额币制	必填项	敲空格键即可调出相应代码,选中代码即可显示相关内容
进口货物项数	不可填	系统根据料件表中料件项数自动返填

续表

字段名称	必填/非必填	其他说明
出口总额	必填项	最多18位数字，整数13位，小数5位，由企业自行填写
出口金额币制	必填项	敲空格键即可调出相应代码，选中代码即可显示相关内容
出口货物项数	不可填	系统根据成品表中成品项数自动返填
加工种类	必填项	敲空格键即可调出相应代码，选中代码即可显示相关内容
有效期限	必填项	8位数字，顺序为年4位、月、日各2位
申请人	必填项	敲空格键即可调出相应代码，选中代码即可显示相关内容。需和备案资料库的加工贸易企业相同
申请日期	不可填	系统根据申报时间自动返填
限制类标志	必填项	输入1位代码即可显示相关内容
异地加工证明表	不可填	如有，系统自动返填
备注	非必填项	最多10位字符，可填写表格内项目未尽事宜

(2)进口料件清单表(见图3-4)

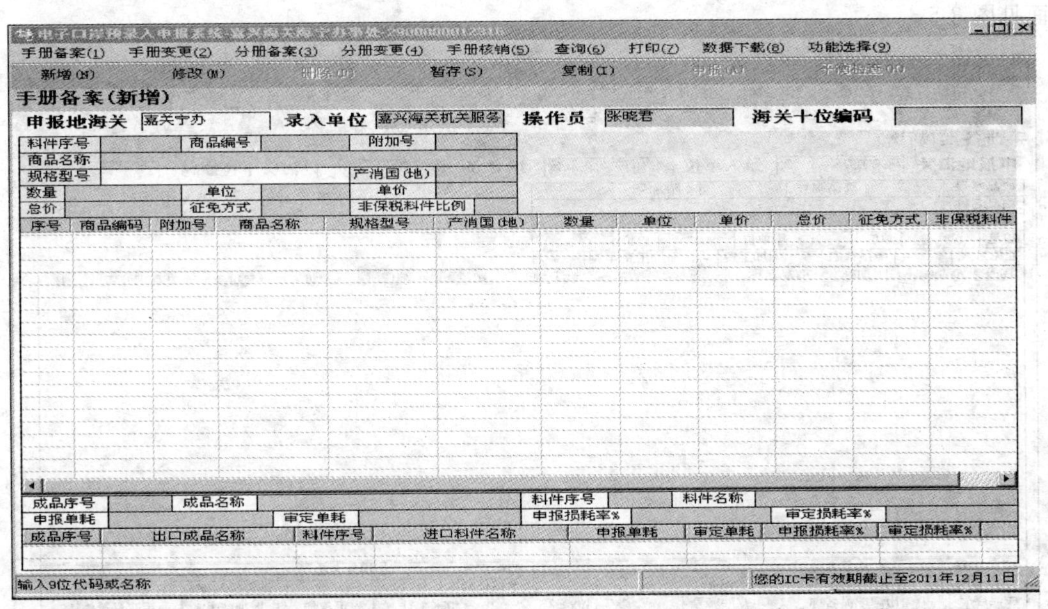

图3-4　保税货物合同预录入界面之二：进口料件清单表

输入规范(见表3-4)：

表3-4　进口料件清单表各栏目填写规范

字段名称	必填/非必填	其他说明
料件序号	必填项	由系统自动生成，最多9位数字
商品编号	必填项	8位数字，根据《商品分类表》(COMPLEX)、《商品归类表》(CLASSIFY)填写。录入商品编码前4位即可调出相应信息进行选择

续表

字段名称	必填/非必填	其 他 说 明
附加号	可选项	根据商品编号调出,无则空
商品名称	必填项	输入商品编号后由系统自动调出
规格型号	非必填项	最多30位字符
产消国(地区)	非必填项	敲空格键即可调出相应代码,选中代码即可显示相关内容
数量	必填项	最多18位数字,整数13位,小数5位
单位	必填项	由系统自动调出,可更改
单价	必填项	最多18位数字,整数13位,小数5位
总价	必填项	最多18位数字,整数13位,小数5位
征免方式	非必填项	敲空格键即可调出相应代码,选中代码即可显示相关内容
非保税料件比例	非必填项	同一料件有保税和非保税料件的,应当申报非保税料件的比例,填百分号前的数字,范围为0～99

(3)出口成品清单表:输入完料件部分的所有项目后,即可输入出口成品清单表,输入界面见图3-5

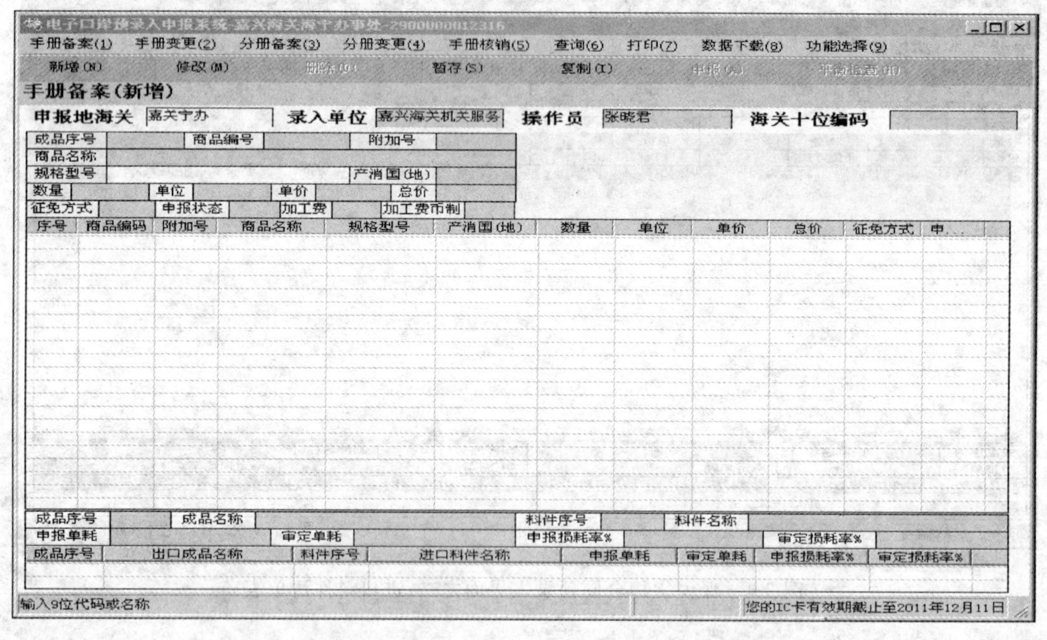

图3-5 保税货物合同预录入界面之三:出口成品清单表

输入规范(见表 3-5):

表 3-5　出口成品清单表各栏目填写规范

字段名称	必填/非必填	其　他　说　明
成品序号	必填项	由系统自动生成,最多 9 位数字
商品编号	必填项	8 位数字,根据《商品分类表》(COMPLEX)、《商品归类表》(CLASSI-FY)填写。录入商品编码前 4 位即可调出相应信息进行选择
附加号	可选项	根据商品编号调出,无则空
商品名称	必填项	输入商品编号后由系统自动调出
规格型号	非必填项	最多 30 位字符
产消国(地区)	非必填项	敲空格键即可调出相应代码,选中代码即可显示相关内容
数量	必填项	最多 18 位数字,整数 13 位,小数 5 位
单位	必填项	由系统自动调出,可更改
单价	必填项	最多 18 位数字,整数 13 位,小数 5 位
总价	必填项	最多 18 位数字,整数 13 位,小数 5 位
征免方式	非必填项	敲空格键即可调出相应代码,选中代码即可显示相关内容
申报状态	必填项	指单耗申报状态,有 2 个可选项:"企业申报"、"企业不申报"
加工费	必填项	最多 18 位数字,整数 13 位,小数 5 位
加工费币制	必填项	敲空格键即可调出相应代码,选中代码即可显示相关内容

(4)成品单耗表,输入界面见图 3-6

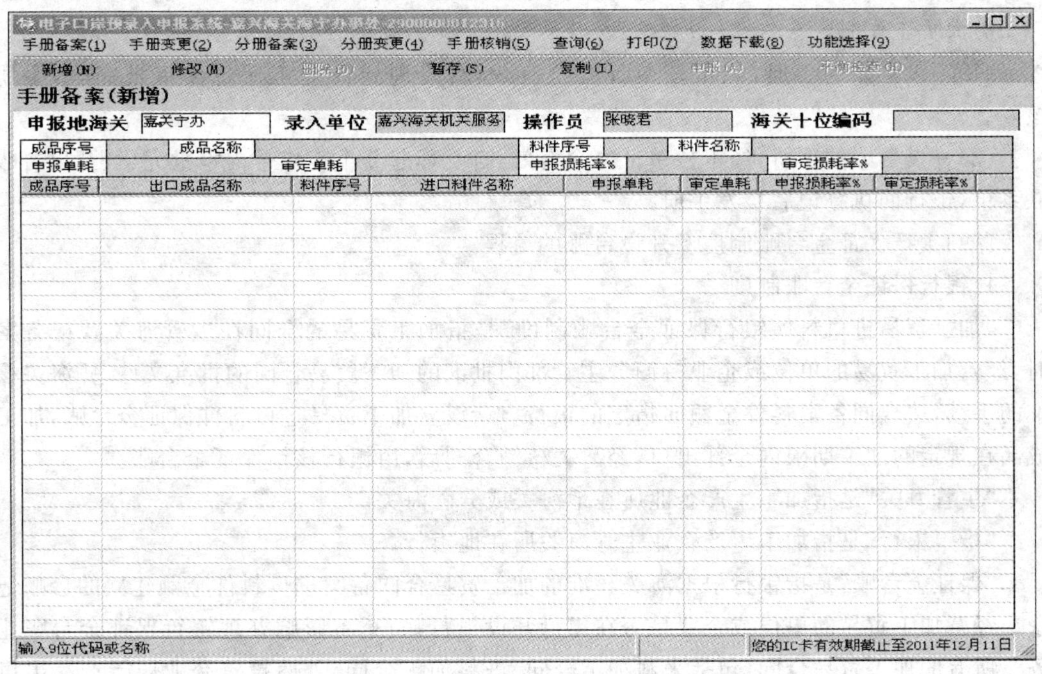

图 3-6　保税货物合同预录入界面之四:成品单耗表

填写规范见表3-6：

表3-6 单耗表各栏目填写规范

字段名称	必填/非必填	其他说明
成品序号	必填项	最多9位数字，但必须保证该序号在成品表中存在
成品名称	必填项	输入成品序号后由系统自动调出
料件序号	可选项	最多9位数字，但必须保证该序号在料件表中存在
料件名称	必填项	输入料件序号后由系统自动调出
申报单耗	必填项	最多18位数字，整数9位，小数9位
审定单耗	非必填项	最多18位数字，整数9位，小数9位
申报损耗率	必填项	申报损耗率的计算结果是百分数，填写时只填百分号前的数值，而不填百分号。比如，计算结果损耗率是10%，则只填10
审定损耗率	必填项	申报损耗率的计算结果是百分数，填写时只填百分号前的数值，而不填百分号。比如，计算结果损耗率是10%，则只填10

2.海关工作流程

(1)备案进口金额在1万美元以下的(对于A、B类企业)：

经办人初审→科长复核→核发手册

(2)备案进口金额在1万美元以上的(对于A,B类企业)：

经办人初审→科长复核→开设台账→登记银行回执→核发手册

(3)AA类企业备案合同一律免设台账，流程同(1)；C类企业一律设台账，流程同(2)。

(4)风险担保金征收：按规定征收相当于税款的保证金。

3.海关工作时限

(1)不设台账的手册：经审核单证齐全有效，自受理起5个工作日内审批完毕，手册核发。

(2)开设台账的手册：经审核单证齐全有效，自受理起5个工作日内审批完毕，开出台账联系单，银行回执登记后核发手册。

(四)银行保证金台账制度及开设台账的流程

1.银行保证金台账制度

“加工贸易进口料件银行保证金台账制度”是指加工贸易的合同在主管海关登记备案时，经营加工贸易的单位或企业持商务主管部门批准的加工贸易合同的批准文件，凭海关核准的手续，按合同备案料件金额向指定的银行申请设立加工贸易进口料件保证金台账，加工成品在规定的加工期限内全部出口，经海关核销合同后，由银行核销保证金台账。

“主管海关”是指加工生产企业所在地海关或分管海关。

“指定银行”是指加工生产企业主管海关所在地银行。

“保证金台账”是指银行根据海关核准的加工贸易合同备案进口料件金额建立的台账记录。经营加工贸易的单位或企业是否在银行开设银行账户，不影响办理银行保证金台账业务。所有的加工贸易合同，包括来料加工合同、进料加工合同、外商投资企业履行产品出口合同、保税工厂、保税集团的加工贸易合同，都要按加工贸易进口料件银行保证金台账制度的规定办理，或不设台账，或设台账不付保证金，即“空转”；或设台账并付保证金，即“实转”。加工贸易银行保证金台账制度的核心内容是对企业和商品实行分类管理，对部分企业进口的开展加工贸易的部分料件，银行要按料件的进口税额征收保证金。

2.加工贸易商品的分类管理

(1)加工贸易商品实行分类管理，分为禁止类、限制类、允许类三种。自1999年起，国家开始对加工贸易实行商品分类管理，按商品将加工贸易分为禁止类、限制类和允许类。

①加工贸易禁止类商品：是指《中华人民共和国对外贸易法》规定禁止进口的商品，以及海关无法实行保税监管的商品。禁止类商品不允许开展加工贸易。2004年至今，根据国民经济发展需要和宏观调控要求，按照相关法律、法规及加工贸易管理有关规定，国家陆续将部分商品列入加工贸易禁止类目录。对列入禁止类目录的加工贸易，取消其进口保税政策。

2010年9月29日，根据国务院关于做好节能减排工作的要求，商务部和海关总署对加工贸易禁止类目录进行调整。商务部、海关总署发布2010年第63号公告，自2010年11月1日起，将44个十位商品编码增列入加工贸易禁止类目录。其中，多晶硅、废碎玻璃等22种商品禁止出口，热压铁块、铸铁废碎料、废汽车压件等22种商品禁止进出口。

②加工贸易限制类商品：加工贸易限制类商品是指国内外差价大且海关不易监管的敏感商品，国家根据优化出口商品架构的需要，为了严格控制“两高一资”产品出口，考虑到抑制低附加值、低技术含量产品出口，减少贸易摩擦，促进贸易平衡，缓解外贸顺差过大带来的突出矛盾，有利于推进加工贸易转型升级，实现外贸增长模式转变和社会经济可持续发展等因素，有时还要考虑国家实施区域发展战略的需要，引导加工贸易向中西部梯度转移，加快形成布局合理、比较优势明显、区域特点鲜明加工贸易区域发展格局，逐年对加工贸易限制类商品政策进行调整，对东部和中西部地区实行差别政策。

加工贸易限制类商品目前包括塑料原料、聚酯切片、化纤原料、棉花、棉纱、钢材、食糖、植物油、天然橡胶、羊毛等商品。

③允许类是指除禁止类、限制类以外的其他商品，加工贸易企业可以自行开展此类商品的加工贸易。

3.加工贸易企业的分类管理

海关根据企业分类管理标准对加工贸易企业设置AA、A、B、C、D 5类管理措施(详见附录2)。大致来说，AA类开展限制类商品加工贸易是空转，开展允许类加工贸易是不转(禁止类除外)；A类都是空转(禁止类除外)；B类允许类及限制类中西部地区是空转，东部地区为半实转；C类全部是实转(禁止类除外)；D类不允许开展加工贸易。至于禁止类商品，不管哪类企业都不准开展加工贸易。除此之外，AA类A类B类企业的金额在5000美元以下的78种客供辅料既不用开设银行保证金台账。也不用申领加工贸易手册。

加工贸易银行保证金台账分类管理的具体内容如表3-7所示。

表 3-7　加工贸易银行保证金台账分类管理

<table>
<tr><td colspan="2" rowspan="2">台账分类管理内容</td><td colspan="2">禁止类商品</td><td colspan="2">限制类商品</td><td colspan="2">允许类商品</td><td colspan="2">1万美元及以下零星料件</td><td colspan="2">进口5000美元及以下78种辅料</td></tr>
<tr><td>东部</td><td>中西部</td><td>东部</td><td>中西部</td><td>东部</td><td>中西部</td><td>东部</td><td>中西部</td><td>东部</td><td>中西部</td></tr>
<tr><td rowspan="3">AA类企业</td><td>纸质手册</td><td colspan="2" rowspan="12">不准</td><td colspan="2" rowspan="6">空转</td><td colspan="2" rowspan="3">不转</td><td colspan="2" rowspan="9">不转</td><td colspan="2" rowspan="9">不转</td></tr>
<tr><td>电子化手册</td></tr>
<tr><td>电子账册</td></tr>
<tr><td rowspan="3">A类企业</td><td>纸质手册</td><td colspan="2" rowspan="3">空转</td></tr>
<tr><td>电子化手册</td></tr>
<tr><td>电子账册</td></tr>
<tr><td rowspan="3">B类企业</td><td>纸质手册</td><td rowspan="3">半实转</td><td colspan="3" rowspan="3">空转</td></tr>
<tr><td>电子化手册</td></tr>
<tr><td>电子账册</td></tr>
<tr><td rowspan="3">C类企业</td><td>纸质手册</td><td colspan="8" rowspan="3">实转</td></tr>
<tr><td>电子化手册</td></tr>
<tr><td>电子账册</td></tr>
<tr><td colspan="2">D类企业</td><td colspan="10">不准</td></tr>
<tr><td colspan="2">特殊监管区域企业</td><td colspan="2">不准</td><td colspan="8">不转</td></tr>
</table>

4. 开设台账的流程

(1)经营单位或企业向主管海关申请办理加工贸易合同登记备案。

(2)经主管海关审核符合加工贸易合同备案要求的,签发《银行保证金台账开设联系单》,交由企业前往银行办理台账开设手续。

(3)企业前往指定银行办理保证金台账手续。银行审核有关资料后,根据有关情况为企业开设台账,出具《银行保证金台账登记通知单》。

(4)企业凭银行签发的《银行保证金台账登记通知单》到海关办理正式合同备案手续。

技能训练

1. 上网搜索《加工贸易业务批准证》申请表并自学该表各栏目的填写要求。

2. 上网搜索《加工贸易企业经营状况及生产能力证明》(含表一、表二、表三),并自学该表各栏目的填写要求。

合同备案中可能出现的情形

一、异地加工备案

国家规定开展的加工贸易业务应当由经营企业到加工企业所在地主管海关办理加工贸易合同备案手续。经营企业和加工企业可以是同一个企业，也可以不是同一个企业；可以属于同一关区，也可以属于不同关区。当经营企业与加工企业不在同一关区时，经营企业应先在其主管海关办理异地备案手续，然后到加工企业所在地海关办理企业备案手续后，方可再办理加工贸易合同备案业务。

(一)本关区经营企业委托外关区企业加工

1. 递交单证

(1)经营单位所在地商务主管部门签发的《加工贸易业务批准证》；

(2)加工企业所在地商务主管部门出具的《加工贸易加工企业生产能力证明》；

(3)《中华人民共和国海关异地加工贸易申请表》；

(4)双方企业签订的符合海关监管规定的委托加工合同；

(5)海关按规定需要收取的其他单证和材料；

(6)以上单证的全套复印件。

2. 工作流程

接收单证→海关审核→办理异地加工贸易关封交经营单位→经营单位或其加工企业将关封送交手册备案地海关登记备案。

3. 工作时限

经审核单证齐全有效，自受理起5个工作日内审批完毕，手册核发。

(二)外关区经营企业委托本关区企业加工

1. 递交单证

(1)经营单位主管海关加封的内有《中华人民共和国异地加工贸易申请表》、《加工贸易业务批准证》、《加工企业生产能力证明》的关封；

(2)双方企业签订的符合海关监管规定的委托加工合同；

(3)海关按规定需要收取的其他单证和材料。

2. 工作流程、工作时限

经审核单证齐全有效，自受理起5个工作日内审批完毕，手册核发。

二、加工贸易手册分册

加工贸易分册是指在海关核发的加工贸易《登记手册》(总册)基础上，因企业报关需要，由企业申请并经主管海关批准，将总册的部分内容重新登记备案，由海关核发该部分内容的加工贸易《登记手册》(分册)。

分册含基本情况表、进口料件情况或出口成品情况(或两者兼有)，分册备案进出口数量不要求"进出口平衡"。

(一)业务流程

(1)企业填写《加工贸易分册申请表》；

(2)预录入《加工贸易分册呈报表》；

(3)海关审核并核发分册。

(二)办理加工贸易分册须提供的单证

(1)已填写并加盖印章的《加工贸易分册申请表》;

(2)已预录入的《加工贸易分册呈报表》;

(3)已填写并加盖印章的《分册审批表》;

(4)海关核发的总册、已填写基本情况的空白分册;

(5)海关需要的其他单证。

(三)企业办理分册要注意的事项

(1)《加工贸易分册呈报表》的手册编号应与总册的手册编号相同。

(2)分册的有效期在总册的有效期之内。

(3)分册只能有一个口岸,异地报关分册的口岸必须在总册审批口岸范围之内。

(4)分册的进出口商品项必须在总册审批的商品项范围内。

(5)分册经营单位、加工生产单位、商品序号、品名、规格型号、计量单位、单价、币制等必须与总册对应项一致。

(6)分册的进出口商品数量必须在总册备案的对应商品数量范围之内。

三、5000美元以下78种列名客供辅料备案

(一)不实行保证金台账管理进口5000美元以下客供辅料的范围

1.拉链;2.纽扣;3.鞋扣;4.扣绊;5.搭扣;6.摁扣;7.垫肩;8.胶袋;9.别针;10.大头针;11.胶贴;12.纸贴;13.棉线;14.提帮线;15.缝纫线;16.绣花线;17.纸板;18.纸封;19.花边;20.滚条;21.纸盒;22.铁圈;23.D型圈;24.夹子;25.胶类;26.挂钩;27.风勾;28.衣架;29.尼龙绳;30.开线绳;31.腈纶绳;32.铆钉;33.汽眼;34.纸牌;35.商标;36.装饰牌;37.电脑牌;38.装饰用标牌;39.各种标签;40.电脑纸带;41.防腐剂;42.纸样;43.假带.44.窗帘绳;45.花纸;46.洗涤带;47.蝴蝶片;48.干燥剂;49.棉带;50.腰带;51.吊牌;52.玩具眼、鼻、头发;53.鞋眼;54.尼龙卷;55.魔术贴;56.条形码;57.塑料袋;58.密封圈;59.横头卡;60.嵌线;61.彩纸;62.汗衫边;63.裤勾;64.珠子(结);65.拷钮;66.胶纸衬;67.腰衬;68.说明书;69.橡筋;70.价格牌;71.品质带;72.尺码带;73.珠片;74.领插角;75.纸箱;76.五金配件;77.方型圈;78.小型生产用工具(扣模、胶针枪)

(二)递交单证

(1)出口合同(加盖公司公章);

(2)进口发票;

(3)《5000美元以下78种列名辅料免税申请表》(加盖公章)。

(三)工作流程

经办人初审→科长复核→核发免表。

(四)工作时限

自受理齐全有效单证起当场办结。

任务二：加工贸易货物进出口报关

任务描述：

加工贸易货物进出口，与其他货物进出口一样也要经过申报、配合查验、缴纳税费（没有批准保税的缴纳进口税，批准保税的缴纳监管手续费）、提取货物或装运货物的阶段。也必须有其他的报关单据，包括报关单、发票、装箱单、提单或装货单。进出口加工贸易货物申请报关由加工贸易企业或其代理人申报。

不同的是，加工贸易货物申请报关还必须有加工贸易《登记手册》或其他准予合同备案的凭证。加工贸易货物属于国家管制的进出口商品，必须提供有关主管部门的许可证件。其中关于进出口许可证的管理有以下几条规定：①来料加工和进料加工进口料件除易制毒化学品、能够制造化学武器的化工品、成品油以外均可以在报关进口时免予交验进口许可证；②来料加工和进料加工出口商品，属于国家规定应交验出口许可证件的，在出口报关时必须交验出口许可证。加工贸易货物进出口报关与一般进出口货物报关还有一个非常重要的区别，那就是加工贸易货物报关时，在计算机系统中已经有备案底账，是在备案底账的基础上报关，一般进出口货物是不必备案的，因此是在没有底账的基础上直接输入电子数据报关。

环节一：料件进口报关操作

步骤一：审单操作

一、确定商品品名

据发票及提单信息显示，本次业务商品品名为："RED OAK LOGS"，即"红橡木原木"。

二、商品归类

根据商品品名，确定其税则号为"4403.9100"。

三、规格

根据以上信息，查《中华人民共和国进出口商品规范申报说明》，税目 4403"原木"的申报要素包括"1.品名（中文及拉丁学名）；2.种类（树种名称）；3.加工方法（用油漆、着色剂等防腐剂处理等）；4.直径；5.长度"，品目下的子目"其他"都要"注明锯材级或切片级"。根据这一规定，本次业务商品规格栏应填报内容为："红橡木原木"（品名）、"未经防腐剂处理"（加工方法）、"直径 15"以上"（直径）、"长 8'以上"（长度）。"锯材级"。

步骤二：输单操作

以下逐一讲述本次业务报关单栏目的填写，与一般进出口报关单相近的见表 3-8，与一般进出口报关单不同的栏目将作详细介绍。相关栏目序号沿用上文讲述进口报关单栏目的序号。

表 3-8 来料加工业务报关单输单操作

序号	报关单栏目	信息来源	本次业务操作
1	申报地海关	货物申报地所属直属关区/口岸海关名称及代码。	外港海关
2	录入单位	系统读取企业操作员 IC 卡上的信息并自动返填	上海经贸淞海报关有限公司
3	操作员	系统读取企业操作员 IC 卡上的信息并自动返填	不可编辑
4	统一编号	系统自动生成	无需输入
5	预录入编号	接受申报的海关决定编号规则,计算机自动打印	无需输入
6	海关编号	海关接受申报时给予报关单的编号	无需输入
9	合同协议号	合同或协议:合同(包括协议或订单)编号	07—126—BI232.21
10	进口日期	相应的运输工具进境日期	2008-06-04
11	申报日期	预录入及 EDI 报关单向海关申报的日期,与实际情况不符时,由审单关员按实际日期修改批注。	2008-06-05
12	经营单位	合同或协议:对外签订并执行贸易合同的中国境内法人、其他组织或个人的名称及海关注册编码	嘉兴高全木业有限公司(3304940293)
13	单位性质	由计算机根据“经营单位”内容自动显示	无需输入
14	收货单位	进口货物在境内的最终消费、使用单位的名称,根据委托方提供的资料	嘉兴高全木业有限公司(3304940293)
15	申报单位	对申报内容真实性直接向海关负责企业或单位	上海经贸淞海报关有限公司
16	运输方式	提单(水路运输)或空运运单(航空运输)	江海运输(2009 年起改“水路运输”)
17	运输工具名称	载运货物进出境的运输工具名称或编号	HYUNDAI GRACE
18	航次号	提单中通常使用“voyage no.”表示航次号	V005W
19	提运单号	提运单	HDMUVASQ2127618
22	征免比例		无需填写
23	纳税单位	根据实际情况填写	嘉兴高全木业有限公司(3304940293)
24	许可证号	国务院商务主管部门及其授权发证机关签发的进、出口货物许可证的编号	一般出口业务,无需填写
25	启运国(地区)	提运单据。根据提单中 Port of Loading 栏	美国
26	装货港	提运单据。根据提单中 Port of Loading 栏	诺福克岛
27	境内目的地	系统根据“收货单位”自动生成	嘉兴(33049)
28	批准文号		进口报关免予填报
29	成交方式	发票的价格条款	CIF
30	运费	发票	免予填报

续表

序　号	报关单栏目	信息来源	本次业务操作
31	保费	发票	免予填报
32	杂费	发票	本次业务无需填写
33	件数	装箱单(packing list)中“Quantity/Unit”一栏所填内容	97
34	包装种类	装箱单(packing list)中“Quantity/Unit”一栏所填内容	其他
35	毛重	装箱单、提单中 GROSS WEIGHT 栏	74716.5kgs
36	净重	装箱单、提单中 NET WEIGHT 栏	74716.5kgs
37	集装箱号	提单 DESCRIPTIONS OF PACKAGES AND GOODS 栏	HDMU4372501 * 3(6)
38	随附单据	根据业务资料中监管证件情况及《监管证件代码表》	A
40	序号	报关单中的商品顺序编号	1
42	商品编号	根据商品品名确定	4403.9100
44	原产地	合同发票以 made in..., manufacture, country of original等来表示	美国
46	单价	发票	510.0000
47	总价	发票	23964.9000
48	币制	发票	USD

7.进口口岸:指货物实际进入我国关境口岸海关的名称。本栏目应根据货物实际进口的口岸海关。选择填报《关区代码表》中相应的口岸海关名称及代码。

在保税加工货物中,需要注意的是:

(1)应填手册中规定的口岸及代码;

(2)按跨关区深加工结转货物,出口报关单填转出地,进口报关单填转入地;

(3)不同加工区转让的货物,填报对方海关。

(4)无实际进出境及无法确定口岸的,填接受货物申报海关。

本次业务操作:进口关区为“外港海关”,查加工贸易手册,“进口口岸 1”为“上海海关”,“进口口岸 2”为“嘉兴海关”,填报“外港海关”符合手册规定。

8.备案号:进出口货物收发货人在海关办理加工贸易合同备案手续时,海关核发的《中华人民共和国海关加工贸易手册》、电子账册及其分册(以下统称《加工贸易手册》),或其他备案审批文件的编号。加工贸易项下货物,除少量低值辅料按规定不使用《加工贸易手册》及以后续补税监管方式办理内销征税的外,填报《加工贸易手册》编号。使用异地直接报关分册和异地深加工结转出口分册在异地口岸报关的,本栏目应填报分册号;本地直接报关分册和本地深加工结转分册限制在本地报关,本栏目应填报总册号。

加工贸易成品凭《征免税证明》转为减免税进口货物的,进口报关单填报《征免税证明》编号,出口报关单填报《加工贸易手册》编号。

对加工贸易设备之间的结转，转入和转出企业分别填制进、出口报关单，在报关单“备案号”栏目填报《加工贸易手册》编号。

此处指加工贸易合同备案文件的编号(12 位)。其中，第 1 位是标记代码，可以区分是何种贸易。

加工贸易合同备案号的标记码常用的有：

B：表示进口的料件和出口加工产品使用的《来料加工登记手册》编号。

C：表示进口的料件出口加工产品使用的《进料加工登记手册》编号。

D：表示使用《加工贸易不作价设备登记手册》进口的外商免费提供的用于加工贸易的不作价设备(重要性一般)。

Y：原产地证书代码，仅表示使用香港、澳门原产地证书适用 CEPA 的进口货物。

A：表示备料，一般是保税工厂、加工贸易的保税仓库进口的准备用于加工贸易的料件。

E：表示使用加工贸易联网企业使用的电子账册。

H：表示出入出口加工区的保税货物的电子账册备案号。

第 2～5 位是关区代码(手册备案主管海关)；第 6 位是年份；第 7 位是经营单位企业性质(1 为国营、2 为合作、3 为合资、4 为独资)第 8～12 位为手册顺序号。

涉及构成整车特征的汽车零部件的报关单，填报备案的 Q 账册编号。

注意：从备案号的第一位标记码中能分析出“贸易方式”、“征免性质”、“征免方式”、“用途”的填写信息，它们之间是相互协调的，因此备案号标记码(第一位)表示什么要背下来。后面的辅导中会为大家列出它们之间关系的表格，要熟悉记住。填报要求：一份报关单只允许填一个备案号，将手册或者征免税证明的 12 位编号照抄填入到备案号栏。

2. 填报要求：一份报关单只允许填报一个备案号。无备案审批文件的报关单此栏目免予填报。

同一批进出口货物中既有备案的商品又有非备案的商品时，应分别填写报关单申报也即分单填报。例如：某公司进口纯棉花布 10000 米，其中 6000 米用于加工产品后再出口，并事先在海关备案取得手册 C04025004321。而另外的 4000 米用于加工产品在国内销售。

根据例子中的描述能够判断出 6000 米纯棉花布属于进料加工(根据手册第 1 位标记代码 C 的含义判断出来)，报关时要提供加工贸易手册，报关单备案号栏应填写：C04025004321。而另外 4000 米是非备案商品，属于一般贸易，应该另外填写报关单申报。

同一批进出口货物中包含有不同的备案商品也应该分单填报。

知识卡

报关单填写小常识(七)：备案号录入注意事项

1. 手册录入时应选择《手册录入申报》。本栏目填报登记手册编号。

2. 少量低值辅料(即 5000 美元以下，78 种以内的低值辅料)按规定不使用《登记手册》的，辅料进口报关单填报“低值辅料”。使用《登记手册》的，按《登记手册》上的贸易方式填报。

3. 凡涉及减免税备案审批的报关单，本栏目在预录入中对免税表未加控制。

4. 无备案审批文件的报关单，本栏目免予填报。

备案号长度12位。例:C 23024300159,第1位为标记代码,备案号的标记代码必须与“贸易方式”及“征免性质”栏目相协调,例如:贸易方式为来料加工,征免性质也应当是来料加工,备案号的标记代码应为“B”。第2～5位为关区代码,第6位为年份,第7位为经营单位企业性质代码,第8～12位为序列号。

如果在备案库中读到此备案记录,则系统将调入此记录,操作员无须输入这些在备案记录中已存在的栏目,简化并加快了录入过程。

6.适用CEPA的进口货物:备案号为“Y”。

CEPA(Closer Economic Partnership Arrangement),即《关于建立更紧密经贸关系的安排》的英文简称。

2003年6月29日中华人民共和国商务部安民副部长代表中央政府与香港特别行政区财政司梁锦松司长,共同签署了《内地与香港关于建立更紧密经贸关系的安排》。总体目标是:逐步减少或取消双方之间实质上所有货物贸易的关税和非关税壁垒;逐步实现服务贸易的自由化,减少或取消双方之间实质上所有歧视性措施;促进贸易投资便利化。

2003年10月17日,中国商务部副部长安民与澳门特区政府经济财政司司长谭伯源分别代表中央政府和澳门特区政府在澳门正式签署了《内地与澳门关于建立更紧密经贸关系的安排》及其六个附件文本。双方就全部内容达成一致,主要包括:货物贸易和服务贸易自由化以及贸易投资便利化三个方面。

2004年10月27日,商务部副部长安民与香港特区政府财政司司长唐英年共同主持召开《内地与香港关于建立更紧密经贸关系的安排》联合指导委员会高层会议,并分别代表中央政府和香港特别行政区政府签署了《〈内地与香港关于建立更紧密经贸关系的安排〉补充协议》。

2004年10月29日,《内地与澳门关于建立更紧密经贸关系的安排》联合指导委员会高层会议在澳门召开。商务部副部长安民与澳门特区政府经济财政司司长谭伯源分别代表中央政府和澳门特别行政区政府签署了《〈内地与澳门关于建立更紧密经贸关系的安排〉补充协议》。

CEPA具有自由贸易协议性质,是中国国家主体与其特别行政区之间签署的自由贸易协议性质的经贸安排,带有明显的自由贸易区特征。从宏观角度看,CEPA的基本目标是:逐步取消货物贸易的关税和非关税壁垒,逐步实现服务贸易自由化,促进贸易投资便利化,提高内地与香港、澳门经贸合作水平。

本次业务操作:查《加工贸易备案手册》,备案号应填写:B29827420238。

20.贸易方式:根据实际对外贸易情况按海关规定的《监管方式代码表》选择填报相应的监管方式简称及代码。一份报关单只允许填报一种监管方式。

加工贸易货物监管方式填报要求如下:

(1)进口少量低值辅料(即5000美元以下,78种以内的低值辅料)按规定不使用《加工贸易手册》的,填报“低值辅料”。使用《加工贸易手册》的,按《加工贸易手册》上的监管方式填报。

(2)外商投资企业为加工内销产品而进口的料件,属非保税加工的,填报“一般贸易”。外商投资企业全部使用国内料件加工的出口成品,填报“一般贸易”。

(3)加工贸易料件结转或深加工结转货物,按批准的监管方式填报。

(4)加工贸易料件转内销货物以及按料件办理进口手续的转内销制成品、残次品、半成品，应填制进口报关单，填报“来料料件内销”或“进料料件内销”；加工贸易成品凭《征免税证明》转为减免税进口货物的，应分别填制进、出口报关单，出口报关单本栏目填报“来料成品减免”或“进料成品减免”，进口报关单本栏目按照实际监管方式填报。

(5)加工贸易出口成品因故退运进口及复运出口的，填报“来料成品退换”或“进料成品退换”；加工贸易进口料件因换料退运出口及复运进口的，填报“来料料件退换”或“进料料件退换”；加工贸易过程中产生的剩余料件、边角料退运出口，以及进口料件因品质、规格等原因退运出口且不再更换同类货物进口的，分别填报“来料料件复出”、“来料边角料复出”、“进料料件复出”、“进料边角料复出”。

(6)备料《加工贸易手册》中的料件结转转入加工出口《加工贸易手册》的，填报“来料加工”或“进料加工”。

(7)保税工厂加工贸易进出口货物，根据《加工贸易手册》填报“来料加工”或“进料加工”。

(8)加工贸易边角料内销和副产品内销，应填制进口报关单，填报“来料边角料内销”或“进料边角料内销”。

(9)加工贸易进口料件不再用于加工成品出口，或生产的半成品(折料)、成品因故不再出口，主动放弃交由海关处理时，应填制进口报关单，填报“料件放弃”或“成品放弃”。

信息来源：根据所提供的单证判断，加工贸易应有《加工贸易备案手册》，其中有批注的贸易方式。据手册编号第1位标记代码，也可以进行判断。

本次业务操作：《加工贸易备案手册》“贸易方式”栏批注为“来料加工”，编号第1位标记代码为“B”，可以认定为“来料加工”。

21.征免性质：加工贸易货物报关单应按照海关核发的《加工贸易手册》中批注的征免性质简称及代码填报。特殊情况填报要求如下：

(1)保税工厂经营的加工贸易，根据《加工贸易手册》填报“进料加工”或“来料加。

(2)外商投资企业为加工内销产品而进口的料件，属非保税加工的，填报“一般征税”或其他相应征免性质。

(3)加工贸易转内销货物，按实际情况填报(如一般征税、科教用品、其他法定等)。

(4)料件退运出口、成品退运进口货物填报“其他法定”(代码0299)。

(5)加工贸易结转货物，本栏目免予填报。

信息来源：《加工贸易手册》中批注的征免性质简称及代码。

本次业务操作：据《加工贸易手册》中批注的征免性质，填报“来料加工”。

39.备注：在加工贸易报关业务中，与本报关单有关联关系的，同时在业务管理规范方面又要求填报的备案号，填报在电子数据报关单中“关联备案”栏。加工贸易结转货物及凭《征免税证明》转内销货物，其对应的备案号应填报在“关联备案”栏。

与本报关单有关联关系的，同时在业务管理规范方面又要求填报的报关单号，填报在电子数据报关单中“关联报关单”栏。加工贸易结转类的报关单，应先办理进口报关，并将进口报关单号填入出口报关单的“关联报关单”栏。

其他填写规范与一般进出口类似。

信息来源：委托方提供的有关单证。

本次业务操作：随附单证号：310700108121672000(入境货物通关单编号)。

41.备案序号：本栏目专用于加工贸易、减免税等已备案、审批的货物。填报和打印该项货物在《加工贸易手册》等备案、审批单证中的顺序编号。加工贸易项下进出口货物的报关单，第一行填报报关单中的商品顺序编号，第二行填报该项商品在《加工贸易手册》中的商品项号，用于核销对应项号下的料件或成品数量。第二行特殊情况填报要求如下：

(1)深加工结转货物，分别按照《加工贸易手册》中的进口料件项号和出口成品项号填报。

(2)料件结转货物(包括料件、制成品和半成品折料)，出口报关单按照转出《加工贸易手册》中进口料件的项号填报；进口报关单按照转进《加工贸易手册》中进口料件的项号填报。

(3)料件复出货物(包括料件、边角料、来料加工半成品折料)，出口报关单按照《加工贸易手册》中进口料件的项号填报；如边角料对应一个以上料件项号时，填报主要料件项号。料件退换货物(包括料件、不包括半成品)，进出口报关单按照《加工贸易手册》中进口料件的项号填报。

(4)成品退换货物，退运进境报关单和复运出境报关单按照《加工贸易手册》原出口成品的项号填报。

(5)加工贸易料件转内销货物(以及按料件办理进口手续的转内销制成品、半成品、残次品)应填制进口报关单，填报《加工贸易手册》进口料件的项号；加工贸易边角料、副产品内销，填报《加工贸易手册》中对应的进口料件项号。如边角料或副产品对应一个以上料件项号时，填报主要料件项号。

(6)加工贸易成品凭《征免税证明》转为减免税货物进口的，应先办理进口报关手续。进口报关单填报《征免税证明》中的项号，出口报关单填报《加工贸易手册》原出口成品项号，进、出口报关单货物数量应一致。

(7)加工贸易料件放弃或成品放弃，本栏目应填报《加工贸易手册》中的进口料件或出口成品项号。半成品放弃的应按单耗折回料件，以料件放弃申报，本栏目填报《加工贸易手册》中对应的进口料件项号。

(8)加工贸易副产品退运出口、结转出口或放弃，本栏目应填报《加工贸易手册》中新增的变更副产品的出口项号。

(9)经海关批准实行加工贸易联网监管的企业，按海关联网监管要求，企业需申报报关清单的，应在向海关申报进出口(包括形式进出口)报关单前，向海关申报“清单”。一份报关清单对应一份报关单，报关单上的商品由报关清单归并而得。加工贸易电子账册报关单中项号、品名、规格等栏目的填制规范比照《加工贸易手册》。

优惠贸易协定项下实行原产地证书联网管理的报关单，本栏填报该项商品对应的原产地证书上的商品项号。

信息来源：《加工贸易备案手册》中货物的序号。

本次业务操作：查《加工贸易备案手册》，应填报(1)。

43.商品名称、规格型号：加工贸易等已备案的货物，填报的内容必须与备案登记中

同项号下货物的商品名称一致；加工贸易边角料和副产品内销，边角料复出口，本栏目填报其报验状态的名称和规格型号。其他填写规范与一般进出口业务一致。

信息来源：合同、发票。

本次业务操作：“红橡木原木(RED OAK LOGS)未经防腐剂处理”、“直径15”以上”、“长8’以上”、“锯材级”。

45.数量及单位：加工贸易等已备案的货物，成交计量单位必须与《加工贸易手册》中同

项号下货物的计量单位一致，加工贸易边角料和副产品内销、边角料复出口，本栏目填报其报验状态的计量单位。其他填写规范与一般进出口业务一致。

信息来源：Packing list 中 Quantity 一栏。

本次业务操作：《加工贸易备案手册》中同项号下货物的计量单位为“立方米”，本次业务成交单位也是立方米，与《加工贸易备案手册》一致。填报：成交数量：46.990，成交单位：立方米，法定数量：46.990，法定单位：立方米，第二数量：74716.500，第二单位：千克。生成报关单后，显示为：第一行：46.990 立方米；第二行：74716.500 千克；第三行：46.990 立方米。

49. 征免：本栏目应按《征减免税方式代码表》中相应的征减免税方式的名称。加工贸易货物报关单应根据《加工贸易手册》中备案的征免规定填报；《加工贸易手册》中备案的征免规定为“保金”或“保函”的，应填报“全免”。

信息来源：《加工贸易备案手册》。

本次业务操作：填报“全免”。

50. 用途：根据进口货物的实际用途按海关规定的《用途代码表》选择填报相应的用途代码。与前面“贸易方式”、“备案号”、“征免性质”、“征免”等栏目有逻辑对应的关系。详见表 3-9。

表 3-9 来料加工报关单各栏逻辑对应关系

贸易方式	代 码	备案号	征免性质	代 码	用 途	征 免
来料加工	0214	B+11 位数	来料加工	502	加工返销	全 免

步骤三：申报（电子发送及交单、配合查验、提货等现场操作）：

操作程序比一般进口货物报关程序少了缴纳税费环节，其余大致一样，这里不再赘述。

在实践中，加工贸易企业的料件进口和成品出口业务间隔时间较长，一般是分开报关的，且往往委托不同的报关公司代理。因而很难搜集到一票完整的保税加工货物报关资料（含料件进口及其对应的成品出口两次报关的所有资料）。受此条件限制，本书不能完整地介绍嘉兴高全木业有限公司的成品出口报关业务操作。后文将介绍其他公司的来料加工成品出口业务。

业务四 进料加工货物进口报关业务

嘉兴大西洋钓具有限公司签署了一笔进料加工合同，原计划从韩国进口碳纤维布、玻璃纤维布各一批，从日本进口导线环、卷轮座、钓具封头、吊牌各一批（已办理加工贸易合同备案手续），后决定只从韩国进口碳纤维布，其他料件不再进口。该业务资料见有关单证。委托淞海报关有限公司代理报关，该业务如何操作？

PURCHASE CONTRACT

CONTRACT NO.: JX015　　　　　　　　　　DATE: NOV.03,2008

SELLER: HANKK CARBON CO.,LTD.

ADDRESS: KOREA

BUYER: JIA XING POK FISHING TACKLE CO.,LTD

ADDRESS: TONGXIANG ECONOMIC DEVELOPMENT ZONE TONGXIANG CITY 314500 ZHEJIANG CH

Tel:　　　　　　Fax:

The Undersigned buyers and sellers have agreeed to conclude the following goods according to the terms and conditions stipulated below:

NO.	H.S.CODE	Name, Specifications and Quality of Commodity	Quantity	Uint	Unit Price($)	Total Amount($)
1	6815991099	CARBON FIBER PREPREG/0500-2509	21.00	KGS	US$30.00	US$630.00
TOTAL			21.00			US$630.00

1)、Time of shipment: DEC.30,2008

2)、Port of loading: INCHEON,KOREA

3)、Port of destination: SHANGHAI, CHINA

4)、Insurance: Insurance shall be covered by the________for 110% of the invoice value against ________Risks and ________ AdditionalRisks

5)、PACKING: The packing of the goods shall be preventive from dampness, rust, moisture, erosion and shock, and shall be suitable for ocean transportation/ multiple transportation.The Seller shall be liable for any damage and loss of the goods attributable to the inadequate or improper packing. The measurement, gross weight, net weight and the cautions such as "Do not stack up side of each package with fadeless pigment.

6)、Terms of payment: BY T/T

7)、Other terms: CIF SHANGHAI

Seller:　　　　　　　　　　Buyer: ________________

COMMERCIAL INVOICE

Shipper/Exporter HANKK CARBON CO.,LTD. KOREA		No. &date of invoice HC08121204WSF DEC.12,2008 No.& date of L/C T/T BASE		
For account&risk of risk of messers POK FISHING TACKLE CO.,LTD TONGXIANG CITY,JIAXING,ZHEJIANG,CHINA ATTN:CHEN SEN TAI MANAGER TEL: FAX:		L/C issuing bank Remmarks		
Notify Party SAME AS ABOVE		ORIGIN: REP OF KOREA		
Port of loading INCHEON,KOREA	Final destination SHANGHAI,CHINA			
Carrier	Sailing on or about DEC.14,2008			
Marks and number of P'kgs	**Description of goods**	**Net-Weight(kgs)**	**Unit-Price($/kg)**	**Total Amount($)**
POK FISHING C/NO.1-3 MADE IN KOREA	CARBON FIBER PREPREG	21.00	US$30.00	US$630.00

TOTAL 3 CTNS 21.00 US$630.00

PACKING LIST

<table>
<tr><td colspan="2">Shipper/Exporter
HANKK CARBON CO.,LTD.
KOREA</td><td colspan="2">No. &date of invoice
HC08121204WSF　　DEC.12,2008</td></tr>
<tr><td colspan="2">For account&risk of risk of messers
POK FISHING TACKLE CO.,LTD
TONGXIANG CITY,JIAXING,ZHEJIANG,CHINA
ATTN:CHEN SEN TAI MANAGER
TEL:　　FAX:</td><td colspan="2" rowspan="4">ORIGIN: REP OF KOREA</td></tr>
<tr><td colspan="2">Notify Party
SAME AS ABOVE</td></tr>
<tr><td>Port of loading
INCHEON,KOREA</td><td>Final destination
SHANGHAI,CHINA</td></tr>
<tr><td>Carrier</td><td>Sailing on or about
DEC.14,2008</td></tr>
<tr><td>Marks and number of P'kgs</td><td>Description of goods</td><td>Net-Weight(kgs)</td><td>Gross-Weight(kgs)</td></tr>
<tr><td>POK FISHING
C/NO.1-3
MADE IN KOREA</td><td>CARBON FIBER PREPREG</td><td>21.00</td><td>74.60</td></tr>
</table>

TOTAL	3 CTNS	21.00	74.60

TO WHOMIT MAY CONCERN

DECLARATION OF NO-WOOD PACKING MATERIAL

1、INVOICE NO :HC08121204WSF
2、DESCRIPTION : MATERIALS FOR MAKING FISHING RODS
3 CARTONS 21.00KGS(N/W) 74.60KGS(G/W)
3、COMMODITY: CARBON FIBER PREPREG
4、ON BOARD : DEC.14,2008
5、VESSEL NAME: PEGASUS PLENTY 873W
6、PACKING :EXPORT STANDARD PACKING/*NONE WOODEN PACKAGE*
7、ORIGIN :REPUBLIC OF KOREA
8、IT IS DECLARED THAT THIS SHIPMENT MATERIALS FOR MAKING FISHING RODS (COMMODITY) 3 CTNS DOES NOT CONTAIN WOOD PACKING MATERIALS.

VERY TRULY YOURS

BENEFICIARY

加工贸易变更手册

主管关区：

手册编号	C29088421389	进出口岸1	====	进出口岸2	====
进出口岸3	====	进出口岸4	====	进出口岸5	====
经营单位	==========	收货单位	==========		
外商公司	==========	收货地区	====		
经办人		贸易方式	----	征免性质	----
成交方式	=	浮动比率	0.00 %	起抵地	----
投资方式	=	单耗申报环节	出口前	保税方式	-
协议书号	==========	许可证号		内销比率	0.00 %
批准文号	==========	进口合同	==========	出口合同	==========
合同份数	0	重点标志		加工种类	--
进口总额	0	币制	---	监管费	0
出口总额	0	币制	---	监管费率	免收监管手续费
变更日期	2009年01月08日	有效期限	==========	审批日期	==========
审批人	=======	输入人		输入时间	2008年11月20日
原料项数	6	设备项数	0	成品项数	0

手册编号：

序号	商品编号	品名/规格型号	产销国	数量	单位	单价	总价	征免	非保比例
1	6815993100	碳纤维布/0500-2509	韩国	4524.00	千克	30.00	135720.00	全免	0.00

主管关区：　　嘉兴海关

手册编号		进出口岸1	上海海关	进出口岸2	嘉兴海关
进出口岸3	杭州关区	进出口岸4	浦东机场	进出口岸5	外高桥关
经营单位	嘉兴大西洋钓具有限公司 单位编码为：		收货单位	嘉兴大西洋钓具有限公司 单位编码为：	
外商公司	顶新企业有限公司		收货地区	嘉兴	
经 办 人		贸易方式	进料对口	征免性质	进料加工
成交方式		浮动比%	0.00 %	起 抵 地	
投资方式		单耗申报环节	备案	保税方式	
协议书号		许可证号		内销比%	0.00 %
批准文号	.	进口合同	JX015	出口合同	JX015
合同份数	0	重点标志	非重点合同	加工种类	其他
进口总额	160090.85	币 制	美元	监 管 费	0.00
出口总额	290550.00	币 制	美元	监管费率	免收监管手续费
变更日期		有效期限	2009年10月31日	审批日期	2008年11月24日
审 批 人	296079	输 入 人		输入时间	2008年11月20日
原料项数	6	设备项数	0	成品项数	6
备 注					

手册编号：

序号	商品编号	品名/规格型号	产销国	数量	单位	单价	总价	征免	非保比例
1	6815991099	碳纤维布/0500-2509	韩国	4524.00	千克	30.00	135720.00	全免	0.00
2	7019510000	玻璃纤维布/710-224	韩国	928.70	千克	3.50	3250.45	全免	0.00
3	9507900000	导线环/1-40	日本	43000.00	个	0.24	10320.00	全免	0.00
4	9507900000	卷轮座/6-32	日本	9000.00	个	0.42	3780.00	全免	0.00
5	3923500000	钓具封头/12-30	日本	420.00	千克	16.12	6770.40	全免	0.00
6	4821100000	吊牌（客供）/	日本	5000.00	个	0.05	250.00	全免	0.00

Shipper
HANKK CARBON CO.,LTD.
KOREA

B/L NO. IHWSH3267

Non-Negotiable

Consignee
POK FISHING TACKLE CO.,LTD
TONGXIANG CITY, JIAXING, ZHEJIANG CHINA
ATTN:CHEN SEN TAI MANAGER
TEL: FAX:

Notify Party
SAME AS ABOVE

COMBINED TRANSPORT BILL OF LADING

RECEIVED by the Carrier from the Shipper in apparent good order and condition unless otherwise indicated herein, the Goods, or the container(s) or package(s) said to contain the cargo herein mentioned, to be carried subject to all the terms and conditions provided for on the face and back of this Bill of Lading by the vessel named herein or any substitute at the Carrier's option and/or other means of transport, from the place of receipt or the port of loading to the port of discharge or the place of delivery shown herein and there to be delivered unto order or assigns.

If required by the Carrier, this Bill of Lading duly endorsed must be surrendered in exchange for the Goods or delivery order.

In accepting this Bill of Lading, the Merchant agrees to be bound by all the stipulations, exceptions, terms and conditions on the face and back here of, whether written, typed, stamped or printed, as fully as if signed by the Merchant, and local custom or privilege to the contrary not with standing, and agrees that all agreements or freight engagements for and in connection with the carriage of the Goods are superseded by this Bill of Lading.

In witness where of, the number of original bills of lading stated herein, all of this tenor and date, has been signed, one of which being accomplished, the others to stand void.

Pre-carriage by	Place of Receipt: INCHEON, KOREA	
Ocean Vessel: PEGASUS PLENTY 873W	Port of Loading: INCHEON, KOREA	
Port of Discharge: SHANGHAI, CHINA	Place of Delivery: SHANGHAI, CHINA	Final Destination (for the Merchant's reference only)

Marks and Numbers	No. of Pkgs or Units	Description of Packages and Goods	Gross Weight	Measurement
POKEE FISHING C/NO. 1-3 MADE IN KOREA	3CARTONS	SAID TO CONTAIN: 3 CTNS OF CARBON FIBER PREPREG	74.600KGS	0.720CBM

Particulars furnished by Shipper

FARCON LINE

ON BOARD DATE:
DEC.13,2008

CFS/CFS "FREIGHT PREPAID"

COPY

TOTAL NUMBER OF PACKAGES OR UNITS(IN WORDS): SAY : TWO (2) CARTONS ONLY.

Freight and Charges	Revenue Tons	Rate	Per	Prepaid	Collect
FREIGHT PREPAID AS ARRANGED					

SURRENDER

Freight Payable at	Number of Original B(s)/L	Place of Issue & date
SEOUL, KOREA	ZERO(0)	SEOUL, KOREA DEC.13,2008

FOR DELIVERY OF GOODS, PLEASE APPLY TO:

中华人民共和国上海海关第五监管区
上海德详国际货运代理有限公司
进口分拨提货单

				货物流向：吴淞海关
船名：PEGASUS PLENTY	航次：873W	提单号：PCSLICSHC0802575*07	起运港：INCHON	靠港日期：12/17/2008
箱号：DYLU2102815	唛头：POKEE SISHING	库位：	进库日期：	出库日期：
货名：	件数：3	包装：	重量：74.60 KGS	体积 M^3：.720 CBM

注意事项：

1. 根据中华人民共和国海关法规定，海运进口货物之收货人必须在船舶申报进境之日起十四天内向海关申报，逾期由海关征收滞报金；三个月内未向海关申报的，将由海关提取并作无主货处理。
2. 本分拨提单由收货单位加盖公章及经办人签章后方为提货凭证，否则无效。
   请办理海关及检验检疫手续。

1. 地址：
2. 电话：
3. 联系人：
4. 提货时间：

德详分拨

木制包装集中查验

提货单位章：	海关放行章：	检验检疫章：	提单专用章：
			上海德详国际货运代理有限公司 进口 提货单 专用章

081079807

船名航次：
提单号：PEGASUS PLENTY873W
件数重量：PCSLICSHC0802575*07
唛头：3 74.60
分拨提单号：POKEE SISHING
报关单号：
发货签章：
出仓日期：
提货车牌号：
破损签字：
提货人签章：

081079807

船名航次：
提单号：PEGASUS PLENTY 873W
件数重量：PCSLICSHC0802575*07
唛头：3 74.60
分拨提单号：POKEE SISHING
报关单号：
发货签章：
出仓日期：
提货车牌号：
破损签字：
提货人签章：

付汇证明联

主页

1

中华人民共和国海关进口货物报关单

预录入编号：647119979　　　　海关编号：220220081028346744

进口口岸		备案号		进口日期	申报日期
吴淞海关　2202		C29088421389		2008-12-17	2008-12-2
经营单位 嘉兴大西洋钓具有限公司 3304940742		运输方式 江海运输	运输工具名称 PEGASUS PLENTY/873W		提运单号 PUS(CSH)0802575*0
收货单位 嘉兴大西洋钓具有限公司 3304940742		贸易方式 进料对口　0615		征免性质 进料加工　（503）	征税比例 0.%
许可证号	起运国(地区) 韩国		装货港	（133）	境内目的地
批准文号	成交方式 CIF	运费		保费　仁川　（1482）	杂费　嘉兴　（33049）
合同协议号 TY015	件数 3	包装种类 纸箱		毛重(公斤)	净重(公斤) 21
集装箱号 0	随附单据				用途
标记唛码及备注					

项号	商品编号	商品名称、规格型号	数量及单位	原产国(地区)	单价	总价	币制	征免
1.	6815991099 （1）	碳纤维布 0500-2509	21.000千克 0.000 21.000千克	韩国 （133）	30.0000	630.00	USD 美元	全免 用途：加工返销

税费征收情况

录入员　2200210　报关员　3112980006	兹声明以上申报无讹并承担法律责任	海关审单批注及放行日期（签章）	
报关员	上海经贸淞海报关有限公司　报关专用章（吴淞）	审单	审价
单位地址	申报单位（签章）	征税	统计
	上海经贸淞海报关有限公司	查验	放行
邮编　　电话	填制日期		

签发关员：

签发日期：　2008-12-23

任务一:合同变更备案

任务描述:

一、加工贸易合同变更

(一)合同变更的范围

已经过海关登记备案的加工贸易合同,其品名、规格、金额、数量、加工期限、单耗、商品编码等发生变化的,须向主管海关办理合同备案变更手续,开设台账的合同还须变更台账。其中加工期限的变更称为合同延期。

(二)合同变更的审批

合同变更应在合同有效期内,向商务主管部门提供变更后的合同、批准证变更申请表来办理合同变更批准证,由商务主管部门出具《加工贸易业务批准证变更证明书》,同时加盖"加工贸易业务审批专用章"。

为简化合同变更手续,对贸易性质不变、商品品种不变,合同变更的金额小于1万美元(含1万美元)和合同延长不超过3个月的合同,仅涉及口岸、归类、规格、商品名称等变更,而不涉及数量与金额的变动,企业可直接到海关和中国银行办理变更手续,不需再经商务主管部门重新审批。具体见表3-10。

表3-10　加工贸易合同变更、商务部门审批、海关备案、银行保证金台账相应程序

<table>
<tr><th>变更情形</th><th>商务部门审批</th><th>海关变更备案</th><th>银行变更台账</th></tr>
<tr><td>一般变更情形</td><td>审批</td><td>变更</td><td>变更</td></tr>
<tr><td>变更金额小于1万美元(含1万美元)和合同延长不超过3个月</td><td>免于审批</td><td>直接变更</td><td>直接变更</td></tr>
<tr><td rowspan="2">1万美元及以下合同变更后超过1万美元</td><td rowspan="2">审批</td><td rowspan="2">变更</td><td>适用AA类、A类、B类企业,需重新设台账</td></tr>
<tr><td>东部地区适用B类企业,变更后如进料料件属限制类商品,须增收一半保证金</td></tr>
<tr><td>因企业管理类别调整合同由"空转"变为"实转"</td><td>免于审批</td><td>变更</td><td>经海关批准,只对未出口部分的商品收取台账保证金</td></tr>
<tr><td>因企业管理类别调整为D类</td><td>免于审批</td><td>免于变更</td><td>已备案合同交全额台账保证金</td></tr>
</table>

(三)业务流程

(1)企业持进出口合同向商务主管部门申请变更《加工贸易业务批准证》;

(2)企业填写《合同变更申请表》(加盖经营单位公章),到预录入公司数据预录,并打印《企业加工合同变更预申报情况表》;

(3)企业将原备案手册等齐全、有效的单证交海关申请手册变更;

(4)海关办理手册变更审核;

(5)海关开出《银行保证金台账变更联系单》;

(6)企业向银行申请变更保证金台账;

(7)海关核注银行开出的《银行保证金台账变更通知单》;

(8)海关向企业核发《登记手册》。

（四）海关工作流程

（1）不需要开设台账变更联系单的：

经办人初审→科长复核→核发手册

（2）需开设台账变更联系单的：

经办人初审→科长复核→开设台账变更联系单→登记银行回执→核发手册

（3）风险担保金征收：按规定征收相当于税款的保证金。

（五）工作时限

经审核单证齐全有效，自受理起5个工作日内审批完毕，手册核发。

二、加工贸易手册延期

加工贸易手册的出口成品返销截止日期原则上是按照企业出口合同的有效期为准，初次申报一般不得超过一年，其中，食糖、棉花、植物油、羊毛和天然橡胶加工贸易的制成品返销期限原则上不超过6个月。如企业有客观原因需要延期，必须在手册有效期内向商务主管部门申请批准，海关凭外经贸批准证办理延期。

延期一般不得超过两次，每次延期一般不超过6个月。目前在金融危机的影响下，商务部允许企业在特殊情况下，申报第三次延期，需经当地商务主管部门申报至商务部，商务部批准后方可办理。

（一）递交单证

（1）商务主管部门签发的《（加工贸易业务批准证）变更证明》；

（2）经营企业填写的《合同延期申请表》；

（3）海关核发的《加工贸易手册》（电子账册、电子手册企业除外）；

（4）海关按规定需要收取的其他单证材料。

（二）工作流程

企业填写《合同延期申请表》→预录入"延期申请"→海关审核→签发《银行保证金台账变更联系单》→企业将《银行保证金台账变更联系单》送交银行→企业将银行回执交海关→核发延期后的《加工贸易手册》。

风险保证金征收：按规定征收相当于税款的保证金。

（三）工作时限

经审核单证齐全有效，自受理起5个工作日内审批完毕，手册核发。

本次业务操作：

（1）嘉兴市大西洋钓具有限公司持进出口合同向市外经贸局申请变更《加工贸易业务批准证》；

（2）嘉兴市大西洋钓具有限公司填写《合同变更申请表》（加盖单位公章），到预录入公司数据预录，并打印《企业加工合同变更预申报情况表》；

（3）嘉兴市大西洋钓具有限公司将齐全、有效的单证交嘉兴海关申请手册变更；

（4）嘉兴海关办理手册变更审核；

（5）嘉兴海关开出《银行保证金台账变更联系单》；

（6）嘉兴市大西洋钓具有限公司向银行申请变更保证金台账；

（7）嘉兴海关核注银行开出的《银行保证金台账变更通知单》；

(8)嘉兴海关向嘉兴市大西洋钓具有限公司核发《登记手册》。

任务二:加工贸易货物进出口报关

任务描述:

与来料加工及一般进口报关的流程大致相似,此处省去申报前的单证准备环节及海关现场操作部分不再赘述,只介绍本次业务报关单填制的情况。

步骤一:审单(略)。

步骤二:输单,本次业务报关单填制操作如表3-11所示。

表3-11 项目四进料加工报关单各栏填报内容

序号	报关单栏目	信息来源	本次业务操作
1	申报地海关	货物申报地所属直属关区/口岸海关名称及代码	吴淞海关
2	录入单位	系统读取企业操作员IC卡上的信息并自动返填	上海经贸淞海报关有限公司
3	操作员	系统读取企业操作员IC卡上的信息并自动返填	不可编辑
4	统一编号	系统自动生成	无需输入
5	预录入编号	接受申报的海关决定编号规则,计算机自动打印	无需输入
6	海关编号	海关接受申报时给予报关单的编号	无需输入
7	进口口岸	货物实际进入我国关境口岸海关的名称	吴淞海关2202
8	备案号	《加工贸易备案手册》编号	C29088421389
9	合同协议号	合同或协议:合同(包括协议或订单)编号	JX015
10	进口日期	相应的运输工具进境日期	2008-12-17
11	申报日期	预录入及EDI报关单向海关申报的日期,与实际情况不符时,由审单关员按实际日期修改批注。	2008-12-22
12	经营单位	合同或协议:对外签订并执行贸易合同的中国境内法人、其他组织或个人的名称及海关注册编码	嘉兴大西洋钓具有限公司(3304940742)
13	单位性质	由计算机根据"经营单位"内容自动显示	无需输入
14	收货单位	进口货物在境内的最终消费、使用单位的名称,根据委托方提供的资料	嘉兴大西洋钓具有限公司(3304940742)
15	申报单位	对申报内容真实性直接向海关负责企业或单位	上海经贸淞海报关有限公司
16	运输方式	提单(水路运输)或空运运单(航空运输)	江海运输(2009年起改"水路运输"
17	运输工具名称	载运货物进出境的运输工具名称或编号	PEGASUS PLENTY
18	航次号	提单中通常使用"voyage no."表示航次号	873W
19	提运单号	提运单	PCSLICSHC0802575 * 07
22	征免比例		无需填写
23	纳税单位	根据实际情况填写	嘉兴大西洋钓具有限公司(3304940742)

续表

序　号	报关单栏目	信息来源	本次业务操作
24	许可证号	国务院商务主管部门及其授权发证机关签发的进、出口货物许可证的编号	无需填写
25	启运国(地区)	提运单据。根据提单中 Port of Loading 栏	韩国
26	装货港	提运单据。根据提单中 Port of Loading 栏	仁川
27	境内目的地	系统根据"收货单位"自动生成	嘉兴(33049)
28	批准文号		进口报关免予填报
29	成交方式	发票的价格条款	CIF
30	运费	发票	免予填报
31	保费	发票	免予填报
32	杂费	发票	本次业务无需填写
33	件数	装箱单(Packing list)中"Quantity/Unit"一栏所填内容	3
34	包装种类	装箱单(Packing list)中"Quantity/Unit"一栏所填内容	纸箱
35	毛重	装箱单、提单中 GROSS WEIGHT 栏	74.6KGS
36	净重	装箱单、提单中 NET WEIGHT 栏	21KGS
37	集装箱号	提单 DESCRIPTIONS OF PACKAGES AND GOODS 栏	无需填写
38	随附单据	根据业务资料中监管证件情况及《监管证件代码表》	无需填写
40	序号	报关单中的商品顺序编号	1
41	备案序号	备案手册中的商品顺序编号	1
42	商品编号	根据商品品名确定	6815.9910.99
43	商品名称、规格型号	合同、发票,且与加工贸易手册中的商品名称、规格型号一致	碳纤维布 0500－2509
44	原产地	合同发票以 made in...,manufacture,country of original等来表示	韩国
45	数量及单位	Packing list 中 Quantity 一栏	法定数量:21.000 法定单位:千克 成交数量:21.000 成交单位:千克
46	单价	发票	30.0000
47	总价	发票	630.0000
48	币制	发票	USD
49	征免	《加工贸易手册》	全免
50	用途		加工返销

本次业务中，有以下栏目的填报需要特别说明：

19. 提运单号：报关单所填报的提单号与提单上的提单号是不一致的，这是因为本次业务资料中的提单是货代开出的提单，业内人士称之为“货代单”，而填到报关单上的提单号应为“船东单”，即船公司开出的提单。

知识卡

报关单填写小常识(八)：“船东单”与“货代单”

货代这个行业常常会遇到“船东单(MASTER BILL OF LOADING，缩写为 MB/L)”、“货代单(HOUSE BILL OF LOADING 或 FORWARDER BILL OF LOADING，缩写为 HB/L)”，对此，网上也有很多解释，但资深外贸人士会说很多解释是不对的，其区别用一句话概括就是，“货代单即无船承运人提单”。具体在于：

(1)签发的主体不一样：MB/L 是船公司签发的提单，HB/L 是货代基于 MB/L 出的提单，由货代公司签发。货代单不是想签发就签发的，签发货代单的主体起码要在目的港有代理。

(2)抬头不一样：船公司提单是以船公司为抬头的，货代提单是以货代名称为抬头的。

(3)目的港收货方式不同：船东单可以直接向船公司提货，货代单提货时必须先在目的港向货代的代理换取船公司提单。然后再凭着船公司提单去提货，俗称换单。

在我们要搞清楚“船东单”与“货代单”之前，首先弄清一个词：“承运人”。“承运人是指本人，或者委托他人以本人名义与托运人订立海上运输合同的人”——《海商法》、《UCP600》都这样定义。接下来又有一个词：“实际承运人”——“接受承运人委托，从事货物运输或者部分运输的人”——《海商法》、《汉堡规则》。

《UCP600》规定，提单必须由承运人或其具名代理或代表签发(暂不论船长单)。注意，这里是要求由“承运人”或其代表签发，而没有要求“实际承运人”。这就有一处玄机：当“与托运人订立合同的人”与“真正从事货物运输的人”不是同一个人时(即承运人不是实际承运人时)，提单该由谁签呢？

看了上段，你会说：“当然是与托运人订立合同的人签了，因为《UCP600》规定，提单必须由承运人或其具名代理或代表签发(暂不论船长单)嘛。”

“妙”就妙在这里。如是，货代可以有一个选择权，选择让自己变成“与托运人订立合同的人”，或是选择让自己变成仅仅是“托运人的代理，代表托运人与船公司订立合同”。

如果他选择当前者，那么，他就是承运人，他就必须签发自己的提单，这个提单的标志是：“[自己公司名]＋AS CARRIER”——这一句话可能在签章处加注，也可能在提单抬头处本来就印有，还可能印章本身就印就有这句话。

在这种情况下，货代是承运人，但，是“无船承运人”。

如果他选择当后者，那么，他就是“托运人的代理人”＝“货主的代理人”——“货代”这两个字的真正原始含义，就是货主的代理人，简称货代。这时，货代会要求船公司出船公司的提单，这个提单的标志是：“[船公司名]＋AS CARRIER”——这一句话可能在签章处加注，也可能在提单抬头处本来就印有，还可能印章本身就印就有这句话。

这两种提单，就是我们常说的货代单与船东单。

你可以看到它们都是[×××公司名]＋AS CARRIER，问题是，在不是自己订舱的情况下，你拿到一份提单，你怎么知道提单上面这个[×××公司名]是货代的公司名，还是船公司的公司名？

这也就是无数的从业者坚持“根本没必要区分货代单与船东单”的原因。

下面列举一些常见错误：

(1)“货代单即是B/L上写着：××× AS AGENT FOR CARRIER”。

这个词句只是说×××作为承运人的代理，使用这个称谓签发提单的，可以是无船承运人(货代充当承运人)的代理，也可以是船公司代理，绝对不能说这是货代单。不要告诉我说这家船代公司同时也挂另一块货代的牌，至少在签发提单时，他是船代身份。

(2)“××× LINE / ××× SHIPPING AS CARRIER”是船代，“××× FORWARDING AS CARRIER”是货代。这本是个方法，但难保万一，因为业内确实有例外，此处就不举例了。本次业务就是例外，提单上有“××× LINE”，但却是货代单。

(3)“提单抬头与签章名称不一样，就是货代单”。这是严重缺乏业务知识。船东单中船代签章，分公司具名代表签章，都可能是提单抬头与签章名称不一样。

最后一点，当银行拿到一份提单时，他根本没有功夫去分辨[×××公司名]＋AS CARRIER中的[×××公司名]是船公司还是货代公司。

相信很多操作过信用证的人一定遇到过要出船东单的时候吧？或者信用证上直接规定了the forwarding B/L不接受，那么在信用证中或者关于信用证的惯例里面并没有对这两种提单给予明确区分，所以银行在审单操作时同样也不会严格意义上依据自己的判断来限制你，不管是议付/付款/承兑或者是开证行都如此。因为他们不是操作船务的专家，银行的依据仅仅是表面上。大家大概也忽略了“表面上”吧？所以你提单上只要没有明确注明了forward B/L的话，银行是不会给你来作出判断是什么提单的，那就是可以接受的。

现在我们撇开所有的规则、概念，直接对一份拿到手的提单作出判断——船东单？货代单？

第一步，判断提单上的承运人是谁？

这个判断的方法是很重要的，很多人都忽视了承运人的判断方法。

举例来说：一份信用证对提单签章的要求，有三点：

(1)提单必须说明承运人是谁。谁是承运人，谁就是收货方收货时要找的那个公司。同时在运输出问题时，承运人也是货方起诉、索赔的对象——这样我们就得到了提单必须出现的第一个内容：提单必须显示承运人身份。

但是，这并不意味着签章中就必须要有××× AS CARRIER，因为有些提单在抬头处本身就印有：“××× LINE AS CARRIER”。确切来说，只要提单显示了承运人身份，这一点就满足，而不需要限制在某一处，或是用某一特定的词语。比方说，××× LINE. AS THE CARRIER，可以，××× LINE AS CARRIER可以，SIGNED BY THE CARRIER ＋ ××× LINE签章，也可以。对于这最后一种表述，有很多人没有注意，这个其实也是可以的。需要说明的是，抬头单有公司名，还不算是满足了“提单必须显示承运人身份”的要求。必须是“公司名＋作为承运人”，才行。

(2)签提单的人(盖公司章或手写)，必须声明自己是以什么身份来签发提单。

《UCP600》允许的，可以签发提单的人有：承运人本人，承运人的具名代表或代理，船长及其具名代表或代理。那么，签发者就必须声明，自己是“承运人本人”，还是“承运人的具名代表或代理”，抑或是“船长及其具名代表或代理”。满足这个要求的表述就多了，××× LINE AS AGENT FOR THE CARRIER，SIGN BY THE AGENT＋××× LINE，×× LINE AS CARRIER，××× AS MASTER，××× ON BEHALF OF THE CARRIER……

需要指出的是：“××× LINE AS CARRIER”，“SIGNED BY THE CARRIER ＋ ××× LINE” 这种表述，直接满足了(1)，(2)两点要求。

(3)以上这两点要求，未必要打印出来，有时有的公司的提单章本身就有这样的表述，一个章盖下去，第一行是××× LINE，第二行是留空给经办人签字，第三行就是类似于“AS CARRIER”、“AS AGENT FOR CARRIER”之类。这一点，许多人都糊里糊涂，明明一个章盖下去了，还吵着问船公司：“怎么没有显示承运人?”以至于闹出笑话。

记住，只要，并且只有，满足了这三个条件，任何审单组织都不能在签章这个问题上为难你了。

第二步，看看提单上的船舶，想想看，这条船的“经营权”是不是在提单上显示的承运人的手中？或是在他们的总公司手中？

如果是在他们的手中，那么直接下结论——船东单。如果不是，则是货代单。如果判断不了，问问货代，提单上的承运人是不是那艘船的经营人(现实中你该问是不是船东)。是，则为船东单；不是，则为货代单无疑。

20. 贸易方式(监管方式)：按海关规定的《贸易方式代码表》选择填报相应的贸易方式简称或代码。一份报关单只允许填报一种贸易方式。

信息来源：根据《加工贸易手册》。

本次业务操作：进料对口(0615)。

22. 征免比例：征免比例仅用于加工贸易中“非对口合同进料加工”贸易方式下(代码“0715”)进口料、件的进口报关单，填报海关规定的实际应征税比率，例如5%填报5，15%填报15。当为其他非0715的贸易方式时，无需填报。

在以前的海关管理中，进料加工分成进料对口和进料非对口管理，但现在已不再实施进料非对口管理，因此，进料非对口的贸易方式已不再使用。凡是经海关批准进料加工的加工贸易，海关一律以进料对口管理，进口料件全额保税，报关单贸易方式栏目都填写“进料对口”或“0615”。其对应的征免性质为“进料加工”，征免方式为“全免”。

本次业务为来料加工，无需填报。

进料加工报关单各栏目逻辑对应关系见表3-12。

表 3-12　进料加工报关单各栏逻辑对应关系

贸易方式	代　码	备案号	征免性质	代　码	用　途	征免比例	征　免
进料对口	0615	有(C)	进料加工	503	加工返销		全免
进料非对口	0715	有(C)	进料加工	503	加工返销	5 或 15	
低值辅料	0815		进料加工	503	加工返销		全免

步骤三：申报(电子发送及交单、配合查验、提货等现场操作)(略)。

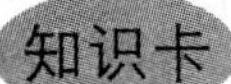

可能出现的情形：加工贸易不作价设备报关业务

一、概述

(一)含义

加工贸易进口设备是指与加工贸易经营企业开展加工贸易(包括来料加工、进料加工及外商投资企业履行产品出口合同)的境外厂商，免费(不需境内加工贸易经营企业付汇，也不需用加工费或差价偿还)向经营单位提供的加工生产所需设备。加工贸易进口设备必须是不作价的，可以是由境外厂商免费提供，也可以是向境外厂商免费借用(临时进口不超过半年的单件的模具、机器除外)。

(二)范围

加工贸易境外厂商免费提供的不作价设备，如果属于国家禁止进口商品和《外商投资项目不予免税的进口商品目录》所列商品，海关不能受理加工贸易不作价设备申请。除此以外的其他商品，加工贸易企业可以向海关提出加工贸易不作价设备免税进口的申请。

(三)特征

(1)加工贸易不作价设备是加工贸易生产设备，进境后使用时一般不改变形态，国家政策不强调复运出境；保税加工货物是加工贸易生产料件，进境后使用时一般改变形态，国家政策强调加工后复运出境。

(2)加工贸易不作价设备保税货物管理，特定减免税设备按特定减免税货物管理。

(3)加工贸易不作价设备在进口放行后需要继续监管。

二、报关程序(包括备案、进口、核销三个阶段)

(一)备案

加工贸易不作价设备的备案合同应当是订有加工贸易不作价设备条款的加工贸易合同或者加工贸易协议，单独的进口设备合同不能办理加工贸易不作价设备的合同备案。

★加工贸易设备备案的加工贸易经营企业应当符合下列条件之一：

(1)设立独立专门从事加工贸易的工厂或车间，并且不作价设备仅限在该工厂或车间使用。

(2)对未设立独立专门从事加工贸易的工厂或车间、以现有加工生产能力为基础开展加工贸易的项目，使用不作价设备的加工生产企业，在加工贸易合同(协议)期限内，其每年加工产品必须是70%以上是出口产品。

★加工贸易不作价设备的备案手续如下：

(1)凭商务主管部门批准的加工贸易合同(协议)和批准件及“加工贸易不作价设备申请备案清单”到加工贸易合同备案地主管海关办理合同备案申请手续。

(2)主管海关根据加工贸易合同(协议)、批准件和“加工贸易不作价设备申请备案清单”及其他有关单证，对照《外商投资项目不予免税的进口商品目录》，审核准予备案后，核发登记手册。

★海关核发的加工贸易登记手册有效期一般为1年，1年到期前，加工贸易经营企业向海关提出延期申请，延长期一般为1年，可以申请延长4次。

★加工贸易不作价设备不纳入加工贸易银行保证金台账管理的范围，因此不需要设立台账。海关可以根据情况对加工贸易不作价设备收取相当于进口设备应纳进口关税和进口环节海关代征税税款金额的保证金或者银行或非银行金融机构的保证函。

★不在加工贸易合同或者协议里订明的单独进口的不作价设备及其零配件、零部件不予备案。

(二)进口

★企业凭登记手册向口岸海关办理进口报关手续，口岸海关凭登记手册验放。

加工贸易不作价设备，除国家另有规定的外，进境时免进口关税，不免进口环节增值税，如有涉及进口许可证件管理的，可免交进口许可证件。

★加工贸易不作价设备进口申报时，报关单的“贸易方式”栏填“不作价设备”(代码0320)。

★对临时进口(期限在6个月以内)加工贸易生产所需不作价模具、单台设备，按暂准进境货物办理进口手续。

(三)核销

加工贸易不作价设备海关监管期限一般是5年。申请解除海关监管有2种情况：

1.监管期内(监管期限未满，企业申请提前解除监管，主要有5种情况)

(1)结转：加工贸易不作价设备在享受同等待遇的不同企业之间结转，以及加工贸易不作价设备转为减免税设备，转入和转出企业分别填制进、出口货物报关单，报关单“贸易方式”栏根据报关企业所持加工贸易登记手册或征免税证明，分别选择填报“加工贸易设备结转”、“减免税设备结转”，报关单“备案号”栏分别填报加工贸易登记手册编号、征免税证明编号或为空。

(2)转让：转让给不能享受减免税优惠或者不能进口加工贸易不作价设备的企业，必须由原备案加工贸易合同或者协议的商务主管部门审批，并按照规定办理进口海关手续，填制进口货物报关单，提供相关的许可证件，按照以下计算公式确定完税价格缴纳进口关税：

转让设备进口完税价格(CIF)×[按加工贸易不作价设备规定条件使用月数÷(5×12)]

不足15天的，不计月数，超过或者等于15天的作为1个月计算。

(3)留用：监管期未满本企业移作他用或者虽未满监管期但加工贸易合同已经履约本企业留用的，必须由原备案加工贸易合同或者协议的商务主管部门审批，并按照规定办理进口海关手续，填制进口货物报关单，提供相关的许可证件，按照上述计算公式确定完税价格缴纳进口关税。

(4)修理、替换：进境加工贸易不作价设备需要出境修理或者由于质量或规格不符需要出境替换的，可以使用加工贸易不作价设备登记手册申报出境和进境，也可以按照出境修理货物或者无代价抵偿货物办理海关进出境手续。

(5)退运：监管期内退运应当由原备案加工贸易合同或者协议的商务主管部门审批，凭批准件和加工贸易不作价登记手册到海关办理退运出境的海关手续。

2. 监管期满(加工贸易不作价设备5年监管期满，如不退运出境，可留用也可向海关申请放弃)

(1)留用：监管期限已满的不作价设备，要求留在境内继续使用，企业可以向海关申请解除监管，也可以自动解除海关监管。

(2)放弃：监管期满既不退运也不留用的加工贸易不作价设备，可以向海关申请放弃，海关比照放弃货物办理有关手续。放弃货物要填制进口货物报关单。

知识卡

出料加工

(一)概述

1. 含义

出料加工货物：指我国境内企业运到境外进行技术加工后复运进境的货物。

2. 原则

(1)只有国内现有的技术手段无法或难以达到产品质量要求而必须运到境外进行某项加工的情况下，才可开展出料加工业务。

(2)出料加工原则上不能改变原出口货物的物理形态。

(3)对完全改变原出口货物物理形态的出境加工，属于一般出口。

3. 管理

出料加工货物自运出境之日起6个月内应当复运进境，经海关批准，可以延期，延长的期限不得超过3个月。

(二)报关程序

分三个阶段：备案——进出口申报——核销

1. 备案

经营单位开展出料加工应在有关货物出口前到主管海关办理合同登记备案手续，提交下列单证资料：

(1)商务主管部门批准出料加工合同的批件；

开展出料加工应报商务主管部门审批，由商务主管部门认定有关出境加工是否属于国内“不能加工”、“难以加工”，是否属于“简单加工”、“有限加工”。如果出料加工中有属于国家禁止出口或限止出口商品的，则应报商务部审批。

(2)经营单位对外签订的加工合同副本；

(3)海关认为必要的其他资料。

海关受理备案的应当核发“出料加工登记手册”。

2.进出口申报

(1)出境申报

出料加工货物出境，应向海关提交登记手册、出口货物报关单、货运单据及其他海关需要的单证申报出口，填写“出口货物报关单”向出境地海关申报。出境地海关审核有关单证无误后，验放出口货物，并在相关的“出口货物报关单”上加盖海关印章退还经营单位或代理人，作为今后合同核销的依据。属许可证件管理的商品，免交许可证件；属于应征出口税，应提供担保。

(2)进境申报

出料加工货物复运进口，收货人或其代理人应向海关提交手册、进口报关单、货运单据及其他海关需要的单证申报进口。填写“进口货物报关单”向进境地海关申报，进境地海关审核有关单证无误后，按出料加工有关规定对复进口的加工货物增值征收进口税款，验放有关货物，并在相关的“进口货物报关单”上加盖印章退还经营单位或其代理人，作为今后合同核销的依据。

海关对出料加工货物复进口货物以境外加工费、材料费、复运进境的运输及其相关费用和保险费审查确定完税价格征收进口关税和进口环节海关代征税。

3.核销

出料加工货物全部复运进境后，经营人应当向海关报核，海关进行核销，提供担保的，应当退还保证金或者撤销担保，提交下列单证：

(1)有关出口料件和复进口加工后货物出、进口报关单(报关单上须有出境地、进境地海关的签章)。

(2)经营单位填写的“出料加工合同核销申请表”。

主管海关对核销单证审查是否齐全、有效，根据合同登记备案资料审查实际出口、进口情况。对合同执行情况正常的，海关对登记备案的合同予以核销结案，并签发“核销结案通知书”。

出料加工货物未按海关允许期限复运进境的，海关按一般进口货物办理，将货物出境时收取的税款担保金转为税款，货物进境时按一般进口货物征收进口关税和进口环节海关代征税。

(三)海关监管要点

(1)出料加工项下出口的料、件或半成品，免于缴纳出口关税，但是如果出口的料、件或半成品属于应征出口关税的商品，经营单位应当缴纳相当于出口关税税款的保证金，在经营单位办理合同核销手续后退还。

(2)出料加工项下加工成品复运进口后不再加工出口的，海关对其加工增值部分，即以加工后的货物进境时的CIF价格与原出境货物或者相同、类似货物在进境时的CIF价格之间的差额作为完税价格，以复进口的加工货物确定进口税率，计征进口关税和进口环节增值税、消费税。如上述两种价格都无法得到时，可用出境货物在境外加工支付的工缴费加上运抵中国关境输入地点起卸前的包装费、运费、保险费和其他劳务费用作为完税价格。出料加工项下加工成品复进口后再加工出口的，如符合进料加工条件的，经企业申请和海关核准，可以按进料加工规定给予办理保税手续进口。

(3)出料加工项下自料、件或半成品出口之日起，在境外加工的期限为6个月。加工后货物应按期复运进口。如情况特殊需延长加工期限的，应在到期前书面向主管海关提出延期申请。经海关核准后可以延期，延长的最长期限不超过3个月。如果逾期不复运进境，对原出口的料、件或半成品应当办理一般贸易出口手续。

(4)为了加强对出料加工货物的监管，海关可对出料加工项下出口的料、件或半成品附加识别标志、标记取样留存，以确保出料加工后成品复运进口。

经营单位应当遵守出料加工的有关管理规定，按出料加工合同履行义务，不得以境外产品顶替进口，也不得以出料加工名义逃避国家对出口贸易的管理。

环节二：料件进口后可能出现的几种料件处置情形

一、料件退换

(一)定义及代码

料件退换是指来料、进料加工进口的保税料件因品质、规格等原因退运出境，更换料件复进口。包括"来料加工料件退换(0300)"、"进料加工料件退换(0700)"。

料件退换进出口时，应先退出不符合加工条件的料件，再换进符合加工条件的料件。从海关监管角度来讲，料件退换进、出口的监管方式应该一致，同一手册(账册)的料件退换进、出口的数量、美元值应该一致。

(二)适用范围

本监管方式不适用于来料加工、进料加工过程中产生的剩余料件、边角料、废料退运出境，以及进口料件因品质、规格等原因退运出境且不再更换同类货物进境。这几类货物分别适用以下监管方式：来料料件复出(0265)、来料边角料复出(0865)、进料料件复出(0664)、进料边角料复出(0864)。

(三)所需单证

(1)发票；(2)装箱单；(3)料件退换说明；(4)料件退换协议；(5)加工贸易手册；(6)原进口报关单；(7)核销单；(8)通关单(仅限法检货物)；(9)报关委托书等。

(四)报关单有关栏目填报(见表3-13)

表3-13 料件退换报关单各栏应填报内容

栏　目	应填报内容
贸易方式	来/进料料件退换(根据原进境贸易方式进行选择)
进/出口岸	手册指定范围内实际进出口岸海关
征免性质	其他法定
备案号	加工贸易手册编号
运输方式	实际出/进境运输方式
运输工具名称	实际出/进境运输工具名称
启运国/运抵国	实际运抵国/启运国

续表

栏目	应填报内容
备注	
用途	加工返销(进口)
项号(第2行)	手册对应进口料件项号
原产国/最终目的国	原进口料件原产国
征免	全免

二、余料结转

(一)定义及代码

剩余料件,是指加工贸易企业在从事加工复出口业务过程中剩余的、可以继续用于加工制成品的加工贸易进口料件。加工贸易企业申请将剩余料件结转到另一个加工贸易合同使用,限同一经营单位、同一加工厂、同样进口料件和同一加工贸易方式。经海关加工贸易部门审批,同意后开具"余料结转工作联系单",企业凭此办理手续。包括"来料加工余料结转(0258)"、"进料加工余料结转(0657)"。

(二)所需单证

(1)经营企业转入、转出《登记手册》;

(2)进口货物报关单。

(3)经营企业拟结转的剩余料件清单;

(4)经营企业申请报告。

(5)来料加工余料结转,企业还应递交经外商确认的有关函电或协议。

(6)其他按规定应提交的单证。

(三)报关单有关栏目填报(见表3-14)

表3-14 余料结转报关单各栏应填报内容

栏目	应填报内容	
贸易方式	来/进料余料结转	
进/出口岸	接受申报的海关	
征免性质	免予填报	
备案号 转出手册编号(形式出口时)	转入手册编号(形式进口时)	
运输方式	其他运输	
运输工具名称	免予填报	
启运国/运抵国	中国	
备注	转出手册编号	转入进口报关单号;转入手册编号
用途	加工返销	——

续表

栏　目	应填报内容	
项号(第2行)	转入手册对应进口料件项号	转出手册对应进口料件项号
原产国/最终目的国	原进口料件原产国	中国
征免	全免	

三、深加工结转

(一)定义及代码

深加工结转是指加工贸易企业将保税进口料件加工的产品转至另一加工贸易企业进一步加工后复出口的经营活动。对转出企业而言,深加工结转视同出口,应办理出口报关手续,如以外汇结算的,海关可以签发收汇报关单证明联;对转入企业而言,深加工结转视同进口,应办理进口报关手续,如与转出企业以外汇结算的,海关可以签发付汇报关单证明联。包括"来料深加工结转货物(0255)""进料深加工结转货物(0654)"。

(二)所需单证

(1)保税货物结转审批表;(2)加工贸易保税料件深加工结转申请表;(3)加工贸易《登记手册》;(4)海关按规定需收取的其他单证资料。

(三)报关单有关栏目填报(见表3-15)

表3-15　余料结转报关单各栏应填报内容

栏　目	应填报内容	
形式进口	形式出口	
贸易方式	来/进料深加工	
进/出口口岸	接受申报的海关	
征免性质	免予填报	
备案号	转入手册编号(形式进口时)	转出手册编号(形式出口时)
运输方式	其他运输	
运输工具名称	免予填报	免予填报
启运国/运抵国	中国	
备注	转出手册编号	转入进口报关单号;转入手册编号
用途	加工返销	——
项号(第2行)	转入手册对应进口料件项号	转出手册对应出口成品项号
原产国/最终目的国	中国	
征免	全免	

(四)深加工结转业务办理流程(见图3-7)

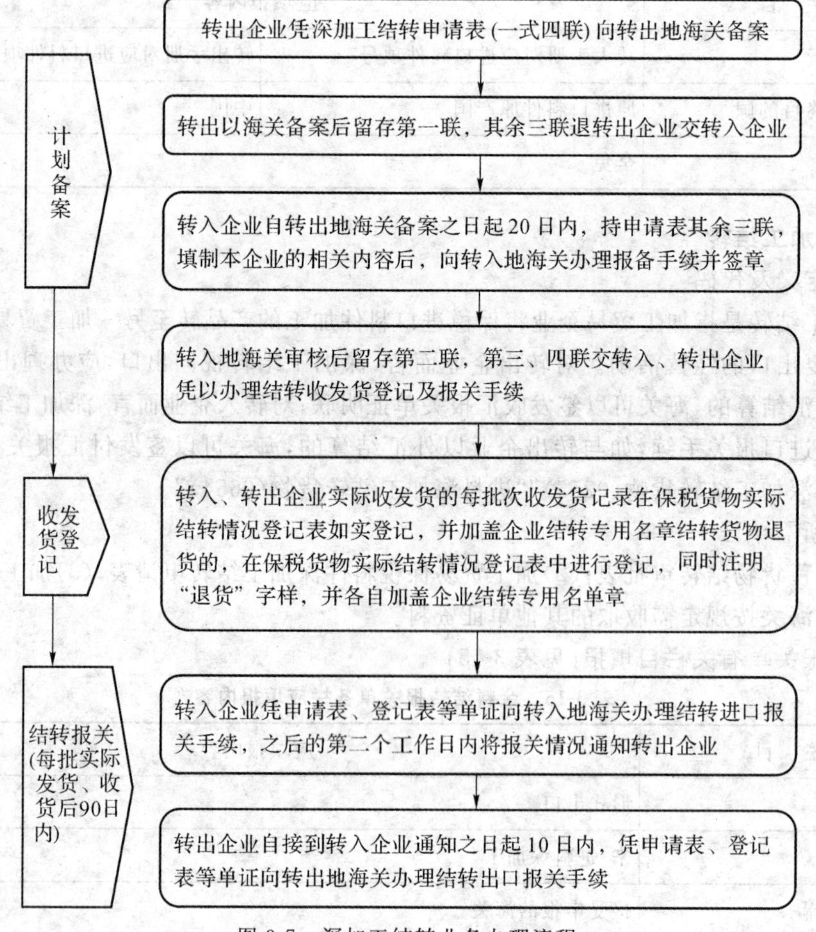

图3-7　深加工结转业务办理流程

(1)计划申报(如未报或错报未获批者,重新从头申报):

①转出企业持“转出计划”、“深加工结转申请表”(共四联)海关备案;海关备案,后三联退转出企业交转入企业;

②转入企业持“转入计划”、“深加工结转申报表”(后三联、填本企业内容并签章),20日内向主管海关备案;转入海关审核,退3、4联转入、转出企业(3、4联成为报关随附单据)。

(2)收、发货均登记“结转情况登记表”,并加盖“结转专用名章”。退货同样登记,并注明“退货”、加盖“结转专用名章”。

(3)深加工结转报关(先进后出,因为无监管区,同意进再出):

①转入企业凭“申请表”、“登记表”办理结转进口报关,并于次日将报关情况通知转出企业;

②转出企业10日内凭“申请表”、“登记表”等办理出口报关。

如分批报关结转,则需在90日内完成。

转出、转入报关申报价格为结转货物的实际成交价格。两份报关单相对应,申报序号、商品编号、数量、价格、手册编号均应当一致。注意关联备案号的填写。

知识卡

深加工结转系统企业录入相关操作流程及注意事项

——摘自昆山海关网站

一、企业需要进行的相关操作

(1)深加工结转转出(入)备案申请表录入;

(2)深加工结转企业实际发、收、退货单录入。

二、QuickPass 系统预录入具体操作

(一)深加工结转申请表转出方企业录入

(1)转出方企业将企业操作员卡交给转出方主管地海关报关公司预录入人员(如为企业自行录入,此步跳过);

(2)预录入人员将企业操作员卡插入读卡器;

(3)进入"深加工结转"子系统;

(4)打开"申请表备案"菜单,点击其下面的"转出备案"子菜单;

(5)根据系统要求和企业提供的资料录入转出方结转数据;

(6)全部转出数据录入完毕,确认无误后,点击"暂存",再点击"申报",向电子口岸报送;

(7)转出企业可以在"申报表备案"菜单下的"数据查询"中查看结转申请表的数据内容及回执状态,在数据查询中查询到结转申请表备案状态显示为"成功入数据中心库"时,即表示申报成功,查询到该票结转申请表的"电子口岸统一编号"(系统自动生成的 18 位数字),并将"电子口岸统一编号"通知转入企业。

注意:转出地备案资料填报过程中,"申请表编号"和"电子口岸统一编号"均由系统自动生成,无须填报。

(二)深加工结转申请表转入方企业录入

(1)转入方企业将企业操作员卡交给转入方主管地海关报关公司预录入人员(如为企业自行录入,此步跳过);

(2)预录入人员将企业操作员卡插入读卡器;

(3)进入"深加工结转"子系统;

(4)打开"申请表备案"菜单,点击其下面的"转入备案"子菜单;

(5)录入转出企业通知的"电子口岸统一编号",调出转出企业结转申请表的备案信息,根据系统要求和企业提供的资料录入转入方结转数据,注意与转出方数据保持一致;

(6)全部转入数据录入完毕,确认无误后,点击"暂存",成功后再点击"申报",向电子口岸报送;

(7)电子口岸会对转出方和转入方录入的数据进行自动比对和逻辑审核,审核无误的,向海关申报。

(三)深加工结转企业实际收发货

(1)转出方企业将企业操作员卡交给转出方主管地海关报关公司预录入人员(如为

企业自行录入,此步跳过);

(2)预录入人员将企业操作员卡插入读卡器;

(3)进入"深加工结转"子系统,进入"收发货单"菜单,再点击发货登记,进入"发货登记"界面;

(4)根据系统要求和企业实际发货情况录入转出方发货资料数据;

(5)全部发货数据录入完毕,确认无误后,点击"暂存",再点击"申报",向海关报送;

(6)转出企业在数据查询中查询到收发货单状态显示为"审批通过"时,查询到该票收发货单的"收发货单编号",并将"收发货单编号"通知转入企业;

(7)转入方企业根据转出方企业提供的"收发货单编号",在转入地报关行或本企业的 QuickPass 预录入系统中调出相应的收发货单,填报收货数据,收货数据应与发货数据吻合,确认无误后点击"暂存",如没有问题,单击"申报"按钮完成收发货单收货登记申报,提示申报成功后数据向海关发送。

注意:

(1)收发货单应在海关规定的时限(暂行办法)内及时填报,填报内容必须与实际收发货情形一致;

(2)如存在退货情况,结转双方企业应填报退货单。

三、实际操作中应注意的事项

(1)一份《申请表》对应一个转出企业和一个转入企业;一份《申请表》对应转出企业一本手册或账册,但可对应转入企业多本手册或账册。

(2)结转双方的商品编码前四位原则上必须一致,对商品编码不一致的经海关判定为同一商品的,企业可在转出商品备注栏填写结转备用商品编码,商品编码一致的,海关予以办理;结转商品数量、计量单位应当一致或折算一致。

(3)对经海关审核通过后的《申请表》,允许对其数量进行变更及增加新结转商品项目。

(4)涉及实行 E 账册管理的联网监管企业《申请表》无须报备数量(只要一方为联网监管企业)。

(5)转出、转入企业应当分别在每批实际发货及收货后 24 小时内录入申报《保税货物深加工结转收发货单》或《保税货物深加工结转退货单》电子数据。对实行电子账册管理的联网监管企业以及与其发生结转业务的企业,应在 72 小时内申报《收发货单》及《退货单》。因技术原因导致无法在规定时限内申报《收发货单》及《退货单》的,经主管海关批准,可适当延长申报时限,但最长不超过 7 天。24 小时、72 小时或 7 天内在同一《申请表》项下发生的多次收、发货可累加成一次录入申报。

(6)经主管海关审核通过的《申请表》,由计算机自动进行登记编号。编号规则为:《申请表》类型 1 位("X,代表手册/电子账册结转,+P"代表出口加工区结转)+年份 2 位+顺序号 9 位。

(7)在办理报关手续时,企业无需提供纸质《申请表》、《收发货单》和《退货单》,由结转系统进行自动检控、对碰;《申请表》编号应填入结转进口、出口报关单随附单证的单证编号栏内;一份结转进口报关单对应一份结转出口报关单,两份报关单之间对应的申报序号、《申请表》编号、价格、数量(或折算后数量)应当一致,报关单所填写的关联《手册》号及关联报关单号应相互对应。

(8)对结转货物报关后需退货的，转入地海关核实无误后，按照《中华人民共和国海关进出口货物报关单修改和撤销管理办法》(署令第143号)先修改或撤销有关进口报关单，企业在转出地海关再申请修改或撤销对应的出口报关单。

(9)对《申请表》转出地海关审核通过后转入地海关尚未办理审核手续的，转出地海关可以办理该《申请表》的删除手续。

(10)更多内容请参考《海关总署关于H2000深加工结转管理系统推广应用暂行办法》。

四、料件内销

(一)定义及代码

经营企业因故不能按规定加工复出口，而需将保税进口料件在国内销售，或转用于生产内销产品。包括“来料料件内销(0245)”、“进料料件内销(0644)”、“来料边角料内销(0845)”、“进料边角料内销(0844)”。

本贸易方式不包括：

(1)来料、进料加工之成品或半成品在境内转让给其他承接进口料件加工复出口业务之单位再加工装配，其贸易方式应为“来料深加工结转货物(0255)”或“进料深加工结转货物(0654)”。

(2)海关事后发现有关企业擅自内销按走私处理的情形。

(二)加工贸易保税进口料件内销的条件

加工贸易保税进口料件应全部加工出口，确有特殊原因需内销，须具备下列条件之一：

(1)外商因故与经营单位协商，要求中止执行原已签订的出口合同，经营企业能够提供有关证明，并且，从价格等方面考虑，很难再签订新的出口合同。

(2)因国际市场价格下跌，经营企业继续执行原已签订的开价出口合同，将遭受严重的经济损失，并且能够提供已与外商达成的中止执行合同的协议。

(3)进口料件已投入加工使用，但加工的制成品质量不符合已签订的出口合同规定标准。

(4)因改进加工工艺、降低单耗而产生一部分余料，或由于加工工艺的技术要求，而不可避免地产生了数量合理的边角料。

(5)因不可抗力致使已签订的出口合同无法继续执行。

具备其他要求内销的正当理由。

(三)加工贸易进口保税料件内销的办理流程

1.申请《加工贸易进口保税料件内销批准证》

经营企业申请加工贸易保税进口料件内销，必须在规定的制成品返销截止日期以前向所在地省级加工贸易商务主管部门提出申请，并提供如下材料：

(1)详细陈述已核销情况和转内销原因的内销申请报告；

(2)经营企业的《加工贸易业务批准证》；

(3)加工贸易进出口合同；

(4)《海关加工贸易登记手册》；

(5)《进口料件申请备案清单》和《出口制成品及对应进口料件消耗备案清单》；

(6)申请内销的加工贸易保税进口料件清单(需注明商品名称、商品代码、规格、数量、金额)。

经审核材料真实齐全的,由省级加工贸易商务主管部门出具《加工贸易保税进口料件内销批准证》,同时加盖"加工贸易业务审批专用章"。

2.向主管海关办理补税和核销手续

向海关提交以下材料:

(1)省级外经贸部门出具的《加工贸易保税进口料件内销批准证》;

(2)加工贸易货物内销补税审批表;

(3)加工贸易货物内销征税联系单;

(4)加工贸易《登记手册》;

(5)许可证件;

(6)内销补税对应的原进口报关单;

(7)海关按规定需收取的其他单证资料。

海关除依法补征税款外,还要加征缓税利息。加工贸易缓税利息根据填发税款缴款书同期中国人民银行公布的短期贷款利率按日征收。

缓税利息计算公式:缓税利息=补征税款×计息期限×短期贷款利率/360

企业内销补税后,再向主管海关办理核销手续。

未经批准,擅自内销加工贸易保税料件或成品的,按照《中华人民共和国海关法》、《中华人民共和国海关法行政处罚实施细则》的有关规定处理。

(三)报关单有关栏目填报(见表3-16)

表3-16 余料结转报关单各栏应填报内容

栏 目	应填报内容
贸易方式	来/进料料件内销
进口口岸	接受申报的海关
征免性质	一般征税
备案号	加工贸易手册编号
运输方式	其他运输
运输工具名称	免予填报
启运国	中国
随附单据代码	C
备 注	海关审核通过的内销征税联系单号
用 途	其他内销
项号(第2行)	手册对应进口料件项号
原产国	原进口料件原产国
征 免	照章征税

注意:加工贸易料件转内销货物以及按料件办理进口手续的转内销制成品、半成品、残次品应填制进口报关单,填报《加工贸易手册》进口料件的项号;加工贸易边角料、副产品内销,填报《加工贸易手册》中对应的进口料件项号。如边角料或副产品对应一个以上料件项号时,填报主要料件项号。

(四)加工贸易进口涉证商品转内销有关规定

加工贸易企业进口涉证商品因故不能复出口需转内销的，由省级加工贸易商务主管部门凭企业提交的内销申请和相关进口管理机构签发的进口许可证件核发《加工贸易保税进口料件内销批准证》，并须在《加工贸易保税进口料件内销批准证》备注栏注明相应进口许可证件名称及其号码。主管海关凭省级加工贸易商务主管部门出具的《内销批准证》及其备注栏中注明号码的有效进口许可证件等办理加工贸易内销补税的核销手续。

到期也无法提交相关进口管理机构签发的进口许可证件，省级加工贸易商务主管部门可向企业出具《加工贸易保税进口料件内销批准证》，主管海关按照“35号文”的规定补征税款及税款利息，并处进口料件案值等值以下、30%以上的罚款后，按规定为企业办理加工贸易手册核销手续。

(五)特殊加工贸易商品转内销的有关规定

(1)以加工贸易方式进口的原料药、药材及其制成品，按照有关规定禁止内销。

(2)企业开展游戏设备及其零、附件加工贸易业务，应按规定全部加工复出口；逾期不能出口的，禁止内销，由海关依法予以收缴，或监督有关企业予以销毁。

(3)对只读光盘和光盘生产设备、易制毒化学品、军民通用化学品加工贸易内销，企业除提供本办法规定文件材料外，还须提供有关部门出具的进口批准证。若无法提供相应进口批准证，将不予批准内销。

五、保税货物外发加工

(一)定义

外发加工，是指加工贸易企业因受自身生产工序限制，经海关批准并办理有关手续，委托承揽企业对加工贸易出口产品生产环节中的个别工序进行加工，在规定期限内将加工后的产品运回本企业并最终复出口的行为。

(二)申请资格

(1)开展外发加工的企业主要是各级外贸公司及工贸公司；

(2)外发加工企业和承接外发加工企业的海关管理类别须在C级以上；

(3)企业经营情况正常，审计、年检合格；

(4)无走私违规情事发生；

(5)海关认为须符合的其他有关条件。

(三)审批原则

(1)料件进口特别是属重点敏感和限制类商品的，原则上不得直接外发加工；

(2)外发加工仅限于整个生产过程中因环保、工艺上的特殊要求等原因而无法自身完成的某道次要工序或后处理工序，重要工序不得外发加工；

(3)承接外发加工企业原则上应在本关区范围内寻找；

(4)对加工贸易重点敏感商品、限制类商品外发加工，必要时收取风险担保金；

(5)外发加工时限：不得超过手册有效期；

(6)对需外发加工的加工贸易合同，在合同备案时须向海关提出申请。

(四)所需单证

(1)主管外经贸部门签署的意见；

(2)企业签章的《中华人民共和国海关保税货物外发加工申请表》；

(3)经营企业与承揽企业签订的加工合同或协议；

(4)合同双方对委托加工的材料、制成品、残次品、边角料等货物财务和仓库管理制度；

(5)承接加工企业《营业执照》、税务登记证、法定代表人身份证明复印件；

(6)《登记手册》(手册未领取的除外)；

(7)承接加工企业的海关登记编码及《加工企业生产能力证明》；

(8)按规定需提供的其他单证。

(五)业务流程

(1)企业递交有关单证；

(2)海关审核，并核发回执(将回执粘贴在手册粘贴栏内并加盖骑缝章)；

(3)企业根据海关要求如实报告外发加工货物的发运、加工、单耗、存储等情况。

六、加工贸易“串料”

(一)定义

经营企业因加工出口产品急需，申请本企业内部进行“料件串换”的，需提交书面申请，并符合串换料件之间的同品种、同规格、同数量、关税、许可证件管理等规定的条件。经海关批准的保税进口料件和征税进口料件之间以及保税进口料件和国产料件之间发生串换，串换下来的同等数量的保税进口料件，由企业自行处置(见表3-17)。

表 3-17 料件串换情形、条件、被串换料件的处置对照表

料件串换情形	料件串换条件	被串换料件的处置
保税料件与保税料件串换	同品种、同规模、同数量	继续受保税管理
保税料件与已征税进口料件串换	同品种、同规模、同数量	被串换料件可自行处置
保税料件与国产料件串换	同品种、同规模、同数量	被串换料件可自行处置
	关税税率为零、非许可证件管理	

注意：来料加工保税进口料件不得参与串换。

(二)所需单证

(1)企业申请串换的书面申请报告，详细说明因加工出口产品急需的有关情况，并随附相关加工合同。

(2)需串换的保税料件涉及的纸质手册、电子账册或电子化手册编号，以及列有需串换保税料件的备案序号、品名、商品编码、规格、数量的详细清单。

(3)说明用以串换的非保税料件来源的相关资料，如用以串换的非保税料件是国产料件，则需附有国内购货合同、发票或企业关于料件国内采购情况的书面说明；如用以串换的非保税料件是进口料件，则需提供有关料件对应的进口报关单复印件。

(4)按规定需要收取的其他证明文件和材料。

(三)业务流程

(1)经营企业向主管海关提出申请并提交申请文件资料；

(2)主管海关受理后进行审核，作出是否准予其串换的决定并书面告知企业。

被串换的保税货物自行处置(内销)性质辨析

作者张健,详见浙江宁波律师事务所网站

http://www.nbbnlaw.com/baokan01.asp? re_id=1074&/an_id=1060

七、加工贸易料件复出

(一)定义及代码

加工贸易料件复出是指来料加工、进料加工的保税料件因品质、规格等原因退运,以及加工过程中产生的剩余料件、边角料、废料退运出境。

来料加工料件复出监管方式代码"0265";

来料加工边角料复出监管方式代码"0865";

进料加工料件复出监管方式代码"0664";

进料加工边角料复出监管方式代码"0864"。

(二)适用范围

1.适用

(1)来料加工、进料加工进口的保税料件因品质、规格等原因退运,以及加工过程中产生的剩余料件、边角料、废料退运出境。

(2)经营企业因加工贸易出口产品售后服务的需要,申请出口加工贸易手册项下进口的保税料件。

2.本监管方式不适用

加工贸易进口料件、剩余料件及边角料、废料复运出境后更换同类货物进口,监管方式为"来料料件退换"(0300)、"进料料件退换"(0700)。

(三)所需单证

(1)发票;(2)装箱单;(3)料件复出的说明;(4)料件复出的协议;(5)加工贸易手册;(6)原进口报关单(手册核销联);(7)核销单;(8)通关单(仅限法检货物);(9)代理报关委托书等。

(四)报关单有关栏目填报(见表3-18)

表3-18　加工贸易料件复出报关单各栏应填报内容

栏　目	应填报内容
贸易方式	来/进料料件复出
出口口岸	指定范围实际进出口岸海关
征免性质	其他法定
备案号	加工贸易手册编号
运输方式	实际出境运输方式

续表

栏 目	应填报内容
运输工具名称	实际出境运输工具名称
启运国/运抵国	实际运抵国
备 注	
用 途	——
项号(第2行)	手册对应进口料件项号
最终目的国	实际最终目的国
征免	全免

注意:料件复出货物(包括料件、边角料、来料加工半成品折料),出口报关单按照《加工贸易手册》中进口料件的项号填报;如边角料对应一个以上料件项号时,填报主要料件项号。料件退换货物(包括料件、不包括半成品)。

业务五 进料料件复出货物出口报关业务

扬名实业(浙江)有限公司,于2009年8月2日从台湾比翔实业有限公司进口料件,其中部分料件与加工贸易手册上的成车机型不匹配,同时在加工过程中还产生了部分残次品,扬名实业(浙江)有限公司经与台湾比翔实业有限公司协商,退回与成车机型不匹配的部分料件及部分残次品,有关资料见单证。该业务如何操作?

扬名实业(浙江)有限公司

YANG MING INDUSTRY (ZHEJIANG) LIMITED

Tel: Fax:

合同

CONTRACT

号码:
No. RE-090001
日期:
Date: 2009-12-9

Buyer: BIHSIANG MACHINERY MFG. CO., LTD

实际订单须我方确认有效
Actual orders shall be subject to our confirmation

装箱口岸 From : SHANGHAI CHINA 目的地 To: KEELUNG TAIWAN

交货期 shipping date: 90天 付款方式 payment: T/T

货物名称及规格 **Commodities and Specifitations**	数量 **Quantities**	单价 **Unit Price**	总值 **Amount**
残疾车用控制器/用于机型SL74	4 units	US$26.06	US$104.24
残疾车控制器/用于机型889SL	101 units	US$28.29	US$2,857.29
Total Amount (USD)			**$2,961.53**

Seller: Confirmed by buyer:

扬名实业(浙江)有限公司
YANG MING INDUSTRY (ZHEJIANG) LIMITED.

Tel: Fax:

商业发票
Commercial Invoice

Sold To:
BIHSIANG MACHINERY MFG. CO., LTD
Tel:

发票编号:
Invoice No.: RE-090001
日期:
Date: 9-Dec-09

Ship To : BIHSIANG MACHINERY MFG. CO., LTD
Tel:

装船口岸:
From: Shanghai, China

付款方式: 电汇
Payment: T/T

开证银行:
Issuing bank:

唛头号码 Marks & Numbers	品名规格 Description of Goods	数量 (UNIT)	单价(USD)	金额(USD) Amount
			FOB Shanghai,China	
BIHSIANG C/NO.1-5 Made In TaiWan	残疾车用控制器/用于机型SL74 Main Controller	4 units	US$26.060	US$104.24
	残疾车控制器/用于机型889SL Main Controller	101 units	US$28.290	US$2,857.29
	Total:	105 units		US$2,961.53

扬名实业(浙江)有限公司
YANG MING INDUSTRY (ZHEJIANG) LIMITED.

Tel: Fax:

装箱单
Packing List

Sold To:
BIHSIANG MACHINERY MFG. CO., LTD
Tel:

发票编号:
Invoice No.: RE-090001
日期:
Date: 09-Dec-09

装船口岸:
From: Shanghai, China
付款方式: 电汇
Payment: T/T

Ship To: BIHSIANG MACHINERY MFG. CO., LTD
Tel:

唛头号码 Marks & Numbers	箱号 Packing No.	箱数	品名规格 Description of Goods	数量 Quantity	净重(KG) Net Weight	毛重(KG) Gross Weight	尺码(m3) Measurem
PIHSIANG C/NO.1-5 Made In TaiWan		1	残疾车用控制器/用于机型SL74 Main Controller	4 units	1.74kgs	1.90kgs	
		4	残疾车控制器/用于机型889SL Main Controller	30+30+31+10 101 units	30.30kgs	36.00kgs	
Total:	5 ctns			105 units	32.04kgs	37.90kgs	0.

No Wood Packaging material has been used in the container

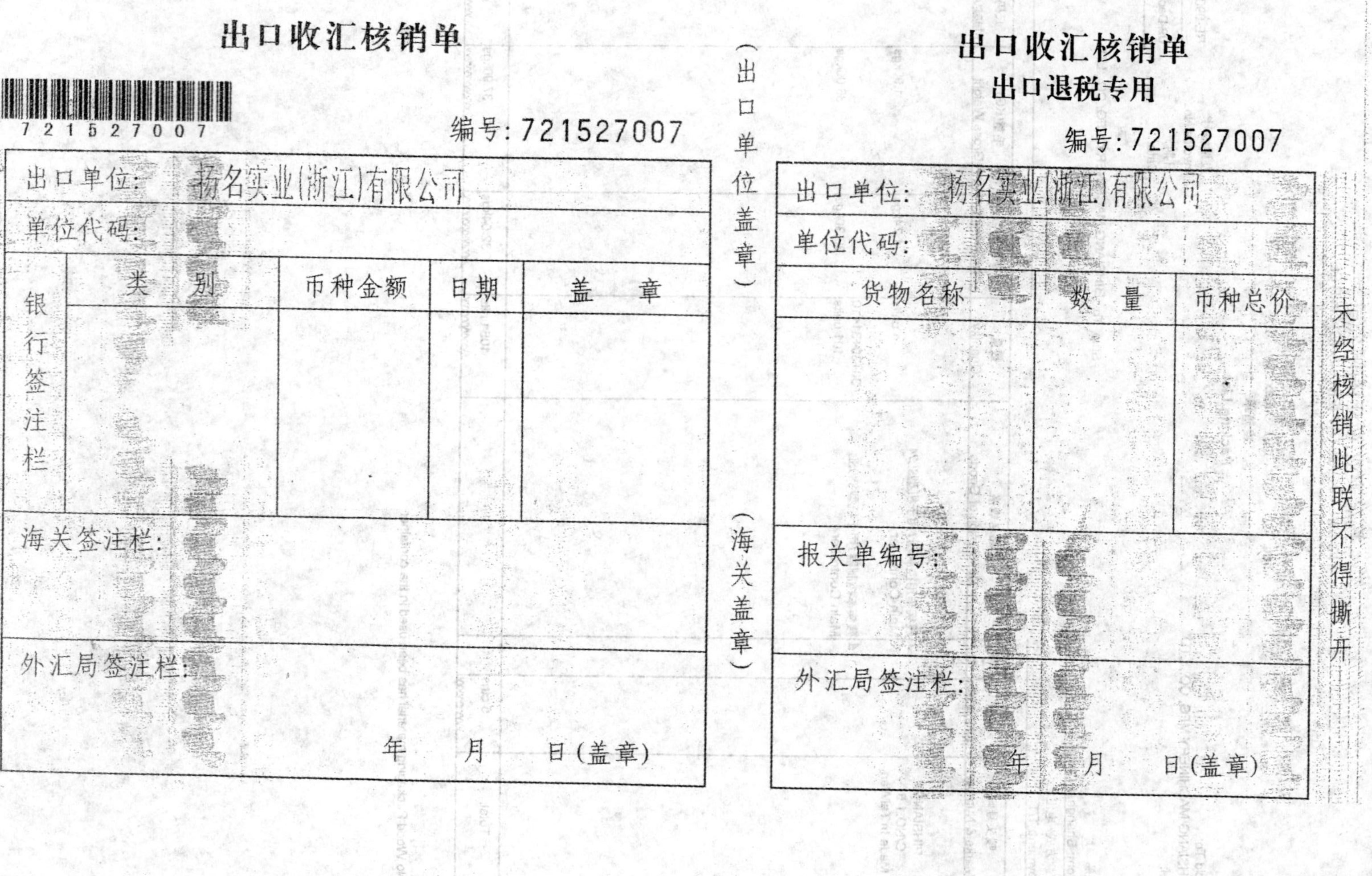

出口收汇核销单

7215527007

编号:7215527007

<table>
<tr><td colspan="5">出口单位: 扬名实业(浙江)有限公司</td></tr>
<tr><td colspan="5">单位代码:</td></tr>
<tr><td rowspan="2">银行签注栏</td><td>类　别</td><td>币种金额</td><td>日期</td><td>盖　章</td></tr>
<tr><td></td><td></td><td></td><td></td></tr>
<tr><td colspan="5">海关签注栏:</td></tr>
<tr><td colspan="5">外汇局签注栏:
年　月　日(盖章)</td></tr>
</table>

(出口单位盖章)

(海关盖章)

出口收汇核销单

出口退税专用

编号:7215527007

<table>
<tr><td colspan="3">出口单位: 扬名实业(浙江)有限公司</td></tr>
<tr><td colspan="3">单位代码:</td></tr>
<tr><td>货物名称</td><td>数　量</td><td>币种总价</td></tr>
<tr><td></td><td></td><td></td></tr>
<tr><td colspan="3">报关单编号:</td></tr>
<tr><td colspan="3">外汇局签注栏:
年　月　日(盖章)</td></tr>
</table>

未经核销此联不得撕开

进料加工专用

主页

1

中华人民共和国海关进口货物报关单

预录入编号：672231833　　　　海关编号：220220091029197698

进口口岸 吴淞海关 2202	备案号 C29088420692	进口日期 2009-08-02	申报日期 2009-08-06
经营单位 扬名实业（浙江）有限公司 3304940861	运输方式 水路运输	运输工具名称 DA QING HE/721N	提运单号 KELSH93352
收货单位 扬名实业（浙江）有限公司 3304940861	贸易方式 进料对口 0615	征免性质 进料加工（503）	征税比例 0.%
许可证号	启运国(地区) 台澎金马关税区（143）	装货港 基隆（1561）	境内目的地 嘉兴（33049）
批准文号	成交方式 C&F	运费	保费 费率 0.3%	杂费
合同协议号 AD4-840002	件数 236	包装种类 纸箱	毛重(千克) 4489.8	净重(千克) 4272.7
集装箱号 0	随附单证		用途

标记唛码及备注

项号	商品编号	商品名称、规格型号	数量及单位	原产国(地区)	单价	总价	币制	征免
1.（2）	85122010	残疾车用夜用大灯 889SL	126.000个 0.000 126.000个	台澎金马关（143）	1.5700	197.82	USD 美元	全免 用途：加工返销
2.（20）	90289010	电量指示PC板 889SL	2.300千克 0.000 194.000片	台澎金马关（143）	5.0300	975.82	USD 美元	全免 用途：加工返销
3.（22）	8537101190	残疾车控制器 889SL	348.000个 93.000千克 348.000台	台澎金马关（143）	28.2900	9844.92	USD 美元	全免 用途：加工返销
4.（41）	8504409990	充电器 888NR	1040.000个 0.000 1040.000台	台澎金马关（143）	29.2000	30368.00	USD 美元	全免 用途：加工返销
5.（37）	8537101190	残疾车用控制器 SL74	960.000个 296.000千克 960.000个	台澎金马关（143）	26.0600	25017.60	USD 美元	全免 用途：加工返销

税费征收情况

录入员　录入单位	兹声明以上申报无讹并承担法律责任	海关审单批注及放行日期(签章)
报关员	申报单位(签章) 上海经贸船务报关有限公司	审单　审价
单位地址		征税　统计
邮编　电话	填制日期	查验　放行 签发关员：王佳琳 签发日期：2009-08-10

辅页 2

进料加工专用

中华人民共和国海关进口货物报关单

预录入编号：672231833　　　　海关编号：220220091029197698

进口口岸 吴淞海关 2202	备案号 C29088420692	进口日期 2009-08-02	申报日期 2009-08-06
经营单位 3304940861 扬名实业（浙江）有限公司	运输方式 水路运输	运输工具名称 DA QING HE/721N	提运单号 KELSH93352
收货单位 3304940861 扬名实业（浙江）有限公司	贸易方式 进料对口 0615	征免性质 进料加工（503）	征税比例 0.%
许可证号	启运国(地区) 台澎金马关税区（143）	装货港 基隆（1561）	境内目的地 嘉兴（33049）
批准文号	成交方式 C&F	运费	保费 费率 0.3%	杂费
合同协议号 04-840002	件数 236	包装种类 纸箱	毛重(千克) 4489.8	净重(千克) 4272.7
集装箱号 0	随附单证		用途
标记唛码及备注			

项号	商品编号	商品名称、规格型号	数量及单位	原产国(地区)	单价	总价	币制	征免
6 (42)	85334000	摇杆电阻 888NR	9.000千克 0.315千个 315.000个	台澎金马关（143）	4.1700	1313.55	USD 美元	全免 用途：加工返销
7 (44)	85333100	可变电阻 888NR	4.000千克 0.315千个 315.000个	台澎金马关（143）	0.4700	148.05	USD 美元	全免 用途：加工返销
8 (45)	90289010	电量指示PC板 888NR	0.400千克 0.000 125.000个	台澎金马关（143）	5.0300	628.75	USD 美元	全免 用途：加工返销
9 (48)	70091000	照后镜子 888NR	101.000千克 0.000 303.000个	台澎金马关（143）	1.7400	527.22	USD 美元	全免 用途：加工返销
10 (51)	85472000	绝缘胶片 888NR	6.500千克 0.000 1205.000片	台澎金马关（143）	0.0400	48.20	USD 美元	全免 用途：加工返销

税费征收情况

录入员　录入单位	兹声明以上申报无讹并承担法律责任	海关审单批注及放行日期(签章)
报关员		审单　审价
单位地址	申报单位(签章) 上海经贸淞海报关有限公司	征税　统计
邮编　电话	填制日期	查验　放行 签发关员 王佳琳 签发日期 2009-08-10

进料加工专用

辅页

3

中华人民共和国海关进口货物报关单

预录入编号：672231833　　　　海关编号：220220091029197698

进口口岸 吴淞海关　　2202	备案号 C29088420692	进口日期 2009-08-02	申报日期 2009-08-06
经营单位 3304940861　扬名实业（浙江）有限公司	运输方式 水路运输	运输工具名称 DA QING HE/721N	提运单号 KELSH93352
收货单位 3304940861　扬名实业（浙江）有限公司	贸易方式 进料对口　0615	征免性质 进料加工（503）	征税比例 0.%
许可证号	启运国(地区) 台澎金马关税区（143）	装货港 基隆（1561）	境内目的地 嘉兴（33049）
批准文号	成交方式 C&F	运费	保费 费率　0.3%
杂费			
合同协议号 A04-840002	件数 236	包装种类 纸箱	毛重(千克) 4489.8
净重(千克) 4272.7			
集装箱号 0	随附单证		用途

标记唛码及备注

项号	商品编号	商品名称、规格型号	数量及单位	原产国(地区)	单价	总价	币制	征免
11.	8537101190 55	控制器)888NR	70.000个 18.500千克 70.000台	台澎金马关（143）	28.2900	1980.30	USD 美元	全免

用途：加工返销

税费征收情况

录入员　录入单位	兹声明以上申报无讹并承担法律责任	海关审单批注及放行日期(签章)
报关员		审单　　审价
单位地址	申报单位(签章)　上海经贸淞海报关有限公司	征税　　统计
邮编　　电话	填制日期	查验　　放行 签发关员 签发日期　2009-08-10

退运协议

甲方：扬名实业(浙江)有限公司

乙方：比翔实业有限公司

我方从乙方购买了发票号为INV－970040项以下的料件：残疾车控制器等，在生产过程中发现此批进口的控制器中有一部分与所用手册上的成车机型不适配，同时在生产加工中还产生了部分残次品。经双方友好协商，决定退回这部分有问题的控制器(详情见附表)，不再复进口，并就退货一事达成以下协议：

1. 买方负责办理该批货物的退运手续，退运的运输费用由卖方负责。其他费用由买方负责。

2. 此批货物退运所造成的所有损失，全部由卖方承担。

3. 该协议一式两份，买卖双方各持一份。

本协议如有未尽事宜，双方得以适当方式另行商定，本协议自双方签署之日起生效。

甲方：扬名实业(浙江)有限公司	乙方：比翔实业有限公司
签字：	签字：
盖章(公章)：	盖章(公章)：
年　　月　　日	年　　月　　日

情况说明

尊敬的上海海关：

我司扬名实业(浙江)有限公司，是一家台商投资企业，从事加工贸易，专业生产残疾人用电动车。于2009年8月2日从台湾比翔实业有限公司进口料件，船名航次：DA QING HE 721N，提单号：KELSH93352，报关单号220220091029197698/220220091029197699，发票号：INV970040，报关用手册C29088420692，C29088421118等。

其中有以下数量控制器存在与所用手册上的成车机型不适配，同时在生产加工中还产生了部分残次品，我方经与台湾公司协议后决定退回这部分控制器(原产地都是台湾)且不再复进口：

手册C29088420692，项号22/残疾车控制器，适用机型889SL，退回数量101个，总价USD2，859.29。项号37/残疾车用控制器，适用机型SL74，退回数量4个，总价USD104.24。

手册C29088421118，项号4/控制器，适用机型SL73，退回数量47个，总价USD1，329.63。

特此向贵关申请以上料件退运，恳请给予办理相关手续为感，由此给贵关带来的麻烦深表歉意！

扬名实业(浙江)有限公司

2009-12-20

保证函

致上海海关：

我司扬名实业(浙江)有限公司决定出口一票退运料件，是残疾人电动车所用的控制器。因为进口后发现该批料件与成车不适配，在生产加工中还产生了部分残次品。

我方经与台湾公司友好协议后决定退回这部分料件。我司保证此批退运出境的料件将不再进口。

特此说明！

扬名实业(浙江)有限公司

2009-12-20

进料加工专用

中华人民共和国海关出口货物报关单

预录入编号：　　　　　　　　　　　　　　海关编号：

出口口岸 SHANGHAI	备案号 C29088420692	出口日期	申报日期
经营单位 扬名实业(浙江)有限公司 3304940861	运输方式 by sea	运输工具名称	提运单号
发货单位 扬名实业(浙江)有限公司 3304940861	贸易方式 进料料件复出	征免性质	结汇方式 T/T

许可证号	运抵国(地区)	指运港	境内货源地 浙江平湖

批准文号 721527007	成交方式 FOB	运费	保费	杂费
合同协议号	件数 5 ctns	包装种类 carton	毛重(公斤) 37.9	净重(公斤) 32.04

集装箱号	随附单据	生产厂家

标记唛码及备注

PIHSIANG
C/NO.1-5
Made In TaiWan

项号	商品编号	商品名称、规格型号	数量及单位	最终目的国(地区)	单价	总价	币制	征免
22	8537101190	残疾车控制器	101 units	KEELUNG	28.2900	2857.29	USD	
37	8537101190	残疾车用控制器	4 units	KEELUNG	26.0600	104.24	USD	

税费征收情况

录入员　录入单位	兹声明以上申报无讹并承担法律责任	海关审单批注及放行日期(签章)
报关员		审单　　审价
单位地址	申报单位(签章)	征税　　统计
邮编　　电话	填制日期	查验　　放行

此处仅介绍输单操作(见表 3-19):

表 3-19 业务五 进料料件复出报关单各栏填报内容

序 号	报关单栏目	信息来源	本次业务操作
1	申报地海关	指定范围实际进出口岸海关	上海海关
2	录入单位	系统读取企业操作员 IC 卡上的信息并自动返填	扬名实业(浙江)有限公司
3	操作员	系统读取企业操作员 IC 卡上的信息并自动返填	不可编辑
4	统一编号	系统自动生成	无需输入
5	预录入编号	接受申报的海关决定编号规则,计算机自动打印	无需输入
6	海关编号	海关接受申报时给予报关单的编号	无需输入
7	出口口岸	货物实际进入我国关境口岸海关的名称	上海海关 2200
8	备案号	《加工贸易备案手册》编号	C29088420692
9	合同协议号	进料料件复出合同或协议	资料未显示相关信息
10	出口日期	相应的运输工具出境日期	资料未显示相关信息
11	申报日期	预录入及 EDI 报关单向海关申报的日期,与实际情况不符时,由审单关员按实际日期修改批注	资料未显示相关信息
12	经营单位	合同或协议:对外签订并执行贸易合同的中国境内法人、其他组织或个人的名称及海关注册编码	扬名实业(浙江)有限公司(3304940861)
13	单位性质	由计算机根据“经营单位”内容自动显示	无需输入
14	发货单位	进口货物在境内的最终消费、使用单位的名称,根据委托方提供的资料	扬名实业(浙江)有限公司(3304940861)
15	申报单位	对申报内容真实性直接向海关负责的企业或单位	扬名实业(浙江)有限公司
16	运输方式	场站收据、装箱单	水路运输
17	运输工具名称	载运货物进出境的运输工具名称或编号	资料未显示相关信息
18	航次号	配舱回单中通常使用“voyage no.”表示航次号	资料未显示相关信息
19	提运单号		资料未显示相关信息
20	贸易方式	据本书表 3-13	进料料件复出
21	征免性质	据本书表 3-13	其他法定
22	结汇方式	发票	T/T
23	纳税单位	根据实际情况填写	扬名实业(浙江)有限公司(3304940861)
24	许可证号	国务院商务主管部门及其授权发证机关签发的进、出口货物许可证的编号	无需填写
25	运抵国(地区)	配舱回单中 place of delivery 栏	台澎金马关税区(143)
26	指运港	配舱回单中 port of discharge 栏	资料未显示相关信息
27	境内货源地	系统根据“发货单位”自动生成	浙江平湖

续表

序　号	报关单栏目	信息来源	本次业务操作
28	批准文号	出口收汇核销单编号	721527007
29	成交方式	发票的价格条款	FOB
30	运费	发票	免予填报
31	保费	发票	免予填报
32	杂费	发票	本次业务无需填写
33	件数	装箱单(packing list)中“Quantity/Unit”一栏所填内容	5
34	包装种类	装箱单(packing list)中“Quantity/Unit”一栏所填内容	纸箱
35	毛重	装箱单中 GROSS WEIGHT 栏	37.9KGS
36	净重	装箱单中 NET WEIGHT 栏	32.04KGS
37	集装箱号	配舱回单中 CONTAINER NOMBER 栏	本次业务无需填写
38	随附单据	根据业务资料中监管证件情况及《监管证件代码表》	本次业务无需填写
39	备注	配舱回单中的标记唛码栏	
40	序号	报关单中的商品顺序编号	1、2
41	备案序号	备案手册中的商品顺序编号	22、37
42	商品编号	根据商品品名确定	8537.1011.90、 8537.1011.90
43	商品名称、规格型号	合同、发票，且与加工贸易手册中的商品名称、规格型号一致	残疾车控制器、残疾车用控制器
44	最终目的国	已知的出口货物的最终实际消费、使用或进一步加工制造国家(地区)	台澎金马关税区
45	数量及单位	packing list 中 Quantity 一栏	第1项货物:101units 第2项货物:4units
46	单价	发票	第1项货物:28.2900 第2项货物:26.0600
47	总价	发票	第1项货物:2857.29 第2项货物:104.24
48	币制	发票	USD
49	征免	《加工贸易手册》	全免
50	用途		无需填写

小结与作业

(一)加工贸易料件处置环节几种近似的贸易方式的比较(见表 3-20)

表 3-20　加工贸易料件处置环节几种近似的贸易方式的比较

异地加工	经营企业委托另一关区加工企业加工,并在加工企业所在地海关备案,成品回收后出口
外发加工	已备案合同内料件,委托另一企业进行某工序加工,产品运回(或经海关批准不运回)后复出口
深加工结转	将加工贸易产品(半成品)结转至另一关区企业,由其重新备案后深加工,并由深加工企业出口
剩余料件结转	从一个合同结转至本企业另一合同

(二)加工贸易料件进口及料件进口后处置环节报关单填制各栏目对应关系(见表 3-21)

表 3-21　加工贸易料件进口及料件进口后处置环节报关单填制各栏目对应关系

<table>
<tr><td></td><td colspan="2">料件进口</td><td>料件退换</td><td colspan="2">余料结转</td><td colspan="2">深加工结转</td><td>料件内销</td><td>料件复出</td></tr>
<tr><td></td><td colspan="2">进境</td><td>先出境后进境</td><td>形式进口</td><td>形式出口</td><td>形式进口</td><td>形式出口</td><td>形式进口</td><td>出境</td></tr>
<tr><td>贸易方式</td><td>来料加工</td><td>进料对口</td><td>来/进料料件退换</td><td colspan="2">来/进料料件退换</td><td colspan="2">来/进料深加工</td><td>来/进料料件内销</td><td>来/进料料件复出</td></tr>
<tr><td>进/出口岸</td><td colspan="3">指定范围内实际进出口岸海关</td><td colspan="5">接受申报的海关</td><td>指定范围实际进出口岸海关</td></tr>
<tr><td>征免性质</td><td>来料加工</td><td>进料对口</td><td>其他法定</td><td colspan="4">免予填报</td><td>一般征税</td><td>其他法定</td></tr>
<tr><td>备案号</td><td colspan="3">加工贸易备案手册编号</td><td>转入手册编号</td><td>转出手册编号</td><td>转入手册编号</td><td>转出手册编号</td><td colspan="2">加工贸易备案手册编号</td></tr>
<tr><td>运输方式</td><td colspan="2">实际进境运输方式</td><td>实际出/进境运输方式</td><td colspan="5">其他运输</td><td>实际出境运输方式</td></tr>
<tr><td>运输工具名称</td><td colspan="2">实际进境运输工具名称</td><td>实际出/进境运输工具名称</td><td colspan="5">免予填报</td><td>实际出境运输工具名称</td></tr>
<tr><td>启运国/运抵国</td><td colspan="2">实际启运国</td><td>实际运抵/启运国</td><td colspan="5">中国</td><td>实际运抵国</td></tr>
<tr><td>备　注</td><td colspan="3"></td><td>转出手册编号</td><td>转入进口报关单号、转入手册编号</td><td>转出手册编号</td><td>转入进口报关单号、转入手册编号</td><td></td><td></td></tr>
<tr><td>用　途</td><td colspan="2">加工返销</td><td>加工返销(进口)</td><td>加工返销</td><td></td><td>加工返销</td><td></td><td>其他内销</td><td></td></tr>
<tr><td>项号(第 2 行)</td><td colspan="3">手册对应进口料件项号</td><td>转入手册对应进口料件项号</td><td>转出手册对应进口料件项号</td><td>转入手册对应进口料件项号</td><td>转出手册对应进口料件项号</td><td colspan="2">手册对应进口料件项号</td></tr>
<tr><td>原产国/最终目的国</td><td colspan="2">料件进口原产国/成品出口最终目的国</td><td>原进口料件原产国</td><td>原进口料件原产国</td><td colspan="3">中　国</td><td>原进口料件原产国</td><td>实际最终目的国</td></tr>
<tr><td>征免</td><td colspan="7">全　免</td><td>照章征税</td><td>全免</td></tr>
</table>

探索性训练

1. 上网搜索《深加工结转申请表》、《结转情况登记表》，并自学该表各栏目填写要求。
2. 就《被串换的保税货物自行处置(内销)性质辨析》一文发表自己的看法。

环节三:成品出口报关业务操作

在加工贸易中，所出口的成品一般是指全部使用进口料件加工所得成品，其出口是免税的;但如果成品加工过程中使用了部分国产料件，且成品为出口应税商品，则需按其所使用的国产料件的比例(价值)征收出口关税。

出口环节可能出现的情况包括:来料加工成品出口、进料加工成品出口、成品内销及成品退换等情形。

一、来料加工成品出口

业务六　来料加工成品出口报关业务

任务导入

嘉兴恒风包装有限公司，根据与台湾 Packaging CO. ,LTD. 公司签署的来料加工协议，将一批加工好的成品出口，有关资料见单证。该业务如何操作?

INVOICE

****

TO:PACKAGING CO.,LTD　　　　Contract No: HF-200910LL

装船口岸 From:SHANGHAI　　　　目的地 To:KEELUNG

结汇方式：T/T　　　　Date 2010.02.27

Marks & Nos	Quantities and Descriptions		Unit price	Amount
			FOB	SHANGHAI
NO MARKS				
	ALUMINIUM FOIL DISH NO 1	0.012M/M		
		7200000PCS	USD0.00204454/PC	USD14720.69
			CMT:USD0.00012/PC	USD864.00
	WHITE KRAFT PAPER CUP NO 1	1000000PCS	USD0.00788571/PC	USD7885.71
			CMT:USD0.0016/PC	USD1600.00
	WHITE KRAFT PAPER CUP NO 2	700000PCS	USD0.00893333/PC	USD6253.33
			CMT:USD0.0016/PC	USD1120.00
		TTL:8900000PCS		**USD28859.73**
				CMT: USD3584.00

嘉兴恒风包装有限公司

JIAXING HENGFENG PACKAGING CO., LTD

PACKING LIST

MESSRS: PACKAGING CO., LTD
2F, NO. 4, SZU-WEI LANE . CHUNG-CHENG ROAD
HSIN-TIEN CITY, TAIPEI HSIEN . TAIWAN.
TEL:
FAX:

SHIPPED: BY SEA　　DATE: 2010.02.27
FROM: SHANGHAI　　TO: KEELUNG

MARKS & NO. S	DESCRIPTIONS	QUANTITIES	GR. WEIGHT (KGS)	NET WEIGHT (KGS)	CBM
	ALUMINIUM FOIL DISH NO 1 0.012M/M				
1-120 (120×60000)		7200000PCS	2400.00	2280.00	3.50
	WHITE KRAFT PAPER CUP NO 1				
121-220 (100×10000)		1000000PCS	2050.00	1850.00	11.50
	WHITE KRAFT PAPER CUP NO 2				
221-290 (70×10000)		700000PCS	1575.00	1435.00	10.30
TOTAL: PACKED IN 290CTNS			6025.00	5565.00	25.30M³

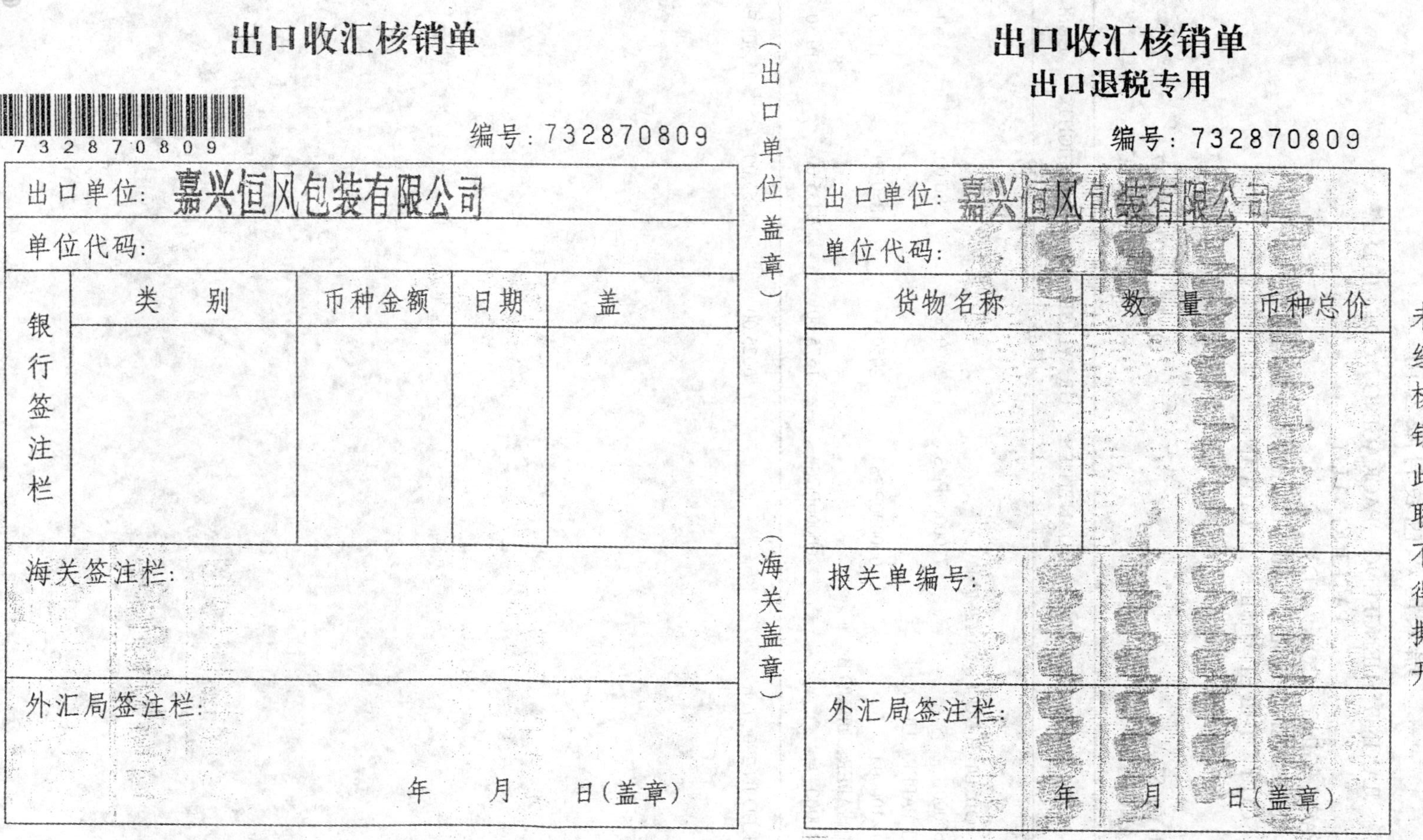

出口收汇核销单

7 3 2 8 7 0 8 0 9

编号：732870809

<table>
<tr><td colspan="5">出口单位：嘉兴恒风包装有限公司</td></tr>
<tr><td colspan="5">单位代码：</td></tr>
<tr><td rowspan="2">银行签注栏</td><td>类　别</td><td>币种金额</td><td>日期</td><td>盖</td></tr>
<tr><td></td><td></td><td></td><td></td></tr>
<tr><td colspan="5">海关签注栏：</td></tr>
<tr><td colspan="5">外汇局签注栏：
年　月　日（盖章）</td></tr>
</table>

（出口单位盖章）

（海关盖章）

出口收汇核销单

出口退税专用

编号：732870809

<table>
<tr><td colspan="3">出口单位：嘉兴恒风包装有限公司</td></tr>
<tr><td colspan="3">单位代码：</td></tr>
<tr><td>货物名称</td><td>数　量</td><td>币种总价</td></tr>
<tr><td></td><td></td><td></td></tr>
<tr><td colspan="3">报关单编号：</td></tr>
<tr><td colspan="3">外汇局签注栏：
年　月　日（盖章）</td></tr>
</table>

未经核销此联不得撕开

JIAXING HENGFENG　PAGE

Reefer Temperature Required. 冷藏温度

℃　℉

CONTAINER LOAD PLAN

装　箱　单

Class 等级	IMDG Page 危规页码	UN No. 联合国编号	Flashpoint 闪点

Ship's Name/Voy No. 船名/航次	Port of Loading 装港	Port of Discharge 卸港	Place of Delivery 交货地	
SITC SHANGHAI V.649S	SHANGHAI	TWKEL	KEELUNG	SHIPPER'S/PACKER'S DECLARATIONS:We hereby declare that the container has been thoroughly cleaned without any evidence of cargoes of previous shipment prior to vanning and cargoes has been properly stuffed and secured.

	Bill of Lading No. 提单号	Packages & Packing 件数与包装	Gross Weight 毛　重	Measurements 尺　码	Description of Goods 货　名	Marks & Numbers 唛　头
Container No. 箱号 TGHU 3171658	Front 前					
Seal No. 封号 APA 4841783						
Cont. Size 箱型 20' 40' 45' Cont.Type. 箱类 GP=普通箱 TK=油罐箱 RF=冷藏箱 PF=平板箱 OT=开顶箱 HC=高箱 FR=框架箱 HT=挂衣箱	TWNSHKETP00832	290 CTNS	6025 KGS	25.3 M3	[illegible]	N/M
ISO Code For Container Size/Type. 箱型/箱类ISO标准代码 20GP						
Packer's Name/Address 装箱人名称/地址 嘉兴恒风包装有限公司 嘉兴市余新镇工业北区 沈小姐 TEL NO. 电话号码	Door 门					

Packing Date. 装箱日期	Received By Drayman 驾驶员签收及车号	Total Packages 总件数	Total Cargo Wt 总货重	Total Meas 总尺码	Remarks:备注
2010-3-4 下午2点准时到厂	[illegible]	290 CTNS	6025 KGS	25.3 M3	船代:联合

Packed BY. 装箱人签名	Received By Terminals/Date Of Receipt 码头收箱签收和收箱日期	Cont.Tare Wt 集装箱皮重	Cgo/Cont Total Wt 货/箱总重量
		2200KG	8225 KGS

OCEAN BILL OF LADING

Shipper/Exporter	Bill of Lading number	DSLL10020159
JIAXING HENGFENG PACKAGING CO.,LTD.	DSLL10020159	
Consignee (not negotiable unless consigned To ORDER)		
Notify Party (No claim shall attach for failure to notify) SAME AS CONSIGNEE		

For combined transport or port to port shipment

RECEIVED by the Carrier the Goods as specified below in apparent good order and condition unless otherwise stated, to be transported to such place as agreed, authorised or permitted herein and subject to all the terms and conditions appearing on the front and reverse of this Bill of Lading to which the Merchant agrees by accepting this Bill of Lading, any local privileges and customs notwithstanding

The particulars given below as stated by the shipper and the weight, measure, quantity, conditions, contents and value of the Goods are unknown to the Carrier

In WITNESS where of one (1) original Bill of Lading has been signed if not otherwise stated below, the same being accomplished the other(s), if any, to be void. If required by the Carrier one (1) original Bill of Lading must be surrendered duly endorsed in exchange for the Goods or delivery order

Vessel/Voy No	Place of Receipt (Applicable only when used as a Combined Transport B/L)	Place of Delivery (Applicable only when used as a Combined Transport B/L)
SITC SHANGHAI 649S	SHANGHAI	
Port of Loading	**Port of Discharge**	**Final Destination**
SHANGHAI	KEELUNG	KEELUNG

Container No and Seal No. Marks & Nos	Quantity and kind packages	Description of Goods	Gross weight (kgs) Measurement (m³)
N/M	290 CTNS	ALUMINIUM FOIL DISH WHITE KRAFT PAPER CUP	6,025.00 KGS 25.300 CBM

SAID TO CONTAIN
SHIPPER'S LOAD ,COUNT AND SEAL
SAY TWO HUNDRED AND NINETY (290) CTNS ONLY.

CY/CY 1X20'GP
FREIGHT COLLECT

Above details as declared by Shipper Carrier not responsible

For delivery of goods, please apply to	Freight and Charges	Prepaid	Collect	Excess Value Declaration: Refer to Clause 6 (4)(B) + (C) on reverse side
RICH LONG EXPRESS CO.,LTD. TEL:				Number of Original B/Ls. THREE Place and Date of issue SHANGHAI 2010-3-7

By________________

As Carrier

JG03

来料加工 补偿贸易 专用

中华人民共和国海关出口货物报关单

预录入编号：　　上海海关　　　　海关编号：B29089320811

出口口岸 3304931106		备案号	出口日期	申报日期
经营单位 嘉兴恒风包装有限公司 3304931106		运输方式 海运	运输工具名称	提运单号
发货单位 嘉兴恒风包装有限公司		贸易方式 来料加工	征免性质 T/T	结汇方式
许可证号	运抵国(地区) 中国台湾	指运港 基隆		境内货源地 嘉兴
批准文号 732870809	成交方式 FOB	运费	保费	杂费
合同协议号	件数 290	包装种类 CTNS	毛重(公斤) 6025	净重(公斤) 5565
集装箱号	随附单据			生产厂家

标记唛码及备注　FOB USD28859.73 工缴费:USD3584.00 料件费：USD25275.73

项号	商品编号	商品名称、规格型号	数量及单位	最终目的国(地区)	单价	总价	币制	征免
04	7612909000	铝箔盘 ALUMINIUM FOIL DISH NO 1	7200000PCS 2280KGS	中国台湾		14720.69	USD	
01	48236900	白牛皮纸杯 WHITE KRAFT PAPER CUP NO 1	1000000PCS 1850KGS	中国台湾		7885.71	USD	
02	48236900	白牛皮纸杯 WHITE KRAFT PAPER CUP NO 2	700000PCS 1435KGS	中国台湾		6253.33	USD	
		TTL:	8900000PCS 5565KGS			USD28859.73		

税费征收情况

录入员　录入单位	兹声明以上申报无讹并承担法律责任	海关审单批注及放行日期(签章)
报关员	申报单位(签章)	审单　审价
单位地址		征税　统计
邮编　电话	填制日期	查验　放行

此处仅介绍输单操作(见表3-22):

表3-22 业务六 来料加工成品出口报关单各栏填报内容

序号	报关单栏目	信息来源	本次业务操作
1	申报地海关	指定范围实际进出口岸海关	上海海关
2	录入单位	系统读取企业操作员IC卡上的信息并自动返填	嘉兴恒风包装有限公司
3	操作员	系统读取企业操作员IC卡上的信息并自动返填	不可编辑
4	统一编号	系统自动生成	无需输入
5	预录入编号	接受申报的海关决定编号规则,计算机自动打印	无需输入
6	海关编号	海关接受申报时给予报关单的编号	无需输入
7	出口口岸	货物实际进入我国关境口岸海关的名称	上海海关2200
8	备案号	《加工贸易备案手册》编号	B29089320811
9	合同协议号	来料加工合同或协议	HF-200910LL
10	出口日期	相应的运输工具出境日期	20100304
11	申报日期	预录入及EDI报关单向海关申报的日期,与实际情况不符时,由审单关员按实际日期修改批注	资料未显示相关信息
12	经营单位	合同或协议:对外签订并执行贸易合同的中国境内法人、其他组织或个人的名称及海关注册编码	嘉兴恒风包装有限公司(3304931106)
13	单位性质	由计算机根据“经营单位”内容自动显示	无需输入
14	发货单位	进口货物在境内的最终消费、使用单位的名称,根据委托方提供的资料	嘉兴恒风包装有限公司(3304931106)
15	申报单位	对申报内容真实性直接向海关负责的企业或单位	嘉兴恒风包装有限公司
16	运输方式	配舱回单、装箱单	水路运输
17	运输工具名称	载运货物进出境的运输工具名称或编号	SITC SHANGHAI
18	航次号	配舱回单中通常使用“voyage no.”表示航次号	649S
19	提运单号		DSLL10020159
20	贸易方式	根据《加工贸易备案手册》判断	来料加工
21	征免性质	根据报关单各栏逻辑对应关系判断	来料加工
22	结汇方式	发票	T/T
23	纳税单位	根据实际情况填写	嘉兴恒风包装有限公司(3304931106)
24	许可证号	国务院商务主管部门及其授权发证机关签发的进、出口货物许可证的编号	无需填写

续表

序　号	报关单栏目	信息来源	本次业务操作
25	运抵国(地区)	场站收据中 place of delivery 栏	台澎金马关税区(143)
26	指运港	场站收据中 port of discharge 栏	基隆
27	境内货源地	系统根据“发货单位”自动生成	嘉兴(33049)
28	批准文号	出口收汇核销单编号	732870809
29	成交方式	发票的价格条款	FOB
30	运费	发票	免予填报
31	保费	发票	免予填报
32	杂费	发票	本次业务无需填写
33	件数	装箱单(packing list)中“Quantity/Unit”一栏所填内容	200
34	包装种类	装箱单(packing list)中“Quantity/Unit”一栏所填内容	纸箱
35	毛重	装箱单中 GROSS WEIGHT 栏	6025KGS
36	净重	装箱单中 NET WEIGHT 栏	5565KGS
37	集装箱号	场站收据中 CONTAINER NOMBER 栏	TGHU3171658
38	随附单据	根据业务资料中监管证件情况及《监管证件代码表》	本次业务无需填写
40	序号	报关单中的商品顺序编号	1、2、3
41	备案序号	备案手册中的商品顺序编号	04)、01)、02)
42	商品编号	根据商品品名确定	第 1 项:7612.9090.00 第 2 项:4823.6900 第 3 项:4823.6900
43	商品名称、规格型号	合同、发票,且与加工贸易手册中的商品名称、规格型号一致	第 1 项:铝箔盘 ALUMINUM FOIL DISH NO 1 第 2 项:白牛皮纸杯 WHITE KRAFT PAPER CUP NO 1 第 3 项:白牛皮纸杯 WHITE KRAFT PAPER CUP NO 2
44	最终目的国	已知的出口货物的最终实际消费、使用或进一步加工制造国家(地区)	第 1 项货物:台澎金马关税区 第 2 项货物:台澎金马关税区 第 3 项货物:台澎金马关税区
45	数量及单位	发票、packing list 中 Quantity 一栏	第 1 项货物:7200000PCS 2280KGS 第 2 项货物:1000000PCS 1850KGS 第 3 项货物:700000PCS 1435KGS

续表

序　号	报关单栏目	信息来源	本次业务操作
46	单价	发票	第 1 项货物:0.0020 第 2 项货物:0.0079 第 3 项货物:0.0089
47	总价	发票	第 1 项货物:14720.69 第 2 项货物:7885.71 第 3 项货物:6253.33
48	币制	发票	第 1 项货物:USD 第 2 项货物:USD 第 3 项货物:USD
49	征免	《加工贸易手册》	第 1 项货物:全免 第 2 项货物:全免 第 3 项货物:全免
50	用途		无需填写

本票业务中值得注意的栏目有:

39. 备注:来料加工成品出口报关单中,该栏需填报“料件费、工缴费”。

信息来源:来料加工出口成品发票中,一般有注明“CMT”(即 Cutting/Making/Trims),意为工缴费,从 FOB 价中扣除工缴费即为料件费。

本次业务操作:FOB USD28859.73 工缴费:USD3584.00 料件费:USD25275.73

二、进料加工成品出口

业务七　进料加工成品出口报关业务

扬名实业(浙江)有限公司,根据与台湾 MACHINERY MFG CO. LTD. 公司签署的进料加工协议,将一批加工好的成品出口到美国塔科马港(TACOMA),有关资料见单证。该业务如何操作?

扬名实业(浙江)有限公司
YANG MING INDUSTRY (ZHEJIANG) LIMITED.

Tel: Fax:

商业发票
Commercial Invoice

Sold To:
BIHSIANG MACHINERY MFG. CO., LTD
Tel:

发票编号:
Invoice No.: INV-2010033
日期:
Date: 9-Aug-10

Ship To : SHOPRIDER MOBILITY PRODUCTS, INC. USA
TEL:
ATTN:

装船口岸:
From: Shanghai, China

付款方式: 电汇
Payment: T/T

开证银行:
Issuing bank:

唛头号码 Marks & Numbers	品名规格 Description of Goods	数量 (UNIT)	单价(USD) Unit price	金额(USD) Amount
			FOB Shanghai,China	
	888WA Invalid power chair	174 units	US$530.000	US$92,220.00
	888WA-ELR Invalid power chair	168 units	US$564.000	US$94,752.00
	Total:	342 units		US$186,972.00

No Wood Packaging material has been used in the container

扬名实业(浙江)有限公司
YANG MING INDUSTRY (ZHEJIANG) LIMITED.

Tel: Fax:

装箱单
Packing List

Sold To:
BIHSIANG MACHINERY MFG. CO., LTD
Taiwan
Tel:

发票编号: Invoice No.: INV-2010083
日期: Date: 09-Aug-10

装船口岸:
From: Shanghai, China
付款方式: 电汇
Payment: T/T

Ship To: SHOPRIDER MOBILITY PRODUCTS, INC. USA
TEL:
ATTN:

唛头号码 Marks & Numbers	箱号 Packing No.	箱数	品名规格 Description of Goods	数量 Quantity	净重(KG) Net Weight	毛重(KG) Gross Weight	尺码(m3) Measurement
BIHSIANG C/NO.1-255 MADE IN CHINA	1-255	87	888WA Invalid power chair	87 units	@76.00kgs 6612.00kgs	@83.00kgs 7221.00kgs	@0.3 32.1
		168	888WA-ELR Invalid power chair	84 units	76*84+5.5*84 6846.00kgs	83*84+6.5*84 7518.00kgs	0.37*84+0.029*8 33.5
BIHSIANG C/NO.D1-D255 MADE IN CHINA	D1-D255	87	888WA Invalid power chair	87 units	@76.00kgs 6612.00kgs	@83.00kgs 7221.00kgs	@0.3 32.1
		168	888WA-ELR Invalid power chair	84 units	76*84+5.5*84 6846.00kgs	83*84+6.5*84 7518.00kgs	0.37*84+0.029*8 33.5
Total:	510 ctns			342 units	26916.00kgs	29478.00kgs	131.42

No Wood Packaging material has been used in the container

出口收汇核销单

编号：

<table>
<tr><td colspan="5">出口单位：扬名实业(浙江)有限公司</td></tr>
<tr><td colspan="5">单位代码</td></tr>
<tr><td rowspan="2">银行签注栏</td><td>类　别</td><td>币种金额</td><td>日期</td><td>盖　章</td></tr>
<tr><td></td><td></td><td></td><td></td></tr>
<tr><td colspan="5">海关签注栏：</td></tr>
<tr><td colspan="5">外汇局签注栏：
年　　月　　日（盖章）</td></tr>
</table>

（出口单位盖章）

（海关盖章）

出口收汇核销单

出口退税专用

编号：

<table>
<tr><td colspan="3">出口单位：扬名实业(浙江)有限公司</td></tr>
<tr><td colspan="3">单位代码：</td></tr>
<tr><td>货物名称</td><td>数　量</td><td>币种总价</td></tr>
<tr><td></td><td></td><td></td></tr>
<tr><td colspan="3">报关单编号：</td></tr>
<tr><td colspan="3">外汇局签注栏：
年　　月　　日（盖章）</td></tr>
</table>

未经核销此联不得撕开

CONTAINER LOAD PLAN

装箱单

码头联

Reefer Temperature Required. 冷藏温度 ℃ ℉

Class 等级	IMDG Page 危规页码	UN No. 联合国编号	Flashpoint 闪点

Ship's Name/Voy No. 船名/航次	Port of Loading 装港	Port of Discharge 卸港	Place of Delivery 交货地	SHIPPER'S/PACKER'S DECLARATIONS: We hereby declare that the container has been thoroughly cleaned without any evidence of cargoes of previous shipment prior to vanning and cargoes has been properly stuffed and secured.
BREMEN BRIDGE V.055E	SHANGHAI	USTC2	ELLANGER,KY	

Container No. 箱号: KKFU 1804357

Seal No. 封号: UAN 34186

Cont.Size 箱型: 20' 40' 45'

Cont.Type. 箱类: GP=普通箱 TK=油罐箱 RF=冷藏箱 PF=平板箱 OT=开顶箱 HC=高箱 FR=框架箱 HT=挂衣箱

ISO Code For Container Size/Type. 箱型/箱类ISO标准代码: 40GP

Packer's Name/Address 装箱人名称/地址

TEL NO. 电话号码

Bill of Lading No. 提单号	Packages & Packing 件数与包装	Gross Weight 毛重	Measurements 尺码	Description of Goods 货名	Mark & Numbers 唛头
Front 前					
KKLUSH7108982	255	14739	65.71	INVALID POWER CHAIR	BIHSIANG C/NO. D1-D255 MADE IN CHINA
Door 门					

Packing Date. 装箱日期	Received By Drayman 驾驶员签收及车号	Total Packages 总件数	Total Cargo Wt 总货重	Total Meas 总尺码	Remarks: 备注
2010-8-13，8：00	沪R0141	255CTNS	14739KGS	65.71CBM	箱子放车尾 请提清洁无味的好箱子 SY1-A400080 PP1-A60130 74938246

Packed BY. 装箱人签名	Received By Terminals/Date Of Receipt 码头收箱签收和收箱日期	Cont. Tare Wt 集装箱皮重	Cgo/Cont Total Wt 货/箱总重量

Shipper (发货人)
BIHSIANG MACHINERY MFG CO.,LTD.
HSIN-FENG HSIANG,HSINCHU COUNTRY,
TAIWAN (TEL:)886-3-5688585

Consignee (收货人)
SHOPRIDER MOBILITY PRODUCTS,INC
TEL:
ATTN:

201008004

装　货　单　第五联

场站收据副本

Notify Party (通知人)
SAME AS CONSIGNEE

场站章

Pre-Carriage By (前程运输)	Place of Receipt (收货地点)
	SHANGHAI

Ocean Vessel (船名) Voy No. (航次)	Port of Loading (装货港)
BREMEN BRIDGE/055E	SHANGHAI

Port of Discharge (卸货港)	Place of Delivery (交货地点)	Final Destination for the Merchant's Reference (目的地)
TACOMA	ERLANGER	ERLANGER

Container No. (集装箱号)	Seal No. (封志号) Marks & Nos 标记与号码	No. of containers or p'kgs (箱数或件数)	Kind of Packages Description of Goods (包装种类与货名)	Gross Weight 毛重(公斤)	Measurement 尺码(立方米)
		CY /CY			
	SHIPPER'S LOAD & COUNT & SEAL S.T.C.				
		510	CARTONS	29478.00	131.420
	BIHSIANG C/NO.1-510 MADE IN CHINA		INVALID POWER CHAIR		
				FREIGHT COLLECT	

TOTAL NUMBER OF CONTAINERS OR PACKAGES (IN WORDS) 集装箱数或件数合计(大写)：SAY TOTAL FIVE HUNDRED TEN (510) CARTONS ONLY

Container No. (箱号)	Seal No. (封志号)	Pkgs (件数)	Container No. (箱数)	Seal No. (封志号)	Pkgs (件数)
CY-CY 2X40GP					

Received (实收)　　By Terminal clerk (场站员签字)

FREIGHT & CHARGES	Prepaid at (预付地点)	Payable at (到付地点)	Place of issue (签发地点)
	Total Prepaid (预付总额)	No.of Original B(s)/L (正本提单份数)	BOOKING(订舱确认) APPROVED BY

Service Type on Receiving	Service Type on Delivery	Reefer-Temperature Required (冷藏温度)	°F	°C
□-CY □-CFS □-DOOR	□-CY □CFS □-DOOR			

TYPE OF GOODS (种类)	□ Ordinary (普通)	□ Reefer (冷藏)	□ Dangerous (危险品)	□ Auto (裸装车辆)	危险品	Class Property IMDG Code Page UN No.
	□ Liquid (液体)	□ Live Animal (活动物)	□ Bulk (散货)	□		

Shipper
BIHSIANG MACHINERY MFG.CO.,LTD.

Consignee
SHOPRIDER MOBILITY PRODUCTS,INC.
TEL:
ATTN:

Notify Party
SHOPRIDER MOBILITY PRODUCTS,INC.
TEL:
ATTN:

WAYBILL
NON-NEGOTIABLE

RECEIVED by Carrier from the Shipper on the terms hereof the total number of Containers or packages said to contain Goods enumerated below in the box marked "Total No. of Containers or Packages (in words)" in apparent good order and condition (unless otherwise indicated herein) for Carriage from the Place of Receipt or the Port of Loading to the Port of Discharge or the Place of Delivery.

In consideration of Carrier's acceptance of Containers or packages, the Shipper (on its own behalf and on behalf of all persons included in the definition of "Merchant" contained in the applicable "K" Line standard form bill of lading) agrees that all terms on the face and back hereof apply. MERCHANT SPECIFICALLY AGREES THAT ITS ATTENTION HAS BEEN DRAWN TO AND THAT IT HAS ACCEPTED THE APPLICABLE "K" LINE STANDARD FORM BILL OF LADING (" CARRIER'S B/L"), CARRIER'S APPLICABLE TARIFF(S), AND THE CMI UNIFORM RULES FOR SEA WAYBILLS AS REFERRED TO IN AND INCORPORATED HEREIN BY CLAUSE 1 ON THE REVERSE HEREOF

This Waybill supersedes any prior arrangements, agreements or representations by Carrier, its agent or any other person, save for service contracts between the parties, and where applicable valid under the United States Shipping Act.

Pre-carriage by	Place of receipt
	SHANGHAI, SH, CN CY
Ocean Vessel / Voy. No. 055E	**Port of loading**
BREMEN BRIDGE	SHANGHAI, , CN
Port of discharge	**Place of delivery**
TACOMA, WA, US	ERLANGER, KY, US DOOR

S/C: 17222
FFR:

Final destination (for the Merchant's reference)

PARTICULARS FURNISHED BY SHIPPER

Container No.	Seal No.; Marks and Numbers	No. of Containers or pkgs.	Kind of packages; Description of goods	Gross weight KGS	Measurement CBM
KKFU1804357	UAN34186	255	CTNS (40 DRY 86) (	14,739.000	65.7100)
KKFU1371621	UAN34190	255	CTNS (40 DRY 86) (	14,739.000	65.7100)
BIHSIANG C/NO.1-510 MADE IN CHINA		2 510	SHIPPER'S LOAD AND COUNT CONTAINERS CTNS	29,478.000	131.4200
			INVALID POWER CHAIR MODEL:888WA PO#179168+179169 FINAL DELIVERY: SHIP TO:AVERITT EXPRESS 3818 TURFWAY RD ERLANGER,KY 41018 USA		
			2 CONTAINERS (510 CTNS)		

Declared value US$

If shipper enters a value, the ad valorem rate will be charged (See B/L Clause 24)

Total No.of Containers or Packages (in words)	TWO (2) CONTAINERS ONLY	29,478.000	131.4200

Freight and Charges	Revenue Tons	Rate	Per	Prepaid	Collect
"FREIGHT COLLECT" FREIGHT COLLECT					

Ex Rate	Prepaid at	Payable at	Place and date of issue
	SHANGHAI, SH	ERLANGER, KY	SHANGHAI, SH AUG.17,2010
	Total prepaid in local currency	No. of WAYBILL(s)	
		ONE (1)	KAWASAKI KISEN KAISHA,LTD. AS CARRIER 2010 08180939

Shipped on board the Vessel
Date

AUG.17.2010

进料加工专用

中华人民共和国海关出口货物报关单

预录入编号：792659210　　　　海关编号：222920100792659210

出口口岸	备案号	出口日期	申报日期
外港海关　2225	C29080420390	2010-08-17	2010-08-14

经营单位	运输方式	运输工具名称	提运单号
3304940861 扬名实业（浙江）有限公司	水路运输	BREMEN BRIDGE/055E	KKLUSH7105982

发货单位	贸易方式	征免性质	结汇方式
3304940861 扬名实业（浙江）有限公司	进料对口　0615	进料加工（503）	电汇

许可证号	运抵国(地区)	指运港	境内货源地
	美国（502）	美国（502）	嘉兴（33049）

批准文号	成交方式	运费	保费	杂费
749398246	FOB			

合同协议号	件数	包装种类	毛重(千克)	净重(千克)
	510	纸箱	29478	26916

集装箱号	随附单证	生产厂家
4		

标记唛码及备注　港TACOMA

集装箱号：KKFU1371621　KKFU1804357

项号	商品编号	商品名称、规格型号	数量及单位	最终目的国(地区)	单价	总价	币制	征免
1.（6）	87139000	四轮电动残疾人用车 888WA	174.000辆 0.000 174.000辆	美国（502）	530.0000	92220.00	USD 美元	全免
						用途：		
2.（7）	87139000	四轮电动残疾人用车 888WA_BLR	168.000辆 0.000 168.000辆	美国（502）	564.0000	94752.00	USD 美元	全免
						用途：		

税费征收情况

录入员　录入单位	兹声明以上申报无讹并承担法律责任	海关审单批注及放行日期(签章)
报关员		审单　　审价
单位地址	申报单位(签章) 上海航连报关有限责任公司	征税　　统计
邮编　　电话	填制日期	查验　　放行 签发关员： 签发日期：2010-08-25

JG07

主页

1

出口退税专用

中华人民共和国海关出口货物报关单

预录入编号： 792659210　　　　海关编号： 222920100792659210

出口口岸	备案号	出口日期	申报日期
外港海关 2225	C29080420390	2010-08-17	2010-08-14

经营单位	运输方式	运输工具名称	提运单号
3304940861 扬名实业（浙江）有限公司	水路运输	BREMEN BRIDGE/055E	KKLUSH7105982

发货单位	贸易方式	征免性质	结汇方式
3304940861 扬名实业（浙江）有限公司	进料对口 0615	进料加工 （ 503 ）	电汇

许可证号	运抵国(地区)	指运港	境内货源地
	美国 （ 502 ）	美国 （ 502 ）	嘉兴 （33049）

批准文号	成交方式	运费	保费	杂费
749398246	FOB			

合同协议号	件数	包装种类	毛重(千克)	净重(千克)
	510	纸箱	29478	26916

集装箱号	随附单证	生产厂家
4		

标记唛码及备注

港TACOMA

集装箱号：KKFU1371621 KKFU1804357

项号	商品编号	商品名称、规格型号	数量及单位	最终目的国(地区)	单价	总价	币制	征免
1. (6)	87139000	四轮电动残疾人用车 888WA	174.000辆 0.000 174.000辆	美国 (502)	530.0000	92220.00	USD 美元	全免 用途:
2. (7)	87139000	四轮电动残疾人用车 888WA_ELR	168.000辆 0.000 168.000辆	美国 (502)	564.0000	94752.00	USD 美元	全免 用途:

税费征收情况

录入员 录入单位	兹声明以上申报无讹并承担法律责任	海关审单批注及放行日期(签章)
报关员		审单 审价
单位地址	申报单位(签章) 上海航连报关有限责任公司	征税 统计
邮编 电话	填制日期	查验 放行 签发关员: 签发日期: 2010-08-25

收汇核销联

主页

1

中华人民共和国海关出口货物报关单

预录入编号：792659210　　　　海关编号：222920100792659210

出口口岸 外港海关　2225		备案号 C29080420390		出口日期 2010 08 17	申报日期 2010-08-1
经营单位 3304940861　扬名实业（浙江）有限公司		运输方式 水路运输	运输工具名称 BREMEN BRIDGE/055E		提运单号 KKLUSH7105982
发货单位 3304940861　扬名实业（浙江）有限公司		贸易方式 进料对口　0615		征免性质 进料加工　（503）	结汇方式 电汇
许可证号	运抵国(地区) 美国　（502）		指运港 美国　（502）		境内货源地 嘉兴　（33049）
批准文号 749398246	成交方式 FOB	运费		保费	杂费
合同协议号	件数 510	包装种类 纸箱		毛重(千克) 29478	净重(千克) 26910
集装箱号 4	随附单证				生产厂家

标记唛码及备注

港TACOMA

集装箱号：KKFU1371621　KKFU1804357

项号	商品编号	商品名称、规格型号	数量及单位	最终目的国(地区)	单价	总价	币制	征免
1.	87139000 （6）	四轮电动残疾人用车 888WA	174.000辆 0.000 174.000辆	美国 （502）	530.0000	92220.00	USD 美元	全免 用途：
2.	87139000 （7）	四轮电动残疾人用车 888WA_ELR	168.000辆 0.000 168.000辆	美国 （502）	564.0000	94752.00	USD 美元	全免 用途：

税费征收情况

录入员　录入单位	兹声明以上申报无讹并承担法律责任	海关审单批注及放行日期(签章)
报关员		审单　审价
单位地址	申报单位(签章) 上海航连报关有限责任公司	征税　统计
邮编　电话	填制日期	放行 签发关员： 签发日期：2010-08-25

此处仅介绍输单操作(见表3-23):

表3-23 业务七 进料加工成品出口报关单各栏填报内容

序号	报关单栏目	信息来源	本次业务操作
1	申报地海关	指定范围实际进出口岸海关	航交办(2229)
2	录入单位	系统读取企业操作员IC卡上的信息并自动返填	上海航连报关有限责任公司
3	操作员	系统读取企业操作员IC卡上的信息并自动返填	王子
4	统一编号	系统自动生成	无需输入
5	预录入编号	接受申报的海关决定编号规则,计算机自动打印	792659210
6	海关编号	海关接受申报时给予报关单的编号	222920100792659210
7	出口口岸	货物实际进入我国关境口岸海关的名称	外港海关2225
8	备案号	《加工贸易备案手册》编号	C29080420390
9	合同协议号	来料加工合同或协议	资料未显示相关信息
10	出口日期	相应的运输工具出境日期	2010-08-17
11	申报日期	预录入及EDI报关单向海关申报的日期与实际情况不符时,由审单关员按实际日期修改批注	2010-08-14
12	经营单位	合同或协议:对外签订并执行贸易合同的中国境内法人、其他组织或个人的名称及海关注册编码	扬名实业(浙江)有限公司(3304940861)
13	单位性质	由计算机根据“经营单位”内容自动显示	无需输入
14	发货单位	进口货物在境内的最终消费、使用单位的名称,根据委托方提供的资料	扬名实业(浙江)有限公司(3304940861)
15	申报单位	对申报内容真实性直接向海关负责的企业或单位	上海航连报关有限责任公司
16	运输方式	配舱回单(场站收据)、装箱单	水路运输
17	运输工具名称	配舱回单(场站收据)	BREMEN BRIDGE
18	航次号	配舱回单中通常使用“voyage no.”表示航次号	055E
19	提运单号	配舱回单(场站收据)中的D/R NO	KKLUSH7105982
20	贸易方式	根据《加工贸易备案手册》判断	进料对口
21	征免性质	根据报关单各栏逻辑对应关系判断	进料加工
22	结汇方式	发票	电汇
23	纳税单位	根据实际情况填写	扬名实业(浙江)有限公司(3304940861)
24	许可证号	国务院商务主管部门及其授权发证机关签发的进、出口货物许可证的编号	无需填写

续表

序　号	报关单栏目	信息来源	本次业务操作
25	运抵国(地区)	场站收据中 place of delivery 栏	美国(502)
27	境内货源地	系统根据"发货单位"自动生成	嘉兴(33049)
28	批准文号	出口收汇核销单编号	749398246
29	成交方式	发票的价格条款	FOB
30	运费	发票	免予填报
31	保费	发票	免予填报
32	杂费	发票	本次业务无需填写
33	件数	装箱单(packing list)中"Quantity/Unit"一栏所填内容	510
34	包装种类	装箱单(packing list)中"Quantity/Unit"一栏所填内容	纸箱
35	毛重	装箱单中 GROSS WEIGHT 栏	29478KGS
36	净重	装箱单中 NET WEIGHT 栏	26916KGS
37	集装箱号	场站收据中 CONTAINER NOMBER 栏	KKFU1371621 * 2(4)
38	随附单据	根据业务资料中监管证件情况及《监管证件代码表》	本次业务无需填写
40	序号	报关单中的商品顺序编号	1、2
41	备案序号	备案手册中的商品顺序编号	(6)、(7)
42	商品编号	根据商品品名确定	第 1 项:8713.9090 第 2 项:8713.9090
43	商品名称、规格型号	合同、发票,且与加工贸易手册中的商品名称、规格型号一致	第 1 项:四轮电动残疾人用车 888W 第 2 项:四轮电动残疾人用车 888W_ELR
44	最终目的国	已知的出口货物的最终实际消费、使用或进一步加工制造国家(地区)	第 1 项货物:美国(502) 第 2 项货物:美国(502)
45	数量及单位	发票、packing list 中 Quantity 一栏	第 1 项货物:174.000 辆 0.000 174.000 辆 第 2 项货物:168.000 辆 0.000 168.000 辆
46	单价	发票	第 1 项货物:530.0000 第 2 项货物:564.0000
47	总价	发票	第 1 项货物:92220.00 第 2 项货物:94752.00
48	币制	发票	第 1 项货物:USD 第 2 项货物:USD

续表

序　号	报关单栏目	信息来源	本次业务操作
49	征免	《加工贸易手册》	第1项货物:全免 第2项货物:全免
50	用途		无需填写

本票业务中值得注意的栏目有：

26.指运港:应根据实际情况按海关规定的《港口航线代码表》选择填报相应的港口中文名称及代码。在《港口航线代码表》中无港口中文名称及代码的,可选择填报相应的国家中文名称或代码。

本次业务此栏填报“美国”,并在备注栏注明“TACOMA”港。

三、成品内销

加工贸易成品内销可能有两种情形:一是按料件补税(见料件内销有关内容);二是转减免税。

(一)按料件补税

1.定义

是指对加工贸易保税进口料件制成的成品因故转为内销时,海关凭主管部门准予内销的有效批准文件,对保税进口料件依法征收税费的行为,税费包括进口关税、进口环节增值税和缓税利息。

2.业务流程

加工贸易成品内销的办理流程与加工贸易料件内销基本相同,这里不再赘述。

3.报关单有关栏目填报(见表3-24)

表3-24　成品内销(按料件补税)报关单各栏填报内容

贸易方式	来/进料料件内销
进/出口岸	接受申报的海关
征免性质	一般征税
备案号	加工贸易手册编号
运输方式	其他运输
运输工具名称	免予填报
启运国/运抵国	中国
备注	
用途	其他内销
项号(第2行)	手册进口料件项号
原产国/最终目的国	中国
征免	照章征税

此处与料件内销业务不同的是,“原产国/最终目的国”一栏应填报“中国”,而料件内销

业务该栏应填报“原进口料件原产国”。

成品内销、料件内销补税税额有关规定(见表3-25):

表3-25　成品内销、料件内销补税税额有关规定

关于征税数量	剩余料件、边角料直接按申报数量征税
	制成品、残次品根据折算后的料件数量征税
	副产品按报验状态的数量征税
关于征税完税价	进料加工料件或制成品、残次品根据原进口成交价为基础确定,不能确定时,按下列方式确定:来料加工料件或制成品、残次品以接受申报的同时或者大约同时进口的与料件相同或类似的货物进口成交价为基础确定;副产品、边角料以内销价格确定
关于征税的税率	正常的转内销征税,适用海关接受申报之日实施的税率
	属关税配额管理但设有配额证的按该商品配额外适用的税率
关于征税的缓税利息	剩余料件、制成品、残次品、副产品应交付缓税利息
	边角料免交付缓税利息

(二)转减免税

1.定义

包括:来料加工成品凭《征免税证明》转减免税(0345)、进料加工成品凭《征免税证明》转减免税(0744),前者指来料加工项下已加工的成品凭《征免税证明》转减免税的货物;后者指进料加工项下已加工的成品凭《征免税证明》转减免税的货物。

2.业务流程

加工贸易成品凭《征免税证明》转为享受减免税进口货物的,应先办理进口报关手续,再办理出口报关手续。并在出口报关单本栏目填报进口方关区代码(前两位)及进口报关单号。

3.报关单有关栏目填报(见表3-26)

表3-26　成品内销(转减免税)报关单各栏填报内容

	形式进口	形式出口
贸易方式	来/进料成品减免	
进/出口岸	接受申报的海关	
征免性质	征免税证明所批征免性质	免予填报
备案号	征免税证明编号	加工贸易手册编号
运输方式	其他运输	其他运输
运输工具名称	免予填报	免予填报
启运国/运抵国	中国	中国
备　注	转出手册编号	转入征免税证明编号

续表

	形式进口	形式出口
用　途	企业自用	——
项号(第2行)	征免税证明对应项号	手册原出口成品对应项号
原产国/最终目的国	中国	
征　免	全免	

四、成品退换

(一)定义及代码

指来料、进料加工进口的成品因品质、规格或其他原因退运进境,经加工、维修或更换同类商品复出口。加工贸易项下成品发生退运时,方式应分别填报为进料成品退换(代码:4600)和来料成品退换(代码:4400),有别于一般项下产品的退运货物(代码:4561)。

本监管方式不适用于来料加工、进料加工过程中产生的剩余料件、边角料、废料退运出境,以及进口料件因品质、规格等原因退运出境且不再更换同类货物进境。这几类货物分别适用以下监管方式:来料料件复出(0265)、来料边角料复出(0865)、进料料件复出(0664)、进料边角料复出(0864)。

(二)办理流程

成品退换进出口时,应先将不符合要求的成品退运进境,再将符合要求的同类成品复出口。从海关监管角度来讲,成品退换进、出口的监管方式应该一致,同一手册(账册)的成品退换进、出口的数量、美元值应该一致。

在申报时须提供原加工贸易手册、原出口报关单的退税联和外汇核销联、外汇核销单以及国税部门和外贸主管部门的有关证明;如果该手册已经在海关办理核销手续,应提供主管海关的手册已核销手续,应提供主管海关的手册已核销证明,贸易方式申报为修理物品(代码:1300),并缴纳退运成品相应税款的保证金,待货物在海关规定期限内复运出口后,向海关申请退还。

(三)报关单有关栏目填报(见表3-27)

表3-27　成品退换报关单各栏填报内容

贸易方式	来/进料成品退换
进/出口岸	指定范围进出口岸海关
征免性质	其他法定
备案号	加工贸易手册编号
运输方式	实际进/出境运输方式
运输工具名称	实际进/出境运输工具名称
启运国/运抵国	实际启运国/运抵国
备注	

续表

用途	其他(进境)	—(出境)
项号(第 2 行)	手册原出口成品对应项号	
原产国/最终目的国	中国	实际最终目的国
征免	全免	

小 结

加工贸易成品出口或其他处置环节报关单填制各栏目对应关系见表 3-28 所示。

表 3-28 加工贸易料件进口及料件进口后处置环节报关单填制各栏目对应关系

<table>
<tr><td rowspan="3"></td><td colspan="2">成品出口</td><td colspan="3">成品内销</td><td colspan="2" rowspan="2">成品退换</td></tr>
<tr><td colspan="2" rowspan="2">出境</td><td>按料件补税</td><td colspan="2">转减免税</td></tr>
<tr><td>形式进口</td><td>形式进口</td><td>形式出口</td><td>进境</td><td>出境</td></tr>
<tr><td>贸易方式</td><td>来料加工</td><td>进料对口</td><td>来/进料料件内销</td><td colspan="2">来/进料成品减免</td><td colspan="2">来/进料成品退换</td></tr>
<tr><td>进/出口岸</td><td colspan="2">指定范围内实际进出口岸海关</td><td colspan="3">接受申报的海关</td><td colspan="2">指定范围实际进出口岸海关</td></tr>
<tr><td>征免性质</td><td>来料加工</td><td>进料加工</td><td>一般征税</td><td>征免税证明所批征免性质</td><td>免予填报</td><td colspan="2">其他法定</td></tr>
<tr><td>备案号</td><td colspan="3">加工贸易备案手册编号</td><td>征免税证明编号</td><td colspan="3">加工贸易备案手册编号</td></tr>
<tr><td>运输方式</td><td colspan="3">实际出境运输方式</td><td>其他运输</td><td>其他运输</td><td colspan="2">实际进/出境运输方式</td></tr>
<tr><td>运输工具名称</td><td colspan="2">实际进境运输工具名称</td><td colspan="3">免予填报</td><td colspan="2">实际进/出境运输工具名称</td></tr>
<tr><td>启运国/运抵国</td><td colspan="3">实际运抵国</td><td>中国</td><td colspan="3">实际启运/运抵国</td></tr>
<tr><td>备 注</td><td>料件费、工缴费</td><td colspan="2"></td><td>转出手册编号</td><td>转入征免税证明编号</td><td colspan="2"></td></tr>
<tr><td>用 途</td><td colspan="2"></td><td>其他内销</td><td>企业自用</td><td></td><td>其他</td><td></td></tr>
<tr><td>项号(第 2 行)</td><td colspan="2">手册出口成品对应项号</td><td>手册对应进口料件项号</td><td>征免税证明对应项号</td><td colspan="3">手册原出口成品对应项号</td></tr>
<tr><td>原产国/最终目的国</td><td colspan="2">实际最终目的国</td><td colspan="4">中 国</td><td>实际最终目的国</td></tr>
<tr><td>征 免</td><td colspan="2">一般为全免,应征出口税的“照章征税”</td><td>照章征税</td><td colspan="4">全 免</td></tr>
</table>

加工贸易料件及成品处置中可能出现的其他情形

一、受灾保税货物

(一)定义

受灾保税货物,是指加工贸易企业从事加工出口业务中,因不可抗力原因或者其他经海关审核认可的正当理由造成灭失、短少、损毁等导致无法复出口的保税进口料件和制品。

加工贸易受灾保税货物(包括边角料、剩余料件、残次品、副产品)在运输、仓储、加工期间发生灭失、短少、损毁等情况的,加工贸易企业应当及时向主管海关报告,海关可以视情派员核查取证。

(二)相关手续

(1)因不可抗力因素造成的加工贸易受灾保税货物:

经海关核实,对受灾保税货物灭失或者虽未灭失,但完全失去使用价值且无法再利用的,海关予以免税核销;对受灾保税货物虽失去原使用价值,但可以再利用的,海关按照审定的受灾保税货物价格、其对应进口料件适用的税率计征税款和税款缓税利息后核销。受灾保税货物对应的原进口料件,属于发展改革委、商务部、环保总局及其授权部门进口许可证件管理范围的,免于提交许可证件。企业在规定的核销期内报请核销时,应当提供下列证明材料:

①商务主管部门的签注意见;

②保险公司出具的保险赔款通知书或检验检疫部门出具的有关检验检疫证明文件;

③海关认可的其他有效证明文件。

(2)除不可抗力因素外,加工贸易企业因其他经海关审核认可的正当理由导致加工贸易保税货物在运输、仓储、加工期间发生灭失、短少、损毁等情况的,海关凭商务主管部门的签注意见、有关主管部门出具的证明文件和保险公司出具的保险赔款通知书或者检验检疫部门出具的有关检验检疫证明文件,按照规定予以计征税款和缓税利息后办理核销手续。本款所规定的受灾保税货物对应的原进口料件,如属进口许可证件管理范围的,企业须按照规定向海关提交有关进口许可证件(注意:《中华人民共和国海关关于加工贸易边角料、剩余料件、残次品、副产品和受灾保税货物的管理办法》第四条、第六条、第七条规定免于提交进口许可证件的除外)。

资料卡

东莞海关:受灾保税货物可免税核销

——来源:搜狐新闻,2008-06-25

东莞报业网讯:近期,东莞地区连降暴雨,东莞部分企业的厂房、仓库遭到水浸,部分货物和设备受损,连日来,海关积极帮助受灾企业渡过难关。

东莞海关:受灾保税货物可免税核销

日前,东莞海关下发通告,因暴雨受灾保税货物可免税核销。海关表示,根据海关关于加工贸易保税货物的相关管理办法,因不可抗力因素造成的加工贸易受灾保税货物,完全失去使用价值无法再利用的,经海关核实后予以免税核销;对虽失去原使用价值但仍可再利用的,海关将按照审定的受灾保税货物价格,其对应的进口料件适用的税率计征税款和税款缓税利息后核销。

海关提醒企业,有水浸受损情况的,应及时向海关报告,并注意留取照片、保险公司赔款通知书等相关材料,在申请核销时还需提供商务主管部门的签注意见、保险公司赔款通知书或检验检疫部门出具的有关检验检疫证明文件等。

凤岗海关：开辟服务受灾企业绿色通道

黄埔海关驻凤岗办事处则派人到辖区内受灾严重的塘厦、清溪镇主要受灾企业进行查看。在塘厦东莞美时家具厂，记者看到该企业在此次强暴雨中受灾严重，企业原料、成品仓库及生产车间都还有明显的水浸痕迹，大部分机器设备无法运作，工厂目前处于停工状态。海关人员正对企业受灾保税货物主要商品类别、保税货物受灾程度、受灾保税货物估价金额等进行汇总，掌握初步情况，帮助企业尽快解决毁损保税料件的处理问题，将自然灾害带来的损失降到最小。

据介绍，仅黄埔海关驻凤岗办事处辖区内就有近200家企业受到水灾影响，涉及受灾保税货物价值已超过2亿元。针对此情况，该办立即启动应急机制，特事特办，开辟服务受灾企业"绿色通道"，组织人员及时研究受灾保税货物处理的操作办法，并安排关员认真做好受灾企业下厂核实工作。同时，加大对外宣传力度，通过电话、短信以及在业务大厅发布公告等方式指导受灾企业如何处理受灾保税货物。

二、放弃

(一)定义及范围

加工贸易企业因故无法内销或者退运而申请放弃边角料、剩余料件、残次品、副产品或者受灾保税货物的，凭企业放弃该批货物的申请和海关受理企业放弃货物的有关单证经海关核实无误后办理核销手续。放弃的货物按照下列情况办理：

(1)经海关核定有使用价值的，由主管海关依照《中华人民共和国海关法》第三十条第四款的规定变卖处理；

(2)经主管海关核定无使用价值的，由企业自行处理；

(3)对按规定需销毁的，由企业负责销毁，海关凭有关销毁的证明材料办理核销手续。

(二)需提交单证

(1)企业如欲放弃"加工贸易废料"，则需提供如下单证：

①企业放弃加工贸易货物的书面申请；

②企业申请放弃的加工贸易货物无法内销或退运的说明；

③企业申请放弃的加工贸易货物清单，应列明货物的品名、数量、重量、规格型号、包装方式、瑕疵情况和状态；

④经政府价格主管部门认定资质的价格评估机构出具的关于拟申请放弃的加工贸易货物的价值证明；

(2)企业申请放弃的加工贸易货物为残次品的，除上述单证外，海关还应收取有关单耗资料以及根据单耗折算的残次品所耗用的原进口料件清单；

(3)企业申请放弃来料加工货物，除上述单证外，海关还应收取货物所有人的放弃声明；

(4)海关按规定需要收取的其他单证和材料。

(三)不准予放弃的情形

存在下列情形之一的，海关加工贸易部门根据有关规定不准予放弃，并告知企业按规定将有关货物做退运、征税内销、在海关或者有关主管部门监督下予以销毁或者进行其他妥善处理：

(1)企业申请放弃的加工贸易货物属于国家禁止进口、限制或自动许可进口的可用作原料的固体废物的；

(2)企业申请放弃的加工贸易货物属于对环境造成污染的；

(3)企业申请放弃的加工贸易货物属于列入国家危险废物名录的；

(4)海关总署规定不准予放弃的其他情形。

(四)可重新受理的情形

存在下列情形之一的，企业能够补充完整有关材料或排除有关情形的，海关加工贸易部门可重新受理；否则告知企业按内销征税处理：

(1)企业申请放弃的加工贸易货物所属手册已超过有效期或账册已进入下一核销周期的；

(2)企业申请放弃的加工贸易货物为成品、半成品、残次品或副产品，无法提供真实有效的单耗数据的；

(3)企业申请放弃的加工贸易货物未具体列明品名、数量、重量、规格型号、包装方式、瑕疵情况和状态的；

(4)企业申请放弃的加工贸易货物单单不符的；

(5)企业申请放弃的加工贸易货物未分类存放，海关无法核对的。

三、销毁

需进行销毁处理的加工贸易放弃货物(包括“加工贸易废料”)，企业应自海关作出准予放弃之日起 15 日内完成全部放弃货物的销毁工作。

企业应向海关提供销毁货物清单、销毁报告以及销毁过程的全程录像光盘。其中，需销毁的加工贸易放弃货物为原进口料件或成品的，企业应向海关提供经海关认可的销毁机构实施销毁的接收单据、销毁合同(或协议)和处置证明；同一手册项下或账册同一核销周期内，原进口料件或成品价值累计在 1000 美元以下的“加工贸易废料”，企业可自行处理，免于提交销毁机构销毁。

知识卡

放弃与销毁如何报关?

放弃“加工贸易废料”的企业在完成放弃货物移交入库、销毁或经海关批准自行处理后 5 个工作日内，凭相关证明材料向主管海关办理加工贸易放弃货物的进口报关手续。

加工贸易放弃货物报关适用监管方式代码：“0200”简称“料件放弃”，“0400”简称“成品放弃”。

企业放弃半成品、残次品、副产品的，应按单耗折成料件，按“料件放弃”报关。

企业放弃进口料件、半成品、残次品、副产品的，按照或折成原进口料件价格进行报关；放弃成品的，按照合同备案价格进行报关。

企业放弃半成品、残次品、副产品的，应在报关单备注栏注明相关字样。

企业放弃的加工贸易货物通过销毁处理的，应在报关单备注栏注明“销毁”字样；经批准由企业自行处理的，应在报关单备注栏注明“自行处理”字样。如：放弃半成品并销毁处理，应注明“半成品/销毁”。企业凭加工贸易放弃货物的报关单及相关材料办理该货物的核销手续。

任务三:合同报核

任务描述:

加工贸易合同报核,是指加工贸易企业在加工贸易合同履行完毕或终止合同并按规定对未出口部分货物进行处理后,按照规定的期限和规定的程序,向加工贸易主管海关申请核销要求结案的行为。

加工贸易合同核销,是指加工贸易经营企业加工复出口或者办理内销等海关手续后,凭规定单证向海关申请解除监管,海关经审查、核查属实且符合有关法律、行政法规、规章的规定,予以办理解除监管手续的海关行政许可事项。

经营企业应当在规定的期限内将进口料件加工复出口,并自加工贸易手册项下最后一批成品出口或者加工贸易手册到期之日起30日内向海关报核。

一、报核的单证

(1)企业合同核销申请表;

(2)"加工贸易登记手册",包括分册、续册;

(3)进出口报关单;

(4)核销核算表;

(5)其他海关需要的资料。

二、报核的步骤

(1)合同履约后,及时将登记手册和进出口报关单进行收集、整理、核对;

(2)根据有关账册记录、仓库记录、生产工艺资料等查清此合同加工生产的"实际单耗",并据以填写核销核算表(产品的实际单耗如与合同备案单耗不一致的,应在最后一批成品出口前进行单耗的变更);

(3)填写核销预录入申请单,办理"报核预录入"手续;

(4)携带有关报核需要的单证,到主管海关报核,并填写报核签收"回联单"。

三、特殊情况的报核

(1)遗失登记手册的合同报核。企业遗失"加工贸易登记手册"应当及时向主管海关报告。主管海关及时移交缉私部门按规定进行处理。缉私部门处理后,企业应当持海关规定的相关单证向主管海关报核。

(2)遗失进出口报关单的合同报核。按规定企业应当用报关单留存联报核,在遗失报关单的情况下,可以凭报关单复印件向原报关地海关申请加盖海关印章后报核。

(3)无需申领登记手册的5000美元及以下的78种列名服装辅料合同的报核。企业直接持进出口报关单、合同、核销核算表报核。报核的出口报关单应当是注明备案编号的一般贸易出口报关单。

(4)撤销合同报核。加工贸易合同备案后因故提前终止执行,未发生进出口而申请撤销的,应报商务主管部门审批,企业凭审批件和手册报核。

(5)有违规走私行为的加工贸易合同核销。加工贸易企业因走私行为被海关缉私部门或者法院没收加工贸易保税货物的,海关凭相关证明材料,如"行政处罚决定书"、"行政复议决定书"、"判决书"、"裁决书"等办理核销手续。

加工贸易企业因违规等行为被海关缉私部门或法院处以警告、罚款等处罚但不没收加工贸易保税货物的，不予免除加工贸易企业办理相关海关手续的义务。

四、海关受理报核和核销

海关对企业的报核应当依法进行审核，不符合规定不予受理的应当书面告知理由，并要求企业重新报核；符合规定的，应当受理。

海关自受理企业报核之日起20个工作日内，应当核销完毕，情况特殊，可以由直属海关的关长批准或者由直属海关的关长授权的隶属海关关长批准延长10个工作日。

经核销情况正常的，未开设台账的，海关应当立即签发“核销结案通知书”；经核销情况正常的，开设台账的，应当签发“银行保证金台账核销联系单”，企业凭以到银行销台账，其中“实转”的台账，企业应当在银行领回保证金和应得的利息或者撤销保函，并领取“银行保证金台账核销通知单”，凭以向海关领取核销结案通知书。

合同核销操作详细指引见表3-29。

表3-29　合同核销操作详细指引

序号	环节	序号	分类	做什么	注意事项
1	检查报关单完整性	1	复印手册	复印手册进口栏/出口栏	
		2	手册编号码	在手册上给进口/出口报关单编号	使用铅笔做记号
		3	报关单编号码	依照手册，在进口/出口报关单右上角编号	使用铅笔做记号
		4	防止混入错单	检查每一份报关单的合同号是否正确	
		5	防止未对碰	转厂进口报关单信息对碰复查	未对碰需紧急处理
2	录入数据	6	核对单耗表	核对平衡表与＜海关备案情况表＞的单损耗的数据	防止单耗录入人为出错
		7	修改单耗表	如有国内购料，要改单耗(降低)	目标是该项进口料余料为零
		8	进口数	重新统计手头现有报关单的进口数/转厂数	单独一列录入转厂数
		9	出口数	重新统计手头现有报关单的出口数/转厂数	单独一列录入转厂数
		10	需进未进	模拟录入需进未进的数据	执行和核销兼顾
		11	需出未出	模拟录入需出未出的数据	执行和核销兼顾
		12	需转未转	模拟录入需转未转的数据	执行和核销兼顾
3	统计数据	13	单的数量	统计全部进口报关单份数	报关单无合同备案号的不能算，如：包装材料
		14	单的数量	单独统计进口转厂报关单份数	

续表

序号	环节	序号	分类	做什么	注意事项
		15	进口数量	进口数量	
		16	转厂数量	单独统计转厂进口数量	
		17	进口金额	USD要转换成CNY计算，进口：不需统计边角料、残次品报关单金额；但要减去"料件退换"金额	
		18	单的数量	统计全部出口报关单份数	
		19	单的数量	单独统计出口转厂报关单份数	
		20	出口数量	出口数量	
		21	转厂数量	单独统计转厂出口数量	
		22	出口金额	USD要转换成CNY计算，出口：不需统计余料结转，但要减去退港报关单金额	
		23	汇率	从海关咨询获得	
		24		统计余料转入数量	手工表要填写
4	逻辑稽查	25	逻辑稽查	重新统计的与一直沿用的合同平衡表录入对比	
		26	平衡稽查	包装材料重量＝进口总毛重－进口总净重	如不平衡可直接发现错误
		27	平衡稽查	包装材料重量＝纸＋木＋铁＋胶	
		28	逻辑稽查	进口总数>＝转厂进口	
		29	平衡稽查	进口总数＝各项原材料进口数之和	
		30	平衡稽查	进口总数－总耗用量－内销－退运＝余料数量	
		31	平衡稽查	总耗用量＝该材料对应的各耗用量分表用量之和	差异≤1且<＝1%
		32	逻辑稽查	出口总数>＝转厂出口	
		33	平衡稽查	出口数＝各项成品出口数之和	
		34	平衡稽查	边角料数量＝该材料对应的各耗用量分表边角料之和	差异≤1且<＝1%
		35	平衡稽查	边角废料总数＝征税废料＋免税废料	
		36	平衡稽查	免税废料＝固体免税废料＋液体免税废料	
5	填核销申请表	37	小数位数	对于总耗用量少于45KG的最少要保持1位小数	杜绝差异超＋－1%
		38	余料次数	反复核查之前有人为调走材料，共几次？	

续表

序号	环节	序号	分类	做什么	注意事项
		39	余料核减	若:之前有人为调走材料,要核减本次余料结转数量	
		40	统计税款	总表中“内销金额”=该合同所有税单总和	
		41	统计税款	总表中“内销补税税单号”=所有征税报关单号	
		42	没出口的	总用量为零的,单耗、损耗都为零	
		43	国内购料	料件中凡是要征税的,进口数量=内销数量,其他均为零	
		44	国内购料	涉及“国内购买”的,另起一行写“国内购××材料××KG”	全部内购料,耗用量分表不要填
		45	国内购料	涉及“国内购买”的,只计进口料的单耗	
		46	国内购料	涉及“进料不足”的,要改单耗,另批报告	
		47	国内购料	该料若100%“国内购买”,则分表不要出现	
		48	内销数量	一填合同征税进口;二填残次品折料补税内销	
		49	退运出口	贸易方式是:料件复出,进口数量不变	
		50	料件退换	直接冲减进口数量,万不可填入“退运出口数量”	
6	预录入核对	51	预录入	依《核销申请表》到海关核销预录入	
		52	预录入	核对预录入(最少3遍)	
		53	预录入	修改预录入	
		54	预录入问题	总表与分表不平衡	参照上述平衡关系
		55	预录入问题	总表进出不平衡	参照上述平衡关系
		56	预录入问题	耗用量分表的边角料与总表的平衡	参照上述平衡关系
		57	预录入问题	核查以前是否有调出余料	防止重复结转余料
	包装材料征税	58	逻辑核查	参照上述	
		59	逻辑核查	分类统计包装材料数量(毛一净)	
		60		填处理申请表	
		61		征税审批/开征税联系单	

续表

序　号	环　节	序　号	分　类	做什么	注意事项
		62		出税单＋交税＋放行	
7	边角废料征税	63	逻辑核查	参照上述	
		64		分类统计废料的损耗量	
		65		填处理申请表(征税)	
		66		填写工艺流程表和免税报告	
		67		征税审批/开征税联系单	
		68		出税单＋交税＋放行	
7	边角废料免税	69		分类统计废料的损耗量	
		70		填处理申请表(固体废料免税)	
		71		填处理申请表(液体废料免税)	
		72		填写工艺流程表和免税报告(重点重点)	
		73		免税审批	
		74		不予免税的再按边角料程序补税	
8	残次品	75		填处理申请表	
		76		填写工艺流程表和不良品报告	
		77		填写报关草稿单(首次进口日期)	
		78		开征税联系单	
		79		审价	原始发票
		80	办证1	如超过人民币10000元,办《内销批准证》	
		81	办证2	看货物的监管条件,如《自动进口许可证》	
		82		打正式报关单(填写《内销批准证》号码)	底单不能丢弃
		83		出税单＋交税＋放行	
9	余料结转准备	84		提前安排合同模拟余料	
		85		余料分合同接收一览表	
		86		查以前调出的余料	
		87		查结转双方编码/名称/规格是否一致	
		88		提前进行报关单预录入	
		89		报关单与报关单的核对	
		90		报关单与海关预录入核对	

续表

序号	环节	序号	分类	做什么	注意事项
		91		报关单与合同的核对	
		92		转出合同与转进合同的核对	
		93	单价	以进口方合同报关	
		94	逻辑稽查	总余料＝各材料余料之和	
		95	逻辑稽查	总余料＝各合同接受余料之和	
		96	逻辑稽查	各项余料＝平衡预录入各项余料	只是一次性转出余料
		97	逻辑稽查	单项余料＝本次余料＋以前历次转出余料	多次转出余料
10	余料结转问题处理	98	编码不一致	变更合同/换合同	
		99	规格不一致	变更合同/换合同	
		100	数量不够	变更合同/料件退换退港	
		101	名称不一致	变更合同/换合同	
11	存档	102		复印全部进口报关单＋封面	装订成册
		103		复印全部出口报关单＋封面	装订成册
		104		复印全部《登记手册》＋封面	装订成册
		105		复印全部进口税单	装订成册
12	退税	106		将手册给会计部到国税盖章	
13	盖章	107		外经办审批盖章/交合同管理费	一式两份
14	税单	108		向会计部借取该合同所有税单	复印、统计
15	发票	109		向会计部借取该合同国内购料发票	复印、统计
16	封面	110		《进出口报关单使用情况表》/盖公章	
17	存档	111		复印手册＋封面	装订成册存入资料室
		112		复印全部进口报关单	装订成册存入资料室
		113		复印全部出口报关单	装订成册存入资料室
		114		复印全部税单＋征税报关单	装订成册存入资料室
		115		复印预录入	装订成册存入资料室
		116		复印废料征税审批表	装订成册存入资料室

续表

序号	环节	序号	分类	做什么	注意事项
		117		复印废料免税审批表	装订成册存入资料室
		118		复印废料残次品审批表	装订成册存入资料室
18	退税	119		手册正本给会计前往国税局盖章	
19	退口岸费	120		手册正本	
		121		手册封面复印件2份(加盖公章)	
		122		手工核销表封面复印件2份(加盖公章)	
		123		原口岸费收据复印件2份(加盖公章)	
		124		如原合同也是接受其他合同转入的,转入收据复印件2份(加盖公章)	
		125		核销预录入单正本	
19	递单	126		电脑预录入单	
		127		手册总册	
		128		手册分册	
		129		进口报关单正本＋封面	
		130		进口报关单正本＋封面	
		131		核销申请表1＋税单正本＋内购发票装订	
		132		核销申请表2	
		133		废料征税处理申请表＋残次品处理表＋内销联系单(包＋1边＋2边＋残)＋税单复印件盖公章＋前述报关单正本	残次品报关底单
		134		废料免税处理申请表(液体＋固体)	
		135		各种报告	
		136		内购料发票复印件,标明:此复印件与原件相符	
		137		所有文件封面盖:企业名称和报关员名称章	
		138		报关委托书	

技能训练

1. 以一票来料进口业务资料为例，要求填写加工贸易来料进口报关单。
2. 以一票进料进口业务资料为例，要求填写加工贸易进料进口报关单。
3. 以一票来料加工成品出口业务资料为例，要求填写来料加工成品出口报关单。
4. 以一票进料加工成品出口业务资料为例，要求填写进料加工成品出口报关单。

子情境 1.2 电子账册管理下的保税加工货物通关操作

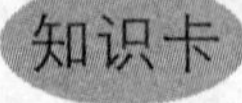

电子账册相关知识及其应用

一、电子账册的定义

电子账册是指：海关以企业为管理单元，为联网企业建立的电子底账。实施电子账册管理的，联网企业只设立一个电子账册。海关根据联网企业的生产情况和海关的监管需要确定核销周期，按照核销周期对实行电子账册管理的联网企业进行核销管理。自 2006 年 9 月 1 日起实行中期核查制度，企业每月底均需向海关申报料号级物料的库存数据。

二、电子账册的特点

电子账册模式联网监管的基本管理原则是："一次审批、分段备案、滚动核销、控制周转、联网核查"，有以下特点。

(一)对经营资格、经营范围、加工生产能力一次性审批。不再对加工贸易合同进行逐票审批。

(二)采取分段备案，先备案进口料件，在生产成品出口前再备案成品以及申报实际的单耗情况。

(三)建立以企业为单元的电子账册，实行滚动核销制度。取代以合同为单元的纸质手册。

(四)对进出口保税货物的总价值按照企业生产能力进行周转量控制，取消对进出口保税货物备案数量的控制。

(五)企业通过计算机网络向商务部门和海关申请办理审批、备案及变更等手续。

(六)同样实行银行保证金台账制度(2008 年有变动)。

(七)纳入电子账册的加工贸易货物全额保税。

(八)凭电子身份认证卡实现全国口岸的通关。

三、电子账册的应用

"电子账册"是海关加工贸易联网监管的一个重要组成部分，它涵盖了电子口岸、企业客户端等相关系统，是海关实行加工贸易联网监管的有效载体。加工贸易企业在进行对外贸易时，需将企业基本信息、料件表和成品表等向外经贸管理部门和海关进行备案。在以往的海关监管模式下，企业需填制纸面单证，并取得外经贸管理部门的批文后,再到海关办理备案手续。在此模式下,就算是信誉很好的双A级企业,也得花费至少两天的时间。开通“电子账册”之后,企业不需要为各种手续奔波了,通过网络将备案的各种数据真实地传至海关,轻点鼠标即可完成整个备案手续。当加工贸易企业有料件或成品进出口时,企业还可以通过该系统向海关进行申报,大大减少了通关手续,降低了通关成本,提高了通关效率。

华映光电股份有限公司是福州关区的一家大型高新技术企业,2003年该公司年产显示管1600万台,位列世界显示管行业产销量第三名,国内第一位。2003年11月1日起,福州海关对该公司实施“电子账册”管理模式,一年来,该公司实际进出口总额8.59亿美元,同比增长26%,已占马尾关区加工贸易总量约70%。“电子账册”管理模式成功地改善了企业投资软环境,降低了企业的贸易成本,增强了企业的市场竞争力。据华映光电公司统计,一年来,由于实行“电子账册”管理,该公司实际进出口报关5184份,同比下降45%,节省了手册审批制单、通关制单及人工等管理费用数十万元;此外通关时效提高及手续简便所产生的经济效益更为明显,对于时间即是金钱的企业来说,这更是一笔巨大的财富。

同时,实施“联网监管+电子账册”管理,海关通过联网传输的数据核查、盘点、进行相关数据比对等,更深入地了解企业保税物流变化情况;对华映光电公司通过两个核销周期库存数据比对,共盘亏补税1012万元,实现对该公司物流的有效监控,确保税款应收尽收。目前,华映光电公司自身已成功实现做大做强,并拟在国内市场筹集资金生产等离子数字电视“显示面板”等高端产品;同时该公司在联网监管总体运行情况良好的基础上,吸引了部分跨国公司在国内投资配套项目,在国内进一步完善产业链;而台湾“中华映管股份有限公司”又陆续投资数千万美元兴建等离子数字电视液晶显示模组等高端产品,把更高技术水平、更大增值含量的加工制造环节和研发机构转移到大陆,从而进一步推动与引导加工贸易实现转型升级。

与此同时,在山东,谈到刚刚开通的“电子账册”业务,青岛昌新鞋业有限公司马小姐喜形于色。“开通‘电子账册’之后,在自己的办公室就可以上网进行加工贸易手册的备案和报关了,不用再经常往海关跑了,节约了不少时间和成本。”

据了解,目前,黄岛海关辖区的青岛昌新鞋业有限公司、青岛三美电机有限公司、青岛中集冷藏箱制造有限公司和青岛吾卢拉玩具有限公司开通了此项业务。申请开通此项业务的企业,应当具备以下条件:具有独立法人资格和加工贸易经营资格,在青岛关区注册,以出口为主的生产型企业;海关企业管理类别为A类;内部管理规范,其采购、生产、库存、销售等环节已实行全程计算机管理,具备相应的计算机软件、硬件及周边设备,配有相应的工程技术人员和操作人员;能够按照海关监管要求提供真实、准确、完整、有效并具备核查功能的数据,能够在联网监管实施过程中协调海关、对外经济贸易主管部门、中国电子口岸数据中心和数据通信等部门;企业有足够的资产或资金为本企业实行联网监管应承担的经济责任提供总担保。

“加工贸易联网监管”是海关加工贸易监管的发展方向,它为企业提供的便利和优惠是显而易见的,与此同时,它对企业操作规范性的要求也比较高,准入条件相对苛刻。企业和海关只有在共建诚信的基础上,才能更好地推动通关速度的提高,打造出关企共赢的经济发展大环境。

能力结构与教学建议(见表 3-30)

表 3-30　子情境 1.2 能力结构与教学建议

教学内容					教学建议
步骤一：联网监管的申请和审批	申请联网监管的企业必须具备的条件				◆
	申请过程	申领《联网监管企业加工贸易业务批准证》			
		申请实施联网监管			
步骤二：建立电子账册	建立企业经营范围电子账册	经营范围备案申请	表头		★
			表体	料件部分	
				成品部分	
		经营范围变更申请			
	建立归并关系	申请表头			
		归并后料件			
		归并前料件			
		半成品			
		归并后成品			
		归并前成品			
		BOM 表			
	电子账册备案	表头			
		料件			
		成品			
		单损耗			
	电子账册分册备案	表头部分			
		表体部分	料件		
			成品		
步骤三：报关申报	清单录入/申报	进口业务	表头部分		★
			表体部分		
	报关申报	生成报关单			
步骤四：数据报核	表头				★
	报关单				
	报核料件				
	报核成品				
	核算料件				
	核算成品				

续表

教学内容						教学建议
步骤五：中期核查数据	表头	★				
	料件					
	成品					

说明：一般来说，对于报关公司而言，不太容易接到电子账册报关业务委托，所以这部分内容可以根据当地实际及学期总课时数，决定是否详细介绍。

电子账册报关业务流程

步骤一：联网监管的申请和审批

一、申请联网监管的企业必须具备的条件

(1)在中国关境内具有独立法人资格，并具勘口工贸易经营资格；

(2)在海关注册，海关实行A类(或AA类)管理；

(3)企业采用ERP或MRP等企业生产管理计算机系统，其运营实施全程计算机管理；

(4)企业内部管理规范，没有走私、违规、欠税或其他瞒骗等信誉不良记录；

(5)能按照海关监管要求提供真实、准确、完整并具有被核查功能的数据；

(6)有足够的资产或资金为本企业实行联网监管应承担的经济责任提供总担保。

二、申请过程

(一)向外经贸主管部门申领《联网监管企业加工贸易业务批准证》

联网企业应向外经贸主管部门提交下列文件。

1.资质证明材料

(1)工商营业执照；

(2)海关对企业实施联网监管的验收合格证书；

(3)经营企业进出口经营权批准文件或外商投资企业批准证书、联合年检合格记录(不包括新批准设立尚未到年检期的企业)；

(4)加工企业注册地县级以上外经贸主管部门出具的加工企业生产能力证明；

(5)联网企业上年度加工贸易出口情况的证明材料(报关单或加工贸易合同核销表)；

(6)审批机关认为需要出具的其他证明文件和材料。

2.业务申请材料

(1)在联网监管模式下开展加工贸易业务的申请表，内容包括企业的基本情况及对进口料件、出口成品的简要文字描述。

(2)经营范围清单，内容包括进口料件和出口制成品的品名及四位的H.S.编码。

外经贸主管部门收到联网企业申请后，对非国家禁止开展的加工贸易业务，应予批准，签发《联网监管企业加工贸易业务批准证》。

（二）向海关申请实施联网监管

1.联网企业应向海关提交的文件

（1）外经贸主管部门审批同意实施联网的《联网监管企业加工贸易业务申请表》、《联网监管企业加工贸易业务批准证》、《业务范围清单》副本；

（2）加工企业注册地县以上外经贸主管部门出具的《加工贸易加工企业生产能力证明》

（3）与海关签订的《联网监管责任担保书》；

（4）海关认为需要出具的其他证明文件和材料。

2.海关的办理程序

（1）企业向主管海关提出书面申请，提交《加工贸易企业联网监管申请表》和外经贸主管部门有关批件；

（2）主管海关根据企业申请，会同技术部门对企业进行考察，对符合海关监管要求的，书面上报直属海关审批；

（3）经验收合格的，直属海关与企业签订《联网监管责任担保书》报海关总署审批；

（4）海关总署批复同意后，主管海关制发“海关实施加工贸易联网监管通知书”，正式实施联网监管。

资料卡

加工贸易联网监管软件的安装

——来源：拱北海关网站

（1）加工贸易企业向拱北海关加工贸易监管处申请开展加工贸易联网监管的资格，获得批准后，企业填写加工贸易企业联网监管情况登记表（可以从数据分中心在互联网的网页下载），经加工贸易监管处签署意见后递交给数据分中心，数据分中心自此开始为企业办理有关手续。

（2）企业向数据分中心索取加工贸易电子账册联网系统软、硬件标准配置，企业可以选择自行购置或通过向电子口岸数据中心推荐的设备、软件供应商以集团优惠供应价购置所要求的软件和硬件。

（3）企业办理电子口岸入网手续（具体手续参见企业办理电子口岸相关业务须知，该须知可以从数据分中心在互联网的网页下载），在办理电子口岸入网手续时需要注明开展预录入业务。已入网企业可以选择新增操作员工 Ikey 卡或者将现有操作员 IC 卡转换为操作员 Ikey。

（4）企业签署联网报关协议。

（5）企业根据拱北海关的加工贸易联网监管技术方案，确定本企业的联网模式、软件模式等技术方案。

（6）企业根据联网监管的技术要求，准备企业端设备以及软件运行环境。

（7）数据分中心安排技术人员为企业端设备安装相关软件。

（8）企业根据联网监管的技术要求，申请联网线路（注：按照自愿的原则，各企业可以选用适合于本企业的联网方案）。

①企业联网方案一：企业使用专线连接到数据分中心，并借由电子口岸专用 VPN 与中国电子口岸进行通讯；

②企业联网方案二:企业通过互联网连接到中国电子口岸,进行数据通讯。

(9)核查服务器(又称托管服务器)到货后,企业进行验收和资产登记后,送至数据分中心。

(10)数据分中心收到服务器后,签接收函。

(11)企业办理托管手续(签托管合同等)。

(12)数据分中心与电信进行沟通,安排服务器进入托管机房,上机架,相关手续单证化并归档;并调试网络,联络数据中心,确认物理链路、网络路由、服务器连接。

(13)数据分中心安排技术人员配合其他有关单位进行系统全程调试。

(14)正式运行,企业向相关单位支付服务器托管费用及联网报关费用。

步骤二:建立电子账册

电子账册包括:“经营范围电子账册”和“便捷通关电子账册”。“经营范围电子账册”不能直接报关,主要是用来检查控制“便捷通关电子账册”进出口商品的范围。“便捷通关电子账册”用于加工贸易货物的备案、通关和核销。

一、建立企业经营范围电子账册

在电子账册经营范围界面下,用户可向外经贸主管部门和海关进行经营范围的备案申请和变更申请。经营范围备案申请录入界面分为表头、表体(料件和成品)两部分。表头部分录入企业的基本信息;表体中料件部分录入料件的备案信息;表体中成品部分录入成品的备案信息。操作员需依次录入表头、表体部分。表头部分没录完时,不能进入表体部分进行录入。具体操作如下。

(一)经营范围备案申请

1. 表头

在系统界面上方的功能菜单上,点击“经营范围”,进入“经营范围”菜单,再点击“备案申请”,进入“备案申请”界面,如图 3-8 所示。

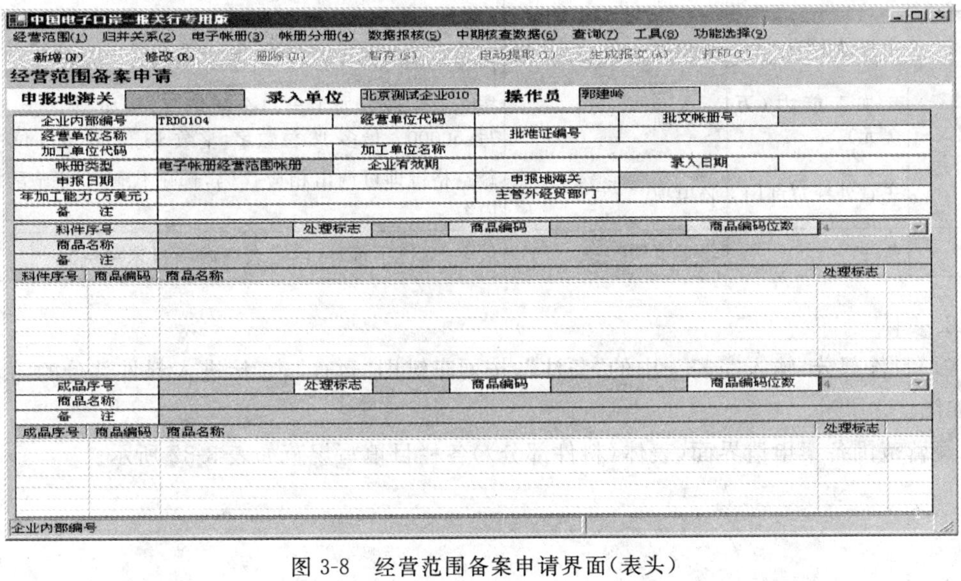

图 3-8　经营范围备案申请界面(表头)

经营范围备案申请界面(表头)各栏目填写规范见表 3-31。

表 3-31 经营范围备案申请界面(表头)各栏目填写规范

序 号	栏目名称	填写要求	填 写 规 范
1	申报地海关	系统默认	进入页面,系统根据 Ikey 卡默认,但可以更改。4 位数字,根据《关区代码表》填写
2	录入单位	只读项	系统根据 Ikey 卡自动生成
3	操作员	只读项	系统根据 Ikey 卡自动生成
4	企业内部编号	必填项	最多 20 位字符,录入框默认系统自动生成的流水号,用户也可自行输入,由企业自行编号,但须保证在企业内部的唯一性
5	经营单位代码	必填项	10 位数字,为经营单位在海关注册的 10 位编码
6	批文账册号	首次备案不填,变更时填写	变更时填写海关审批后给出的批文账册号,12 位字符
7	经营单位名称	必填项	输入经营单位代码后由系统自动调出
8	批准证编号	首次申请不填,变更时填写	变更时填写外经贸部门审批后给出的批准证编号,12 位字符(目前,外经贸部门可以在网上审批,也可以不在网上审批,若不在网上审批,则可能不是 12 位字符,此时根据实际审批结果填写)
9	加工单位代码	必填项	10 位数字,为加工单位在海关注册的 10 位编码
10	加工单位名称	必填项	输入加工单位代码后由系统自动调出
11	账册类型	必填项	敲空格键即可调出相应代码,选中代码即可显示相关内容
12	企业有效期	非必填项	8 位数字,顺序为年 4 位、月、日各 2 位
13	批准日期	不可填	由系统返填
14	申报日期	系统自动调出	8 位数字,顺序为年 4 位、月、日各 2 位
15	申报地海关	必填项	敲空格键即可调出相应代码,选中代码即可显示相关内容
16	年加工能力(万美元)	必填项	按企业年最大加工出口金额填写,例如:5 亿美元,填写:50000。最多 18 位数字,整数 13 位,小数 5 位
17	主管外经贸部门	必填项	敲空格键即可调出相应代码,选中代码即可显示相关内容
18	备注	非必填项	最多 50 位字符,可填写表格内项目未尽事宜

2. 表体

(1)料件部分:输入完表头中的“备注”,按回车键即“暂存”,直接进入料件部分的输入界面,如图 3-9 所示。

经营范围备案申请界面(表体《料件部分》)各栏目填写规范如表 3-32 所示。

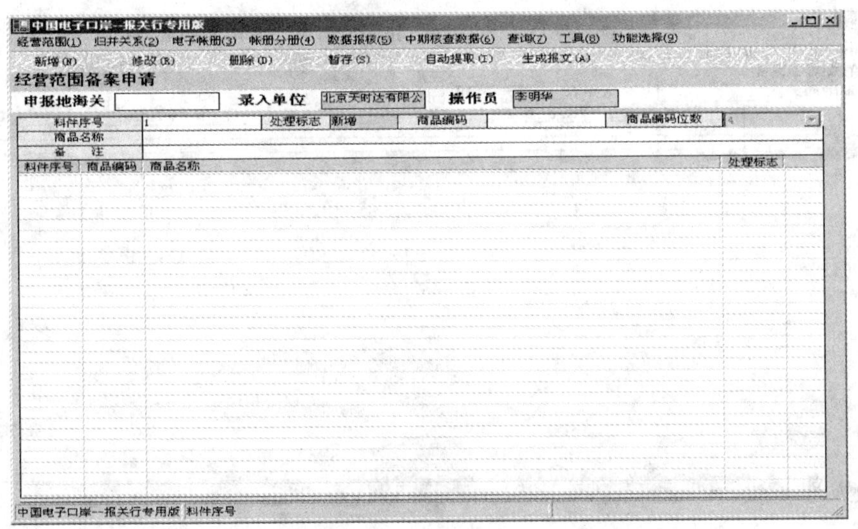

图 3-9　经营范围备案申请界面(表体:料件部分)

表 3-32　经营范围备案申请界面(表头)各栏目填写规范

序　号	栏目名称	填写要求	填　写　规　范
1	料件序号	必填项	由系统自动生成,最多 9 位数字
2	处理标志	必填项	由系统自动生成
3	商品编码	必填项	10 位数字(8 位商品编号+2 位附加编号),根据《商品分类表》(COMPLEX)、《商品归类表》(CLASSIFY)填写。录入商品编码前 4 位即可调出相应信息进行选择
4	商品名称	必填项	输入商品编码后由系统自动调出
5	备　注	非必填项	最多 50 位字符,可填写表格内项目未尽事宜

(2)成品部分

料件部分填写完成后,可点击暂存,也可直接回车,数据即保存成功。输入完料件部分的所有项目后,用 Ctrl+End 键切换到成品部分,如图 3-10 所示。

经营范围备案申请界面(表体《成品部分》)各栏目填写规范见表 3-33。

表 3-33　经营范围备案申请界面(表头)各栏目填写规范

序　号	栏目名称	填写要求	填　写　规　范
1	成品序号	必填项	由系统自动生成,最多 9 位数字
2	处理标志	必填项	由系统自动生成
3	商品编码	必填项	10 位数字(8 位商品编号+2 位附加编号),根据《商品分类表》(COMPLEX)、《商品归类表》(CLASSIFY)填写。录入商品编码前 4 位即可调出相应信息进行选择
4	商品名称	必填项	输入商品编码后由系统自动调出
5	备　注	非必填项	最多 50 位字符,可填写表格内项目未尽事宜

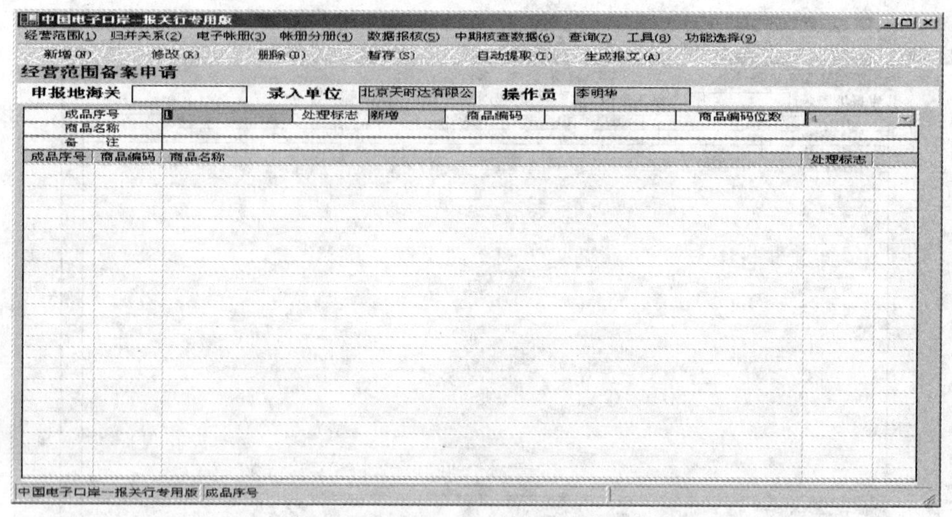

图 3-10　经营范围备案申请界面(表体:成品部分)

成品部分填写完成后,可点击暂存,也可直接回车,数据即保存成功。

用户若想对暂存后未生成报文的数据进行修改,在没有退出原界面时,可直接修改,修改后再点击“暂存”即可。若已退出原来的界面,则需用“修改”按钮来实现。

成品部分的项目填写完成后,点击“生成报文”,即实现申报。

经营范围备案申请全流程完成。

备案申请录入及申报完成后,用户可通过查询菜单查询到该备案的明细数据、申报状态和回执内容。

(二)经营范围变更申请

若企业想修改海关审批通过后的经营范围备案数据,则必须进行变更申请。

变更申请时,点击“经营范围”,进入“经营范围”菜单,再点击“变更申请”,进入“变更申请”界面,界面内容同备案申请。用户录入“账册编号”或“企业内部编号+经营单位代码”,即可调出需修改的经营范围数据进行修改。其中如“企业内部编号”等背景为灰色的字段不能修改。

用户也可以先通过“查询”菜单中的“数据查询”子菜单,查到该份要修改的数据(“查询条件”必须是“已审批数据”),然后点击“查看数据”,进入查询数据的明细界面,在该界面下点击“修改”,即可对数据进行修改。

修改完后,点击“暂存”,修改即保存成功。

同备案申请一样,用户若想对暂存后未生成报文的数据进行修改,在没有退出原界面时,可直接修改,修改后再点击“暂存”即可。若已退出原来的界面,则需用“修改”按钮来实现。

点击“生成报文”,即实现向海关申报。数据生成报文后,未收到海关“审批通过”的回执时,数据不能再修改。

变更申请录入及申报完成后,用户可通过“查询”菜单查询到该备案的明细数据、申报状态和回执内容。

注意事项:

• 在表头、料件、成品各部分内的各项目中，输入相应的数据，直接按 Enter 键，光标将自动跳入下一空格，以方便输入。

• 表头、料件、成品之间可相互切换：同时按下 CTRL 和 END 键实现前进，同时按下 CTRL 和 HOME 键实现后退。

• 输入完所有项目，即可以点击“生成报文”，完成经营范围备案申请。若要放弃申请，必须在未生成报文前点击“删除”，则删除该备案申请。

• 栏中颜色提示：灰色，项目栏锁定，不可输入。蓝色，当前输入栏，提示操作员输入。红色，表示输入有错误。

表体（料件、成品）部分包括录入框和列表框，录入框中必填项目录入完后，点击“暂存”，该项商品记录即自动进入列表框中。当选中列表框中某项时，录入框即显示该项的具体内容。

二、建立归并关系

在归并关系界面下，用户可进行归并关系的备案申请和变更申请。这里仅介绍备案申请操作流程，变更申请的操作请参照上文经营范围的变更操作。

在系统界面上方的功能菜单上，点击“归并关系”，进入“归并关系”菜单，再点击“备案申请”，进入“备案申请”界面，归并关系录入界面包括“申请表头”、“归并后料件”、“归并前料件”、“半成品”、“归并后成品”、“归并前成品”、“BOM 表”七个表。

（一）申请表头

操作员需先录入申请表头的内容，申请表头没录完时，不能进入其他表进行录入。表头如图 3-11 所示。

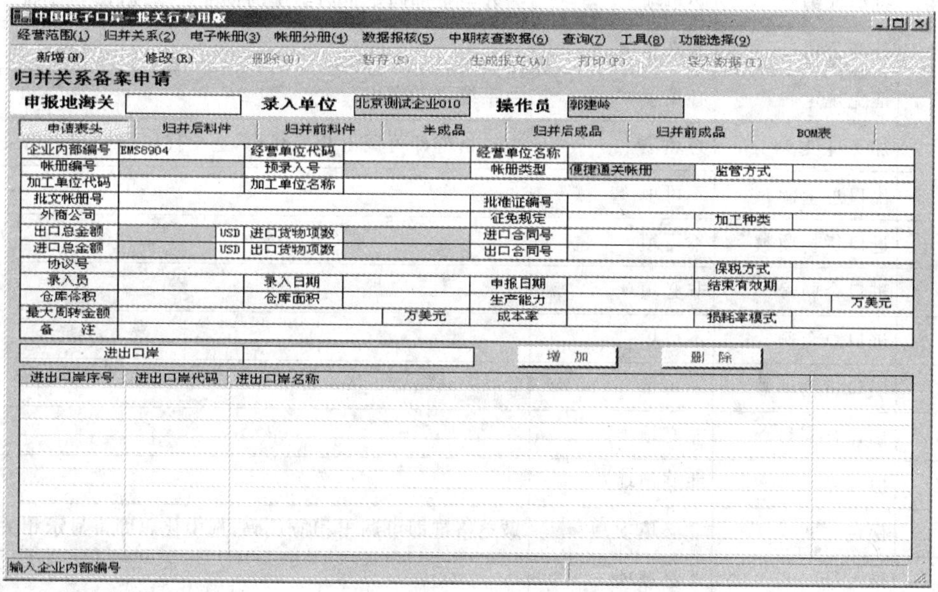

图 3-11　归并关系备案申请界面（申请表头）

归并关系备案申请界面（表头部分）填写规范如表 3-34 所示。

表 3-34 归并关系备案申请界面(申请表头)填写规范

序号	栏目名称	填写要求	填写规范
1	申报地海关	系统默认	进入页面,系统根据 Ikey 卡默认,但可以更改。4 位数字,根据《关区代码表》填写
2	录入单位	只读项	系统根据 Ikey 卡自动生成
3	操作员	只读项	系统根据 Ikey 卡自动生成
4	企业内部编号	必填项	最多 20 位字符,录入框默认系统自动生成的流水号,用户也可自行输入,由企业自行编号,但须保证在企业内部的唯一性
5	经营单位代码	必填项	10 位数字,为经营单位在海关注册的 10 位编码
6	经营单位名称	必填项	输入经营单位代码后由系统自动调出
7	账册编号	首次备案不填,变更时填写	变更时填写海关审批后给出的账册编号,12 位字符
8	预录入编号	不可填	
9	账册类型	不可填	默认为便捷通关账册
10	监管方式	非必填项	敲空格键即可调出相应代码,选中代码即可显示相关内容
11	加工单位代码	必填项	10 位数字,为加工单位在海关注册的 10 位编码
12	加工单位名称	必填项	输入加工单位代码后由系统自动调出
13	批文账册号	必填项	为海关审批后给出的经营范围"批文账册号",12 位字符
14	批准证编号	必填项	为外经贸部门审批后给出的批准证编号,12 位字符
15	外商公司	非必填项	
16	征免规定	必填项	由系统自动产生
17	加工种类	必填项	敲空格键即可调出相应代码,选中代码即可显示相关内容
18	出口总金额	不可填	
19	进口货物项数	不可填	
20	进口合同号	非必填项	
21	进口总金额	不可填	
22	出口货物项数	不可填	
23	出口合同号	非必填项	
24	协议号	非必填项	
25	保税方式	非必填项	敲空格键即可调出相应代码,选中代码即可显示相关内容
26	录入员	非必填项	
27	录入日期	非必填项	8 位数字,顺序为年 4 位、月、日各 2 位
28	申报日期	非必填项	8 位数字,顺序为年 4 位、月、日各 2 位
29	结束有效期	非必填项	8 位数字,顺序为年 4 位、月、日各 2 位

续表

序　号	栏目名称	填写要求	填　写　规　范
30	仓库体积	非必填项	
31	仓库面积	非必填项	
32	生产能力	非必填项	最多18位数字，整数13位，小数5位
33	最大周转金额	非必填项	最多18位数字，整数13位，小数5位
34	成本率	非必填项	最多18位数字，整数13位，小数5位
35	损耗率模式	非必填项	敲空格键即可调出相应代码，选中代码即可显示相关内容
36	备注	非必填项	最多50位字符，可填写表格内项目未尽事宜

(二)归并后料件

“申请表头”填写完成，点击“暂存”，出现“保存成功”界面。点击“确定”后，自动进入“归并后料件”界面，如图3-12所示。

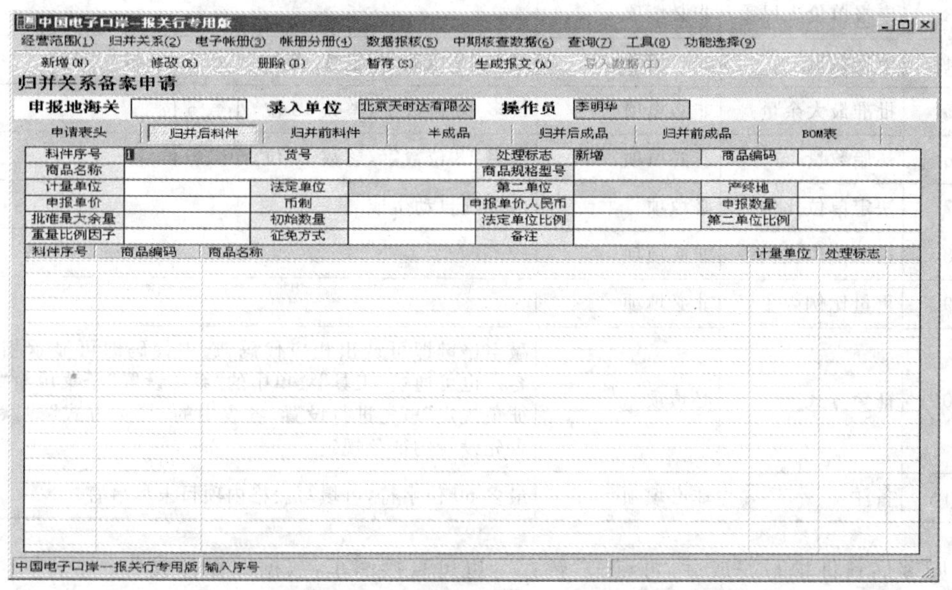

图3-12　归并关系备案申请界面(归并后料件)

归并关系备案申请界面(归并后料件)填写规范见表3-35。

表3-35　归并关系备案申请界面(归并后料件)填写规范

序　号	栏目名称	填写要求	填　写　规　范
1	料件序号	必填项	由系统自动生成，最多9位数字(一般4位数字即可)
2	货号	非必填项	最多30位字符
3	处理标志	必填项	由系统自动调出

续表

序号	栏目名称	填写要求	填写规范
4	商品编码	必填项	10位数字(8位商品编号+2位附加编号),根据《商品分类表》(COMPLEX)、《商品归类表》(CLASSIFY)填写。录入商品编码前4位即可调出相应信息进行选择
5	商品名称	必填项	输入商品编码后由系统自动调出
6	商品规格型号	非必填项	最多30位字符
7	计量单位	必填项	由系统自动调出
8	法定单位	必填项	由系统自动调出
9	第二单位	不可填	
10	产终地	非必填项	敲空格键即可调出相应代码,选中代码即可显示相关内容
11	申报单价	非必填项	最多18位数字,整数13位,小数5位
12	币制	必填项	敲空格键即可调出相应代码,选中代码即可显示相关内容
13	申报单价人民币	非必填项	
14	申报数量	非必填项	最多18位数字,整数13位,小数5位
15	批准最大余量	非必填项	最多18位数字,整数13位,小数5位
16	初始数量	非必填项	最多18位数字,整数13位,小数5位
17	法定单位比例	必填项	由系统自动生成
18	第二单位比例	非必填项	
19	重量比例因子	非必填项	
20	征免方式	必填项	敲空格键即可调出相应代码,选中代码即可显示相关内容。也可通过"工具"菜单中的"系统设置"子菜单对"默认征免规定"事先进行设置,各表中的"征免方式"即默认为事先设置的征免规定
21	备注	非必填项	最多50位字符,可填写表格内项目未尽事宜

归并后料件填写完成后,可点击"暂存",也可直接回车,数据即保存成功。

(三)归并前料件

同时按下CTRL和END键或直接点击"归并前料件",都可进入"归并前料件"界面,如图3-13所示。

归并前料件又包括:归并前的项目、归并后的项目。归并关系备案申请界面(归并前料件)填写规范见表3-36。

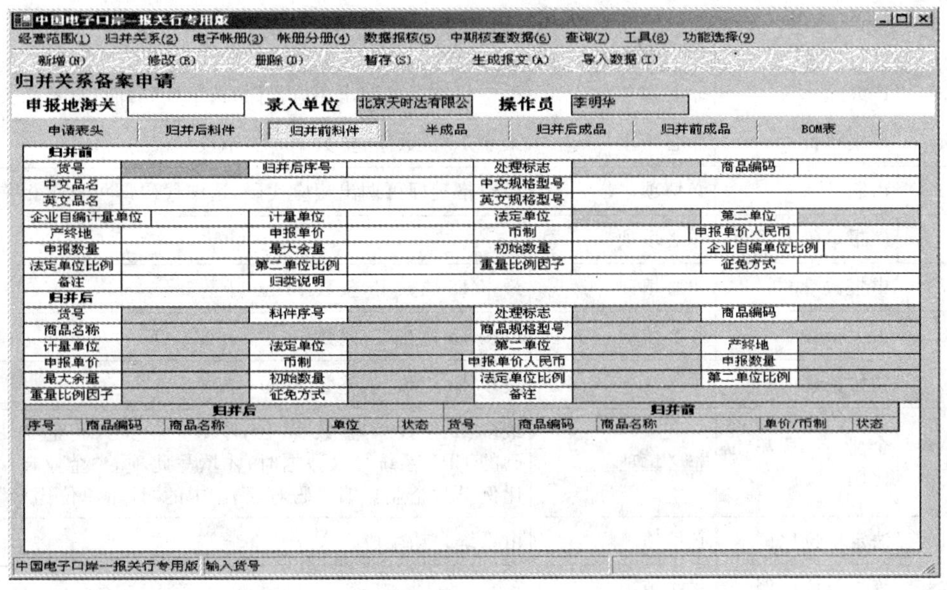

图 3-13 归并关系备案申请界面(归并前料件)

表 3-36 归并关系备案申请界面(归并前料件)填写规范

序 号	栏目名称	填写要求	填 写 规 范
1	货号	非必填项	最多 30 位字符
2	归并后序号	必填项	最多 9 位数字(一般 4 位数字即可),输入归并后料件序号,半成品输入 0。该序号即为归并后料件表中的“料件序号”。若企业事先未对料件进行归并,则该项暂可不填,系统自动生成“999999999”。先录完“归并前料件”中其他项目后,再通过“工具”中的“归并管理”,对数据进行归并,生成“归并后料件”数据,系统再自动返填生成的“归并后序号”
3	处理标志	必填项	由系统自动调出
4	商品编码	必填项	10 位数字(8 位商品编号+2 位附加编号),根据《商品分类表》(COMPLEX)、《商品归类表》(CLASSIFY)填写。录入商品编码前 4 位即可调出相应信息进行选择
5	中文品名	必填项	输入商品编码后由系统自动调出
6	中文规格型号	非必填项	最多 30 位字符
7	英文品名	非必填项	最多 50 位字符
8	英文规格型号	非必填项	最多 30 位字符
9	企业自编计量单位	非必填项	最多 16 位字符。只有企业使用自己的 ERP 系统导入数据时,才填写此项
10	计量单位	必填项	由系统自动调出
11	法定单位	必填项	由系统自动调出
12	第二单位	不可填	

续表

序号	栏目名称	填写要求	填写规范
13	产终地	非必填项	敲空格键即可调出相应代码,选中代码即可显示相关内容
14	申报单价	非必填项	最多18位数字,整数13位,小数5位
15	币制	必填项	敲空格键即可调出相应代码,选中代码即可显示相关内容
16	申报单价人民币	非必填项	
17	申报数量	非必填项	最多18位数字,整数13位,小数5位
18	最大余量	非必填项	最多18位数字,整数13位,小数5位
19	初始数量	非必填项	最多18位数字,整数13位,小数5位
20	企业自编单位比例	非必填项	最多19位数字,整数12位,小数7位。只有企业使用自己的ERP系统导入数据时,才填写此项。"企业自编单位比例"即"企业自编代码对照表"中的"计量单位比率"
21	法定单位比例	必填项	由系统自动生成
22	第二单位比例	非必填项	
23	重量比例因子	非必填项	
24	征免方式	必填项	敲空格键即可调出相应代码,选中代码即可显示相关内容。也可通过"工具"菜单中的"系统设置"子菜单对"默认征免规定"事先进行设置,各表中的"征免方式"即默认为事先设置的征免规定
25	备注	非必填项	最多50位字符,可填写表格内项目未尽事宜
26	归类说明	非必填项	最多2000位字符,说明企业的归类依据等

归并后的项目包括:货号、料件序号、处理标志、商品编码、商品名称、商品规格型号、计量单位、法定单位、第二单位、产终地、申报单价、币制、申报单价人民币、申报数量、最大余量、初始数量、法定单位比例、第二单位比例、重量比例因子、征免方式、备注。

以上各项目在输入归并前的项目中的"归并后序号"后由系统自动调出。

知识卡

归并前料件与归并后料件

企业和海关对货物(料件、成品)的管理重点不同:生产企业内部对货物管理的精确程度要求较高,企业必须区分全部不同种类、规格、功能、大小甚至颜色的货物;而海关在进出口管理中,需要对不同货物进行区别管理,以提高管理效率,即对特殊的、敏感的、需重点监管的货物,应详细管理,而对一般货物,无须对其逐项区分和计算,所以企业需按照海关认可的归并原则对货物进行归并,将近似的、非敏感的货物合并为一项向海关申报。

另一方面,归并关系还具有预归类的作用。即企业对某种货物进行H.S.编码的预归类,然后由海关审核其是否合理。如企业把普通杯子预归类为高档瓷器,则海关可能审核不通过。

企业需向海关申报实际的归并前货物清单以及按归并原则进行归并后的货物清单。海关要审核其归并关系是否符合归并原则。基本的归并原则是：货物的 H. S. 编码、计量单位一致的可归并为一项；其他归并原则由主管海关根据具体监管要求另行规定。

料件归并情况举例如表 3-37 所示：

表 3-37　料件归并情况举例

归并前料件				归并后料件			
货　号	料件名称	商品编码	计量单位	序　号	料件名称	商品编码	计量单位
screw1	1MM 螺丝	76161000	个	1	螺丝	76161000	个
screw2	5MM 螺丝	76161000	个				
screw3	7MM 螺丝	76161000	个				
screw4	8MM 螺丝	76161000	个				
screw5	8MM 铝螺丝	76161000	个	2	铝螺丝	76161000	个

上例中，归并前料件中前 4 项为一般货物，其商品编码（H. S. 编码）、计量单位一致，故可归并为一项；而第 5 项货物属特殊货物，所以尽管其商品编码（H. S. 编码）、计量单位与前 4 项货物一致，也不能将其与前 4 项归并为一项。

“归并前料件”填写完成后，可点击暂存，也可直接回车，数据即保存成功。

(四)半成品

同时按下 CTRL 和 END 键或直接点击“半成品”，都可进入“半成品”界面，如图 3-14 所示。

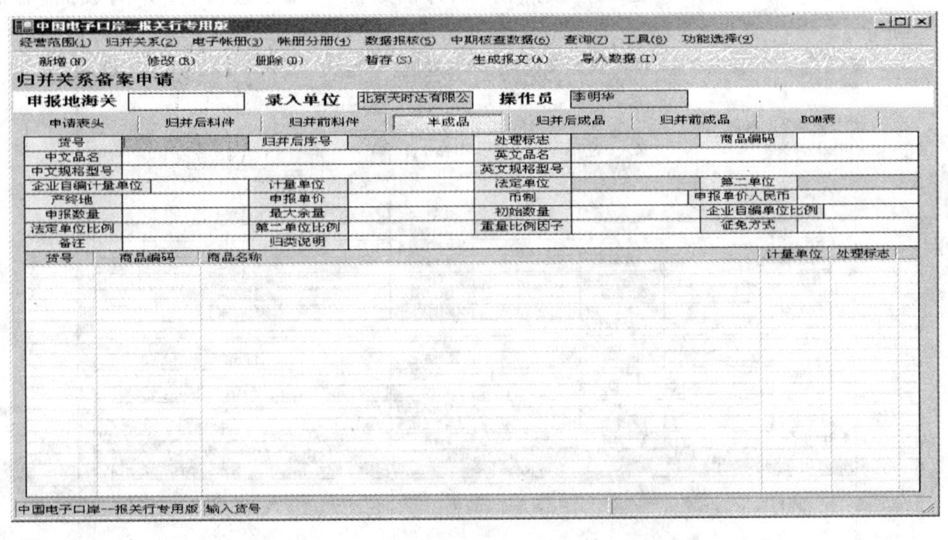

图 3-14　归并关系备案申请界面(半成品)

归并关系备案申请界面(半成品)填写规范与表 3-20 内容相同。

“半成品”填写完成后，可点击“暂存”，也可直接回车，数据即保存成功。

(五)归并后成品

同时按下 CTRL 和 END 键或直接点击归并后成品，都可进入“归并后成品”界面，如图 3-15 所示。

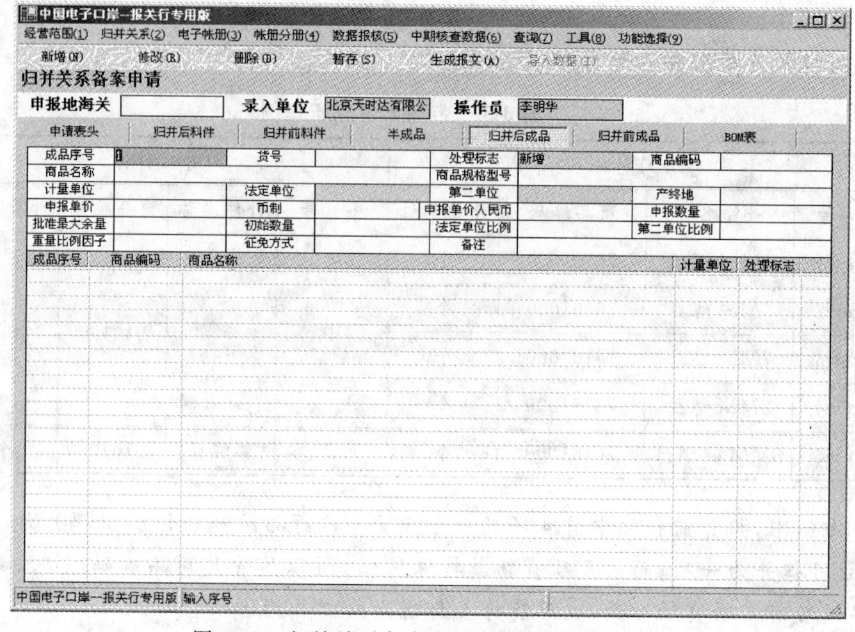

图 3-15 归并关系备案申请界面(归并后成品)

归并关系备案申请界面(归并后成品)填写规范与表 3-20 内容相同。

“归并后成品”填写完成后，可点击“暂存”，也可直接回车，数据即保存成功。

(六)归并前成品

同时按下 CTRL 和 END 键或直接点击“归并前成品”，都可进入“归并前成品”界面，如图 3-16 所示。

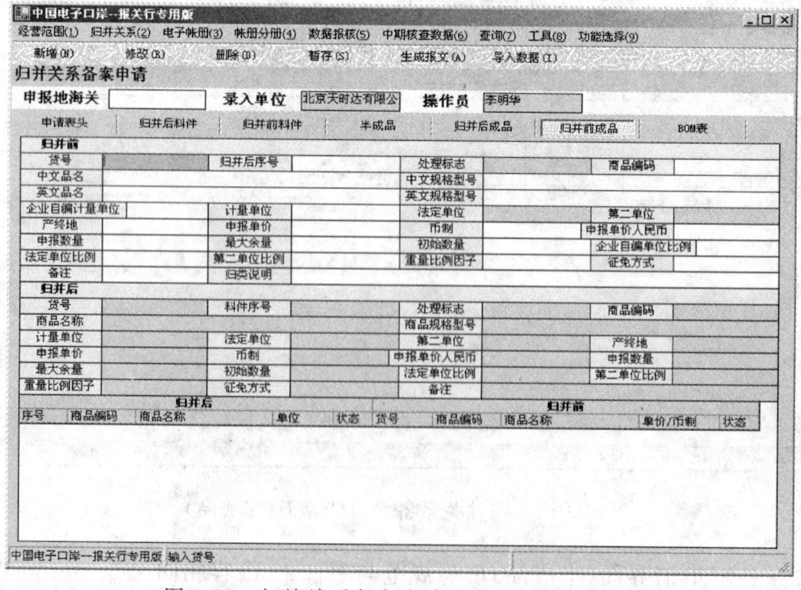

图 3-16 归并关系备案申请界面(归并前成品)

归并前成品包括:归并前的项目、归并后的项目。归并前的项目中,“货号”栏是必填项,最多 30 位字符。其他项填写规范与表 3-20 内容相同。

归并后的项目包括:货号、成品序号、处理标志、商品编码、商品名称、商品规格型号、计量单位、法定单位、第二单位、产终地、申报单价、币制、申报单价人民币、申报数量、最大余量、初始数量、法定单位比例、第二单位比例、重量比例因子、征免方式、备注。

以上各项目在输入归并前的项目中的“归并后序号”后由系统自动调出。

(七)BOM 表

同时按下 CTRL 和 END 键或直接点击“BOM 表”,都可进入“BOM 表”界面,如图 3-17 所示。

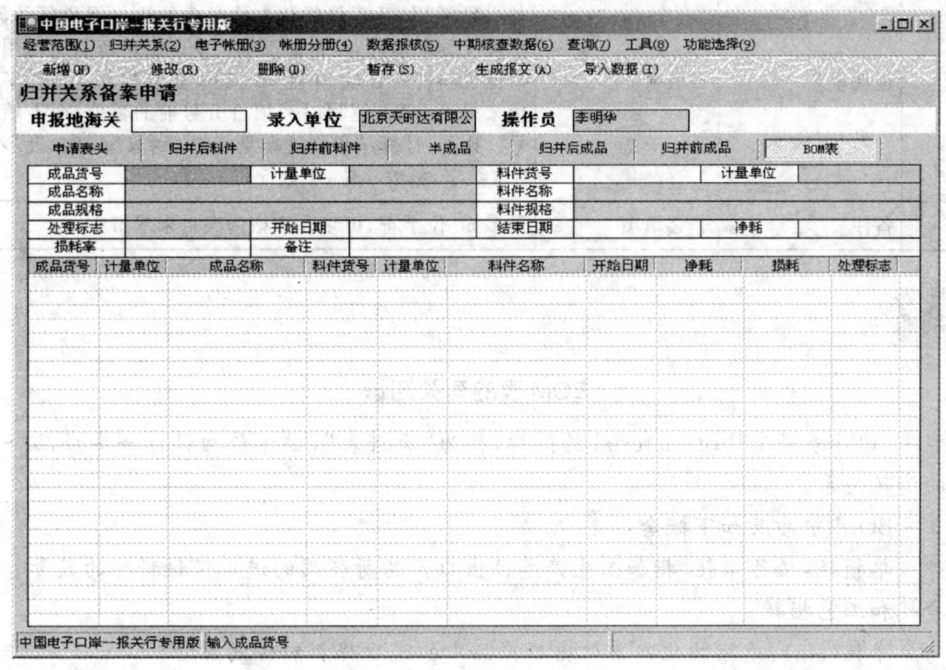

图 3-17　归并关系备案申请界面(BOM 表)

BOM 表填写规范见表 3-38。

表 3-38　归并关系备案申请界面(BOM 表)填写规范

序　号	栏目名称	填写要求	填　写　规　范
1	成品货号	必填项	最多 30 位字符,录入的货号须存在于归并前成品表中
2	计量单位	不可填	由系统自动调出
3	料件货号	必填项	最多 30 位字符,录入的货号须存在于归并前料件表中
4	计量单位	不可填	由系统自动调出
3	成品名称	不可填	由系统自动调出
4	料件名称	不可填	由系统自动调出
5	成品规格	不可填	由系统自动调出

续表

序　号	栏目名称	填写要求	填　写　规　范
6	料件规格	不可填	由系统自动调出
7	处理标志	不可填	由系统自动调出
8	开始日期	必填项	由系统自动调出
9	结束日期	必填项	8位数字,顺序为年4位,月、日各2位
10	净耗	必填项	净耗是指物化在单位出口产品中的进口保税料件的数量。最多18位数字,整数9位,小数9位
11	损耗率	必填项	损耗率=工艺损耗/单耗。其中,工艺损耗是指除净耗之外必须耗用,且不能物化在成品中的进口保税料件数量。单耗又称单损耗,是指加工生产单位出口产品所耗用的进口保税料件的数量,单耗=净耗+工艺损耗。损耗率计算出来是百分数,填写时只填百分号前的数值,而不填百分号。比如,计算结果损耗率是10%,则只填10。最多可填9位数字,整数4位,小数5位
12	备注	非必填项	最多50位字符,可填写表格内项目未尽事宜

知识卡

BOM表的有关知识

BOM表是bill of material的简称,称为"原料表",描述最初料件→半成品→成品的消耗关系。

BOM中涉及如下概念:

单损耗:又称单耗,指加工生产单位出口产品所耗用的进口保税料件的数量。包括净耗和工艺损耗。

净耗(cm):是指物化在单位出口产品中的进口保税料件的数量。

工艺损耗:是指除净耗之外必须耗用,且不能物化在成品中的进口保税料件数量。

损耗率(dm):指工艺损耗与单耗之比,即损耗率=工艺损耗/单耗=1-净耗/单耗。

单损耗表中的净耗和损耗率由归并关系BOM表中的相应数据计算得出。计算步骤如下:

首先计算BOM表到单损耗表的一条分支的净耗和损耗率。BOM表的一条分支示意图(BOM表总图见下页步骤二中的总示意图)如下:

$$A \xleftarrow[dm_1]{cm_1} B \xleftarrow[dm_2]{cm_2} C \xleftarrow[dm_3]{cm_3} D \cdots \xleftarrow[dm_n]{cm_n} Z$$

其中,Z为最初料件,B到D为半成品,A是最终成品。cm_i(i=1,2,…,n)表示由下一个料件加工成上一个成品的净耗,dm_i(i=1,2,…,n)表示由下一个料件加工成上一个成品的损耗率。

假设由最初料件Z加工成最终成品A的净耗为cmB,由最初料件Z加工成最终成品A的损耗率为dm_B,则cm_B和dm_B的计算公式如下:

$$cm_B = cm_1 \times cm_2 \times cm_3 \times \cdots \times cm_n \tag{1}$$

$$dm_B = 1-(1-dm_1)\times(1-dm_2)\times(1-dm_3)\times\cdots\times(1-dm_n) \tag{2}$$

公式(2)的推理过程如下：

因为：

$A=\dfrac{cm_1}{1-dm_1}\times B$，其中，$\dfrac{cm_1}{1-dm_1}$为由B到A的单耗

$B=\dfrac{cm_2}{1-dm_2}\times C$，其中，$\dfrac{cm_2}{1-dm_2}$为由C到B的单耗

……

所以：

$$A=\frac{cm_1}{1-dm_1}\times\frac{cm_2}{1-dm_2}\times\frac{cm_3}{1-dm_3}\times\cdots\times\frac{cm_n}{1-dm_n}\times Z$$

其中，$A=\dfrac{cm_1}{1-dm_1}\times\dfrac{cm_2}{1-dm_2}\times\dfrac{cm_3}{1-dm_3}\times\cdots\times\dfrac{cm_n}{1-dm_n}$为由Z到A的单耗

因为：损耗率＝1－净耗/单耗

即：$dm_B=1-cm_B/\left(\dfrac{cm_1}{1-dm_1}\times\dfrac{cm_2}{1-dm_2}\times\dfrac{cm_3}{1-dm_3}\times\dfrac{cm_n}{1-dm_n}\right)$

所以：$dm_B=1-(1-dm_1)\times(1-dm_2)\times(1-dm_3)\times\cdots\times(1-dm_n)$

上式即公式(2)

再计算BOM表到单损耗表的总的净耗和损耗率。

第一步计算了BOM表的一条分支(即下图中的第一条分支)的净耗和损耗率；第一步计算BOM表到单损耗表的总的净耗和损耗率。BOM表的总示意图如下：

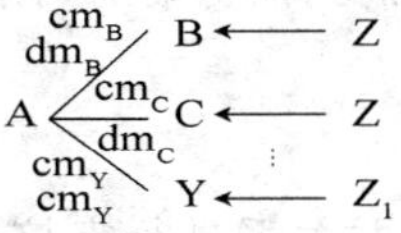

cm_B dm_B $B \leftarrow Z$
A cm_C dm_C $C \leftarrow Z$
cm_Y cm_Y $Y \leftarrow Z_1$

通过第一步中的公式(1)、(2)，计算出了由最初料件Z加工成B再加工成最终成品A的净耗cm_B，由最初料件Z加工成B再加工成最终成品A的损耗率dm_B。同样，可以计算出由最初料件Z加工成C再加工成最终成品A的净耗cm_C，由最初料件Z加工成C再加工成最终成品A的损耗率dm_C；也可计算出由最初料件Z_1加工成Y再加工成最终成品A的净耗cm_Y，由最初料件Z_1加工成Y再加工成最终成品A的损耗率dm_Y(Z_1指可与Z归并为同一项的料件，所以由Z_1到A的净耗和损耗率也参与总净耗和总损耗率的计算)。

假设由最初料件Z(包括Z_1)加工成最终成品A的总净耗为cm，由最初料件Z(包括Z_1)加工成最终成品A的总损耗率为dm，则cm和dm的计算公式如下：

$$cm = cm_B + cm_C + \cdots + cm_Y \tag{3}$$

$$dm = 1 - cm\left(\frac{cm_B}{1-dm_B}+\frac{cm_C}{1-dm_C}+\cdots+\frac{cm_Y}{1-dm_Y}\right) \tag{4}$$

公式(4)的推理过程如下：

因为：

$$A=\frac{cm_B}{1-dm_B}\times Z\text{，其中，}\frac{cm_B}{1-dm_B}\text{为由 Z 经 B 到 A 的单耗}$$

$$A=\frac{cm_C}{1-dm_C}\times Z\text{，其中，}\frac{cm_C}{1-dm_C}\text{为由 Z 经 C 到 A 的单耗}$$

……

所以：

$$A=\left(\frac{cm_B}{1-dm_B}+\frac{cm_C}{1-dm_C}+\cdots+\frac{cm_Y}{1-dm_Y}\right)\times Z$$

其中，$\frac{cm_B}{1-dm_B}+\frac{cm_C}{1-dm_C}+\cdots+\frac{cm_Y}{1-dm_Y}$为由 Z 经各种半成品到 A 的总单耗。

因为：总损耗率＝1－总净耗/总单耗

$$\frac{cm_B}{1-dm_B}\quad\frac{cm_C}{1-dm_C}\quad\frac{cm_Y}{1-dm_Y}$$

所以：

$$dm=1-cm/\left(\frac{cm_B}{1-dm_B}+\frac{cm_C}{1-dm_C}+\cdots+\frac{cm_Y}{1-dm_Y}\right)$$

即公式(4)。

“BOM 表”填写完成后，可点击“暂存”，也可直接回车，数据即保存成功。

用户若想对暂存后未生成报文的数据进行修改，在没有退出原界面时，可直接修改，修改后再点击“暂存”即可。若已退出原来的界面，则需用“修改”按钮来实现。

“BOM 表”的项目填写完成后，点击“生成报文”，即实现申报。

归并关系备案申请全流程完成。

备案申请录入及申报完成后，用户可通过“查询”菜单查询到该备案的明细数据、申报状态和回执内容。

三、电子账册备案

企业进行了归并关系备案后，海关会登录数据中心对归并关系进行审核。但这只是对企业的归并关系进行了审核，最终企业需在海关内网的数据库中备案，所以企业需将海关审批通过后的归并后数据录入电子账册中，再向海关做一次备案申请，向海关进行申报。电子账册中的数据即为海关审批通过后的归并后数据。

在电子账册界面下，用户可进行电子账册的备案申请和变更申请。这里以备案申请为例，变更申请的操作请参照“经营范围”的变更操作。

在系统界面上方的功能菜单上，点击“电子账册”，进入“电子账册”菜单，再点击“备案申请”，进入“备案申请”界面，包括表头、料件、成品、单损耗四个表。

(一)表头

如图 3-18 所示。

电子账册备案申请(表头)填写规范：

同归并关系备案申请表头。需注意的是，“电子账册”表头中的“企业内部编号”即为“归并关系”表头中的“企业内部编号”；“电子账册”表头中的“批文账册号”即为“经营范围”表头中的“批文账册号”；“电子账册”表头中的“账册编号”在海关审批通过后由系统自动返填，同时返填到“归并关系”表头的“账册编号”中。

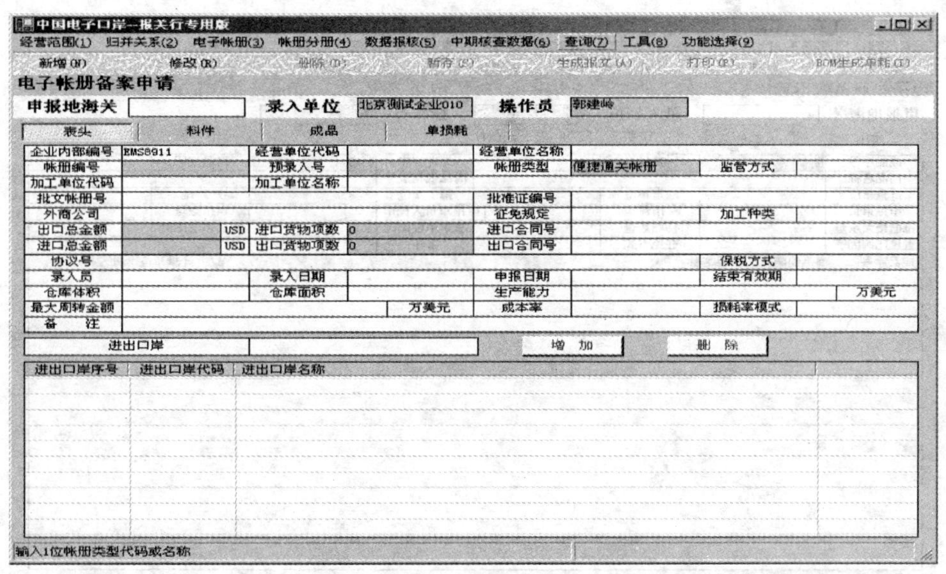

图 3-18　电子账册备案申请界面(表头)

(二)料件

“表头”填写完成,点击“暂存”,出现“保存成功”界面。点击“确定”后,自动进入“料件”界面,如图 3-19 所示。

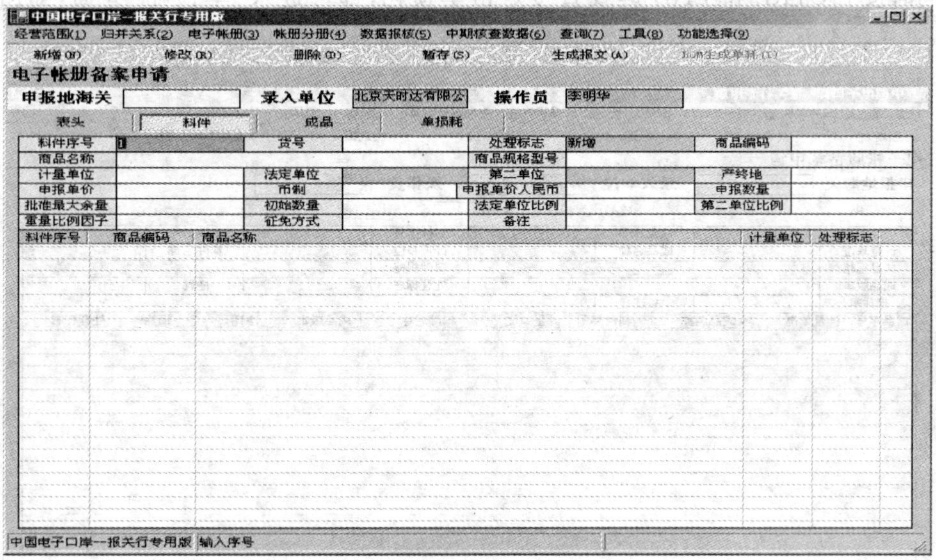

图 3-19　电子账册备案申请界面(料件)

电子账册备案申请(料件)填写规范:同“归并关系”中“归并后料件”表。

“料件”填写完成后,可点击“暂存”,也可直接回车,数据即保存成功。

(三)成品

同时按下 CTRL 和 END 键或直接点击“成品”,都可进入“成品”界面,如图 3-20 所示。

电子账册备案申请(成品)填写规范:同“归并关系”中“归并后成品”表。

中国电子口岸--报关行专用版
经营范围(1) 归并关系(2) 电子帐册(3) 帐册分册(4) 数据报核(5) 中期核查数据(6) 查询(7) 工具(8) 功能选择(9)
新增(N) 修改(R) 删除(D) 暂存(S) 生成报文(A) BOM生成单耗(I)
电子帐册备案申请
申报地海关 录入单位 北京天时达有限公 操作员 李明华
表头 料件 成品 单损耗
成品序号 货号 处理标志 新增 商品编码
商品名称 商品规格型号
计量单位 法定单位 第二单位 产终地
申报单价 币制 申报单价人民币 申报数量
批准最大余量 初始数量 法定单位比例 第二单位比例
重量比例因子 征免方式 备注
成品序号 商品编码 商品名称 计量单位 处理标志
中国电子口岸--报关行专用版 输入序号

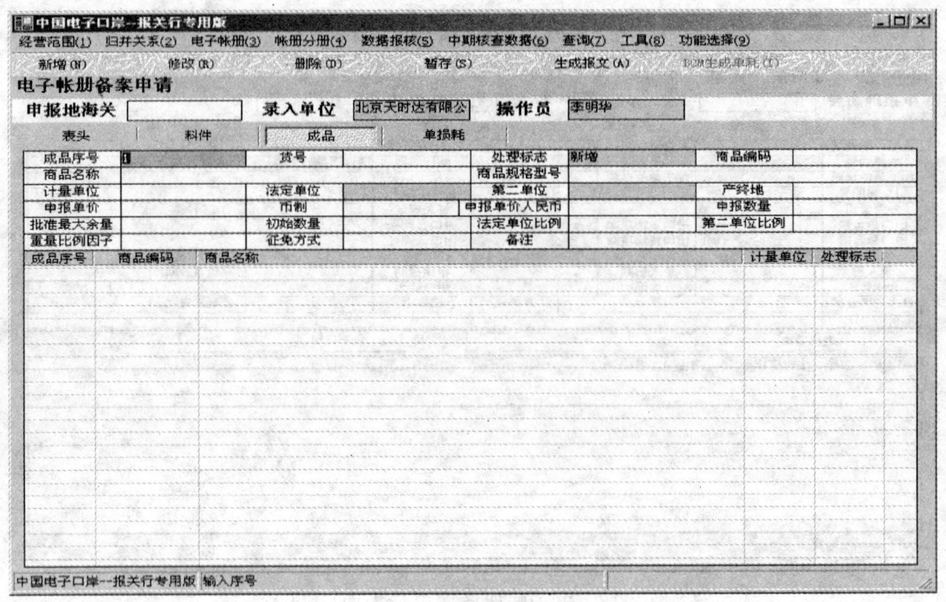

图 3-20　电子账册备案申请界面(成品)

“成品”填写完成后,可点击“暂存”,也可直接回车,数据即保存成功。

(四)单损耗

同时按下 CTRL 和 END 键或直接点击单损耗,都可进入“单损耗”界面,如图 3-21 所示。

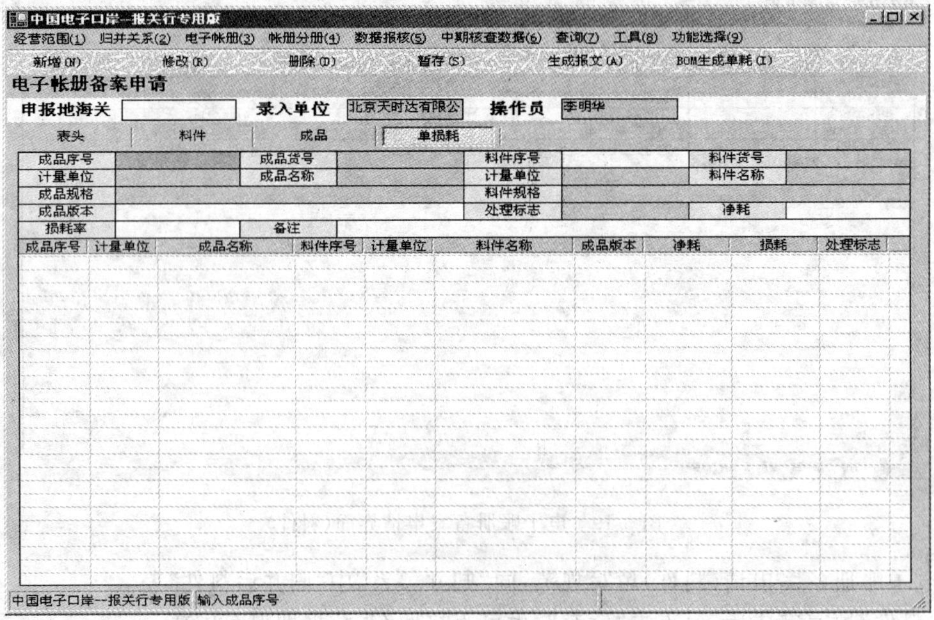

中国电子口岸--报关行专用版
经营范围(1) 归并关系(2) 电子帐册(3) 帐册分册(4) 数据报核(5) 中期核查数据(6) 查询(7) 工具(8) 功能选择(9)
新增(N) 修改(R) 删除(D) 暂存(S) 生成报文(A) BOM生成单耗(I)
电子帐册备案申请
申报地海关 录入单位 北京天时达有限公 操作员 李明华
表头 料件 成品 单损耗
成品序号 成品货号 料件序号 料件货号
计量单位 成品名称 计量单位 料件名称
成品规格 料件规格
成品版本 处理标志 净耗
损耗率 备注
成品序号 计量单位 成品名称 料件序号 计量单位 料件名称 成品版本 净耗 损耗 处理标志
中国电子口岸--报关行专用版 输入成品序号

图 3-21　电子账册备案申请界面(单损耗)

电子账册备案申请(单损耗)填写规范见表 3-39 所示。

表 3-39　电子账册备案申请(单损耗)填写规范

序　号	栏目名称	填写要求	填　写　规　范
1	成品序号	必填项	最多9位数字(一般4位数字即可),录入的序号须存在于成品表中
2	成品货号	不可填	由系统自动调出
3	料件序号	必填项	最多9位数字(一般4位数字即可),录入的序号须存在于料件表中
4	料件货号	不可填	由系统自动调出
5	计量单位	不可填	指成品计量单位,由系统自动调出
6	成品名称	不可填	由系统自动调出
7	计量单位	不可填	指料件计量单位,由系统自动调出
8	料件名称	不可填	由系统自动调出
5	成品规格	不可填	由系统自动调出
6	料件规格	不可填	由系统自动调出
7	成品版本	必填项	最多9位数字。成品版本是指随着企业工艺的改进和技术水平的提高等,企业的单损耗(净耗+工艺损耗)会有变化,因此有不同的成品版本。不同的单损耗对应不同的成品版本
8	处理标志	不可填	由系统自动调出
9	净耗	必填项	由系统自动根据BOM表里的数据计算得出。计算方法请参见知识卡“BOM的有关知识”。最多18位数字,整数9位,小数9位
10	损耗率	必填项	由系统自动根据BOM表里的数据计算得出。计算方法请参见知识卡“BOM的有关知识”。损耗率的计算结果是百分数,填写时只填百分号前的数值,而不填百分号。比如,计算结果损耗率是10%,则只填10。最多可填9位数字,整数4位,小数5位
11	备注	非必填项	最多50位字符,可填写表格内项目未尽事宜

“单损耗”填写完成后,可点击“暂存”,也可直接回车,数据即保存成功。

若想对暂存后未生成报文的数据进行修改,在没有退出原界面时,可直接修改,修改后再点击“暂存”即可。若已退出原来的界面,则需用“修改”按钮来实现。

“单损耗”的项目填写完成后,点击“生成报文”,即实现申报。

电子账册备案申请全流程完成。

备案申请录入及申报完成后,用户可通过“查询”菜单查询到该备案的明细数据、申报状态和回执内容。

四、电子账册分册备案申请

进行异地报关的企业,由于其异地报关的货物只是电子账册备案中货物的一部分,所以需在电子账册备案的基础上,再进行账册分册的备案,以方便异地报关和海关的监管。

在账册分册界面下，可进行账册分册的备案申请和变更申请。这里以备案申请为例，变更申请的操作请参照“经营范围”的变更操作。

在系统界面上方的功能菜单上，点击“账册分册”，进入“账册分册”菜单，再点击“备案申请”，进入“备案申请”界面，如图 3-22 所示。

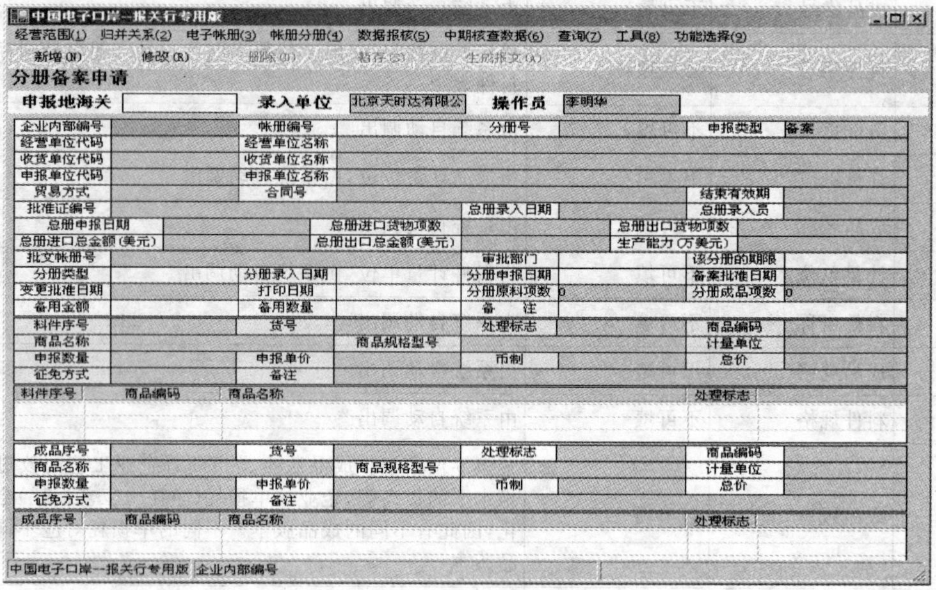

图 3-22　电子账册分册备案申请界面

如图 3-22 所示，电子账册分册备案申请界面分为表头、表体（料件和成品）两部分。表头部分录入企业的基本信息和总册、分册基本信息；表体中料件部分录入料件的备案信息；表体中成品部分录入成品的备案信息。

（一）表头部分填写规范（见表 3-40）

表 3-40　电子账册分册备案申请（表头部分）填写规范

序　号	栏目名称	填写要求	填　写　规　范
1	申报地海关	系统默认	进入页面，系统根据 Ikey 卡默认，但可以更改。4 位数字，根据《关区代码表》填写
2	录入单位	只读项	系统根据 Ikey 卡自动生成
3	操作员	只读项	系统根据 Ikey 卡自动生成
4	企业内部编号	必填项	最多 20 位字符，录入框默认系统自动生成的流水号，用户也可自行输入，由企业自行编号，但须保证在企业内部的唯一性
5	账册编号	必填项	12 位字符，录入的账册编号须存在于已被审批通过的电子账册表中。也就是说，这里的“账册编号”即为“电子账册”中的“账册编号”
6	分册号	首次备案时不可填	海关审批通过后由系统自动返填。12 位字符
7	申报类型	不可填	

续表

序　号	栏目名称	填写要求	填　写　规　范
8	经营单位代码	不可填	从电子账册底账表头调出
9	经营单位名称	不可填	从电子账册底账表头调出
10	收货单位代码	不可填	从电子账册底账表头调出
11	收货单位名称	不可填	从电子账册底账表头调出
12	申报单位代码	不可填	从电子账册底账表头调出
13	申报单位名称	不可填	从电子账册底账表头调出
14	贸易方式	不可填	从电子账册底账表头调出
15	合同号	不可填	从电子账册底账表头调出
16	结束有效期	不可填	从电子账册底账表头调出
17	批准证编号	不可填	从电子账册底账表头调出
18	总册录入日期	不可填	从电子账册底账表头调出
19	总册录入员	不可填	从电子账册底账表头调出
20	总册申报日期	不可填	从电子账册底账表头调出
21	总册进口货物项数	不可填	从电子账册底账表头调出
22	总册出口货物项数	不可填	从电子账册底账表头调出
23	总册进口总金额(美元)	不可填	从电子账册底账表头调出
24	总册出口总金额(美元)	不可填	从电子账册底账表头调出
25	生产能力(万美元)	不可填	从电子账册底账表头调出
26	批文账册号	不可填	从电子账册底账表头调出。这里的“批文账册号”即为“经营范围”中的“批文账册号”
27	审批部门	必填项	敲空格键即可调出相应代码，选中代码即可显示相关内容
28	该分册的期限	必填项	8位数字，顺序为年4位、月、日各2位
29	分册类型	必填项	敲空格键即可调出相应代码，选中代码即可显示相关内容
30	分册录入日期	非必填项	由系统自动生成
31	分册申报日期	非必填项	由系统自动生成
32	备案批准日期	不可填	
33	变更批准日期	不可填	
27	打印日期	非必填项	
28	分册原料项数	不可填	
29	分册成品项数	不可填	

续表

序号	栏目名称	填写要求	填写规范
30	备用金额	非必填项	
31	备用数量	非必填项	
32	备注	非必填项	最多50位字符，可填写表格内项目未尽事宜

(二)表体部分

1.料件

输入完表头中的“备注”，按回车键即“暂存”，直接进入料件部分输入界面，如图3-23所示。

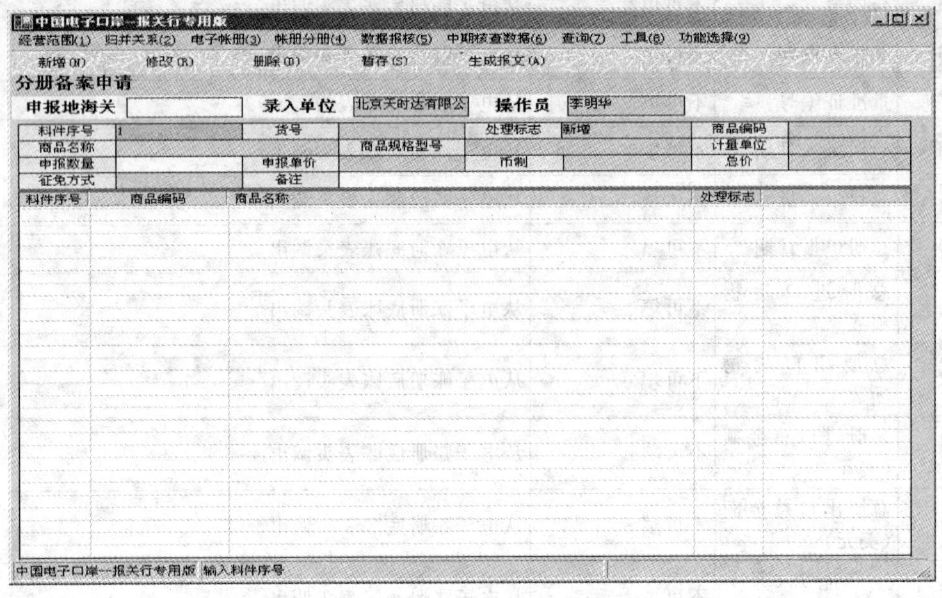

图3-23 电子账册分册备案申请界面表体部分(料件)

电子账册分册备案申请界面表体部分(料件)填写规范见表3-41。

表3-41 电子账册分册备案申请界面表体部分(料件)填写规范

序号	栏目名称	填写要求	填写规范
1	料件序号	必填项	9位数字，录入的序号须存在于电子账册底账的料件表中
2	货号	不可填	从电子账册底账料件表调出
3	处理标志	必填项	由系统自动调出
4	商品编码	不可填	从电子账册底账料件表调出
5	商品名称	不可填	从电子账册底账料件表调出
6	商品规格型号	不可填	从电子账册底账料件表调出
7	计量单位	不可填	从电子账册底账料件表调出

续表

序 号	栏目名称	填写要求	填 写 规 范
8	申报数量	必填项	最多18位数字，整数13位，小数5位
9	申报单价	非必填项	最多18位数字，整数13位，小数5位
10	币制	必填项	敲空格键即可调出相应代码，选中代码即可显示相关内容
11	总价	非必填项	最多18位数字，整数13位，小数5位
12	征免方式	必填项	敲空格键即可调出相应代码，选中代码即可显示相关内容。也可通过“工具”菜单中的“系统设置”子菜单对“默认征免规定”事先进行设置，各表中的“征免方式”即默认为事先设置的征免规定
13	备注	非必填项	最多50位字符，可填写表格内项目未尽事宜

料件部分填写完成后，可点击“暂存”，也可直接回车，数据即保存成功。

2. 成品

输入完料件部分的所有项目后，用 Ctrl＋End 键切换到成品部分，如图 3-24 所示。

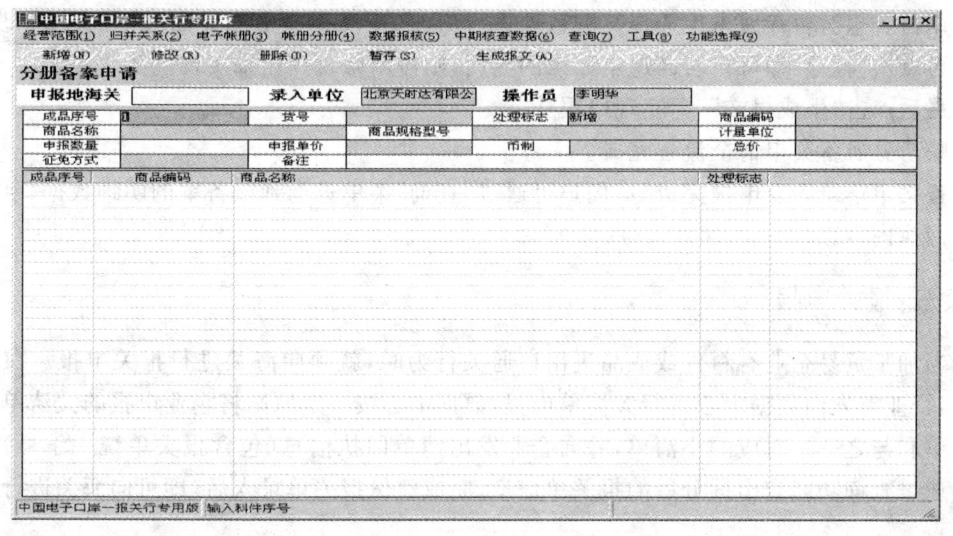

图 3-24 电子账册分册备案申请界面表体部分(成品)

电子账册分册备案申请界面表体部分(成品)填写规范见表 3-42。

表 3-42 电子账册分册备案申请界面表体部分(成品)填写规范

序 号	栏目名称	填写要求	填 写 规 范
1	成品序号	必填项	9位数字，录入的序号须存在于电子账册底账的成品表中
2	货号	不可填	从电子账册底账成品表调出
3	处理标志	必填项	由系统自动调出
4	商品编码	不可填	从电子账册底账成品表调出
5	商品名称	不可填	从电子账册底账成品表调出

续表

序号	栏目名称	填写要求	填写规范
6	商品规格型号	不可填	从电子账册底账成品表调出
7	计量单位	不可填	从电子账册底账成品表调出
8	申报数量	必填项	最多18位数字,整数13位,小数5位
9	申报单价	非必填项	最多18位数字,整数13位,小数5位
10	币制	必填项	敲空格键即可调出相应代码,选中代码即可显示相关内容
11	总价	非必填项	最多18位数字,整数13位,小数5位
12	征免方式	必填项	敲空格键即可调出相应代码,选中代码即可显示相关内容。也可通过"工具"菜单中的"系统设置"子菜单对"默认征免规定"事先进行设置,各表中的"征免方式"即默认为事先设置的征免规定
13	备注	非必填项	最多50位字符,可填写表格内项目未尽事宜

成品部分填写完成后,可点击"暂存",也可直接回车,数据即保存成功。

用户若想对暂存后未生成报文的数据进行修改,在没有退出原界面时,可直接修改,修改后再点击"暂存"即可。若已退出原来的界面,则需用修改按钮来实现。

最后点击"生成报文",即实现申报。

账册分册备案申请全流程完成。

备案申请录入及申报完成后,用户可通过"查询"菜单查询到该备案的明细数据、申报状态和回执内容。

步骤三:报关申报

当加工贸易企业有料件或成品进出口通关行为时,就须向海关进行报关申报。在本系统中,企业首先向数据中心进行大清单申报,数据中心按一定原则将企业申报的大清单生成报关单和与之一一对应的小清单,并向企业发出清单回执信息(包含报关单统一编号)。企业再通过查询功能查出拆分后的报关单信息,完成整份报关单录入后,即可向海关进行报关申报。

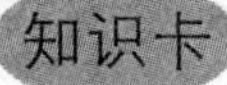

电子账册报关申报涉及的基本概念

1. 清单

清单包括大清单和小清单。

大清单是拆分前的报关清单。大清单的关键字是:"电子账册企业内部编号"+"经营单位代码"。货物进出口时,企业都需要填写大清单,记录进出口货物的详细情况,并向海关申报。

小清单是大清单拆分后的报关清单。小清单的关键字是:数据中心统一编号。该统一编号与对应的报关单统一编号相同。小清单与报关单是一一对应的,以反映报关单中每项归并后货物与归并前各项货物的对应情况。

2. 企业内部编号

也称为“企业自编号”。

企业向海关申报的全部单据，必须首先自行进行编号，用于唯一标识该份单据。例如：企业向海关申报一份电子账册时，应自行对该电子账册进行编号，该编号可称为“电子账册企业内部编号”；企业向海关申报一份大清单时，应自行对该清单进行编号，该编号可称为“清单企业内部编号”。

海关通过“企业内部编号”+“经营单位代码”确定单证的唯一性。需要企业内部编号的单证有：经营范围、归并关系、电子账册、电子账册分册、报关清单（只包括大清单）、中期核查数据和数据报核，其中归并关系、电子账册、中期核查数据和数据报核的“企业内部编号”一致。

具体操作流程：

在电子账册子系统的界面上方点击“功能选择”，弹出一个下拉菜单，再点击返回主选单，进入主选单界面，点击“报关申报”，即进入“报关申报”子系统界面。

一、清单录入/申报

点击“清单”，可进行进口业务的清单录入/申报和出口业务的清单录入/申报。这里以进口业务为例，出口业务请参照进口业务。

点击“进口业务”，进入“进口业务”界面，如图3-25所示。

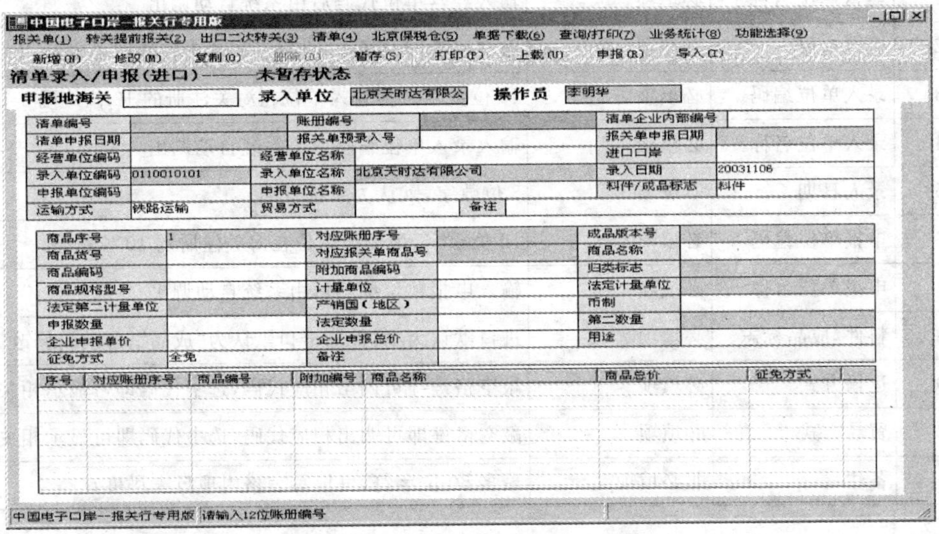

图3-25　电子账册“报关申报”子系统清单录入界面（进口业务）

如图3-25所示，电子账册“报关申报”子系统清单录入界面（进口业务）分为表头、表体两部分。操作员需依次录入表头、表体部分。表头部分没录完时，不能进入表体部分进行录入。

(一)表头部分填写规范(见表 3-43)

表 3-43 电子账册“报关申报”子系统清单录入界面(表头部分)填写规范

序号	栏目名称	填写要求	填写规范
1	申报地海关	系统默认	进入页面,系统根据 Ikey 卡默认,但可以更改。4 位数字,根据《关区代码表》填写
2	录入单位	只读项	系统根据 Ikey 卡自动生成
3	操作员	只读项	系统根据 Ikey 卡自动生成
4	清单编号	不可填	18 位字符,由系统自动返填
5	清单企业内部编号	必填项	最多 20 位字符。用户可自行输入,前提是必须保证清单企业内部编号的唯一性。若用户没有自行输入,当清单暂存后,录入框默认系统自动生成的流水号
6	账册编号	必填项	12 位字符。为电子账册系统中的电子账册编号
7	清单申报日期	不可填	8 位数字,清单申报后,由系统自动返填
8	报关单预录入号	根据录入的“申报地海关”来判断是否必填	有的海关要求必填,有的海关不要求必填。9 位或 18 位数字
9	报关单申报日期	不可填	8 位数字,报关单申报后,由系统自动返填
10	经营单位编码	必填项	10 位数字,为经营单位在海关注册的 10 位编码
11	经营单位名称	必填项	输入经营单位代码后由系统自动调出
12	进口口岸	必填项	敲空格键即可调出相应代码,选中代码即可显示相关内容
13	录入单位编码	必填项	10 位数字。为录入单位在海关注册的 10 位编码
14	录入单位名称	必填项	输入录入单位编码后由系统自动调出
15	录入日期	不可填	8 位数字,默认为系统日期
16	申报单位编码	必填项	10 位数字,为申报单位在海关注册的 10 位编码
17	申报单位名称	必填项	输入申报单位编码后由系统自动调出
18	料件/成品标志	必填项	进口默认为“料件”;出口默认为“成品”;可编辑修改
19	运输方式	必填项	敲空格键即可调出相应代码,选中代码即可显示相关内容
20	贸易方式	必填项	敲空格键即可调出相应代码,选中代码即可显示相关内容
21	备注	非必填项	最多 50 位字符,可填写表格内项目未尽事宜

(二)表体部分填写规范(见表 3-44)

表 3-44 电子账册“报关申报”子系统清单录入界面(表体部分)填写规范

序号	栏目名称	填写要求	填写规范
1	商品序号	必填项	由系统自动生成
2	对应账册序号	必填项	最多 30 位字符,对应商品在电子账册表体中的序号
3	成品版本号	非必填项	最多 9 位数字。料件清单不填

续表

序　号	栏目名称	填写要求	填　写　规　范
4	商品货号	非必填项	最多30位字符
5	对应报关单商品号	非必填项	最多9位数字，对应报关单表体中的商品序号
6	商品编码	必填项	输入商品名称后由系统自动调出
7	附加商品编码	非必填项	2位数字
8	归类标志	非必填项	
9	商品名称	必填项	最多50位字符，根据《商品分类表》(COMPLEX)、《商品归类表》(CLASSIFY)填写
10	商品规格型号	非必填项	
11	计量单位	必填项	由系统自动调出
12	法定计量单位	必填项	由系统自动调出
13	法定第二计量单位	非必填项	
14	产销国(地区)	必填项	敲空格键即可调出相应代码，选中代码即可显示相关内容
15	币制	必填项	敲空格键即可调出相应代码，选中代码即可显示相关内容
16	申报数量	必填项	最多18位数字，整数13位，小数5位
17	法定数量	必填项	最多18位数字，整数13位，小数5位
18	第二数量	非必填项	
19	企业申报单价	必填项	最多18位数字，整数13位，小数5位
20	企业申报总价	必填项	最多18位数字，整数13位，小数5位
21	用途	必填项	敲空格键即可调出相应代码，选中代码即可显示相关内容
22	征免方式	必填项	敲空格键即可调出相应代码，选中代码即可显示相关内容
23	备注	非必填项	可填写表格内项目未尽事宜

输入完各项目后，点击“暂存”，数据即保存成功。

用户若想对暂存后未申报的数据进行修改，在没有退出原界面时，可直接修改，修改后再点击“暂存”即可。若已退出原来的界面，则需用“修改”按钮来实现。

点击“上载”，数据即上载到数据中心。点击“申报”，即实现向海关申报。

到此，清单录入/申报全流程完成。

清单录入/申报完成后，用户可通过“查询/打印”菜单查询到该清单的明细数据、申报状态和回执内容，并可进一步进行报关单录入和申报。

二、报关申报

数据中心按归并关系和其他合并条件(如“备案序号”、“商品编码”、“成品版本号”、“币制”、“征免规定”、“产终地”、“计量单位”都一致的可合并)，将企业申报的大清单生成报关单，并向企业发出清单回执信息(包含统一编号)。企业通过“查询/打印”菜单中的“清单查询/打印”子菜单，查到数据中心给出的统一编号后，即可调出大清单生成的报关单信息。企业继续填写完报关单中的剩余各项后，即可生成完整的报关单，向海关进行申报。

报关单生成实例(见图 3-26)：

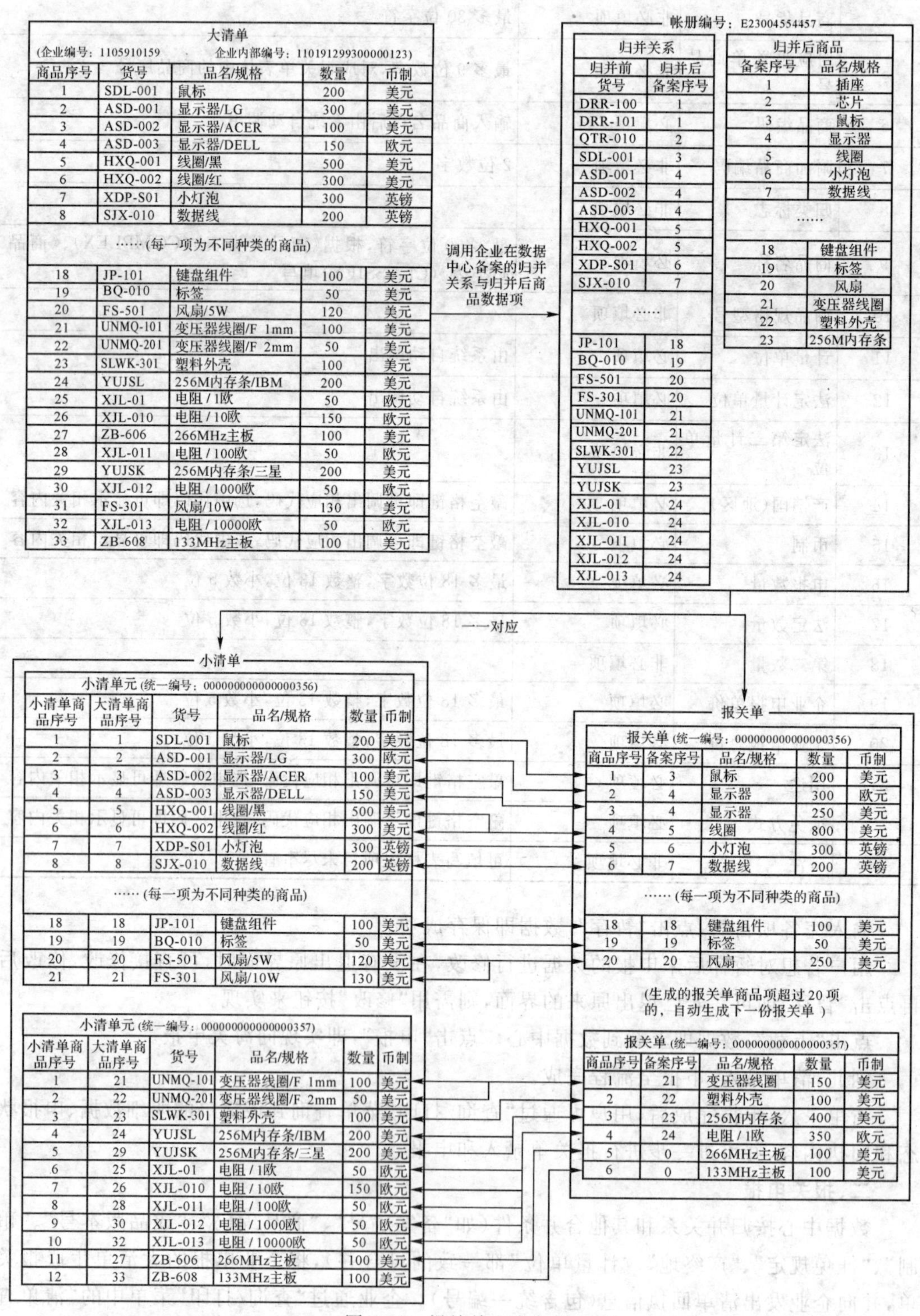

大清单

(企业编号：1105910159　企业内部编号：110191299300000123)

商品序号	货号	品名/规格	数量	币制
1	SDL-001	鼠标	200	美元
2	ASD-001	显示器/LG	300	美元
3	ASD-002	显示器/ACER	100	美元
4	ASD-003	显示器/DELL	150	欧元
5	HXQ-001	线圈/黑	500	美元
6	HXQ-002	线圈/红	300	美元
7	XDP-S01	小灯泡	300	英镑
8	SJX-010	数据线	200	英镑
……(每一项为不同种类的商品)				
18	JP-101	键盘组件	100	美元
19	BQ-010	标签	50	美元
20	FS-501	风扇/5W	120	美元
21	UNMQ-101	变压器线圈/F 1mm	100	美元
22	UNMQ-201	变压器线圈/F 2mm	50	美元
23	SLWK-301	塑料外壳	100	美元
24	YUJSL	256M内存条/IBM	200	美元
25	XJL-01	电阻 / 1欧	50	欧元
26	XJL-010	电阻 / 10欧	150	欧元
27	ZB-606	266MHz主板	100	美元
28	XJL-011	电阻 / 100欧	50	欧元
29	YUJSK	256M内存条/三星	200	美元
30	XJL-012	电阻 / 1000欧	50	欧元
31	FS-301	风扇/10W	130	美元
32	XJL-013	电阻 / 10000欧	50	欧元
33	ZB-608	133MHz主板	100	美元

帐册编号：E23004554457

归并关系

归并前货号	归并后备案序号
DRR-100	1
DRR-101	1
QTR-010	2
SDL-001	3
ASD-001	4
ASD-002	4
ASD-003	4
HXQ-001	5
HXQ-002	5
XDP-S01	6
SJX-010	7
……	
JP-101	18
BQ-010	19
FS-501	20
FS-301	20
UNMQ-101	21
UNMQ-201	21
SLWK-301	22
YUJSL	23
YUJSK	23
XJL-01	24
XJL-010	24
XJL-011	24
XJL-012	24
XJL-013	24

归并后商品

备案序号	品名/规格
1	插座
2	芯片
3	鼠标
4	显示器
5	线圈
6	小灯泡
7	数据线
……	
18	键盘组件
19	标签
20	风扇
21	变压器线圈
22	塑料外壳
23	256M内存条

小清单

小清单元(统一编号：0000000000000000356)

小清单商品序号	大清单商品序号	货号	品名/规格	数量	币制
1	1	SDL-001	鼠标	200	美元
2	2	ASD-001	显示器/LG	300	欧元
3	3	ASD-002	显示器/ACER	100	美元
4	4	ASD-003	显示器/DELL	150	美元
5	5	HXQ-001	线圈/黑	500	美元
6	6	HXQ-002	线圈/红	300	美元
7	7	XDP-S01	小灯泡	300	英镑
8	8	SJX-010	数据线	200	英镑
……(每一项为不同种类的商品)					
18	18	JP-101	键盘组件	100	美元
19	19	BQ-010	标签	50	美元
20	20	FS-501	风扇/5W	120	美元
21	21	FS-301	风扇/10W	130	美元

小清单元(统一编号：0000000000000000357)

小清单商品序号	大清单商品序号	货号	品名/规格	数量	币制
1	21	UNMQ-101	变压器线圈/F 1mm	100	美元
2	22	UNMQ-201	变压器线圈/F 2mm	50	美元
3	23	SLWK-301	塑料外壳	100	美元
4	24	YUJSL	256M内存条/IBM	200	美元
5	29	YUJSK	256M内存条/三星	200	美元
6	25	XJL-01	电阻 / 1欧	50	欧元
7	26	XJL-010	电阻 / 10欧	150	欧元
8	28	XJL-011	电阻 / 100欧	50	欧元
9	30	XJL-012	电阻 / 1000欧	50	欧元
10	32	XJL-013	电阻 / 10000欧	50	欧元
11	27	ZB-606	266MHz主板	100	美元
12	33	ZB-608	133MHz主板	100	美元

报关单

报关单(统一编号：0000000000000000356)

商品序号	备案序号	品名/规格	数量	币制
1	3	鼠标	200	美元
2	4	显示器	300	欧元
3	4	显示器	250	美元
4	5	线圈	800	美元
5	6	小灯泡	300	英镑
6	7	数据线	200	英镑
……(每一项为不同种类的商品)				
18	18	键盘组件	100	美元
19	19	标签	50	美元
20	20	风扇	250	美元

(生成的报关单商品项超过 20 项的，自动生成下一份报关单)

报关单(统一编号：0000000000000000357)

商品序号	备案序号	品名/规格	数量	币制
1	21	变压器线圈	150	美元
2	22	塑料外壳	100	美元
3	23	256M内存条	400	美元
4	24	电阻 / 1欧	350	欧元
5	0	266MHz主板	100	美元
6	0	133MHz主板	100	美元

图 3-26　报关单生成实例

具体操作流程：

在系统界面上方的功能菜单上，点击“查询/打印，则进入“查询/打印”菜单，再点击“清单查询/打印”，进入“清单查询/打印”界面，如图 3-27 所示。

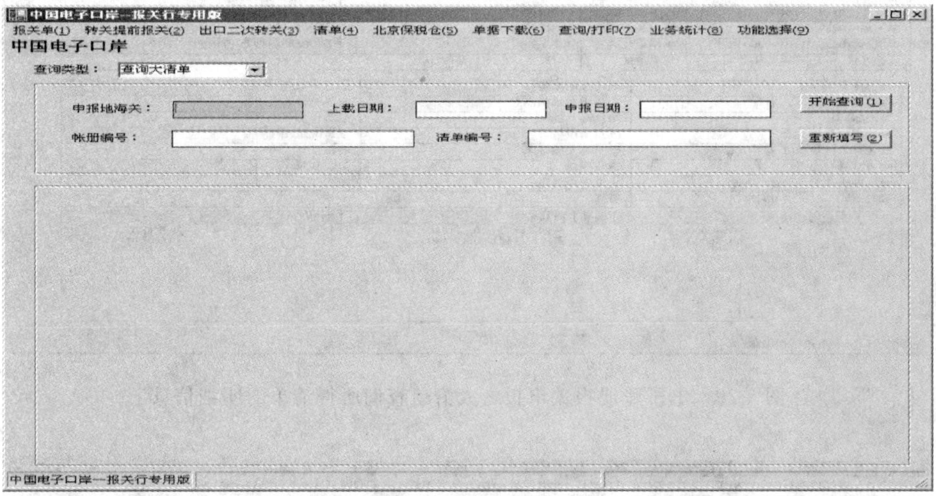

图 3-27　电子账册报关申报之清单查询/打印界面

首先在“查询类型”中选择查询大清单（即报关清单）；然后在“申报地海关”、“上载日期”、“申报日期”、“账册编号”、“清单编号”中的任一项或几项中设定查询条件。点击“开始查询”，即得到所有符合查询条件的数据资料的列表。如图 3-28 所示。

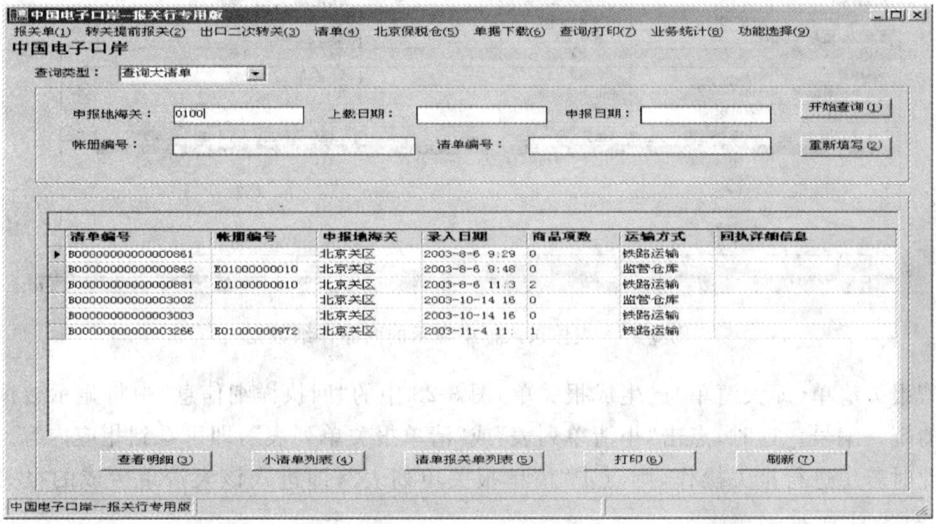

图 3-28　电子账册报关申报之大清单查询所得符合查询条件的数据资料的列表

在查询结果列表中选中需进一步查询的内容，点击“查看明细”，即可看到该清单的明细信息，如图 3-29 所示。

在表体列表框中点击表体中某一项，该项商品详细数据即显示在表体录入框中，如图 3-30 所示。

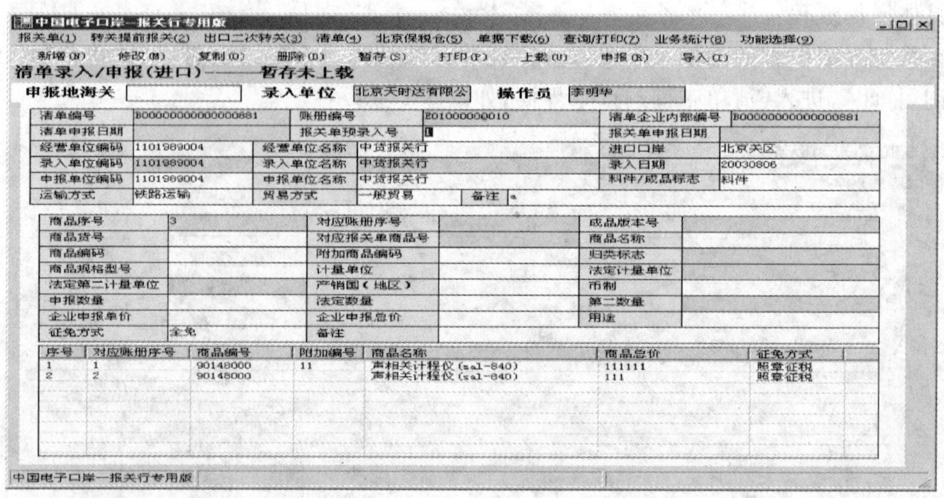

图 3-29 电子账册报关申报之大清单查询所得清单的明细信息

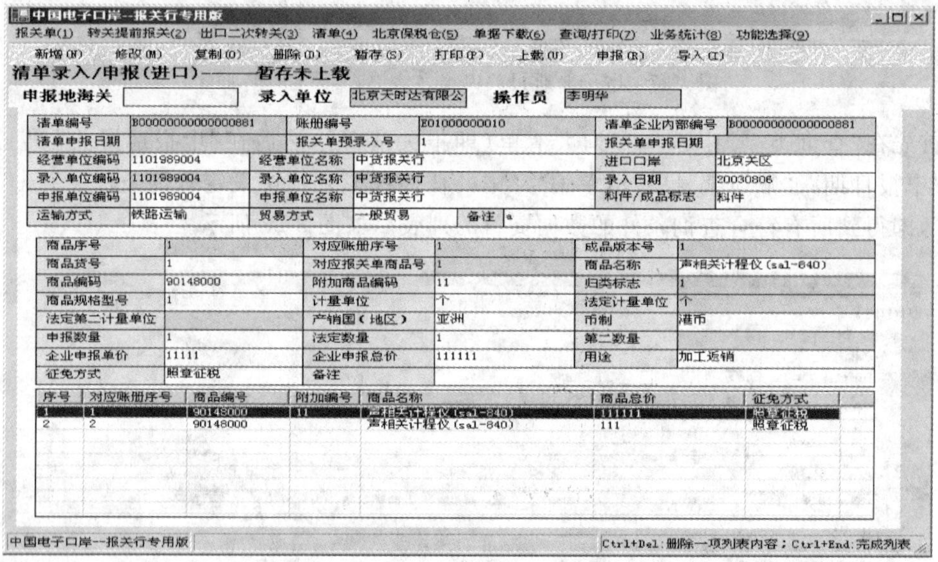

图 3-30 表体录入框中显示的商品详细数据

若报关清单(即大清单)已生成报关单,图 3-28 中的“回执详细信息”中将显示数据中心给出的统一编号。这时,点击“小清单列表”或“清单报关单列表”,即可看到相应内容。

此时若想进行报关操作,则点击“清单报关单列表”,即进入该大清单生成的报关单界面,如图 3-31 所示。

用户录入完剩余各项后(报关单的填写规范请参见本书前述业务操作),点击申报,即实现向海关进行报关单申报。

上图中,若企业没有集装箱,则当光标落在界面右方“集装箱号”后的录入框时,不需录入,直接用 Ctrl+End 键切换到下一部分(随附单证)即可。

在图 3-28 中,点击“打印”,即可打印查询到的数据。点击“刷新”,即可查到最新更新的

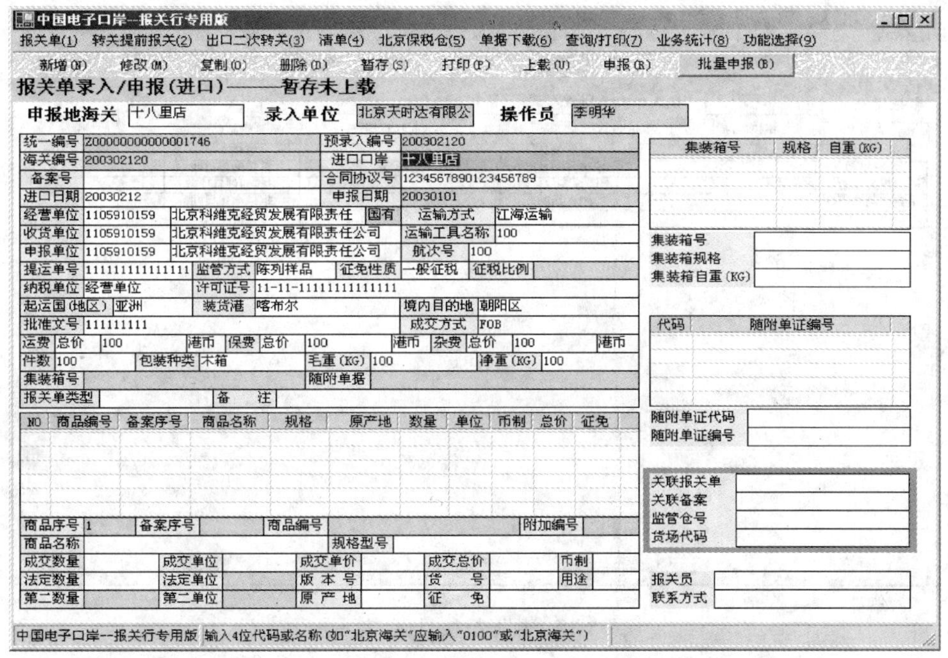

图 3-31 大清单生成的报关单界面

数据。点击“重新填写”,可重新设定查询条件。

异地报关时,企业在本地录入报关清单并上载到电子口岸数据中心后,通知其异地报关行。若其异地报关行也使用本系统,则可通过“单据下载”菜单中的“清单下载”子菜单下载该报关清单(下载条件可设定为“清单编号”、“经营单位编码”、“电子账册编号”、“清单企业内部编号”、“清单录入日期”中的任一项或几项),再向当地海关(即异地海关)申报,电子口岸数据中心将报关清单生成报关单后,异地报关行即可利用上面介绍的本地报关流程进一步完成报关单的申报。

步骤四:数据报核

企业发生了料件或成品的进出口行为后,须在海关规定的核销期限内向海关申报料件或成品的进出口及消耗、损耗情况,海关据此进行核销。

具体操作流程:

企业报完关后,应回到“电子账册”子系统,进行报核备案申请。这一工作在“电子账册”子系统的数据报核界面下完成。

在“报关申报”子系统的界面上方点击“功能选择”,弹出一个下拉菜单,点击“返回主选单”,即进入“主选单”界面;再在主选单界面上点击“电子账册”,即进入“电子账册”子系统。

在系统界面上方功能菜单上,点击“数据报核”,进入“数据报核”界面,如图 3-32 所示。

数据报核录入界面包括“表头”、“报核料件”、“报核成品”、“报关单”、“核算料件”、“核算成品”六个表。需先录入“表头”的内容,“表头”没录完时,不能进入其他表进行录入。

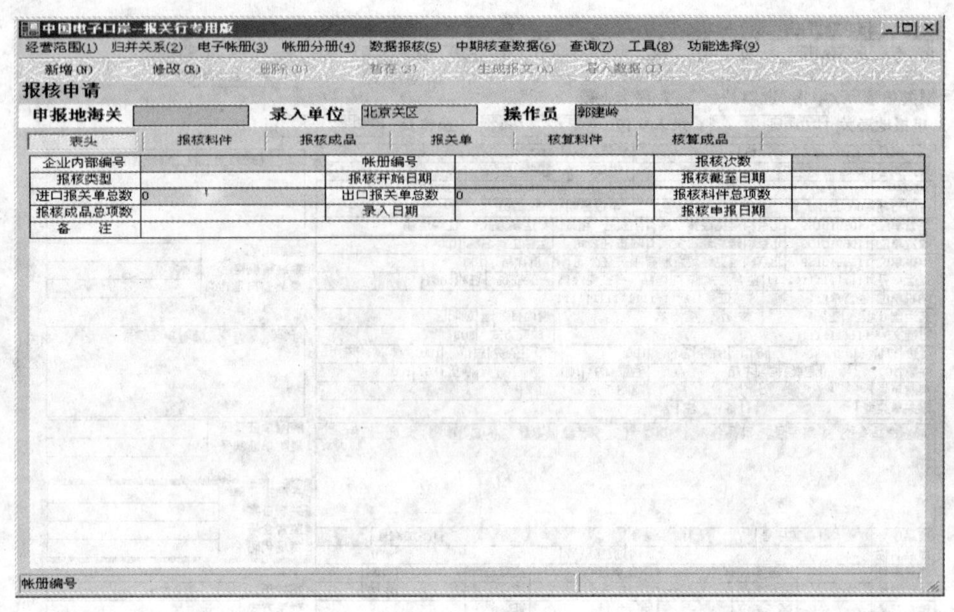

图 3-32 数据报核界面(表头)

一、表头

“表头”录入企业报核的基本信息。“报核料件”和“报核成品”是企业定期将料件和成品的消耗、剩余情况等向海关报核。正式报核时应填报这两个表和“表头”;预报核时,不需填报这两个表。“报关单”是企业在报关后,将报关单的基本信息向海关申报。“核算料件”和“核算成品”这两个表的一条记录对应了一项料件或成品在一种核扣方式下的累计数量、金额等信息。这两个表的内容一般情况下不需要申报,只有在海关要求对部分料件或成品进行详细核对时,企业才需填报该部分料件和成品的相应内容。

数据报核界面(表头)填写规范见表 3-45。

表 3-45 数据报核界面(表头)填写规范

序 号	栏目名称	填写要求	填 写 规 范
1	申报地海关	系统默认	进入页面,系统根据 Ikey 卡默认,但可以更改。4 位数字,根据《关区代码表》填写
2	录入单位	只读项	系统根据 Ikey 卡自动生成
3	操作员	只读项	系统根据 Ikey 卡自动生成
4	企业内部编号	不可填	输入账册编号后由系统自动调出。该“企业内部编号”与电子账册中的“企业内部编号”一致
5	账册编号	必填项	该“账册编号”即为“电子账册”中的“账册编号”
6	报核次数	必填项	由系统自动生成
7	报核类型	非必填项	敲空格键即可调出相应代码,选中代码即可显示相关内容
8	报核开始日期	必填项	由系统自动调出。首次报核为电子账册海关审批通过的日期;以后报核为上次核销结束日的次日

续表

序　号	栏目名称	填写要求	填　写　规　范
9	报核截止日期	不可填	为本次报核开始日期＋核销周期。8位数字，顺序为年4位、月、日各2位
10	进口报关单总数	非必填项	由系统自动调出。指本次报核截止日期前所有已报关未核销的进口报关单份数
11	出口报关单总数	非必填项	由系统自动调出。指本次报核截止日期前所有已报关未核销的出口报关单份数
12	报核料件总项数	必填项	最多9位数字
13	报核成品总项数	必填项	最多9位数字
14	录入日期	必填项	由系统自动调出
15	报核申报日期	非必填项	由系统自动调出
16	备注	非必填项	最多50位字符，可填写表格内项目未尽事宜

表头填写完成后，可点击“暂存”，也可直接回车，数据即保存成功。

此时若表头中的“报核类型”填的是“预报核”，则直接进入“报关单”界面，因为预报核时，“报核料件”和“报核成品”都不用填；若“报核类型”填的是“正式报核”，则进入“报核料件”界面。

二、报关单

企业进行预报核时，只需填写“表头”和“报关单”。填完“表头”后，直接进入“报关单”界面，如图3-33所示。

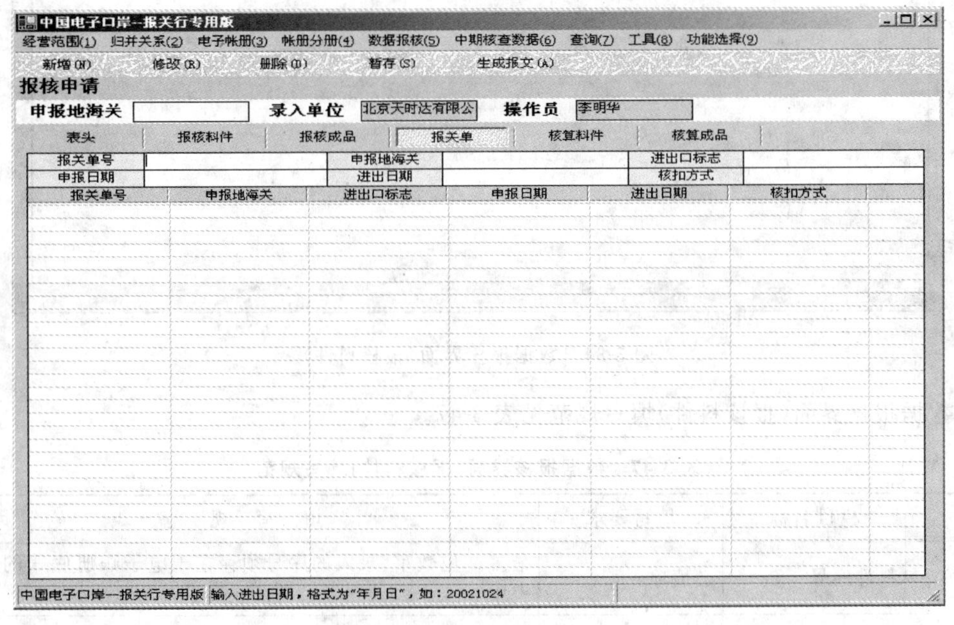

图3-33　数据报核界面(报关单)

数据报核界面(报关单)填写规范见表3-46。

表 3-46　数据报核界面(报关单)填写规范

序　号	栏目名称	填写要求	填　写　规　范
1	报关单号	必填项	9 位或 18 位数字
2	申报地海关	必填项	录入报关单号后由系统自动调出
3	进出口标志	必填项	录入报关单号后由系统自动调出
4	申报日期	必填项	8 位数字,顺序为年 4 位,月、日各 2 位
5	进出日期	必填项	8 位数字,顺序为年 4 位,月、日各 2 位
6	核扣方式	非必填项	敲空格键即可调出相应代码,选中代码即可显示相关内容

"报关单"填写完成后,可点击"暂存",也可直接回车,数据即保存成功。

点击"生成报文",即实现预报核。

三、报核料件

企业进行正式报核时,填完"表头"后,进入"报核料件"界面,如图 3-34 所示。

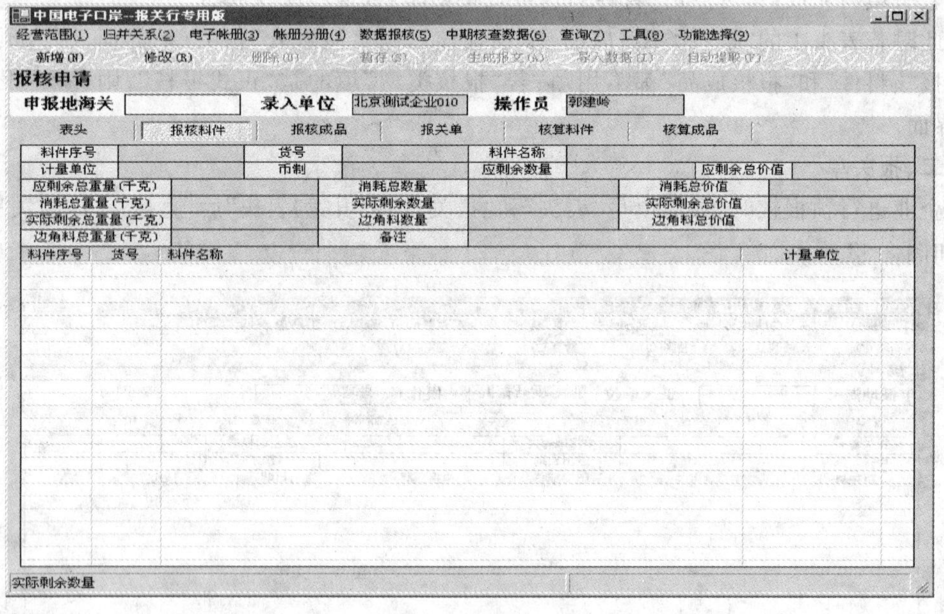

图 3-34　数据报核界面(报核料件)

数据报核界面(报核料件)填写规范见表 3-47。

表 3-47　数据报核界面(报核料件)填写规范

序　号	栏目名称	填写要求	填　写　规　范
1	料件序号	必填项	最多 9 位数字,录入的序号须存在于电子账册底账的料件表中
2	货号	不可填	从电子账册底账料件表调出
3	料件名称	不可填	从电子账册底账料件表调出

续表

序　号	栏目名称	填写要求	填　写　规　范
4	计量单位	不可填	从电子账册底账料件表调出
5	币制	不可填	从电子账册底账料件表调出
6	应剩余数量	必填项	指根据企业向海关报备的单耗核算的余量。最多18位数字,整数13位,小数5位
7	应剩余总价值	非必填项	指应剩余料件的价值。最多18位数字,整数13位,小数5位
8	应剩余总重量(千克)	非必填项	指应剩余数量按重量比例因子折后的重量。最多18位数字,整数13位,小数5位
9	消耗总数量	必填项	指该项料件加工出口、内销的实际消耗数量,等于海关底账的核减数量。最多18位数字,整数13位,小数5位
10	消耗总价值	非必填项	等于消耗总数量×本期该项料件的加权平均单价。最多18位数字,整数13位,小数5位
11	消耗总重量(千克)	非必填项	指消耗总数量按该项料件的重量比例因子折后的重量。最多18位数字,整数13位,小数5位
12	实际剩余数量	必填项	指该项料件盘存的实际数量(包括半成品、成品折回料件的数量)。最多18位数字,整数13位,小数5位
13	实际剩余总价值	非必填项	指实际剩余数量的价值。最多18位数字,整数13位,小数5位
14	实际剩余总重量(千克)	非必填项	指实际剩余数量按重量比例因子折后的重量。最多18位数字,整数13位,小数5位
15	边角料数量	非必填项	根据实际情况填写。最多18位数字,整数13位,小数5位
16	边角料总价值	非必填项	根据实际情况填写。最多18位数字,整数13位,小数5位
17	边角料总重量(千克)	非必填项	根据实际情况填写。最多18位数字,整数13位,小数5位
18	备注	非必填项	最多50位字符,可填写表格内项目未尽事宜

正式报核时,输入“料件序号”即可调出相应项目。“应剩余数量”、“消耗总数量”、“实际剩余数量”为必填项目。其他项目为非必填项。

“报核料件”填写完成后,可点击“暂存”,也可直接回车,数据即保存成功。

四、报核成品

同时按下CTRL和END键或直接点击“报核成品”,都可进入“报核成品”界面,如图3-35所示。

数据报核界面(报核成品)填写规范见表3-48。

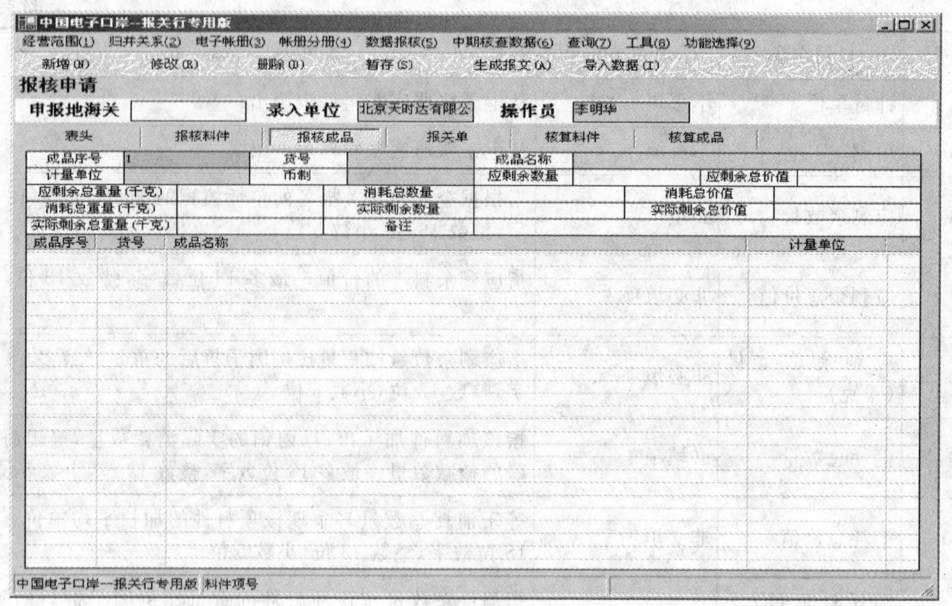

图 3-35　数据报核界面(报核成品)

表 3-48　数据报核界面(报核成品)填写规范

序　号	栏目名称	填写要求	填　写　规　范
1	成品序号	必填项	最多9位数字,录入的序号须存在于电子账册底账的成品表中
2	货号	不可填	从电子账册底账料件表调出
3	成品名称	不可填	从电子账册底账料件表调出

其他各项目的填写规范同"报核料件"表中各项目的填写规范。

正式报核时,输入"成品序号"即可调出相应项目。"应剩余数量"、"消耗总数量"、"实际剩余数量"为必填项目。其他项目为非必填项。

"报核成品"填写完成后,可点击"暂存",也可直接回车,数据即保存成功。

同时按下CTRL和END键或直接点击"报关单",都可进入"报关单"界面,"报关单"的填写同预报核。

"报关单"填写完成后,可点击"暂存",也可直接回车,数据即保存成功。

五、核算料件

同时按下CTRL和END键或直接点击"核算料件",都可进入"核算料件"界面,如图3-36所示。

数据报核界面(核算料件)填写规范见表3-49。

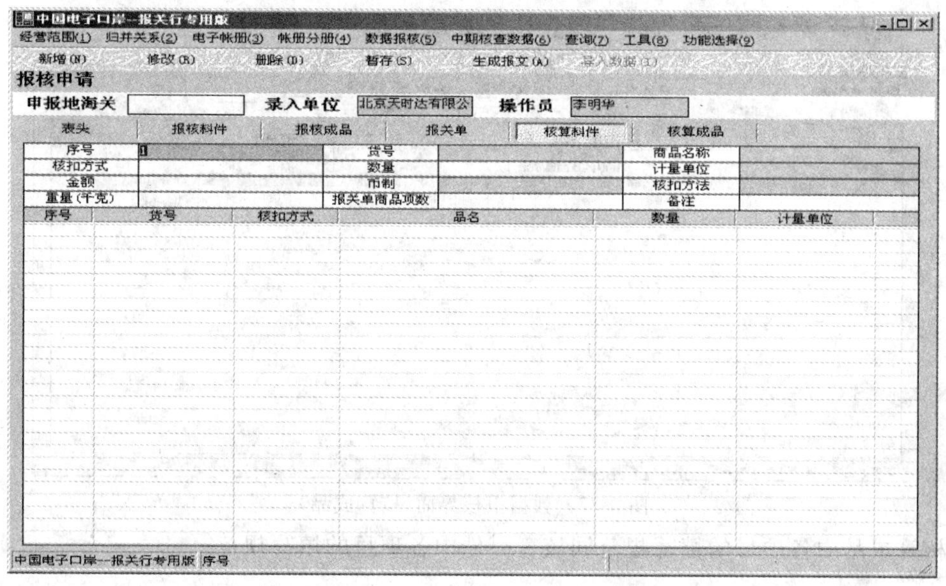

图 3-36　数据报核界面(核算料件)

表 3-49　数据报核界面(核算料件)填写规范

序　号	栏目名称	填写要求	填　写　规　范
1	序号	必填项	由系统自动生成,可修改。最多 9 位数字,录入的序号须存在于电子账册底账的料件表中
2	货号	不可填	从电子账册底账料件表调出
3	商品名称	不可填	从电子账册底账料件表调出
4	核扣方式	必填项	敲空格键即可调出相应代码,选中代码即可显示相关内容
5	数量	必填项	指该料件在同一核扣方式之下的累计数量。最多 18 位数字,整数 13 位,小数 5 位。
6	计量单位	不可填	从电子账册底账的料件表调出
7	金额	非必填项	指该料件在同一核扣方式之下的累计金额。最多 18 位数字,整数 13 位,小数 5 位
8	币制	不可填	从电子账册底账的料件表调出
9	核扣方法	不可填	输入核扣方式后,由系统自动调出。有“核增”、“核减”、“空”三种核扣方法。
10	重量(千克)	非必填项	指该料件在同一核扣方式之下的累计重量。最多 18 位数字,整数 13 位,小数 5 位
11	报关单商品项数	非必填项	最多 9 位数字
12	备注	非必填项	最多 50 位字符,可填写表格内项目未尽事宜

“核算料件”填写完成后,可点击“暂存”,也可直接回车,数据即保存成功。

六、核算成品

同时按下 CTRL 和 END 键或点击“核算成品”,都可进入“核算成品”界面,如图 3-37 所示。

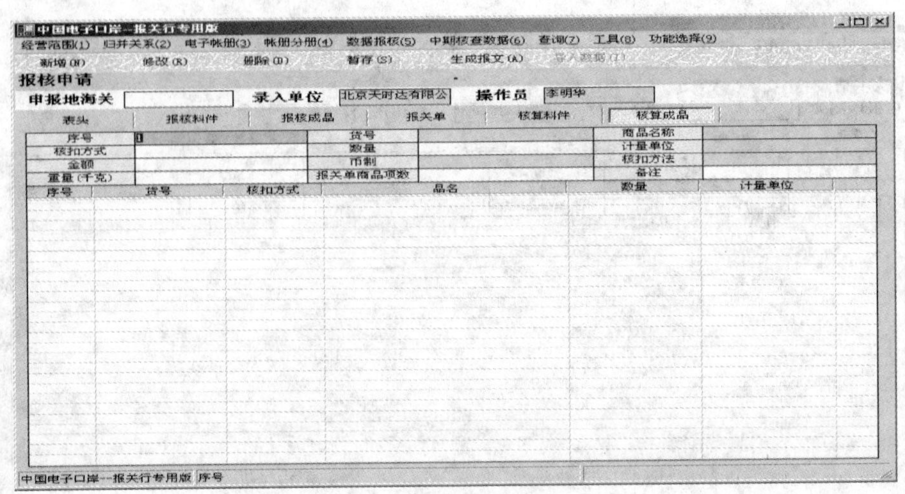

图 3-37　数据报核界面(核算成品)

核算成品中各项目的填写规范同核算料件中各项目的填写规范。

步骤五:中期核查数据

企业须根据海关规定定期向海关申报料件或成品的当前状态、数量等情况,海关依此进行联网核查。

在中期核查数据界面下,录入中期核查的数据,可进行中期核查数据备案申请。

一、表头

在系统界面上方功能菜单上,点击“中期核查数据”,进入“中期核查数据”界面,如图3-38所示。

中国电子口岸--报关行专用版
经营范围(1) 归并关系(2) 电子帐册(3) 帐册分册(4) 数据报核(5) 中期核查数据(6) 查询(7) 工具(8) 功能选择(9)
新增(N) 修改(R) 删除(D) 暂存(S) 复制数据(C) 生成报文(A) 导入数据(I)
中期核查数据
申报地海关 录入单位 北京天时达有限公 操作员 李明华
帐册编号 本期开始日期 企业内部编号
经营单位代码 经营单位名称
加工单位代码 加工单位名称
主管海关代码 录入日期
货号 归并后序号 商品编码
料件名称 规格型号 备案计量单位
转进未报数量 原料在途数量 原料库存数量
废料数量 在线数量 边角料数量
本期原料入库数量 原料领料数量 本期原料内销数量
本期放弃料件数量 耗用数量 废品,残次品折料数量
本期放弃残次品折料数量 原料退换 半成品折料数量
原料复出 本期开始日期
货号 商品编码 商品名称 计量单位
货号 归并后序号 商品编码
成品名称 规格型号 备案计量单位
成品库存数量 成品在途数量 成品转出未报数
成品入库数量 本期成品出库数 本期成品内销数
本期成品放弃数 成品退换 半成品数量
废品数量 残次品数量 本期开始日期
货号 商品编码 商品名称 计量单位
中国电子口岸--报关行专用版 帐册编号

图 3-38　中期核查数据界面(表头)

中期核查数据界面(表头)填写规范见表3-50。

表3-50　中期核查数据界面(表头)填写规范

序　号	栏目名称	填写要求	填　写　规　范
1	申报地海关	系统默认	进入页面,系统根据Ikey卡默认,但可以更改。4位数字,根据《关区代码表》填写
2	录入单位	只读项	系统根据Ikey卡自动生成
3	操作员	只读项	系统根据Ikey卡自动生成
4	账册编号	必填项	12位字符。该"账册编号"即为电子账册中的"账册编号"
5	本期开始日期	必填项	8位数字,顺序为年4位、月、日各2位
6	企业内部编号	必填项	输入账册编号后由系统自动调出。该"企业内部编号"与电子账册中的"企业内部编号"一致
7	经营单位代码	必填项	输入账册编号后由系统自动调出
8	经营单位名称	必填项	输入账册编号后由系统自动调出
9	加工单位代码	必填项	10位数字,为加工单位在海关注册的10位编码
10	加工单位名称	必填项	输入加工单位代码后由系统自动调出
11	主管海关代码	必填项	敲空格键即可调出相应代码,选中代码即可显示相关内容。
12	录入日期	必填项	由系统自动生成

二、料件

输入完表头中的"录入日期",按回车键即"暂存",直接进入料件部分的输入界面,如图3-39所示。

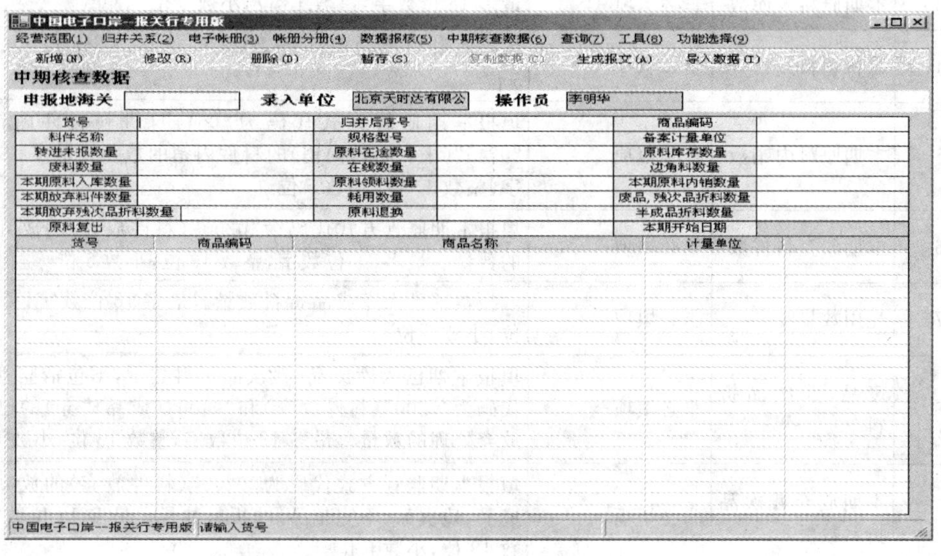

图3-39　中期核查数据界面(料件)

中期核查数据界面(料件)填写规范见表3-51。

表3-51 中期核查数据界面(料件)填写规范

序号	栏目名称	填写要求	填写规范
1	货号	必填项	为归并前的料件货号。最多30位字符
2	归并后序号	必填项	最多9位数字
3	商品编码	必填项	10位数字(8位商品编号+2位附加编号),根据《商品分类表》(COMPLEX)、《商品归类表》(CLASSIFY)填写。录入商品编码前4位即可调出相应信息进行选择
4	料件名称	必填项	输入商品编码后由系统自动调出
5	规格型号	非必填项	
6	备案计量单位	必填项	敲空格键即可调出相应代码,选中代码即可显示相关内容
7	转进未报数量	非必填项	填报本期已实际入库但未办理结转(深加工结转)报关手续的数量。最多18位数字,整数13位,小数5位
8	原料在途数量	非必填项	填报本期已进口放行但未入库和已出厂未申报出口的料件数量。最多18位数字,整数13位,小数5位
9	原料库存数量	非必填项	填报本期料件实际库存在原料仓库中的数量,不包括以上两项数量。最多18位数字,整数13位,小数5位
10	废料数量	非必填项	填报本期报废原材料数量,不包括监管方式代码为"0200"(料件放弃)和"0400"(成品放弃)的已申报放弃处理的数量。最多18位数字,整数13位,小数5位。
11	在线数量	非必填项	填报本期料件在生产线上的数量,包括企业领料后成品入库前的数量。最多18位数字,整数13位,小数5位
12	边角料数量	非必填项	按本期库存边角料实际情况填报,无库存填"0"。最多18位数字,整数13位,小数5位
13	本期原料入库数	非必填项	最多18位数字,整数13位,小数5位
14	原料领料数量	非必填项	填报原料出库数量。最多18位数字,整数13位,小数5位
15	本期原料内销数	非必填项	填报本期监管方式代码为"0644"(进料料件内销)和"0245"(来料料件内销)的料件内销的数量。最多18位数字,整数13位,小数5位
16	本期放弃料件数	非必填项	填报本期监管方式代码为"0200"(料件放弃)的放弃料件的数量。最多18位数字,整数13位,小数5位
17	耗用数量	非必填项	填报本期已入库成品折料数量。最多18位数字,整数13位,小数5位
18	废品,残次品折料	非必填项	填报本期已入库废品、残次品折料数量,不包括监管方式代码为"0200"(料件放弃)和"0400"(成品放弃)的已申报放弃处理的数量。最多18位数字,整数13位,小数5位
19	本期放弃残次品折料数量	非必填项	填报本期监管方式代码为"0200"(料件放弃)的放弃的半成品、残次品(不完整品)的折料数量。最多18位数字,整数13位,小数5位

续表

序　号	栏目名称	填写要求	填　写　规　范
20	原料退换	非必填项	填报本期监管方式代码为“0300”(来料料件退换)和“0700”(进料料件退换)的原料退换出口的数量。最多18位数字,整数13位,小数5位
21	半成品折料数量	非必填项	填报本期半成品仓库库存折料数量。最多18位数字,整数13位,小数5位
22	原料复出	非必填项	填报本期监管方式代码为“0265”(来料料件复出)和“0664”(进料料件复出)的料件复运出境的数量。最多18位数字,整数13位,小数5位
23	本期开始日期	必填项	由系统自动调出

料件部分填写完成后,可点击“暂存”,也可直接回车,数据即保存成功。

三、成品

输入完料件部分的所有项目后,用 Ctrl+End 键切换到成品部分,如图 3-40 所示。

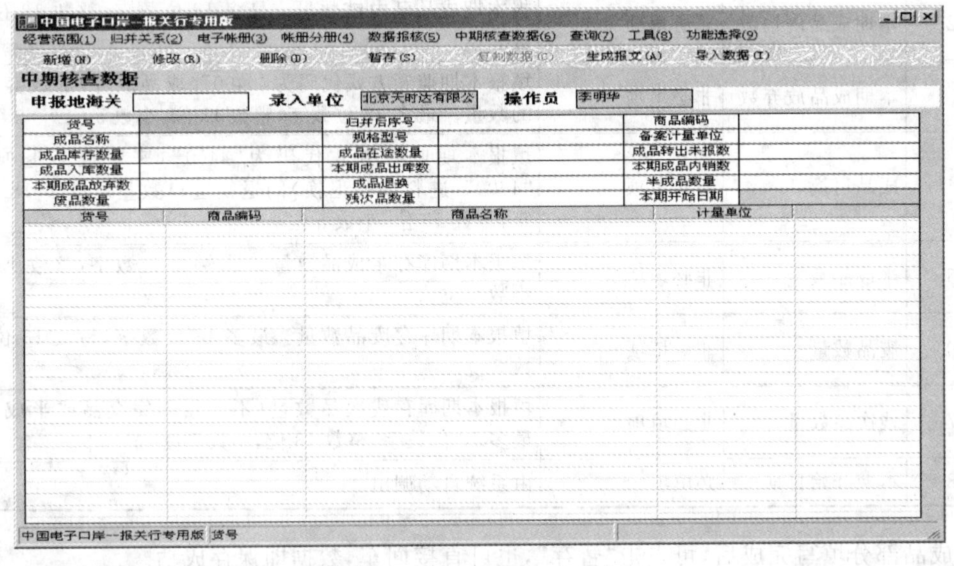

图 3-40　中期核查数据界面(成品)

中期核查数据界面(成品)填写规范见表 3-52。

表 3-52　中期核查数据界面(成品)填写规范

序　号	栏目名称	填写要求	填　写　规　范
1	货号	必填项	为归并前的成品货号。最多30位字符
2	归并后序号	必填项	最多9位数字
3	商品编码	必填项	10位数字(8位商品编号+2位附加编号),根据《商品分类表》(COMPLEX)、《商品归类表》(CLASSIFY)填写。录入商品编码前4位即可调出相应信息进行选择
4	成品名称	必填项	输入商品编码后由系统自动调出

续表

序　号	栏目名称	填写要求	填　写　规　范
5	规格型号	非必填项	
6	备案计量单位	必填项	敲空格键即可调出相应代码,选中代码即可显示相关内容
7	成品库存数量	非必填项	填报本期合格品库存数量。最多18位数字,整数13位,小数5位
8	成品在途数量	非必填项	填报本期已出库但未办理出口手续的成品数量,不包括深加工结转转出未报的成品数量。最多18位数字,整数13位,小数5位
9	成品转出未报数	非必填项	填报本期已出库未办理结转报关手续的成品数量,指深加工转出未报。最多18位数字,整数13位,小数5位
10	成品入库数量	非必填项	填报本期成品已入库数量。最多18位数字,整数13位,小数5位
11	本期成品出库数	非必填项	填报本期成品已出库数量。最多18位数字,整数13位,小数5位
12	本期成品内销数	非必填项	报本期成品已内销数量。最多18位数字,整数13位,小数5位
13	本期成品放弃数	非必填项	填报本期监管方式代码为"0400"(成品放弃)的放弃成品的数量。最多18位数字,整数13位,小数5位
14	成品退换	非必填项	填报本期监管方式代码为"4400"(来料成品退换)和"4600"(进料成品退换)的退换进口数量。最多18位数字,整数13位,小数5位
15	半成品数量	非必填项	填报本期库存半成品数量。最多18位数字,整数13位,小数5位
16	废品数量	非必填项	填报本期库存废品数量。最多18位数字,整数13位,小数5位
17	残次品数量	非必填项	填报本期库存残次品数量(不包括不完全品或半成品)。最多18位数字,整数13位,小数5位
18	本期开始日期	必填项	由系统自动调出

成品部分填写完成后,可点击"暂存",也可直接回车,数据即保存成功。

用户若想对暂存后未生成报文的数据进行修改,在没有退出原界面时,可直接修改,修改后再点击"暂存"即可。若已退出原来的界面,则需用"修改"按钮来实现。

最后点击"生成报文",即实现申报。中期核查数据备案申请全流程完成。

备案申请录入及申报完成后,用户可通过"查询"菜单查询到该备案的明细数据、申报状态和回执内容。

子情境 1.3　电子手册管理下的保税加工货物通关操作

知识卡

电子手册相关知识及其应用

一、什么是电子手册

电子手册又叫纸质手册电子化系统，是中国电子口岸数据中心受海关总署委托，为规范加工贸易企业进出口行为和加工秩序，为解决业务现场疲于应付单证作业和重复劳动的问题，充分利用信息化手段达到海关的监管资源重新配置和重心向实际监管转移的目的而开发的新一代加工贸易手册系统。该系统通过公共网络以中国电子口岸为平台，通过以合同为单元建立备案资料库和通关手册，企业根据备案后的通关手册进行通关及核销。海关根据企业备案数据及实际进出口情况对手册进行手册核算、结案操作。

该操作手册共涉及两个子系统：纸质手册电子化系统和报关申报系统。用户凭企业操作员 IC 卡或 Ikey 通过纸质手册电子化系统向海关进行加工贸易各项业务的备案与变更，凭具有中国电子口岸系统操作权的报关员 IC 卡通过报关申报系统向海关办理报关申报业务，同时还可利用"查询"功能，进行数据及回执查询，以了解所办理业务的进展情况。该系统的应用范围为所有加工贸易企业。

二、电子手册的操作流程

技术准备——业务准备——备案资料库备案——申请业务批准证——电子化手册备案和变更——保证金台账管理——进出口通关——电子化手册报核。计算机系统操作主要包括：

(1)备案资料库备案：加工贸易企业的所有料件、成品的预归类信息，包含货号、商品编码、商品名称、计量单位、是否主料等数据。海关审批通过后，返回备案资料库编号。

(2)通关手册备案：进行通关备案表头、表体的录入及申报(表体的录入需要调用备案资料库数据)。海关审批通过后，返回通关手册编号，企业即可进行通关业务操作。

(3)通关处理：企业在报关申报系统中录入报关单，向海关申报。同于现有"报关单"通关流程。

(4)数据报核：企业的加工贸易合同完成后，通过纸质手册电子化子系统的数据报核界面，向海关进行手册的报核。数据报核、海关核算并结案后，该手册结束。

三、电子手册的优越性

(1)手册电子化利于工作效率提高。首先，合同在海关备案时无需逐本进行归类审核，同时，也减少了纸质手册打印、发放等环节，内部作业流程进一步优化；其次，核销结案环节增加了自动电子审核功能，同一本手册在不同口岸同时办理进出口通关手续时，无须按旧模式再办理加工贸易手册分册，可直接通过海关 H2000 系统办理手续，从根本上提高了行政审批效率。

(2)手册电子化便于企业备案规范申报。主要是手册电子化系统增加了备案资料库备案功能,为企业提供全天候、全方位以及方便快捷的网上"大通关"服务,贴近企业生产经营实际,有效降低通关成本。

(3)海关监管资源趋于人性化管理。手册电子化与纸质手册的不同点就是增加系统自动审核功能,减少了人工审核环节,在一定程度上让更多的监管资源分配到中期核查、风险监控等后续工作中,节省了人力资源和通关成本。其次体现了服务企业与快捷效率。手册电子化主体设想是从简化手续、方便企业角度考虑的,它是在加工贸易手册备案、通关、核销等环节采用"电子化手册+自动核算"的模式取代现有的纸质手册,并逐步通过与相关部委的联网取消纸质单证作业,最终实现"电子申报、网上备案、无纸通关、无纸报核"的新监管模式。与传统纸质加工贸易手册相比,电子化手册更具有安全性强、智能性高、操作简便、快捷高效的优势,为企业提供更快捷的服务。

四、电子手册的应用

实行电子化手册后,海关对企业提交的备案申请通过电子审核方式提供每天24小时,每周7天的零距离"在线服务"。备案环节"电子审核",企业能及时知道合同是否通过或退单原因以作修正处理;核销环节"自动核算",核销的成功率及审批速度大大提高。

由于手册电子化系统建立了以企业为单元的商品资料数据库,手册备案时直接从该数据库中提取资料,合同备案和报关单进出口商品申报数据准确性大幅增强,现场退单率显著降低。同时企业日趋完善的商品资料库,也为海关实现由货物管理向企业管理的转变提供数据基础。

电子化手册于2008年5月在全国海关普遍推广应用(详见海关总署2008年第40号公告)。在此之前,已在10余个直属海关进行了以取消纸质手册为目标的纸质手册电子化改造试点。

编者说明

按照教学内容的逻辑顺序,保税加工货物子情境的先后顺序应为纸质手册、电子手册、电子账册。但是在实际工作中,海关是在电子账册管理制度较为成熟的情况下,以电子账册为基础,研制出电子手册管理系统。而且,就目前而言,电子手册尚处于推广阶段,全国各地海关执行情况有诸多差异,鉴于这一现状,本书将电子手册的内容编排在电子账册之后。

能力结构与教学建议(见表 3-53)

表 3-53　子情境 1.3 能力结构与教学建议

教学内容			教学建议
步骤一:技术准备			◆
步骤二:业务准备			◆
步骤三:备案资料库备案	备案	基本信息	★
		料件表	
		成品表	
	备案变更		
步骤四:申请加工贸易业务批准证			◆
步骤五:通关手册备案	通关手册备案申请	基本信息	★
		料件表	
		成品表	
		单损耗表	
	通关手册备案变更申请		
步骤六:保证金台账管理			★
步骤七:进出口通关	进出口通关流程		★
	异地报关流程		
步骤八:电子化手册报核	基本信息		★
	报关单		
	料件表		
	成品表		
	单损耗		
步骤九:通知信息查询			
说明:目前,电子手册报关制度尚在探索、推广阶段,各地操作界面稍有不同,讲课前要将当地的有关操作界面、流程与本书进行比对,可以根据学期总课时数,决定是否详细介绍。			

电子手册报关业务流程

步骤一:技术准备

企业委托预录入公司办理录入、申报电子化手册备案、通关和核销等数据等业务时,需先办理电子口岸卡。

步骤二：业务准备

整理料件、成品资料：对需在备案资料库中备案的料件、成品进行预归类和预归并，预归类即确定料件和成品对应的商品编码，然后在预归类基础上，对料件和成品进行预归并。预归类、预归并工作专业性、技术性较强，企业如有疑难问题，可咨询海关关员。

企业对最基础的物料进行归类、归并，填写《保税货物预归类申请表》及《保税货物预归并申请表》，提交海关审核。申报要求如下。

一、货物的中文名称

应参考《中华人民共和国进出口税则》的中文品名，以明确、具体、规范的学名或行业认可的商品中文名称申报，不能以不规范的俗称或一类商品的统称申报，如“塑料胶粒”、“板材”、“混纺布”、“服装辅料”、“照相机成套散件”等。

二、监管计量单位

当企业自用计量单位和商品法定计量单位不能满足海关监管需要时，应按照海关监管要求填报监管计量单位，以及不同计量单位之间转换的比例因子。对已发布单耗标准的商品，应按单耗标准的计量单位进行备案。

三、规格型号

应能具体反映品质、规格、型号、结构原理、功能、用途、成分等内容。

步骤三：备案资料库备案

一、备案

企业以保税货物预归类数据为基础，填写《备案资料库基本信息预录入呈报表》、《备案资料库进口料件预录入呈报表》、《备案资料库出口成品预录入呈报表》，并通过预录入系统“无纸化手册”子系统备案资料库备案功能，分别录入基本信息、料件表、成品表等备案数据。

进入 Windows 操作系统，将企业操作员 IC 卡插入连接在电脑上的 IC 卡读卡器中，或将操作员 Ikey 插入电脑的 USB 接口。当 IC 卡和 Ikey 同时使用时，IC 卡优先。

从 Windows 桌面上双击中国电子口岸 QuickPass 预录入系统的图标，登陆中国电子口岸 QuickPass 预录入系统。输入口令（密码），点击确认，进入系统选择页面。

点击“纸质手册电子化”，进入“纸质手册电子化”子系统界面，如图 3-41 所示。

图 3-41　纸质手册电子化子系统界面

如图 3-42 所示，界面提供备案资料库、通关手册备案、通关分册备案、数据报核、通知信息、功能选择 6 种主要功能。

(一)基本信息

企业需首先在此模块中进行加工贸易企业的所有料件、成品的信息预归类，包含货号、商品编码、商品名称、计量单位，是否主料等数据的备案。海关审核通过建立底账后，企业才可继续进行通关手册备案。

在系统界面上方的功能菜单栏上，点击“备案资料库”菜单，再选择“备案资料库备案”项，即进入“备案资料库(基本信息)”界面。如图 3-42 所示。

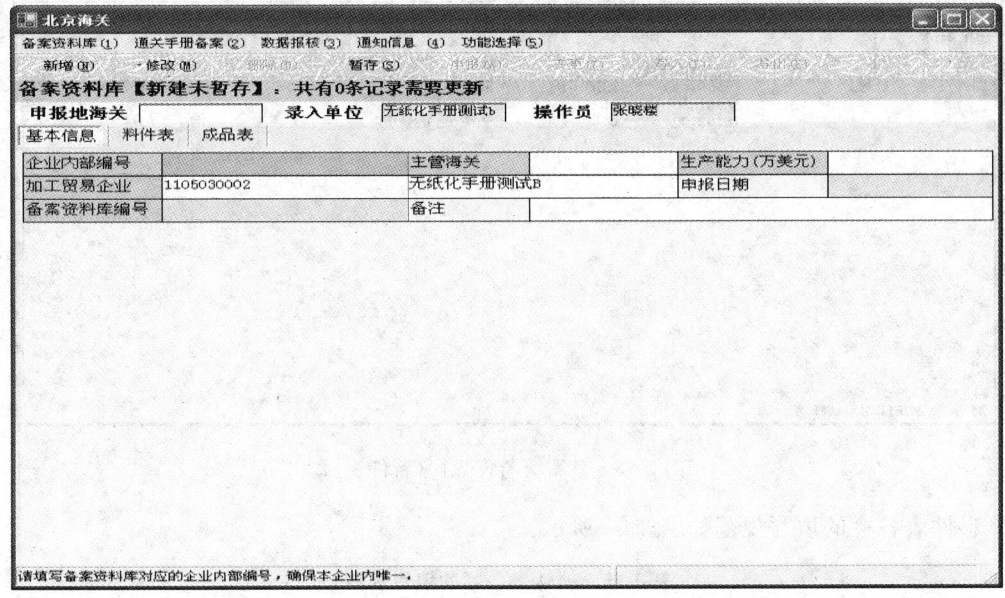

图 3-42　备案资料库界面(基本信息)

基本信息各栏的填写规范如表 3-54 所示。

表 3-54　基本信息部分各栏的填写规范

序　号	栏目名称	填写要求	填　写　规　范	是否允许变更
1	企业内部编号	必填项	企业录入	否
2	备案资料库编号	不可填	成功进入海关库，系统返填预录入号；审批通过，系统返填正式编号	否
3	加工贸易企业编码	必填	默认为管理对象	否
4	加工贸易企业名称	必填	根据企业十位编码调出，不能修改	是
5	加工生产能力	必填	企业录入	是
6	主管海关	必填	企业录入	否
7	申报日期	不可填	数据申报成功时，取系统时间	否
8	备注	非必填	最多 10 个字符	是

(二)料件表

“基本信息”表各项录入完毕后,将光标置于“备注”字段位置按回车键,光标即自行跳转至“料件表”。如图 3-43 所示。

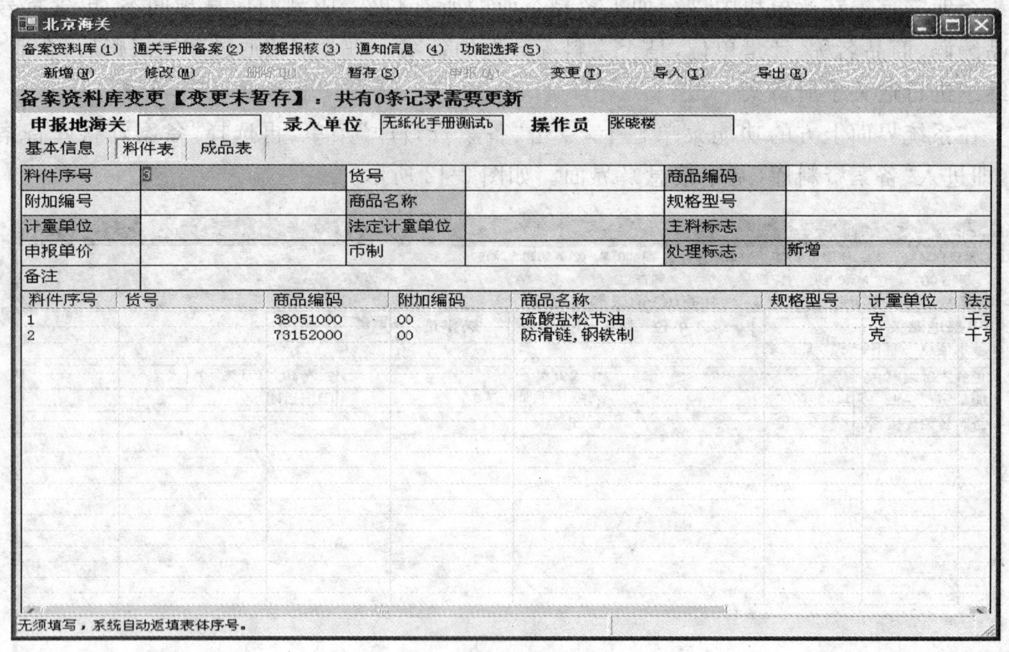

图 3-43 备案资料库界面(料件表)

料件表各栏的填写规范如表 3-55 所示。

表 3-55 料件表各栏的填写规范

序号	栏目名称	填写要求	填写规范	是否允许变更
1	料件序号	必填	系统自动生成,最多 9 位数字	否
2	货号	非必填	最多 30 位字符	是
3	商品编码	必填	8 位数字,根据《商品分类表》(COMPLEX)、《商品归类表》(CLASSIFY)填写。录入商品编码前 4 位即可调出相应信息进行选择	是
4	附加编号	非必填	可选项。根据商品编号调出,无则空	是
5	商品名称	必填	输入商品编号后由系统自动调出。也可手工输入	否
6	计量单位	必填	最多 30 位字符。敲空格键即可调出相应代码,选中代码即可显示相关内容	否
7	法定计量单位	必填	系统根据商品编码调出	否
8	主料标志	必填	敲空格键即可调出相应代码,选中代码即可显示相关内容	是
9	规格型号	非必填	最多 30 位字符	是
10	申报单价	非必填	最多 18 位数字,整数 13 位,小数 5 位	是

续表

序 号	栏目名称	填写要求	填 写 规 范	是否允许变更
11	币制	非必填	敲空格键即可调出相应代码，选中代码即可显示相关内容	是
12	处理标志	不可填	系统根据每条数据记录状态自动置处理标志	
13	备注	非必填	最多 50 位字符，可填写表格内项目未尽事宜	是

一项料件录入完成后，将光标置于“备注”栏处按回车键，该条料件信息将自动暂存并显示在下方的料件信息列表框中。用户若想删除已录入的料件项，可在列表框中选中此项料件，点击鼠标右键并在右键菜单中选择“删除一条记录”，即可删除该项料件(以下界面转换的操作与此类似)。

(三)成品表

输入完“料件表”部分所有项目后，用 Ctrl＋PgDn 键或直接点击成品表，均可进入成品表部分。如图 3-44 所示。

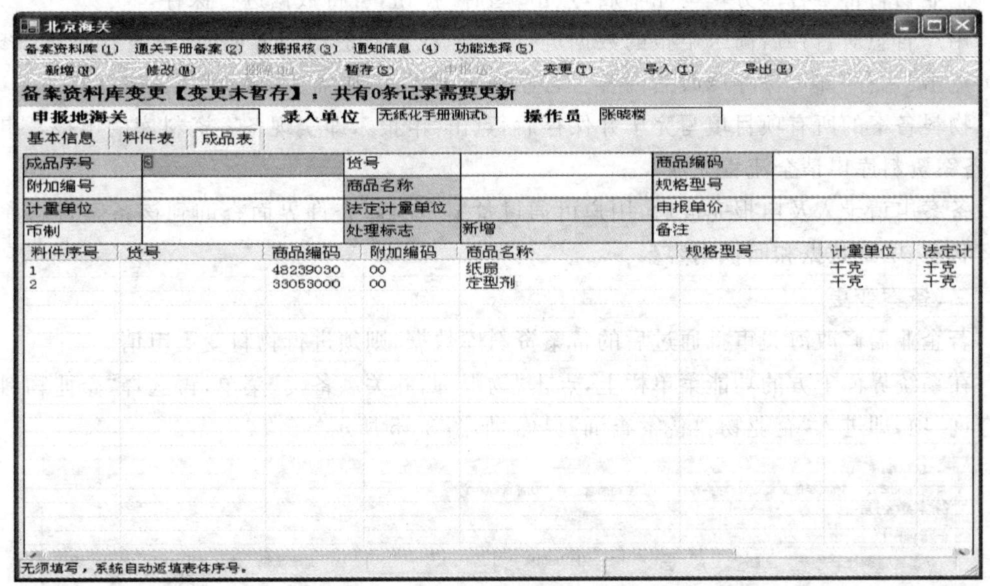

图 3-44 备案资料库界面(成品表)

成品表各栏的填写规范如表 3-56 所示。

表 3-56 成品表各栏的填写规范

序 号	栏目名称	填写要求	填 写 规 范	是否允许变更
1	成品序号	必填	系统自动生成，最多 9 位数字	否
2	货号	非必填	最多 30 位字符	是
3	商品编码	必填	8 位数字，根据《商品分类表》(COMPLEX)、《商品归类表》(CLASSIFY)填写。录入商品编码前 4 位即可调出相应信息进行选择	是

续表

序　号	栏目名称	填写要求	填　写　规　范	是否允许变更
4	附加编号	非必填	可选项。根据商品编号调出,无则空	是
5	商品名称	必填	输入商品编号后由系统自动调出。也可手工输入	否
6	计量单位	必填	最多30位字符。敲空格键即可调出相应代码,选中代码即可显示相关内容	否
7	法定计量单位	必填	系统根据商品编码调出	否
8	规格型号	非必填	最多30位字符	是
9	申报单价	非必填	最多18位数字,整数13位,小数5位	是
10	币制	非必填	敲空格键即可调出相应代码,选中代码即可显示相关内容	是
11	处理标志	不可填	系统根据每条数据记录状态自动置处理标志	
12	备注	非必填	最多50位字符,可填写表格内项目未尽事宜	是

企业物料备案各部分填写完毕后,点击“暂存”按钮,可将数据进行保存。

用户若想对暂存后尚未申报的数据进行修改,在没有退出原界面时,可直接修改,修改后再点击“暂存”即可保存修改后内容。若已退出原界面,则需用“修改”按钮来实现。

物料备案的所有项目填写完毕并保存后,点击“申报”,即实现备案资料库的申报。申报后,备案资料库申请全流程完成。

备案申请录入及申报完成后,用户可通过备案资料库查询界面查询到该备案资料库的备案状态、明细数据和回执内容。

二、备案变更

若企业需修改海关审批通过后的备案资料库数据,则须进行物料变更申请。

在系统界面上方的功能菜单栏上,点击“物料/归并关系备案”菜单,再选择“企业物料备案查询”项,即进入“企业物料备案查询”界面,如图3-45所示。

图3-45　企业物料备案查询界面

查询到需变更数据后，在查询结果列表框中选中该票数据，然后点击“变更”按钮，即可调出原备案数据进行修改。如图 3-46 所示。

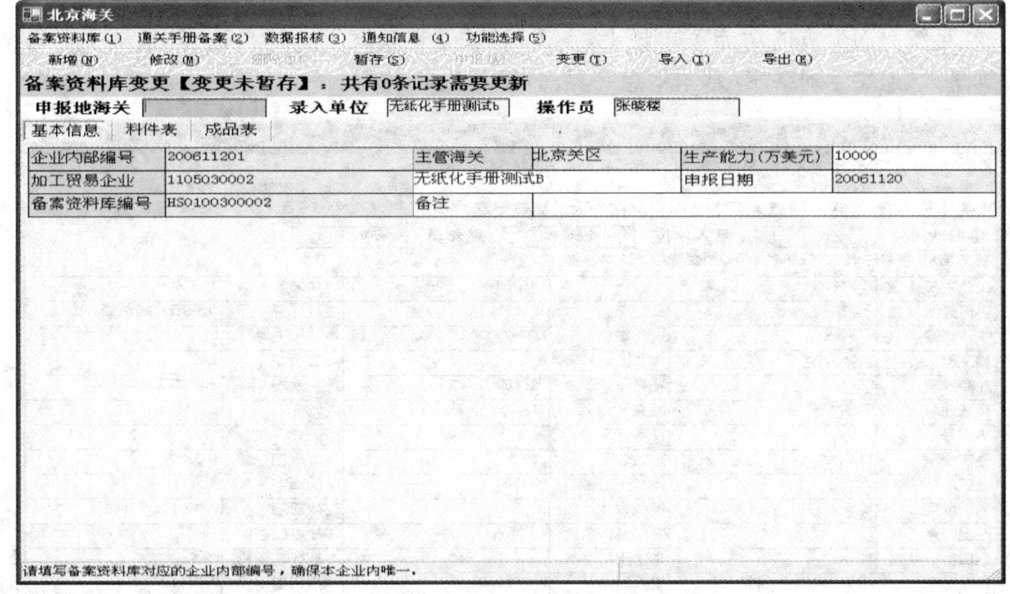

图 3-46 企业物料备案修改界面

进入变更界面后，系统会将原备案内容调出，企业可做相应的修改。变更录入操作与备案录入操作相同。变更界面中，录入框为灰色的数据不允许修改。

修改完成后，点击“暂存”，修改即保存成功。点击“申报”按钮，即实现变更数据的申报。

若备案资料库状态显示“审批通过”字样，则备案资料库已经海关审核备案，海关系统建立 12 位编号的备案资料库并自动将备案资料库编号反馈给企业端。第 1～2 位是“H. S.”；第 3～6 位为主管海关关区代码；第 7 位为企业性质代码；第 8～12 为顺序号（如：H. S. 4220400001）。

备案资料库经海关审核通过后，备案资料库的管理权自动与管理对象捆绑。如果管理对象是加工单位，而由经营单位进行录入和申报操作时，加工单位需先将备案资料库授权给经营单位后，经营单位才可向海关申报电子手册备案。

步骤四：申请加工贸易业务批准证

企业凭加工贸易合同资料向外经部门申领《加工贸易业务批准证》，并凭以向海关备案电子化手册。企业向海关申请合同变更前，须向外经部门申请业务批准证变更证明。此操作与纸质《加工贸易手册》模式相同。

步骤五：通关手册备案

在海关审核通过备案资料库后，企业可以向海关申请无纸化电子化手册备案，根据商务主管部门出具的《加工贸易业务批准证》内容依次录入合同备案的“基本信息”、“料件表”、“成品表”、“单损耗表”。

在通关手册备案界面下，用户可进行通关手册备案的备案申请和变更申请。

一、通关手册备案申请

(一)基本信息

在系统界面上方的功能菜单栏上，点击“通关手册备案”菜单，再选择“通关手册备案”项，即进入“通关手册备案(基本信息)”界面，如图 3-47 所示。

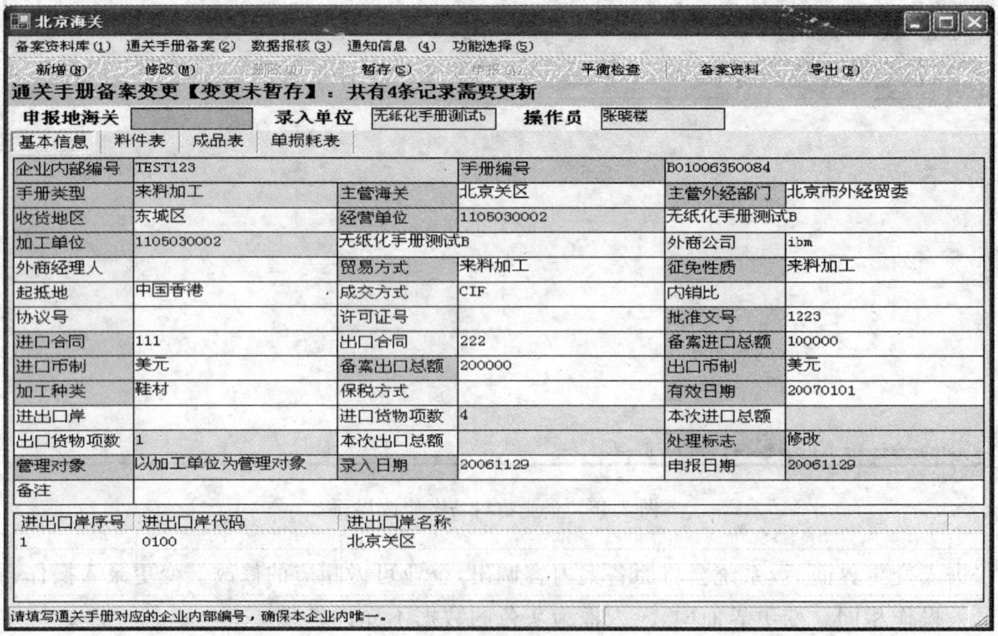

图 3-47　通关手册(基本信息)界面

通关手册备案(基本信息)填写规范见表 3-57。

表 3-57　通关手册备案(基本信息)填写规范

序　号	栏目名称	填写要求	填　写　规　范	是否允许变更
1	企业内部编号	必填项	最多 20 位字符，由企业自行编号，但须保证在企业内部的唯一性。不能和备案资料库的内部编号相同	否
2	手册编号	不可填	海关审批通过后由系统自动返填。12 位字符	否
3	手册类型	必填项	敲空格键即可调出相应代码，选中代码即可显示相关内容	否
4	主管海关	必填项	敲空格键即可调出相应代码，选中代码即可显示相关内容	否
5	主管外经贸部门	必填项	敲空格键即可调出相应代码，选中代码即可显示相关内容	
6	收货地区	必填项	敲空格键即可调出相应代码，选中代码即可显示相关内容	

续表

序　号	栏目名称	填写要求	填　写　规　范	是否允许变更
7	经营单位	必填项	前一录入框为经营单位在海关注册的10位编码,10位字符;后一录入框系统根据输入的经营单位代码自动返填经营单位名称	
8	加工单位	必填项	前一录入框为加工单位在海关注册的10位编码,10位字符;后一录入框系统根据输入的加工单位代码自动返填加工单位名称	
9	外商公司	非必填项		
10	外商经理人	非必填项		
11	贸易方式	必填项	敲空格键即可调出相应代码,选中代码即可显示相关内容	
12	征免性质	必填项	敲空格键即可调出相应代码,选中代码即可显示相关内容	
13	起抵地	非必填项	敲空格键即可调出相应代码,选中代码即可显示相关内容	
14	成交方式	非必填项	敲空格键即可调出相应代码,选中代码即可显示相关内容	
15	内销比	非必填项	最多18位数字,整数13位,小数5位,由企业自行填写	
16	协议号	非必填项	最多32位字符,由企业自行填写	
17	许可证号	非必填项	最多20位字符,由企业自行填写	
18	批准文号	必填项	最多20位字符,由企业自行填写。录入《加工贸易业务批准证》编号缩写,具体编号详细录入备注栏内	
19	进口合同	必填项	最多20位字符,由企业自行填写	
20	出口合同	非必填项	最多20位字符,由企业自行填写	
21	备案进口总额	必填项	最多18位数字,整数13位,小数5位,由企业自行填写	
22	进口币制	必填项	敲空格键即可调出相应代码,选中代码即可显示相关内容	
23	备案出口总额	必填项	最多18位数字,整数13位,小数5位,由企业自行填写	
24	出口币制	必填项	敲空格键即可调出相应代码,选中代码即可显示相关内容	
25	加工种类	必填项	敲空格键即可调出相应代码,选中代码即可显示相关内容	
26	保税方式	非必填项	敲空格键即可调出相应代码,选中代码即可显示相关内容	
27	有效日期	必填项	8位数字,顺序为年4位、月、日各2位	

续表

序　号	栏目名称	填写要求	填　写　规　范	是否允许变更
28	进出口岸	非必填项	敲空格键即可调出相应代码，选中代码即可显示相关内容	
29	进口货物项数	不可填	系统根据料件表中料件项数自动返填	
30	本次进口总额	不可填	系统根据料件表中料件金额自动返填	
31	出口货物项数	不可填	系统根据成品表中成品项数自动返填	
32	本次出口总额	不可填	系统根据成品表中成品金额自动返填	
33	处理标志	不可填		
34	管理对象	必填项	敲空格键即可调出相应代码，选中代码即可显示相关内容。需和备案资料库的加工贸易企业相同	
35	录入日期	不可填	系统根据录入日期自动返填	
36	申报日期	不可填	系统根据申报时间自动返填	
37	备注	非必填项	最多10位字符，可填写表格内项目未尽事宜	

“基本信息”表各项录入完毕后，点击“暂存”，然后在“通关手册备案界面”按钮栏上点击“备案资料”按钮，如果企业只有一个备案资料库，则该资料库中的所有料件和成品将自动添加至料件和成品表下方的备案资料表中；如果企业有多个备案资料库，则会弹出已审批通过的备案资料库列表，如图3-48所示，点击选择后，该资料库中的所有料件和成品将自动添加至料件和成品表下方的备案资料表中。

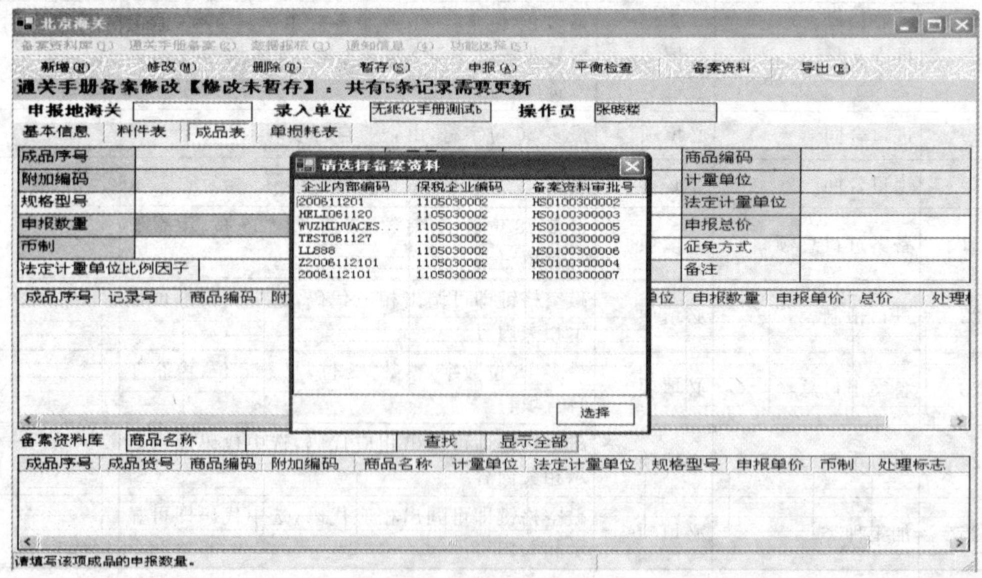

图3-48　已审批通过的备案资料库列表界面

(二)料件表

将光标置于“备注”字段位置按回车键，光标自行跳转至“料件表”。“料件表”界面如图3-49所示。

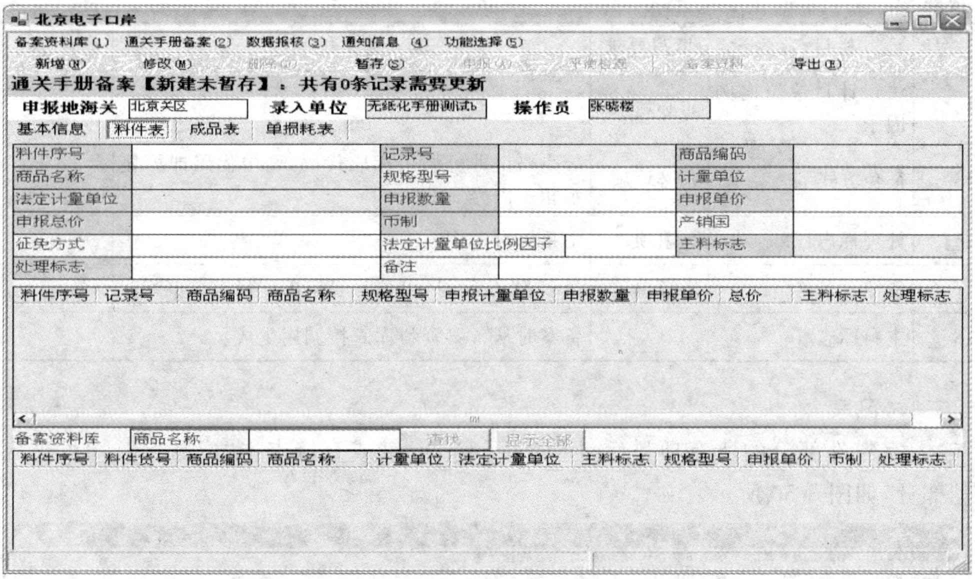

图 3-49　通关手册备案(料件表)界面

料件表界面填写规范见表 3-58。

表 3-58　通关手册备案(料件表)填写规范

序　号	栏目名称	填写要求	填　写　规　范	是否允许变更
1	料件序号	必填项	由系统自动生成,最多 9 位数字	
2	记录号		对应备案资料库表体序号,系统自动生成	
3	商品编号	必填项	8 位数字,根据《商品分类表》(COMPLEX)、《商品归类表》(CLASSIFY)填写。录入商品编码前 4 位即可调出相应信息进行选择。	
4	附加编号	可选项	根据商品编号调出,无则空	
5	商品名称	必填项	输入商品编号后由系统自动调出	
6	规格型号	非必填项	最多 30 位字符	
7	申报计量单位	必填项	由系统自动调出	是
8	法定计量单位	必填项	由系统自动调出	否
9	申报数量	必填项	最多 18 位数字,整数 13 位,小数 5 位	
10	申报单价	必填项	最多 18 位数字,整数 13 位,小数 5 位	
11	总价	必填项	最多 18 位数字,整数 13 位,小数 5 位	
12	币制	必填项	敲空格键即可调出相应代码,选中代码即可显示相关内容	
13	产销国	非必填项	敲空格键即可调出相应代码,选中代码即可显示相关内容	

续表

序号	栏目名称	填写要求	填写规范	是否允许变更
14	法定计量单位比例因子	非必填项		
15	征免方式	非必填项	敲空格键即可调出相应代码,选中代码即可显示相关内容	
16	处理标志	必填项	由系统自动生成	
17	备注	非必填项	最多50位字符,可填写表格内项目未尽事宜	
18	主料标志		备案时从备案资料库直接调用生成	

(三)成品表

输入完料件部分的所有项目后,用 Ctrl+PgDn 键或直接点击“成品表”,均可进入“成品表”部分,如图 3-50 所示。

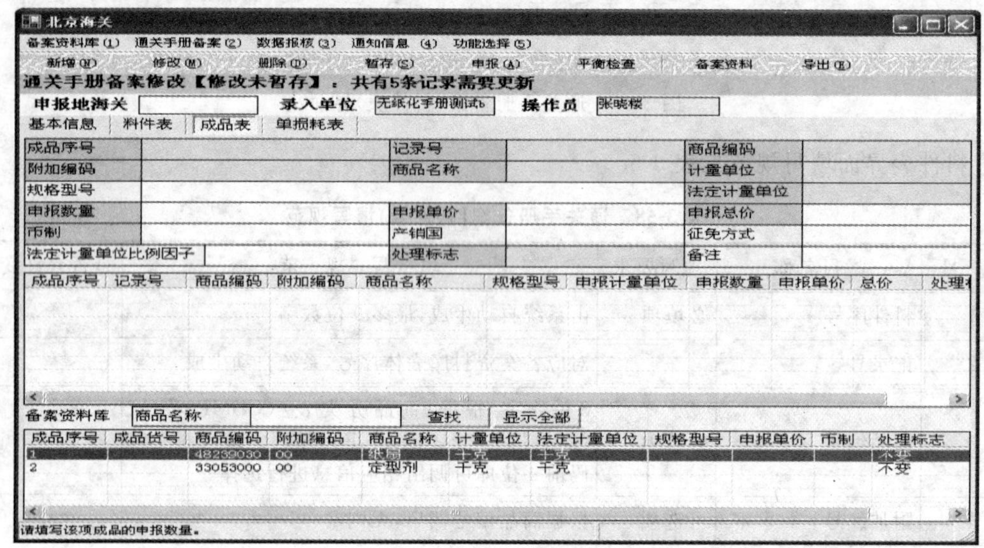

图 3-50 通关手册备案(成品表)界面

成品表界面填写规范:成品序号为必填项。由系统自动生成,最多 9 位数字。

其他各栏填写规范与表 3-41 相同。

(四)单损耗表

输入完成品部分的所有项目后,用 Ctrl+PgDn 键或直接点击“单损耗表”,均可进入“单损耗表”部分。如图 3-51 所示。

单损耗表界面填写规范见表 3-59。

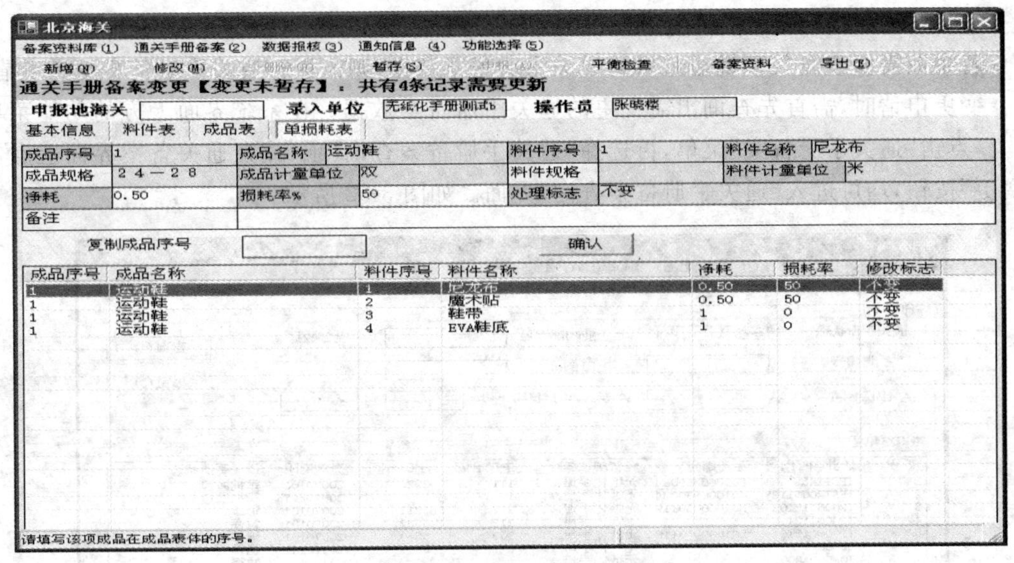

图 3-51　通关手册备案(单损耗表)界面

表 3-59　单损耗表界面填写规范

序　号	栏目名称	填写要求	填　写　规　范
1	成品序号	必填项	最多 9 位数字，但必须保证该序号在成品表中存在
2	成品名称	必填项	输入成品序号后由系统自动调出
3	成品规格	必填项	输入成品序号后由系统自动调出
4	成品计量单位	必填项	输入成品序号后由系统自动调出
5	料件序号	必填项	最多 9 位数字，但必须保证该序号在料件表中存在
6	料件名称	必填项	输入成品序号后由系统自动调出
7	料件规格	必填项	输入成品序号后由系统自动调出
8	料件计量单位	必填项	输入成品序号后由系统自动调出
9	净耗	必填项	最多 18 位数字，整数 9 位，小数 9 位
10	损耗率	必填项	损耗率的计算结果是百分数，填写时只填百分号前的数值，而不填百分号。比如，计算结果损耗率是 10%，则只填 10
11	处理标志	必填项	由系统自动生成
12	备注	非必填项	最多 50 位字符，可填写表格内项目未尽事宜

通关手册备案各部分填写完毕后，点击“暂存”按钮，可将数据进行保存。

用户若想对暂存后尚未申报的通关备案数据进行修改，在没有退出原界面时，可直接修改，修改后再点击“暂存”即可。若已退出原界面，则需用“修改”按钮来实现。

通关备案的所有项目填写完毕并保存后，点击“申报”，即实现企业物料备案的申报。申报后，通关备案申请全流程完成。

备案申请录入及申报完成后，用户可通过“通关备案查询”界面查询到该备案的备案状态、明细数据和回执内容。

二、通关手册备案变更申请

若企业需修改海关审批通过后的通关手册备案数据，则需进行通关手册备案变更申请。

变更申请时，需首先查询出需变更的通关手册备案数据。在系统界面上方的功能菜单栏上，点击“通关手册备案”菜单，再选择“通关手册备案查询”项，或在通关备案界面上点击“变更”按钮，均可进入“通关手册备案查询”界面。如图 3-52 所示。

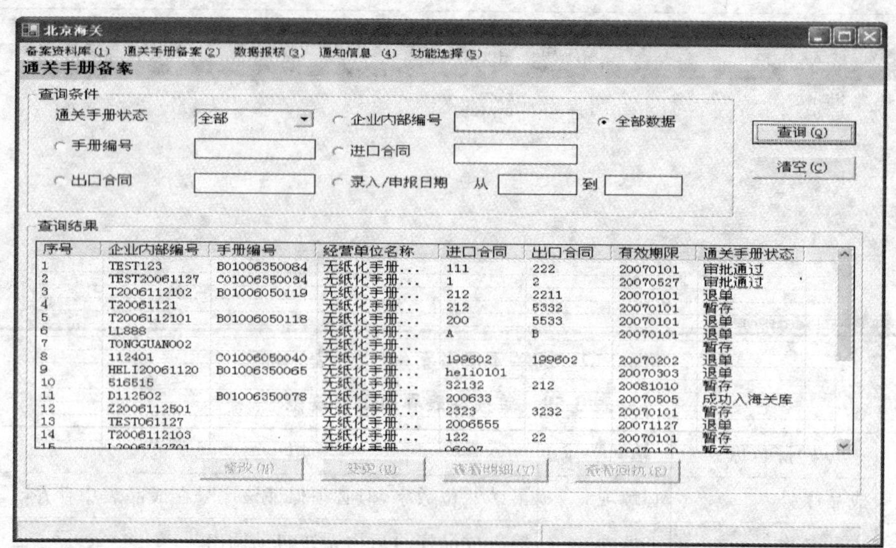

图 3-52 通关手册备案查询界面

查询到需变更数据后，在查询结果列表框中选中该票数据，然后点击“变更”按钮，即可调出原备案数据进行修改。如图 3-53 所示。

北京海关

备案资料库 (1) 通关手册备案 (2) 数据报核 (3) 通知信息 (4) 功能选择 (5)

新增 (N) 修改 (M) 删除 暂存 (S) 申报 平衡检查 备案资料 导出 (E)

通关手册备案变更【变更未暂存】：共有4条记录需要更新

申报地海关 录入单位 无纸化手册测试b 操作员 张晓楼

基本信息 料件表 成品表 单损耗表

企业内部编号	TEST123		手册编号	B01006350084	
手册类型	来料加工	主管海关	北京关区	主管外经部门	北京市外经贸委
收货地区	东城区	经营单位	1105030002	无纸化手册测试B	
加工单位	1105030002	无纸化手册测试B		外商公司	ibm
外商经理人		贸易方式	来料加工	征免性质	来料加工
起抵地	中国香港	成交方式	CIF	内销比	
协议号		许可证号		批准文号	1223
进口合同	111	出口合同	222	备案进口总额	100000
进口币制	美元	备案出口总额	200000	出口币制	美元
加工种类	鞋材	保税方式		有效日期	20070101
进出口岸		进口货物项数	4	本次进口总额	
出口货物项数	1	本次出口总额		处理标志	修改
管理对象	以加工单位为管理对象	录入日期	20061129	申报日期	20061129
备注					

进出口岸序号	进出口岸代码	进出口岸名称
1	0100	北京关区

请填写通关手册对应的企业内部编号，确保本企业内唯一。

图 3-53 对原备案数据进行修改的界面

进入变更界面后，系统会将原备案内容调出，企业可做相应的修改。变更录入操作同备案录入操作。变更界面中，录入框为灰色的数据不允许修改。

用户如需修改某项审批通过的料件或成品数据，可在料件表/成品表的信息列表框中选中该项料件/成品，然后在录入框中对该项料件/成品数据进行修改。用户如需删除某项审批通过的料件或成品数据或恢复修改/删除操作，可在料件表/成品表的信息列表框中选中该项料件/成品，点击鼠标右键并在右键菜单中进行相应的操作。

通关手册备案修改完成后，点击"暂存"按钮，修改即保存成功。点击"申报"按钮，即实现变更数据的申报。

企业在向海关报送备案数据前，可点击平衡检查确认录入数据是否符合格式要求和备案合同是否进出平衡，以便及时修改。数据申报后，未收到海关"审批通过"或"退单"回执前，数据不能再修改。

同备案申请一样，用户若想对暂存后未生成报文的数据进行修改，在没有退出原界面时，可直接修改，修改后再点击"暂存"即可。若已退出原来的界面，则需用"修改"按钮来实现。

变更申请录入及申报完成后，用户可通过"通关手册备案查询"菜单查询到该通关变更的明细数据、申报状态和回执内容。

电子化手册经海关审核并通关确认后，手册的管理权自动与管理对象捆绑。如果管理对象是加工单位，申报操作由经营单位来完成时，加工单位须将电子化手册授权给经营单位，经营单位才可向海关申报进出口通关。

步骤六：保证金台账管理

海关通过通关备案审批后，计算机系统根据备案内容生成保证金台账备案联系单。企业到主管海关加工贸易监管部门领取联系单，到银行办理保证金台账开设手续后，将银行回执交会主管海关。有关业务操作与纸本《加工贸易手册》相同。

步骤七：进出口通关

一、进出口通关流程

用户在纸质手册电子化子系统的界面上方点击"功能选择"，弹出一个下拉菜单，再点击"返回主选单"，进入主选单界面。点击"报关申报"，即进入"报关申报"子系统界面。

界面提供报关单录入/申报、转关提前报关录入/申报、出口二次转关录入/申报、清单录入/申报、查询/打印、单据下载、业务统计、功能选择 8 种主要功能。在纸质手册电子化系统中，企业通关手册备案海关审批通过后，需要进行通关业务时，可在此系统中填写报关单，向海关申报。

企业通关时，可直接填写并申报报关单。报关申报流程同于现有"报关单"流程。

在系统界面上方的功能菜单上，点击"报关单"，则进入"报关单"菜单。再根据进出口业务类型，选择"进口报关单"或"出口报关单"，则进入"报关单"界面。

在备案号项中填写海关审批通过的通关备案中的电子手册编号，系统将自动调出相关信息。用户录入完剩余各项后(报关单的填写规范此处不再赘述)，点击"申报"，即完成报关单的申报。

企业进行异地报关或进行委托中介机构代理报关时，须在本地企业端系统"加贸权限管理”功能进行电子授权操作。具体操作见《纸质手册电子化加工贸易权限管理操作手册》。

二、异地报关流程

异地报关时，本地企业将报关单录入完整后，需在系统界面上方的按钮栏中点击“上载”按钮，将报关单进行上载。然后，由被授权的异地报关企业在系统界面上方的功能菜单栏中点击“单据下载”菜单，并选择“报关单下载”项，即进入报关单下载界面。如图 3-54 所示。

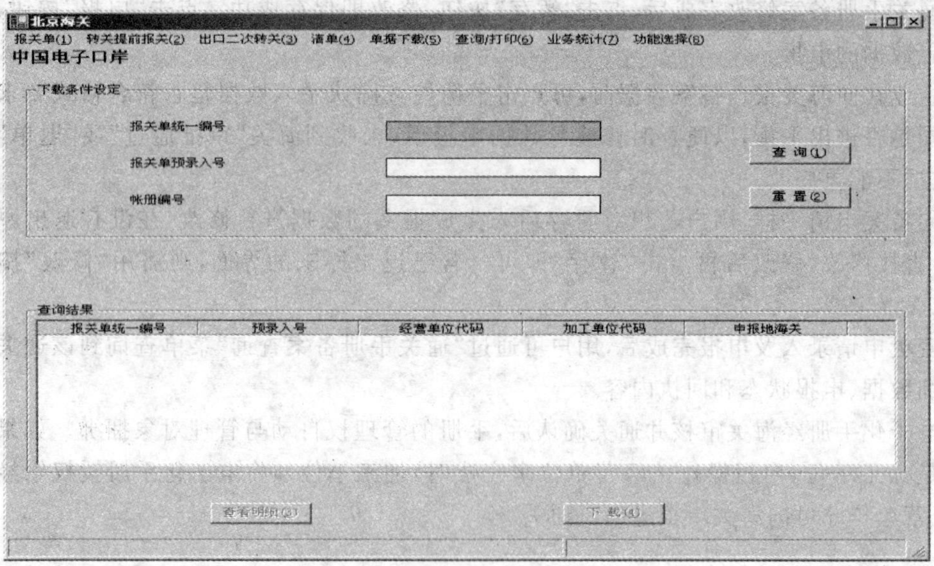

图 3-54　纸质手册电子化报关单下载界面

在“报关单下载”界面中，根据所上载的报关单信息输入“报关单统一编号”、“报关单预录入号”和“账册编号”项，然后点击“查询”按钮，系统将所查询到报关单显示在查询结果列表框中。选中需下载的报关单，并点击“下载”按钮，系统将进行报关单的下载，然后点击“查看明细”按钮即可进入该票报关单的录入界面。

异地代理报关企业对报关单数据修改、补充再后点击系统功能按钮栏中的“申报”按钮，即可实现报关单的申报。

如果报关单被退单，且涉及修改表体商品信息，那么需由本地企业修改清单，并重新上传报关单，异地下载后重新申报。

步骤八：电子化手册报核

企业加工贸易合同项下的货物报关完成后，应回到纸质手册电子化子系统，在数据报核界面下进行合同报核的申请。

在纸质手册电子化系统界面上方功能菜单上，点击“数据报核”，选择“数据报核”选项，即可进入“数据报核”界面。如图 3-55 所示。

如图 3-54 所示，数据报核界面包括基本信息、报关单、进口料件、出口成品、单损耗 5 个部分。

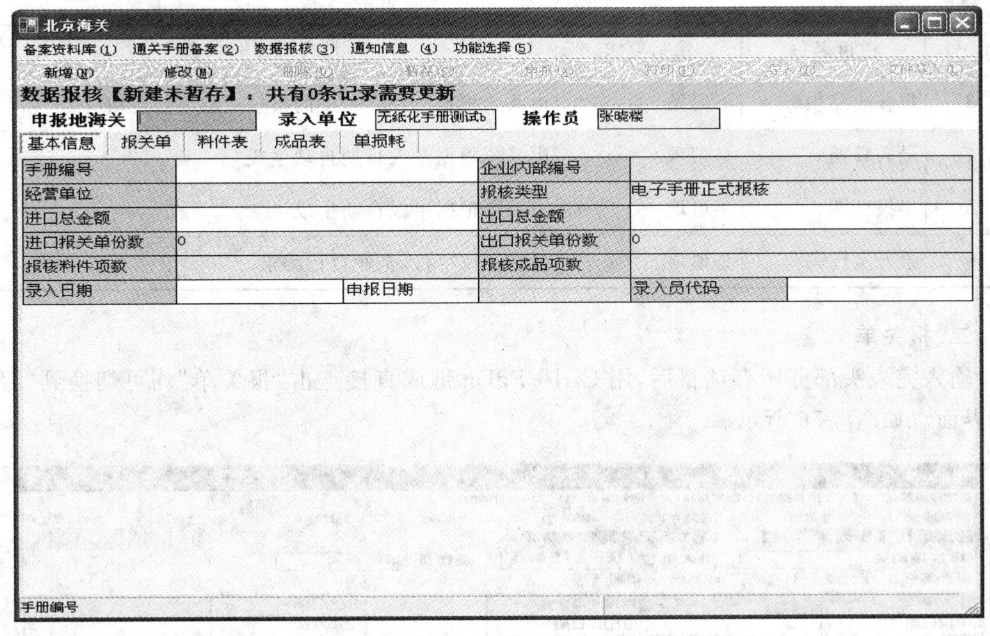

图 3-55　数据报核(基本信息)界面

一、基本信息

操作界面如图 3-57 所示，填写规范如表 3-60 所示。

表 3-60　数据报核界面(基本信息)填写规范

序　号	栏目名称	填写要求	填　写　规　范
1	申报地海关		4 位数字，根据《关区代码表》填写。敲空格键即可调出相应代码，选中代码即显示相关内容
2	录入单位	不可填	系统根据 IC 卡或 Ikey 自动生成
3	操作员	不可填	系统根据 IC 卡或 Ikey 自动生成
4	电子手册编号	必填项	12 位字符。该编号为通关手册备案中的“电子手册编号”
5	企业内部编号	不可填	输入电子手册编号后由系统自动调出。该“企业内部编号”与通关备案中的“企业内部编号”一致
6	经营单位	不可填	输入电子手册编号后由系统自动调出
7	报核类型	必填项	系统自动生成
8	进口总金额	必填项	最多 18 位，13 位整数，5 位小数
9	出口总金额	必填项	最多 18 位，13 位整数，5 位小数
10	进口报关单份数	不可填	由系统根据“报关单”表中的进口报关单项数自动返填
11	出口报关单份数	不可填	由系统根据“报关单”表中的出口报关单项数自动返填
12	报核料件项数	不可填	由系统根据“料件表”中的报核料件项数自动返填

续表

序 号	栏目名称	填写要求	填 写 规 范
13	报核成品项数	不可填	由系统根据“成品表”中的报核成品项数自动返填
14	录入日期	必填项	由系统根据录入日期自动生成
15	申报日期	不可填	由系统根据申报自动生成
16	录入员代码	必填项	最多4位字符，企业自行编录

二、报关单

输入完表头部分所有项目后，用 Ctrl＋PgDn 键或直接点击“报关单”均可切换到“报关单”界面。如图 3-56 所示。

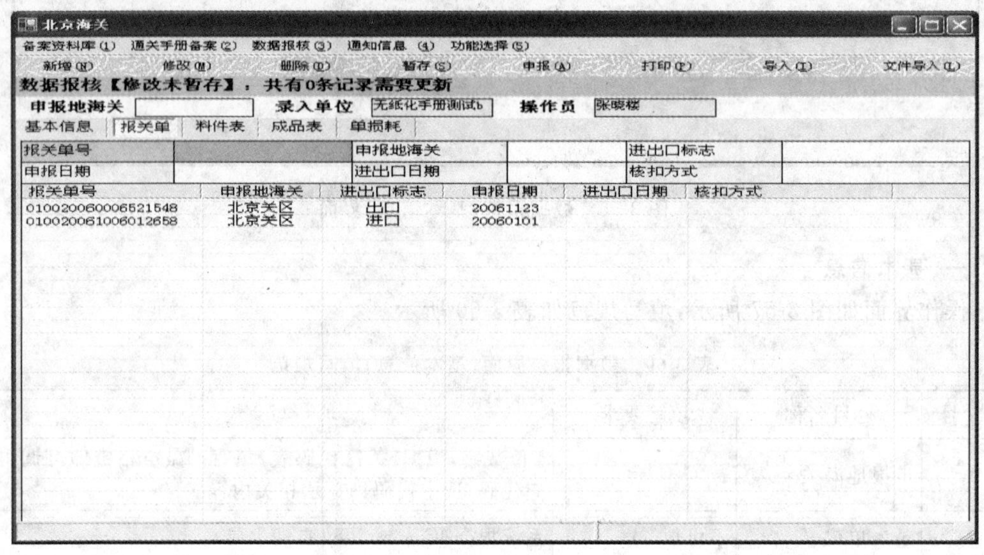

图 3-56 数据报核(报关单)界面

数据报核(报关单)界面填写规范：

“报关单”部分中：“申报地海关”、“进出口标志”、“核扣方式”敲空格键即可调出相应代码，选中代码即可显示相关内容。“进出口标志”也可在输入“报关单号”后由系统自动调出。用户可手工录入需报核的报关单信息，也可点击按钮栏上的“导入”按钮，系统可自动提取出该手册需报核的报关单数据，并填写进报关单表体中。用户也可从报关单表体中鼠标右键点击列表中的报关单，选择“删除一条记录”，将此份报关单数据删除。

三、料件表

输入完报关单部分所有项目后，用 Ctrl＋PgDn 键或直接点击“料件表”均可进入“料件表”界面，如图 3-57 所示。

数据报核(料件表)界面填写规范见表 3-61。

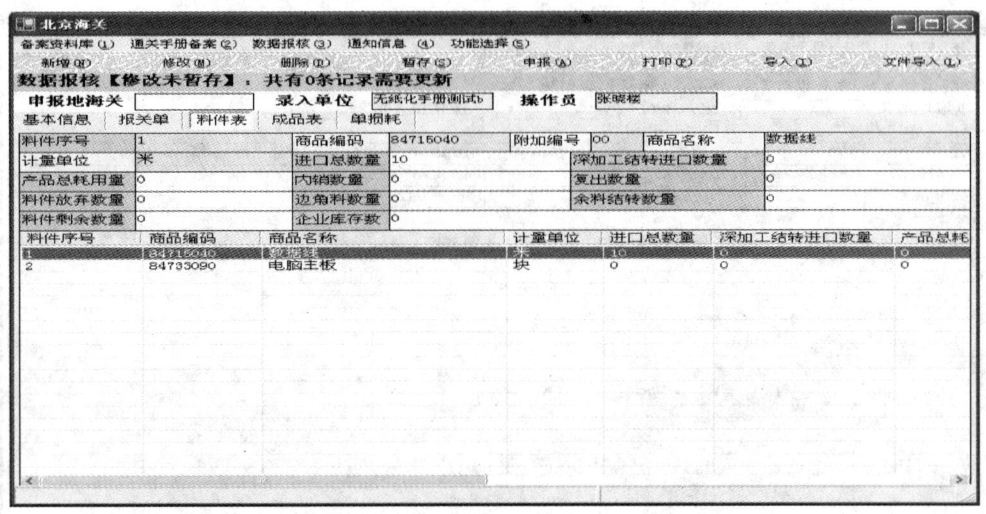

图 3-57　数据报核(料件表)界面

表 3-61　数据报核界面(料件表)填写规范

序　号	栏目名称	填写要求	填　写　规　范
1	料件序号	必填项	最多 9 位数字。该序号即为通关备案料件表中的料件序号
2	商品编码	不可填	输入料件序号后,由系统从通关备案料件表中调出
3	附加编号	不可填	输入料件序号后,由系统从通关备案料件表中调出
4	商品名称	不可填	输入料件序号后,由系统从通关备案料件表中调出
5	计量单位	不可填	输入料件序号后,由系统从通关备案料件表中调出
6	进口总数量	必填项	最多 18 位数字,整数 13 位,小数 5 位
7	深加工结转数量	必填项	最多 18 位数字,整数 13 位,小数 5 位
8	产品总耗用数量	必填项	最多 18 位数字,整数 13 位,小数 5 位
9	内销数量	必填项	最多 18 位数字,整数 13 位,小数 5 位
10	退运数量	必填项	最多 18 位数字,整数 13 位,小数 5 位
11	料件放弃数量	必填项	最多 18 位数字,整数 13 位,小数 5 位
12	料件剩余数量	必填项	最多 18 位数字,整数 13 位,小数 5 位
13	边角料数量	必填项	最多 18 位数字,整数 13 位,小数 5 位
14	余料结转数量	必填项	最多 18 位数字,整数 13 位,小数 5 位

四、成品表

输入完进口料件部分所有项目后,用 Ctrl＋PgDn 键或直接点击“成品表”均可进入“成品表”界面。如图 3-58 所示。

数据报核(成品表)界面填写规范见表 3-62。

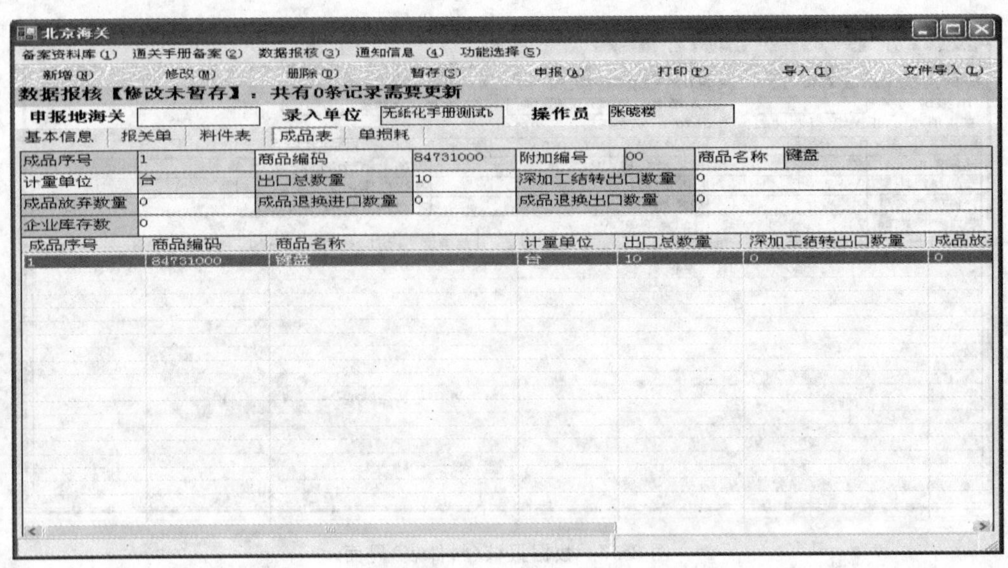

图 3-58　数据报核(成品表)界面

表 3-62　数据报核界面(成品表)填写规范

序　号	栏目名称	填写要求	填　写　规　范
1	成品序号	必填项	最多 9 位数字。该序号即为通关备案成品表中的成品序号
2	商品编码	不可填	输入料件序号后,由系统从通关备案成品表中调出
3	附加编号	不可填	输入料件序号后,由系统从通关备案成品表中调出
4	商品名称	不可填	输入料件序号后,由系统从通关备案成品表中调出
5	计量单位	不可填	输入料件序号后,由系统从通关备案成品表中调出
6	出口总数量	必填项	最多 18 位数字,整数 13 位,小数 5 位
7	深加工结转出口数量	必填项	最多 18 位数字,整数 13 位,小数 5 位
8	成品放弃数量	必填项	最多 18 位数字,整数 13 位,小数 5 位
9	成品退换进口数量	必填项	最多 18 位数字,整数 13 位,小数 5 位
10	成品退换出口数量	必填项	最多 18 位数字,整数 13 位,小数 5 位
11	企业库存数	必填项	最多 18 位数字,整数 13 位,小数 5 位

“成品表”填写完成后,点击“暂存”,可将未保存数据进行保存。

五、单损耗

企业数据报核时,如需对在通关手册备案中申报的单损耗数据进行修改,则可进入“单损耗”界面,对需修改的单损耗数据修改并申报。否则,数据报核的录入已完成。点击按钮栏中的“申报”按钮即可实现数据报核的申报。

如果需要修改单损耗关系，在“成品表”填写完成后，用 Ctrl＋PgDn 键或直接点击“单损耗”，即进入“单损耗”界面。如图 3-59 所示。

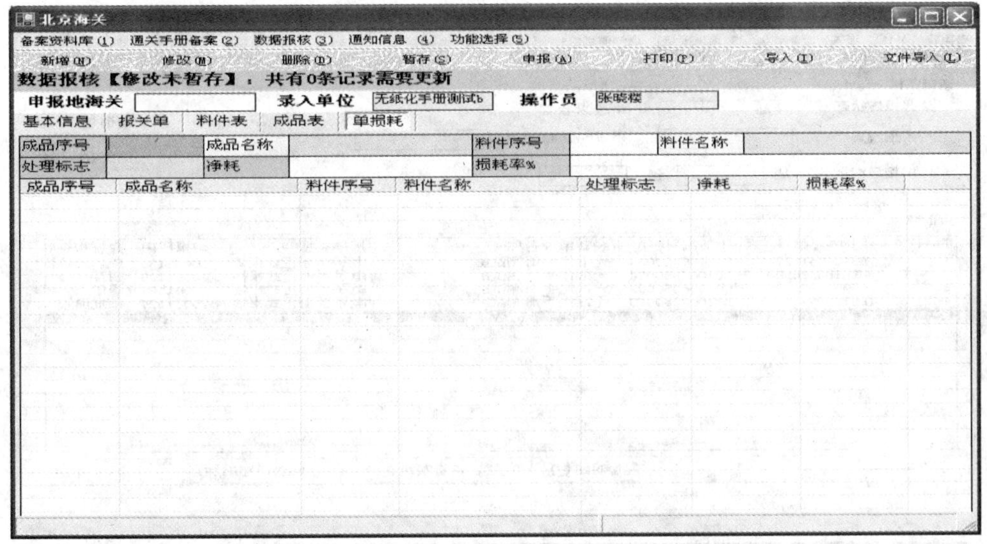

图 3-59 数据报核(单损耗)界面

数据报核(单损耗)界面填写规范见表 3-63。

表 3-63 数据报核界面(单损耗)填写规范

序 号	栏目名称	填写要求	填 写 规 范
1	成品序号	必填项	最多 9 位数字。该序号即为通关备案成品表中的成品序号
2	成品名称	不可填	输入成品序号后，由系统自动调出
3	料件序号	必填项	最多 9 位数字。该序号即为通关备案料件表中的料件序号
4	料件名称	不可填	输入料件序号后，由系统自动中调出
5	处理标志	不可填	系统默认为“修改”
6	净耗	必填项	最多 18 位数字，整数 9 位，小数 9 位
7	损耗率	必填项	损耗率的计算结果是百分数，填写时只填百分号前的数值，而不填百分号。比如，计算结果损耗率是 10%，则只填 10

“单损耗”填写完成后，点击“暂存”，可将未保存数据保存。

用户若想对暂存后未申报的数据进行修改，在没有退出原界面时，可直接修改，修改后再点击“暂存”即可。若已退出原来的界面，则需用“修改”按钮来实现。

数据报核所有项目录入完毕后点击“申报”，即实现数据报核的申报。数据报核全流程完成。

数据报核录入及申报完成后，用户可通过“数据报核查询”界面查询到该报核的申报状态、明细数据和回执内容(见图 3-60)。

手册结案后,用户可点击“数据报核查询界面”中的“结案通知书”查看结案通知书的内容。

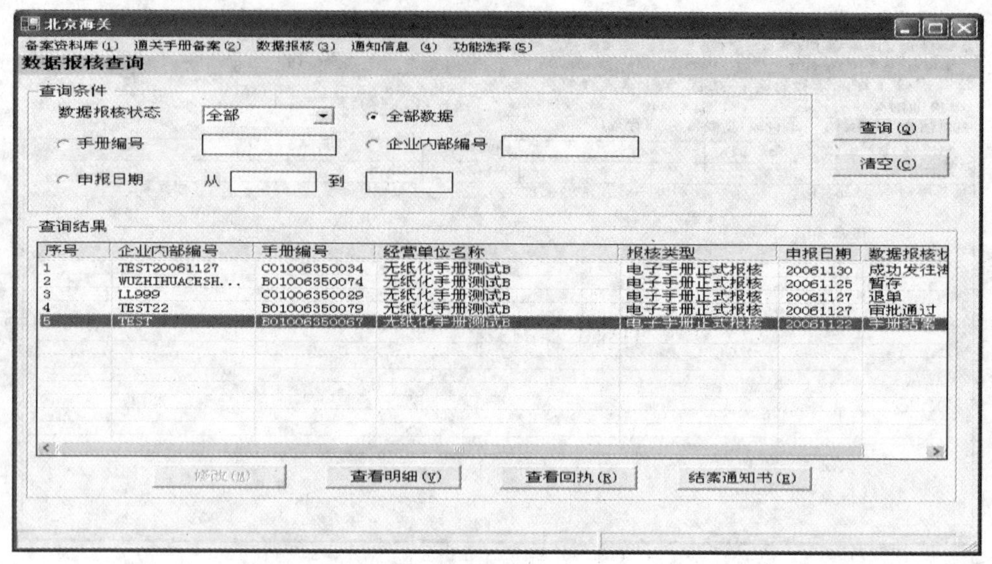

图 3-60 数据报核查询界面

步骤九:通知信息查询

海关在对手册进行管理的过程中随时会向企业发送通知信息。在通知信息界面下,用户可查看海关反馈的信息。

在系统界面上方功能菜单上,点击“通知信息”,进入“通知信息查询”界面,如图 3-61 所示。

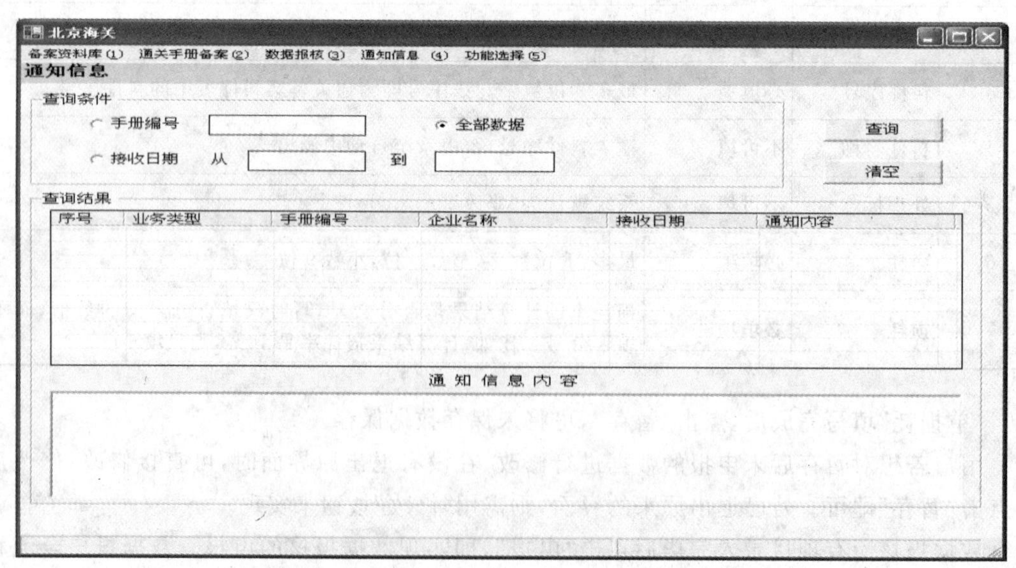

图 3-61 通知信息查询界面

企业查询到需查看的通知信息后,在查询结果列表框中选中该票数据,然后点击“查看明细”,系统显示该条反馈信息的详细内容。

至此,电子手册操作流程全部结束。

子情境 2 保税物流货物报关操作

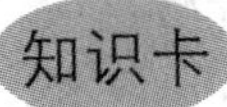
知识卡

保税物流货物

一、含义

保税物流货物是指经海关批准未办理纳税手续进境,在境内进行分拨、配送或储存后复运出境的货物,也称作保税仓储货物。

已办结海关出口手续尚未离境,经海关批准存放在海关保税监管场所或特殊监管区域的货物,带有保税物流货物的性质。

二、特征

保税物流货物有以下特征:

(1)进境时暂缓缴纳进口关税及进口环节海关代征税,复运出境免税,内销应当缴纳进口关税和进口环节海关代征税,不征收缓税利息。

(2)进出境时除国家另有规定外,免予交验进出口许可证件。

(3)进境海关现场放行不是结关,进境后必须进入海关保税监管场所或特殊监管区域,运离这些场所或区域必须办理结关手续。

三、范围

保税物流货物包括:

(1)进境经海关批准进入海关保税监管场所或特殊监管区域,保税储存后转口境外的货物;

(2)已经办理出口报关手续尚未离境,经海关批准进入海关保税监管场所或特殊监管区域储存的货物;

(3)经海关批准进入海关保税监管场所或特殊监管区域保税储存的加工贸易货物,供应国际航行船舶和航空器油料、物料和维修用零部件,供维修外国产品所进口寄售的零配件,外商进境暂存货物;

(4)经海关批准进入海关保税监管场所或特殊监管区域保税的其他未办结海关手续的进境货物。

四、管理

海关对保税物流货物的监管模式有两大类:一类是非物理围网的监管模式,包括保税仓库、出口监管仓库;另一类是物理围网的监管模式,包括保税物流中心、保税物流园区、保税区、保税港区(综合保税区)。、

对各种监管形式的保税物流货物的管理,主要可以归纳为以下五点。

(一)设立审批

保税物流货物必须存放在经过法定程序审批设立的保税监管场所或者特殊监管区域。保税仓库、出口监管仓库、保税物流中心,要经过海关审批,并核发批准证书,凭批准证书设立及存放保税物流货物;保税物流园区,保税区、保税港区经过国务院审批,凭国务院同意设立的批复设立,并经海关等部门验收合格才能进行保税物流货物的运作。

未经法定程序审批同意设立的任何场所或者区域都不得存放保税物流货物。

(二)准入保税

保税物流货物通过准予进入保税监管场所或特殊监管区域来实现保税。海关对于保税物流货物的监管通过对保税监管场所和特殊监管区域的监管来实现,海关应当依法监管这些场所或者区域,按批准存放范围准予货物进入这些场所或者区域,不符合规定存放范围的货物不准进入。

(三)纳税暂缓

凡是进境进入保税物流监管所或特殊监管区域的保税物流货物在进境时都可以暂不办理进口纳税手续,等到运离海关保税监管场所或特殊监管区域时才办理纳税手续,或者征税,或者免税。在这一点上,保税物流监管制度与保税加工监管制度是一致的,但是保税物流货物在运离海关保税监管场所或特殊监管区域征税时不需同时征收缓税利息,而保税加工货物(特殊监管区域内的加工贸易货物和边角料除外)内销征税时要征收缓税利息。

(四)监管延伸

1.监管地点延伸

进境货物从进境地海关监管现场,已办结海关出口手续尚未离境的货物从出口申报地海关现场,分别延伸到保税监管场所或者特殊监管区域。

2.监管时间延伸

(1)保税仓库存放保税物流货物的时间是1年,可以申请延长,最长可延长1年;

(2)出口监管仓库存放保税物流货物的时间是6个月,可以申请延长,最长可延长6个月;

(3)保税物流中心存放保税物流货物的时间是2年,可以申请延长,最长可延长1年;

(4)保税物流园区、保税区、保税港区存放保税物流货物的时间没有限制。

(五)运离结关

除外发加工和暂准运离(维修、测试、展览等)需要继续监管以外,每一批货物运离保税监管场所或者特殊监管区域,都必须根据货物的实际流向办结海关手续。

资料卡

保税物流中各特殊监管区域之间的关系

——来源:《海关保税物流中各特殊监管区域之间的关系》,《物流科技》2007年第1期,作者:李铭兴,张仁顾

一、三个层次、六种模式的保税物流体系

目前海关保税物流体系为“以保税区区港联动为龙头,以保税物流中心(A型、B型)为枢纽,以优化后星罗棋的公共型、自用型保税仓库和出口监管仓库为网点”的多元化、立体的保税物流体系,概括而言就是三个层次、六种模式。

(一)网点层次——两仓(包括公共型保税仓库、自用型保税仓库、出口监管仓库三种模式)

保税仓、监管仓(以下简称“两仓”)是传统的海关保税仓储形式,其政策实施已有十几年历史,为促进国际贸易和加工贸易的发展起了重要作用。

保税仓是指经海关批准设立的专门存放保税货物及其他未办结海关手续货物的仓库。其中,按照使用对象的不同可划分为:公共型保税仓库和自用型保税仓库;按专用型可分为:液体危险品保税仓库、备料保税仓库、寄售维修保税仓库和其他专用型保税仓库。

出口监管仓库是指存放已按规定领取了出口货物许可证或批件,已对外卖断结汇并向海关办完全部出口海关手续的货物的专用仓库。存放在该仓库内的货物为:出口监管仓库货物。

(二)枢纽层次——保税物流中心(包括保税物流中心A型、保税物流中心B型两种模式)

保税物流中心是指经海关及相关部门审批通过的具有从事保税仓储物流业务的海关集中监管场所。其中,按照保税物流中心内企业的种类不同分为:保税物流中心A型和保税物流中心B型。

保税物流中心A型是保税仓、监管仓的优化整合,分为自用型和公共型两种;保税物流中心B型是多个A型的聚集地或集中布局。A型和B型保税物流中心在功能上没有根本的区别。

(三)龙头层次——区港联动的保税物流园区(包括保税物流园区一种模式)

保税物流园区是指经国务院批准,在保税区规划面积或者毗邻保税区的特定港区内设立的、专门发展现代国际物流业的海关特殊监管区域,其主要功能是专门用于发展现代国际物流业,提供货物在国家(或地区)之间自由、便捷流通的平台。

(四)保税港区——保税加工、保税物流功能的高度整合,等同于保税区

保税港区是经国家批准在特定港区及其附近区域设立的用于国际中转、配送、采购、转口贸易和出口加工等业务功能的海关监管特定区域。国家目前只批准设立洋山保税港区。

根据国务院的批复,保税港区的主要税收政策为:

(1)国外货物入港区保税；

(2)货物出港区进入国内销售按货物进口的有关规定办理报关手续，并按货物实际状态征税；

(3)国内货物入港区视同出口，实行退税；

(4)港区内企业之间的货物交易不征收增值税和消费税。

二、各特殊监管区域的异同点分析

(一)主要区别

(1)保税仓、出口监管仓一般是成对出现，保税仓主要是为了进口保税，出口监管仓主要功能是用于出口退税，但就海关有关的政策，出口监管仓必须要有90%以上的业务是属于实际出口时才可享受出口退税政策，所以目前出口监管仓具有出口退税政策优惠的只有深圳盐田和厦门两个地区。

(2)保税物流中心A型和B型的主要区别在于中心内是由一家还是多家企业经营，另外保税物流中心B型有别于其他特殊监管区域的一个特点在于中心的管理企业不可以进行物流相关业务。

(3)在税收优惠方面，保税物流园区享受保税区的优惠政策和关税优惠，而其他特殊监管区域只享受部分关税优惠。

(4)区港联动方面，保税物流园区具有区港联动功能，保税物流中心一般不具有区港联动功能。

(二)主要联系

物流园区是物流中心的空间载体，与从空间角度所指的物流中心是一致的，是物流中心发展的高级阶段，出口监管仓和保税仓作为实际载体。

保税物流运作示意图见图3-62。

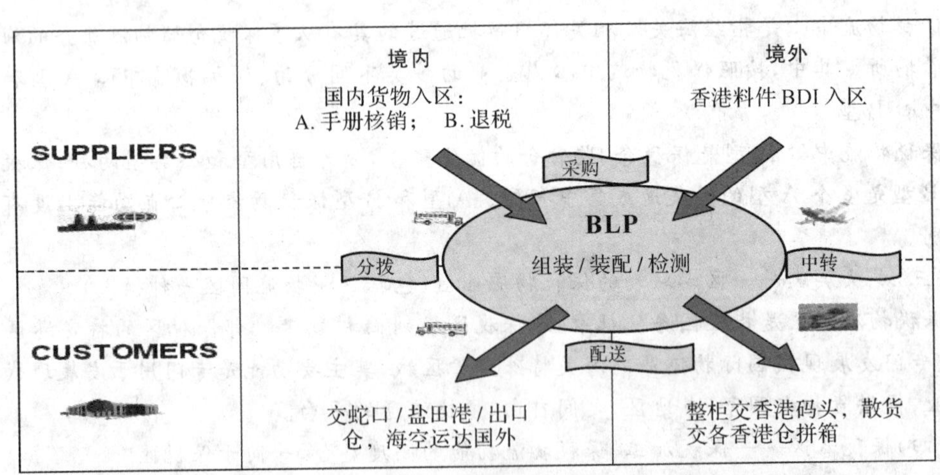

图3-62 保税物流运作示意图

知识与能力结构及教学建议(见表 3-64)

表 3-64　知识与能力结构及教学建议

<table>
<tr><th colspan="4">教学内容</th><th>教学建议</th></tr>
<tr><td rowspan="9">保税仓库货物的报关程序</td><td rowspan="4">保税仓库简介</td><td>含义</td><td></td><td rowspan="37">1. 有条件的话，建议选择1～2个保税物流货物的特殊监管区域，组织学生参观，并详细介绍所参观的特殊监管区域的相关知识
2. 注意各个特殊监管区域各方面之间的异同
3. 注意跟踪这些特殊监管区域的发展趋势，如现在保税物流中心A型与B型的区别已经逐渐淡化等等</td></tr>
<tr><td>功能</td><td></td></tr>
<tr><td>设立</td><td></td></tr>
<tr><td>管理</td><td></td></tr>
<tr><td rowspan="5">保税仓库货物报关程序</td><td>进仓报关</td><td></td></tr>
<tr><td rowspan="3">出仓报关</td><td>出口报关</td></tr>
<tr><td>进口报关</td></tr>
<tr><td>集中报关</td></tr>
<tr><td>流转报关</td><td></td></tr>
<tr><td rowspan="6">出口监管仓库货物的报关程序</td><td>出口监管仓库简介</td><td>同“保税仓库”</td><td></td></tr>
<tr><td rowspan="5">出口监管仓库货物报关程序</td><td>进仓报关</td><td></td></tr>
<tr><td rowspan="2">出仓报关</td><td>出口报关</td></tr>
<tr><td>进口报关</td></tr>
<tr><td>结转报关</td><td></td></tr>
<tr><td>更换报关</td><td></td></tr>
<tr><td rowspan="4">保税物流中心货物的报关程序</td><td>保税物流中心简介</td><td>同“保税仓库”</td><td></td></tr>
<tr><td rowspan="3">保税物流中心进出货物报关程序</td><td>物流中心与境外之间的进出货物报关</td><td></td></tr>
<tr><td rowspan="2">保税物流中心与境内之间的进出货物报关</td><td>出中心</td></tr>
<tr><td>进中心</td></tr>
<tr><td rowspan="8">保税物流园区进出货物的报关程序</td><td rowspan="3">保税物流园区简介</td><td>含义</td><td></td></tr>
<tr><td>功能</td><td></td></tr>
<tr><td>管理</td><td></td></tr>
<tr><td rowspan="5">保税物流园区进出货物的报关程序</td><td rowspan="2">保税物流园区与境外之间进、出货物</td><td>境外运入园区</td></tr>
<tr><td>园区运往境外</td></tr>
<tr><td rowspan="3">保税物流园区与境内区外之间进出货物</td><td>园区货物运往区外</td></tr>
<tr><td>区外货物运入园区</td></tr>
<tr><td>保税物流园区与其他特殊监管区域、保税监管场所之间往来货物</td></tr>
<tr><td rowspan="5">保税区进出货物的报关程序</td><td>保税区简介</td><td>同“保税物流园区”</td><td></td></tr>
<tr><td rowspan="4">保税区进出货物报关程序</td><td>进出境报关</td><td></td></tr>
<tr><td rowspan="3">进出区报关</td><td>保税加工货物进出区</td></tr>
<tr><td>进出区外发加工</td></tr>
<tr><td>设备进出区</td></tr>
<tr><td rowspan="5">保税港区进出货物的报关程序</td><td>保税港区简介</td><td>同“保税物流园区”</td><td></td></tr>
<tr><td rowspan="4">进口保税港区货物的报关程序</td><td>保税港区与境外之间</td><td></td></tr>
<tr><td rowspan="2">保税港区与区外非特殊监管区域或场所之间</td><td>出区</td></tr>
<tr><td>进区</td></tr>
<tr><td>保税港区与其他海关特殊监管区域或者保税监管场所之间</td><td></td></tr>
</table>

一、保税仓库货物的报关程序

(一)保税仓库简介

1.含义

保税仓库是指经海关批准设立的专门存放保税货物及其他未办结海关手续货物仓库。

我国的保税仓库根据使用对象分为公用型和自用型两种。

(1)公用型保税仓库

公用型保税仓库是由主营仓储业务的中国境内独立企业法人经营,专门向社会提供保税仓储服务。

(2)自用型保税仓库

自用型保税仓库由特定的中国境内独立企业法人经营,仅存储供本企业自用保税货物。

根据所存货物的特定用途,公用型保税仓库和自用型保税仓库下面还衍生出一种专用型保税仓库,即专门用来存储具有特定用途或特殊种类商品的保税仓库,包括液体危险保税仓库、备料保税仓库、寄售维修保税仓库和其他专用保税仓库。其中,液体危险品保税仓库是指符合国家关于危险化学品存储规定的,专门提供石油、成品油或者其他散装液体危险化学品保税仓储服务的保税仓库。

2.功能

保税仓库的功能单一,就是仓储,而且只能存放进境货物。

经海关批准可以存入保税仓库的进境货物有下列几种:

(1)加工贸易进口货物;

(2)转口货物;

(3)供应国际航行船舶和航空器的油料、物料和维修用零部件;

(4)供维修外国产品所进口寄售的零配件;

(5)外商进境暂存货物;

(6)未办结海关手续的一般贸易进口货物;

(7)经海关批准的其他未办结海关手续的进境货物。

保税仓库不得存放国家禁止进境货物,不得存放未经批准的影响公共安全、公共卫生或健康、公共道德或秩序的国家限制进境货物及其他不得存入保税仓库的货物。

3.设立

保税仓库应当设立在设有海关机构、便于海关监管的区域。申请设立保税仓库的企业应当是已在海关办理进出口收发货人注册登记的,不同时拥有报关企业身份的企业,同时还应当具备下列条件:

(1)经工商行政管理部门注册登记,具有企业法人资格;

(2)注册资本最低限额为300万元人民币;

(3)具备向海关缴纳税款的能力;

(4)经营特殊许可商品存储的,应当持有规定的特殊许可证件;

(5)经营备料保税仓库的加工贸易企业,年出口额最低为1000万美元;

(6)具有专门存储保税货物的营业场所并达到:

①符合海关对保税仓库布局的要求;

②具备符合海关监管要求的安全隔离设施、监管设施和办理业务必需的其他设施;

③具备符合海关监管要求的保税仓库计算机管理系统并与海关联网；

④具备符合海关监管要求的保税仓库管理制度，符合《会计法》要求的会计制度；

⑤符合国家土地管理、规划、交通、消防、安全、质检、环保等方面法律、行政法规及有关规定；

⑥公用保税仓库面积最低为2000平方米，液体危险品保税仓库容积最低为5000立方米，寄售维修保税仓库面积最低为2000平方米。

企业申请设立保税仓库的，应向仓库所在地主管海关提交书面申请，提供能够证明上述条件已经具备的有关文件，由主管海关受理并报直属海关审批。

4. 管理

(1)保税仓库所存货物的储存期限为1年。需要延长储存期限，应向主管海关申请延期，经海关批准可以延长，无特殊情形，延长的期限最长不超过1年。

特殊情况下，延期后货物存储期超过2年的，由直属海关审批。

保税仓库货物超出规定的存储期未申请延期或海关不批准延期申请的，经营企业应当办理超期货物的退运、纳税、放弃、销毁等手续。

(2)保税仓库所存货物，是海关监管货物，未经海关批准并按规定办理有关手续，任何人不得出售、转让、抵押、质押、留置、移作他用或者进行其他处置。

(3)货物在仓库储存期间发生损毁或者灭失，除不可抗力原因外，保税仓库应当依法向海关缴纳损毁、灭失货物的税款，并承担相应的法律责任。

(4)保税仓库货物可以进行分级分类、分拆分拣、分装、计量、组合包装、打膜、加刷或刷贴运输标志、改换包装、拼装等辅助性简单作业。在保税仓库内从事上述作业必须事先向主管海关提出书面申请，经主管海关批准后方可进行。

(5)保税仓库经营企业应于每月前5个工作日内，向海关提交月报关单报表、库存总额报表及其他海关认为必要的月报单证，将上月仓库货物入、出、转、存、退等情况以计算机数据和书面形式报送仓库主管海关。

(二)保税仓库货物报关程序

1. 进仓报关

保税仓库货物进境入仓，经营企业应当在仓库主管海关办理报关手续，经主管海关批准，也可以直接在进境口岸海关办理报关手续。保税仓库货物进境入仓，除易制毒化学品、监控化学品、消耗臭氧层物质外，免领进口许可证件。

如果仓库主管海关与进境口岸海关不是同一直属海关的，经营企业可以按照“提前报关转关”的方式，先到仓库主管海关申报，再到口岸海关办理转关手续，货物运到仓库，由主管海关验放入仓；或者按照“直接转关”的方式，先到口岸海关转关，货物运到仓库，向主管海关申报，验放入仓。

如果仓库主管海关与进境口岸海关是同一直属海关的，经直属海关批准，可不按照转关运输方式办理，由经营企业直接在口岸海关办理报关手续，口岸海关放行后，企业自行提取货物入仓。

保税仓库货物进仓报关程序如表3-64所示。

表 3-64　保税仓库货物进仓报关程序

<table>
<tr><td colspan="4">除易制毒、监控化学品、消耗臭氧层物质外免证</td></tr>
<tr><td colspan="4">应在仓库主管海关报关，经批准也可直接在口岸海关报关</td></tr>
<tr><td rowspan="2">跨关区</td><td>提前报关转关</td><td rowspan="2">→转关运输</td><td rowspan="2">→验放入仓</td></tr>
<tr><td>直接转关</td></tr>
<tr><td>同关区</td><td>→口岸报关</td><td>→直接入仓</td><td></td></tr>
</table>

2. 出仓报关

保税仓库货物出仓可能出现进口报关和出口报关两种情况，可以逐一报关，也可以集中报关。

(1)出口报关

保税仓库出仓复运出境货物，应当按照转关运输方式办理出仓手续。仓库主管海关和口岸海关是同一直属海关的，经直属海关批准，可以不按照转关运输方式，由企业自行提取货物出仓到口岸海关办理出口报关手续。

(2)进口报关

保税仓库货物出仓运往境内其他地方转为正式进口的，必须经主管海关保税监管部门审核同意。转为正式进口的同一批货物，要填制两张报关单，一份办结出仓报关手续，填制出口货物报关单，贸易方式栏填保税间货物代码："1200"；一份办理进口申报手续，按照实际进口监管方式，填制进口货物报关单。进口手续大体可分为：

①保税仓库货物出仓用于加工贸易的，由加工贸易企业或其代理人按保税加工货物的报关程序办理进口报关手续；

②保税仓库货物出仓用于可以享受特定减免税的特定地区、特定企业和特定用途的，由享受特定减免税的企业或其代理人按特定减免税货物的报关程序办理进口报关手续；

③保税仓库货物出仓进入国内市场或使用于境内其他方面，包括保修期外维修，由保税仓库经营企业按一般进口货物的报关程序办理进口报关手续；

④保税仓库内的寄售维修零配件申请以保修期内免税出仓的，由保税仓库经营企业办理进口报关手续，填制进口货物报关单，贸易方式栏填"无代价抵偿货物"，代码："3100"，并确认免税出仓的维修件在保修期内且不超过原设备进口之日起 3 年，维修件由外商免费提供，更换下的零部件合法处理。

(3)集中报关

保税货物出仓批量少、批次频繁的，经海关批准可以办理定期集中报关手续。

集中报关出仓的，保税仓库经营企业应当向主管海关提出书面申请，写明集中报关的商品名称、发货流向、发货频率、合理理由。

集中报关由主管海关的分管关长审批，并按以下要求办理手续：

①仓库主管海关可以根据企业资信状况和风险度收取保证金；

②集中报关的时间根据出货的频率和数量、价值合理设定；

③为保证海关有效监管，企业当月出仓的货物最迟应在次月前 5 个工作日办理报关手续，并且不得跨年度申报。

保税仓库货物出仓报关程序如表 3-65 所示。

表 3-65 保税仓库货物出仓报关程序

<table>
<tr><td colspan="2" rowspan="2">出口报关</td><td colspan="2" rowspan="2">→出仓复运出境</td><td>跨关区</td><td colspan="2">→转关运输</td></tr>
<tr><td>同关区</td><td>→自行提货</td><td>→口岸报关</td></tr>
<tr><td rowspan="6">进口报关</td><td rowspan="6">→出仓转进口</td><td rowspan="6">→填报关单两张</td><td colspan="2">一张出仓报关</td><td>→填出口报关单</td><td>→监管方式“1200”</td></tr>
<tr><td rowspan="5">一张进口报关</td><td>用于加贸</td><td>→加贸企业</td><td>→按保税加工货物报关</td></tr>
<tr><td>用于三特</td><td>→享受企业</td><td>→按三特货物报关</td></tr>
<tr><td>进入国内市场</td><td>→保税仓库经营企业</td><td>→按一般进口货物报关</td></tr>
<tr><td rowspan="2">寄售维修零配件保修期免税出仓</td><td rowspan="2">→保税仓库经营企业</td><td rowspan="2">→贸易方式“无代价抵偿货物”，并确认在保修期内且原设备进口 3 年内，零件由外商免费提供</td></tr>
<tr></tr>
<tr><td colspan="3">集中报关</td><td colspan="2">批量少、批次频</td><td>→定期集中报关</td><td>→主管海关分管关长审批</td></tr>
</table>

3. 流转报关

保税仓库与海关特殊监管区域或其他海关保税监管场所来流转的货物，按转关运输的有关规定办理相关手续。

保税仓库和特殊监管区域或其他海关保税监管场所在同一直属关区内的，经直属海关批准，可不按转关运输方式办理。

保税仓库货物转往其他保税仓库的，应当各自在仓库主管海关报关，报关时应先办理进口报关，再办理出口报关。

保税仓库进出口报关单的填写规范见表 3-66。

表 3-66 保税仓库进出口报关单的填写规范

<table>
<tr><td rowspan="3">序号（按照本书前文序号）</td><td rowspan="3">栏目</td><td colspan="3">进仓环节</td><td colspan="5">出仓环节</td></tr>
<tr><td rowspan="2">从境外进口存入保税仓库</td><td colspan="2">从保税仓库或保税物流中心存入保税仓库</td><td rowspan="2">保税仓库货物转出境外</td><td colspan="2">保税仓库货物转入国内（除保税物流场所外）</td><td colspan="2">保税仓库货转入保税仓库、保税物流中心</td></tr>
<tr><td>转入方</td><td>转出方（形式报关）</td><td>收货单位</td><td>保税仓库（形式报关）</td><td>转入方</td><td>转出方（形式报关）</td></tr>
<tr><td>8</td><td>备案号</td><td>保税仓库电子账册号或其分册号</td><td>保税仓库电子账册号或其分册号</td><td>按实际情况填写</td><td>保税仓库电子账册号或其分册号</td><td>按实际情况填写</td><td>保税仓库电子账册号或其分册号</td><td>收货保税仓库电子账册号或其分册号</td><td>发货保税仓库电子账册号或其分册号</td></tr>
<tr><td>12</td><td>经营单位</td><td>实际经营单位名称及编码</td><td>实际经营单位名称及编码</td><td>实际发货企业名称及编码</td><td>实际经营单位名称及编码</td><td>实际收货单位名称及编码</td><td>实际收货单位名称及编码</td><td>实际经营单位名称及编码</td><td>实际经营单位名称及编码</td></tr>
<tr><td>14</td><td>收（发）货单位</td><td>保税仓库名称及编码</td><td>转入方保税仓库名称及编码</td><td>实际转出方保税仓库或保税物流中心名称及编码</td><td>保税仓库名称及编码</td><td>实际提货单位名称及编码</td><td>保税仓库名称及编码</td><td>转入方保税场所名称及编码</td><td>转出方保税仓库名称及编码</td></tr>
</table>

续表

序号（按照本书前文序号）	栏目	进仓环节			出仓环节				
		从境外进口存入保税仓库	从保税仓库或保税物流中心存入保税仓库		保税仓库货物转出境外	保税仓库货物转入国内（除保税物流场所外）		保税仓库货转入保税仓库、保税物流中心	
			转入方	转出方（形式报关）		收货单位	保税仓库（形式报关）	转入方	转出方（形式报关）
16	运输方式	实际运输方式	其他，9	其他，9	按实际情况填写	保税仓库，8	其他运输，9	其他运输，9	其他运输，9
20	贸易方式	保税仓库货物，1233	保税间货物，1200	保税间货物，1200	保税仓库货物，1233	按实际情况填写	保税间货物，1200	保税间货物，1200	保税间货物，1200
21	征免性质	空	空	空	空	按实际情况填写	按实际情况填写	空	空
22	征税比例	全免，3	全免，3	全免，3	全免，3	按实际情况填写	按实际情况填写	全免，3	全免，3
25	启运国/运抵国	实际情况	中国，142	中国，142	按实际情况填写	中国，142	中国，142	中国，142	中国，142
26	装货港/指运港	实际情况		中国境内，142			中国境内，142	中国境内，142	中国境内，142
41	备案序号	保税货物备案序号	保税货物备案序号	保税货物备案序号	保税货物备案序号	保税货物备案序号	保税货物备案序号	保税货物备案序号	保税货物备案序号
39	备注（关联报关单）			本次对应的18位进口报关单号码			本次对应的18位进口报关单号码		本次对应的18位进口报关单号码

二、出口监管仓库货物的报关程序

（一）出口监管仓库简介

1.含义

出口监管仓库，是指经海关批准设立，对已办结海关出口手续的货物进行存储、保税货物配送，提供流通性增值服务的海关专用监管仓库。

出口监管仓库分为出口配送型仓库和国内结转型仓库。

出口配送型仓库是指存储以实际离境为目的的出口货物的仓库。

国内结转型仓库是指存储用于国内结转的出口货物的仓库。

2.功能

出口监管仓库的功能也只有仓储，主要用于存放出口货物。

经海关批准可以存入出口监管仓库的货物有以下几种：

（1）一般贸易出口货物；

（2）加工贸易出口货物；

（3）从其他海关特殊监管区域、场所转入的出口货物；

（4）其他已办结海关出口手续的货物。

出口配送型仓库还可以存放为拼装出口货物而进口的货物。

出口监管仓库不得存放下列货物：

(1)国家禁止进出境货物；

(2)未经批准的国家限制进出境货物；

(3)海关规定不得存放的货物。

3.设立

(1)申请设立的条件

出口监管仓库的设立应当符合区域物流发展和海关对出口监管仓库布局的要求，符合国家土地管理、规划、交通、消防、安全、环保等有关法律、行政法规的规定，申请设立出口监管仓库的经营企业，应当具备下列条件：

①经工商行政管理部门注册登记，具有企业法人资格；

②具有进出口经营权和仓储经营权；

③注册资本在300万元人民币以上；

④具备向海关缴纳税款的能力；

⑤具有专门存储货物的场所，其中出口配送型仓库的面积不得低于5000平方米，国内结转型仓库不得低于1000平方米。

(2)申请设立和审批

企业申请设立出口监管仓库，应当向仓库所在地主管海关提交书面申请，提供能够证明上述条件已经具备的有关文件。

海关受理、审查设立出口监管仓库的申请属于海关行政许可，应当按照行政许可的法定程序，对符合条件的，作出准予设立的决定，并出具批准文件；对不符合条件的，作出不予设立的决定，并书面告知申请企业。

(3)验收和运营

申请设立出口监管仓库的企业应当自海关出具批准文件之日起1年内向海关申请验收出口监管仓库。

出口监管仓库验收合格后，经直属海关注册登记并核发“中华人民共和国出口监管仓库注册登记证书”，可以投入运营。

4.管理

(1)出口监管仓库必须专库专用，不得转租、转借给他人经营，不得下设分库。

(2)出口监管仓库经营企业应当如实填写有关单证、仓库账册，真实记录并全面反映其业务活动和财务状况，编制仓库月度进、出、转、存情况表和年度财务会计报告，并定期报送主管海关。

(3)出口监管仓库所存货物的储存期限为6个月。如因特殊情况需要延长储存期限，应在到期之前向主管海关申请延期，经海关批准可以延长，延长的期限最长不超过6个月。

货物存储期满前，仓库经营企业应当通知发货人或其代理人办理货物的出境或者进口手续。

(4)出口监管仓库所存货物，是海关监管货物，未经海关批准并按规定办理有关手续，任何人不得出售、转让、抵押、质押、留置、移作他用或者进行其他处置。

(5)货物在仓库储存期间发生损毁或者灭失，除不可抗力原因外，出口监管仓库应当依法向海关缴纳损毁、灭失货物的税款，并承担相应的法律责任。

(6)经主管海关同意，可以在出口监管仓库内进行品质检验、分级分类、分拣分装、印刷运输标志、改换包装等流通性增值服务。

(二)出口监管仓库货物报关程序

出口监管仓库报关,大体可以分为进仓报关、出仓报关、结转报关和更换报关。

1.进仓报关

出口货物存入出口监管仓库时,发货人或其代理人应当向主管海关办理出口报关手续,填制出口货物报关单。按照国家规定应当提交出口许可证件和缴纳出口关税的,发货人或其代理人必须提交许可证件和缴纳出口关税。

发货人或其代理人按照海关规定提交报关必需单证和仓库经营企业填制的"出口监管仓库货物入仓清单"。

对经批准享受入仓即退税政策的出口监管仓库,海关在货物入仓办结出口报关手续后予以签发出口货物报关单退税证明联;对不享受入仓即退税政策的出口监管仓库,海关在货物实际离境后签发出口货物报关单证退税证明联。

经主管海关批准,对批量少、批次频繁的入仓货物,可以办理集中报关手续。

2.出仓报关

出口监管仓库货物出仓可能出现出口报关和进口报关两种情况。

(1)出口报关

出口监管仓库货物出仓出境时,仓库经营企业或代理人应当向主管海关申报。仓库经营企业或其代理人按照海关规定提交报关必需的单证,并提交仓库经营企业填制的"出口监管仓库货物出仓清单"。

出仓货物出境口岸不在仓库主管海关的,经海关批准,可以在口岸所在地海关办理相关手续,也可以在主管海关办理相关手续。

入仓没有签发出口货物报关单退税证明联的,出仓离境后海关按规定签发出口货物报关单退税证明联。

(2)进口报关

出口监管仓库货物转进口,应当经海关批准,按照进口货物的有关规定办理相关手续;

①用于加工贸易的,由加工贸易企业或其代理人按保税加工货物的报关程序办理进口报关手续;

②用于可以享受特定减免税的特定地区、特定企业和特定用途的,由享受特定减免税的企业或其代理人按特定减免税货物的报关程序办理进口报关手续。

③进入国内市场或用于境内其他方面,由收货人或其代理人按一般进口货物的报关程序办理进口报关手续。

3.结转报关

经转入、转出方所在地主管海关批准,并按照转关运输的规定办理相关手续后,出口监管仓库之间,出口监管仓库与保税区、出口加工区、珠海园区、保税物流园区、保税港区、保税物流中心、保税仓库等特殊监管区域和保税监管场所之间可以进行货物流转。

4.更换报关

对已存入出口监管仓库因质量等原因要求更换的货物,经仓库所在地主管海关批准,可以进行更换。被更换货物出仓前,更换货物应当先行入仓,并应当与原货物的商品编码、品名、规格型号、数量和价值相同。

出口监管仓库货物的报关程序如表 3-67 所示。

表 3-67　出口监管仓库货物的报关程序

<table>
<tr><td rowspan="4">进仓报关</td><td rowspan="2">办理出口报关</td><td colspan="3">填制出口货物报关单，验证、纳税</td></tr>
<tr><td colspan="3">收发人申报，仓库经营企业填制“出口监管仓库货物入仓清单”</td></tr>
<tr><td colspan="4">享受入仓退税的，入仓签发退税证明联，不享受的，实际离境后签发</td></tr>
<tr><td colspan="4">可集中申报</td></tr>
<tr><td rowspan="4">出仓报关</td><td>出口报关</td><td colspan="3">→仓库经营企业申报，填写“出口监管仓库货物出仓清单”</td></tr>
<tr><td rowspan="3">进口报关</td><td>用于加贸</td><td>→加贸企业</td><td>→按保税加工货物进口报关</td></tr>
<tr><td>用于三特</td><td>→享受企业</td><td>→按三特货物报关</td></tr>
<tr><td>进入国内市场</td><td>→货物</td><td>→按一般进口货物报关</td></tr>
<tr><td>结转报关</td><td colspan="4">按转关运输方式办理再不同海关特殊监管场所间流转</td></tr>
<tr><td>更换报关</td><td colspan="2">因质量问题可进行更换</td><td colspan="2">→被更换货物出仓前，更换货物先行入仓，且与原货物商品编码、名称、规格型号、数量、价值相同</td></tr>
</table>

出口监管仓库进出口报关单的填写规范见表 3-68。

表 3-68　出口监管仓库进出口报关单的填写规范

序号（按照本书前文序号）	栏目	进仓环节		出仓环节			
		一般贸易出口货物、加工贸易出口货物存入出口监管仓库	为拼装出口货物而进口的货物，及为改换出口监管仓库货物包装而进口的包装物料存入出口配送型出口监管仓库	出口监管仓库货物出仓后运往境外的	出口监管仓库货物出仓转为加工贸易进口或转入国内市场销售的	出口监管仓库货物出仓后转至保税仓库继续实施保税监管的	从其他出口监管仓库（保税仓库）转出的出口货物存入出口监管仓库的
	报关单	由存入方填写出口报关单	进口报关单	出口报关单	由实际提货单位填写进口报关单	由出口监管仓库填写出口报关单，保税仓库按《保税仓库报关单填制注意事项》填写进口报关单	由转出方填写出口报关单
12	经营单位	实际经营单位名称及编码	实际经营单位名称及编码	出口监管仓库经营单位名称及编码	实际经营单位名称及编码	转出出口监管仓库经营单位名称及编码	转出出口监管仓库经营单位名称及编码
14	收（发）货单位	实际发货单位名称及编码	出口监管仓库经营单位名称及编码	出口监管仓库经营单位名称及编码	实际收货单位名称及编码	转出出口监管仓库经营单位名称及编码	转出出口监管仓库经营单位名称及编码
16	运输方式	监管仓库，1	实际运输方式	实际运输方式	监管仓库，1	其他运输，9	其他运输，9

续表

序号（按照本书前文序号）	栏目	进仓环节		出仓环节			
		一般贸易出口货物、加工贸易出口货物存入出口监管仓库	为拼装出口货物而进口的货物，及为改换出口监管仓库货物包装而进口的包装物料存入出口配送型出口监管仓库	出口监管仓库货物出仓后运往境外的	出口监管仓库货物出仓转为加工贸易进口或转入国内市场销售的	出口监管仓库货物出仓后转至保税仓库继续实施保税监管的	从其他出口监管仓库（保税仓库）转出的出口货物存入出口监管仓库的
20	贸易方式	按实际贸易方式填报	保税仓库货物，1233	保税仓库货物，1233	按实际贸易方式	保税间货物，1200	保税间货物，1200
25	启运国/运抵国	中国，142		实际最后运抵国	中国，142	中国，142	中国，142
26	装货港/指运港	中国境内，142		实际最终目的港	中国境内，142	中国境内，142	中国境内，142
41	最终目的国	中国，142		出口货物的最终实际消费、使用或进一步加工制造国家（地区）。			中国，142
39	备注	存入出口监管仓库的名称，以及出口监管仓库货物入仓清单编号	存入出口监管仓库的名称，以及出口监管仓库货物入仓清单编号	对应出口监管仓库的名称，出口监管仓库货物出仓清单编号，以及出口监管仓库货物原进仓报关单编号	对应出口监管仓库的名称，以及出口监管仓库货物出仓清单编号	转至＋转入保税仓库的名称及电子账册编号，对应转出出口监管仓库的名称，以及出口监管仓库货物流转申请表编号	转自＋转出出口监管仓库的名称，出口监管仓库货物流转申请表编号（转自＋转出保税仓库的名称及电子账册编号，保税仓库货物流转申请表编号），存入出口监管仓库的名称
	关联报关单	CJ＋出口监管仓库10位数编码			CJ＋出口监管仓库10位数编码	保税仓库电子账册编号	CJ＋转入出口监管仓库10位数编码

三、保税物流中心货物的报关程序

（一）保税物流中心简介

1.含义

保税物流中心，是指经海关批准，由中国境内企业法人经营，专门从事保税仓储物流业务的海关监管场所。

2.功能

保税物流中心的功能是保税仓库和出口监管仓库功能的叠加，既可以存放进口货物，也可以存放出口货物，还可以开展多项增值服务。

(1)存放货物的范围

①国内出口货物；

②转口货物和国际中转货物；

③外商暂存货物；

④加工贸易进出口货物；

⑤供应国际航行船舶和航空器的物料、维修用零部件；

⑥供维修外国产品所进口寄售的零配件；

⑦未办结海关手续的一般贸易进口货物；

⑧经海关批准的其他未办结海关手续的货物。

(2)开展业务的范围

保税物流中心可以开展以下业务：

①保税存储进出口货物及其他未办结海关手续货物；

②对所存货物开展流通性简单加工和增值服务；

③全球采购和国际分拨、配送；

④转口贸易和国际中转业务；

⑤经海关批准的其他国际物流业务。

但不得开展以下业务：

①商业零售；

②生产和加工制造；

③维修、翻新和拆解；

④存储国家禁止进出口货物，以及危害公共安全、公共卫生或者健康、公共道德或者秩序的国家限制进出口货物；

⑤存储法律、行政法规明确规定不能享受保税政策的货物；

⑥其他与保税物流中心无关的业务。

3.设立

(1)保税物流中心的设立

保税物流中心应当设在靠近海港、空港、陆路枢纽及内陆国际物流需求量较大，交通便利，设在海关机构且便于海关集中监管的地方。经营企业需要满足以下资格条件：

①经工商行政管理部门注册登记，具有独立的企业法人资格；

②注册资本不低于5000万元人民币；

③具备对中心类企业进行日常管理的能力；

④具有协助海关对进出保税物流中心的货物和中心内企业的经营行为实施监管的能力。

申请设立保税物流中心需满足以下条件：

①符合海关对物流中心的监管规划建设需求；

②仓储面积，东部地区不低于10万平方米，中西部地区不低于5万平方米；

③经省级人民政府确认，符合地方发展总体布局，满足加工贸易发展对保税物流的需求；

④建立符合海关监管要求的计算机管理系统，提供海关查阅数据的终端设备，并按照海

关规定的认证方式和数据标准，通过电子口岸平台和海关联网，以便海关在统一平台上与国税、外汇管理等部门实现数据交换及信息共享；

⑤设置符合海关监管要求的安全隔离设施、视频监控系统等监管、办公设施。

保税物流中心的申请由直属海关受理，报海关总署审批，并由海关总署出具批准申请企业筹建保税物流中心的文件。

保税物流中心验收合格后，由海关总署向企业核发“保税物流中心验收合格证书”和“保税物流中心注册登记证书”，颁发保税物流中心标牌。

保税物流中心在验收合格后方可开展有关业务。

(2)保税物流中心内企业的设立

企业进入保税物流中心的条件如下：

①具有独立的法人资格或者特殊情况下的中心外企业的分支机构；

②具有独立法人资格的企业注册资本最低限额为500万元人民币，属企业分支机构的，该企业注册资本不低于1000万元人民币；

③具备向海关缴纳税款和履行其他法律义务的能力；

④建立符合海关监管要求的计算机管理系统并与海关联网；

⑤在保税物流中心内有专门存储海关监管货物的场所。

企业申请进入保税物流中心应当向所在地主管海关提交书面申请，提供能够证明上述条件已经具备的有关文件。

主管海关受理后报直属海关审批。直属海关对经批准的企业核发“中华人民共和国海关保税物流中心企业注册登记证书”。

中心内企业需变更有关事项的，由主管海关受理后报直属海关审批。

4. 管理

(1)保税物流中心经营企业应当设立管理机构负责物流中心的日常工作，制定完善的物流中心管理制度，协助海关实施对进出物流中心的货物及中心内企业经营行为的监管。

(2)保税物流中心经营企业不得在本中心内直接从事保税仓储物流的经营活动。

(3)保税物流中心内货物保税存储期限为2年，确有正当理由的，经主管海关同意可以予以延期，除特殊情况外，延期不得超过1年。

(4)企业根据需要经主管海关批准，可以分批进出货物，月度集中报关，但集中报关不得跨年度办理。实行集中申报的进出口货物，应当适用每次货物进出口时海关接受申报之日实施的税率、汇率。

(5)未经海关批准，保税物流中心不得擅自将所存货物抵押、质押、留置、移作他用或者进行其他处置。

保税物流中心内货物可以在中心内企业之间进行转让、转移，但必须办理相关海关手续。

(6)保税仓储货物在存储期间发生损毁或者灭失的，除不可抗力外，保税物流中心经营企业应当依法向海关缴纳损毁、灭失货物的税款，并承担相应的法律责任。

(二)保税物流中心进出货物报关程序

1. 物流中心与境外之间的进出货物报关

(1)保税物流中心与境外之间进出的货物，应当在保税物流中心主管海关办理相关手续。保税物流中心与口岸不在同一主管海关的，经主管海关批准，可以在口岸海关办理相关手续。

(2)保税物流中心与境外之间进出的货物，除实际出口被动配额管理和中华人民共和国参加或者缔结的国际条约及国家另有明确规定的以外，不实行进出口配额、许可证件管理。

(3)从境外进入保税物流中心内的货物，凡属于规定存放范围内的货物予以保税；属于保税物流中心企业进口自用的办公用品、交通运输工具、生活消费品等，以及物流中心开展综合物流服务所需进口的机器、装卸设备、管理设备等，按照进口货物的有关规定和税收政策办理相关手续。

2.保税物流中心与境内之间的进出货物报关

保税物流中心内货物运往所在关区外，或者跨越关区提取保税物流中心内货物，可以在保税物流中心主管海关办理进出中心的报关手续，也可以按照境内监管货物转关运输的方式办理相关手续。

保税物流中心与境内之间的进出货物报关按下列规定办理：

(1)出中心

①出中心进入关境内的其他地区

保税物流中心货物出中心进入关境内的其他地区视同进口，按照货物进入境内的实际流向和实际状态填制进口货物报关单，办理进口报关手续；属于许可证件管理的商品，企业还应当向海关出具有效的许可证件。

进口申报手续同保税仓库出库进入境内货物的报关手续一样，具体手续见保税仓库有关内容。

从保税物流中心进入境内用于在保修期内免费维修有关外国产品并符合无代价抵偿货物有关规定的零部件或者用于国际航行船舶和航空器的物料或者属于国家规定可以免税的货物，免征进口关税和进口环节海关代征税。

②出中心运往境外

保税物流中心货物出中心运往境外填制出口货物报关单，办理出口报关手续，具体手续同保税仓库和出口监管仓库出库运往境外货物的报关手续一样。

(2)进中心

货物从境内进入保税物流中心视同出口，办理出口报关手续。如需缴纳出口关税的，应当按照规定纳税；属于许可证件管理的商品，还应当向海关出具有效的出口许可证件。

从境内运入保税物流中心的原进口货物，境内发货人应当向海关办理出口报关手续，经主管海关验放；已经缴纳的关税和进口环节海关代征税，不予退还。

从境内运入保税物流中心已办结报关手续的货物或者从境内运入中心供中心企业自用的国产机器设备、装卸设备、管理设备、检测检验设备等及转关出口货物(起运地海关在已收到保税物流中心主管海关确认转关货物进入物流中心的转关回执后)，海关签发出口货物报关单退税证明联。

从境内运入保税物流中心的下列货物，海关不签发出口货物报关单退税证明联：

①供中心企业自用的生活消费品、交通运输工具；

②供中心企业自用的进口机器设备、装卸设备、管理设备、检测检验设备等；

③保税物流中心之间，保税物流中心与出口加工区、保税物流园区和已实行国内货物入

仓环节出口退税政策的出口监管仓库等海关特殊监管区域或者海关保税监管场所往来的货物。

物流中心与境内之间进出货物报关程序如表 3-69 所示。

表 3-69 物流中心与境内之间进出货物报关程序

<table>
<tr><td rowspan="4">出中心</td><td rowspan="3">出中心进入关境内其他地区</td><td colspan="2">视同进口,填进口货物报关单,验证</td></tr>
<tr><td colspan="2">手续同保税仓库出仓报关</td></tr>
<tr><td colspan="2">符合无代价抵偿的货物免税</td></tr>
<tr><td>出中心运往境外</td><td colspan="2">视同出口</td></tr>
<tr><td rowspan="3">进中心</td><td colspan="3">视同出口,征出口关税,验证</td></tr>
<tr><td colspan="3">境内运入原进口货物办理出口手续,已征税费不退</td></tr>
<tr><td colspan="2">已办结报关手续或中心企业自用的,签发退税证明联</td><td>不签发的情况包括:①供中心企业自用的生活消费品、交通运输工具;②供中心企业自用的各种进口设备;③特殊监管区域之间往来的货物</td></tr>
</table>

注:保税物流中心及下文所述保税物流园区、保税区、保税港区进出货物报关单填写规范请参见《海关总署公告 2005 年第 71 号公告(关于公告保税物流园区统计办法)》及《海关特殊监管区域进出口货物报关单、进出境货物备案清单填制规范》。

四、保税物流园区进出货物的报关程序

(一)保税物流园区简介

1. 含义

保税物流园区是指经国务院批准,在保税区规划面积内或者毗邻保税区的特定港区内设立的、专门发展现代国际物流的海关特殊监管区域。

2. 功能

保税物流园区的主要功能是保税物流,可以开展以下保税物流业务:

(1)存储进出口货物及其他未办结海关手续的货物;

(2)对所存货物开展流通性简单加工和增值服务,如分级分类、分拆分拣、分装、计量、组合包装、打膜、印刷运输标志、改换包装、拼装等具有商业增值的辅助性服务;

(3)国际转口贸易;

(4)国际采购、分销和配送;

(5)国际中转;

(6)商品展示;

(7)经海关批准的其他国际物流业务。

3. 管理

保税物流园区是海关监管的特定区域。园区与境内其他地区之间应当设置符合海关监管要求的卡口、围网隔离设施、视频监管系统及其他海关监管所需的设施。

海关在园区派驻机构,依照有关法律、行政法规,对进出园区的货物、运输工具、个人携带物品及园区内相关场所实行 24 小时监管。

(1)禁止事项

①除安全人员和相关部门、企业值班人员外,其他人员不得在园区内居住。

②园区内不得建立工业生产加工场所和商业性消费设施。

③园区内不得开展商业零售、加工制造、翻新、拆解及其他与园区无关的业务。

④法律、行政法规禁止进出口的货物、物品不得进出园区。

(2)企业管理

保税物流园区行政机构及其经营主体、在保税物流园区设立的企业等单位的办公场所应当设置在园区规划面积内、围网外的园区综合办公区内。

海关对园区企业实行电子账册监管制度和计算机联网管理制度。

园区行政管理机构或者其经营主体应当在海关指导下通过电子口岸建立供海关、园区企业及其他相关部门进行电子数据交换和信息共享的计算机公共信息平台。

园区企业建立符合海关监管要求的电子计算机管理系统,提供海关查阅数据的终端设备,按照海关规定的认证方式和数据标准与海关进行联网。

园区企业须依照法律、行政法规的规定,规范财务管理,设置符合海关监管要求的账簿、报表,记录本企业的财务状况和有关进出园区货物、物品的库存、转让、转移、销售、简单加工、使用等情况,如实填写有关单证、账册,凭合法、有效的凭证记账核算。

(3)物流管理

园区内设立仓库、堆场、查验场和必要的业务指挥调度操作场所。园区货物不设存储期限。但园区企业自开展业务之日起,应当每年向园区主管海关办理报核手续。园区主管海关应当自受理报核申请之日起30天内予以核库。企业有关账册、原始数据应当自核库结束之日起至少保留3年。园区企业须编制月度货物进、出、转、存情况表和年度财务会计报告,并定期报送园区主管海关。

经主管海关批准,园区企业可以在园区综合办公区专用的展示场所举办商品展示活动。展示的货物应当在园区主管海关备案,并接受海关监管。

园区内货物可以自由流转。园区企业转让、转移货物时应当对货物的具体品名、数量、金额等有关事项向海关进行电子数据备案,并在转让、转移后向海关办理报核手续。

未经园区主管海关许可,园区企业不得将所存货物抵押、质押、留置、移作他用或者进行其他处置。

园区与区外非海关特殊监管区域或者保税监管场所之间货物的往来,企业可以使用其他非海关监管车辆承运。承运车辆进出园区通道时应当经海关登记,海关对货物和承运车辆进行查验、检查。

(4)特殊情况处理

除法律、行政法规规定不得声明放弃的货物外,园区企业可以申请放弃货物。放弃的货物由主管海关依法提取变卖,变卖收入由海关按照有关规定处理。依法变卖后,企业凭放弃该批货物的申请和园区主管海关提取变卖该货物的有关单证办理核销手续;确因无使用价值无法变卖并经海关核准的,由企业自行处理,园区主管海关直接办理核销手续。放弃货物在海关提取变卖前所需的仓储等费用,由企业自行承担。

对按照规定应当销毁的放弃货物,由企业负责销毁,园区主管海关可以派员监督。园区主管海关凭有关主管部门的证明材料办理核销手续。

因不可抗力造成园区货物损坏、损毁、灭失的，园区企业应当及时书面报告园区主管海关，说明理由并提供保险、灾害鉴定部门的有关证明。经主管海关核实确认后，按照下列规定处理：

①货物灭失，或者完全失去使用价值的，海关予以办理核销和免税手续。

②进境货物损坏、损毁，失去原使用价值但可再利用的，园区企业可以向园区主管海关办理退运手续，如不退运出境并要求运往区外的，由区内企业提出申请，并经主管海关核准，根据受灾货物的使用价值估价、征税后运出园区外。

③区外进入园区的货物损坏、损毁，失去原使用价值但可再利用，且需向出口企业进行退换的，可以退换为与损坏货物同一品名、规格、数量、价格的货物，并向园区主管海关办理退运手续。退运到区外的，如属于尚未办理出口退税手续的，可以向园区主管海关办理退税手续；如属于已经办理出口退税手续的，按照进境货物运往区外的有关规定办理。

因保管不善等非不可抗力因素造成货物损坏、损毁、灭失的，按下列规定办理：

①对于从境外进入园区的货物，园区企业应当按照一般进口货物的规定，以货物进入园区时海关接受申报之日适用的税率、汇率，依法向海关缴纳损毁、灭失货物原价值的关税、进口环节增值税和消费税。

②对于从区外进入园区的货物，园区企业应当重新缴纳因出口而退还的国内环节有关税收，海关据此办理核销手续。

(二)保税物流园区进出货物的报关程序

1.保税物流园区与境外之间进、出货物

海关对园区与境外之间进出货物，除园区自用的免税进口货物、国际中转货物外，实行备案制管理，适用进出境备案清单。

园区与境外之间进出货物应当向园区主管海关申报。园区货物的进出境口岸不在园区主管海关管辖区域的，经主管海关批准，可以在口岸海关办理申报手续。

园区内开展整箱进出、二次拼箱等国际中转业务的，由开展此项业务的企业向海关发送电子舱单数据，园区企业向园区主管海关申请提箱、集运等，提交舱单等单证，办理进出境申报手续。

保税物流园区与境外之间进、出货物的报关程序如下：

(1)境外运入园区

境外货物到港后，园区企业及其代理人可以先提交舱单将货物直接运到园区，再提交进境货物备案清单向园区主管海关办理申报手续。除法律、行政法规另有规定的外，境外运入园区的货物不实行许可证件管理。

境外运入园区的下列货物保税：

①园区企业为开展业务所需的货物及其包装材料；

②加工贸易进口货物；

③转口贸易货物；

④外商暂存货物；

⑤供应国际航行船舶和航空器的物料、维修用零部件；

⑥进口寄售货物；

⑦进境检测、维修货物及其零配件；

⑧看样订货的展览品、样品；

⑨未办结海关手续的一般贸易货物；

⑩经海关批准的其他进境货物。

境外运入园区的下列货物免税：

①园区的基础设施建设项目所需的设备、物资等；

②园区企业为开展业务所需机器、装卸设备、仓储设施、管理设备及其维修用消耗品、零配件及工具；

③园区行政机构及其经营主体、园区企业自用合理数量的办公用品。

境外运入园区的园区行政机构及其经营主体、园区企业自用交通运输工具、生活消费品，按一般进口货物的有关规定和程序办理申报手续。

(2)园区运往境外

从园区运往境外的货物，除法律、行政法规另有规定外，免征出口关税，不实行许可证件管理。

进境货物未经流通性简单加工，需原状退运出境的，园区企业可以向园区主管海关申请办理退运手续。

保税物流园区与境外之间进出货物报关程序如表 3-70 所示。

表 3-70　保税物流园区与境外之间进出货物报关程序

<table>
<tr><td colspan="5">海关对园区与境外之间进出货物，除园区自用免税进口货物、国际中转货物外，实行备案制管理，适用进出境备案清单</td></tr>
<tr><td rowspan="6">报关程序</td><td rowspan="4">境外运入园区</td><td colspan="2">提交舱单直接入区，提交进境货物备案清单报关</td><td>→不实施许可证件管理</td></tr>
<tr><td rowspan="3">注意</td><td>保税情况</td><td>①→⑩</td></tr>
<tr><td>免税情况</td><td>①→③</td></tr>
<tr><td>自用品</td><td>→一般进口</td></tr>
<tr><td rowspan="2">园区运往境外</td><td colspan="3">免出口关税，免证</td></tr>
<tr><td colspan="3">进境货物未经流通性简单加工，需原状退运出境，申请办理退运</td></tr>
</table>

2.保税物流园区与境内区外之间进出货物

园区与区外之间进出的货物，由区内企业或者区外的收发货人或其代理人在园区主管海关办理申报手续。

园区企业在区外从事进出口贸易且货物不实际进出园区的，可以在收发货人所在地的主管海关或者货物实际进出境口岸的海关办理申报手续。

除法律、行政法规规定不得集中申报的货物外，园区企业少批量、多批次进出货物的，经主管海关批准可以办理集中申报手续，并适用每次货物进出口报关接受该货物申报之日实施的税率、汇率。集中申报的期限不得超过 1 个月，且不得跨年度办理。

保税物流园区与区外之间进出货物的报关程序如下：

(1)园区货物运往区外

园区货物运往区外，视同进口。园区企业或者区外收货人或其代理人按照进口货物的有关规定向园区主管海关申报，海关按照货物出园区的时的实际监管方式办理相关手续：

①进入国内市场的，按一般进口货物报关，提供相关的许可证件，照章缴纳进口关税，进口环节的增值税、消费税。

②用于加工贸易的，按保税加工货物报关，提供加工贸易手册（包括纸质的或电子的），继续保税。

③用于可以享受特定减免税的特定企业、特定地区或有特定用途的，按特定减免税货物报关，提供“进出口货物征免税证明”和相应的许可证件，免缴进口关税、进口环节的增值税。

园区企业跨关区配送货物或者异地企业跨关区到园区提取货物的，可以在园区主管海关办理申报手续，也可以按照海关规定办理进口转关手续。

供区内行政管理机构及其经营主体和区内企业使用的机器、设备和办公用品等需要运往区外进行检测、维修的，应当向园区主管海关提出申请，经主管海关核准、登记后方可运往区外。

运往区外检测、维修的机器、设备和办公用品等不得留在区外使用，并自运出之日起60天内运回区内。因特殊情况不能如期运回的，园区行政管理机构及其经营主体和园区内企业应当于期满前10天内，以书面形式向园区主管海关申请延期，延长期限不得超过30天。

检测、维修完毕运进园区的机器、设备等应当为原物。有更换新零配件或者附件的，原零配件或者附件应当一并运回园区。

对在区外更换的国产零配件或者附件，如需退税，由区内企业或者区外企业提出申请，园区主管海关按照出口货物的有关规定办理，并签发出口货物报关退税证明联。

园区企业在区外其他地方举办商品展示活动的，应当比照海关对暂准进境货物的管理规定办理有关手续。

（2）区外货物运入园区

区外货物运入园区，视同出口，由区内企业或者区外的发货人或其代理人向园区主管海关办理出口申报手续。属于应当缴纳出口关税的商品，应当照章缴纳；属于许可证件管理的商品，应当同时向海关出具有效的许可证件。

用于办理出口退税的出口货物报关单证明联的签发手续，按照下列规定办理：

①从区外运入园区，供区内企业开展业务的国产货物及其包装材料，由区内企业或者区外发货人及其代理人填写出口货物报关单，海关按照对出口货物的有关规定办理，签发出口货物报关单退税证明联；货物从异地转关进入园区的，启运地海关在收到园区主管海关确认转关货物已进入园区的电子回执后，签发出口货物报关单退税证明联。

②从区外运入园区，供区内行政管理机构及其经营主体和区内企业使用的国产基建物资、机器、装卸设备、管理设备等，海关按照对出口货物的有关规定办理，除属于取消出口退税的基建物资外，其他的予以签发出口货物报关单退税证明联。

③从区外运入园区，供区内行政管理机构及其经营主体和区内企业使用的生活消费品、办公用品、交通运输工具等，海关不予签发出口货物报关单退税证明联。

④从区外进入园区的原进口货物、包装材料、设备、基建物资等，区外企业应当向海关提供上述货物或者物品的清单，按照出口货物的有关规定办理申报手续，海关不予签发出口货物报关单退税证明联，原已缴纳的关税、进口环节增值税和消费税不予退还。

⑤除已经流通性简单加工的货物外，区外进入园区的货物，因质量、规格型号与合同不符等原因，需原状返还出口企业进行更换的，园区企业应当在货物申报进入园区之日起1年

内向园区主管海关申请办理退换手续。更换的货物进行园区时，可以免领出口许可证件，免征出口关税，但海关不予签发出口货物报关单退税证明联。

(3)保税物流园区与其他特殊监管区域、保税监管场所之间往来货物

海关对于园区与海关其他特殊监管区域或者保税监管场所之间往来的货物，继续实行保税监管，不予签发出口货物报关单退税证明联。但货物从未实行国内货物入区、入仓环节出口退税制度的海关特殊监管区域或者保税监管场所转入园区的，按照货物实际离境的有关规定办理申报手续，由转出地海关签发出口货物报关单退税证明联。

园区与其他特殊监管区域、保税监管场所之间的货物交易、流转，不征收进出口环节和国内流通环节的有关税收。

保税物流园区与境内区外之间进出货物报关程序如表 3-71 所示。

表 3-71　保税物流园区与境内区外之间进出货物报关程序

<table>
<tr><td rowspan="3">园区货物运往区外</td><td rowspan="3">→视同进口</td><td>进入国内市场</td><td>→一般进口报关</td><td>→验证、征税</td></tr>
<tr><td>用于加贸</td><td>→保税加工货物报关</td><td>→手册、继续保税</td></tr>
<tr><td>用于三特</td><td>→特定减免税货物报关</td><td>→免表、免税</td></tr>
<tr><td rowspan="7">区外货物进入园区</td><td colspan="4">→视同出口</td></tr>
<tr><td rowspan="6">→需要签发报关单证明联情况</td><td rowspan="2">国产货物、包装材料正常入区</td><td>出口报关单</td><td>→退税证明联</td></tr>
<tr><td>转关入区</td><td>→起运地海关收到园区海关电子回执后签发</td></tr>
<tr><td>区内企业自用物资、设备</td><td colspan="2">→除基建物资，其他签发退税证明联</td></tr>
<tr><td>生活消费品等</td><td colspan="2">→不签发</td></tr>
<tr><td>原进口货物</td><td colspan="2">→不签发，原进口关税等不退</td></tr>
<tr><td>未加工，需更换</td><td colspan="2">→在 1 年内申请，更换货物入区免证、免出口税、无证明联</td></tr>
<tr><td rowspan="3">与其他特殊监管区间往来</td><td colspan="4">继续实行保税，不签发证明联</td></tr>
<tr><td colspan="4">货物从未实行国内货物入区、入仓环节出口退税制度的海监区而来，货物历经后，由转入地海关签发证明联</td></tr>
<tr><td colspan="4">各区域间货物交易、流转，免税</td></tr>
</table>

保税物流园区报关单填写样例见表 3-72。

表 3-72 保税物流园区进出货物报关单填写样例

中华人民共和国海关进口货物报关单

预录入编号：468026061　　　　海关编号：224620081468026061

进口口岸 保税物流 2246	备案号 Z29080801590	进口日期 2008-11-10	申报日期 2008-11-10
经营单位 浙江省设备进出口有限公司	运输方式 物流园区	运输工具名称 /	提运单号
收货单位 嘉善三鹰纸业纸品有限公司	贸易方式 一般贸易	征免性质 鼓励项目(789)	征税比例 0.%

许可证号	启运国(地区) 中国(142)	装货港 中国境内(142)	境内目的地 嘉兴(33049)
批准文号	成交方式 CIF	运费	保费	杂费

合同协议号 ZCEC－082026F	件数 136	包装种类 其他	毛重(公斤) 237005	净重(公斤) 234805
集装箱号 0	随附单据 0			用途

标记唛码及备注
/1009/板宽：2.5 米，速度：250 米/分钟：品牌：BHS 用途：
随附单证号：0833004619

项号	商品编号	商品名称、规格型号	数量及单位	原产国(地区)	单价	总价	币制	征免
1. (1)	84.392000	五层瓦楞纸板生产线(第二部分)(详见清单) 2.5m×250m/min	1.000 台 0.000 1.000 套	中国 (142)	1946000.00 00	1946000.00	EUR 欧元	全免

用途：企业自用

税费征收情况

录入员　录入单位	兹声明以上申报无讹并承担法律责任	海关审单批注及放行日期(签章)
报关员	申报单位(签章)	审单　审价
单位地址		征税　统计
邮编　电话	填制日期	查验　放行

五、保税区进出货物的报关程序

(一)保税区简介

1. 含义

保税区是指经国务院批准在中华人民共和国境内设立的由海关进行监管的特定区域。

2. 功能

保税区具有出口加工、转口贸易、商品展示、仓储运输等功能,也就是说既有保税加工的功能,又有保税物流的功能。

3. 管理

保税区与境内其他地区之间,设置符合海关监管要求的隔离设施。

(1)禁止事项

①除安全保卫人员外,其他人员不得在保税区居住。

②国家禁止进出口的货物、物品,不得进出保税区。

③国家明令禁止进出口的货物和列入加工贸易禁止类商品目录的商品在保税区内也不准开展加工贸易。

(2)物流管理

海关对进出保税区的货物、物品、运输工具、人员及区内有关场所,有权依照《海关法》的规定进行检查、查验。

在保税区内设立的企业,必须向海关办理注册手续。区内企业必须依照国家有关法律、行政法规的规定设置账簿、编制报表,凭合法、有效凭证记账并进行核算,记录有关进出保税区货物和物品的库存、转让、转移、销售、加工、使用的损耗等情况。

区内企业必须与海关实行电子计算机联网,进行电子数据交换。

进出保税区的运输工具的负责人,必须持保税区主管机关批准的证件连同运输工具的名称、数量、牌照号码及驾驶员姓名等清单,向海关办理登记备案手续。

未经海关批准,从保税区到非保税区的运输工具和人员不得运输、携带保税区内的免税、保税货物。

从非保税区进入保税区的货物,按照出口货物办理手续。企业在办结海关手续后,可办理结汇、外汇核销、加工贸易核销等手续。出口退税须在货物实际报关离境后才能办理。

保税区内的转口货物可以在区内仓库或者区内其他场所进行分级、挑选、印刷运输标志、改换包装等简单加工。

(3)加工贸易管理

保税区企业开展加工贸易,除进口易制毒化学品、监控化学品、消耗臭氧层物质要提供进口许可证件,生产激光光盘要主管部门批准外,其他加工贸易料件进口免予交验许可证件。

保税区内企业开展加工贸易,不实行银行保证金台账制度。

区内加工企业加工的制成品及其在加工过程中产生的边角余料运往境外时,应当按照国家有关规定向海关办理手续,除法律、行政法规另有规定外,免征出口关税。

区内加工企业将区内加工贸易料件及制成品、在加工过程中产生的副产品、残次品、边角料,运往非保税区时,应当依照国家有关规定向海关办理进口报关手续,并依法纳税,免交缓税利息。

(二)保税区进出货物报关程序

保税区货物报关分进出境报关和进出区报关。

1.进出境报关

进出境报关采用报关制和备案制相结合的运行机制，即保税区与境外之间进出境货物，属自用的，采取报关制，填写进出口货物报关单；属非自用的，包括加工出口、转口、仓储和展示，采取备案制，填写进出境货物备案清单，即保税区内企业的加工贸易料件、转口贸易货物、仓储货物进出境，由收货人或其代理人填写进出境货物备案清单向海关报关；对保税区内企业进口自用合理数量的机器设备、管理设备、办公用品及工作人员所需自用合理数量的应税物品及货样，由收货人或其代理人填写进口货物报关单向海关报关。

保税区与境外之间进出的货物，除易制毒化学品、监控化学品、消耗臭氧层物质等国家规定的特殊货物外，不实行进出口许可证件管理，免予交验许可证件。

为保税加工、保税仓储、转口贸易、展示而从境外进入保税区的货物可以保税。

从境外进入保税区的以下货物可以免税：

(1)区内生产性的基础设施建设项目所需的机器、设备和其他基建物资；

(2)区内企业自用的生产、管理设备和自用合理数量的办公用品及其所需的维修零配件，生产用燃料，建设生产厂房、仓储设施所需的物资、设备、交通车辆和生活用品除外；

(3)保税区行政管理机构自用合理数量的管理设备和办公用品及其所需的维修零配件。

免税进入保税区的进口货物，海关按照规定减免税货物进行监管，具体内容详见学习情境四。

保税区进出货物进出境报关程序如表3-73所示。

表3-73 保税区进出货物进出境报关程序

<table>
<tr><td rowspan="2">采用报关制和备案制相结合</td><td>属自用的</td><td>→报关制</td><td>→填写进出口货物报关单</td></tr>
<tr><td>属非自用的</td><td>→备案制</td><td>→填写进出境货物备案清单</td></tr>
<tr><td colspan="4">除易制毒等免证</td></tr>
<tr><td colspan="4">保税加工、保税仓储、转口贸易、展示等可以保税</td></tr>
<tr><td rowspan="3">免税情形</td><td colspan="3">区内生产性基建物资</td></tr>
<tr><td colspan="3">区内企业自用生产设备</td></tr>
<tr><td colspan="3">区内行政管理机构自用合理数量办公用品</td></tr>
</table>

2.进出区报关

进出区报关要根据不同的情况按不同的报关程序报关。

(1)保税加工货物进出区

进区，报出口，要有加工贸易纸质手册或者加工贸易电子账册、电子化手册，填写出口货物报关单，提供有关的许可证件。出口应当征收出口关税商品的，须缴纳出口关税；海关不签发出口货物报关单退税证明联。

出区，报进口，按不同的流向填写不同的进口货物报关单：

①出区进入国内市场的，按一般进口货物报关，填写进口货物报关单，提供有关的许可证件。

关于保税加工货物内销征税的完税价格由海关按以下规定审查确定：

保税区内的加工企业内销的进口料件或其制成品(包括残次品)，以接受内销申报的同时或者大约同时进口的相同或者类似货物的进口成交价格为基础确定完税价格。

保税区内的加工企业内销的进料加工制成品中，如果含有从境内采购的料件，以制成品所含有的从境外购入的料件的原进口成交价格为基础确定完税价格。料件的原进口成交价格不能确定的，以接受内销申报的同时或者大约同时进口的与料件相同或者类似货物的进口成交价格为基础确定完税价格。

保税区内的加工企业内销的来料加工制成品中，如果含有从境内采取的料件，以接受内销申报的同时或者大约同时进口的与料件相同或者类似货物的进口成交价格为基础确定完税价格。

保税区内加工企业内销加工过程中产生的边角料或副产品，以内销价格作为完税价格。

②出区用于加工贸易的，按加工贸易货物报关，填制加工贸易进口货物报关单，提供加工贸易纸质手册或者加工贸易电子账册、电子化手册。

③出区用于可以享受特定减免税企业的，按特定减免税货物报关，提供进出口货物征免税证明和应当提供的许可证件，免缴进口税。

(2)进出区外发加工

保税区企业货物外发到区外加工，或区外企业货物外发到保税区加工，需经主管海关核准。

进区提交外发加工合同向保税区海关备案，加工出区后核销，不填写进出口货物报关单，不缴纳税费。

出区外发加工的，须由区外加工贸易经营企业在加工企业所在地海关办理加工贸易备案手续，申领纸质手册，或者建立电子账册、电子化手册，需要建立银行保证金台账的应当设立台账，加工期限最长 6 个月，情况特殊，经海关批准可以延长，延长的最长期限是 6 个月。备案后按保税加工货物出区进行报关。

(3)设备进出区

不管是施工还是投资设备，进出区均需向保税区海关备案，设备进区不填写报关单，不缴纳出口税，海关不签发出口货物报关单退税证明联，设备系从国外进口已征进口税的，不退进口税；设备退出区外，也不必填写报关单进行申报，但要报保税区海关销案。

保税区进出货物进出区报关程序如表 3-74 所示。

表 3-74　保税区进出货物进出区报关程序

<table>
<tr><td colspan="2">进区</td><td colspan="2">→报出口</td><td colspan="2">→提供手册，填出口货物报关单，验证，征出口税，不签证明联</td></tr>
<tr><td rowspan="10">出区</td><td rowspan="10">→报进口</td><td rowspan="10">→根据实际情况填进口货物报关单</td><td rowspan="6">进入国内市场→一般进口，验证</td><td colspan="2">→完税价格审定方法</td></tr>
<tr><td>类型</td><td>完税价格审定方法</td></tr>
<tr><td>内销进口料件或其制成品</td><td>接受内销申报同时进口相同货物进口成交价格</td></tr>
<tr><td>内销进料加工制成品含国产料件</td><td>以从境外购入料件原进口成交价格</td></tr>
<tr><td>内销来料加工制成品含境内料件</td><td>以接受内销申报同时进口与料件相同货物进口成交价格</td></tr>
<tr><td>边角料/副产品</td><td>内销价格</td></tr>
<tr><td rowspan="3">进出区外发加工</td><td colspan="2">需主管海关批准</td></tr>
<tr><td colspan="2">进区提交合同备案，加工出区后核销，不填写报关单，免税</td></tr>
<tr><td colspan="2">出区，由经营企业在加企所在地海关备案，领册，设台账，期限“半＋半”，出区报关</td></tr>
<tr><td>设备进出区</td><td colspan="2">施工/投资设备均需备案，进区不填报关单，不征出口税，不签证明联，设备原进口时已征进口税不退；出区的，不报关，需销案</td></tr>
</table>

六、保税港区进出货物的报关程序

（一）保税港区简介

1. 含义

保税港区是指经国务院批准，设立在国家对外开放的口岸港区和与之相连的特定区域内，具有口岸、物流、加工等功能的海关特殊监管区域。

2. 功能

保税港区具备保税加工、保税物流功能，可以开展下列业务：

(1)存储进出口货物和其他未办结海关手续的货物；

(2)国际转口贸易；

(3)国际采购、分销和配送；

(4)国际中转；

(5)检测和售后服务维修；

(6)商品展示；

(7)研发、加工、制造；

(8)港口作业；

(9)经海关批准的其他业务。

3. 管理

保税港区实行封闭式管理。保税港区与中华人民共和国关境内的其他地区之间设置符合海关监管要求的卡口、围网、视频监控系统及海关监管所需的其他设施。

保税港区享受税收和外汇管理政策。主要税收政策为：国外货物入港区保税；货物出港区进入国内销售按货物进口的有关规定办理报关手续，并按货物实际状态征税；国内货物入港区视同出口，实行退税；港区内企业之间的货物交易不征增值税和消费税。

(1)禁止事项

保税港区有以下禁止事项：

①保税港区内不得居住人员；

②除保障保税港区内人员正常工作、生活需要的非营利性设施外，保税港区内不得建立商业性生活消费设施和开展商业零售业务；

③国家禁止进出口的货物、物品不得进出保税港区；

④区内企业的生产经营活动应当符合国家产业发展，不得开展高耗能、高污染和资源性产品及列入《加工贸易禁止类商品目录》商品的加工贸易业务。

(2)物流管理

海关对进出保税港区的运输工具、货物、物品及保税港区内企业、场所进行监管。

区内企业需要开展危险化工品和易燃易爆物品生产、经营和运输业务的，应当取得安全监督、交通等相关部门的行政许可，并报保税港区主管海关备案。

有关储罐、装置、设备等设施应当符合海关的监管要求。通过管道进出保税港区的货物，应当配备计量检测装置和其他便于海关监管的设施、设备。

申请在保税港区内开展维修业务的企业应当具有企业法人资格，并在保税港区主管海关登记备案。区内企业所开展的维修业务仅限于我国出口的机电产品的售后维修，维修后的产品、更换的零配件及维修过程中产生的物料等应当复运出境。

经保税港区主管海关批准，区内企业可以在保税港区综合办公区专用的展示场所举办商品展示活动。展示的货物应当在海关备案，并接受海关监管。

保税港区内货物可以自由流转。区内企业转让、转移货物的，双方企业应当及时向海关报送转让、转移货物的品名、数量、金额等电子数据信息。

保税港区货物不设存储期限。但存储期限超过 2 年的，区内企业应当每年向海关备案。

经海关核准，区内企业可以办理集中申报手续。实行集中申报的区内企业应当对 1 个自然月内申报清单数据进行归并，填制进出口货物报关单，在次月底前向海关办理集中申报手续。集中申报适用报关单集中申报之日实施的税率、汇率。集中申报不得跨年度办理。

(3)加工贸易管理

区内企业不实行加工贸易银行保证金台账和合同核销制度，海关对保税港区内加工贸易货物不实行单耗标准管理。区内企业应当自开展业务之日起，定期向海关报送货物的进区、出区和储存情况。

(4)特殊情况处理

区内企业申请放弃的货物，经海关及有关主管部门核准后，由保税港区主管海关依法提取变卖，变卖收入由海关按照有关规定处理，但法律、行政法规和海关规章规定不得放弃的货物除外。

因不可抗力造成保税港区货物损毁、灭失的，区内企业应当及时书面报告保税港区主管海关，说明情况并提供灾害鉴定部门的有关证明。经保税港区主管海关核实确认后，按照下列规定处理：

①货物灭失，或者虽未灭失但完全失去使用价值的，海关予以办理核销和免税手续；

②进境货物损毁，失去部分使用价值的，区内企业可以向海关办理退运手续，如不退运出境并要求运往区外的，由区内企业提出申请，经保税港区主管海关核准，按照海关审定的

价格进行征税。

③区外进入保税港区的货物损毁，失去部分使用价值，且需向出口企业进行退换的，可以退换为与损毁货物相同或者类似的，并向保税港区主管海关办理退运手续。

需退运到区外的，属于尚未办理出口退税手续的，可以向保税港区主管海关办理退运手续；属于已经办理出口退税手续的，按照进境货物运往区外的规定办理。

因保管不善等非不可抗力因素造成货物损毁、灭失的，区内企业应当及时书面报告保税港区主管海关，说明情况。经保税港区主管海关核实确认后，按照下列规定办理：

①从境外进入保税港区的货物，区内企业应当按照一般贸易进口货物的规定，按照海关审定的货物损毁或灭失前的完税价格，以货物损毁或灭失之日适用的税率、汇率缴纳关税、进口环节海关代征税；

②从区外进入保税港区的货物，区内企业应当重新缴纳因出口而退还的国内环节有关税收，海关据此办理核销手续，已缴纳出口关税的，不予退还；

③从区外进入保税港区供保税港区行政管理机构和区内企业使用的生活消费用品和交通运输工具，海关不予签发出口货物报关单证明联；

④从区外进入保税港区的原进口货物、包装物料、设备、基建物资等，区外企业应当向海关提供上述货物或者物品的清单，按照出口货物的有关规定办理申报手续，海关不予签发出口货物报关单证明联，原已缴纳的关税、进口环节海关代征税不予退还。

(二)进口保税港区货物的报关程序

保税港区企业向海关申报货物进出境、进出区以及在同一区域内或者不同特殊区域之间流转货物的双方企业，应填制海关进(出)境货物备案清单。保税港区与境内(区外)之间进出的货物，区外企业应同时填制进(出)口货物报关单，向保税港区主管海关办理进出口报关手续。

货物在同一保税港区企业之间、不同特殊区域企业之间或保税港区与区外之间流转的，应先办理进口报关手续，后办理出口报关手续。

综合保税区以及被整合到国务院新批准设立的综合保税区或保税港区内的出口加工区、保税物流园区、保税区或保税物流中心，按照保税港区模式运作。

具体程序如下：

1.保税港区与境外之间

保税港区与境外之间进出货物应当在保税港区主管海关办理报关手续；进出境口岸不在保税港区主管海关辖区内的，经保税港区主管海关批准，可以在口岸海关办理海关手续。

海关对保税港区与境外之间进出的货物实行备案制管理，对从境外进入保税港区的货物予以保税。货物的收发货人或者代理人应当如实填写进出境货物备案清单，向海关备案。

下列货物从境外进入保税港区，海关免征进口关税和进口环节海关代征税：

(1)区内生产性的基础设施建设项目所需的机器、设备和建设生产厂房、仓储设施所需的基建物资；

(2)区内企业生产所需的机器、设备、模具及其维修用零配件；

(3)区内企业和行政管理机构自用合理数量的办公用品；

从境外进入保税港区，供区内企业和行政管理机构自用的交通运输工具、生活消费用品，按进口货物的有关规定办理报关手续，海关按照有关规定征收进口关税和进口环节海关代征税。

从保税港区运往境外的货物免征出口关税。

保税港区与境外之间进出的货物,除法律、行政法规和规章另有规定的外,不实行进出口配额、许可证件管理。

对于同一配额、许可证件项下的货物,海关在进区环节已经验核配额、许可证件的,在出境环节不再要求企业出具配额、许可证件原件。

保税港区与境外之间进出货物报关程序见表 3-75。

表 3-75 保税港区与境外之间进出货物报关程序

报关地	保税港区主管海关/口岸海关(经批准)
备案制,境外入区保税	
境外入区免证情形	区内生产建设所需基建物资
	区内企业所需机器
	企业自用合理数量办公用品
境外入区,自用交通工具	→按进口货物办理,征进口税
港区运往境外	→免出口关税
区内与境外之间进出	→不实行出口配额、免证,同一配额、许可证项下货物,进口已验证的,出口免证

2.保税港区与区外非特殊监管区域或场所之间

保税港区与区外之间进出的货物,区内企业或者区外收发货人按照进出口货物的有关规定向保税港区主管海关办理申报手续。需要征税的,区内企业或者区外收发货人按照货物进出区时的实际状态缴纳税款;属于配额、许可证件管理商品的,区内企业或者区外收货人还应当向海关出具配额、许可证件。对于同一配额、许可证件项下的货物,海关在进境环节已经验核配额、许可证件的,在出区环节不再要求企业出具配额、许可证件原件。

(1)出区

①一般贸易货物出区

一般贸易货物出区直接进入生产或消费领域流通的按一般进口货物的报关程序办理海关手续,属于优惠贸易协定项下货物,符合海关总署相关原产地管理规定的,按协定税率或者特惠税率办理海关征税手续。

一般贸易货物出区符合保税或者特定减免税条件的,可以按保税货物或者特定减免税货物的报关程序办理海关手续。

②加工贸易货物出区

区内企业生产的加工贸易成品及在加工生产过程中产生的残次品、副产品出区内销的,按进口货物办理进口手续,海关按内销时的实际状态征税。属于进口配额、许可证件管理的,企业应当向海关出具进口配额、许可证件。

区内企业在加工生产过程中产生的边角料、废品,以及加工生产、储存、运输等过程中产生的包装材料,区内企业提出书面申请并且经海关批准的,可以运往区外,海关按出区时的实际状态征税。属于进口配额、许可证件管理的,免领进口配额、许可证件;列入《禁止进口废物目录》的废物及其他危险废物需出区进行处置的,有关企业凭保税港区行政管理机构及所在地的市级环保部门批件等材料，向海关办理出区手续。

区内企业生产的加工贸易成品出区深加工结转按出口加工区深加工结转程序办理海关手续。

③出区展示

区内企业在区外其他地方举办商品展示活动的，比照海关对暂准进境货物的管理规定办理有关手续。

④出区检测、维修

保税港区内使用的机器、设备、模具和办公用品等海关监管货物，可以比照进境修理货物的有关规定，运往区外进行检测、维修。区内企业将模具运往区外进行检测、维修的，应当留存模具所生产产品的样品或者图片资料。

运往区外进行检测、维修的机器、设备、模具和办公用品等，不得在区外用于加工生产和使用，并且应当自运出之日起 60 日内运回保税港区。因特殊情况不能如期运回的，区内企业或者保税港区行政管理机构应当在期限届满前 7 日内，以书面形式向海关申请延期，延长期限不得超过 30 日。检测、维修完毕运回保税港区的机器、设备、模具和办公用品等应当为原物。有更换新零件、配件或者附件的，原零件、配件或者附件应当一并运回保税港区。对在区外更换的国产零件、配件或者附件，需要退税的，由区内企业或者区外企业提出申请，保税港区主管海关按照出口货物的有关规定办理手续，签发出口货物报关单证明联。

⑤出区外发加工

区内企业需要将模具、原材料、半成品等运往区外进行加工的，应当在开展外发加工前，凭承揽加工合同或者协议、承揽企业营业执照复印件和区内企业签章确认的承揽企业生产能力状况等材料，向保税港区主管海关办理外发加工手续。

委托区外企业加工的期限不得超过 6 个月，加工完毕后的货物应当按期运回保税港区。在区外开展外发加工产生的边角料、废品、残次品、副产品不运回保税港区的，海关应当按照实际状态征税。区内企业凭出区时委托区外加工申请书及有关单证，向海关办理验放核销手续。

(2)进区

区外货物进入保税港区的，按照货物出口的有关规定办理缴税手续，并按照下列规定签发用于出口退税的出口货物报关单证明联：

①从区外进入保税港区供区内企业开展业务的国产货物及其包装材料，海关按照对出口货物的有关规定办理，签发出口货物报关单证明联。货物转关出口的，起运地海关在收到保税港区主管海关确认转关货物已进入保税港区电子回执后，签发出口货物报关证明联。

②从区外进入保税港区供保税港区行政管理机构和区内企业使用的国产基建物资、机器、装卸设备、管理设备、办公用品等，海关按照对出口货物的有关规定办理，除属于取消出口退税的基建物资外，签发出口货物报关单证明联；从区外进入保税港区的原进口货物、包装材料、设备、基建物资等，区外企业应当向海关提供上述货物或者物品的清单，按照出口货物的有关规定办理申报手续，海关不予签发出口货物报关退税证明联，原已缴纳的关税、进口环节海关代征税不予退还。

保税港区与区外非特殊监管区域或场所之间进出货物报关程序(按进出口货物申报，适用配额、许可证管理)如表 3-76 所示。

表 3-76　保税港区与区外非特殊监管区域或场所之间进出货物报关程序

<table>
<tr><td rowspan="11">出区</td><td rowspan="2">一般贸易货物出区</td><td>直接进入生产流通</td><td colspan="2">→一般进口货物,适用原产地管理</td></tr>
<tr><td>符合保税/三特</td><td colspan="2">→按保税/三特办理</td></tr>
<tr><td rowspan="2">加贸货物出区</td><td>成品、残次品、副产品出区内销</td><td>→进口货物</td><td>→征税、验证</td></tr>
<tr><td>边角料、废品等</td><td>→运往区外</td><td>→征税、免证</td></tr>
<tr><td>出区展示</td><td colspan="3">→按暂准进出境货物</td></tr>
<tr><td rowspan="3">出区检测、维修</td><td colspan="3">不得在区外用于生产和使用</td></tr>
<tr><td colspan="3">出运 60 日内运回,在期限满前 7 日申请延长,不超过 30 日</td></tr>
<tr><td colspan="3">运出的应是原物</td></tr>
<tr><td rowspan="2">出区外发加工</td><td colspan="3">加工前办理外发加工手续</td></tr>
<tr><td colspan="3">期限不超过 6 个月,加工后应按期运回,不运回的,按实际状态征税</td></tr>
<tr><td colspan="4"></td></tr>
<tr><td rowspan="5">进区</td><td colspan="4">按货物出口手续办理</td></tr>
<tr><td rowspan="4">签发证明联规定</td><td rowspan="2">供企业开展业务的国产货物及包装材料</td><td colspan="2">签发证明联</td></tr>
<tr><td colspan="2">转关的,起运地海关收港区海关入区电子回执后签发</td></tr>
<tr><td rowspan="2">供行政机构、企业自用的基建物资等</td><td colspan="2">除基建物资外,签发证明联</td></tr>
<tr><td colspan="2">原进口货物,不签发证明联,已纳税不退</td></tr>
</table>

3.保税港区与其他海关特殊监管区域或者保税监管场所之间

海关对于保税港区与其他海关特殊监管区域或者保税监管场所之间往来的货物,实行保税监管,不予签发用于办理出口退税的出口货物报关单证明联。但货物从未实行国内货物入区(仓)环节出口退税制度的海关特殊监管区域或者保税监管场所转入保税港区的,视同货物实际离境,由转出地海关签发出口货物报关单退税证明联。

保税港区与其他海关特殊监管区域或者保税监管场所之间的流转货物,不征收进出口环节的有关税收。承运保税港区与其他海关特殊监管区域或者保税监管场所之间往来货物的运输工具,应当符合海关监管要求。

资料卡

保税物流中心、保税物流园区、保税区、保税港区

一、保税物流中心

目前我国有保税物流中心 23 个,名单如下:

1.天津经济技术开发区保税物流中心　2.上海西北物流园区保税物流中心
3.东莞保税物流中心　4.中山保税物流中心　5.广州空港保税物流中心
6.江阴保税物流中心　7.太仓保税物流中心　8.杭州保税物流中心
9.青岛保税物流中心　10.日照保税物流中心　11.厦门火炬(翔安)保税物流中心
12.营口港保税物流中心　13.西安保税物流中心　14.成都保税物流中心
15.长沙金霞保税物流中心　16.南昌保税物流中心　17.山西方略保税物流中心

18.武汉东西湖保税物流中心19.南宁保税物流中心　20.沈阳保税物流中心

21.宁波栎社保税物流中心22.连云港保税物流中心23.深圳机场保税物流中心

二、保税物流园区

截至2005年,我国批准建立保税物流园区8个,名单如下:

保税物流园区名称	代码	保税物流园区名称	代码
天津保税物流园区	12077	大连保税物流园区	21027
上海外高桥保税物流园区	31227	张家港保税物流园区	32157
宁波保税物流园区	33027	厦门象屿保税物流园区	35027
青岛保税物流园区	37027	深圳盐田港保税物流园区	44037

三、保税区

自1990年5月,国务院批准上海外高桥为第一个保税区以来,我国目前共设立了上海外高桥、天津港、大连、青岛黄岛、张家港、宁波、福州马尾、厦门象屿、广州、深圳沙头角、深圳福田、深圳盐田、汕头、珠海、海口15个保税区(另外,海南洋浦经济技术开发区也实行保税区的管理政策),目前,我国已经建成的保税区均已经海关验收,封关营运。

四、保税港区

我国建设保税港区的基本情况见表3-77。

表3-77　我国建设保税港区的基本情况

序　号	批复时间	名　称	规划面积(平方千米)	备　注
01	20050622	上海洋山保税港区	8.14	中国第一个保税港区
02	20060831	天津东疆保税港区	10	
03	20060831	大连大窑湾保税港区	6.88	
04	20070924	海南洋浦保税港区	9.21	
05	20080224	宁波梅山保税港区	7.7	
06	20080529	广西钦州保税港区	10	
07	20080605	厦门海沧保税港区	9.5092	
08	20080907	青岛前湾保税港区	9.72	
09	20081018	深圳前海湾保税港区	3.71	
10	20081018	广州南沙保税港区	7.06	
11	20081112	重庆两路寸滩保税港区	8.37	唯一一个位于中国内陆地区的保税港区,第一个采取"水港+空港"的保税港区
12	20081118	张家港保税港区	4.1	江苏以及长江中下游沿线第一个保税港区,第一个位于县域口岸的保税港区
13	20090922	烟台保税港区	7.26	全国第一家以出口加工区和临近港口整合转型升级形成的保税港区
14	20100518	福州保税港区	9.2	

小结与作业

各种监管形式下的保税物流货物的某些管理要点比较可见表 3-78。

表 3-78 各种监管形式下的保税物流货物的某些管理要点比较

<table>
<tr><th rowspan="2">监管场所区域名称</th><th rowspan="2">存货范围</th><th rowspan="2">储存期限</th><th rowspan="2">服务功能</th><th rowspan="2">注册资本（不低于）</th><th colspan="2">面积（不低于）</th><th rowspan="2">审批权限</th><th rowspan="2">入区免税</th><th rowspan="2">备注</th></tr>
<tr><th>东部</th><th>中西部</th></tr>
<tr><td>保税仓库</td><td>进口</td><td>1+1</td><td>储存</td><td rowspan="2">300 万元</td><td colspan="2">公用维修 2 千米
液体 5 千米</td><td rowspan="2">直属海关</td><td rowspan="2">否</td><td>按月报核</td></tr>
<tr><td>出口监管仓库</td><td>出口</td><td>半+半</td><td>储存，出口配送，国内结转</td><td colspan="2">配送 5 千米
结转 1 千米</td><td>退换货物先入后出</td></tr>
<tr><td>保税物流中心</td><td>进出口</td><td>2+1</td><td>储存，全球采购配送，国内结转，转口，中转</td><td>5000 万元</td><td>$10Wm^2$</td><td>$5Wm^2$</td><td>海关总署</td><td rowspan="2">是</td><td>—</td></tr>
<tr><td>保税物流园区</td><td rowspan="3"></td><td>无期限</td><td>储存，贸易，全球采购配送，中转，展示</td><td colspan="3" rowspan="3">—</td><td rowspan="3">国务院</td><td>按年报核</td></tr>
<tr><td>保税区</td><td rowspan="2"></td><td>物流园区功能＋维修，加工</td><td>否</td><td>离境退税</td></tr>
<tr><td>保税港区</td><td>保税区功能＋港口功能</td><td>是</td><td>—</td></tr>
</table>

探索性训练

根据当地实际，课后参观某一个保税物流货物监管区域（上述六种任选一个），并就其功能区的规划发表自己的看法。

学习情境四

特定减免税货物报关操作

知识卡

特定减免税货物

一、特定减免税货物的含义

特定减免税货物，是指海关根据国家的政策规定准予减税、免税进口使用于特定地区、特定企业、特定用途的货物。

特定地区(保税区和出口加工区)是指我国关境内由行政法规规定的某一特别限定区域，享受减免税优惠的进口货物只能在这一特别限定的区域内使用；特定企业(主要外商投资企业、包括外资企业、中外合资企业、中外合作企业)是指由国务院制定的行政法规专门规定的企业，享受减免税优惠的进口货物只能由这些专门规定的企业使用。特定用途(国内投资项目、利用外资项目、科教用品项目、残疾人专用品)是指国家规定可以享受减免税优惠的进口货物只能用于行政法规专门规定的用途。

二、特定减免税的分类

(一)外商投资企业进口物资(代码601,602,603,789)

(1)属于国家鼓励发展产业外商投资项目：

①在投资额内进口的自用设备除《外商投资项目不予免税的进口商品目录》所列商品以外，免征进口关税和进口环节增值税。

②按照合同随设备进口的技术及配套件、备件，免征进口关税和进口环节增值税。

(2)属于国家鼓励发展产业的外商投资企业、外商研究开发中心、先进技术型、产品出口型的外商投资企业，在企业投资额以外的自有资金(指企业储备基金、发展基金、折旧、税后利润)内，对原有设备更新和维修进口国内不能生产或性能不能满足需要的设备；以及上述设备配套的技术、配件、备件，可以免征进口关税和进口环节增值税。

(二)国内投资项目进口设备(代码789)

(1)属国家重点鼓励发展产业的国内投资项目，在投资额内进口的自用设备，除《国内投资项目不予免税的进口商品目录》所列商品外，可以免征进口关税和进口环节增值税。

(2)按照合同随设备进口的技术及配套件、备件，免征进口关税和进口环节增值税。

(三)贷款项目进口物资(代码609)

外国政府贷款和国际金融组织贷款项目进口的自用设备，除《外商投资项目不予免税的进口商品目录》所列商品外，可以免征进口关税和进口环节增值税；按照合同随设备进口的技术及配套件、备件，免征进口关税和进口环节增值税。

（四）特定区域物资（代码301、307）

（1）保税区、出口加工区等特定区域进口的区内生产性基础项目所需机器、设备和基建物资可以免税；

（2）区内企业进口企业自用的生产、管理设备和自用合理数量的办公用品及其所需的维修零配件，生产用燃料，建设生产厂房、仓储所需的物资、设备可以免税；

（3）行政管理机构自用合理数量的管理设备和办公用品及其所需的维修零配件，可以免税。

（五）科教用品（代码401）

从事科学研究开发的机构和国家教委承认学历的全日制大专院校，不以营利为目的，在合理数量范围内进口国内不能生产的科学研究和教学用品，且直接用于科学研究或者教学的，可以免征进口关税和进口环节增值税、消费税。

（六）残疾人专用品（代码413）

民政部直属企事业单位和省、自治区、直辖市民政部门所属福利机构和康复机构进口的残疾人专用物品，免征进口关税和进口环节增值税、消费税。

（七）救灾捐赠物资（代码801）

对外国民间团体、企业、友好人士和华侨、港澳居民和台湾同胞无偿向我国境内受灾地区（限于新华社对外发布和民政部《中国灾情信息》公布的受灾地区）捐赠的直接用于救灾的物资，在合理数量范围内，免征关税和进口环节增值税、消费税。

（八）扶贫慈善捐赠物资（代码802）

境外捐赠人无偿向受赠人捐赠的直接用于扶贫、慈善事业的物资，免征进口关税和进口环节增值税。

此外，还有重大项目（代码406）、远洋渔业（代码417）、远洋船舶设备及关键部件项目（代码420）、自有资金项目（代码799）、无偿援助（代码201）、贷款中标项目（代码611）、国批减免项目（代码898）等项目，也属于特定减免税货物范畴。

三、减免税的种类

一般情况下都是“全免”即全额免税，2009年以前，免征关税和增值税，2009年之后，只免除关税。

四、监管要点

（1）减免税货物报关除（出口加工区凭企业设备电子账册）一律审领“进出口货物征免税证明”。

（2）申请凭税款担保先予办理货物放行手续的情形：

①主管海关按照规定已经受理减免税备案或者审批申请，尚未办理完毕的。

②有关进口税收优惠政策已经国务院批准，具体实施措施尚未明确，海关总署已确认减免税申请人属于享受该政策范围的。

③其他经海关总署核准的情况。

注意：国家对进出口货物有限制性规定，应当提供许可证件而不能提供的，以及法律、行政法规不得担保的其他情形，不得办理减免税货物凭税款担保放行手续。

④税收担保期限：不超过6个月，经直属海关关长或其授权人批准可以予以延期，延期时间自保税担保期限届满之日起算，延长期限不超过6个月。特殊情况仍需延期

的，应当经海关总署批准。

(3)减免税货物因品质或规格原因原状退运出境(两种情况)：

①以无代价抵偿方式进口同一类型货物的，不予恢复其减免税额度；

②未以无代价抵偿方式进口同一类型货物的，可以恢复其减免税额度。需减免税申请人在原免税货物退运出境之日起 3 个月内向海关申请，经批准可恢复。

能力结构与教学建议(见表 4-1)

表 4-1　学习情境四能力结构与教学建议

<table>
<tr><th colspan="5">教学内容</th><th>教学建议</th></tr>
<tr><td rowspan="19">子情境1 特定地区减免税货物报关操作</td><td rowspan="4">特定地区概述</td><td>保税区</td><td></td><td></td><td rowspan="4">◆</td></tr>
<tr><td>出口加工区</td><td></td><td></td></tr>
<tr><td>特定地区</td><td></td><td></td></tr>
<tr><td>其他执行特殊政策地区出口货物</td><td></td><td></td></tr>
<tr><td rowspan="15">特定地区减免税货物的报关程序</td><td rowspan="4">步骤一:减免税申请</td><td rowspan="2">备案登记</td><td>保税区特定减免税货物进口备案登记</td><td rowspan="4">★注意与保税货物合同备案环节的区别</td></tr>
<tr><td>出口加工区特定减免税货物进口备案登记</td></tr>
<tr><td rowspan="2">进口申请</td><td>保税区特定减免税货物进口申请</td></tr>
<tr><td>出口加工区特定减免税货物进口申请</td></tr>
<tr><td>步骤二:进口报关</td><td></td><td></td><td>◆注意特定减免税货物自身特色</td></tr>
<tr><td rowspan="10">步骤三:申请解除监管</td><td>监管期满申请解除监管</td><td></td><td>◆</td></tr>
<tr><td rowspan="9">监管期内申请解除监管及可能发生的情形</td><td>转让</td><td rowspan="9">◆</td></tr>
<tr><td>结转</td></tr>
<tr><td>移作他用</td></tr>
<tr><td>办理贷款抵押</td></tr>
<tr><td>异地使用</td></tr>
<tr><td>退运报关</td></tr>
<tr><td>内销补税</td></tr>
<tr><td>申请变更</td></tr>
<tr><td>申请终止</td></tr>
<tr><td rowspan="8">子情境2 特定企业减免税货物报关操作</td><td colspan="4">特定企业概述</td><td>◆</td></tr>
<tr><td rowspan="7">特定企业减免税货物的报关程序</td><td rowspan="5">步骤一:减免税申请</td><td rowspan="2">备案登记</td><td>提交单证</td><td rowspan="7">◆</td></tr>
<tr><td>海关工作时限</td></tr>
<tr><td rowspan="3">进口申请</td><td>提交单证</td></tr>
<tr><td>海关工作流程</td></tr>
<tr><td>海关工作时限</td></tr>
<tr><td>步骤二:进口报关</td><td></td><td></td></tr>
<tr><td>步骤三:申请解除监管</td><td></td><td></td></tr>
</table>

续表

<table>
<tr><th colspan="5">教学内容</th><th>教学建议</th></tr>
<tr><td rowspan="11">子情境3特定用途减免税货物报关操作</td><td rowspan="4">子情境 3.1
国内投资项目</td><td rowspan="3">鼓励项目</td><td rowspan="3">业务八：国内投资项目报关业务</td><td>任务一：减免税申请</td><td>★</td></tr>
<tr><td>任务二：进口报关</td><td>★</td></tr>
<tr><td>任务三：申请解除监管</td><td>◆</td></tr>
<tr><td>技术改造</td><td></td><td></td><td>◆</td></tr>
<tr><td rowspan="4">子情境 3.2
利用外资项目</td><td rowspan="3">自有资金</td><td>外商投资研究开发中心</td><td rowspan="3"></td><td rowspan="3">◆</td></tr>
<tr><td>先进技术型企业</td></tr>
<tr><td>产品出口型外商投资企业</td></tr>
<tr><td>鼓励项目</td><td>业务九：外资设备用品报关业务</td><td></td><td>★</td></tr>
<tr><td>子情境 3.3
科教用品</td><td></td><td>业务十：科教用品报关业务</td><td></td><td>★</td></tr>
<tr><td rowspan="2">子情境 3.4
残疾人专用品项目</td><td rowspan="2"></td><td>概述</td><td rowspan="2"></td><td rowspan="2">◆</td></tr>
<tr><td>报关程序</td></tr>
</table>

子情境1　特定地区减免税货物报关操作

一、特定地区概述

特定地区主要指保税区、出口加工区、特定地区及其他执行特殊政策地区出口货物。各个特定地区减免税货物列表见表4-2。

表 4-2　各个特定地区减免税货物列表

特殊区域	特定减免税货物(均从境外进口的)
出口加工区(及珠海园区)填写进出境货物备案清单	区内企业自用的生产、管理所需设备、物资，自用交通运输工具、生活消费品除外
保税物流园区	园区的基础设施建设项目所需的设备、物资等； 园区企业为开展业务所需机器、装卸设备、仓储设施、管理设备及其维修用消耗品、零配件及工具； 园区行政机构及其经营主体、园区企业自用合理数量的办公用品，自用交通运输工具、生活消费品除外
保税区(填写进口报关单)	区内生产性的基础设施建设项目所需的机器、设备和其他基建物资； 区内企业自用的生产、管理设备和自用合理数量的办公用品及其所需的维修零配件，生产用燃料，建设生产厂房、仓储设施所需的物资、设备； 保税区行政管理机构自用合理数量的管理设备和办公用品及其所需的维修零配件，自用交通运输工具、生活消费品除外

续表

特殊区域	特定减免税货物(均从境外进口的)
保税港区	区内生产性的基础设施建设项目所需的机器、设备和建设生产厂房、仓储设施所需的基建物资; 区内企业生产所需的机器、设备、模具及其维修用零配件; 区内企业和行政管理机构自用合理数量的办公用品。自用交通运输工具、生活消费品除外
保税物流中心(保税仓库、出口监管仓库)	属于物流中心企业进口自用的办公用品、交通运输工具、生活消费品等以及物流中心开展综合物流服务所需进口的机器、装卸设备、管理设备等按进口货物办理,不属于特定减免税货物

按照征免性质分述如下。

(一)保税区

保税区进口自用物资指对保税区单独实施征减免税政策的进口自用物资。包括:保税区进口用于基础设施建设的物资,保税区行政管理机构进口自用合理数量的管理设备和办公用品,以及保税区内企业(外商投资企业除外)进口的生产设备和其他企业自用物资,免征进口关税,但照章征收监管手续费。

征免性质:保税区(307)。

(二)出口加工区

出口加工区进口用于基础设施建设的物资,出口加工区行政管理机构进口自用合理数量的管理设备和办公用品,以及出口加工区内企业进口的生产设备和其他企业自用物资;边民互市贸易中规定的金额或数量范围内进口的商品。

(三)特定地区

特定区域进口自用物资及出口货物指深圳、珠海、汕头、厦门、海南等5个经济特区及上海浦东新区和苏州工业园区在国家核定额度内实行关税和进口环节增值税先征后返还的进口自用物资及对这些地区单独实施免税政策的出口货物。

征免性质:特定区域(301)。

(四)其他执行特殊政策地区出口货物

其他执行特殊政策地区出口货物指对经济技术开发区、高新技术产业开发区等单独实施免税政策的出口货物。

征免性质:其他地区(399)。

上述四类特定区域中,保税区和出口加工区的特定减免税货物具有普遍适用性,故以下只介绍这两种情形下特定减免税货物的报关程序。

二、特定地区减免税货物的报关程序

步骤一:减免税申请

(一)备案登记

1.保税区特定减免税货物进口备案登记

保税区企业向保税区海关办理减免税备案登记时,应当提交企业批准证书、经营执照、合同、章程等备案,并将有关企业情况输入海关计算机系统。海关签发企业征免税登记手册,企业凭手册办理货物减免税申请手续;

2.出口加工区特定减免税货物进口备案登记

出口加工区企业向出口加工区海关办理减免税备案登记时,应当提交出口加工区管理委员会的批准文件、营业执照等,并将有关企业情况输入海关计算机系统。海关审核后批准建立企业设备电子账册,企业凭以办理货物减免税申请手续。

(二)进口申请

1.保税区特定减免税货物进口申请

保税区企业在进口特定减免税机器设备等货物以前,向保税区海关提交企业征免税登记手册、发票、装箱单等,并将申请进口货物的有关数据输入海关计算机系统。经海关核准后签发《进出口货物征免税证明》交申请企业。

2.出口加工区特定减免税货物进口申请

出口加工区企业在进口特定减免税机器设备等货物以前,向出口加工区海关提交发票、装箱单等,经海关核准后在企业设备电子账册中进行登记。

海关审批程序:①确定免税方式;②签发"征免税证明"。

注意:

(1)"征免税证明"的有效期一般为6个月,最长延期6个月。

(2)"征免税证明"实行"一证一批"制管理。

步骤二:进口报关

特定减免税货物进口报关阶段,由进口申报、配合查验、缴纳税费、提取货物这4个作业环节构成。这4个作业环节的一般操作步骤,参见一般进出口货物报关程序有关内容。

但是特定减免税货物与一般进口货物报关的具体手续还是有所不同的。

特定减免税货物进口报关手续注意点:

(1)特定减免税货物进口报关时,进出口货物收、发货人或其代理人除了向海关提交报关单及随附的基本单证以外,还应当向海关提交《进出口货物征免税证明》。海关在审单时从计算机调阅征免税证明的电子数据,核对纸质的《进出口货物征免税证明》。

(2)特定减免税货物一般不豁免进出口许可证件,但:①对外资、港澳台及华侨投资企业免予交验许可证件(除与公共卫生、公共安全、公共道德相关的管制外);②外商投资企业在投资总额内进口,免于交验自动进口许可证。

注意:国家对进出口货物有限制性规定,应当提供许可证件而不能提供的,以及法律、行政法规不得担保的其他情形,不得办理减免税货物凭税款担保放行手续。

(3)特定减免税货物享受减税或免税优惠,海关监管手续费目前也已基本取消。

(4)填制特定减免税货物进口报关单时，报关员应当特别注意报关单上“备案号”栏的填写。“备案号”栏内填写《进出口货物征免税证明》上的12位长编号，错写12位长编号将不能通过海关计算机逻辑审核，或者在提交纸质报关单证时无法顺利通过海关审单。

步骤三：申请解除监管

(一)监管期满申请解除监管

进口货物享受特定减免税的条件之一就是在规定的期限，使用于规定的地区、企业和用途，并接受海关的监管。特定减免税进口货物的海关监管期限按照货物的种类各有不同。

在海关监管年限内，减免税申请人应当自进口减免税货物放行之日起，在每年的第一季度向主管海关递交减免税货物使用状况报告书，报告减免税货物使用状况。

特定减免税货物自海关放行进口之日起，船舶、飞机和建筑材料满8年，机动车辆和家用电器满6年，其他机器设备和材料满5年的，原减免税申请人应当向主管海关申请解除沟关对减免税进口货物的监管。海关经审核批准，签发《减免税进口货物解除监管证明》。

(二)监管期内申请解除监管及可能发生的情形

特定减免税货物在海关监管期限以内，因特殊原因要求出售、转让、放弃，或者企业破产清算的，必须向海关申请提出有关解除监管的申请，办理海关的结关手续。

1.减免税货物转让

(1)适用情形

在海关监管年限内，减免税申请人将进口减免税货物转让给不享受进口税收优惠政策或者进口同一货物不享受同等减免税优惠待遇的其他单位的。

(2)报批手续

应当事先向减免税申请人主管海关申请办理减免税货物补缴税款和解除监管手续。

2.减免税货物的结转

(1)适用情形

在海关监管年限内，减免税申请人将进口减免税货物转让给进口同一货物享受同等减免税优惠待遇的其他单位。

(2)报批流程

①转出申请人持有关单证向转出地主管海关提出申请，转出地主管海关审核同意后签发《减免税进口货物结转联系函》(此为转出报关的备案证明，其编号即为备案号)；结转价格原则上不高于原进口价格，不低于按监管年限折旧后的余额(按月计算)；并通知转入地主管海关。

②转入申请人向转入地主管海关申请办理减免税审批手续。转入地主管海关审核无误后签发《征免税证明》。

③转出、转入减免税货物的申请人应当分别向各自的主管海关申请办理减免税货物的出口、进口报关手续。

④转出地主管海关办理转出减免税货物的解除监管手续。

(3)监管期限

①结转减免税货物的监管年限不能连续计算。

②转入地主管海关在剩余监管年限内对结转减免税货物继续实施后续监管。转入地海

关和转出地海关为同一海关的，按照上述规定办理。

3.减免税货物移作他用

(1)移作他用的报批

指在海关监管年限内，减免税申请人申请并经海关批准，可按海关批准的使用地区、用途、企业将减免税货物移作他用。

(2)移作他用的情形

①将减免税货物交给减免税申请人以外的其他单位使用；

②未按照原定地区、用途使用减免税货物；

③未按照特定地区、特定企业或者特定用途使用减免税货物的其他情形。

(3)海关管理

除海关总署另有规定外，按海关规定移作他用的，减免税申请人应按移作他用的时间补缴相应税款。

移作他用时间不能确定的，应提交相应的税款担保，税款担保不得低于剩余监管年限应补缴税款总额。

4.以减免税货物办理贷款抵押

(1)提交贷款抵押的书面申请

在海关监管年限内，减免税申请人要求以减免税货物向金融机构办理贷款抵押的，应当向主管海关提出书面申请。

(2)提供贷款抵押的担保

申请人以减免税货物向境内金融机构办理贷款抵押的，应当向海关提供下列形式担保：

①与货物应缴税款等值的保证金；

②境内金融机构提供的相当于货物应缴税款的保函。

减免税申请人以减免税货物向境外金融机构办理贷款抵押的，应当向海关提交上述①与②规定形式的担保。

(3)获准贷款抵押

经海关审核申请材料，必要时可以实地核查后同意的，减免税申请人将获得主管海关出具的“准予进口减免税货物贷款抵押通知”。

(4)贷款抵押的备案

海关同意以进口减免税货物办理贷款抵押的，减免税申请人应当于正式签订抵押合同、贷款合同之日起30日内将抵押合同、贷款合同正本或者复印件交海关备案。

(5)贷款抵押的延期

贷款抵押需要延期的，减免税申请人应当在贷款期限届满前20日内向主管海关申请办理贷款抵押的延期手续。经审核同意的，主管海关签发准予延期通知，并出具“准予办理进口减免税货物贷款抵押延期通知”。

5.减免税货物异地使用

(1)跨关区使用报批

因故需跨直属海关关区使用的，须向海关申请办理异地监管手续。需要变更使用地点的，应当向主管海关提出申请，说明理由，海关批准后方可变更。

(2)移出海关管辖地使用报批

需要移出主管海关管辖地使用的,应当事先持有关单证以及需要异地使用的说明材料向主管海关申请办理异地监管手续。

(3)异地使用后的结关

减免税申请人应及时向转入地海关申请办结异地监管手续。货物运回主管海关管辖地。

6.减免税货物退运报关

(1)报海关核准

在监管年限内,申请人将进口减免税货物退运出境或者出口的,企业应书面申请,海关审核同意后签发《减免税进口货物同意退运证明》(此为退运报关的备案证明,其编号即为备案号)。

(2)办理解除监管手续

免税货物退运出境或者出口后,减免税申请人应当持出口报关单向主管海关办理原进口减免税货物的解除监管手续。减免税货物退运出境或者出口的,海关不再对退运出境或者出口的减免税货物补征相关税款。

7.减免税货物内销补税

特定减免税货物如在监管期内需转为内销货物,由企业书面申请,海关审核同意后签发《减免税进口货物补税通知单》(此为补税报关的备案证明,其编号即为备案号),企业凭此办手续;补税价格以原进口申报价格按监管年限折旧后的余额(按月计算)审定,即:原进口价格×[1-已使用月数/(监管年限×12)];涉证商品应交证;还需办理当地外经贸主管部门同意补税的内销批准证;贸易方式为后续补税(9700)。

8.减免税货物申请变更

(1)报告变更情况

在海关监管年限内,减免税申请人发生分立、合并、股东变更、改制等变更情形的,权利义务承受人应当自营业执照颁发之日起30日内,向原减免税申请人的主管海关报告主体变更情况及原减免税申请人进口减免税货物的情况。

(2)税务处理

经海关审核,需补征税的,承受人应向原减免税申请人主管海关办理补税手续;可继续享受减免税待遇的,承受人应按规定申请办理减免税备案变更或者减免税货物结转手续。

9.减免税货物申请终止

在海关监管年限内,因破产、改制或者其他情形导致减免税申请人终止,没有承受人的,原减免税申请人或者其他依法应当承担关税及进口环节海关代征税缴纳义务的主体应当自资产清算之日起30日内向主管海关申请办理减免税货物的补缴税款和解除监管手续。

至此,特定减免税进口货物办结全部海关手续。

子情境 2　特定企业减免税货物报关操作

一、特定企业概述

特定企业主要指外商投资企业，包括外商独资企业、中外合资企业和中外合作企业。外商投资企业投资进口的设备、物品是指在投资总额内进口的自用设备等，而投资总额以外即企业自有资金进口的自用设备等则不适用。

外商投资企业进口设备、物品对应两种贸易方式：外资设备物品(2225)和合资合作设备(2025)；对应三种征免性质：中外合资(601)、中外合作(602)和外资企业(603)。具体如表4-3所示。

表 4-3　特定企业进口报关单“备案号”、“贸易方式”等栏目的逻辑对应关系

<table>
<tr><th>贸易方式</th><th>代　码</th><th>备案号</th><th>征免性质</th><th>代　码</th><th>用　途</th><th>征　免</th></tr>
<tr><td rowspan="4">合资合作设备</td><td rowspan="4">2025</td><td rowspan="2">有(Z)</td><td>中外合资</td><td>601</td><td rowspan="4">企业自用</td><td rowspan="3">全　免</td></tr>
<tr><td>中外合作</td><td>602</td></tr>
<tr><td>有(Z)</td><td>鼓励项目</td><td>789</td></tr>
<tr><td></td><td>一般征税</td><td>101</td><td>照章征税</td></tr>
<tr><td rowspan="3">外资设备物品</td><td rowspan="3">2225</td><td>有(Z)</td><td>外资企业</td><td>603</td><td rowspan="3">企业自用</td><td rowspan="2">全　免</td></tr>
<tr><td>有(Z)</td><td>鼓励项目</td><td>789</td></tr>
<tr><td></td><td>一般征税</td><td>101</td><td>照章征税</td></tr>
</table>

二、特定企业减免税货物的报关程序

步骤一：减免税申请(以下内容以杭州海关为例)

(一)备案登记

1.提交单证

(1)《进出口货物征免税备案申请表》；

(2)《国家鼓励发展的内外资项目确认书》；

(3)项目可行性研究报告批准文件或项目申请报告核准文件；

(以上两项结转项目不需提供，结转项目需提供验资报告)

(4)项目进口设备清单；

(5)外经贸部门核发的外商(或港澳台侨胞)投资企业批准证书；

(6)企业的营业执照副本复印件；

(7)企业的合同、章程；

(8)《减免税进出口设备企业须知》(法定代表人签名)；

(9)海关认为需要的其他单证。

2.海关工作时限

海关受理的登记备案申请，以海关收到申请材料之日为受理日。经审核符合登记备案

条件的，现场海关自受理之日起10个工作日内作出是否准予备案的决定。需上报总关审核的减免税备案申请，现场海关自受理之日起5个工作日内将审核意见上报关税处，经审核符合登记备案条件的，关税处自收到各单位上报的电子数据之日起5个工作日内出具审核意见；需向关税处提供全套书面资料的减免税备案申请，关税处自收到全套有效书面资料之日起5个工作日内出具审核意见。

因政策规定不明确或者涉及其他部门管理职责需与相关部门进一步协商、核实有关情况等原因，海关不能在规定时限内作出准予备案决定的，应当自该情形消除之日起15个工作日作出是否准予备案的决定。

(二)进口申请

1.提交单证

(1)《进出口货物征免税申请表》；

(2)进口合同、发票以及相关货物的产品情况资料；

(3)企业营业执照副本复印件；

(4)项目进口货物清单；

(5)海关认为需要的其他单证。

2.海关工作流程

现场海关经办人员收到齐全有效单证进行初审后，报科长、处长进行三级审批。根据规定需报关税处审批的征免税申请通过H2000通关管理系统上报关税处进行审批。

3.海关工作时限

海关受理的减免税申请，以海关收到申请材料之日为受理之日。经审核符合减免税政策规定的，现场海关自受理之日起10个工作日内予以签发《进出口货物征免税证明》；需上报总关审核的减免税备案，现场海关自受理之日起5个工作日内将审核意见上报关税处，经审核符合减免政策规定的，关税处自收到各现场上报的电子数据之日起5个工作日内出具审核意见；需向关税处提供全套书面资料的减免税申请，关税处自收到全套有效书面资料之日起5个工作日内出具审核意见。

有下列情形之一，因政策规定不明确或者涉及其他部门管理职责需要与相关部门进一步协商、核实有关情况的；需要对货物进行化验、鉴定以确定是否符合减免税政策规定的；因其他合理原因的，海关因该情形不能在受理减免税审批申请之日起10个工作日内作出准予减免税决定的，应当自情形消除之日起15个工作日作出是否准予减免税的决定。

步骤二：进口报关和步骤三：申请解除监管与“特定地区”相似，这里不再赘述。

子情境3　特定用途减免税货物报关操作

特殊用途减免税货物常见的有国内投资项目、利用外资项目、科教用品项目和残疾人用品项目，此外，还有外国政府和国际金融组织贷款项目、远洋渔业项目、远洋船舶设备及关键部件项目、自有资金项目、无偿援助项目等，本书主要讲述前四种常见项目。

子情境3.1　国内投资项目

国内投资项目(含技术改造和基本建设)主要包括如下方面。

一、鼓励项目

(1)属国家重点鼓励发展产业的国内投资项目,在投资额内进口的自用设备,除《国内投资项目不予免税的进口商品目录》所列商品外,可以免征进口关税和进口环节增值税。

(2)按照合同随设备进口的技术及配套件、备件,免征进口关税和进口环节增值税。需经省级有关部门(省计委、省经贸委)或国务院有关部门审批立项。除《国内投资项目不予免税的进口商品目录》所列商品外的国家鼓励发展项目,在取得有关批准文件后,方可办理进口设备减免税手续。

对应贸易方式:一般贸易(0110),征免性质:鼓励项目(789)。

业务八　国内投资项目报关业务

嘉兴金凯月针织面料有限公司进口德乐多功能双面小提花针织机2台、德乐电子选针单面横条间色大提花机2台。因该公司无进出口经营权,委托中国国际经济技术合作有限公司代为进口,并委托嘉兴淞海报关有限公司代理报关。详细资料见有关单证(入境货物通关单编号分别为330701110000698000、330701110000699000)。该业务的操作步骤如何?

CONTRACT
合同

合同号码(contract No.):TC/09－SH1223

Date:DECEMBER 23,2009

日期:2008 年 12 月 23 日

Buyer:China Int'L Economic And Technical Co-op Co.,Ltd.
买方:中国国际经济技术合作有限责任公司
Address:Rm:210 NO.3 MaCheng Road, HangZhou, Zhejiang, P.R.China.
地址:中国浙江省杭州马塍路 3 号
Tel:
Fax:

Enduser:
最终用户:嘉兴金凯月针织面料有限公司
Address:
地址:中国浙江省桐乡市南日经济开发区
Tel:
Fax:

Seller: TORRET GMBH
卖方:德国得乐针织机械厂
Address:
Tel:
Fax:

This Contract is made by and between the Buyer and the Seller, whereby the Buyer agrees to buy and the Seller agrees to sell the under mentioned commodity according to the terms and conditions stipulated below:
兹经买卖双方同意,按下述条款买方购进卖方售出的以下货物:
1.

COMMODITY & SPECIFICATIONS 货物名称及规格	QUANTITY 数量	COUNTRY OF ORIGIN 生产国别	MANUFACTURER 制造商	TOTAL PRICE 合计
TORRET DOUBLE JERSEY CIRCULAR KNITTING MACHINE 得乐多功能双面小提花针织机	3 SET/台	Germany 德国	TORRET GMBH 得乐针织机器厂	EUR 159,000.000 CIF Shanghai
TORRET JACQUARD SINGLE KNIT CIRCULAR KNITTING MACHINE WITH ELECTRONICAL NEEDLE SELECTION AND 4－COLOUR STRIPER 得乐电子选针单面横条间色大提花机(三功位纺织技术)	3 SET/台	Germany 德国	TORRET GMBH 得乐针织机器厂	EUR 330,000.000 CIF Shanghai
* 供货范围见附件				
合同总金额:EUR 489,000.000 C.I.F.上海				

2. PACKING

To be packed in containers suitable for long distance ocean transportation. The goods must be well protected against dampness, moisture, shock, rust. The Seller shall be responsible for the damages caused by inadequate packing.

包装：

装在适于长途海运集装箱运输，能适于气候变化、防潮、抗震、防锈及多次搬运。由于包装不成造成的损失，由卖方负责。

3. SHIPPING MARK

On the surface of each package, the package number, measurement, lifting mark, gross and net weight and the wording:"KEEP AWAY FROM MOISTURE, HANDLE WITH CARE, THIS SIDE UP" and shipping mark as follows.

唛头：

卖方需以不褪色的油漆在每件货物箱表面刷上件号、批号、毛重、净重、尺码、起吊位置和"勿使受潮"、"小心轻放"等字样。唛头如下：

TC/09－SH1223

ShangHai, CHINA

4. TIME OF SHIPMENT:　2.5 months after receipt of letter of credit.

装运时间：　收到信用证后 2.5 个月装船。

5. PORT OF SHIPMENT:　Hamburg, Germany.

装运港：　德国　汉堡港

6. PORT OF DESTINATION:　ShangHai, China.

目的港：　中国　上海港

7. INSURANCE:To be covered by the Seller for 110% invoice value against all risks, war risk including strikes, riots, and civil commotion risks.

保险：由卖方按发票金额的 110%投保一切险附加战争险及罢工民变险。

8. PAYMENT RERMS:110% by an irrevocable letter of credit due at sight to be opened 1 month before shipment.

付款方式：合同总金额 110%的不可撤销即期信用证于交货前一个月开出。

9. SHIPPING DOCUMENTS

a. Full set of clean on board ocean bill of lading made out to order and blank endorsed, marked "Freight Prepaid".

b. 3 copies of commercial invoice indicating contract number, name of goods, quantity and total price.

c. Quality certificate issued by the manufacturers in duplicate.

d. 2 copies of detailed packing list.

e. Telex of fax sent from the Seller to the Buyer in duplicate advising the shipment details as mentioned in "Shipping Advice" Clause of this Contract.

f. Insurance certificate.

装船单据：

a. 全套空白抬头、空白背书的洁净海运提单，注明"运费已付"。

b. 商业发票 3 份，列明合同号码、货物名称、数量、总价。

c. 制造商签署的质量证明 2 份。

d. 装箱明细单 2 份。

e. 装船通知的电传或传真 2 份。

f. 保险单。

10. SHIPPING ADVICE

The Seller shall notify the Buyer and the opening bank within 7 working days after the completion of the loading of the commodity by fax or telex the contract number, name of commodity, quantity, gross weight, invoiced value, name of the carrying vessel, date of sailing, weight and measurement of each package.

装船通知:卖方应在货物装船后七个工作日内立即以传真或电传方式通知买方和开证行合同号码、货物名称、数量、发票金额、船名、发运日期、每件包装的重量、体积等。

11. TERMS OF SHIPMENT

The Seller shall ship the commodity within the shipment time from the port of shipment to the port of destination, transshipment allowed.

装船条件:卖方应将货物由装运港运抵目的港,允许转运。

12. TECHNICAL DOCUMENTS

Seller will provide one set of documents, which will send with the goods. Contents of Documentation included:

a. Operating instructions
b. Circuit diagrams
c. Spare parts catalogue
d. Documents of outside makes

技术文件:卖方将提供一份档案,随机器一齐装运。

a. 操作手册 b. 电路图 c. 备件目录 d. 外供件文件

13. GUARANTEE OF QUALITY

The seller shall guarantee that the commodity is made of the best materials with first class workmanship, brand new, unused and complies in all respects with the quality, specification and performance as stipulated in the contract.

质量保证:卖方保证本合同项下货物用最好的材料以先进的工艺制造,是崭新未使用过的在质量与规格一切方面与合同的规定相符。

14. INSPECTION

a. The manufacturer shall before making delivery make a precise and comprehensive inspection of the commodity as regards the quality, specifications, quantity/weight and issue a certificate certifying that the commodity are in conformity with the stipulation of this contract. The certificate shall form an integral part of the documents to be presented to the paying bank for negotiation of payment. the result of the test must be shown and attached to the Quality Certificate.

b. After arrival of the commodity at destination port, buyer shall apply to The China Commodity Inspection bureau for a preliminary inspection of the quality, specifications and quantity/weight of the commodity and a Survey Report shall be issued thereafter. If any discrepancies are found by the Bureau regarding specifications or the quantity except when the responsibilities lie with the insurance company or shipping company the Buyer shall, on the strength of the Inspection Certificate issued by the China Commodity Inspection Bureau, has the right to reject the goods or claim against the Seller within 30 days after arrival of the commodity at the port of destination.

c. On the condition that Buyer operates and maintains the commodity properly, should the commodity is proved defective within the guarantee period, including latent defect or the use of unsuitable materials, the Buyer shall arrange for a survey to be carried out by the Bureau and have the right to claim against the Seller on the Survey Report. The Buyer shall notify the Seller of the date and time of said inspection 4 weeks in advance, enable the Seller to be present at the inspection/survey.

检验:

a. 卖方将在货物装运前,对货物的质量、数量、规格、重量根据合同进行全面细致的检验,并发出检验证书。检验证书将作为银行议付单据中不可缺少的一部分。检验结果必须在证书中记载。

b. 货物到达目的港后，买方应申请中国商检局对商品的质量和性能进行检验，并出具商检证书。如果商检局检验发现货物的质量和性能不符，除保险公司和船公司的责任外，买方有权在货物到目的港后 30 天内，凭商检证书向卖方提出拒收货物或提出索赔。

c. 如果买方在正当操作和保养情况下，在设备保修期内，发现货物存在问题或潜在的毛病，买方应申请中国商检局进行商检，并有权凭商检局出具的证书向卖方提出索赔。买方应在上述商检进行前四周通知卖方商检的日期和时间，以便卖方能够在商检时出席。

15. CLAIMS

In case that the Seller is liable for the discrepancies and a claim is lodged by the Buyer within the period of claim or quality guarantee period as stipulated in clauses 13 and 14 of this Contract, the Seller shall settle the claim upon the agreement of the buyer in one or the combination of the followings:

a. Agree to the rejection of the commodity and replacement of new commodity to the Buyer, the Seller shall bear all related expenses such as freight, insurance, inspection, storage etc.

b. Replace new parts, which conform to the specifications and quality as per this contract. the claims mentioned above shall be regarded as being accepted if the Seller fails to reply within 30 days after the Seller receives the Buyer's claim.

索赔：

若买方按照本合同第 13 条和第 14 条规定的索赔期或质量保证期内，对卖方应负责任的提出索赔，卖方将根据买方的索赔协定，按下述方式解决索赔：

a. 同意买方退货，并更换全新的货物，相关费用如运费、保险费、验收费、仓储费由卖方负担。

b. 更换按本合同规定的质量和性能相符的部件。

若上述索赔在卖方收到买方索赔通知 30 天内没有回复，将视为卖方同意买方提出的一切索赔。

16. FORCE MAJEURE

The Seller shall not be held responsible for the delay in shipment or non-delivery of the commodity due to Force Majeure, which might occur during the process of manufacturing or in the course of loading or transit. The Seller shall advise the Buyer immediately of the occurrence mentioned above and within 14 days thereafter the Seller shall send by airmail to the Buyer for their acceptance a certificate of the accident issued by competent government authorities or the Chamber of Commerce where the accident occurs as evidence thereof. Under such circumstance the Seller is still under the obligation to take all necessary measures to hasten the delivery of the commodity. In case the accident lasts for more than 3 months, the Buyer shall have the right to cancel the contract.

人力不可抗拒事故：

由于在生产或装运过程中，发生人力不可抗拒事故而使得卖方不能按期交货，卖方可不承担责任；但是卖方应在事故发生后立即书面通知买方，并在事故发生后 14 天内将事故发生地域的政府当局或商会出具的证明，空邮买方以资证明。在此情况下，卖方仍须采取一切措施加速货物的发运。如不可抗拒事故延续三个月以上，买方有权取消合同。

17. LATE DELIVERY AND PENALTY

Should the Seller fail to make delivery on time as stipulated in the contract, with exception of force majeure cause, the Buyer shall agree to postpone the delivery on condition that the Seller will pay a penalty as follows:

The rate of penalty is charged at 0.5% for every seven days; days less than seven days shall be counted as seven days. The penalty shall not exceed 2% of the total val ue of the commodity involved in the late delivery.

迟交货及罚款：

若卖方除不可抗力原因外不能按本合同规定期限交货，卖方同意按下述方式支付罚款，卖方将同意延期交货：罚款率为每七天 0.5%，不足七天按七天计算，但罚款总额不超过迟交货物总额的 2%。

18. ARBITRATION

All disputes in connection with this Contract or the execution thereof shall be settled friendly through negotiations. In case no settlement can be reached, the case may then be submitted for arbitration to the Arbitration Commission of China International Trade in accordance with the Provisional Rules of Procedures promulgated by the said Arbitration Committee. The Arbitration shall take place in Beijing and the decision of the Arbitration Committee shall be final and binding upon both parties; neither party shall seek recourse to a law court nor other authorities to appeal for revision of the decision. Arbitration fee shall be borne by the losing party.

仲裁：

与全合同有关的或因执行本合同所发生的一切争执，由签订合同的双方友好协商解决。不能解决时，提请中国国际贸易仲裁委员会根据其仲裁程式规则进行仲裁。仲裁在北京进行。其裁决为最终决定，双方都应服从；任何一方都不得向法院或其他当局申请修改裁决。仲裁费由败诉一方负担。

19. ATTACHMENTS

Attachments 1 to 2 are integral parts of this contract.

附件：

有关附件一至二是本合同不可分割的组成部分，与合同具有同等效力。

20. REMARKS

The warrant shall be valid tor a period of twelve months counting from the date of commissioning and acceptance certificate, but not later than eighteen months from the Bills of Landing, whichever occurs earl ier.

附注：

全部设备保修期为调试验收后 12 个月但不迟于提单日 18 个月，以先发生为准。

21. EFFECTIVE OF THIS CONTRACT

This Contract becomes effective upon the signing by both parties. This Contract is in duplicate. Each copy shall have the same legal effect.

合同生效：

本合同经双方签字。本合同一式两份，均具同等法律效力。

The Buyer 买方：	The Seller 卖方：
____________________	____________________

The Enduser

最终用户：

____

ATTACHMENT 1 OF CONTRACT NO. TC/08－SH1223
合同号 TC/08－SH1223 附件一

3 SETS /台　TORRET DOUBLE JERSEY CIRCULAR KNITTING MACHINE
得乐多功能双面小提花针织机
Model： UP472 型号（三功位纺织技术）

30″	Cylinder Dia.	针筒直径	
72	Feeders	给纱路数	
24	Gauge	针距	(2268×2 Needless)

3　Sets/套　Lycra Attachment on every 2nd feeders include drive，ring，belt，lycra roller and adapting parts.（WIHTOUT MER）
氨纶准备装置（隔路）包装环、传动、皮带、氨纶滑轮等。（不包括氨轮输送器）

Specifications 织机配备：
- C Frame C 型机架
- Reverse Dial Cams 针盘固定式两用三角
- Digital Frequency-Controlled Main Drive 电子变频控制器
- Motorised Fabric Take-Down System 恒张力电子马达卷布系统
- Open Side Creels with Reserve Pins 开放式落地纱架包括备用纱锭
- MPF Positive Feeder 美明格 MPF 积极式送纱器
- Central Positioned Control Panel 集中式控制面板
- Automatic Lubricator 加油器
- Needle Detectors 坏针自停装置
- Venti-Cleaner 风扇式除尘装置
- Fluff Blowing Device 自动吹针装置
- CADRATEX Fabric Spreader 方形撑布架
- Tools 调试工具
- Instruction Manual & Spare Parts Book 机器操作维修手册及零配件目录
- Spare Parts For Installation 调试用零配件

3 SETS /台　TORRET JACQUARD SINGLE KNIT CIRCULAR KNITTING MACHINE WITH ELECTRONICAL NEEDLE SELECTION AND 4－COLOUR STRIPER
得乐电子选针单面横条间色大提花机（三功位纺织技术）
Model： SCC4F548 型号

34″	Cylinder Dia.	针筒直径
48	4－Colour Striper Units	四色自动横条间色器
30	Gauge	针距

3　Sets/套　Lycra Attachment on every feeder include drive，ring，belt，lycra roller and adapting parts.（WIHTOUT MER）
氨纶准备装置（满路）包装环、传动、皮带、氨纶滑轮等。（不包括氨轮输送器）

1　Set/套　TORRET MET5000 Software 电脑花型设计程式

Specifications 织机配备：
- 3-Way Position PIEZO－Technique 三功位压电选针系统
- C Frame C 型机架
- 4－Colour Striper Boxes 四色横条间色器
- Digital Frequency-Controlled Main Drive 电子变频控制器
- Motorised Fabric Take-Down System 恒张力电子马达卷布系统
- Open Side Creels 开放式落地纱架
- SATOR Feeding System 自动间色输送器
- Central Positioned Control Panel 集中式控制面板
- Automatic Lubricator 加油器
- Needle Detectors 坏针自停装置
- Venti-Cleaner 风扇式除尘装置
- Fluff Blowing Device 自动吹针装置
- CADRATEX Fabric Spreader 方形撑布架
- Tools 调试工具
- Instruction Manual & Spare Parts Book 机器操作维修手册及零配件目录
- Spare Parts For Installation 调试用零配件

ATTACHMENT 2 OF CTR. TC/08－SH1223
合同号 TC/08－SH1223 附件二

THE SCOPE OFTECHNICAL SERVICE
技术服务范围

- The Seller should send at least one technician to the end user's plant for erection, commissioning and technical training of the contracted machines for 5 days free of charge within 14 days after informed by the Buyer. Suppose it is necessary to postpone the period of test run, both parities shall corporate to settle it through friendly negotiation. Whereas the Buyer shall provide to the Seller's technician with local transportation and working lunch.

  卖方在接到买方通知的 14 天内免费委派至少一名工程师到最终用户工厂作为期 5 天的安装调试机器和有关的技术培训。如有需要，买卖双方将通过友好协商延长日期。买方需提供卖方工程师当地交通及工作午餐。

TEST RUN PERFORMANCE FOR EQUIPMENT
设备验收

- The equipment under this contract shall be normal operated continuously under normal condition for 24 hours. The standard of the acceptance of the contracted machines is that there should not exceed five defects per ten kilograms fabric when the machine knitted with raw materials(except the defects are caused by knots, shell of cotton nut or not enough strength of yarn)。

  合同内的机器应在正常操作情况下连续运转 24 小时。设备验收标准为：当机器使用棉纱生产时每 10 公斤的胚布疵点不能超过 5 个(由纱结、棉籽或弱纱所造成的疵点除外)。

- When the results of test run performance are satisfy us the above-mentioned conditions, the authorized representative of the Buyer has to sign a commissioning and acceptance certificate for confirmation.

  当设备调试结果能达到上述条件时，买方需签署一份合格验收证明书。

德国得乐圆筒针织机

TORRET CIRCULAR KNITTING MACHINE

SCC4F548 机型——电脑选针单面横条间色大提花机

采用软碟控制和三功位技术编织，其提花技术变幻无穷。

技术特点

- 每路成圈系统采用三功位技术系统织针可进放“浮线－集圈－成圈”等各种位置。
- 采用即可编制软碟承载花型资讯，可直接控制选针。
- 每只电磁调色线装置均装有四色调线给纱器，其每只嵌纱触指均有夹纱器和剪刀。
- 选针与调色线装置之间的电子给纱器之联动由控制器内部程式完成。
- TORRET 公司提供的 SCC4F548 型针织机及其提花装置是创新各种新型提花花型之不可分割的完整系统。

带键盘控制器

带键盘编制计数机及磁片传动装置均采用了最新微型处理机技术，能装在机架中节省了空间，其控制器经专门研制，能满足编制单面彩横条提花织物所需的专门针织结构，提花和调色线资料经由 3.5 英寸即可编制磁片被读放至控制器的花形储存。

调色线装置的控制

机中各调色线装置由控制器操纵调色线资讯可与提花花型一起事先储存在磁片内，其联动由提花系统控制，控制器之键盘可直接和迅速地输入调色线装置的资料。调色线花纹也可在其后配合到提花花型上，或只作为一种调色线花纹来编织。

德国得乐圆筒针织机
TORRET CIRCULAR KNITTING MACHINE

UP472 机型——双面小提花针织机
得乐小提花选针装置是单针选针技术领域中最重要的发展,实现在同一路上仅用"单排"选针杠杆实现三功位选针

技术特点

- ■ 每路成圈系统采用三功位选针系统,变换花型灵活简便
- ■ 提花片斜向排列,花宽为 36;对称排列时,花宽为 72
- ■ 能直接精确控制提花片,保证选针的可靠性
- ■ 仅需设定选针杠杆即可调节三个编织位置,节省变换花型时间
- ■ 变换花型无须需任何辅助装置,节省生产成本
- ■ C 型机架:操作高度降低,方便调试
- ■ 快速转换针筒:充分发挥机器使用效率

三角设计
每路成圈系统的针筒织针由手动设定位置的选针杠杆个别控制,根据选针杠杆的不同设定位置,对应的提花片从而较早被压进(浮线状态)或较晚被压进(集圈状态)针筒。

每路成圈系统采用三功位选针系统,变换花
浮线或集圈时,织针是由选针杠杆控制;成圈时,织针和挺针片则由三角控制。每路成圈系统有 39 片选针杠杆,均可设定为左、中或右位置。如利用头 36 片选针杠杆配合作斜纹排列,可编织出 36 个纵行的线圈。第 37 片选针杠杆可用于对称花型。第 38 片和第 39 片选针杠杆则用于 1∶1 选针或取消个别成圈系统编织花型。得乐选针机械结构在高速运转情况下可绝对保证可靠的选针动作。针盘三角配置为双针道,每只针道都装有成圈/浮线三角或集圈/握持三角。

应用领域
UP 系列机型可用作生产各种应用于外衣、内衣以致装饰及工业用织物,包括各类八锁、棉毛和其他变换结构等织物。可使用各种不同等级棉、毛、麻、丝及其混纺纤维纱成功地编织各类优质织物。
UP 系列针织机可配置一些专用配件,使其功能更为完整,生产的织物可用于各种领域:

- ■ 氨纶装置:可将氨纶添入编织弹性小提花织物。
- ■ 衬垫装置:可配合生产内衣用衬垫保暖织物和床垫面料。
- ■ 单面添纱装置:可生产个别单面小提花织物。
- ■ 毛圈装置:可配合开针舌器或无头针生产提花毛圈面料。

Torret

Page: 1/2

Torret GmbH, Paul-Gruner-Straße 72b, D 09120 Chemnitz

CHINA INT'L ECONOMIC AND
TECHNICAL CO-OPERATION CO.,LTD.
HANGZHOU,
CHINA
TEL:
FAX:

Invoice:	35617
Date:	05.03.2010
Customer:	118158 / Order 126133
Contact:	Sabine Mehlhorn
Telephone:	
Telefax:	
E-Mail:	

COMMERCIAL INVOICE

The delivered objects remain our property until complete settlement of this invoice.

IRREVOCABLE DOCUMENTARY CREDIT NUMBER 33001010050767 DATED 2010.02.04

CONTRACT NO.: TC/09-SH1223
SERIAL NOS OF MACHINES: 35617, 35618

WE SEND THE FOLLOWING BY SEA FREIGHT STUFFED IN 1 X 40' CONTAINER:

1 WOODEN PALLET:	2.800 KG GROSS /	2.600 KG NET / DIM: 265 X 230 X 225 CM -	T.C.	35617	1/2
1 WOODEN PALLET:	2.800 KG GROSS /	2.600 KG NET / DIM: 265 X 230 X 225 CM -	T.C.	35618	2/2
TOTAL:	5.600 KG GROSS /	5.200 KG NET			

SHIPPING MARK: TC/09-SH1223

SHANGHAI CHINA

DESCRIPTION OF GOODS:
COMMODITY:TORRET DOUBLE JERSEY CIRCULAR KNITTING MACHINE
MODEL:UP472
QUANTITY:2 SETS
AMOUNT:EUR106,000.00 CIF SHANGHAI CHINA
SHIPPING MARK: TC/09-SH1223
- - - - - - - - - - - - - - - - -
SHANGHAI CHINA

Torret

Page : 2/2
Invoice no: 35617

PRICE:	CIF SHANGHAI CHINA	**EUR 106.000,00**
PAYMENT:	AGAINST IRREVOCABLE DOCUMENTARY CREDIT NUMBER 33001010050767 DATED 2010.02.04 ISSUED BY CHINA CONSTRUCTION BANK CORPORATION (ZHEJIANG BRANCH) HANGZHOU	
SHIPMENT:	FROM HAMBURG GERMANY TO SHANGHAI CHINA	
INSURANCE:	UP TO SHANGHAI SEA PORT, CHINA	
ORIGIN:	FEDERAL REPUBLIC OF GERMANY	
L/C NO.:	33001010050767	
CONTRACT NO.:	TC/09-SH1223	
SHIPPING MARK:	TC/09-SH1223 ----------------- SHANGHAI CHINA	

TORRET GMBH

Torret

Terrot GmbH, Paul-Gruner-Straße 72b, D 09120 Chemnitz

CHINA ZHEJIANG INT'L ECONOMIC AND
TECHNICAL CO-OPERATION CO.,LTD.
HANGZHOU,
CHINA
TEL:
FAX:

IRREVOCABLE DOCUMENTARY
CREDIT NUMBER 33001010050767
DATED 2010.02.04

CONTRACT NO.TC/09-SH1223
Customer/Order no: 118158 / 126133

09120 CHEMNITZ, 05.03.2010
Export / Sabine Mehlhorn

PACKING LIST

THIS IS TO INDICATE BOTH GROSS AND NET WEIGHTS,MEASUREMENTS,QUANTITY OF EACH ITEM.

1 WOODEN PALLET: 2.800 KG GROSS / 2.600 KG NET / DIM: 265 X 230 X 225 CM - T.C. 35617 1/2
1 WOODEN PALLET: 2.800 KG GROSS / 2.600 KG NET / DIM: 265 X 230 X 225 CM - T.C. 35618 2/2
TOTAL: 5.600 KG GROSS / 5.200 KG NET

SHIPPING MARK: TC/09-SH1223

SHANGHAI CHINA

PACKAGING: 2 WOODEN PALLETS STUFFED IN 1 X 40' CONTAINER

DESCRIPTION OF GOODS:

COMMODITY:TORRET DOUBLE JERSEY CIRCULAR KNITTING MACHINE
MODEL:UP472
QUANTITY:2 SETS
AMOUNT:EUR106,000.00 CIF SHANGHAI CHINA
SHIPPING MARK: TC/09-SH1223
- - - - - - - - - - - - - - - - -
SHANGHAI CHINA

CONTRACT NO.: TC/09-SH1223

L/C NO.: 33001010050767

TORRET GMBH

OCEAN BILL OF LADING

Consignor
TORRET GMBH
PAUL-GRUNER-STRASSE 72B,D-09120
CHEMNITZ GERMANY
TEL:

BSL ORIGINAL

FBL D1003015-02 DE
NEGOTIABLE FIATA MULTIMODAL TRANSPORT BILL OF LADING
issued subject to UNCTAD/ICC Rules for Multimodal Transport Documents (ICC Publication 481).

ICC

Consigned to order of
TO ORDER

BLS
Bremer Logistic Service GmbH
Hafenstr. 55
28217 Bremen
Tel: +49-421-17394-0
Fax: +49-421-17394-45
E-mail: info@bls-bremen.de
www.bls-bremen.de

Notify address
CHINA INT'L ECONOMIC AND
TECHNICAL CO-OPERATION CO.,LTD.
NO.3 MACHENG ROAD, HANGZHOU, CHINA
TEL:0571-88809539 FAX:0571-888068371

Place of receipt: CHEMNITZ

Ocean vessel: MOL COSMOS

Port of loading: HAMBURG GERMANY

Port of discharge: SHANGHAI CHINA

Place of delivery:

Marks and numbers	Number and kind of packages	Description of goods	Gross weight	Measurement
CAXU 905 568-8 SEAL: FMS 68524	1X40'CONTAINER*	SAID TO CONTAIN = 2 PALLETS	5.600,0 KG	

++++++++++++++++++++
SHIPPING MARK:

TC/09-SH1223

SHANGHAI CHINA

++++++++++++++++++++

*40'HC

COMMODITY:TORRET DOUBLE JERSEY CIRCULAR KNITTING MACHINE
MODEL:UP472
QUANTITY:2 SETS
CIF SHANGHAI CHINA
SHIPPING MARK: TC/09-SH1223

SHANGHAI CHINA

L/C NO.: 33001010050767

CONTRACT NO.: TC/09-SH1223

"FREIGHT PREPAID"

SHIPPED ON BOARD ON MS
"MOL COSMOS" ON 09.03.2010
IN HAMBURG BY: BLS BREMER
LOGISTIC SERVICE GMBH
- AS CARRIER -

5.600,0 KG
=========

according to the declaration of the consignor

H 247682

Declaration of interest of the consignor in timely delivery (Clause 6.2.)

Declared value for ad valorem rate according to the declaration of the consignor (Clauses 7 and 8).

The goods and instructions are accepted and dealt with subject to the Standard Conditions printed overleaf.

Taken in charge in apparent good order and condition, unless otherwise noted herein, at the place of receipt for transport and delivery as mentioned above.

One of these Multimodal Transport Bills of Lading must be surrendered duly endorsed in exchange for the goods. In Witness whereof the original Multimodal Transport Bills of Lading all of this tenor and date have been signed in the number stated below, one of which being accomplished the other(s) to be void.

Freight amount	Freight payable at BREMEN	Place and date of issue BREMEN, 09.03.2010
Cargo Insurance through the undersigned ☒ not covered ☐ Covered according to attached Policy	Number of Original FBL's 3/THREE	Stamp and signature BLS BREMER LOGISTIC SERVICE GMBH HAFENSTR. 55, 28217 BREMEN - AS CARRIER -
For delivery of goods please apply to:		

Torret

Page: 1/2

Torret GmbH, Paul-Gruner-Straße 72b, D 09120 Chemnitz

CHINA INT'L ECONOMIC AND
TECHNICAL CO-OPERATION CO.,LTD.
HANGZHOU,
CHINA
TEL:
FAX:

Invoice:	35619
Date:	05.03.2010
Customer:	118158 / Order 126133
Contact:	Sabine Mehlhorn
Telephone:	
Telefax:	
E-Mail:	

COMMERCIAL INVOICE

The delivered objects remain our property until complete settlement of this invoice.

IRREVOCABLE DOCUMENTARY CREDIT NUMBER 33001010050758 DATED 2010.02.04

CONTRACT NO.: TC/09-SH1223
SERIAL NOS OF MACHINES: 35619, 35620

WE SEND THE FOLLOWING BY SEA FREIGHT STUFFED IN 1 X 40' CONTAINER:

1 WOODEN PALLET:	2.600 KG GROSS /	2.400 KG NET /	DIM: 265 X 230 X 220 CM -	T.C. 35619	1/3
1 WOODEN PALLET:	2.600 KG GROSS /	2.400 KG NET /	DIM: 265 X 230 X 220 CM -	T.C. 35620	2/3
1 WOODEN PALLET:	750 KG GROSS /	720 KG NET /	DIM: 260 X 80 X 105 CM -	35619+20	3/3
TOTAL:	5.950 KG GROSS /	5.520 KG NET			

SHIPPING MARK: TC/09-SH1223

SHANGHAI CHINA

DESCRIPTION OF GOODS:
COMMODITY:TORRET JACQUARD SINGLE KNIT CIRCULAR KNITTING MACHINE
WITH ELECTRONICAL NEEDLE SELECTION AND 4-COLOUR STRIPER
MODEL:SCC4F548
QUANTITY:2 SETS
AMOUNT:EUR220,000.00 CIF SHANGHAI CHINA
SHIPPING MARK: TC/09-SH1223
- - - - - - - - - - - - - - - -
SHANGHAI CHINA

Torret

Page : 2/2
Invoice no: 35619

PRICE:	CIF SHANGHAI CHINA	**EUR 220.000,00**
PAYMENT:	AGAINST IRREVOCABLE DOCUMENTARY CREDIT NUMBER 33001010050758 DATED 2010.02.04 ISSUED BY CHINA CONSTRUCTION BANK CORPORATION (ZHEJIANG BRANCH) HANGZHOU	
SHIPMENT:	FROM HAMBURG GERMANY TO SHANGHAI CHINA	
INSURANCE:	UP TO SHANGHAI SEA PORT, CHINA	
ORIGIN:	FEDERAL REPUBLIC OF GERMANY	
L/C NO.:	33001010050758	
CONTRACT NO.:	TC/09-SH1223	
SHIPPING MARK:	TC/09-SH1223 - - - - - - - - - - - - - - - - - SHANGHAI CHINA	

TORRET GMBH

Torret

Torret GmbH, Paul-Gruner-Straße 72b, D 09120 Chemnitz

CHINA INT'L ECONOMIC AND
TECHNICAL CO-OPERATION CO.,LTD.
HANGZHOU,
CHINA
TEL:
FAX:

IRREVOCABLE DOCUMENTARY
CREDIT NUMBER 33001010050758
DATED 2010.02.04

CONTRACT NO.TC/09-SH1223
Customer/Order no: 118158 / 126133

09120 CHEMNITZ, 05.03.2010
Export / Sabine Mehlhorn

PACKING LIST

THIS IS TO INDICATE BOTH GROSS AND NET WEIGHTS,MEASUREMENTS,QUANTITY OF EACH ITEM.

1 WOODEN PALLET:	2.600 KG GROSS /	2.400 KG NET /	DIM: 265 X 230 X 220 CM -	T.C. 35619	1/3
1 WOODEN PALLET:	2.600 KG GROSS /	2.400 KG NET /	DIM: 265 X 230 X 220 CM -	T.C. 35620	2/3
1 WOODEN PALLET:	750 KG GROSS /	720 KG NET /	DIM: 260 X 80 X 105 CM -	35619+20	3/3
TOTAL:	5.950 KG GROSS /	5.520 KG NET			

SHIPPING MARK: TC/09-SH1223

SHANGHAI CHINA

PACKAGING: 3 WOODEN PALLETS STUFFED IN 1 X 40' CONTAINER

DESCRIPTION OF GOODS:

COMMODITY:TORRET JACQUARD SINGLE KNIT CIRCULAR KNITTING MACHINE
WITH ELECTRONICAL NEEDLE SELECTION AND 4-COLOUR STRIPER
MODEL:SCC4F548
QUANTITY:2 SETS
AMOUNT:EUR220,000.00 CIF SHANGHAI CHINA
SHIPPING MARK: TC/09-SH1223
- - - - - - - - - - - - - - - -
SHANGHAI CHINA

CONTRACT NO.: TC/09-SH1223

L/C NO.: 33001010050758

TORRET GMBH

OCEAN BILL OF LADING

Consignor TORRET GMBH PAUL-GRUNER-STRASSE 72B,D-09120 CHEMNITZ GERMANY TEL:	BSL ORIGINAL FBL D1003015-01 NEGOTIABLE FIATA MULTIMODAL TRANSPORT BILL OF LADING issued subject to UNCTAD/ICC Rules for Multimodal Transport Documents (ICC Publication 481)
Consigned to order of TO ORDER	BLS Bremer Logistic Service GmbH Hafenstr. 55 28217 Bremen Tel: +49-421-17394-0 Fax: +49-421-17394-45 E-mail: info@bls-bremen.de www.bls-bremen.de
Notify address CHINA INT'L ECONOMIC AND TECHNICAL CO-OPERATION CO.,LTD. NO.3 MACHENG ROAD, HANGZHOU, CHINA TEL: FAX:	
Place of receipt: CHEMNITZ	
Ocean vessel: MOL COSMOS / Port of loading: HAMBURG GERMANY	
Port of discharge: SHANGHAI CHINA / Place of delivery:	

Marks and numbers	Number and kind of packages	Description of goods	Gross weight	Measurement
HDMU 460 752-4 SEAL: FMS 68525 +++++++++++++++++++ SHIPPING MARK: TC/09-SH1223 SHANGHAI CHINA +++++++++++++++++++ * 40'DV	1X40'CONTAINER*	SAID TO CONTAIN = 3 PALLETS COMMODITY:TORRET JACQUARD SINGLE KNIT CIRCULAR KNITTING MACHINE WITH ELECTRONICAL NEEDLE SELECTION AND 4-COLOUR STRIPER MODEL:SCC4F548 QUANTITY:2 SETS CIF SHANGHAI CHINA SHIPPING MARK: TC/09-SH1223 SHANGHAI CHINA L/C NO.: 33001010050758 CONTRACT NO.: TC/09-SH1223 "FREIGHT PREPAID" SHIPPED ON BOARD ON MS "MOL COSMOS" ON 09.03.2010 IN HAMBURG BY BLS BREMER LOGISTIC SERVICE GMBH - AS CARRIER - according to the declaration of the consignor	5.950,0 KG 5.950,0 KG ==========	

H 247679

Declaration of interest of the consignor in timely delivery (Clause 6.2.)

Declared value for ad valorem rate according to the declaration of the consignor (Clauses 7 and 8).

The goods and instructions are accepted and dealt with subject to the Standard Conditions printed overleaf.

Taken in charge in apparent good order and condition, unless otherwise noted herein, at the place of receipt for transport and delivery as mentioned above.

One of these Multimodal Transport Bills of Lading must be surrendered duly endorsed in exchange for the goods. In Witness whereof the original Multimodal Transport Bills of Lading all of this tenor and date have been signed in the number stated below, one of which being accomplished the other(s) to be void.

Freight amount	Freight payable at BREMEN	Place and date of issue BREMEN, 09.03.2010
Cargo Insurance through the undersigned ☒ not covered ☐ Covered according to attached Policy	Number of Original FBL's 3/THREE	Stamp and signature BLS BREMER LOGISTIC SERVICE GMBH HAFENSTR. 55, 28217 BREMEN - AS CARRIER -
For delivery of goods please apply to:		

HYUNDAI MERCHANT MARINE CO., LTD.　**BILL OF LADING**

Shipper/Exporter (complete name and address)
BLS BREMER LOGISTIC SERVICE GMBH
HAFENSTR. 55
28217 BREMEN
GERMANY

Document No. HH113509　B/L No. HDMU

Export References

Consignee (complete name and address)
SAFCO LOGISTICS (SHANGHAI) CORP
ROOM 1108, THE SILVABAY TOWER
269, HAI NING ROAD
200080 SHANGHAI, CHINA

Forwarding Agent References

Point and Country of Origin

Notify Party (complete name and address)
-- SAME AS COSNIGNEE --
PHN:
FAX:
PIC: KEN CHANG

Domestic Routing / Export Instructions

Pre-Carriage by　Place of Receipt HAMBURG CY

Ocean Vessel / Voyage / Flag MOL COSMOS　Port of Loading HAMBURG

Onward Inland Routing

Port of Discharge SHANGHAI　For Transshipment to　Place of Delivery SHANGHAI CY　Final Destination (For the Merchant's Ref.)

PARTICULARS FURNISHED BY SHIPPER

Container No. / Seal No. Marks and Numbers	No. of Containers or Pkgs	Description of Packages and Goods	Gross Weight	Measurement
		SHIPPER'S LOAD, STOWAGE AND COUNT SAID TO CONTAIN 1 X 40'DC AND 1 X 40'HC CONTAINER AS PER ATTACHED STATEMENT . . . FREIGHT PREPAID DESTINATION THC COLLECT COPY NON NEGOTIABLE WAYBILL PROCEDURE CAKU8055688/68524　DC 4H　HDMU4607524/MS68525　DC 40	KGS 11,550.000	

for the carrier HYUNDAI MERCHANT MARINE CO., LTD as agent HYUNDAI MERCHANT MARINE (DEUTSCHLAND) GMBH

Total Number of Containers or Packages (in Words)　2/TWO

Freight & Charges	Rate	Unit	Prepaid	Collect
FREIGHT AS ARRANGED				

SHIPPED ON BOARD
ON MAR. 09, 2010
ON MOL COSMOS
FROM HAMBURG
for the carrier HYUNDAI MERCHANT MARINE CO., LTD.
as agent
HYUNDAI MERCHANT MARINE (DEUTSCHLAND) GMBH

Declared Value　USD

PACKAGE LIMITATION CLAUSE

Total Charges

Number of Original B(s)/L　NIL

On Board Date　MAR. 09, 2010

Dated at BREMEN, 09.MAR.2010

HYUNDAI MERCHANT MARINE CO., LTD. AS CARRIER

By

as Agent HYUNDAI MERCHANT MARINE (DEUTSCHLAND) GMBH

SHIPPER'S LOAD, STOWAGE AND COUNT
SAID TO CONTAIN

[illegible] 1 X 40'DC CONTAINER 3 PALLETS 5950 KGS
[illegible] 1 X 40'HC CONTAINER 2 PALLETS 5600 KGS

SHIPPING MARK: COMMODITY: TORRET DOUBLE JERSEY CIRCULAR
TC/09-SH1223 KNITTING MACHINE
MODEL: UP472
SHANGHAI CHINA QUANTITY 2 SETS
SHIPPING MARK:
TC/09-SH1223
SHANGHAI CHINA

COMMODITY; TORRET HACQUARD SINGLE KNIT
CIRCULAR KNITTING MACHINE WITH ELECTRONICAL
NEEDLE SELECTION AND 4-COLOUR STRIPER
MODEL: SCC4F548
QUANTITY: 2 SETS
SHIPPING MARK:
TC/09-SH1223
SHANGHAI CHINA

PHONE NO.　　　　APR. 12 2010 04:35

上海鹏海国际船舶代理有限公司
Penghai Shipping Agency Limited
进口集装箱货物提货单
DELIVERY ORDER

换单日期

	收货人开户 银行与帐号		
船名 MSL COSMOS	航次 0108	起运港 Hamburg	目的港 Penghai	船舶预计到港时间 20100412
提单号 HBMUHBWB	交付条款 CY-CY	卸货地点 洋山码头三期	进库场日期	第一程运输

标记与集装箱号	货名	集装箱数或件数	重量(KGS)	体积(M³)
918676		5	11,550.0000	
40 DC / 40 DC	SHIPPER'S LOAD, STOWAGE AND COUNT SAID TO CONTAIN 1 X 40'DC AND 1 X 40'HC CONTAINER AS PER ATTACHED STATEMENT . . . FREIGHT PREPAID DESTINATION THC COLLECT NON NEGOTIABLE WAYBILL PROCEDURE SHIPPER'S LOAD, STOWAGE AND COUNT SAID TO CONTAIN 1 X 40'DC CONTAINER	3 PALLETS	5950 KGS	

船代公司重要提示：	收货人章 1	海关章 2
本提货单中有关船、货内容按照提单的相关显示填制； 如发现有与提单内容错误之处，否则本公司不承担由此产生的责任和损失；(Error And Omission Excepted) 本提货单仅为向承运人或承运人委托的雇佣人或替承运人保管货物的合法收货人提货的凭证，不得买卖转让；(Non-negotiable) 在本提货单下，承运人代理人及雇佣人的任何行为，均应被视为代表承运人的行为，均应享受承运人享有的免责、责任限制和其他任何抗辩理由；(Himalaya Clause) 本提货单中列的船舶预计到港时间，不作为申报进境和计算滞报金、滞箱费、堆存费等的依据，因未能及时换单和提货造成的损失，责任自负； 本提货单中的中文译文仅供参考。 上海鹏海国际船舶代理有限公司 （盖章有效） 年　月　日	检验检疫章 3	4
注意事项： 本提货单需盖有船代放货章和海关放行章后方始有效。凡属法定检验、检疫的进口商品，必须向检验检疫机构申报。 提货人到码头公司办理提货手续时，应出示单位证明或经办人身份证明。提货人若非本提货单记名收货人时，还应当出示提货单记名收货人开具的证明，以表明其为有权提货的人。 货物超过港口规定期限，码头公司可以按《上海港口货物疏运管理条例》的有关规定处理。在规定期间无人提取的货物，按《海关法》和国家有关规定处理。	5	6

GS04

进出口货物征免税证明

******
主页
******

****
进口
****

第1页　共1页

编号：Z29081000132

申请单位：嘉兴金凯月针织面料有限公司	征免性质/代码：鼓励项目 / 789	审批依据：海关总署[2008]第65号
发证日期：2010 03 年 08 月 日	有效期：至 2010 09 04月 日止	
到货口岸：嘉兴海关	合同号：TC/09-SH1223	中外合资

序号	货名	规格	税号	数量	单位	金额	币制	主管海关审批征免意见 关税	增值税	其它
1	得乐多功能双面小提花针织机/UP472型		8447120000	2.00	台	106000.00	EUR	0%	17%	
	<以下空白>									
2										
3										
4										
5										
备注										

审批海关签章：	核放海关批注：	注意事项：
嘉兴海关 负责人： 年　月　日	负责人： 年　月　日	1. 本表使用一次有效，如同一合同货物分口岸进口，应分别填写，一份合同内货物分批到货的，应向审批海关申明，并按到货期分填此表。 2. 表中"征免性质/代码"栏应按海关H883(H2000)规范要求正确填写。 3. "审批依据"栏应由主管海关减免税审批部门填明批准减免税所依据的文件号。 4. 货物进口时应向海关交验本表，复印件无效。 5. 本表自签发之日起半年内有效，逾期应向原审批海关申请展期或退单，如遇政策调整，有效期应服从有关规定。 6. 经批准进口的货物如拟移作他用、转让或出售，原申请单位应事先报请原批准海关核准，并应按法补税，否则，海关将依法处理。

2010　03　08　　海关　　处　　邮编：

第二联　送交进口地海关凭以减免税

GS04

进出口货物征免税证明

******
主页
******

******
进口
******
编号：

申请单位：第1页　共1页 嘉兴金凯月针织面料有限公司	征免性质/代码： 鼓励项目 / 789	审批依据：Z29081000131 海关总署[2008]第65号
发证日期：2010 年 03 月 08 日	有效期　至 2010 年 09 月 04 日止	
到货口岸：嘉兴海关	合同 TE/09-SH1223 中外合资	

序号	货名	规格	税号	数量	单位	金额	币制	主管海关审批征免意见：关税	增值税	其它
1	得乐电子选针单面横条间色大提花机/SCC4F		8447120000	2.00	台	220000.00	EUR	0%	17%	
2	〈以下空白〉									
3										
4										
5										
备注										

审批海关签章：	核放海关批注：	注意事项：
嘉兴海关 负责人： 年　月　日	负责人： 年　月　日	1. 本表使用一次有效。如同一合同货物分口岸进口，应分别填写一份；合同内货物分批到货的，应向审批海关申明，并按到货期分填此表。 2. 表中"征免性质/代码"栏应按海关H883(H2000)规范要求正确填写。 3. "审批依据"栏应由主管海关减免税审批部门填明批准减免税所依据的文件号。 4. 货物进口时应向海关交验本表，复印件无效。 5. 本表自签发之日起半年内有效，逾期应向原审批海关申请展期或退单。如遇政策调整，有效期应服从有关规定。 6. 经批准进口的货物如拟移作他用、转让或出售，原申请单位应事先报请原批准海关核准，并应依法补税，否则，海关将依法处理。

2010　03　08　　海关　　处　　邮编：

第二联　送交进口地海关凭以减免税

仅供办理转关手续用

中华人民共和国海关进口货物报关单

预录入编号：080204011 申报现场：嘉兴海关(2908) 海关编号：080204011

进口口岸 (2248) 洋山港区		备案号 Z29081000132		进口日期 20100413	申报日期
经营单位 (3301910055) 中国国际经济技术合作有限公司		运输方式 水路运输	运输工具名称 @1022482908500051	提运单号	
收货单位 嘉兴金凯月针织面料有限公司		贸易方式 (0110) 一般贸易		征免性质 (789) 鼓励项目	征税比例
许可证号	启运国（地区） (304) 德国		装货港 (2110) 汉堡		境内目的地 (33049) 嘉兴
批准文号	成交方式 CIF	运费		保费	杂费
合同协议号 TC/09-SH1223	件数 2	包装种类 托盘		毛重（千克） 5600	净重（千克） 5200
集装箱号	随附单证 入境货物通关单				用途 企业自用

标记唛码及备注

备注：与290820101080204012拼，品牌：TERROT，圆筒直径：30″，圆筒针织机，每路成圈采用三功位选针技术，生产各种外
随附单证号：330701110000698000

项号	商品编号	商品名称、规格型号	数量及单位	原产国（地区）	单价	总价	币制	征免
1 (1)	84471200.00	得乐多功能双面小提花针织机 UP472型	2台 2台	德国 (304)	53000.0000	106000.00	(300) 欧元	特案

税费征收情况

录入员 录入单位 3300000114723	兹申明以上申报无讹并承担法律责任	海关审单批注及放行日期（签章）	
报关员		审单	审价
单位地址	申报单位（签章）嘉兴 嘉兴淞海报关有限公司	征税	统计
邮编 电话	填制日期 2010.04.13	查验	放行

嘉兴淞海报关有限公司 报关专用章

1/1

仅供办理转关手续

中华人民共和国海关进口货物报关单

预录入编号：080204012　申报现场：嘉兴海关(2908)　海关编号：080204012

进口口岸 (2248) 洋山港区	备案号 Z29081000131	进口日期 20100413	申报日期
经营单位 (3301910055) 中国国际经济技术合作有限公司	运输方式 水路运输	运输工具名称 @1022482908500052	提运单号
收货单位 嘉兴金凯月针织面料有限公司	贸易方式 (0110) 一般贸易	征免性质 (789) 鼓励项目	征税比例
许可证号	启运国（地区）(304) 德国	装货港 (2110) 汉堡	境内目的地 (33049) 嘉兴
批准文号	成交方式 CIF	运费	保费	杂费
合同协议号 TC/09-SH1223	件数 3	包装种类 托盘	毛重（千克）5950	净重（千克）5520
集装箱号 HDMU4607524 * 2(4)	随附单证 入境货物通关单			用途 企业自用

标记唛码及备注

备注：与290820101080204011拼，品牌：TERROT，圆筒直径：34″，圆筒针织机，采用软碟控制和三功位编织技术，直接控制

随附单证号：330701110000699000

集装箱号：CAXU9055688

项号	商品编号	商品名称、规格型号	数量及单位	原产国（地区）	单价	总价	币制	征免
1 (1)	84471200.00	得乐电子选针单面横条间色大提 SCC4F548型	2台 2台	德国 (304)	110000.0000	220000.00	(300) 欧元	特案

税费征收情况

录入员　录入单位 8300000114723	兹申明以上申报无讹并承担法律责任	海关审单批注及放行日期（签章）
报关员		审单　审价
单位地址	申报单位（签章） 嘉兴淞海报关有限公司	征税　统计
邮编　电话	填制日期 2010.04.13	查验　放行

（印章：嘉兴淞海报关有限公司 嘉兴 报关专用章）

1/1

任务一:减免税申请

任务描述:

特定企业减免税申请主要有两个步骤。

1.备案登记

国内投资企业向企业主管海关办理减免税备案登记,提交国家鼓励发展的内外资项目确认书、营业执照等,海关审核后准予备案的,即签发《征免税登记手册》,企业凭以办理货物减免税申请手续。

2.进口申请

企业在进口特定减免税机器设备等货物以前,向主管海关提交《征免税登记手册》、发票、装箱单等,并将申请进口货物的有关数据输入海关计算机系统。经海关核准后签发《进出口货物征免税证明》交申请企业。

步骤一:备案登记

一、嘉兴金凯月针织面料有限公司向嘉兴海关提交的单证

(1)《进出口货物征免税备案申请表》;

(2)《国家鼓励发展的内外资项目确认书》(结转项目提供"技术改造项目确认登记证明");

(3)项目可行性研究报告批准文件、项目申请报告核准文件或项目备案文件;

(4)项目进口设备清单;

(5)嘉兴金凯月针织面料有限公司的营业执照副本复印件;

(6)《减免税进出口设备企业须知》(法定代表人签名);

(7)海关认为需要的其他单证。

二、海关工作流程

现场海关经办人员收到齐全有效单证进行初审,报科长、处长审批通过后,报关税处进行复审,同时将全套单证上报关税处。

三、海关工作时限

海关受理的登记备案申请,以海关收到申请材料之日为受理日。经审核符合登记备案条件的,现场海关自受理之日起10个工作日内作出是否准予备案的决定。需上报总关审核的减免税备案申请,现场海关自受理之日起5个工作日内将审核意见上报关税处,经审核符合登记备案条件的,关税处自收到各单位上报的电子数据之日起5个工作日内出具审核意见;需向关税处提供全套书面资料的减免税备案申请,关税处自收到全套有效书面资料之日起5个工作日内出具审核意见。

因政策规定不明确或者涉及其他部门管理职责需与相关部门进一步协商、核实有关情况等原因,海关不能在规定时限内作出准予备案决定的,应当自该情形消除之日起15个工作日作出是否准予备案的决定。

步骤二:进口申请

一、嘉兴金凯月针织面料有限公司向嘉兴海关提交的单证

(1)《进出口货物征免税申请表》;

(2)进口合同、发票以及相关货物的产品情况资料;

(3)嘉兴金凯月针织面料有限公司营业执照;

(4)项目进口货物清单;

(5)海关认为需要的其他单证。

二、海关工作流程

现场海关经办人员收到齐全有效单证进行初审后,报科长、处长进行三级审批。根据规定需报关税处审批的征免税申请通过 H2000 通关管理系统上报关税处进行审批。

三、海关工作时限

海关受理的减免税申请,以海关收到申请材料之日为受理之日。经审核符合减免税政策规定的,现场海关自受理之日起 10 个工作日内予以签发《进出口货物征免税证明》;需上报总关审核的减免税备案,现场海关自受理之日起 5 个工作日内将审核意见上报关税处,经审核符合减免政策规定的,关税处自收到各现场上报的电子数据之日起 5 个工作日内出具审核意见;需向关税处提供全套书面资料的减免税申请,关税处自收到全套有效书面资料之日起 5 个工作日内出具审核意见。

有下列情形之一,因政策规定不明确或者涉及其他部门管理职责需要与相关部门进一步协商、核实有关情况的;需要对货物进行化验,鉴定以确定是否符合减免税政策规定的;因其他合理原因的,海关因该情形不能在受理减免税审批申请之日起 10 个工作日内作出准予减免税决定的,应当自情形消除之日起 15 个工作日作出是否准予减免税的决定。

任务二:进口报关

任务描述:

特定用途(国内投资项目)减免税货物进口报关操作与一般进口报关大同小异。其注意点见本情境子情境 1:特定企业特定减免税货物进口报关。这里只介绍报关单填报的内容。

步骤一:审单操作

一、确定商品品名、税则号及相关事项

据“设备说明”,本次业务商品品名为:“得乐多功能双面小提花针织机”、“得乐电子选针单面横条间色大提花机”,税则号都应为“8447.1200.00”,查该税则号对应的监管条件为“AB”,即进口需经过商检,领取《入境货物通关单》。

两台设备已经分别备案,领取《征免税证明》,应分别填写报关单。

二、规格型号

根据以上信息,查《中华人民共和国进出口商品规范申报说明》,税目 8447.1200.00 的申报要素包括“1.品名;2.品牌;3.原理;4.型号;5.圆筒直径”。据此:

“得乐多功能双面小提花针织机”可填报:“得乐多功能双面小提花针织机(品名)”、

“UP472 型(规格)”、“品牌:TORRET”、“圆筒直径:30″”、“圆筒针织机,每路成圈采用三功位选针技术,生产各种应用于外衣、内衣以致装饰及工业用织物(原理)”;

“得乐电子选针单面横条间色大提花机”可填报:“得乐电子选针单面横条间色大提花机(品名)”、“SCC4F548 型(规格)”、“品牌:TORRET”、“圆筒直径:34″”、“圆筒针织机,采用软碟控制和三功位编制技术,直接控制选针”

步骤二:输单操作

以下逐一讲述本次业务报关单栏目的填写,与一般进出口报关单相近的见表 4-4,与一般进出口报关单不同栏目的将详细介绍。相关栏目序号沿用上文讲述进口报关单栏目的序号。

“德乐多功能双面小提花针织机”的报关单填报见表 4-4。

表 4-4 特定企业减免税货物进口报关单输单操作

序号	报关单栏目	信息来源	本次业务操作
1	申报地海关	货物申报地所属直属关区/口岸海关名称及代码。	洋山港区(2248)
2	录入单位	系统读取企业操作员 IC 卡上的信息并自动返填	嘉兴淞海报关有限公司
3	操作员	系统读取企业操作员 IC 卡上的信息并自动返填	不可编辑
4	统一编号	系统自动生成	无需输入
5	预录入编号	接受申报的海关决定编号规则,计算机自动打印	080204011
6	海关编号	海关接受申报时给予报关单的编号	080204011
9	合同协议号	合同或协议:合同(包括协议或订单)编号	TC/08—SH1223
10	进口日期	相应的运输工具进境日期	20100413
11	申报日期	预录入及 EDI 报关单向海关申报的日期,与实际情况不符时,由审单关员按实际日期修改批注。	无需输入
12	经营单位	合同或协议:对外签订并执行贸易合同的中国境内法人、其他组织或个人的名称及海关注册编码	中国国际经济技术合作有限公司(3301910055)
13	单位性质	由计算机根据“经营单位”内容自动显示	无需输入
14	收货单位	进口货物在境内的最终消费、使用单位的名称,根据委托方提供的资料	嘉兴金凯月针织面料有限公司
15	申报单位	对申报内容真实性直接向海关负责企业或单位	嘉兴淞海报关有限公司
16	运输方式	提单(水路运输)或空运运单(航空运输)	水路运输
17	运输工具名称	转关运输,填写@+转关运输申报单编号	@1022482908500051
18	航次号	转关运输,免予填报	无需填写
19	提运单号	转关运输,无需填写	无需填写
22	征免比例		无需填写
23	纳税单位	根据实际情况填写	嘉兴金凯月针织面料有限公司

续表

序　号	报关单栏目	信息来源	本次业务操作
24	许可证号	国务院商务主管部门及其授权发证机关签发的进、出口货物许可证的编号	本次业务无需填写
25	启运国(地区)	提运单据。根据提单中 Port of Loading 栏	德国(304)
26	装货港	提运单据。根据提单中 Port of Loading 栏	汉堡(2110)
27	境内目的地	系统根据"收货单位"自动生成	嘉兴(33049)
28	批准文号		进口报关免予填报
29	成交方式	发票的价格条款	CIF
30	运费	发票	无需填写
31	保费	发票	无需填写
32	杂费	发票	本次业务无需填写
33	件数	装箱单(packing list)中"Quantity/Unit"一栏所填内容	2
34	包装种类	装箱单(packing list)中"Quantity/Unit"一栏所填内容	托盘
35	毛重	装箱单、提单中 GROSS WEIGHT 栏	5600KGS
36	净重	装箱单、提单中 NET WEIGHT 栏	5200KGS
37	集装箱号	提单 DESCRIPTIONS OF PACKAGES AND GOODS 栏	(填在另一张报关单)
38	随附单据	根据业务资料中监管证件情况及《监管证件代码表》	A
40	序号	报关单中的商品顺序编号	1
42	商品编号	根据商品品名确定	8447.1200.00
44	原产地	合同发票以 made in...,manufacture,country of original等来表示。	德国(304)
46	单价	发票	53000.0000
47	总价	发票	106000.00
48	币制	发票	欧元

7.进口口岸:指货物实际进入我国关境口岸海关的名称。本栏目应根据货物实际进口的口岸海关,选择填报《关区代码表》中相应的口岸海关名称及代码。

在特定减免税货物中,需要注意的是,应填《减免税证明》中规定的口岸及代码;

本次业务操作:到货关区为"洋山港区",查《减免税证明》,"到货口岸"为"嘉兴海关",货到洋山港区后申请转关运输,至嘉兴海关申报,符合规定。

8.备案号:在特定减免税货物报关时,本栏目填报海关核发的《进出口货物征免税证明》的编号。减免税货物补税进口,填报《减免税货物补税通知书》的编号;减免税货物结转进口

(转入),填报《征免税证明》的编号;相应的结转出口(转出),填报《减免税进口货物结转联系函》的编号。一份报关单只允许填报一个备案号。

本次业务操作:查《征免税证明》,其编号为 Z29081000132,将该编号填入。

20.贸易方式(监管方式):应根据实际情况,并按海关规定的《贸易方式代码表》选择填报相应的贸易方式简称或代码。一份报关单只允许填报一种贸易方式。

本次业务操作:一般贸易 0110。

21.征免性质:本栏目应根据实际情况按海关规定的《征免性质代码表》选择填报相应的征免性质简称及代码,持海关核发的《征免税证明》的,应按照《征免税证明》中批注的征免性质填报。贸易方式和征免性质应符合逻辑检查的要求,否则不予通过。

本次业务操作:查《征免税证明》,征免性质为"鼓励项目 789"。

39.备注:QuickPass 预录入系统中,备注栏前 30 字节可供操作员录入其他申报时必须说明的事项,回车后从第 40 个字节位录入在随附单据栏出现的证件的编号,格式为"证件代码:编号",无编号的为"证件代码:"。例如:随附单据栏填报为"AE",则从备注栏的第 40 个字节位应该录入"A:00001E:34214"。此处应与随附单据栏保持一一对应。

本次业务操作:填"与 2908201010080204012 拼"、"品牌:TORRET"、"圆筒直径:30″"、"圆筒针织机,每路成圈采用三功位选针技术,生产各种应用于外衣、内衣以致装饰及工业用织物(原理)""随附单证号:330701110000698000"。

41.备案序号:

对于特定减免税货物来说,填报和打印该项货物在《征免税证明》等备案、审批单证中的顺序编号。

本次业务:"得乐多功能双面小提花针织机"在《征免税证明》中的顺序编号为"1"。

43.商品名称、规格:

特定减免税货物是已进行合同备案的货物,填报的内容必须与备案登记中同项号下货物的商品名称一致。

本次业务操作:填"得乐多功能双面小提花针织机(品名)"、"UP472 型(规格)"、"品牌:TORRET"、"圆筒直径:30″"、"圆筒针织机,每路成圈采用三功位选针技术,生产各种应用于外衣、内衣以至装饰及工业用织物(原理)"(其中部分显示为备注)。

45.数量及单位:

特定减免税货物是已进行合同备案的货物,成交计量单位必须与《征免税证明》中同项号下货物的计量单位一致,

减免税货物、成套设备如需分批进口,货物实际进口时,应按实际报验状态确定数量。

本次业务操作:查《征免税证明》:数量及单位为:2.00 台,应填报内容:

第一行:2.000 台;第二行:0.000;第三行:2.000 台。

49.征免:

指海关对进(出)口货物进行征税、减税、免税或特案处理的实际操作方式。

本次业务操作:查《征免税证明》:海关对于本次业务给予"特案"的待遇。

注意:按杭州海关规定,2009 年以后,投资(国内外)项目的征免填报"特案",非投资项目填报"全免"。具体区别是投资项目免关税,不免增值税,其他如科教用品、残疾人专用品则仍然免关税和进口环节增值税、消费税。

50.用途：

应根据进口货物的实际用途按海关规定的《用途代码表》选择填报相应的用途代码。

本次业务应填写：企业自用。

本次业务另一台设备“得乐电子选针单面横条间色大提花机”报关单填报内容与上述内容相近，这里不再赘述。

任务三：申请解除监管

任务描述：

与特定地区减免税货物申请解除监管的操作相近，这里不再赘述。

二、技术改造

指企业技术改造进口货物指为了鼓励引进国外先进技术，促进企业技术改造和产品升级换代，提高综合经济效益，现有生产企业为进行技术改造按照有关征减免税政策进口必需的先进技术、机器、仪器和设备。

包括：(1)技改项目进口货物；(2)综合利用技术改造项目进口货物。

对应贸易方式：一般贸易(0110)，征免性质：技术改造(403)。

子情境 3.2　利用外资项目

利用外资项目主要指属于国家鼓励发展产业的外商投资企业、外商研究开发中心、先进技术型、产品出口型的外商投资企业，在企业投资额以外的自有资金(指企业储备基金、发展基金、折旧、税后利润)内，对原有设备更新和维修进口国内不能生产或性能不能满足需要的设备以及上述设备配套的技术、配件、备件，可以免征进口关税。

一、自有资金

包括以下情形：

(1)外商投资研究开发中心(持外商投资研究开发中心的批准文件)

(2)先进技术型企业(外经贸部门出具《外商投资先进技术企业证书》，有效期内)；

(3)产品出口型外商投资企业(持外经贸部门出具的、有效期内的《外商投资产品出口企业确认证书》)。

对应贸易方式：一般贸易(0110)，征免性质：自有资金(799)。

二、鼓励项目

鼓励类和限制乙类外商投资企业，由项目审批部门在《外商投资企业进口设备更新技术及配件证明》或《技术改造确认登记证明》注明适用的鼓励项目条目。

对应贸易方式：一般贸易(0110)，征免性质：鼓励项目(789)。

内外资企业进口物品不同情形下的报关单各栏目逻辑对应关系如表 4-5 所示。

表 4-5　内外资企业进口物品不同情形下的报关单各栏目逻辑对应关系

<table>
<tr><th>企　业</th><th colspan="2">情　形</th><th>贸易方式</th><th>代　码</th><th>备案号</th><th>征免性质</th><th>代　码</th><th>征　免</th><th>类　别</th></tr>
<tr><td rowspan="2">内资企业</td><td colspan="2">国家鼓励发展项目</td><td rowspan="2">一般贸易</td><td rowspan="2">0110</td><td rowspan="2">有(Z)</td><td>鼓励项目</td><td>789</td><td rowspan="7">全免</td><td rowspan="2">特定用途</td></tr>
<tr><td colspan="2">为技术改造而进口必需机器、设备</td><td>技术改造</td><td>403</td></tr>
<tr><td rowspan="6">外资企业</td><td rowspan="3">投资额内</td><td>中外合资</td><td rowspan="2">合资合作设备</td><td rowspan="2">2025</td><td rowspan="2">有(Z)</td><td>中外合资</td><td>601</td><td rowspan="3">特定企业</td></tr>
<tr><td>中外合作</td><td>中外合作</td><td>602</td></tr>
<tr><td>外资企业</td><td>外资设备物品</td><td>2225</td><td>有(Z)</td><td>外资企业</td><td>603</td></tr>
<tr><td rowspan="3">投资额外</td><td>外经贸或其他有关部门出具批准文件</td><td rowspan="3">合资合作设备或外资设备物品</td><td rowspan="3">2025
或
2225</td><td rowspan="3">无</td><td>自有资金</td><td>799</td><td rowspan="2">特定用途</td></tr>
<tr><td>国家鼓励发展项目</td><td>鼓励项目</td><td>789</td></tr>
<tr><td>无批准文件或项目确认书</td><td>一般征税</td><td>101</td><td>照章征税</td><td></td></tr>
</table>

业务九　外资设备用品报关业务

惠阮模具(嘉兴)有限公司进口全自动数控铣床 1 台，激光焊接机 1 台，委托嘉兴淞海报关有限公司代理进口报关业务，详细资料见有关单证(入境货物通关单编号分别为 310700108229598000、310700108229594000)。该业务的操作步骤如何？

SALES AGREEMENT

NO : HW0807-02

This Agreement is made this[25th of July, 2008] by and between [HYEWIN MOULD (JIAXING) Co., Ltd], with its registered office at [Gang Shan Road Jiaxing Economic Development Zone, Zhejiang. CHINA]("Buyer") and [HYEWIN INDUSTRIAL Co., Ltd], with its registered office at [826 Oecheon-ri Buyong-myeon, Cheongwon-goon, Choong cheon buk-do, KOREA]("Seller")

WITNESSETH

WHEREAS, the Buyer desires to purchase from the seller and the seller desires to sell to the Buyer Machining Center (Type : Mynx750) OF 1 SET. NOW, THEREFORE, in consideration of the premises and covenants herein contained the parties hereto agree as follows:

Article 1. Sale of Goods

1.1 The Buyer shall purchase from the seller and the seller shall sell to the Buyer: Machining Center (Type : Mynx750) of 1 SET

Article 2. Price & Payment

2.1 The agreed total unit price Three hundred Forty thousand United Stated Dollars only (US $340,000) on [FOB. BUSAN] basis.

2.2 The payment shall be made by telegraphic transfer (T/T) as following After. Installation and Test of the operating the Machining Center (Mynx750)

Article 3. Shipment of the Goods

3.1 The Goods shall be delivered by the seller to the Buyer plant in China within 31st day of Oct. 2008.

3.2 Responsibility through Transportation

1. The seller plant to the port-------The seller has responsibility
2. The port to the buyer plant--- ---The buyer
3. The unloading to the installation---The buyer

Article 4. Packing and Marking

4.1 The Goods shall be packed and marked in the manner customary for exporting. In case special instructions are necessary, Buyer shall furnish seller with such instructions in time for preparation or shipment of the goods.

Article 5. Insurance

5.1 Buyer shall effect marine insurance on all shipment on [ICCB] for 110% of the invoice amount.

Article 6.Warranty

6.1 The Seller is hereby expressly warranted to be free from defect in material and workmanship under normal use and service.

6.2 This Warranty shall be limited to a period of [12months]. after delivery. However, the Buyer will cover follow expenses.

1. Return Airfare.
2. Accommodation fee.
3. Breach from clear operating failure.

Article 7.Claim

7.1 Any claims by Buyer of whatever nature arising under this contract shall be made in writing. And forwarded by registered mail to seller. The seller will have responsible for dealing claim. The proper action will be taken by seller immediately. However, with agreement between parties, the expense will be paid within one month of commercial invoice date.

Article 8. Language

This Agreement is written and has been executed in English language.

Article 9. Governing Law

9.1 The validity, performance, construction, and effect of the Agreement shall be governed by the laws of the Republic of Korea.

Article 10. Entire Agreement

10.1 This Agreement constitutes the entire agreement between the parties all prior representation having been merged herein, and may not be modified except by a writing signed by a duly authorized representatives of both parties:

Article 11. Effective Date and Term

11.1 This Agreement shall become effective upon signing of the duly authorized representatives of both parties and remain in full force and effect up to [October, 2009]

11.2 Only under the Both Parties consent The Effective Date and Term shall be extended.

IN WITNESS WHEREOF, the parties have executed this Agreement as of the date first above written.

HYEWIN MOULD(JIAXING) Co., LTD	HYEWIN INDUSTRIAL Co., LTD
SIGNATURE	SIGNATURE
NAME	NAME
TITLE	TITLE　　PRESIDENT
DATE	DATE

PACKING LIST

1. Shipper/Exporter HYEWIN INDUSTRIAL CO.,LTD KOREA		8. No. & Date of Packing list 9. No. & Date of L/C
2. Consignee HYEWIN MOULD(JIAXING)CO.,LTD DEVELOPMENT ZONE, ZHEJIANG. CHINA 314001		10. L/C Issuing Bank T/T
3. Notify Party SAME AS ABOVE		11. Remarks FOB BUSAN
4. Port of Loading BUSAN, KOREA	5. Final Destination SHANGHAI PORT, CHINA	
6. Carrier	7. Sailing on or about	

12. Marks & Numbers of PKGS	13. Description of Goods	14. Net Weight	15. Gross Weight
4 PKGS HYE WIN MOULD (JIAXING)CO.,Ltd	AUTOMATIC CNC – MILLING MACHINE MODEL . MYNX750 CASE SIZE		
	1. 4,200X3,450X3,650	13,000kg	13,200kg
	2. 5,100X1,890X2,000	500kg	550kg
	LASER WELDING MACHINE MODEL : PF 180 CASE SIZE		
	1.. 2,000X800X1,500	300kg	335kg
	2. 700X1,000X1,200	150kg	175kg
	TOTAL	13,950kg	14,260kg

Signed by

HYE WON INDUSTRIAL CO.,LTD

COMMERCIAL INVOICE

<table>
<tr><td colspan="2">1. Shipper/Exporter
HYEWIN INDUSTRIAL CO.,LTD
KOREA</td><td colspan="3">8. No. & Date of Invoice</td></tr>
<tr><td colspan="2"></td><td colspan="3">9. No. & Date of L/C</td></tr>
<tr><td colspan="2">2. Consignee
HYEWIN MOULD(JIAXING)CO.,LTD
DEVELOPMENT ZONE, ZHEJIANG, CHINA
314001</td><td colspan="3">10. L/C Issuing Bank
T/T</td></tr>
<tr><td colspan="2">3. Notify Party
SAME AS ABOVE</td><td colspan="3" rowspan="3">11. Remarks
FOB BUSAN</td></tr>
<tr><td>4. Port of Loading
BUSAN, KOREA</td><td>5. Final Destination
SHANGHAI PORT, CHINA</td></tr>
<tr><td>6. Carrier</td><td>7. Sailing on or about</td></tr>
<tr><td>12. Marks & Numbers of PKGS</td><td>13. Description of Goods</td><td>14. Unit</td><td>15. Price</td><td>16. Amount</td></tr>
<tr><td>4 PKGS
HYE WIN MOULD
(JIAXING)CO.,Ltd</td><td>AUTOMATIC CNC – MILLING MACHINE
MODEL : MYNX750
CASE SIZE
1. 4,200X3,450X3,650
2. 5,100X1,890X2,000</td><td>1</td><td>340,000</td><td>340,000</td></tr>
<tr><td></td><td>LASER WELDING MACHINE
MODEL : PF 180
CASE SIZE
1. 2,000X800X1,500
2. 700X1,000X1,200</td><td>1</td><td>140,000</td><td>140,000</td></tr>
<tr><td></td><td>TOTAL</td><td></td><td>US$</td><td>480,000</td></tr>
</table>

Signed by

HYE WON INDUSTRIAL CO.,LTD

76일 4:57PM hye won

Shipper:
HYEWIN INDUSTRIAL CO.,LTD
KOREA

JINSUN SHIPPING CO., LTD.

BILL OF LADING

Consignee
HYEWIN MOULD(JIAXING)CO.,LTD
DEVELPMENT ZONE, ZHEJIANG, CHINA
314001

Notify Party
SAME AS CONSIGNEE

RECEIVED by the Carrier from the Shipper in apparent good order and condition unless otherwise indicated herein, the Goods, or the container(s) or package(s) said to contain the cargo herein mentioned, to be carried subject to all the terms and conditions provided for on the face and back of this Bill of Lading by vessel named herein or any substitute at the Carrier's option and/or other means of transport, from the place of receipt or the port of loading to the port of discharge or the place of delivery shown herein and there to be delivered unto order or assigns.

If required by the Carrier, this Bill of Lading duly endorsed must be surrendered in exchange for the Goods or delivery order.

In accepting this Bill of Lading the Merchant agrees to be bound by all the stipulations, exceptions, terms and conditions on the face and back hereof, whether written, typed, stamped or printed, as fully as if signed by the Merchant, any local custom or privilege to the contrary notwithstanding, and agrees that all agreements or freight engagements for and in connection with the carriage of the Goods are superseded by this Bill of Lading.

In witness whereof, the number of original bills of lading stated herein, all of this tenor and date, has been signed, one of which being accomplished, the others to stand void.

SURRENDER

Pre carriage by	Place of Receipt	
Ocean Vessel F.R. ELSFLETH 807S	Port of Loading BUSAN, KOREA	
Port of Discharge SHANGHAI, CHINA	Place of Delivery SHANGHAI, CHINA	Final Destination(for the Merchant's reference only

Marks and Numbers	No. of Pkgs. or Units	Description of Packages and Goods	Gross Weight	Measurement
HYE WON MOULD (JIAXING)CO., LTD. ### Container & Seal No ### CRTU7504111/000000(1PACKAGE) KMTU8050639/7306111(3PACKAGE)	4 PACKAGES 20'FRX1.40'X1	SHIPPER'S LOAD & COUNT SAID TO CONTAIN AUTOMATIC CNC-MILLING MACHINE MODEL:MYNX750 CASE SIZE 1.4,200 X 3,450 X 3,650 2.5,100 X 1,890 X 2,000 UASER WELDING MACHINE MODEL :PF 180 CASE SIZE 1.2,000 X 800 X 1,500 2. 700 X 1,000 X 1,200	14,260.00 KGS	76.520 CBM LADEN ON BOARD OCT.16.2008
CFS/CY		FREIGHT COLLECT Above Particulars Furnished By Shipper	COPY NON-NEGOTIABLE	

Particulars furnished by Shipper

TOTAL NUMBER OF PACKAGES OR UNITS (IN WORDS)	SAY : TWO (20'FRX1.40'X1)CONTAINER ONLY.				
Freight and Charges	Revenue Tons	Rate	Per	Prepaid	Collect
COLLECT AS ARRANGED					

Freight payable at	Number of Original B(s)/L	Place of issue & date
SEOUL, KOREA	THREE(3)	BUSAN, KOREA OCT.16.2008

FOR DELIVERY OF GOODS, PLEASE APPLY TO:

TEL) FAX)
ATTN)

TERMS CONTINUED ON BACK HEREOF

AS CARRIER

GS04

******
主页
******

进出口货物征免税证明

******
进口
******

第1页 共1页

编号 Z29080801462

申请单位：3304940877 惠阮模具（嘉兴）有限公司				征免性质/代码：鼓励项目 / 789				审批依据：署税发[2002]81号文		
发证日期：2008 年 09 月 01 日				有效期： 至 2009 年 01 月 31 日止						
到货口岸：上海海关				合同号：HW0807-02						
序号	货名	规格	税号	数量	单位	金额	币制	主管海关审批征免意见		
								关税	增值税	其它
1	DOOSAN全自动数控铣床/Mynx750 〈以下空白〉		8459510000	1.00	台	340000.00	USD	全免	全免	
2										
3										
4										
5										
备注										

审批海关签章：嘉兴海关 负责人： 年 月 日	核放海关批注： 负责人： 年 月 日	注意事项： 1. 本表使用一次有效。如同一合同货物分口岸进口，应分别填写。一份合同内货物分批到货的，应向审批海关申明，并按到货期分填此表。 2. 表中"征免性质/代码"栏应按海关H883(H2000)规范要求正确填写。 3. "审批依据"栏应由主管海关减免税审批部门填明批准减免税所依据的文件号。 4. 货物进口时应向海关交验本表，复印件无效。 5. 本表自签发之日起半年内有效，逾期应向原审批海关申请展期或退单。如遇政策调整，有效期应服从有关规定。 6. 经批准进口的货物如拟移作他用、转让或出售，原申请单位应事先报请原批准海关核准，并应按法补税，否则，海关将依法处理。

嘉兴海关 海关 处 邮编：

成交方式： 运. /0/ 保. /0/ 杂. /0/

第二联 送交进口地海关凭以减免税

付汇证明联

中华人民共和国海关进口货物报关单

1

预录入编号：640058041　　　　海关编号：222520081258214188

进口口岸 外港海关 2225	备案号 Z29080801485	进口日期 2008-10-18	申报日期 2008-10-22
经营单位 惠阮模具（嘉兴）有限公司 3304940876	运输方式 江海运输	运输工具名称 EASTLBTH/807S	提运单号 KMTGPUS1437098
收货单位 惠阮模具（嘉兴）有限公司 3304940876	贸易方式 外资设备物品 2225	征免性质 鼓励项目（789）	征税比例 0.%
许可证号	起运国（地区）韩国（133）	装货港 釜山（1480）	境内目的地 嘉兴（33049）
批准文号	成交方式 FOB	运费 美元/吨 71	保费 0.3%	杂费
合同协议号 HW0807-03	件数 2	包装种类 其他	毛重（公斤）510	净重（公斤）450
集装箱号 0	随附单据 A		用途

标记唛码及备注
随附单证号：310700108229594000

项号	商品编号	商品名称、规格型号	数量及单位	原产国（地区）	单价	总价	币制	征免
1.	8515800090	韩光HBL激光焊接机 PF-180	1.000台 0.000 1.000台	韩国（133）	140000.000 0	140000.00	USD 美元	全免
(1)								用途：企业自用

税费征收情况

录入员　　录入单位　　兹声明以上申报无讹并承担法律责任　　海关审单批注及放行日期(签章)

报关员　　2200021001 报关员 3112980006　　　　审价

申报单位(签章)　　上海经贸淞海报关有限公司 报关专用章（吴淞）　　征税　　统计

单位地址　　上海经贸淞海报关有限公司　　查验　　放行

邮编　　电话　　填制日期　　签发关员：张杰　　签发日期：2008-10-27

JG08

主页

1

付汇证明联

中华人民共和国海关进口货物报关单

预录入编号：640058117　　　海关编号：2225200812582114189

进口口岸 外港海关 2225	备案号 Z29080801462	进口日期 2008-10-18	申报日期 2008-10-22
经营单位 惠阮模具（嘉兴）有限公司 3304940876	运输方式 江海运输	运输工具名称 E.R.ELSFLETH/807S	提运单号 KMTCPUS1437098
收货单位 惠阮模具（嘉兴）有限公司 3304940876	贸易方式 外资设备物品 2225	征免性质 鼓励项目 （789）	征税比例 0.%
许可证号	起运国(地区) 韩国 （133）	装货港 釜山 （1480）	境内目的地 （33049）
批准文号	成交方式 FOB	运费 美元/吨 单价 71	保费 0.3%	杂费
合同协议号 HW0807-02	件数 2	包装种类 其他	毛重(公斤) 13750	净重(公斤) 13500
集装箱号 0	随附单据 A		用途

标记唛码及备注

随附单证号：310700108229598000

项号	商品编号	商品名称、规格型号	数量及单位	原产国(地区)	单价	总价	币制	征免
1（1）	84595100	DOOSAN全自动数控铣床 Mynx750	1.000台 0.000 1.000台	韩国（133）	340000.000 0	340000.00 USD	美元	全免

用途：企业自用

税费征收情况

录入员　录入单位 220（2100） 报关员 31129800006	兹声明以上申报无讹并承担法律责任	海关审单批注及放行日期(签章)
报关员	申报单位(签章) 上海经贸淞海报关有限公司 报关专用章（吴淞）	审单　审价
单位地址	上海经贸淞海报关有限公司	征税　统计
邮编　电话	填制日期	查验　放行 签发关员： 签发日期：2008-10-27

任务一：减免税申请

任务描述：

特定企业减免税申请主要有两个步骤。

1. 备案登记

外商投资企业向企业主管海关办理减免税备案登记，提交外经贸主管部门的批准文件、营业执照、企业合同、章程等，海关审核后准予备案的，即签发《外商投资企业征免税登记手册》，企业凭以办理货物减免税申请手续。

2. 进口申请

外商投资企业在进口特定减免税机器设备等货物以前，向主管海关提交《外商投资企业征免税登记手册》、发票、装箱单等，并将申请进口货物的有关数据输入海关计算机系统。经海关核准后签发《进出口货物征免税证明》交申请企业。

步骤一：备案登记

一、惠阮模具(嘉兴)有限公司(或其代理嘉兴淞海报关有限公司)提交下列单证

(1)《进出口货物征免税备案申请表》；

(2)《国家鼓励发展的内外资项目确认书》；

(3)项目可行性研究报告批准文件或项目申请报告核准文件；

(以上两项结转项目不需提供，结转项目需提供验资报告)

(4)项目进口设备清单；

(5)嘉兴市外经贸局核发的外商(或港澳台侨胞)投资企业批准证书；

(6)惠阮模具(嘉兴)有限公司的营业执照副本复印件；

(7)惠阮模具(嘉兴)有限公司的合同、章程；

(8)《减免税进出口设备企业须知》(法定代表人签名)；

(9)海关认为需要的其他单证。

海关工作流程、工作时限与“业务八”相同。

步骤二：进口申请

1. 惠阮模具(嘉兴)有限公司(或其代理嘉兴淞海报关有限公司)向提交下列单证

(1)《进出口货物征免税申请表》；

(2)进口合同、发票以及相关货物的产品情况资料；

(3)企业营业执照副本复印件；

(4)项目进口货物清单；

(5)海关认为需要的其他单证。

任务二:进口报关

任务描述:

特定用途(利用外资项目)减免税货物进口报关操作与一般进口报关大同小异。其注意点见本情境子情境 1:特定企业特定减免税货物进口报关。这里只介绍报关单填报的内容。

步骤一:审单操作

一、确定商品品名、税则号及相关事项

据"设备说明",本次业务商品品名为:"DOOSAN 全自动数控铣床 Mynx750",税则号应为"8459.5100",查该税则号对应的监管条件为"OAB",即进口须申领自动进口许可证,需经过商检,领取《入境货物通关单》;"韩光 HBL 激光焊接机",税则号应为"8515.8000.90"。查该税则号对应的监管条件为"3",即出口时须申领《两用物项和技术出口许可证》,本次业务为进口,无需申领。

两台设备已经分别备案,领取《征免税证明》,应分别填写报关单。

二、规格型号

根据以上信息,查《中华人民共和国进出口商品规范申报说明》,税目 8459.5100 的申报要素无特别要求,可酌情填报:"DOOSAN(品牌)"、"全自动数控铣床(品名)"、"Mynx750(规格)";税目"8515.8000.90"申报要素包括"1.品名;2.品牌;3.原理;4.型号",可填报:"韩光(品牌)"、"HBL 激光焊接机(品名)"、"应用高能脉冲激光对物件进行焊接(原理)""PF－180(规格)"。

步骤二:输单操作

见表 4-6,相关栏目序号沿用上文讲述进口报关单的栏目的序号。

表 4-6　特定企业减免税货物进口报关单输单操作

序　号	报关单栏目	信　息　来　源	本次业务操作
1	申报地海关	货物申报地所属直属关区/口岸海关名称及代码。	外港海关 2225
2	录入单位	系统读取企业操作员 IC 卡上的信息并自动返填	上海经贸淞海报关有限公司
3	操作员	系统读取企业操作员 IC 卡上的信息并自动返填	不可编辑
4	统一编号	系统自动生成	无需输入
5	预录入编号	接受申报的海关决定编号规则,计算机自动打印	640058117
6	海关编号	海关接受申报时给予报关单的编号	222520081258214189
7	进口口岸	货物实际进入我国关境口岸海关的名称	外港海关 2225
8	备案号	本次业务填《进出口货物征免税证明》或其他备案审批文件的编号	Z29080801462
9	合同协议号	合同或协议:合同(包括协议或订单)编号	HW0807－02

续表

序　号	报关单栏目	信　息　来　源	本次业务操作
10	进口日期	相应的运输工具进境日期	2008-10-18
11	申报日期	预录入及 EDI 报关单向海关申报的日期，与实际情况不符时，由审单关员按实际日期修改批注。	2008-10-22
12	经营单位	合同或协议：对外签订并执行贸易合同的中国境内法人、其他组织或个人的名称及海关注册编码	惠阮模具（嘉兴）有限公司（3304940876）
13	单位性质	由计算机根据“经营单位”内容自动显示	无需输入
14	收货单位	进口货物在境内的最终消费、使用单位的名称，根据委托方提供的资料	惠阮模具（嘉兴）有限公司（3304940876）
15	申报单位	对申报内容真实性直接向海关负责企业或单位	上海经贸淞海报关有限公司
16	运输方式	提单（水路运输）或空运运单（航空运输）	江海运输（2009 年起改“水路运输”）
17	运输工具名称	载运货物进出境的运输工具名称或编号	E. R. ELSFLETH
18	航次号	提单中通常使用“voyage no.”表示航次号	807S
19	提运单号	提运单	KMTCPUS1437098
20	贸易方式	根据所提供的单据判断	外资设备物品 2225
21	征免性质	根据所提供的单据判断	鼓励项目 789
22	征免比例		无需填写
23	纳税单位	根据实际情况填写	惠阮模具（嘉兴）有限公司（3304940876）
24	许可证号	国务院商务主管部门及其授权发证机关签发的进、出口货物许可证的编号	本次业务无需填写
25	启运国（地区）	提运单据。根据提单中 Port of Loading 栏	韩国（133）
26	装货港	提运单据。根据提单中 Port of Loading 栏	釜山（1480）
27	境内目的地	系统根据“收货单位”自动生成	嘉兴（33049）
28	批准文号		进口报关免予填报
29	成交方式	发票的价格条款	FOB
30	运费	发票	502/71/2
31	保费	发票	0.3
32	杂费	发票	本次业务无需填写
33	件数	装箱单（Packing list）中“Quantity/Unit”一栏所填内容	2（本次货物共两台设备，每台设备装成“2PKGS”）
34	包装种类	装箱单（Packing list）中“Quantity/Unit”一栏所填内容	其他
35	毛重	装箱单、提单中 GROSS WEIGHT 栏	13750KGS
36	净重	装箱单、提单中 NET WEIGHT 栏	13500KGS

续表

序　号	报关单栏目	信　息　来　源	本次业务操作
37	集装箱号	提单 DESCRIPTIONS OF PACKAGES AND GOODS 栏	CRTU7504111 * 1(1)
38	随附单据	根据业务资料中监管证件情况及《监管证件代码表》	A
39	备注	系统根据"商品名称、规格型号"、"集装箱号"、"随附单据"、"关联报关单"栏的填写情况进行的自动处理，及其他需要说明的情况	"与 222520081258214188 拼"、"随附单证号：310700108229598000"
40	序号	报关单中的商品顺序编号	1
41	备案序号	货物在《征免税证明》等备案、审批单证中的顺序编号	1
42	商品编号	根据商品品名确定	8459.5100
43	商品名称、规格	合同、发票	DOOSAN、"全自动数控铣床"、"Mynx750"
44	原产地	合同发票以 made in..., manufacture, country of original等来表示。	韩国
45	数量及单位	packing list 中 Quantity 一栏	第一行：1.000 台；第二行：0.000；第三行：1.000 台
46	单价	发票	340000.0000
47	总价	发票	340000.00
48	币制	发票	USD
49	征免	根据贸易方式、征免性质所对应的征免情况	全免
50	用途	根据进口货物的实际用途按海关规定的《用途代码表》选择填报相应的用途代码	企业自用

另一台设备"韩光 HBL 激光焊接机"报关单填报内容与上述内容相近，这里不再赘述。

任务三：申请解除监管

任务描述：

与特定地区减免税货物申请解除监管的操作相近，这里不再赘述。

编者说明

本次业务资料中的报关单为"付汇证明联"，其纸质报关单中有些栏目的信息不显示，如"集装箱号"栏，应填报"CRTU7504111 * 1(1)"，但该联显示为"0"，再如本次业务《征免税证明》为 2 份，但提单为一份，则报关单应分开填报，但须在备注栏注明"与另一份报关单号拼"字样，如在海关编号为"222520081258214189"的报关单备注栏中，应填报"与 222520081258214188 拼"，但"付汇证明联"该栏不显示有关信息，外汇管理局如有需要，可以输入报关单号查询有关详细信息。

子情境 3.3　科教用品项目

指从事科学研究开发的机构和国家教委承认学历的全日制大专院校，不以盈利为目的，在合理数量范围内进口国内不能生产的科学研究和教学用品，且直接用于科学研究或者教学的，可以免征进口关税和进口环节增值税、消费税。

对应贸易方式：一般贸易（0110），征免性质：科教用品（401）。

业务十　科教用品报关业务

嘉兴职业技术学院 2010 年 8 月进口高效液相色谱仪 1 台，委托浙江纳得科技有限公司代理进口，该公司委托杭州顶杭国际货运代理有限公司代理报关业务，详细资料见有关单证。该业务的操作步骤如何？

嘉兴职业技术学院2010年进口设备
委托进口代理协议

委托方(甲方):嘉兴职业技术学院

受托方(乙方):浙江纳得科学仪器有限公司

进口货物名称	高效液相色谱仪 Alliance e2695
进口合同号	2010JXZJ001US
进口货物数量	共1台

嘉兴职业技术学院教学科研进口设备的外贸代理经过竞争性谈判,经友好协商,甲乙双方达成委托进口代理协议如下:

一、授权范围

甲方授权乙方办理以上进口设备物资事项的对外全权代理,并以乙方的名义对外签订进口合同。

二、双方的权利义务

甲方:

1. 确认进口货物的合同价格,落实进口项目所需资金,按时付款。
2. 负责向乙方提供进口货物的正确品名、品牌、型号、规格、工艺、品质以及制造厂商或生产国别等有关书面材料,并负责技术附件的确认。
3. 甲方依据国家有关法律,法规之规定,办理进口项目的有关报批手续。并在到货前办理好进口相关手续。
4. 甲方应按时做好对进口仪器设备的验收及调试工作。如进口仪器为法定检验的产品,在得到乙方告知后应做好仪器的保管工作,得到商检的确认后才可开箱验收。

乙方:

1. 协助甲方具体办理进口项目的有关报批及免税手续。对需办理机电产品进口申请表的设备,协助办理网上申办等有关事宜。
2. 负责制定进口合同文本,根据甲方确定的价格、配置、付款方式及服务条款与外商签订进口合同。
3. 负责对外的合同执行,在甲方按本协议资金到位及提交乙方所需相应材料的前提下,负责对外开证、购汇、付汇及对内结算等有关事宜。另外乙方在对外支付货物尾款时,必须根据由甲方盖章的验收报告方可支付,如自行对外支付,所造成的经济损失自行承担。

4.在货物到达进口合同规定港(站)后,负责及时办理进口报关及清关手续,并将货物安全送到用户指定地点,负担一切相关费用。

5.进口设备到货后,向甲方提供一套完整的进口单证。如需商检的设备,负责办理相关手续,并承担商检费用。如进口设备发生质量问题或数量与合同不符,应协助甲方做好商检,并负责向有关责任人交涉和索赔。

6.及时向甲方通报进口合同的执行情况,协调有关商务事宜。

三、支付与结算

1.验收合格后,甲方支付合同款的工100%,即510000元人民币整划入乙方指定的银行账户。

2.除贷款(含不能免税设备的税款),甲方不再另付相关的其他费用。

四、本协议未尽事宜,按《中华人民共和国合同法》及外经贸部《关于对外贸易代理制暂行规定》等有关规定办理。

五、本协议的任何修改、变更须经双方书面同意确认,签字并加盖公章方为有效。

六、本协议一式二份,甲乙双方各执一份,自甲乙双方授权代表签字并加盖公章之曰起生效。

甲方:嘉兴职业技术学院
(盖章)

乙方:浙江纳得科学仪器有限公司
(盖章)

代表(签名):

代表(签名)
开户银行:
账号

2010年8月24日

买方　　　　　　　　　　　　卖方

____________________　　　____________________

Authorized Signatory　　　　Authorized Signatory

授权代表签字　　　　　　　授权代表签字

Date 日期：　　　　　　　　Date 日期：

The attachment of 2010JXZJ001US			
lem	Product＃	Description	Qty
		Alliance e2695 高效液相色谱仪	
1	176269501	e2695 Separations Mod. w/CH 1×186001863 ALLIANCE COL. HEATER 1×186269501 e2695 Separations Module w/o H/C	1
		2695 四元数码泵，0.050－10.000ml/min，集成 120 位自动进样器，在线柱塞清洗装置流速精度 0.075％RSD，全流程耐压 6000PSI，在线脱气机，柱温箱（室温以上 5℃～65℃）	
2	176002998	2998 Photodiode Array Detector w/ICS 1×1860002998 2998 Photodiode Array Detector 1×667003306 Kit，2998 ICS v1.30	1
		2998 二极管阵列检测器	
3	186241400	REFRACTOMETER 2414	1
		2414 示差折光检测器	
4	WAT038040	COLUMN HEATER COMPARTMENT	1
		2414 检测器专用柱温箱	
5	176001825	Empower 2 Personal Single System SW 1 × 667002438 Empower 2 Personal Base w/5 User Lic 1×715000456 S/W BENEFITS INFORMATION，EMP PERSONAL 1×667002387 Empower 2 Personal System Control 1 Pa 1×667002595 Black Box for Empower 2 1×6670003520 Empower 2 Feature Release 5 1×667003691 Empower 2 Multi-Language Online Help 1×700004123 ETHERNET SWITCH COMMUNICATION KIT 1×667003774 Kit，Empower 2 personal Single system	

		Empower 2 色谱管理软件	
6	667001123	Empower Personal System Suit Option	1
		系统适应性软件	
7	186002560	SunFire C18 54.6×250mm Column	1
		C18 分析柱	
8	WAT084038	CARBOHYDRATE ANALYSIS COLUMN	1
		糖分析柱	
9	WAT052875	ACCQ-TAG CHEMISTRY PKG GLOBAL 4×WAT007571 SAMPLE TUBES PKG OF 72 1×WAT052874 ACCQ-TAG METHOD MANUAL 1×WAT052880 ACCQ-FLUOR REAGENT PKG TESTED INT'LH 1×WAT052885 ACCQ-TAG 3.9×1500mm Colum 2×WAT052890 ACCQ-TAG ELUENT A CONCENTRATE 1×WAT088122 AMINO ACID STD	1
		氨基酸分析包	
10	WAT084560	INLINE PRECOLUMN FILTER KIT	1
		在线过滤器	
11	WAT005139	FILTER INSERT ASSY 5/PK	1
		在线过滤器滤芯	
12	PSL613315	PEEK FTIGHT FITTING(ONE PIECE)	10
		PEEK 接头	
13	186000307C	12×32 Gls Srw Cap Ⅵ w/Bnd pre-slt septa	10
		2ml 样品瓶	
14	186000305	Scr. Cap 12×32 w/bnded pre-slit PTFE/Sil	10
		2ml 样品瓶瓶盖	
15	741000104	UPLC/HPLC SYSTEM-SOFTWARE INSTALLATION	1
		安装调试	
16	750000391	Empower 2 Fundamentals, Use, Pro Interface	2
		培训	

代理报关委托书

编号：00147561213

我单位现<u>　B　</u>(A. 逐票　B. 长期)委托贵公司代理<u>　AB　</u>等通关事宜。(A. 填单申报　B. 辅助查验　C. 垫缴税款　D. 办理海关证明联　E. 审批手册　F. 核销手册　G. 申办减免税手续　H. 其他)详见《委托报关协议》。

我单位保证遵守《海关法》和国家有关法规，保证所提供的情况真实、完整、单货相符，无侵犯他人知识产权的行为。否则，愿承担相关法律责任。

本委托书有效期自签字之日起至2010年12月31日止。

委托方(盖章)：

法定代表人或其授权签署《代理报关委托书》的人(签字)

2010年10月9日

委托报关协议

为明确委托报关具体事项和各自责任，双方经平等协商签订协议如下：

委托方	浙江纳得科学仪器有限公司
主要货物名称	高效液相色清仪
HS编码	9 0 2 7 2 0 1 2 0 2
货物总价	USD73300
进出口日期	2010年10月8日
提单号	731334887114
贸易方式	Q. T
原产地/货源地	新加坡
其他要求	
背面所列通用条款是本协议不可分割的一部分，对本协议的签署构成了对背面通用条款的同意。	
委托方业务签章： 经办人签章： 联系电话：　　2010年10月9日	

被委托方		
报关单编码	No. 100222700	
收到单证日期	2010年10月9日	
收到单证情况	合同□	发票□
	装箱清单□	提(运)单□
	加工贸易手册□	许可证件□
	其他	
报关收费	人民币：　200元	
承诺说明：		
背面所列通用条款是本协议不可分割的一部分，对本协议的签署构成了对背面通用条款的同意。		
被委托方业务签章： 经办报关员签章： 联系电话：　　2010年10月9日		

(白联：海关留存，黄联：被委托方留存，红联：委托方留存)　　中国报关协会监制

科研教学单位免税进口物品登记手册

使用说明

一、为方便科研教学单位来海关办理申请免税进口物品手续，加强海关对免税进口物品的审批和管理，促进科研教学事业的发展，特印制本手册。

二、本手册供科研教学单位在海关办理进口科教用品免税申请，登记备案，海关监管核查专用，办理免税申请手续时，必须携带本手册。

三、本手册科教用品免税登记表由申请单位按海关的要求进行填写。手册内登记内容未经海关许可不得擅自涂改。

四、本手册填写项目内容与实际进口物品如不相符，应主动向海关申请更正，并在备注栏中注明，盖章有效。

五、本手册一式二份，分为绿红二色，绿本留存海关，专用于海关审批免税参考和对免税进口物品后续管理使用，红本由申请单位妥善保管。

六、科研单位性质或名称发生变化，应及时向海关通报，如属不再享受科研教学用品免税待遇单位，应主动将本手册退交海关核销结案。

申请办理进口科教用品免税手续须知

一、申请办理进口科教用品免税手续前，科研教学单位应事先向其所在地主管海关（处级以上包括处级）申请办理“资格认定”手续。经海关核准，发给登记手册后，方可办理进口物品免税申请手续。

二、进口科教用品免税申请手续，应物物品到达前办理。

三、免税手续申办程序：

（一）申请单位应持凭有关部门批准其成立的批件、开户银行及账号向单位所在地主管海关（处级以上包括处级）申请办理“资格认定手续”，经海关核准后发给“登记手册”，予以备案。

（二）申请单位应于物品进口前持事先填写的科教用品免税申请表、登记手册、合同副本及有关单证（机电产品进口登记表、机电产品进口证明或进口配额证明等副本）向主管海关申请办理免税。

四、免税进口物品属海关监管物品，未经海关许可，不得擅自转让、出售或移作他用。违者海关将依据《海关法》的有关规定予以处罚。

五、申请单位对免税进口的科教用品须每年进行一次使用效益及变更等情况的自查，并于每年的第一季度将材料报送所在地主管海关。

进口科教用品免税登记表

申请单位填写							海关填写			
日期	合同号	物品名称 规格、型号	数量	合同价格（折美元）	物品用途	申报人	免税表编号	征免情况	免税额	日期
2002年9.18	ZJAI20231	以太网络交换机 CISCO	1	25357.00	校园网	戈秀英	Z29082C0-0004	全免		2002年9.18 [illegible]
2005年9月1日	05CAHZ136692	以太网络交换机 路由器	1批	215913.55	校园网	[illegible]	Z29085C00006	全免		2005年9.30
2006年12月19日	ZJAKT 2006901	网络交换机/ WS C4503	1台	81,7281	网络实验室	[illegible]	Z29086C00016	全免		2006.12.19 [illegible]
	ZJART 2006901	网络交换机/ WS-C3750-24TS-E WS-C3560G-24TS-S 路由器/3825-HSEC/K9	2台 3台 2台	6112 7338 12796	网络实验室	[illegible]	Z29086C00017	全免		2006.12.[illegible] [illegible]
2007年3月22日	ZJART070101	防火墙/IDS-4215-K9 防火墙/PIX-515E-R-DMZ-BUN	1台 1台	5462.00 2786.00	网络实验室	吴[illegible]	Z29087C00002	全免		

进口科教用品免税登记表

申请单位填写							海关填写		
日　期	合同号	物品名称 规格、型号	数　量	合同价格 （折美元）	物品用途	申报人	免税表 编　号	征　免 情　况	免税额
2007.3.22	ZJART070101	路由器/SCE1010-2XGBE-MM	1	23354.00	网络实验室	吴[illegible]	Z29087C0004	全免	
2007.3.22	ZJART070901	路由器/CISCO2811	2	3268.00	网络实验室	吴[illegible]	Z29087C0003	全免	
2010.9.13	~~Z29081000662~~ 2010JXZJ001US	高效液相色谱仪 Alliance e2695	1	73300.-	生物实验室	吴[illegible]	Z29081000662	全免	
〃	ZJND101017	微波消解仪 Multiwave 3000	1	18500.-		吴[illegible]	Z29081000661	全免	
〃	ZJND101018	[illegible]仪/DM8+UOK452	1	17500.-		吴[illegible]	Z29081000660	全免	

进口科教用品免税登记表

申请单位填写							海关填写			
日期	合同号	物品名称 规格、型号	数量	合同价格 （折美元）	物品用途	申报人	免税表 编号	征免 情况	免税额	日期
2012.9.13	ZJNB10105	气相色谱仪 /GC-2010PLUS	1	37700		[illegible]	Z29081000 659	（全免）		

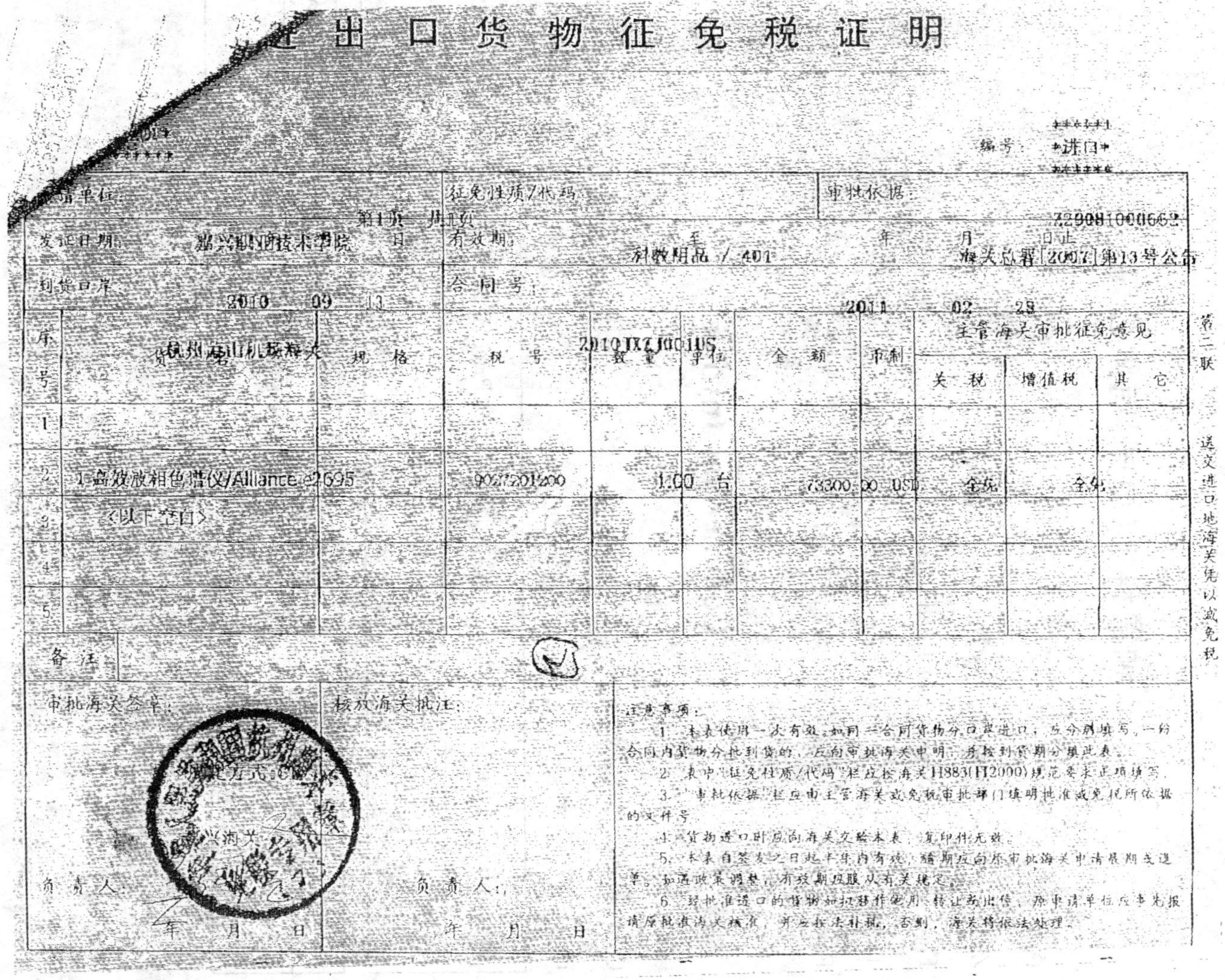

进出口货物征免税证明

编号：＊进口＊ Z29081000662

第1页 共1页

申请单位：嘉兴职业技术学院	征免性质/代码：科教用品 / 401	审批依据：海关总署[2007]第13号公告
发证日期：2010 年 09 月 13 日	有效期：至 2011 年 02 月 28 日止	
到货口岸：杭州萧山机场海关	合同号：2010JXZJ001US	

序号	货　名	规　格	税　号	数　量	单　位	金　额	币制	主管海关审批征免意见：关　税	增值税	其　它
1										
2	1 高效液相色谱仪/Alliance e2695		9027201200	1.00	台	73300.00	USD	全免	全免	
3	〈以下空白〉									
4										
5										

备注：

审批海关签章：

负责人：　　年　月　日

核放海关批注：

负责人：　　年　月　日

注意事项：

1. 本表使用一次有效。如同一合同货物分口岸进口，应分别填写，一份合同内货物分批到货的，应向审批海关申明，并按到货期分填此表。

2. 表中"征免性质/代码"栏应按海关H883(H2000)规范要求正确填写。

3. "审批依据"栏应由主管海关或免税审批部门填明批准减免税所依据的文件号。

4. 货物进口时应向海关交验本表，复印件无效。

5. 本表自签发之日起半年内有效，逾期应向原审批海关申请展期或注[illegible]。如遇政策调整，有效期应服从有关规定。

6. 经批准进口的货物如拟移作他用、转让或出售，原申请单位应事先报请原批准海关核准，并应按法补税，否则，海关将依法处理。

第二联　送交进口地海关凭以减免税

纳得科技(中国)有限公司

Consignee:

Zhejiang Nade Scientific Instrument Co. ,Led

Floor 7,NO. 35 Xiangyuan Road, Hangzhou, Zhejiang, China,310011

Tel:

Fax:

Commercial Invoice

Contract No. :2010JXZJ001US

Date:2010-07-06

Description of goods	Qty	Unit Price(USD)	Total(USD)
Alliance e2695	1 set	$73300.00	$73300.00

Total USD $73300.00
TOTAL CIP HANGZHOU AIR PORT SAY US DOLLARS SEVENTY THREE USAND THREE HUNDRED only.

Price Item:CIP HANGZHOU AIRPORT

Payment:100% T/T AftER SHIPMENT

NADE TECHNOLOGY(CHINA) COMPANY LIMITED

纳得科技(中国)有限公司

Consignee:	Transportation-Details
Zhejiang Nade Scientific instrument Co. ,Led	TOTAL two pallets and lcarton
7F,35#,Xiangyuan Road, Hangzhou,China	TOTAL NET WEIGHT 133. 00KGS
Tel:	TOTAL GROSS WEIGHT:119. 70KGS
Fax:	SHIPPING MARK:2010JXZJ001US
	HANGZHOU CHINA

Pack list

Contract No. :2010JXZJ001US

Date:2010—9—29

Cat. No. PKGS	Description of Goods	Quantity	G. W.	N. W.

WATERS ALLIANCE E2695　ISET　133. 00KGS　119. 70KGS

SAY TOTAL 2 PALLETS AND 1 CARTON ONLY

REMARKS:

NO.	No. of PKG	G. W. (KGS)	N. W. (KGS)	D. M. (CMS)
1	1PLT(7CTNS)	62	55. 8	120×100×70
2	1PLT(1PKG)	59	53. 1	78×60×93
3	1CTN	12	10. 8	55×35×43

11 10 2010 09:48 FAX 86660356 HZ YUE HAI 003

HOUSE AIRWAYBILL

*3

Shipper's Name and Address | Shipper's Account Number

WATERS CHINA LIMITED & UNIT 1. 8/F. BIO-INFORMATICS CENTRE, NO.2 SCIENCE PARK WEST AVENUE, HONG KONG SCIENCE PARK, SHATIN, NEW TERRITORIES H.K.

Not negotiable

Air Waybill

Issued by EXPEDITORS SINGAPORE P.L. SINGAPORE 498782 SINGAPORE

Copies 1, 2 and 3 of this Air Waybill are originals and have the same validity.

Consignee's Name and Address | Consignee's Account Number

ZHEJIANG WADE SCIENTIFIC INSTRUMENT CO.,LTD 7F,38,XIANGYUAN ROAD, GONGSHU AREA,HANGZHOU,CHINA TEL:0571-88830136,13957151371 FAX:0571-88061927 **

It is agreed that the goods described herein are accepted in apparent good order and condition (except as noted) for carriage SUBJECT TO THE CONDITIONS OF CONTRACT ON THE REVERSE HEREOF. ALL GOODS MAY BE CARRIED BY ANY OTHER MEANS INCLUDING ROAD OR ANY OTHER CARRIER UNLESS SPECIFIC CONTRARY INSTRUCTIONS ARE GIVEN HEREON BY THE SHIPPER, AND SHIPPER AGREES THAT THE SHIPMENT MAY BE CARRIED VIA INTERMEDIATE STOPPING PLACES WHICH THE CARRIER DEEMS APPROPRIATE. THE SHIPPER'S ATTENTION IS DRAWN TO THE NOTICE CONCERNING CARRIER'S LIMITATION OF LIABILITY. Shipper may increase such limitation of liability by declaring a higher value for carriage and paying a supplemental charge if required.

Issuing Carrier's Agent Name and City

EXPEDITORS SINGAPORE PTE LTD 50 ALPS AVENUE SINGAPORE

Accounting Information

ULTIMATE END-USER: JIAXING VOCATION TECHNOLOGY COLLEGE BIOLOGY AND ENVIRONMENT BRANCH NO1123 SOUTH CHANGSHENG ROAD JIAXING CHINA

Agent's IATA Code: 32-3-3449/0005 | Account No

Airport of Departure (Addr. of first Carrier) and requested Routing: SINGAPORE AIRPORT

to	By first Carrier	to	by	to	by	Currency	Chgs Code	WT/VAL PPD	COLL	Other PPD	COLL	Declared Value for Carriage	Declared Value for Customs
HGH	MF					SGD		P				N.V.D.	N.V.D.

Airport of Destination	Flight/Date	Flight/Date	Amount of Insurance	INSURANCE
HANGZHOU AIRPORT,	MF866/06		NIL	If carrier offers insurance, and such insurance is requested in accordance with the conditions on reverse hereof indicate amount to be insured in figures in box marked Amount of Insurance

Handling Information: SHPR REF: 2510033243, 3541231 **ATTN:WANG XIAOMING ** *CHINA

(3)

No. of Pieces RCP	Gross Weight	kg lb	Rate Class Commodity Item No.	Chargeable Weight	Rate / Charge	Total	Nature and Quantity of Goods (incl. Dimensions or Volume)
3	133	K		226.5	3.20	724.80	WATERS ALLIANCE 2695 ONE SET

WATERS SALES ORDER#:3541231
WATERS INVOICE#:2510033243
CONTRACT NO.:2010TX ZJC010S
FREIGHT PREPAID

SHIPPING MARK: 2010TXZJC010S HANGZHOU CHINA

SERVICE TYPE LEVEL: AIRPORT TO AIRPORT : STANDARD SERVICE
DIMS (CMS): 1PLT@120X100X70(7CTNS);1PLT@78X60X93(1PKG);1CTN@55X35X43(1C

3	133					724.80

Prepaid	Weight Charge	Collect	Other Charges
747.45			AWV/MEC 20 TRF FEE 221.65
Valuation Charge			
Tax			
Total other Charges Due Agent			
48.00			
Total other Charges Due Carrier			
Total prepaid		Total collect	
Currency Conversion Rates		cc charges in Dest. Currency	
For Carriers Use only at Destination		Charges at Destination	Total collect Charges

Shipper certifies that the particulars on the face hereof are correct and that insofar as any part of the consignment contains dangerous goods such part is properly described by name and is in proper condition for carriage by air according to the applicable Dangerous Goods Regulations.

Signature of Shipper or his Agent

Executed on (Date) at (Place) Signature of Issuing Carrier or its Agent

Original 2 (for Consignee)

杭州汉得国际货运代理有限公司

空运进口提货单

进口抽单联系电话： 联系人：

进口报关联系电话： 传真： 联系人：

监管仓库电话： 传真： 联系人：

收货人单位名称：HANGZHOU NADE SCIENTIFIC INSTRUMENT CO LTD 仓库区号________ 主运单号：731－33488711 分运单号：4710683719 海关编号： 件数：3 实际重量：133 KG 计费重量：226.5 KG 该货于 2010 年 10 月 08 日运抵我司监管仓库

注意事项：

1. 请在此提货单上加盖收货单位公章。并凭此单与全套有关单据办理报关手续。此单不得修改。
2. 办妥清关手续后，凭盖有机场海关放行章和检验检疫章的提货单到仓库提货。
3. 进口货物的收货人应自货物进境之日起十四天内向海关申报。逾期海关将按 CIF 价格的万分之五征收滞报金。逾期三个月未报关的货物，需上缴海关处理。
4. 请将到付运费付讫后再提货。
5. 自货物进入我司仓库免费保管三天。但危险品；冷冻冷藏品；贵重物品将无免费保管期。

本公司竭诚为您提供代理报关、报检、送货上门等空运进口门到门服务。

提货时间：周一至周五（法定节假日除外） 上午 09:30－11:30 下午 13:30－17:30

抽单地址：

兹派__________前来你处提货，请予交付。

收货单位____________________（公章）________月以上货物完好无损，已提取，此据。

收货人签字：______ 联系电话________

中华人民共和国海关进口货物报关单

预录入编号：100322760　　申报现场：杭州机场（2910）　　海关编号：[illegible]

进口口岸	备案号	进口日期	申报日期
(2910) 杭州机场	Z2908100066[illegible]	20101008	[illegible]

经营单位	运输方式	运输工具名称	提运单号
(3301952856) 浙江纳得科学仪器有限公司	航空运输	MF866	[illegible]

收货单位	贸易方式	征免性质	征税比例
嘉兴职业技术学院	(0110) 一般贸易	(401) 科教用品	

许可证号	起运国(地区)	装货港	境内目的地
	(132) 新加坡	(132) 新加坡	嘉兴其他

批准文号	成交方式	运费	保费	杂费
	FOB			

合同协议号	件数	包装种类	毛重(公斤)	净重(公斤)
20101XZJ001US	3	纸箱	133	1[illegible].70

集装箱号	随附单据	用途
		其他

标记唛码及备注

备注：品牌：WATERS，配置：主机一台，四元泵一个，集成120位自动进样器一个，二极管阵列检测器一个，柱温箱一个，软件一套
随附单证号：

项号	商品编号	商品名称、规格型号	数量及单位	原产国(地区)	单价	总价	币制	征免
1 (1)	90272012.00	高效液相色谱仪 Alliance e2695	1台	新加坡 (132)	73300.0000	73300.00	(502) 美元	全免

税费征收情况

录入员　录入单位	兹声明以上申报无讹并承担法律责任	海关审单批注及放行日期(签章)
20000000023C		审单　审价
报关员	申报单位(签章) 杭州[illegible]国际货运代理有限公司	征税　统计
单位地址		查验　放行
邮编　电话	填制日期	

任务一:减免税申请

任务描述:

科教用品减免税申请主要有两个步骤。

一、备案登记

科教单位办理科学研究和教学用品免税进口申请时,应当持凭有关主管部门的批准文件,向单位所在地主管海关申请办理资格认定手续。

首次申请免税进口科教用品或科技开发用品需向海关递交的备案单证:

(1)《进出口货物征免税备案申请表》;

(2)书面申请报告;

(3)科教单位成立批准文件

①高等学校持凭教育部批准文件;国务院授权省、自治区、直辖市人民政府审批设立的高等职业学校,持凭省级人民政府批准设立的文件;

②国务院各部委、直属机构设立的科学研究机构持凭主管部门批准成立的文件、《事业单位法人证书》和科技部认定该单位为科学研究机构的有关文件;

③省、自治区、直辖市、计划单列市设立的科学研究机构持凭主管部门批准成立的文件、《事业单位法人证书》和同级科技主管部门认定该单位为科学研究机构的有关文件。其中,省、自治区、直辖市、计划单列市设立的厅局级科学研究机构还需持凭国家机构编制主管部门批准成立的文件;

④科技开发机构持凭国务院有关部门的核定文件。

(4)《减免税进口设备企业须知》(法定代表人签名);

(5)海关认为需要的其他单证。

经海关审核批准,签发《科教用品免税登记手册》。企业凭以办理货物减免税申请手续。

二、进口申请

科教单位在进口特定减免税科教用品以前,向主管海关提交《进出口货物征免税申请表》、《科教用品免税登记手册》、进口合同及附件、进口货物清单、进口货物用途说明等单证,并将申请进口货物的有关数据输入海关计算机系统。经海关核准后签发《进出口货物征免税证明》交申请企业。

步骤一:备案登记

一、嘉兴职业技术学院向海关提交下列单证

(1)《进出口货物征免税备案申请表》;

(2)书面申请报告;

(3)浙江省政府批准嘉兴职业技术学院成立文件;

(4)嘉兴职业技术学院组织机构代码证、法人代码证;

(5)《减免税进出口设备企业须知》(法定代表人签名);

(6)海关认为需要的其他单证。

海关审批工作流程、工作时限与“业务八”相同。

编者说明

嘉兴职业技术学院于2002年经嘉兴海关核准，申领了《科研教学单位免税进口物品登记手册》，2007年进口一批设备后，2008年、2009年未进口设备，《科研教学单位免税进口物品登记手册》也未经嘉兴海关办理年检手续。本次不属首次备案，但须补办年检手续。

步骤二：进口申请

一、嘉兴职业技术学院(或其代理杭州顶杭国际货运代理有限公司)提交下列单证

(1)《进出口货物征免税申请表》；

(2)进口合同及附件、进口货物清单；

(3)进口货物用途说明；

(4)《科研教学单位免税进口物品登记手册》；

(5)海关认为需要的其他单证。

海关工作流程、工作时限与“业务八”相同。

任务二：进口报关

任务描述：

特定用途(科教用品)减免税货物进口报关操作与一般进口报关大同小异。其注意点见本情境子情境1：特定企业特定减免税货物进口报关。这里只介绍报关单填报的内容。

步骤一：审单操作

一、确定商品品名、税则号及相关事项

据“进口设备委托进口代理协议”，本次业务商品品名为：“高效液相色谱仪 Alliance e2659”，税则号应为“9027.2012.00”，查该税则号对应的监管条件为空。

二、规格型号

根据以上信息，查《中华人民共和国进出口商品规范申报说明》，税目9027.2012.00的申报要素无特别要求，可酌情填报：“高效液相色谱仪 Alliance e2659(品名、规格)”、“WATERS(品牌)”、“配置：主机一台、四元泵一个、集成120位自动进样器一个、二极管阵列检测器一个、柱温箱一个、软件一套”。

步骤二：输单操作

以下逐一讲述本次业务报关单栏目的填写，相关栏目序号沿用上文讲述进口报关单的栏目的序号，见表4-7。

表 4-7　特定用途(科教用品)减免税货物进口报关单输单操作

序　号	报关单栏目	信　息　来　源	本次业务操作
1	申报地海关	货物申报地所属直属关区/口岸海关名称及代码。	杭州机场 2910
2	录入单位	系统读取企业操作员 IC 卡上的信息并自动返填	杭州顶杭国际货运代理有限公司
3	操作员	系统读取企业操作员 IC 卡上的信息并自动返填	不可编辑
4	统一编号	系统自动生成	无需输入
5	预录入编号	接受申报的海关决定编号规则,计算机自动打印	100222700
6	海关编号	海关接受申报时给予报关单的编号	291020101100222700
7	进口口岸	货物实际进入我国关境口岸海关的名称	杭州机场 2910
8	备案号	本次业务填《进出口货物征免税证明》或其他备案审批文件的编号	Z29081000662
9	合同协议号	合同或协议:合同(包括协议或订单)编号	2010JXZJ001US
10	进口日期	相应的运输工具进境日期	20101008
11	申报日期	预录入及 EDI 报关单向海关申报的日期,与实际情况不符时,由审单关员按实际日期修改批注。	20101009
12	经营单位	合同或协议:对外签订并执行贸易合同的中国境内法人、其他组织或个人的名称及海关注册编码	浙江(纳得)科技有限公司(3301962856)
13	单位性质	由计算机根据“经营单位”内容自动显示	无需输入
14	收货单位	进口货物在境内的最终消费、使用单位的名称,根据委托方提供的资料	嘉兴职业技术学院
15	申报单位	对申报内容真实性直接向海关负责企业或单位	杭州顶杭国际货运代理有限公司
16	运输方式	提单(水路运输)或空运运单(航空运输)	航空运输
17	运输工具名称	载运货物进出境的运输工具名称或编号	MF866
18	航次号	航空运输,免予填报	
19	提运单号	提运单	73133488711_4710683719
20	贸易方式	根据所提供的单据判断	一般贸易 0110
21	征免性质	根据所提供的单据判断	科教用品 401
22	征免比例		无需填写
23	纳税单位	根据实际情况填写	嘉兴职业技术学院
24	许可证号	国务院商务主管部门及其授权发证机关签发的进、出口货物许可证的编号	本次业务无需填写
25	启运国(地区)	提运单据。根据提单中 Port of Loading 栏	新加坡(132)
26	装货港	提运单据。根据提单中 Port of Loading 栏	新加坡(132)
27	境内目的地	系统根据“收货单位”自动生成	杭州其他(33019)本次业务中,嘉兴职业技术学院无企业代码。

续表

序　号	报关单栏目	信　息　来　源	本次业务操作
28	批准文号		进口报关免予填报
29	成交方式	发票的价格条款	CIF
30	运费	发票	本次业务无需填写
31	保费	发票	本次业务无需填写
32	杂费	发票	本次业务无需填写
33	件数	装箱单(packing list)中“Quantity/Unit”一栏所填内容	3
34	包装种类	装箱单(packing list)中“Quantity/Unit”一栏所填内容	纸箱
35	毛重	装箱单、提单中 GROSS WEIGHT 栏	133KGS
36	净重	装箱单、提单中 NET WEIGHT 栏	119.7KGS
37	集装箱号	航空运输,无需填写	本次业务无需填写
38	随附单据	根据业务资料中监管证件情况及《监管证件代码表》	本次业务无需填写
39	备注	系统根据“商品名称、规格型号”、“集装箱号”、“随附单据”、“关联报关单”栏的填写情况进行的自动处理,及其他需要说明的情况	“WATERS(品牌)”、“配置:主机一台、四元泵一个、集成 120 位自动进样器一个、二极管阵列检测器一个、柱温箱一个、软件一套”
40	序号	报关单中的商品顺序编号	1
41	备案序号	货物在《征免税证明》等备案、审批单证中的顺序编号	1
42	商品编号	根据商品品名确定	9027.2012.00
43	商品名称、规格	合同、发票	高效液相色谱仪 Alliance e2659
44	原产地	合同发票以 made in...,manufacture,country of original 等来表示。	新加坡
45	数量及单位	packing list 中 Quantity 一栏	第一行:1.000 台 第二行:0.000 第三行:1.000 台
46	单价	发票	73300.0000
47	总价	发票	73300.00
48	币制	发票	美元
49	征免	根据贸易方式、征免性质所对应的征免情况	全免
50	用途	根据进口货物的实际用途按海关规定的《用途代码表》选择填报相应的用途代码	其他

任务三：申请解除监管

任务描述：

与特定地区减免税货物申请解除监管的操作相近，这里不再赘述。

子情境 3.4　残疾人专用品项目

一、概述

民政部直属企事业单位和省、自治区、直辖市民政部门所属福利机构和康复机构进口的残疾人专用物品，免征进口关税和进口环节增值税、消费税。

残疾人在进口特定减免税专用品以前，向主管海关提交民政部门的批准文件。经海关审核批准后签发《进出口货物征免税证明》交申请人。

民政部门或中国残疾人联合会所属单位在进口特定减免税专用品、专用仪器、专用生产设备以前，应当持凭民政部门或中国残疾人联合会的批准文件，向海关总署提出申请。福利或康复单位所在地主管海关接到海关总署审批通知后，签发《进出口货物征免税证明》交申请单位。

二、报关程序

步骤一：减免税申请

1. 备案登记

提交以下单证：

(1)《进出口货物征免税备案申请表》；

(2)民政部或中国残疾人联合会签章的《残疾人专用品进口证明》及《残疾人专用品清单》；

(3)民政部或中国残疾人联合会直属企事业单位及所属福利机构、假肢厂、荣誉军人康复医院及康复机构的法人单位证书；

(4)企业进口货物用途说明；

(5)企业营业执照副本复印件；

(6)《减免税进出口设备企业须知》(法定代表人签名)；

(7)海关认为需要的其他单证。

海关审批工作流程、工作时限与“项目八”相同。

2. 进口申请

提交以下单证：

(1)《进出口货物征免税申请表》；

(2)民政部或中国残疾人联合会签章的《残疾人专用品进口证明》及《残疾人专用品清单》；

(3)进口合同、发票等；

(4)企业进口货物用途说明；

(5)海关认为需要的其他单证。

海关工作流程、工作时限与“项目八”相同。

步骤二:进口报关

特定用途(科教用品)减免税货物进口报关操作与一般进口报关大同小异。其注意点见本情境子情境1:特定企业特定减免税货物进口报关。

步骤三:申请解除监管

与特定地区减免税货物申请解除监管的操作相近,这里不再赘述。

特定用途中的其他类别,如外国政府和国际金融组织贷款项目、远洋渔业项目、远洋船舶设备及关键部件项目、自有资金项目、无偿援助项目等,可按照海关要求,参照上述操作进行,本书不再赘述。

1. 根据所提供的一票特定减免税货物报关业务资料,填写特定减免税货物报关单。

2. 通过上网,将本书中详细介绍的特定用途的四个类型以外的其他类型搜集齐全,并自学各个类别特定用途减免税货物的报关程序。

学习情境五

暂准进出境货物报关操作

知识卡

暂准进出境货物

一、暂准进出境货物的含义

指为了特定的目的，经海关批准暂时进境（出境），按规定期限原状复运进境（出境）的货物，分暂时进境货物和暂时出境货物。

二、暂准进出境货物的特点

货物按暂准进出境结关制度办理通关手续，其海关监管过程和货物在现场放行后投入使用的受制约状态，反映了该项海关监管制度的特征。

（一）在提供担保的条件下暂时免纳进（出）口税

提供担保是货物暂准进出境并免纳各税所必须遵守的条件之一。这也是海关确保货物将来能按规定复出口或复进口的保全措施。我国现行的担保形式主要是信誉（保函）或经济（保证金）担保，其中展品的暂准进出境已适用“ATA”单证册制度，实行国际联保。

对暂准进出境货物，原则上可暂予免除全部进出境各税，但对租赁、租借方式暂准进出境用于生产、建筑或运输等用途的，给予的暂予免税是部分的。

（二）原则上免予交验进出境许可证件

货物暂准进出境后还需在规定期限复运出进口，因而并非成为实际进出境货物。因此，国家的贸易管制，特别是许可证管理，原则上不适用该类货物。当暂准进出境货物属于许可证管理商品时，当事人可不需申领进出境许可证。但海关认为需要时，可要求持证人提供担保。对于某些仍需受国家的进出境管制的物品，进出境时仍应交验相应的证件、证书。例如，无线电器材，应检验、检疫的动植物、药品、食品等物品。

（三）ATA单证册项下的暂准进出境货物

（1）ATA单证册项下的暂准进出境货物，限于我国政府加入的《关于货物暂准进口的ATA单证册海关公约》（简称《ATA公约》）及相关附约规定的展览会、交易会、会议或类似活动项下的货物。持证人凭ATA单证册进出境货物，可免填进出境货物报关单，并免向海关提供海关进口税费的担保。ATA单证册项下货物属于受进口限制的，应办理有关批准或检验手续。ATA单证册项下暂准出口货物属于国家限制出口或需缴纳出口税的货物，由中国国际商会统一向海关总署提供总担保。没有采用ATA单证册的暂时进口货物，海关可凭当事人提供的担保、办理有关海关手续。

（2）ATA单证册项下暂准进口货物属于除进口许可证、配额以外的其他限制进口范围的,如基于公共道德或秩序、公共安全、公共卫生保健、动植物检疫、濒危野生动植物保护或知识产权的考虑而实施的限制措施,持证人应按照有关规定办理相关手续。但对租赁、租借方式暂时进出境,并用于生产、建筑或运输等的,给予的免税只能是部分的。

(四)为特定目的进出境,在规定时间内按原状复出进口

每种暂准进出境货物都有其特定的使用目的,不得移作他用。同时,货物又必须在事先规定的期限内,保持原有状态复运出进口。没有在规定期限复运出进口的,则须按一般进出境货物办理手续并缴纳进出境各税。

(五)现场监管未结关放行

即暂准进出境货物经海关查验、并在ATA单证册上签注放行后,仍须受海关后续管理。即要监督货物合法正常地使用,又要监管货物按规定复出进口。

(六)按货物使用后的实际去向办理相应的手续

暂准进出境货物虽然原则上必须复运出口或进口,但实际上还有转为内、外销或消耗掉的情况。无论其去向如何,均应按规定办理相应的海关手续。

(七)核销后结案

暂准进出境货物在使用ATA单证册进出境时意味着已向海关提供了某种担保,当货物有了实际去向,并按规定办理了海关手续,海关即应通过核对进与出之间涉及的货物情况,确认无漏管、漏税,即可核销、签注。

三、暂准进出境货物的范围

(一)经海关批准暂时进出境时,纳税义务人应缴纳税款的保证金或提供其他担保暂不纳税,并按规定期限复运进境(出境)的暂准进出境货物。

(二)按照货物的完税价格和其在境内、外滞留时间与折旧时间的比例计算,按月征收进出口税的暂准进出境货物。

第(一)类货物范围:

(1)在展览会、交易会、会议及类似活动中展示或者使用的货物;

(2)文化、体育交流活动中使用的表演、比赛用品;

(3)进行新闻报道或者摄制电影、电视节目使用的仪器、设备及用品;

(4)开展科研、教学、医疗活动使用的仪器、设备及用品;

(5)上述4项所列活动中使用的交通工具及特种车辆;

(6)暂时进出的货样;

(7)慈善活动使用的仪器、设备及用品;

(8)供安装、调试、检测、修理设备时使用的仪器、工具;

(9)盛装货物的容器;

(10)旅游用自驾交通工具及其用品;

(11)工程施工中使用的设备、仪器及工具;

(12)海关批准的其他暂准进出境货物。

第(二)类货物是应当按照该货物的完税价格和其在境内、境外滞留时间与折旧时间的比例计算按月征进、出口税的暂准进出境货物。是除上述第(一)类以外的暂准进出境货物,本章不予介绍。

附:上述12项暂准进出境货物按照我国海关的监管方式可以归纳为:

——A. 使用 ATA 单证册报关的暂准进出境货物(指使用 ATA 单证册报关的第 1 项货物)

——B. 不使用 ATA 单证册报关的展览品(不使用 ATA 单证册报关的上述第 1 项货物);

——C. 集装箱箱体(指包含在“盛装货物的容器”中的暂准进出境集装箱箱体);

——D. 其他暂准进出境货物(指包括所有 12 项不使用以上 3 种监管方式报关的暂准进出境货物)

能力结构与教学建议(见表 5-1)

表 5-1　学习情境五能力结构与教学建议

<table>
<tr><th colspan="4">教学内容</th><th>教学建议</th></tr>
<tr><td rowspan="12">子情境 1　使用 ATA 单证册暂准进出境货物报关操作</td><td rowspan="4">概述</td><td rowspan="4">ATA 单证册概述</td><td>含义</td><td rowspan="4">◆</td></tr>
<tr><td>格式</td></tr>
<tr><td>适用</td></tr>
<tr><td>管理</td></tr>
<tr><td rowspan="8">报关程序</td><td rowspan="3">申领 ATA 单证册</td><td>申请资格</td><td rowspan="8">★</td></tr>
<tr><td>受理机构</td></tr>
<tr><td>ATA 单证册的申办程序</td></tr>
<tr><td rowspan="4">进出境报关</td><td>进境申报</td></tr>
<tr><td>出境申报</td></tr>
<tr><td>异地复运出境、进境申报</td></tr>
<tr><td>过境申报</td></tr>
<tr><td>结关</td><td></td></tr>
<tr><td rowspan="9">子情境 2　不使用 ATA 单证册的展览品报关操作</td><td rowspan="3">概述</td><td rowspan="2">不使用 ATA 单证册报关的进出境展览品范围</td><td>进境展览品</td><td rowspan="3">◆</td></tr>
<tr><td>出境展览品</td></tr>
<tr><td>展览品的暂准进出境期限</td><td></td></tr>
<tr><td rowspan="6">报关程序</td><td>进境申报</td><td></td><td rowspan="6">★</td></tr>
<tr><td>出境申报</td><td></td></tr>
<tr><td rowspan="4">进出境展览品的核销结关</td><td>复运进出境</td></tr>
<tr><td>转为正式进出境</td></tr>
<tr><td>展览品放弃或赠送</td></tr>
<tr><td>展览品毁坏、丢失、被窃</td></tr>
<tr><td rowspan="3">子情境 3　集装箱箱体报关操作</td><td>概述</td><td></td><td></td><td rowspan="3">◆</td></tr>
<tr><td rowspan="2">报关程序</td><td>境内生产的集装箱及我国营运人购买进口</td><td></td></tr>
<tr><td>境外集装箱</td><td></td></tr>
<tr><td rowspan="5">子情境 4　其他暂准进出境货物报关操作</td><td rowspan="2">概述</td><td>适用范围</td><td></td><td rowspan="2">◆</td></tr>
<tr><td>期限</td><td></td></tr>
<tr><td rowspan="3">报关程序</td><td>业务十一</td><td>任务一:向海关申请核准</td><td rowspan="3">★</td></tr>
<tr><td></td><td>任务二:进出口报关</td></tr>
<tr><td></td><td>任务三:核销结关</td></tr>
</table>

子情境 1　使用 ATA 单证册的暂准进出境货物报关操作

一、概述

(一)ATA 单证册概述

1. 含义

“暂准进口单证册”,简称 ATA 单证册,是指世界海关组织通过的《货物暂准进口公约》及其附约 A 和《ATA 公约》中规定使用的,用于替代各缔约方海关暂准进出口货物报关单和税费担保的国际性通关文件。

2. 格式

一份 ATA 单证册一般由 8 页 ATA 单证组成:一页绿色封面单证、一页黄色出口单证、一页白色进口单证、一页白色复出口单证、两页蓝色过境单证、一页黄色复进口单证、一页绿色封底(我国海关只接受用中文或者英文填写的 ATA 单证册),见图 5-1。

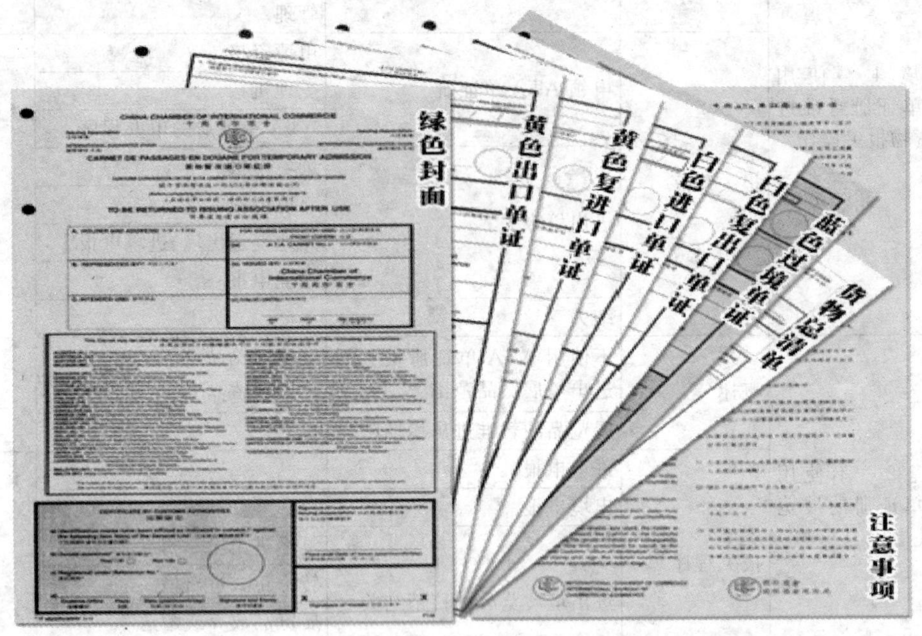

图 5-1　ATA 单证册

3. 适用

ATA 单证册的使用范围仅限于展览会、交易会、会议及类似活动项下的货物。除此之外的货物,我国海关不接受持 ATA 单证册办理进出口申报手续。其范围具体包括:

(1)国际博览会、交易会、展览会、国际会议及类似活动中陈列或使用的物品。

(2)各类专业人员使用的专业设备,例如赴境外报道、录制节目、摄制影片所需的出版、音像广播、摄影设备;赴境外安装、调试机器所需的各种测量仪器;医务人员所需的医疗器械;演员、乐团所、剧团所需的演出服装、器具等。

(3)集装箱、托盘、包装物料、样品等与商业活动有关的货物。

(4)科研设备、教学用品、海员福利用品及其与教育、科学或文化活动有关的货物。

(5)参加境外体育比赛、体育表演和训练所必需的体育用品及其他物品；赴境外从事观光、求医、学习、专业会议等活动所需的个人物品。

(6)参加境外的文化、宗教或专业聚会等活动所需的图片、照片、摄影作品、艺术品、印刷品，免费播放的纪录片、唱片等音像用品。

(7)边境地区的自然人或法人为完成农业、林业、养鱼业的工作，以及为修理、制造、加工目的所需的非商业性质的物品。

(8)为慈善目的暂时出口的医疗用品、外科和实验室设备以及救济物资。

(9)商业或私人用途的船舶、飞机、陆路引擎车辆、铁路货车等运输工具。

(10)边境地区用于放牧、表演、展览、竞技、比赛等活动所需的活动物。

(11)与制造活动有关的纸版、印版、图版、模子、图纸、模型等类似物品。

4.管理

(1)出证担保机构：中国国际商会是我国 ATA 单证册的出证和担保机构。

(2)管理机构：海关总署在北京海关设立的 ATA 核销中心。

(3)延期审批：使用 ATA 单证册报关的货物暂准进出境期限为自货物进出境之日起 6 个月，超过 6 个月的，持证人需向海关申请延期，延期最多不超过 3 次，每次延期不超过 6 个月，且持证人应当在规定期限届满 30 个工作日前向货物暂准进出境申请核准地海关提出延期申请，并提交“货物暂时进/出境延期申请书”及相关材料；直属海关受理延期申请的，应当于受理申请之日起 20 个工作日内作出是否延期的决定。

参加展期在 24 个月以上展览会的展览品，在 18 个月延长期届满后仍需要延期的，由主管地直属海关报海关总署审批。

ATA 单证册项下的暂时进境货物申请延长期限超过 ATA 单证册有效期的，持证人应当向原出证机构申请续签 ATA 单证册用以替代原册，新册使用，原册失效。

(4)追索：我国 ATA 单证册项下暂时进境货物未能按照规定复运出境或者过境的，ATA 核销中心将向中国国际商会提出追索。自提出追索之日起 9 个月内，中国国际商会向海关提供货物已经在规定限内复运出境或者已举办了进口手续证明的，ATA 核销中心可以撤销追索；9 个月期满后未能提供上述证明的，中国国际商会应当向海关支付税款和罚款。

资料卡

ATA 单证册的有关知识

ATA 单证册是一份国际通用的海关文件，它是世界海关组织为暂准进口货物而专门创设的。世界海关组织于 1961 年通过了《关于货物暂准进口的 ATA 单证册海关公约》，其后，又于 1990 年通过了《货物暂准进口公约》，从而建立并完善了 ATA 单证册制度。截至目前，已有 62 个国家和地区实施了 ATA 单证册制度，75 个国家和地区接受 ATA 单证册，每年凭 ATA 单证册通关的货物总值超过了 120 亿美元。

ATA 单证册已经成为暂准进口货物使用的最重要的海关文件。

ATA 单证册制度为暂准进出口货物建立了世界统一的通关手续，使暂准进口货物可以凭 ATA 单证册，在各国海关享受免税进口和免予填写国内报关文件等通关便利，因此，ATA 单证册又被国际经贸界称之为货物护照和货物免税通关证。ATA 单证册制度的确立，有助于促进产业专门化、工业现代化，加快国际间的信息和技术交流，加强世界各民族间文化的认知和融合，促进各国政府和民间的交往与合作。在国际商务活动中，凭借便利的货物临时进出口手续，外贸公司、企业可以建立和巩固与外国商业伙伴的合作，增强产品在国际市场上的影响，以利在全球贸易竞争中占据主动地位。

ATA 由法文 Admission Temporaire 与英文 Temporary Admission 的首字母组成，表示暂准进口，从其字面可知，使用 ATA 单证册的货物有别于普通进出口货物，这类货物在国际间流转时，其所有权不发生转移。

ATA 单证册的签发和担保由各国担保商会负责，每个国家只能有一个担保商会，担保商会有权指定多个国内出证机构，并对下属出证机构签发的 ATA 单证册承担担保责任。国际商会国际局负责对世界范围内 ATA 单证册制度进行日常管理。

我国于 1993 年加入了《关于货物暂准进口的 ATA 单证册海关公约》、《货物暂准进口公约》和《展览会和交易会公约》。自 1998 年 1 月起，我国开始实施 ATA 单证册制度。经国务院批准、海关总署授权，中国国际贸易促进委员会/中国国际商会是我国 ATA 单证册的出证和担保商会。负责我国 ATA 单证册的签发和担保工作。

二、报关程序

(一)申领 ATA 单证册

1. 申请资格

ATA 单证册的申请人是居住地或注册地在中华人民共和国境内的货物所有人或可自由处分货物的人。见图 5-2。

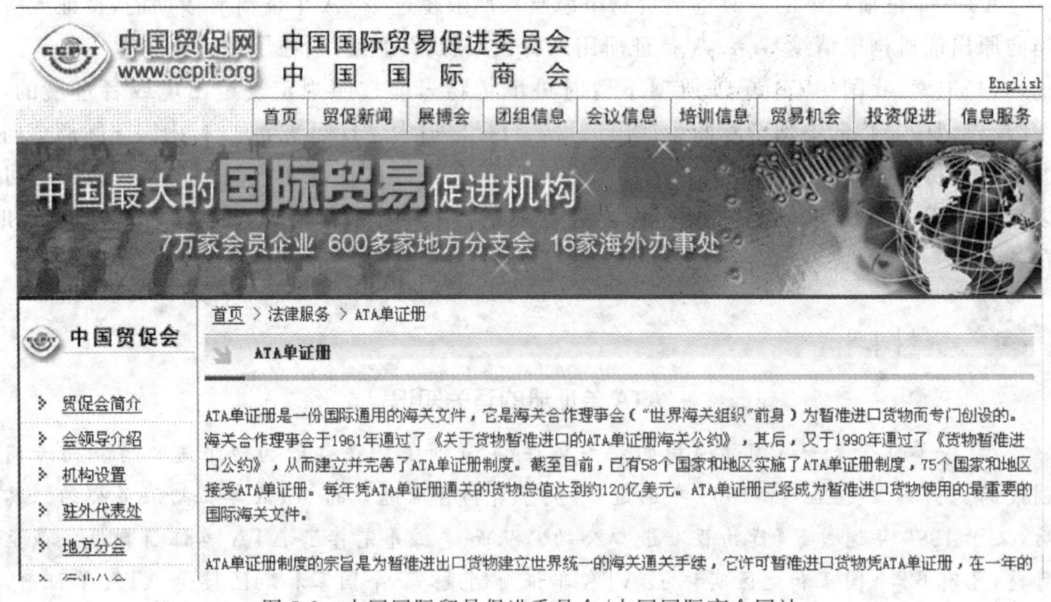

图 5-2 中国国际贸易促进委员会/中国国际商会网站

2. 受理机构

申请人应向中国国际贸易促进委员会/中国国际商会法律事务部 ATA 处或者中国国

际贸易促进委员会/中国国际商会的地方分支机构出证部门申请单证册(签证机构详细信息请在“有关我们”中查询)。

3.ATA单证册的申办程序

(1)填写申请表,并附申请人的身份证明文件。申请人为自然人的,提供身份证或护照复印件;申请人为企业法人的,提供法人营业执照的复印件,申请人为事业单位,提供事业单位法人登记证书的复印件。

知识卡

ATA单证册申请表填写说明

一、申请人基本情况

(一)申请人名称栏、地址栏中的英文应打印填写,并注明邮编。

(二)申请人为自然人的,身份证明文件指身份证或护照;申请人为法人的,身份证明文件指企业法人营业执照或者事业单位法人证书。

(三)授权代表是代表申请人持ATA单证册办理国内外报关手续的,可以是申请人的职员,可以是申请人的货运代理或报关代理,授权代表姓名的英文栏须打印填写。

(四)联系人指办理ATA单证册申请手续的人,可以是申请人的职员,也可以是申请人的报关代理或者货运代理。代理人须提供申请人的授权委托书。

二、单证册基本情况

(一)选择货物在进口国的预定用途。由于各国接受的ATA单证册项下货物范围不同,此栏填写不妥可能导致货物无法获得暂准时口的许可。预先咨询签证机构以确定所应选择的栏目。

(二)填入从中国离境的大概日期,出口报关口岸的名称。

(三)选择运输方式。

(四)每份ATA单证册的有效期最长是1年,在有效期内,货物可以进口到多个国家,每个国家可以去多次。按需要在拟去国家前填入预定进口次数。

货物在离开一个国家去往另一个国家途中,如需在其他国家过境,应使用蓝色过境单。例如:货物离开中国去美国(进出美国一次),途经日本。在表中美国前横线处写“1”,在过境国家日本前写“1T”,1代表过境次数。

三、选择ATA单证册的交付方式

四、选择ATA单证册的签发期限

签证机构签发ATA单证册的正常时间是5个工作日,加急签发时间是2个工作日。

五、填入担保金额,并选择您所提交的担保形式

ATA单证册既是货物报关文件,也是进口各税及其他费用的担保凭证。当ATA单证册项下货物在暂准进口国被卖、被赠、被窃或因其他原因没有复出口,需要支付进口税费时,ATA单证册担保商会需要承担向进口国海关缴纳税款的义务。因此,申请人需要向签订机构提借货物可能支付进口税费的担保。

六、仔细阅读保证条款的内容

ATA单证册一经签发，持证人将自动承担保证责任。

七、申请人签字、盖章

如果申请人是法人，由法人代表签字，并加盖申请人单位章，如申请人是自然人，在申请人签字处签字即可。

(2)填写货物总清单。

(3)提供担保。形式可以是押金，银行或保险公司保函，或中国贸促会认可的书面保证。

(4)缴纳ATA单证册申办手续费。

向中国国际商会申请办理ATA单证册的申请人在填写好申请表及货物总清单后，须将上述两份文件发送到中国国际商会ATA处的电子邮箱atachina@ccpit.org。申请人也可通过中国国际商会网站在线申请系统提供相关信息。

中国国际商会ATA处工作人员在收到申请人的申请信息后将进行核查，然后根据相关信息向申请人出具付款通知。申请人须按照付款通知上的金额及其在申请时所选择的付款方式交付款项，并将申请表、货物总清单、申请人身份证明文件原本复印件及商会所需其他文件在出证前送达中国国际商会ATA处。

自申请手续完备之日起，中国贸促会将根据申请人的预计离境日期尽快签发单证，加急出证时间最短为2个小时。

(二)进出境报关

1.进境申报

进境货物收货人或其代理人持ATA单证册向海关申报进境展览品时，先在海关核准的出证协会即中国国际商会以及其他商会，将ATA单证册上的内容预录入海关与商会联网的ATA单证册电子核销系统，然后向展览会主管海关提交纸质ATA单证册、提货单等单证。

海关在白色进口单证上签注，并留存白色进口单证(正联)，退还其存根联和ATA单证册其他各联给货物收货人或其代理人。

2.出境申报

出境货物发货人或其代理人持ATA单证册向海关申报出境展览品时，向出境地海关提交国家主管部门的批准文件、纸质ATA单证册、装货单等单证。

海关在绿色封面单证和黄色出口单证上签注，并留存黄色出口单证(正联)，退还其存根联ATA单证册其他各联给出境货物发货人或其代理人。

3.异地复运出境、进境申报

持主管地海关单证向复运出境、进境地海关办理，并签章，主管海关凭以核销结案。

4.过境申报

过境货物承运人或其代理人持ATA单证册向海关申报将货物通过我国转运至第三国参加展览会的，不必填制过境货物报关单。海关在两份蓝色过境单证上分别签注后，留存蓝色过境单证(正联)，退还其存根联和ATA单证册其他各联给运输工具承运人或其代理人。

持ATA单证册向海关申报进出境展览品，不需向海关提交进出境许可证件，也不需另外再提供担保。但如果进出境展览品及相关货物受公共道德、公共安全、公共卫生、动植物检疫，濒危野生动植物保护、知识产权保护等限制的，展览品收发货人或其代理人应当向海

ATA单证册管理系统（企业专用）

图 5-3　ATA 单证册预录入界面

关提交进出境许可证件。

（三）结关

持证人在规定期限内将进境展览品、出境展览品复运出境、复运进境，海关在白色复出口单证和黄色复进口单证上分别签注，留存单证（正联），退还其存根联和 ATA 单证册其他各联给持证人，正式核销“结关”。

ATA 单证册报关程序示意图见图 5-4。

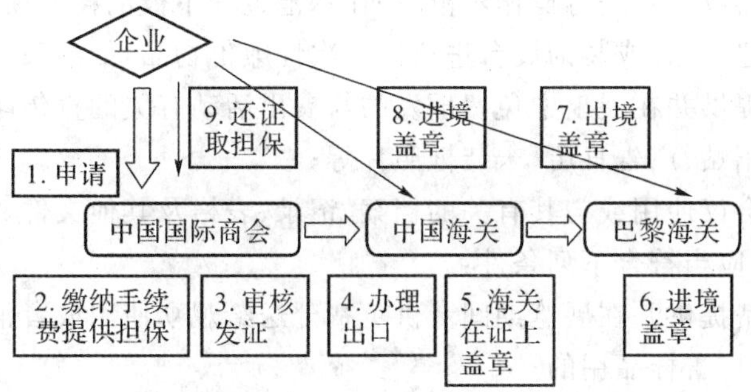

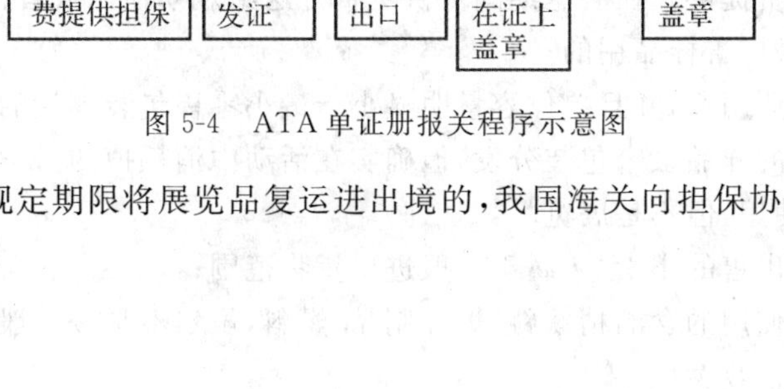

图 5-4　ATA 单证册报关程序示意图

持证人不能按规定期限将展览品复运进出境的，我国海关向担保协会即中国国际商会提出追索，见图 5-5。

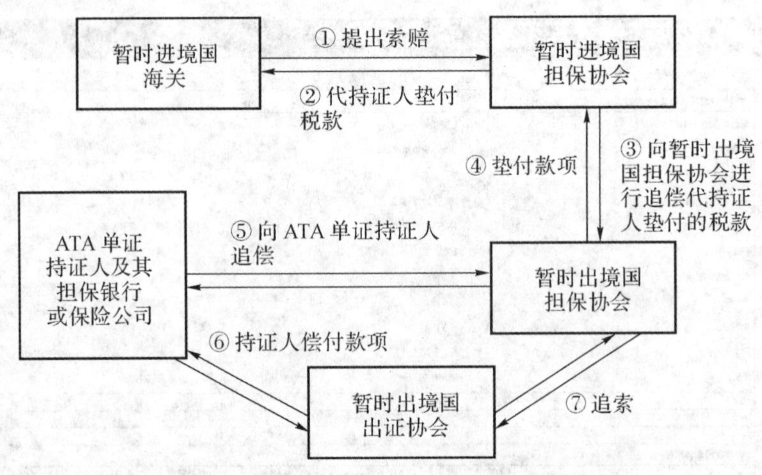

图 5-5 ATA 单证册未正常使用时的追索示意图

子情境 2 不使用 ATA 单证册的展览品报关操作

一、概述

(一)不使用 ATA 单证册报关的进出境展览品范围

1. 进境展览品

(1)展示或示范用的货物、物品,为示范展出的机器或器具所需用的物品,展览者设置临时展台和建筑材料及装饰材料,供展览品做示范宴会用的电影片、幻灯片、录像带、录音带、说明书、广告等。

(2)与展出活动有关的物品,按展览品申报:

①为展出的机器或器具进行操作示范,并在示范过程中被消耗或损坏的物料;

②展出者为修建、布置或装饰展台进口的一次性廉价物品,如油漆、涂料、壁纸;

③参展商免费提供并在展出中免费散发的与展出活动有关的宣传印刷品、商业目录、说明书、价目表、广告招贴、广告日历、未装框照片等;

④供各种国际会议使用或与其有关的档案、记录、表格及其他文件。

上述货物、物品应当符合下列条件:

①由参展人免费提供并在展览期间专供免费分送给观众使用或者消费的;

②单价较低,做广告样品用的;

③不适用于商业用途,并且单位容量明显小于最小零售包装容量的;

④食品及饮料的样品虽未包装分发,但确实在活动中消耗掉的。

(3)展览会中使用,但不是展览品:

①展览会期间出售的小卖品,属于一般进口货物范围;

②展览会期间使用的含酒精饮料、烟叶制品、燃料,虽然不是按一般进口货物管理,但海关对这些商品一律征收关税。

2. 出境展览品

(1)国内单位赴国外举办展览会或参加外国博览会、展览会而运出的展览品；

(2)与展览活动有关的宣传品、布置品、招待品及其他公用物品；

(3)与展览活动有关的小卖品、“展卖品”。

(二)展览品的暂准进出境期限

进口展览品的暂准进境期限是6个月，即自展览品进境之日起6个月内复运出境。如果需要延长复运出境的期限，应当向主管海关提出申请。经批准可以延长，延长期限最长不超过6个月。

出口展览品的暂准出境期限为自展览品出境之日起6个月内复运进境。如果需要延长复运进境的期限，应当向主管海关提出申请。

二、报关程序

(一)进境申报

展览品进境之前，展览会主办单位应当将举办展览会的批准文件连同展览品清单一起送展出地海关，办理登记备案手续。

展览品进境申报手续可以在展出地海关办理。从非展出地海关进口的，可以申请在进境地海关办理转关运输手续，在海关监管下，将展览品从进境口岸转运至展览会举办地主管海关办理申报手续。

展览会主办单位或其代理人应当向海关提交报关单、展览品清单、提货单、发票、装箱单等。展览品中涉及检验检疫等管制的，还应当向海关提交有关许可证件。

展览会主办单位或其代理人应当向海关提供担保。海关一般在展览会举办地对展览品开箱查验。

(二)出境申报

展览品出境申报手续应当在出境地海关办理。在境外举办展览会或参加国外展览会的企业应当向海关提交国家主管部门的批准文件、报关单、展览品清单一式两份等单证。

展览品属于应当缴纳出口关税的，向海关缴纳相当于税款的保证金；属于核用品、“两用物项”及相关技术的出口管制商品的，应当提交出口许可证。

海关对展览品开箱查验，核对展览品清单。查验完毕，海关留存一份清单，另份一封入“关封”交还给出口货物发货人或其代理人，凭以办理展览品复运进境申报手续。

(三)进出境展览品的核销结关

1. 复运进出境

进境展览品按规定期限复运出境，出境展览品按规定期限复运进境后，海关分别签发报关单证明联，展览品所有人或其代理人凭以向主管海关办理核销“结关”手续。

展览品未能按规定期限复运进出境的，展览会主办单位或出国举办展览会的单位应当向主管海关申请延期，在延长期内办理复运进出境手续。

2. 转为正式进出境

进境展览品在展览期间被人购买的，由展览会主办单位或其代理人向海关办理进口申报、纳税手续，其中属于许可证件管理的，还应当提交进口许可证件。出口展览品在境外参加展览会后被销售的，由海关核对展览品清单后要求企业补办有关正式出口手续。

3.展览品放弃或赠送

展览会结束后，进口展览品的所有人决定将展览品放弃交由海关处理的，由海关变卖后将款项上缴国库。有单位接受放弃展览品的，应当向海关办理进口申报、纳税手续。

展览品的所有人决定将展览品赠送的，受赠人应当向海关办理进口手续，海关根据进口礼品或经贸往来赠送品的规定办理。

4.展览品毁坏、丢失、被窃

展览品因毁坏、丢失、被窃等原因，而不能复运出境的，展览会主办单位或其代理人应当向海关报告。对于毁坏的展览品，海关根据毁坏程度估价征税；对于丢失或被窃的展览品，海关按照进口同类货物征收进口税。展览品因不可抗力遭受损毁或灭失的，海关根据受损情况，减征或免征进口税。

子情境3　集装箱箱体报关操作

一、概述

集装箱箱体既是一种运输设备，又是一种货物。作为运输设备，属于暂准进出口货物，进口免税、免征；作为一种货物，进口需征税。海关监管目的是防止以运输设备为名，逃税进口留在国内。这里介绍的是指通常作为运输设备暂时进出境的情况。

二、报关程序

(1)境内生产的集装箱及我国营运人购买进口的集装箱在投入国际运输前，营运人应当向其所在地海关办理登记手续。海关准予登记并符合规定的集装箱箱体，无论是否装载货物，海关准予暂时进境和异地出境，营运人或其代理人无需对箱体单独向海关办理报关手续，进出境时也不受规定的期限限制。

(2)境外集装箱箱体暂准进境，无论是否装载货物，承运人或其代理人应当对箱体单独向海关申报，并应当于入境之日起6个月内复运出境。如因特殊情况不能按期复运出境的，营运人应当向“暂准进境地”海关提出延期申请，经海关核准后可以延期，但不得超过3个月，逾期应向海关办理进口报关纳税手续。进境需担保方可放行；复出境，凭出口报关单退保证金。

子情境4　其他暂准进出境货物报关操作

一、概述

(一)适用范围

如前所述，暂准进出境货物一共有12项，除了第(1)项使用ATA单证册报关的展览会、交易会及类似会议活动下的货物及第(1)项“不使用ATA单证册报关的展览品”；以及第(9)项盛装货物的容器(集装箱箱体)以外，其余按其他暂准进出境货物进行监管。

(二)期限

暂准进境期限是6个月，即自进境之日起6个月内复运出境，超过6个月的，在规定期限届满30个工作日前向货物暂时进出境申请核准地海关提出延期申请，延期最多不超过3次，每次延长期限不超过6个月。

国家重点工程、国家科研项目使用的，在24个月以上的，在18个月的延长期届满后仍需要延期的，由主管地直属海关报海关总署审批，由海关总署做出决定。

暂准进出境货物监管期限情况见表5-2。

表5-2　暂准进出境货物监管期限

货物类别	期限	能否延期、延长的时间
使用ATA单证册的暂准进出境货物	6个月	可延期3次，每次6个月
不使用ATA单证册的进出境展览品	6个月	可延期，但延长期限最长不超过6个月。出境展览品需向海关申请
进出境集装箱箱体	6个月	延期，不得超过3个月
暂时进出口货物	6个月	可延期，但延长期限最多不超过6个月

二、报关程序

业务十一　样品报关业务

日本电产立德机器装置(浙江)有限公司从其母公司日本电产立德株式会社进口一台飞针检测仪，用做样品，该公司委托嘉兴淞海报关有限公司代理报关业务，详细资料见有关单证。该业务的操作步骤如何？

编者说明：暂准进出境的报关业务资料有一定的搜集难度，编者通过努力找到的这一票业务资料单据中缺少报关单，所以下文介绍报关单各项填报内容时个别栏目无相关信息。

日本电产立德机器装置(浙江)有限公司
LIDEC—READ (ZHEJIANG) CORPORATION
合 同
IMPORT CONTRACT

买方: 日本电产立德机器装置(浙江)有限公司 合同号:
The buyers: LIDEC—READ(ZHEJIANG) CORPORATION Contract no. Nrcc2009
中国浙江平湖经济开发区内 TEL: FAX:
卖方: 日本电产立德株式会社 日期:
The sellers: LIDEC READ CORPORATION Date: 2009—12
日本国京都府 TEL: FAX:

经买卖双方同意成立下列设立商品订立条款如下:

The undersigned and buyers hare agreed to close the following transactions according to terms and conditions stipulated below:

(1)品名规格 Commodity and specification	(2)数量 Quantity (SET)	(3)单价 Unit price (日元 JP¥)	(4)金额 Amount(日元)
MOVING PROBE TESTER (ELX6146—R2) 飞针检测机	1	9,660,000	CIF SHANG 9,660,00
(5)总价 (日元 JP¥) Total amount			9,660,00

(6)装运期限: 2010 年 4 月前
Time of shipment
(7)装运口岸: 日本 (8)到货口岸:中国,上海
Port of shipment Port of destination
(9)运费负担: PREPAID
Payment of shipment
(10)付款方式: T/T(temporary import, no commercial value, use for sample)暂时进口,无商业价值,样品用。
(11)保险 Insurance:
(12)其他条款 Other terms:

1. 装船通知:货物装运完毕后,卖方立即通知买方商品名称、毛重、船名、开船日期,并将提单、发票及装箱单于3日内寄交买方。

Advice of shipment: Immediately after completion of goods on boat the sellers shall advice the buyers of name of goods weight name of vessel and sailing date and shall mail of the bill of lading invoice and packing list to the buyers in three days.

2. 附注:Remarks:

买方:LIDEC—READ (ZHEJIANG) CORPORATION 卖方 LIDEC—READ CORPORATION

The buyers:__________ The sellers:__________

LIDEC－READ CORPORATION

KYOTO, JAPAN

INVOICE　　　　　　　　PHONE:　　　　FAX:

MESSRS: LIDEC－READ (ZHEJIANG) CORPORATION	Invoice No.　BT－1585
ATN:　Mr. TESHIMA	Date:　01-20-10
Building PINGHU ECONOMIC DEVELOPMENT	From:　JAPAN
ZHONE, PINGHU CITY, ZHEJIANG,	TO:　CHINA
CHINA	Order NO.
Phone:　　Fax:	Ref No.:　19-s-20
Shipped per: KSA INTERNATIONAL	10010180(R008085)
	Mark

No.	Description	Quantity	Unit price	Amount
				CIF SHANGHAI
	NO COMMERCIAL VALUE/VALUE FOR CUSTOMS PURPPOSE ONLY			
	MOVING PROBE TESTER (ELX6146－R2) S/N:JE806400	1 SET	@J￥9,600,000	J￥9,600,000

9030339000,飞针检测机
品牌:Microcraft
用途:检查电路板
原理:通过测量电阻大小,判断电路板上两点是否联通
功能:测试电压、电阻、电流
检测对象:电路板
技术参数:重复精度±10μm
不带记录装置
显示结果,是否合格

TOTAL　　J￥9,600,000

REMARK
1. MADE IN JAPAN
2. NCV FOR RENTAL
3. CASE MARK
NRCC
CHINA
BT－1585
C/NO. 1
MADE IN JAPAN
A. NAKE

LIDEC－READ CORPORATION

(Forwarding Agent)

Shipper
LIDEC-READ CORPORATION
KYOTO, JAPAN
TEL : FAX :

B/L No. KSASHA1001082

MULTIMODAL TRANSPORT BILL OF LADING

Consignee
LIDEC-READ (ZHEJIANG) CORPORATION
PINGHU
ECONOMIC DEVELOPMENT ZONE, PINGHU CITY, ZHEJIANG,
CHINA 314200 TEL : FAX :

SINCE 1946

Head Office
13 Takahi-cho, Mibu,
Nakagyo-ku, Kyoto 604-8824
Japan
TEL:
FAX:

Tokyo Branch Office
7-4-25 Akasaka, Minato-ku,
Tokyo 107-0052 Japan
TEL:
FAX:

Notify Party
SAME AS CONSIGNEE

Received by the Carrier from the shipper in apparent good order and condition unless otherwis indicated herein, the Goods, or the container(s) or package(s) said to contain the cargo here mentioned, to be carried subject to all the terms and conditions appearing on the face and bac of this Bill of Lading by the vessel named herein or any substitute at the Carrier's option and/ other means of transport, from the place of receipt or the port of loading to the port of di charge or the place of delivery shown herein and there to be delivered unto order or assigns. This Bill of Lading duly endorsed must be surrendered in exchange for the Goods or delivery orde In accepting this Bill of Lading, the Merchant agrees to be bound by all the stipulations, exceptior terms and conditions on the face and back hereof, whether written, typed, stamped or printed, fully as if signed by the Merchant, any local custom or privilege to the contrary notwithstandin and agrees that all agreements or freight engagements for and in connection with the carriage the Goods are superseded by this Bill of Lading.

Party to contact for cargo release
KSA LOGISTICS CENTER (HANGZHOU) CO., LTI
ROOM603 YITAI BUILDING GUCUI ROAD HANGZHOU
TEL0571-8847-3507 FAX0571-8847-3508

Pre-carriage by		Place of Receipt
		OSAKA CFS
Vessel	**Voy. No.**	**Port of Loading**
PROSRICH	1005W	OSAKA, JAPAN
Port of Discharge		**Place of Delivery**
SHANGHAI, CHINA		SHANGHAI CFS

Final Destination (Merchant's reference only)

Container No. Seal No. Marks and Numbers	No. of Containers or Pkgs	Kind of Packages; Description of Goods	Gross Weight (KGS)	Measurement (M3)
NRCC CHINA BT-1585 C/NO. 1 MADE IN JAPAN	1	CASE MOVING PROBE TESTER (ELX6146-R2) S/N: JE806400 INVOICE NO. BT-1585 "FREIGHT PREPAID"	965.00	4.640

unknown to the Carrier.

Total number of Containers or other Packages or Units (in words) SAY : ONE (1) CASE ONLY. –

Merchant's Declared Value (See Clauses 18 & 23):

Note:
The Merchant's attention is called to the fact that according to Clauses 18 & 23 of this Bill of Lading the liability of the Carrier is, in most cases, limited in respect of loss of or damage to the Goods.

Freight and Charges	Revenue Tons	Rate	Per	Prepaid	Collect
OCEAN FREIGHT		" OCEAN FREIGHT PREPAID AS ARRANGED "			

Exchange Rate	Prepaid at	Payable at	Place and Date of Issue
	KYOTO, JAPAN		KYOTO, JAPAN FEB. - 2. 2010
	Total Prepaid in Local Currency	**No. of Original B(s)/L**	
	/	ONE (1)	

In witness whereof, the undersigned has signed the number of Bill(s) of Lading stated herein, all of this tenor and date, one of which being accomplished, the others to stand void.

As Carrier KSA INTERNATIONAL INC.

Laden on Board the Vessel

Vessel	PROSRICH	Date
Port of Loading	OSAKA, JAPAN	By

An enlarged copy of back clauses is available from the Carrier upon request.

(TERMS CONTINUED ON BACK HEREOF)
©JIFFA MODEL FORM

任务一:向海关申请核准

任务描述:

暂时进出境货物进出境要经过主管地海关的核准。暂时进出境货物进出境核准属于海关行政许可范围,应当按照海关行政许可的程序办理。

一、提交单证

日本电产立德机器装置(浙江)有限公司向嘉兴海关提交如下单证:

(1)《货物暂时进/出境申请书》;

(2)暂时进出境货物清单;

(3)发票、合同或者协议以及其他相关单据;

(4)相当于税款的保证金或者海关依法认可的其他担保。

二、海关办理程序

嘉兴海关自受理申请之日起20个工作日内审查完毕,作出决定:批准同意的,制发《中华人民共和国海关货物暂时进/出境申请批准决定书》,否则制发《中华人民共和国海关货物暂时进/出境申请不予批准决定书》,说明理由,并告知申请人享有依法申请行政复议或者提起行政诉讼的权利。

申请人取得海关批准决定书后,即可办理具体报关手续。

任务二:进出口报关

任务描述:

一、暂时进口,复运出口

(一)暂时进口手续

暂时进口货物进境时,收货人或其代理人应当向海关提交主管部门允许货物为特定目的而暂时进境的批准文件(本次业务为《中华人民共和国海关货物暂时进/出境申请批准决定书》)、进口货物报关单、商业及货运单据等,向海关办理暂时进境申报手续。

暂时进口货物不必提交进口货物许可证件,但对国家规定需要实施检验检疫的,或者为公共安全、公共卫生等实施管制措施的,仍应当提交有关的许可证件。下列货物申报暂时进口,还应交验有关管理部门的证明。

(1)无线电器材——检验中国商检机构在报关单上加盖的印章或检验证书。

(2)动植物——校验口岸动植物检疫机构签发的《检疫放行通知单》或在货运单上加盖的检疫放行章。

(3)药品——校验口岸药品检验所出具的《检验合格报告书》。

(4)食品——校验口岸食品卫生监督机构的《采样证明》或在报关单上所注采样日期标志。

暂时进口货物在进境时,进口货物的收货人或其代理人免予缴纳进口税,但必须向海关提供担保。

(二)复运出境手续

具体操作过程可以参照一般出口报关业务。与一般出口报关业务不同的是:

暂时进口货物应于货物进口之日起 6 个月内全部复运出境。期满不复运出境的，应由申报人向海关办理正式进口手续和照章纳税。因故需要延长在境内使用期限的，应在期满前向海关提出申请，经海关审核批准后予以办理延期手续。延长期满后，除经海关总署特准者外，不再予以延长。

暂时进口货物复运出境时，申报人应填写出口货物报关单，同时交验其留存的进口货物报关单及货物清单向原进境地海关办理复运出境手续。如变更出境口岸，应持凭原进口货物报关单及货物清单向出境地海关办理复运出境手续，出境地海关在上述单据上批注验放情况后，退交申报人凭以向原入境地海关办理核销手续。

二、暂时出口，复运进口

（一）暂时出口手续

暂时出口货物出境，发货人或其代理人应向海关提交主管部门允许货物为特定目的而暂时出境的批准文件、出口货物报关单、货运和商业单据等，向海关办理暂时出境申报手续。

暂时出口货物除易制毒化学品、监控化学品、消耗臭氧层物质、有关核出口、“核两用品”及相关技术的出口管制条例管制的商品以及其他国际公约管制的商品按正常出口提交有关许可证件外，不需交验许可证件。

（二）复运进境手续

与复运出境手续类似，这里不再赘述。

一、暂时进口报关

步骤一：审单操作

（一）确定商品品名、税则号及相关事项

据合同，本次业务商品品名为：“飞针检测仪”，税则号应为“9030.3390.00”，查该税则号对应的监管条件为“B”，即出口时需要经过商检，提交出境货物通关单。

（二）规格型号

根据以上信息，查《中华人民共和国进出口商品规范申报说明》，税目 9030.3390.00 的申报要素包括：“1.品名；2.用途；3.品牌；4.原理；5.功能；6.检测对象；7.型号；8.技术参数”，据此，应填报：“品名：飞针检测仪；品牌：MICROCRAFT；用途：检查电路板；原理：通过测量电阻大小，判断电路板上两点是否联通；功能：测试电压、电阻、电流；检测对象：电路板；型号：ELX6146－R2；技术参数：重复精度±10um，不带记录装置，显示结果是否合格。”

步骤二：输单操作

以下逐一介绍本次业务报关单填写，栏目序号沿用上文讲述进口报关单的栏目的序号（见表 5-3）。

表 5-3　暂准进出境货物进口报关单输单操作

序　号	报关单栏目	信　息　来　源	本次业务操作
1	申报地海关	货物申报地所属直属关区/口岸海关名称及代码。	吴淞海关 2202
2	录入单位	系统读取企业操作员 IC 卡上的信息并自动返填	嘉兴淞海报关有限公司
3	操作员	系统读取企业操作员 IC 卡上的信息并自动返填	不可编辑
4	统一编号	系统自动生成	无需输入
5	预录入编号	接受申报的海关决定编号规则,计算机自动打印	
6	海关编号	海关接受申报时给予报关单的编号	
7	进口口岸	货物实际进入我国关境口岸海关的名称	吴淞海关 2202
8	备案号	《加工贸易手册》、电子账册及其分册、《进出口货物征免税证明》或其他备案审批文件的编号	本次业务无需填报
9	合同协议号	合同或协议:合同(包括协议或订单)编号	NRCC2009－0
10	进口日期	相应的运输工具进境日期	20100125
11	申报日期	预录入及 EDI 报关单向海关申报的日期,与实际情况不符时,由审单关员按实际日期修改批注。	20100126
12	经营单位	合同或协议:对外签订并执行贸易合同的中国境内法人、其他组织或个人的名称及海关注册编码	日本电产立德机器装置(浙江)有限公司
13	单位性质	由计算机根据“经营单位”内容自动显示	无需输入
14	收货单位	进口货物在境内的最终消费、使用单位的名称,根据委托方提供的资料	日本电产立德机器装置(浙江)有限公司
15	申报单位	对申报内容真实性直接向海关负责企业或单位	嘉兴淞海报关有限公司
16	运输方式	提单(水路运输)或空运运单(航空运输)	水路运输
17	运输工具名称	载运货物进出境的运输工具名称或编号	PROSRICH
18	航次号	提单中通常使用“voyage no.”表示航次号	1005W
19	提运单号	提运单	KSASHA1001082
20	贸易方式	根据所提供的单据判断	暂时进出货物 2600
21	征免性质	根据所提供的单据判断	其他法定 299
22	征免比例		无需填写
23	纳税单位	根据实际情况填写	日本电产立德机器装置(浙江)有限公司
24	许可证号	国务院商务主管部门及其授权发证机关签发的进、出口货物许可证的编号	本次业务无需填写
25	启运国(地区)	提运单据。根据提单中 Port of Loading 栏	日本(116)
26	装货港	提运单据。根据提单中 Port of Loading 栏	大阪(1303)
27	境内目的地	系统根据“收货单位”自动生成	嘉兴(33049)
28	批准文号		进口报关免予填报

续表

序　号	报关单栏目	信　息　来　源	本次业务操作
29	成交方式	发票的价格条款	CIF
30	运费	发票	本次业务无需填写
31	保费	发票	本次业务无需填写
32	杂费	发票	本次业务无需填写
33	件数	装箱单(packing list)中“Quantity/Unit”一栏所填内容	1
34	包装种类	装箱单(packing list)中“Quantity/Unit”一栏所填内容	其他
35	毛重	装箱单、提单中 GROSS WEIGHT 栏	965KGS
36	净重	装箱单、提单中 NET WEIGHT 栏	780KGS
37	集装箱号	航空运输,无需填写	本次业务无需填写
38	随附单据	根据业务资料中监管证件情况及《监管证件代码表》	本次业务无需填写
39	备注	系统根据“商品名称、规格型号”、“集装箱号”、“随附单据”、“关联报关单”栏的填写情况进行的自动处理及其他需要说明的情况	用途:检查电路板;原理:通过测量电阻大小,判断电路板上两点是否联通;功能:测试电压、电阻、电流;检测对象:电路板;型号:ELX6146－R2;技术参数:重复精度±10um,不带记录装置,显示结果是否合格
40	序号	报关单中的商品顺序编号	1
41	备案序号	货物在《征免税证明》等备案、审批单证中的顺序编号	本次业务无需填写
42	商品编号	根据商品品名确定	9030.3390.00
43	商品名称、规格	合同、发票	飞针检测仪 ELX6146－R2
44	原产地	合同发票以 made in...,manufacture,country of original等来表示。	日本
45	数量及单位	packing list 中 Quantity 一栏	第一行:1.000 台 第二行:0.000 第三行:1.000 台
46	单价	发票	9660.0000
47	总价	发票	9660.00
48	币制	发票	日元
49	征免	根据贸易方式、征免性质所对应的征免情况	保证金
50	用途	根据进口货物的实际用途按海关规定的《用途代码表》选择填报相应的用途代码	其他

二、复运出境报关

具体操作过程可参照一般出口报关业务操作，与一般出口报关业务的区别见上文“任务二：“进出口报关”的“任务描述”。

任务三：核销结关

任务描述：

一、复运出（进）境

暂时进口货物复运出境，暂时出口货物复运进境，进出境货物收、发货人或其代理人必须留存由海关签章的复运进出境的报关单，准备报核。

二、转为正式进口

暂时进口货物因特殊情况，改变特定的暂时进口目的转为正式进口，进口货物收货人或其代理人应当向海关提出申请，提交有关许可证件，办理货物正式进口的报关纳税手续。

三、放弃

暂时进口货物在境内完成暂时进口的特定目的后，如货物所有人不准备将货物复运出境的，可以向海关声明将货物放弃，海关按放弃货物的有关规定处理。

四、核销结关

暂时进口货物复运出境，或者转为正式进口，或者放弃后，暂时出口货物复运进境，或者转为正式出口后，收发货人向海关提交经海关签注的进出境货物报关单，或者处理放弃货物的有关单据以及其他有关单证，申请报核。海关经审核，情况正常的，退还保证金或办理其他担保销案手续，予以结关。

暂时出境、复运进境货物报关操作与暂时进境、复运出境货物报关操作类似，这里不再赘述。

探索性训练

以一票特定减免税货物报关业务资料为例，要求填写特定减免税货物报关单。

学习情境六

其他进出境货物报关操作

一般认为，其他进出境货物包括：①过境、转运、通运货物；②货样、广告品；③租赁货物；④进出境快件；⑤溢卸、误卸货物；⑥超期未报关货物；⑦放弃货物；⑧退运货物；⑨进出境修理货物；⑩无代价抵偿货物；⑪退关货物；⑫加工贸易不作价设备；⑬出料加工货物等类型。在本书中，第⑤～⑩已在一般进口货物报关业务的"可能出现的情形"中介绍，第⑪种在一般出口货物报关业务的"可能出现的情形"中介绍，第⑫、⑬种在"保税加工货物"的"料件进口"部分作了介绍，因此，这里只介绍①～④种类型。

能力结构与教学建议(见表 6-1)

表 6-1　学习情境六能力结构与教学建议

教学内容				教学建议
子情境 1　过境、转运、通运货物报关操作	过境货物	概述	定义	★
			范围	
			海关对过境货物的监管要求	
		报关程序	进出境报关	
			过境期限	
			境内暂存和运输	
	转运货物	概述	定义	注意与过境货物的比较
			转运货物的条件	
		报关程序		
	通运货物	概述		注意与过境货物的比较
		报关程序		
子情境 2　货样、广告品报关操作	概述	定义		★
		分类	货样广告品 A	
			货样广告品 B	
	报关程序			★

续表

教学内容				教学建议
子情境3　租赁货物报关操作	概述	定义		◆注意两者区别
		分类	金融租赁	
			经营租赁	
	报关程序	金融租赁进口货物报关程序	按货物的完税价格缴纳税款	◆注意两者区别
			按租金分期缴纳税款	
		经营租赁进口货物报关程序		◆
子情境4　进出境快件报关操作	概述	定义		◆
		分类	文件类	
			个人物品类	
			货物类	
	报关程序	申报场所		★
		申报时限		
		提交单证	文件类	
			个人物品类	
			货物类	

子情境1　过境、转运、通运货物报关操作

一、过境货物

(一)概述

1.定义

指以某种运输工具从一个国家的境外启运，在该国边境不论换装运输工具与否，通过该国家境内的陆路运输，继续运往境外其他国家的货物。

2.范围

(1)准予过境的货物

①与我国有过境货物协议、铁路联运协议的国家；

②经国家商务、运输主管部门批准，并向入境地海关备案方可过境。

(2)禁止过境货物的范围

①来自或运往我国停止或禁止贸易的国家和地区的；

②武器、弹药、爆炸物及军需品；

③各种烈性毒药、麻醉品和毒品；

④我国法律、行政法规禁止过境的货物、物品。

3.海关对过境货物的监管要求

(1)海关对过境货物监管的目的

防止：①过境货物滞留境内；②境内货物混装出境；③禁止过境货物过境。

(2)海关对过境货物经营人的要求

①过境货物经营人必须海关和工商行政管理部门登记;

②运输工具具备海关认可的加封条件或装置;

③应当保护海关封志完整,不得开启或损毁;

(3)海关对过境货物监管的其他规定

①民用爆炸品、医用麻醉品应取得总署批准;

②伪报货名、国名,运输我国禁止货物,依法扣留;

③海关可以实施检查,相关人员应到场;

④如果在境内发生毁损或灭失的(不可抗力除外),必须向出境地海关补交进口关税。

(二)报关程序

1.进出境报关

(1)进境报关:过境货物进境时,经营人应填写"过境货物入境报关单"向海关申报,并提供过境货物运输单据(如货物装载清单、国际铁路联运货物运单等)。入境地海关核实后,在有关运单上加盖"海关监管货物"戳记,将一份过境货物入境报关单留存备案,另一份报关单和货物装载清单制作关封,连同运单交给经营人。经营人或承运人应将入境地海关签发的关封完整及时地带交出境地海关。

(2)出境报关:过境货物出境,经营人应填写"过境货物出境报关单"并提供过境货物运输单据和入境地海关签发的关封。出境地海关核实后,在运单上加盖放行章,监管货物出境,并将一份过境货物出境报关单寄送入境地海关核销。

2.过境期限

"6+3"个月,超过规定期限3个月不过境可提取变卖。

3.境内暂存和运输

如需卸地储存,应经海关同意并存入海关指定或同意的仓库或场所;规定的线路运输;海关可派员押运过境。

二、转运货物

(一)概述

1.定义

指以某一种运输工具从一国境启运,在该国境内设立海关的地点换装另一运输工具后,不经过该国境内陆路继续运往其他国家的货物。

由于各国之间贸易或货物的原因所产生的国际货物转运,又称为"转船"(国际货物转运大多为一艘船换装到另一艘船,但不仅限于船舶换装)。在海关合作理事会主持签订的《京都公约》的附约中,将这一类转船业务定义为"在海关监督下,货物从进口运输工具换装到出口运输工具,其进口和出口均在一个海关范围内办理"。公约规定海关对转船货物免税征进口关税,并提供进出口手续的便利。

2.转运货物的条件(必须满足其一)

(1)持转运或联运提货单的;

(2)载货清单上注明是转运货物的;

(3)持普通提货单,但启运前向海关声明转运的;

(4)误卸进口货物,承运方提供证明的;

(5)因特殊原因申请转运,获海关批准的。

(二)报关程序

在有转运货物的运输工具进境后,运输工具负责人应填写“外国货物转运准单”向海关申报,提供列明转运货物的名称、数量、启运地和到达地等内容的“进口载货清单”,经海关核实时候,转运货物在海关监督下换装运输工具,并在规定时间内出境。

三、通运货物

(一)概述

定义:指以船舶或飞机装载从一国境外启运,经该国设立海关地点不换装运输工具,继续运往其他国家的货物。

(二)报关程序

(1)持“国际航行船舶进口报告书”或“国际民航飞机进口舱单”申报(应注明通运货物名称、数量)。

(2)在运输工具抵、离境时对申报的货物予以核查,需倒装货物时,应申请并在海关监管下进行。

过境、转运、通运货物比较见表 6-2。

表 6-2 过境、转运、通运货物比较

货物类别	货物运输异同点		海关手续		
	相同点	不同点	申报	期限	其他
过境货物	由境外启运经我国境内运输继续运往境外	经境内陆路运输,不论是否换装运输工具	同经营人或报关企业填写“过境货物申报单”申报进出境	6 个月(可延期 3 个月)	有允许过境和禁止过境的范围
转运货物		不经陆路运输,需换装运输工具	由承运人在“进口载货清单”上列明货物情况申报进出境	3 个月	有转运必须具备的条件
通运货物		不经陆路运输,不换装运输工具	由运输工具负责人在“船舶进口报告书”或“进口载货舱单(空运)”上注明货物情况申报进出境	由原运输工具载运出境	搬运或倒装货物,应向海关申请并在海关监管下进行

子情境 2 货样、广告品报关操作

一、概述

(一)定义

进出口货样系指进出口专供订货参考的货物样品;进出口广告品系指进出口用以宣传有关商品内容的广告宣传品。

进出口货样和广告品,不论是否免费提供,均应由在海关注册登记的进出口收发货人或其代理人向海关申报,由海关按规定审核验放。

许可证件管理:进出口货样和广告品属于国家禁止进出口或者进出口实行许可证件管

理的商品，应按照国家有关管理规定办理。

征免税范围：进出口无商业价值的货样和广告品准予免征关税和进口环节海关代征税，其他进出口货样和广告品一律照章征税。

上述内容依据海关总署公告(2010 年第 33 号)。从公告内容来看，该公告对货样、广告品的征免税范围作了调整。

(二)分类

货样广告品 A：有进出口经营权的企业价购或售出货样、广告品；

货样广告品 B：无进出口经营权企业(单位)进出口以及免费提供进出口的货样、广告品。

(三)报关程序

(1)填写《进出口货物报关单》一式两份。

(2)交验有关的货运、商业单据。

(3)属应申领进出口许可证的，进口的，应交验许可证；出口的，商品价值在人民币 5000 元以下的免征，在人民币 5000 元以上的按正常贸易规定办理；出口非许可证管理商品货样，不限货值，一律免领出口许可证。

(4)没有进出口经营权的单位和企业。其进出口的货样、广告品数量合理并且价值在人民币 2000 元以下，出口在 5000 元以下的交验主管部门(司、局级以上)出具的证明；对超出合理数量或价值在人民币进口的 2000 元以上，出口的 5000 元以上的应交验外经贸管理部门签发的许可证。此类出口许可证上有“样品”字样，每批出口货样价值不得超过人民币 10000 元。经海关审核后，按规定予以征税和免税放行。

(5)进口机电产品类货样、广告品，每批次货物价值在人民币 5000 元(含)以下的，免予办理《机电产品登记表》，径凭其他有效单证办理验放手续。

子情境 3　租赁货物报关操作

一、概述

(一)定义

租赁：是指所有权和使用权之间的一种借贷关系，即资产所有者(出租人)按契约规定，将租赁货物租给使用人(承租人)，承租人在规定期限内支付租金并享有对租赁物件使用权的一种经济行为。

(二)分类

国际租赁有金融租赁和经营租赁两种形式。

金融租赁：带有融资性质，采用这种租赁方式进境的货物，一般是不复运出境的，租赁期满，出租人会以很低的名义价格转让给承租人，租金是分期支付，租金的总额一般都大于货价。

经营租赁：进口的货物一般都是暂时性的，按合同规定的期限复运出境，租金的总额一般都小于货价。

二、报关程序

（一）金融租赁进口货物的报关程序

1. 按货物的完税价格缴纳税款

海关审查确定货物的完税价格计算税款数额，缴纳进口税费后放行。海关现场放行后，不再对货物进行监管。

2. 按租金分期缴纳税款

收货人或其代理人在租赁货物进口时应当向海关提供租赁合同，按照第一期应当支付的租金和按照货物实际价格分别填制报关单向海关申报。

海关审查确定第一期租金的完税价格计算税款数额，缴纳有关的税费。

放行：对于按租金分期缴纳税款的货物，海关放行后，还需要对货物进行监管。纳税义务人在每次支付租金后15日（含第15日）按支付租金金额向海关申报。

需后续监管的，在租赁期届满之日起30日内，向海关办结海关手续。

（二）经营租赁进口货物的报关程序

经营租赁租金小于货价，所以纳税义务人只会选择按租金缴纳税款。按海关审查确定的第一期租金或租金总额的完税价格计算税款数额。海关放行后，还需要对货物进行监管。纳税义务人在每次支付租金后15日向海关申报。在租赁期届满之日起30日内，向海关办结海关手续。

租赁货物的分类、完税价格的确定、缴税方式及报关程序见表6-3。

表6-3　租赁货物的分类、完税价格的确定、缴税方式及报关程序

<table>
<tr><th>租赁形式</th><th>完税价格</th><th>缴税方式</th><th colspan="2">报关程序</th></tr>
<tr><td rowspan="2">金融租赁</td><td>可选择按货价作为完税价格</td><td>进口时按货价缴纳进口税</td><td colspan="2">按一般进口货物办理
放行即结关</td></tr>
<tr><td>可选择以租金作为完税价格</td><td>按分期支付租金，分期缴纳进口税</td><td>1. 按支付租金和实际货价分单申报
2. 按海关审定的第一期租金完税价征税</td><td rowspan="2">租赁期满30天申请结关</td></tr>
<tr><td>经营租赁</td><td>按租金作为完税价格</td><td>一次性按租金总额缴纳进口税</td><td>1. 按支付租金和实际货价分单申报
2. 按海关审定的第一期租金完税价征税
3. 留购、续租的应办理申报、纳税手续</td></tr>
</table>

子情境4　进出境快件报关操作

一、概述

（一）定义

进出境快件是指进出境快件运营人以向客户承诺的快速商业运作方式承揽、承运的进出境货物、物品。

进出境快件运营人（以下简称运营人）是指在中华人民共和国境内依法注册，在海关登记备案的从事进出境快件运营业务的国际货物运输代理企业。

(二)分类

进出境快件分为文件类、个人物品类和货物类三类。

文件类进出境快件是指法律、法规规定予以免税且无商业价值的文件、单证、票据及资料。

个人物品类进出境快件是指海关法规规定自用、合理数量范围内的进出境的旅客分离运输行李物品、亲友间相互馈赠物品和其他个人物品。

货物类进出境快件是指上述两类以外的快件。

二、进出境快件报关程序

(一)申报场所

进出境快件通关应当在经海关批准的专门监管场所内进行，如因特殊情况需要在专门监管场所以外进行的，需事先征得所在地海关同意。

运营人应当在海关对进出境快件的专门监管场所内设有符合海关监管要求的专用场地、仓库和设备。

(二)申报时限

进境快件自运输工具申报进境之日起 14 日内，出境快件在运输工具离境 3 小时之前，应当向海关申报。

(三)提交单证

运营人应当按照海关的要求采用纸质文件方式或电子数据交换方式向海关办理进出境快件的报关手续。

运营人应向海关传输或递交进出境快件舱单或清单，海关确认无误后接受申报；运营人需提前报关的，应当提前将进出境快件运输和抵达情况书面通知海关，并向海关传输或递交舱单或清单，海关确认无误后接受预申报。

(1)文件类进出境快件报关时，运营人应当向海关提交《中华人民共和国海关进出境快件 KJ1 报关单》、总运单(副本)和海关需要的其他单证。

(2)个人物品类进出境快件报关时，运营人应当向海关提交《中华人民共和国海关进出境快件个人物品申报单》、每一进出境快件的分运单、进境快件收件人或出境快件发件人身份证件影印件和海关需要的其他单证。

(3)货物类进境快件报关时，运营人应当按下列情形分别向海关提交报关单证：

①对关税税额在《中华人民共和国进出口关税条例》规定的关税起征数额(50 元)以下的货物和海关规定准予免税的货样、广告品，应提交《中华人民共和国海关进出境快件 KJ2 报关单》，每一进境快件的分运单、发票和海关需要的其他单证。

②对应予征税的货样、广告品(法律、法规规定实行许可证件管理的、需进口付汇的除外)，应提交《中华人民共和国海关进出境快件 KJ3 报关单》、每一进境快件的分运单、发票和海关需要的其他单证。

学习情境七

其他海关事务办理

其他海关事务包括海关事务担保、海关知识产权保护等。

知识与能力结构及教学建议(见表 7-1)

表 7-1　学习情境七知识能力结构及教学建议

教学内容				教学建议
子情境 1:海关事务担保	定义及分类	定义	担保人的担保责任	◆
		分类		
	海关事务担保的基本内容	一般适用		
		其他适用		
		免予适用		
		不予适用		
	担保人的资格及担保责任	担保人的资格		★
		担保人的担保责任	担保的期间	
			担保责任的解除	
		海关事务担保的方式	人民币、可自由兑换的货币	
			汇票、本票、支票、债券、存单	
			银行或者非银行金融机构出具的保函	
			海关依法认可的其他财产、权利	
		海关事务担保的实施	担保资金的使用	
			保证函的使用	
子情境 2:海关知识产权保护	含义			◆
	范围			
	作用	申请知识产权海关保护的备案	知识产权海关保护备案的申请人	★
	基本内容		知识产权海关保护备案申请的文件及证据	
			知识产权海关保护备案申请的海关受理	
			知识产权海关保护备案的时效	
			知识产权海关保护备案的变更和撤销	
		扣留侵权嫌疑货物的申请	知识产权权利人发现侵权嫌疑货物的扣留申请	★
			知识产权权利人接到海关发现侵权嫌疑货物通知的扣留申请	
		海关对侵权嫌疑货物的调查处理	扣留有侵权嫌疑的货物	◆
			海关对扣留侵权嫌疑货物的调查	
			放行被扣留货物	
			没收被扣留的侵权货物	
		知识产权权利人应承担的责任		◆

子情境1 海关事务担保

一、定义及分类

(一)定义

指与进出境活动有关的自然人、法人或者其他组织,在向海关申请从事特定的经营业务或者办理特定的海关事务时,以向海关提交现金、保证函等方式,保证其行为合法性,保证在一定期限内履行其承诺义务的法律行为。

(二)分类

(1)履行性:担保人提供的担保,具有在规定期限内由担保人履行其在正常情况下应当履行其承诺义务(办理某项海关手续)的性质。

(2)惩罚性:若由于担保人的过错,不能履行担保事项所列明的义务,海关将依法对担保人给予惩罚,让其承担一定的法律责任,以达到惩戒和教育的目的。

(3)补偿性:对涉及税款的担保,无论是责令补交税款,还是将保证金抵作税款,或是通知银行扣缴税款,主要目的还是在于补偿关税的收入。

二、海关事务担保的基本内容

(一)一般适用

依据《海关法》的规定,在确定货物归类、估价和提供有效报关单证或者办结其他海关手续前,收发货人要求放行货物的,海关应当在其提供与其依法应当履行的法律义务相适应的担保后放行。在通常情况下,下列情形可适用海关事务担保:

(1)海关归类、估价不明确,并因此未能办妥有关进出口手续,收发货人要求先放行货物的;

(2)进出口货物不能在报关时交验有关单证(如发票、合同、装箱单等),而货物已运抵口岸,亟待提取或发运,收发货人要求海关先放行货物,后补交有关单证的;

(3)正在向海关申请办理减免税手续,而货物已运抵口岸,亟待提取或装运,收、发货人要求海关缓办进出口纳税手续的;

(4)应征税货物,收发货人请求缓缴税款的;

(5)暂准(时)进出口货物(包括ATA单证册项下进出口货物);

(6)经海关同意,将海关未放行的货物暂时存放于海关监管区之外的场所的;

(7)进口加工贸易保税货物;

(8)除法律、行政法规另有规定外,有违法嫌疑,但依法不予以没收的进出口货物、物品,当事人请求先予放行货物的。

(二)其他适用

主要包括:

(1)进出口货物的纳税义务人在规定的纳税期限内有明显的转移、藏匿其应税货物以及其他财产的迹象的;

(2)申请扣留有侵犯知识产权嫌疑的进出口货物的,或申请放行涉嫌侵犯专利权货物的;

(3)进口经初步裁定倾销、补贴成立,国务院商务主管部门公告决定要求提供担保的产品的;

(4)有违法嫌疑,但无法扣留或不便扣留的;

(5)受海关行政处罚的境内没有永久住所的当事人,对海关的处罚决定不服或者在离境前不能缴清罚款、违法所得和依法追缴的货物、物品或运输工具的等值价款的。

(三)免予适用

《海关法》在海关事务担保的有关条款中规定,如其他进出境管理的法律、行政法规根据实际需要规定"免除担保的情形,则按照一般的法律适用原则,这种"免除担保"的特别规范优先于"凭担保放行"的一般规范。因此,在这种特别规范的适用范围内,因各种原因未办结海关手续的货物,可以免除担保而被收发货人先予提取或装运出境。

(四)不予适用

国家对进出境货物、物品有限制性规定,应当提供许可证件而不能提供的,以及法律、行政法规规定不得接受担保的其他情况,海关不予办理担保放行手续。

三、担保人的资格及担保责任

(一)担保人的资格

《海关法》规定:"具有履行海关事务担保能力的法人、其他组织或者公民,可以成为担保人。法律规定不得为担保人的除外"。

具有履行海关担保义务能力是对法人、其他组织或公民作为担保人的基本要求。对于担保人而言,其履行义务的能力主要表现在它(他)应当拥有足以承担担保责任的财产。公民作为担保人还应当具有民事行为能力,无民事行为能力或者限制行为能力的,即使拥有足以承担担保责任的财产,也不能作为担保人。

同样基于担保人应当具有履行能力的基本要求,《海关法》对担保人的资格又作了必要的限制,规定如其他有关法律对担保人资格已做出限制性规定的,则这种法人、其他组织或公民就不能作为担保人。

(二)担保人的担保责任

《海关法》规定:"担保人应当在担保期限内承担担保责任。担保人履行担保责任的,不免除被担保人应当办理有关海关手续的义务。"

1.担保人的担保责任

担保人应承担的担保责任,主要是被担保人应当在规定的期限内全面、正确地履行其承诺的海关义务。根据担保个案的不同情况,其责任范围也有区别。

2.担保的期间

这是指担保人承担担保责任的起止时间,担保人在规定的担保期间内承担担保责任,逾期,即使被担保人未履行海关义务,担保人也不再承担担保责任。鉴于法律规定可适用担保的范围内所涉及的事项千差万别,不可能对此做一刀切的规定。因而担保期间主要由海关行政法规来制定。

3.担保责任的解除

被担保人如能在规定的期间内履行了其承诺的义务,担保人的担保责任则应依法予以解除,由海关及时办理销案手续,退还有关保证金等。

(三)海关事务担保的方式

1.人民币、可自由兑换的货币

人民币是我国的法定货币,支付我国境内的一切公共的和私人的债务,任何单位或个人均不能拒收。

可自由兑换货币,指国家外汇管理局公布挂牌的作为国际支付手段的外币现钞。

2.汇票、本票、支票、债券、存单

(1)汇票:是指由出票人签发的委托付款人在见票时或者在指定日期无条件支付确定的金额给收款人或持票人的票据。分为银行承兑汇票和商业承兑汇票两种。本票是由出票人签发的,承诺自己在见票时无条件支付确定的金额给收款人或持票人的票据。

(2)支票:是指出票人签发的,委托办理支票存款业务的银行或者其他金融机构在见票时无条件支付确定的金额给收款人或者持票人的票据。

(3)债券:是指依照法定程序发行的,约定在一定期限还本付息的有价证券。包括国库债券、企业债券、金融债券等。

(4)存单:是指储蓄机构发给存款人的证明其债权的单据。

此外,本项可担保的权利还包括外币支付凭证、外币有价证券等。

3.银行或者非银行金融机构出具的保函

保函,即法律上的保证,属于人的担保范畴。保函不是以具体的财产提供担保,而是以保证人的信誉和不特定的财产为他人的债务提供担保;保证人必须是第三人;保证人应当具有清偿债务的能力。

根据《中国人民银行法》的规定,中国人民银行作为中央银行不能为任何单位和个人提供担保,故不属担保银行的范畴。

对于ATA单证册项下进出口的货物,可由担保协会这一特殊的第三方作为担保人,为展览品等暂准进出口货物提供保函方式的担保。

4.海关依法认可的其他财产、权利:指除上述财产、权利外的其他财产和权利。

(四)海关事务担保的实施

海关在实施海关事务担保时,目前主要采用担保资金和担保函两种方式。

1.担保资金的使用

海关依法收取的担保资金,根据担保业务性质的不同分为保证金、风险担保金和抵押金三种。

(1)保证金

保证金适用于下列情形:

①海关尚未确定商品归类、完税价格、原产地、进口货物物品数量等征税要件的;

②正在海关办理减免税审批手续的;

③申请延期缴纳税款的;

④暂时进出境的;

⑤进境修理和出境加工的;

⑥因残损、品质不良或者规格不符,纳税义务人申报进口或者出口无代价抵偿货物时,原进口货物尚未退运出境或者尚未放弃交由海关处理的,或者原出口货物尚未退运进境的;

⑦对缉私、稽查查获的执行风险较大的追征补征税款情事的;

⑧其他按照有关规定应当收取税款保证金的情形。

(2)风险担保金

风险担保金包括：

①对实施联网监管的相关加工贸易企业收取的风险担保金；

②对加工贸易货物物品备案征收的风险担保金；

③对同一经营单位申请将剩余料件结转到另一加工厂收取的风险担保金；

④对从事转关运输的企业收取的风险担保金；

⑤对加工区之间往来的货物物品不能按照转关运输办理的企业收取的风险担保金；

⑥对进口货物收货人在申请减免滞报金期间因故需先行提取货物收取的风险担保金；

⑦对租赁进出口货物物品收取的风险担保金；

⑧其他按照有关规定收取的风险担保金。

(3)抵押金

抵押金包括：

①对无法或者不便扣留的货物、物品或者运输工具收取的等值抵押金；

②对受海关处罚，在出境前未缴清罚款、违法所得和依法追缴的货物、物品、走私运输工具的等值价款的当事人收取的抵押金；

③对涉及知识产权保护收取的抵押金；

④其他按照有关规定收取的抵押金。

2.保证函的使用

除上述须用担保资金申请担保的外，担保人均可以保证函方式申请担保。在实施保证函担保时，因担保人所要担保的情况不同，在实际使用时，对担保人的身份亦有相应要求。

(1)担保的作出

①担保申请

凡符合申请担保条件的货物，由担保人向办理有关货物进出口手续的海关申请担保，由海关审核并确定担保的方式。

②提供担保

A.担保资金的交付

以担保资金方式申请担保的，应按下列规则交付：

a.当事人向海关办理资金交付手续应通过银行转账，无法办理银行转账或金额较小的以现金交付。

b.海关担保资金金额一般应按人民币计算收取。对能开设外汇(钞)账户的币种，可按其本位币收取，退还时按原币种退还。

海关业务部门向当事人收取担保资金后应开具“海关保证金、风险担保金、抵押金收据”，并注明担保资金类别。

B.保证函的交付

以保证函方式申请担保的，由担保人按照海关规定的格式填写保证函一式两份，并加盖担保人印章，一份交海关备案，一份留存。

(2)担保的销案

①担保人必须于规定的担保期限届满前，凭“海关保证金、风险担保金、抵押金收据”或

留存的保证函向海关办理销案手续。在担保人履行了向海关承诺的义务后,海关将退还担保人已缴纳的担保资金,或注销已提交的保证函。至此,担保人的担保义务将予解除。

对以担保资金方式提供担保的,其退还须按下列规定办理:

当事人在担保期内履行纳税义务的,海关业务部门应自纳税人履行纳税义务之日起3个工作日内书面通知当事人办理退款手续。退款应通过银行转账办理,无法办理银行转账的可以退还现金。

②自退还通知书开出之日起超过60天当事人未来办理退款手续的,海关业务部门负责发布公告。自公告之日起超过90天当事人仍未来办理退款手续的,海关视同放弃资金上缴国库。

(3)担保人的法律责任

对未能在担保期限内向海关办理销案手续的,海关采取以下措施:

①以担保资金担保的,海关应自担保期满3个工作日内办理担保资金的扣缴入库手续,缴库后尚有结余的,按规定退还原当事人。

②按《海关法》第60条的规定采取行政强制措施。

③按《海关法》第61条的规定采取税收保全措施。

子情境2　海关知识产权保护

一、含义

《中华人民共和国知识产权海关保护条例》将知识产权海关保护定义为海关对与进出口货物有关并受中华人民共和国法律、行政法规保护的商标专用权、著作权和与著作权有关的权利、专利权实施的保护。

二、范围

世贸组织关于《与贸易有关的知识产权协议》将与贸易有关的知识产权的范围确定为:

版权与著作权、商标权、地理标志权、工业品外观设计权、专利权、集中电路布图设计权、未披露过的信息专有权。

我国的《知识产权海关保护条例》规定的范围为:与进出口货物有关并受中华人民共和国法律、行政法规保护的知识产权,包括商标专用权、著作权和与著作权有关的权利、专利权。

同时规定,侵犯受法律、行政法规保护的知识产权的货物禁止进出口。

三、作用

(1)通过保护与进出口货物有关的知识产权来履行我国作为世贸组织成员国应尽义务。

(2)通过保护与进出口货物有关的知识产权来规范进出口秩序。

四、知识产权海关保护制度的基本内容

(一)申请知识产权海关保护的备案

1.知识产权海关保护备案的申请人

知识产权海关保护备案申请人应为知识产权权利人或知识产权权利人委托的代理人。

2.知识产权海关保护备案申请的文件及证据

(1)申请书及其内容

知识产权权利人可以将其知识产权向海关总署申请备案,申请备案时,应当就其申请备案的每一项知识产权单独提交一份申请书;申请国际注册商标备案的,应当就其申请的每一类商品单独提交一份申请书。申请书应当包括下列内容:

①知识产权权利人的名称或者姓名、注册地或者国籍等;

②知识产权的名称、内容及其相关信息;

③知识产权许可行使状况;

④知识产权权利人合法行使知识产权的货物的名称、产地、进出境地海关、进出口商、主要特征、价格等;

⑤已知的侵犯知识产权货物的制造商、进出口商、进出境地海关、主要特征、价格等。

(2)随附文件、证据

知识产权权利人在提交备案申请书的时候应当随附个人身份证件的复印件、工商营业执照的复印件、商标注册证的复印件等与备案有关的文件、证据,并缴纳备案费。

3.知识产权海关保护备案申请的海关受理

海关总署应当自收到申请人全部申请文件之日起 30 个工作日内作出是否准予备案的决定,并书面通知申请人。不予备案的,海关须说明理由。

有下列情形之一的,海关总署不予受理:

(1)申请文件不齐全或者无效的;

(2)申请人不是知识产权权利人的;

(3)知识产权不再受法律、行政法规保护的。

4.知识产权海关保护备案的时效

(1)备案有效期

知识产权海关保护备案自海关总署核准备案之日起生效,有效期为 10 年。自备案生效之日起知识产权的有效期不足 10 年的,备案的有效期以知识产权的有效期为准。

(2)续展备案有效期

在知识产权有效的前提下,知识产权权利人可以在知识产权海关保护备案有效期届满前 6 个月内,向海关总署申请续展备案,每次续展备案的有效期为 10 年。

知识产权海关保护备案有效期届满而不申请续展或者知识产权不再受法律、行政法规保护的,知识产权海关保护备案随即失效。

5.知识产权海关保护备案的变更和撤销

(1)知识产权海关保护备案的变更与注销

备案知识产权的情况发生改变的,知识产权权利人应当自发生改变之日起 30 个工作日内,向海关总署办理备案变更或者注销手续。

(2)知识产权海关保护备案的撤销

海关发现知识产权权利人申请知识产权备案未如实提供有关情况或者文件的,海关总署可以撤销其备案。

(二)扣留侵权嫌疑货物的申请

知识产权权利人发现侵权嫌疑货物(已备案或尚未备案)即将进出口,或者接到海关就实际监管中发现进出口货物涉嫌侵犯在海关总署备案的知识产权而发出的书面通知的,可以向货物进出境地海关提出扣留侵权嫌疑货物的申请,并按规定提供相应的担保。

1.知识产权权利人发现侵权嫌疑货物的扣留申请

(1)申请扣留侵权嫌疑货物的文件

知识产权权利人发现侵权嫌疑货物即将进出口的,可以向货物进出境地海关提出扣留侵权嫌疑货物的申请,提交申请书及相关证明文件。申请书应当包括下列主要内容:

①知识产权权利人的名称或者姓名、注册地或者国籍等;

②知识产权的名称、内容及其相关信息;

③侵权嫌疑货物收货人或发货人的名称;

④侵权嫌疑货物名称、规格等;

⑤侵权嫌疑货物可能进出境的口岸、时间、运输工具等;

⑥侵权嫌疑货物涉嫌侵犯备案知识产权的,申请书还应当包括海关备案号。

(2)申请扣留侵权嫌疑货物的证据

权利人或其代理人提出申请时,除填具申请书外还应提供足以证明侵权事实明显存在的证据。知识产权权利人提交的证据,应当能够证明以下事实:

①请求海关扣留的货物即将进出口;

②在货物上未经许可使用了侵犯其商品专用权的商标标识、作品或者实施了其专利。

(3)申请扣留侵权嫌疑货物的担保

知识产权权利人发现侵权嫌疑货物即将进出口,请求海关扣留侵权嫌疑货物,应当在海关规定的期限内向海关提供相当于货物价值的担保。

2.知识产权权利人接到海关发现侵权嫌疑货物通知的扣留申请

(1)海关书面通知知识产权权利人

海关对进出口货物实施监管,发现进出口货物涉嫌侵犯已在海关总署备案的知识产权的,将立即书面通知知识产权权利人。

(2)知识产权权利人的回复及其扣留申请

知识产权权利人在接到海关书面通知送达之日起3个工作日内应予以回复:

①认为有关货物侵犯其在海关总署备案的知识产权并要求海关扣留的,向海关提出扣留申请。其扣留申请办法与知识产权权利人发现侵权嫌疑的扣留申请相同。

②认为有关货物未侵犯其在海关总署备案的知识产权或者不要求海关扣留的,向海关书面说明理由。

经海关同意,知识产权权利人可以查看有关货物。

(3)请求扣留货物的担保

知识产权权利人在接到海关发现侵权嫌疑货物通知后,认为有关货物侵犯其在海关总署备案的知识产权并提出申请,要求海关扣留侵权嫌疑货物的,应当按照以下规定向海关提供担保:

①货物价值不足人民币2万元的,提供相当于货物价值的担保;

②货物价值为人民币2万至20万元的,提供相当于货物价值50%的担保,但担保金额不得少于人民币2万元;

③货物价值超过人民币20万元的,提供人民币10万元的担保。

(4)请求扣留货物的总担保

①总担保适用范围

总担保只限于知识产权权利人在一定时间内因接到海关发现侵权嫌疑货物通知，根据《知识产权海关保护条例》第十六条的规定，多次向海关提出扣留涉嫌侵犯其已在海关总署备案商标专用权的进出口货物申请的情事。

②总担保的申请及随附材料

向海关总署提交“知识产权海关保护总担保申请书”，并随附已获准在中国大陆境内开展金融业务的银行出具的为知识产权权利人申请总担保承担连带责任的“总担保保函”和知识产权权利人上一年度向海关申请扣留侵权嫌疑货物后发生的仓储处置费的清单。

③总担保的金额

应相当于知识产权权利人上一年度向海关申请扣留侵权嫌疑货物后发生的仓储、保管和处置等费用之和；知识产权权利人上一年度未向海关申请扣留侵权嫌疑货物或者仓储处置费不足人民币 20 万元的，总担保的担保金额为人民币 20 万元。

④总担保保函的有效期及担保事项发生期间

总担保保函的有效期是指作为担保人的银行承担履行担保责任的期间，即总担保保函签发之日起至第二年 6 月 30 日。

担保事项发生期间是指知识产权权利人在向海关提出采取保护措施申请时无需另行提供担保的期间，即自海关总署核准之日起至当年 12 月 31 日。

知识产权权利人未提出申请或者未提供担保的，海关将放行货物。

(三)海关对侵权嫌疑货物的调查处理

1.扣留有侵权嫌疑的货物

(1)海关制发通知和扣留凭单

知识产权权利人申请扣留侵权嫌疑货物并提供担保的，海关应当扣留侵权嫌疑货物，书面通知知识产权权利人，并将海关扣留凭单送达收货人或者发货人。

(2)权利人或收发货人查看货物

知识产权权利人在按规定提出申请并提供担保后，可以在海关扣留侵权嫌疑货物前向海关请求查看货物；海关扣留侵权嫌疑货物，并将书面通知和扣留凭单送达收发货人。经海关同意，收发货人可以查看有关货物。

(3)收发货人的担保

涉嫌侵犯专利权货物的收货人或发货人认为其进出口货物未侵犯专利权的，应当向海关提出书面说明并附送相关证据，可以在向海关提交放行货物的申请和货物等值的担保金后，请求海关放行其货物。

知识产权权利人未能在合理期限内向人民法院起诉的，海关退还担保金。

2.海关对扣留侵权嫌疑货物的调查

海关在实际监管中发现进出口货物有侵犯备案知识产权嫌疑并通知知识产权权利人后，知识产权权利人请求海关扣留侵权嫌疑货物的，海关应当自扣留之日起 30 个工作日内对被扣留的货物是否构成侵犯知识产权进行调查、认定；不能认定侵权的，应当立即书面通知知识产权权利人。海关对被扣留的侵权嫌疑货物进行调查，请求知识产权主管部门提供协助的，有关知识产权主管部门应当予以协助。海关对被扣留的侵权嫌疑货物及有关情况进行调查时，知识产权权利人和收货人或者发货人应当予以配合。

3.放行被扣留货物

有下列情形之一的，海关应当放行被扣留货物：

(1)海关根据知识产权权利人申请扣留的侵权嫌疑货物，自扣留之日起20个工作日内未收到人民法院协助执行通知的；

(2)海关依职权扣留的侵权嫌疑货物，自扣留之日起50个工作日内未收到人民法院协助执行通知，并且经调查不能认定被扣留的侵权嫌疑货物侵犯知识产权的；

(3)涉嫌侵犯专利权货物的收货人或者发货人在向海关提供与货物等值的担保金后，请求海关放行的，但海关在调查期间认定侵犯有关专利权的除外；

(4)海关认为收货人或者发货人有充分的证据证明其货物未侵犯知识产权权利人的知识产权的。

4.没收被扣留的侵权货物

(1)被扣留的侵权嫌疑货物，海关经调查后认定侵犯知识产权的，予以没收，并应当将侵犯知识产权货物的有关情况书面通知知识产权权利人。

(2)侵权货物没收后的处理按以下规定执行：

①被没收的侵犯知识产权货物可以用于社会公益事业的，海关应当转交给有关公益机构用于社会公益事业；

②知识产权权利人有收购意愿的，海关可以将没收的侵权货物有偿转让给知识产权权利人；

③被没收的侵犯知识产权货物无法用于社会公益事业且知识产权权利人无收购意愿的，海关可以在消除侵权特征后依法拍卖；

④没收货物侵权特征无法消除的，海关应当予以销毁。

(四)知识产权权利人应承担的责任

(1)海关依法扣留侵权嫌疑货物，知识产权权利人应当支付有关仓储、保管和处置等费用。知识产权权利人未支付有关费用的，海关可以从其向海关提供的担保金中予以扣除，或者要求担保人履行有关担保责任。侵权嫌疑货物被认定为侵犯知识产权的，知识产权权利人可将其支付的有关仓储、保管和处置等费用计入其为制止侵权行为所支付的合理开支。

(2)海关接受知识产权保护备案和采取知识产权保护措施的申请后，因知识产权权利人未提供确切情况而未能发现侵权货物、未能及时采取保护措施或者采取保护措施不力的，由知识产权权利人自行承担责任。

(3)知识产权权利人请求海关扣留侵权嫌疑货物后，海关不能认定被扣留的侵权嫌疑货物侵犯知识产权权利人的知识产权，或者人民法院判定不侵犯知识产权权利人的知识产权的，知识产权权利人应当依法承担赔偿责任。

探索性训练

就我国海关知识产权保护这一专题上网搜集资料，最终写出一篇小论文，论述我国海关知识产权保护的现状及其对策。

附录 1

《中华人民共和国海关对报关员记分考核管理办法》

第一条　为维护报关秩序，提高报关质量，规范报关员报关行为，保证通关效率，根据《中华人民共和国海关法》及其他有关法律、行政法规，制定本办法。

第二条　本办法适用于取得报关从业资格，并按照规定程序在海关注册登记，持有报关员证件的报关员。

第三条　海关对出现报关单填制不规范、报关行为不规范，以及违反海关监管规定或者有走私行为未被海关暂停执业、撤销报关从业资格的报关员予以记分、考核。

第四条　海关对报关员实施记分考核应当遵循责任明确原则，对差错及差错责任界定不清的不予记分。

第五条　海关企业管理部门负责对报关员记分考核的职能指导、日常监督管理以及相关协调工作。

海关通关业务现场及相关业务职能部门负责具体执行记分工作。

记分的行政行为应当以各级海关名义作出。

第六条　海关对报关员的记分考核，依据其报关单填制不规范、报关行为不规范的程度和行为性质，一次记分的分值分为1分、2分、5分、10分、20分、30分。

第七条　有下列情形之一的，记1分：

（一）电子数据报关单的有关项目填写不规范，海关退回责令更正的；

（二）在海关签印放行前，因为报关员原因造成申报差错，报关单位向海关要求修改申报单证及其内容，经海关同意修改，但未对国家贸易管制政策的实施、税费征收及海关统计指标等造成危害的；

（三）未按照规定在纸质报关单及随附单证上加盖报关专用章及其他印章或者使用印章不规范的；

（四）未按照规定在纸质报关单及随附单证上签名盖章或者由其他人代表签名盖章的。

第八条　有下列情形之一的，记2分：

（一）在海关签印放行前，因为报关员填制报关单不规范，报关单位向海关申请撤销申报单证及其内容，经海关同意撤销，但未对国家贸易管制政策的实施、税费征收及海关统计指标等造成危害的；

（二）海关人员审核电子数据报关单时，要求报关员向海关解释、说明情况、补充材料或者要求提交货物样品等有关内容的，海关告知后报关员拒不解释、说明、补充材料或者拒不提供货物样品等有关内容，导致海关退回报关单的。

第九条　有下列情形之一的，记5分：

(一)报关员自接到海关“现场交单”或者“放行交单”通知之日起 10 日内,没有正当理由,未按照规定持打印出的纸质报关单,备齐规定的随附单证,到货物所在地海关递交书面单证并办理相关海关手续,导致海关撤销报关单的;

(二)在海关签印放行后,因为报关员填制报关单不规范,报关单位向海关申请修改或者撤销报关单(因出口更换舱单除外),经海关同意且不属于走私、偷逃税等违法违规性质的;

(三)在海关签印放行后,海关发现因为报关员填制报关单不规范,报关单币值或者价格填报与实际不符,且两者差额在 100 万元人民币以下;数量与实际不符,且有四位数以下差值,经海关确认不属伪报的,但影响海关统计的。

第十条　有下列情形之一的,记 10 分:

(一)出借本人报关员证件、借用他人报关员证件或者涂改报关员证件内容的;

(二)在海关签印放行后,海关发现因报关员填制报关单不规范,报关单币值或者价格填报与实际不符,且两者差额在 100 万元人民币以上;数量与实际不符,且有四位数以上差值,经海关确认不属伪报的。

第十一条　因为违反海关监管规定行为被海关予以行政处罚,但未被暂停执业、取消报关从业资格的,记 20 分。

第十二条　因为走私行为被海关予以行政处罚,但未被暂停执业、取消报关从业资格的,记 30 分。

第十三条　报关员因为向海关工作人员行贿或有违反海关监管规定、走私行为等其他违法行为,被海关暂停执业、取消报关从业资格的,应按照《中华人民共和国海关行政处罚实施条例》等规定处理。

第十四条　记分周期从每年 1 月 1 日至 12 月 31 日止,报关员在海关注册登记之日起至当年 12 月 31 日不足 1 年的,按一个记分周期计算。

一个记分周期期满后,记分分值累加未达到 30 分的,该周期内的记分分值予以消除,不转入下一个记分周期。但报关员在一个记分周期内办理变更注册登记报关单位或者注销手续的,已记分值在该记分周期内不予以消除。

第十五条　报关员报关时在同一次报为行为的不同通关环节,或者在非同一次报关行为中出现多次需要记分情况的,应当分别计算,并累加分值。但对于同一通关环节一次性出现多个填制不规范项目的,只按照 1 次记分,不累加分值。

第十六条　报关员被海关行政处罚需要记分的,处罚决定生效后予以记分。

第十七条　海关人员在记分时,应当将记分原因和记分分值以电子或者纸质告知单的形式告知报关员。

海关应当向社会公布报关员记分情况的查询方式。

报关员应当主动查询自己的记分情况。

第十八条　报关员对记分的行政行为有异议的,应当自收到电子或纸质告知单之日起 7 日内向作出该记分行政行为的海关部门提出书面申辩;海关应当在接到申辩申请 7 日内作出答复,对记分错误的应当及时予以更正。报关员对答复不服的,可以依照《中华人民共和国行政复议法》、《中华人民共和国行政诉讼法》的规定提起行政复议或者行政诉讼。

第十九条　记分达到 30 分的报关员,海关中止其报关员证效力,不再接受其办理报关手续。报关员应当参加注册登记地海关的报关业务岗位考核,经岗位考核合格之后,方可重新上岗。

第二十条　岗位考核由直属海关或者直属海关委托的单位负责组织。

第二十一条　各海关应当结合本关实际，适时或者定期举办岗位考核。每次岗位考核间隔最长不得超过30日。

第二十二条　对需要参加岗位考核的报关员，海关应当提前通知岗位考核的时间、地点等相关事宜。

第二十三条　记分已达30分的报关员应当按照海关通知的时间、地点参加岗位考核。

报关员记分已达30分，拒不参加考核的，直属海关可以将报关员的姓名及所在单位等情况对外公告。

第二十四条　岗位考核内容为海关法律、行政法规、报关单填制规范及相关业务知识和技能。

第二十五条　报关员经岗位考核合格的，可以向注册登记地海关申请将原记分分值予以消除。岗位考核不合格的，应当继续参加下一次考核。

第二十六条　本办法所涉及的记分项目均在《报关员记分对照表》（见附件）中列明，《报关员记分对照表》由海关总署统一制定，并对外发布。

第二十七条　本办法由海关总署负责解释。

第二十八条　本办法自2005年1月1日起施行。

附录2

《中华人民共和国海关企业分类管理办法》

第一章 总 则

第一条 为了鼓励企业守法自律，提高海关管理效能，保障进出口贸易的安全与便利，根据《中华人民共和国海关法》及其他有关法律、行政法规的规定，制定本办法。

第二条 在海关注册登记的进出口货物收发货人、报关企业的分类管理，适用本办法。

其他企业的分类管理，由海关总署另行规定。

第三条 海关根据企业遵守法律、行政法规、海关规章、相关廉政规定和经营管理状况，以及海关监管、统计记录等，设置AA、A、B、C、D五个管理类别，对有关企业进行评估、分类，并对企业的管理类别予以公开。

第四条 海关总署按照守法便利原则，对适用不同管理类别的企业，制订相应的差别管理措施，其中AA类和A类企业适用相应的通关便利措施，B类企业适用常规管理措施，C类和D类企业适用严密监管措施。

全国海关实行统一的企业分类标准、程序和管理措施。

海关与企业应当加强合作，开展经常性信息交流和业务联系。

第五条 海关总署对企业分类管理工作进行指导、监督；直属海关负责审定、调整本关区企业适用的管理类别。

第二章 管理类别的设定

第一节 进出口货物收发货人

第六条 AA类进出口货物收发货人，应当同时符合下列条件：

（一）已适用A类管理1年以上；

（二）上一年度进出口总值3000万美元（中西部1000万美元）以上；

（三）经海关验证稽查，符合海关管理、企业经营管理和贸易安全的要求；

（四）每年报送《经营管理状况报告》和会计师事务所出具的上一年度审计报告；每半年报送《进出口业务情况表》。

第七条 A类进出口货物收发货人，应当同时符合下列条件：

（一）已适用B类管理1年以上；

（二）连续1年无走私罪、走私行为、违反海关监管规定的行为；

（三）连续1年未因进出口侵犯知识产权货物而被海关行政处罚；

（四）连续1年无拖欠应纳税款、应缴罚没款项情事；

(五)上一年度进出口总值50万美元以上;

(六)上一年度进出口报关差错率3%以下;

(七)会计制度完善,业务记录真实、完整;

(八)主动配合海关管理,及时办理各项海关手续,向海关提供的单据、证件真实、齐全、有效;

(九)每年报送《经营管理状况报告》;

(十)按照规定办理《中华人民共和国海关进出口货物收发货人报关注册登记证书》的换证手续和相关变更手续;

(十一)在商务、人民银行、工商、税务、质检、外汇、监察等行政管理部门和机构无不良记录。

第八条　进出口货物收发货人有下列情形之一的,适用C类管理:

(一)有走私行为的;

(二)1年内有3次以上违反海关监管规定行为,或者1年内因违反海关监管规定被处罚款累计总额人民币50万元以上的;

(三)1年内有2次因进出口侵犯知识产权货物而被海关行政处罚的;

(四)拖欠应纳税款、应缴罚没款项人民币50万元以下的。

第九条　进出口货物收发货人有下列情形之一的,适用D类管理:

(一)有走私罪的;

(二)1年内有2次以上走私行为的;

(三)1年内有3次以上因进出口侵犯知识产权货物而被海关行政处罚的;

(四)拖欠应纳税款、应缴罚没款项人民币50万元以上的。

第十条　进出口货物收发货人未发生本办法第八条和第九条所列情形并符合下列条件之一的,适用B类管理:

(一)首次注册登记的;

(二)首次注册登记后,管理类别未发生调整的;

(三)AA类企业不符合原管理类别适用条件,并且不符合A类管理类别适用条件的;

(四)A类企业不符合原管理类别适用条件的。

第十一条　在海关登记的加工企业,按照进出口货物收发货人实施分类管理。

第二节　报关企业

第十二条　AA类报关企业,应当同时符合下列条件:

(一)已适用A类管理1年以上;

(二)上一年度代理申报的进出口报关单及进出境备案清单总量在2万票(中西部5000票)以上;

(三)经海关验证稽查,符合海关管理、企业经营管理和贸易安全的要求;

(四)每年报送《经营管理状况报告》和会计师事务所出具的上一年度审计报告;每半年报送《报关代理业务情况表》。

第十三条　A类报关企业,应当同时符合下列条件:

(一)已适用B类管理1年以上;

(二)企业以及所属执业报关员连续1年无走私罪、走私行为、违反海关监管规定的行为；

（三）连续1年代理报关的货物未因侵犯知识产权而被海关没收；

（四）连续1年无拖欠应纳税款、应缴罚没款项情事；

（五）上一年度代理申报的进出口报关单及进出境备案清单等总量在3000票以上；

（六）上一年度代理申报的进出口报关差错率在3%以下；

（七）依法建立账簿和营业记录，真实、正确、完整地记录受委托办理报关业务的所有活动；

（八）每年报送《经营管理状况报告》；

（九）按照规定办理注册登记许可延续及《中华人民共和国海关报关企业报关注册登记证书》的换证手续和相关变更手续；

（十）在商务、人民银行、工商、税务、质检、外汇、监察等行政管理部门和机构无不良记录。

第十四条　报关企业有下列情形之一的，适用C类管理：

（一）有走私行为的；

（二）1年内有3次以上违反海关监管规定的行为，或者1年内因违反海关监管规定被处罚款累计总额人民币50万元以上的；

（三）1年内代理报关的货物因侵犯知识产权而被海关没收达3次的；

（四）上一年度代理申报的进出口报关差错率在10%以上的；

（五）拖欠应纳税款、应缴罚没款项人民币50万元以下的；

（六）代理报关的货物涉嫌走私、违反海关监管规定拒不接受或者拒不协助海关进行调查的；

（七）被海关暂停从事报关业务的。

第十五条　报关企业有下列情形之一的，适用D类管理：

（一）有走私罪的；

（二）1年内有2次以上走私行为的；

（三）1年内代理报关的货物因侵犯知识产权而被海关没收达4次以上的；

（四）拖欠应纳税款、应缴罚没款项人民币50万元以上的。

第十六条　报关企业未发生本办法第十四条和第十五条所列情形，并符合下列条件之一的，适用B类管理：

（一）首次注册登记的；

（二）首次注册登记后，管理类别未发生调整的；

（三）AA类企业不符合原管理类别适用条件，并且不符合A类管理类别适用条件的；

（四）A类企业不符合原管理类别适用条件的。

第三章　管理类别的适用与调整

第十七条　企业符合本办法第六条第（一）项、第（二）项或者第十二条第（一）项、第（二）项的规定，可以通过注册地海关向直属海关提出适用AA类管理申请，并提交下列材料：

（一）《适用AA类管理申请书》；

（二）《经营管理状况报告》；

(三)会计师事务所出具的上一年度审计报告。

第十八条　企业符合本办法第七条或者第十三条的规定,可以通过注册地海关向直属海关提出适用A类管理申请,并提交下列材料:

(一)《适用A类管理申请书》;

(二)《经营管理状况报告》。

第十九条　注册地海关接受企业适用AA类、A类管理申请后,经审核企业提交的材料齐全,符合法定形式的,应当当场制发《企业分类管理申请受理决定书》,并报直属海关审定。

对申请AA类的,直属海关应当自受理之日起6个月内作出适用或者不予适用决定。

对申请A类的,直属海关应当自受理之日起3个月内作出适用或者不予适用决定。

第二十条　申请适用AA类、A类管理的企业有下列情形之一的,直属海关对其申请予以退回,并作出不予适用的决定:

(一)申请时不符合本办法所规定的条件的;

(二)审核期间不符合本办法所规定的条件的;

(三)审核期间有涉嫌走私或者违反海关监管规定以及侵犯知识产权的行为尚在侦查或者调查中的。

第二十一条　C类企业自海关作出类别调整决定之日起满1年未再发生本办法第八条或者第十四条所列情形的,经企业申请,海关将其调整为B类。

D类企业自海关作出类别调整决定之日起满1年未再发生本办法第九条或者第十五条所列情形的,经企业申请,海关将其调整为C类。

第二十二条　C类、D类企业申请调整为B类、C类的,应当通过注册地海关向直属海关提交《企业管理类别调整申请书》。注册地海关经审核,企业提交的材料齐全,符合法定形式的,应当当场制发《企业分类管理申请受理决定书》,并报直属海关审定。

直属海关应当自受理之日起1个月内作出决定。

第二十三条　企业有下列应当降低类别情形之一的,海关发现后根据本办法第二章的规定,重新决定其适用的管理类别:

(一)AA类、A类企业不符合原管理类别适用条件的;

(二)B类企业有C类、D类管理类别情形之一的;

(三)C类企业有D类管理类别情形之一的。

第二十四条　经直属海关决定调整或者不予调整企业管理类别的,由企业注册地海关在决定做出之日起10个工作日内将相关决定送达企业。

自海关作出调整决定之日起,海关按照调整后的管理类别对企业实施相应的管理措施。

第二十五条　AA类或者A类企业涉嫌走私被立案侦查或者调查的,海关暂停其与管理类别相应的管理措施;暂停期内,按照B类企业的管理措施实施管理。

第二十六条　企业仅名称或者海关注册编码发生变化的,其管理类别可以继续适用,但是有下列情形之一的,按照下列方式调整:

(一)企业发生存续分立,分立后的存续企业承继分立前企业的主要权利义务或者债权债务关系的,其管理类别适用分立前企业的管理类别,其余的分立企业视为首次注册企业;

(二)企业发生解散分立,分立企业视为首次注册企业;

(三)企业发生吸收合并,合并企业管理类别适用合并后存续企业的管理类别;

(四)企业发生新设合并,合并企业视为首次注册企业。

第四章 管理措施的实施

第二十七条 报关企业代理进出口货物收发货人开展报关业务,海关按照报关企业和进出口货物收发货人各自适用的管理类别分别实施相应的管理措施。

因企业的管理类别不同导致应当实施的管理措施抵触的,海关按照下列方式实施:

(一)报关企业或者进出口货物收发货人为C类或者D类的,按照较低的管理类别实施相应的管理措施;

(二)报关企业和进出口货物收发货人均为B类以上管理类别的,按照报关企业的管理类别实施相应的管理措施。

第二十八条 加工贸易经营企业与承接委托加工的生产企业管理类别不一致的,海关对该加工贸易业务按照较低的管理类别实施相应的管理措施。

第五章 附 则

第二十九条 走私罪的时间认定以人民法院刑事判决书生效时间为准。

走私行为、进出口侵犯知识产权货物行为、违反海关监管规定的行为以海关行政处罚决定书生效时间为准。

第三十条 警告以及罚款额在人民币1万元以下的违反海关监管规定行为,不作为企业分类管理评定记录。

第三十一条 本办法下列用语的含义是:

"其他企业",指在海关注册登记的进出口货物收发货人、报关企业外,海关总署规定的其他从事与进出口活动直接有关的企业。

"中西部",指除东部地区以外的其他地区。东部地区包括北京市、天津市、上海市、辽宁省、河北省、山东省、江苏省、浙江省、福建省、广东省。

"拖欠应纳税款",指自缴纳税款期限届满之日起超过3个月仍未缴纳进出口货物、物品应当缴纳的进出口关税、进出口环节海关代征税之和,包括经海关认定违反海关监管规定,除给予处罚外,尚需缴纳的税款。

"拖欠应缴罚没款项",指自海关行政处罚决定规定的期限届满之日起超过3个月仍未交付海关罚款、没收的违法所得和追缴走私货物、物品等值价款。

"进出口总值",包括海关贸易统计与单项统计数据,以海关的统计为准,有关数据仅用于海关企业分类管理。

"报关差错率",指企业上一年度所有报关员记分的总次数除以报关单总数的百分比。

"1年",指连续的12个月。

"年度",指1个公历年度。

"以上",包含本数。

"以下",不包含本数。

第三十二条 本办法由海关总署负责解释。

第三十三条 本办法自2008年4月1日起施行。1999年3月31日海关总署令第71号公布的《中华人民共和国海关对企业实施分类管理办法》、2001年7月20日海关总署、对外贸易经济合作部令第86号公布的《关于大型高新技术企业适用便捷通关措施的审批规定》同时废止。

附录 3

海关关区代码表

关区代码	关区名称	关区代码	关区名称	关区代码	关区名称	关区代码	关区名称
0100	北京关区	0404	廊坊海关	0904	连加工区	1595	图们邮办
0101	机场单证	0405	保定海关	0905	开北良办	1596	集安邮办
0102	京监管处	0406	石关邯办	0906	连保税区	1900	哈尔滨区
0103	京关展览	0407	秦加工区	0908	连大窑湾	1901	哈尔滨关
0104	京一处	0500	太原海关	0909	大连邮办	1902	绥关铁路
0105	京二处	0501	并关监管	0930	丹东海关	1903	黑河海关
0106	京关关税	0502	并机场关	0931	丹本溪办	1904	同江海关
0107	机场库区	0503	大同海关	0932	丹太平湾	1905	佳木斯关
0108	京通关处	0504	侯马海关	0940	营口海关	1906	牡丹江关
0109	机场旅检	0600	满洲里关	0941	营盘锦办	1907	东宁海关
0110	平谷海关	0601	海拉尔关	0950	鲅鱼圈关	1908	逊克海关
0111	京五里店	0602	额尔古纳	0960	大东港关	1909	齐齐哈尔
0112	京邮办处	0603	满十八里	0980	鞍山海关	1910	大庆海关
0113	京中关村	0604	满赤峰办	1500	长春关区	1911	密山海关
0114	京国际局	0605	满通辽办	1501	长春海关	1912	虎林海关
0115	京东郊站	0606	满哈沙特	1502	长开发区	1913	富锦海关
0116	京信	0607	满室韦	1503	长白海关	1914	抚远海关
0117	京开发区	0608	满互贸区	1504	临江海关	1915	漠河海关
0118	十八里店	0609	满铁路	1505	图们海关	1916	萝北海关
0119	机场物流	0610	满市区	1506	集安海关	1917	嘉荫海关
0124	北京站	0700	呼特关区	1507	珲春海关	1918	饶河海关
0125	西客站	0701	呼和浩特	1508	吉林海关	1919	哈内陆港
0126	京加工区	0702	二连海关	1509	延吉海关	1920	哈开发区
0127	京快件	0703	包头海关	1511	长春机办	1922	哈关邮办

续表

关区代码	关区名称	关区代码	关区名称	关区代码	关区名称	关区代码	关区名称
0128	京顺义办	0704	呼关邮办	1515	图们车办	1923	哈关车办
0200	天津关区	0705	二连公路	1516	集海关村	1924	哈关机办
0201	天津海关	0706	包头箱站	1517	珲长岭子	1925	绥关公路
0202	新港海关	0800	沈阳关区	1518	吉关车办	2200	上海海关
0203	津开发区	0801	沈阳海关	1519	延吉三合	2201	浦江海关
0204	东港海关	0802	锦州海关	1521	一汽场站	2202	吴淞海关
0205	津塘沽办	0803	沈驻邮办	1525	图们桥办	2203	沪机场关
0206	津驻邮办	0804	沈驻抚顺	1526	集安青石	2204	闵开发区
0207	津机场办	0805	沈开发区	1527	珲春圈河	2205	沪车站办
0208	津保税区	0806	沈驻辽阳	1529	延吉南坪	2206	沪邮局办
0209	蓟县海关	0807	沈机场办	1531	长春东站	2207	沪稽查处
0210	武清海关	0808	沈集装箱	1537	珲沙坨子	2208	宝山海关
0211	津加工区	0809	沈阳东站	1539	延开山屯	2209	龙吴海关
0220	津关税处	0810	葫芦岛关	1547	珲加工区	2210	浦东海关
0400	石家庄区	0900	大连海关	1549	延古城里	2211	卢湾监管
0401	石家庄关	0901	大连港湾	1559	延吉邮办	2212	奉贤海关
0402	秦皇岛关	0902	大连机场	1591	长春邮办	2213	莘庄海关
0403	唐山海关	0903	连开发区	1593	长白邮办	2214	漕河泾发
2215	虹桥开发	2313	张保税区	2918	杭关余办	3513	福现业处
2216	沪金山办	2314	苏工业区	2919	杭富阳办	3518	福关鳌办
2217	嘉定海关	2315	淮安海关	2920	金华海关	3519	福关马港
2218	外高桥关	2316	泰州海关	2921	金关义办	3700	厦门关区
2219	杨浦监管	2317	禄口机办	2931	温关邮办	3701	厦门海关
2220	金山海关	2318	南京现场	2932	温经开关	3702	泉州海关
2221	松江海关	2321	常溧阳办	2933	温关机办	3703	漳州海关
2222	青浦海关	2322	镇丹阳办	2934	温关鳌办	3704	东山海关
2223	南汇海关	2324	苏常熟办	2981	嘉关乍办	3705	石狮海关
2224	崇明海关	2325	苏昆山办	2991	杭加工区	3706	龙岩海关
2225	外港海关	2326	苏吴江办	3100	宁波关区	3707	厦肖厝关
2226	贸易网点	2327	苏太仓办	3101	宁波海关	3710	厦高崎办
2227	普陀区站	2328	苏吴县办	3102	镇海海关	3711	厦东渡办
2228	长宁区站	2329	通启东办	3103	甬开发区	3712	厦海沧办

续表

关区代码	关区名称	关区代码	关区名称	关区代码	关区名称	关区代码	关区名称
2229	航交办	2330	扬泰兴办	3104	北仑海关	3713	厦驻邮办
2230	徐汇区站	2331	锡宜兴办	3105	甬保税区	3714	象屿保税
2232	船监管处	2332	锡锡山办	3106	大榭海关	3715	厦机场办
2233	浦东机场	2333	南通关办	3107	甬驻余办	3716	厦同安办
2234	沪钻交所	2335	昆山加工	3108	甬驻慈办	3717	东办集司
2235	松江加工	2336	苏园加工	3109	甬机场办	3718	东办同益
2237	松江 B 区	2337	连开发办	3110	象山海关	3719	厦门加工
2238	青浦加工	2338	苏关邮办	3111	甬加工区	3722	大嶝监管
2239	闵行加工	2339	南通加工	3300	合肥海关	3777	厦稽查处
2240	漕河泾加	2340	无锡加工	3301	芜湖海关	3788	厦侦查局
2241	沪业一处	2341	连关加工	3302	安庆海关	4000	南昌关区
2242	沪业二处	2342	南京加工	3303	马鞍山关	4001	南昌海关
2243	沪业三处	2343	宁南加工	3304	黄山海关	4002	九江海关
2244	上海快件	2344	苏高加工	3305	蚌埠海关	4003	赣州海关
2245	沪金桥办	2345	镇江加工	3306	铜陵海关	4004	景德镇关
2246	保税物流	2347	苏园 B 区	3307	阜阳海关	4005	吉安海关
2300	南京海关	2900	杭州关区	3310	合肥现场	4006	昌北机办
2301	连云港关	2901	杭州海关	3500	福州关区	4200	青岛海关
2302	南通海关	2903	温州海关	3501	马尾海关	4201	烟台海关
2303	苏州海关	2904	舟山海关	3502	福清海关	4202	日照海关
2304	无锡海关	2905	海门海关	3503	宁德海关	4203	龙口海关
2305	张家港关	2906	绍兴海关	3504	三明海关	4204	威海海关
2306	常州海关	2907	湖州海关	3505	福保税区	4205	济南海关
2307	镇江海关	2908	嘉兴海关	3506	莆田海关	4206	潍坊海关
2308	新生圩关	2909	杭经开关	3507	福关机办	4207	淄博海关
2309	盐城海关	2910	杭关机办	3508	福榕通办	4209	石岛海关
2310	扬州海关	2911	杭关邮办	3509	福关邮办	4210	青保税区
2311	徐州海关	2912	杭关萧办	3510	南平海关	4211	济宁海关
2312	江阴海关	2916	杭州快件	3511	武夷山关	4212	泰安海关
4213	临沂海关	4701	宜昌海关	5122	内港洲嘴	5172	肇庆车场
4214	青前湾港	4702	荆州海关	5123	内港四仓	5173	肇庆保税
4215	青菏泽办	4703	襄樊海关	5125	从化海关	5174	肇庆旅检

续表

关区代码	关区名称	关区代码	关区名称	关区代码	关区名称	关区代码	关区名称
4216	东营海关	4704	黄石海关	5126	内港赤航	5175	肇庆码头
4217	青枣庄办	4705	武汉沌口	5130	广州萝岗	5176	肇庆四会
4218	青开发区	4706	宜三峡办	5131	花都海关	5177	肇庆三榕
4219	蓬莱海关	4707	鄂加工区	5132	花都码头	5178	云浮海关
4220	青机场关	4708	武关江办	5133	萝岗石牌	5179	罗定海关
4221	烟机场办	4710	武关货管	5134	穗保税处	5180	佛山海关
4222	莱州海关	4711	武关江岸	5135	穗稽查处	5181	高明海关
4223	青邮局办	4712	武关机场	5136	穗统计处	5182	佛山澜石
4224	龙长岛办	4713	武关邮办	5137	穗价格处	5183	三水码头
4225	威开发区	4900	长沙关区	5138	穗调查局	5184	佛山窖口
4226	青聊城办	4901	衡阳海关	5139	穗监管处	5185	佛山快件
4227	青岛大港	4902	岳阳海关	5140	穗关税处	5186	佛山保税
4228	烟关快件	4903	衡关郴办	5141	广州机场	5187	佛山车场
4229	德州海关	4904	常德海关	5142	民航快件	5188	佛山火车
4231	烟开发区	4905	长沙海关	5143	广州车站	5189	佛山新港
4232	日岚山办	4906	株洲海关	5144	穗州头咀	5190	韶关海关
4233	济机场办	4907	韶山海关	5145	广州邮办	5191	韶关乐昌
4235	济邮局办	4908	湘关机办	5146	穗交易会	5192	三水海关
4236	石龙眼办	5000	广东分署	5147	穗邮办监	5193	三水车场
4237	济通关处	5100	广州海关	5148	穗大郎站	5194	三水港
4238	威海快件	5101	广州新风	5149	大铲海关	5195	审单中心
4239	潍诸城办	5103	清远海关	5150	顺德海关	5196	云浮六都
4240	青保税处	5104	清远英德	5151	顺德保税	5197	机场旅检
4241	烟加工区	5105	新风白云	5152	顺德食出	5198	穗河源关
4242	威加工区	5106	小虎码头	5153	顺德车场	5199	穗技术处
4243	济曲阜办	5107	肇庆封开	5154	北窖车场	5200	黄埔关区
4244	青滨州办	5108	肇庆德庆	5155	顺德旅检	5201	埔老港办
4245	烟台邮办	5109	新风窖心	5158	顺德勒流	5202	埔新港办
4246	青加工区	5110	南海海关	5160	番禺海关	5203	新塘海关
4600	郑州关区	5111	南海官窑	5161	沙湾车场	5204	东莞海关
4601	郑州海关	5112	南海九江	5162	番禺旅检	5205	太平海关
4602	洛阳海关	5113	南海北村	5163	番禺货柜	5206	惠州海关

续表

关区代码	关区名称	关区代码	关区名称	关区代码	关区名称	关区代码	关区名称
4603	南阳海关	5114	南海平洲	5164	番禺船舶	5207	凤岗海关
4604	郑州机办	5115	南海盐步	5165	南沙旅检	5208	埔开发区
4605	郑州邮办	5116	南海业务	5166	南沙新港	5210	埔红海办
4606	郑铁东办	5117	南海车场	5167	南沙货港	5211	河源海关
4607	郑安阳办	5118	平洲旅检	5168	番禺保税	5212	新沙海关
4608	郑加工区	5119	南海三山	5169	番禺东发	5213	埔长安办
4609	郑关商办	5120	广州内港	5170	肇庆海关	5214	常平办事处
4700	武汉海关	5121	内港芳村	5171	肇庆高要	5216	沙田办
5300	深圳海关	5700	拱北关区	6028	潮阳海关	6832	台烽火角
5301	皇岗海关	5701	拱稽查处	6031	汕尾海关	6833	台山旅检
5302	罗湖海关	5710	拱关闸办	6032	汕关海城	6837	台山稽查
5303	沙头角关	5720	中山海关	6033	汕关陆丰	6840	三埠海关
5304	蛇口海关	5721	中山港	6041	梅州海关	6841	三埠码头
5305	深关现场	5724	中石岐办	6042	梅州兴宁	6842	三埠水口
5306	笋岗海关	5725	坦洲货场	6400	海口关区	6843	三埠旅检
5307	南头海关	5727	中小揽办	6401	海口海关	6847	三埠稽查
5308	沙湾海关	5728	神湾办	6402	三亚海关	6850	恩平海关
5309	布吉海关	5730	拱香洲办	6403	八所海关	6851	恩平港
5310	淡水办	5740	湾仔海关	6404	洋浦海关	6852	恩平港
5311	深关车站	5741	湾仔船舶	6405	海保税区	6857	恩平稽查
5312	深监管处	5750	九洲海关	6406	清澜海关	6860	鹤山海关
5313	深调查局	5760	拱白石办	6407	美兰机场	6861	鹤山码头
5314	深关邮办	5770	斗门海关	6700	湛江关区	6862	鹤山码头
5315	惠东办	5771	斗井岸办	6701	湛江海关	6863	鹤山旅检
5316	大鹏海关	5772	斗平沙办	6702	茂名海关	6867	鹤山稽查
5317	深关机场	5780	高栏海关	6703	徐闻海关	6870	阳江海关
5318	梅林海关	5790	拱监管处	6704	湛江南油	6871	阳江港
5319	同乐海关	5792	拱保税区	6705	湛江水东	6872	阳江车场
5320	文锦渡关	5793	万山海关	6706	湛江吴川	6873	阳江港
5321	福保税关	5795	横琴海关	6707	湛江廉江	6874	阳江东平
5322	沙保税关	5798	拱行监邮	6708	湛江高州	6875	阳江闸坡
5323	深审单处	5799	拱行监处	6709	湛江信宜	6876	阳江溪头

续表

关区代码	关区名称	关区代码	关区名称	关区代码	关区名称	关区代码	关区名称
5324	深审价办	6000	汕头海关	6710	东海岛组	6877	阳江稽查
5325	深关税处	6001	汕关货一	6711	霞山海关	6878	阳江沙扒
5326	深数统处	6002	汕关货二	6712	湛江霞海	7200	南宁关区
5327	深法规处	6003	汕关行邮	6713	湛江机场	7201	南宁海关
5328	深规范处	6004	汕关机场	6800	江门关区	7202	北海海关
5329	深保税处	6006	汕关保税	6810	江门海关	7203	梧州海关
5330	盐保税关	6007	汕关业务	6811	江门高沙	7204	桂林海关
5331	三门岛办	6008	汕保税区	6812	江门外海	7205	柳州海关
5332	深财务处	6009	汕关邮包	6813	江门旅检	7206	防城海关
5333	深侦查局	6011	榕城海关	6816	江门车场	7207	东兴海关
5334	深稽查处	6012	汕关普宁	6817	江门保税	7208	凭祥海关
5335	深技术处	6013	外砂海关	6820	新会海关	7209	贵港海关
5336	深办公室	6014	广澳海关	6821	新会港	7210	水口海关
5337	大亚湾核	6015	南澳海关	6823	新会车场	7211	龙邦海关
5338	惠州港关	6018	汕关惠来	6824	新会旅检	7212	钦州海关
5339	深加工区	6019	汕关联成	6825	新会港	7213	桂林机办
5340	深关特办	6020	汕关港口	6827	新会稽查	7900	成都关区
5341	深惠州关	6021	潮州海关	6830	台山海关	7901	成都海关
5342	深红海办	6022	饶平海关	6831	台公益港	7902	成关机办
7903	乐山海关	8622	西双版纳	8605	盈江海关	9409	红其拉甫
7904	攀枝花关	8623	昆丽江办	8606	孟连海关	9411	塔克什肯
7905	绵阳海关	8624	思茅海关	8607	南伞海关	9412	乌拉斯太
7906	成关邮办	8626	六库监管	8608	孟定海关	9413	老爷庙
7907	成都自贡	8800	拉萨海关	8609	打洛海关	9414	红山嘴
7908	成都加工	8801	聂拉木关	8610	腾冲海关	9415	伊尔克什
7909	公路场站	8802	日喀则关	8611	沧源海关	9416	库尔勒办
7910	非邮快件	8803	狮泉河关	8612	勐腊海关	9500	兰州关区
7911	泸州办	8804	拉萨机办	8613	河口海关	9501	兰州海关
8000	重庆关区	8805	拉萨现场	8614	金水河关	9505	天水监管
8001	重庆海关	9000	西安关区	8615	天保海关	9600	银川海关
8002	南坪开发	9001	西安海关	8616	田蓬海关	9601	银川现场
8003	重庆机办	9002	咸阳机场	8617	大理海关	9700	西宁关区

续表

关区代码	关区名称	关区代码	关区名称	关区代码	关区名称	关区代码	关区名称
8004	重庆邮办	9003	宝鸡海关	8618	芒市海关	9701	西宁海关
8005	万州海关	9004	西关邮办	8619	保山监管		
8006	重庆东站	9005	西安加工	8620	昆明机场		
8007	九龙坡港	9400	乌关区	8621	昆明邮办		
8008	渝加工区	9401	乌鲁木齐				
8300	贵阳海关	9402	霍尔果斯				
8301	贵阳总关	9403	吐尔尕特				
8600	昆明关区	9404	阿拉山口				
8601	昆明海关	9405	塔城海关				
8602	畹町海关	9406	伊宁海关				
8603	瑞丽海关	9407	吉木乃办				

附录 4

贸易方式与征免性质的对应关系

<table>
<tr><th>海关适用监管制度</th><th>贸易方式</th><th>征免性质</th><th>条件解释</th></tr>
<tr><td rowspan="9">一般贸易</td><td rowspan="9">一般贸易(0110)</td><td>一般征税(101)</td><td>以正常交易方式成交的进出口货物</td></tr>
<tr><td>科教用品(401)</td><td>大专院校及科研机构进口科教用品</td></tr>
<tr><td>残疾人(413)</td><td>残疾人组织和企业进出口货物</td></tr>
<tr><td>鼓励项目(789)</td><td>国家鼓励发展的内外资项目进口设备</td></tr>
<tr><td>自有资金(799)</td><td>外商投资额度外利用自有资金进口设备、备件、配件</td></tr>
<tr><td>国批减免(898)</td><td>国务院特准减免税的进出口货物</td></tr>
<tr><td>中外合资(601)</td><td>中外合资企业出口本企业生产(加工贸易除外)的产品,并且出口成品全部有国产料件组成</td></tr>
<tr><td>中外合作(602)</td><td>中外合作企业出口本企业生产(加工贸易除外)的产品,并且出口成品全部有国产料件组成</td></tr>
<tr><td>外资企业(603)</td><td>外商独资企业出口本企业生产(加工贸易除外)的产品,并且出口成品全部有国产料件组成</td></tr>
<tr><td rowspan="4">易货贸易</td><td rowspan="4">易货贸易(0130)</td><td>一般征税(101)</td><td>一般征税进出口货物</td></tr>
<tr><td>鼓励项目(789)</td><td>国家鼓励发展的内外资项目进口设备</td></tr>
<tr><td>国批减免(898)</td><td>国务院特准减免税的进出口货物</td></tr>
<tr><td>例外减免(999)</td><td>例外减免税进出口货物</td></tr>
<tr><td rowspan="2">加工贸易料件、成品放弃</td><td>料件放弃(0200)</td><td rowspan="2">不填</td><td rowspan="2">加工贸易企业主动声明放弃的进口料件和加工成品</td></tr>
<tr><td>成品放弃(0400)</td></tr>
<tr><td>来料加工</td><td>来料加工(0214)</td><td>来料加工(502)</td><td>来料加工装配和补偿贸易进口料件及出口成品</td></tr>
<tr><td rowspan="4">加工贸易货物结转</td><td>来料深加工(0255)</td><td rowspan="4">不填</td><td rowspan="2">指加工贸易企业将保税进口料件加工的产品转至另一加工贸易企业进一步加工后复出口的经营活动</td></tr>
<tr><td>进料深加工(0654)</td></tr>
<tr><td>来料余料结转(0258)</td><td rowspan="2">加工贸易企业在经营来料加工、进料加工加工复出口业务过程中剩余的、可以继续用于加工制成品的加工贸易进口料件,结转到同一经营单位、同一加工企业、同样进口料件和同一加工监管方式的另一加工贸易合同项下继续加工复出口</td></tr>
<tr><td>进料余料结转(0657)</td></tr>
</table>

续表

海关适用监管制度	贸易方式	征免性质	条件解释
加工贸易料件复出	来料料件复出(0265)	其他法定	来料加工、进料加工进口的保税料件因品质、规格等原因退运，以及加工过程中产生的剩余料件、边角料、废料退运出境
	来料边角料复出(0865)		
	进料料件复出(0664)		
	进料边角料复出(0864)		
加工贸易货物退换	来料料件退换(0300)	不填	来料、进料加工进口的保税料件因品质、规格等原因退运出境，更换料件复进口
	进料料件退换(0700)		
	来料成品退换(4400)		来料、进料加工出口的成品因品质、规格或其他原因退运进境，经加工、维修或更换同类商品复出口
	进料成品退换(4600)		
加工专用油	加工专用油(0314)	来料加工(502)	指定国营贸易企业代理来料加工企业进口来料加工生产用柴油
监管年限内减免税设备结转	减免设备结转(0500)	不填	进口企业在减免税设备监管年限内转让给另一享受减免税待遇的企业
保税区加工贸易内销货物	保区来料成品(0445)	一般征税(101)	按成品征税的保税区来料加工成品转内销货物
	保区进料成品(0444)	一般征税(101)	按成品征税的保税区进料加工成品转内销货物
	保区来料料件(0545)	一般征税(101)	按料件征税的保税区来料加工成品转内销货物
	保区进料料件(0544)	一般征税(101)	按料件征税的保税区进料加工成品转内销货物
补偿贸易	补偿贸易(0513)进口	来料加工(502)	补偿贸易进口料件
	出口	来料加工(502)	补偿贸易出口成品
		一般征税(101)	一般征税出口货物
		国批减免(898)	国务院特准减免税的出口货物
		例外减免(999)	例外减免税出口货物
进料加工	进料非对口(0715)	进料加工(503)	进料加工贸易进口料件及出口成品
	进料对口(0615)	例外减免(999)	例外减免税货物
	低值辅料(0815)	进料加工(503)	进料加工贸易进口料件
国轮油物料	国轮油物料(1139)	其他法定(299)	其他法定减免税进出口货物
保税区间及保税仓库间货物结转	保税间货物(1200)	不填	指保税区、保税物流园区、出口加工区、出口监管仓库、保税仓库、保税物流中心(A、B)等海关特殊监管区域、保税监管场所间往来的货物
保税仓库进出境仓储、转口货物	保税仓库货物(1233)	不填	指从境外进口直接存入保税仓库、保税仓库出境的仓储、转口货物，以及出口监管仓库出境的货物
保税区进出境仓储、转口货物	保税区仓储转口(1234)	不填	指从境外存入保税区、保税物流园区和从保税区、保税物流园区运出境的仓储、转口货物

续表

海关适用监管制度	贸易方式	征免性质	条件解释
寄售代销贸易	寄售代销(1616)	一般征税(101)	一般征税进出口货物
		国批减免(898)	国务院特准减免税的进出口货物
		内部暂定(998)	享受内部暂定税率的进出口
进出境修理物品	修理物品(1300)	其他法定(299)	其他法定减免税进出口货物
		自有资金(799)	外商投资额度外利用自有资金进口设备、备件、配件
		航材减免(888)	经核准的航空公司进口维修用航空器材
出料加工贸易	出料加工(1427)	其他法定(299)	其他法定减免税进出口货物
		例外减免(999)	例外减免税进出口货物
租赁贸易	租赁贸易(1523)	其他法定(299)	租赁期在一年及以上的进出口货物
	租赁征税(9800)	其他法定(299)	租赁期在一年及以上的进出口货物分期办理征税手续
	租赁不满一年(1500)	其他法定(299)	租赁期不满一年的进出口货物
免税品	免税品(1741)	不填	指设在国际机场、港口、车站和过境口岸的免税品商店,按有关规定销售给办完出境手续的旅客的免税商品,供外国籍船员和我国远洋船员购买送货上船出售的免税商品,供外交人员购买的免税品,及在我国际航机,国际班轮上向国际旅客出售的免税商品
免税外汇商品	免税外汇商品(1831)	不填	指由经批准的经营单位进口,销售专供入境的我国特定出国人员和驻华外交人员的免税外汇商品
外商投资企业投资进口设备、物品	合资合作设备(2025) 外资设备物品(2225)	中外合资(601)	中外合资经营企业进出口货物
		中外合作(602)	中外合作经营企业进出口货物
		外资企业(603)	外商独资企业进出口货物
		海洋石油(606)	勘探、开发海洋石油进口货物
		陆上石油(608)	勘探、开发陆上石油进口货物
		鼓励项目(789)	国家鼓励发展的内外资项目进口设备
一般退运进出口货物	退运货物(4561)	其他法定(299)	其他法定减免税进出口货物
外国常驻机构进出境公用物品	常驻机构公用(2439)	一般征税(101)	一般征税进出口货物
		其他法定(299)	其他法定减免税进出口货物
		例外减免(999)	例外减免税进出口货物
暂时进出境货物	暂时进出货物(2600)	一般征税(101)	超过期限复运进出境需征税的进出口货物
		其他法定(299)	其他法定减免税进出口货物
	展览品(2700)	其他法定(299)	其他法定减免税进出口货物

续表

海关适用监管制度	贸易方式	征免性质	条件解释
货样、广告品	货样广告品 A(3010)	一般征税(101)	数量合理且每次总值在400元人民币以上的
	货样广告品 B(3039)	其他法定(299)	数量合理且每次总值在400元人民币及以下的
无代价抵偿进出口货物	无代价抵偿(3100)进口	一般征税(101)	合同索赔期限内,超过原货进出口之日起3年
			合同索赔期限外,不超过原货进出口之日起3年
	无代价抵偿(3100)出口	其他法定(299)	合同索赔期限内,不超过原货进出口之日起3年
		其他法定(299)	合同索赔期限内,不超过原货进出口之日起3年
其他免费提供的进出口货物	其他进出口免费(3339)	一般征税(101)	除已具体列名的礼品、无偿援助和赠送物资、捐赠物资、无代价抵偿进口货物、国外免费提供的货样、广告品等及归入列名监管方式的免费提供货物以外,进出口其他免费提供的货物
对外承包工程进出口物资	对外承包出口(3422)	一般征税(101)	经商务部批准的有对外承包工程经营权的公司为承包国外建设工程和开展劳务合作等对外合作项目而出口的设备、物资
		其他法定(299)	
	承包工程进口(3410)	一般征税(101)	在国外获取的设备、物资,以及境外劳务合作项目对方以实物产品抵偿我劳务人员工资所进口的货物
		国批减免(898)	国务院特准减免税的进出口货物
		内部暂定(998)	享受内部暂定税率的进出口货物

后　记

在此，编者想说点“真话”：

本书编著过程中，编者遇到两个建议：一是建议编者在编著过程中尽可能多地寻找合作者，这样，既能减轻自身工作压力，又有利于教材的销售，独立编著似乎确实是“吃力不讨好”；二是将大量的图表、“资料卡”等编进教材，教材有一定的“厚度”，价格自然是水涨船高，也会影响销量。这两个建议都是对编者真诚的关心。

面对这两个建议，编者思虑再三，自身也的确承担着繁重的工作，如教学、专业建设、示范建设等任务，也能感受到教材销售带来的切身利益。但编者最终的态度是：质量第一。如前言所说，本教材的编写过程，是一个崭新的探索过程。编者要坚定不移地将自己的思路贯彻全书，如果委于他人，能否一以贯之就是一个问号。能为当前高职院校的报关教学做点实质性的努力，乃至收到些许成效，编者足以欣慰，再无他求。

也如前言所说，编写过程是一个极其艰辛的过程，而且，编者也“不是一个人在战斗”，需要衷心致谢的人包括：

浙大出版社：感谢浙大出版社在本书编辑、出版过程中所给予的帮助。

我的朋友：嘉兴淞海报关有限公司余建民副总经理，一个有着十多年经验的嘉兴第一代报关人，他是我从事报关课程教学的引路人，教材中绝大部分业务资料也来自该公司，余总还对教材内容进行了校对、指正……

我的老师：上海海关学院培训部主任顾佩军教授、宗慧民教授……他们对于报关课程教学的真知灼见让我受益匪浅。

我的领导：本书在编写过程中，得到嘉兴职业技术学院盛健院长的关心和支持，学院周建新副书记、副院长就编写原则、内容进行了具体的指导；学院教务处沈建根、巢新冬、张君斐，学院督导室顾金孚等领导从教学管理、质量督导的角度给予关注、指导；外语与贸易分院姚宁屏书记、王家庆副院长更是从教学质量、工作协调等方面给予直接关注。

我的同事：宫相荣教授、孟建国副教授、刘勇副教授、朱岩副教授、项捷老师、王艳老师、白春柳老师、蔡玉娟老师、祁小华老师、徐娟娟老师、刘永泉老师、崔今丹老师、尤小燕老师、韦世雷老师、曾虹老师、韩超老师、路何洋子老师……在本书编写过程中提出了诸多很好的建议，给予了热情支持。

我的家人：重压之下，我对家人要求的很多，付出的很少，我要向我的爱人周芬女士说一声：辛苦了！

杨建国
2011 年 3 月